생명보험론

최상언

LIFE INSURANCE THEORY

LIFE INSURANCE & INSURANCE PRACTICE

박영사

머리말

▣ 본서(本書)의 소개 및 생명보험론의 교재로서 특징

본서(本書)는 **금융·보험학의 생명보험론을 다룬 기본적인 이론서**이며, 대학교에서 금융·보험학을 전공하는 학도(學徒)들이 기본적으로 학습해야 하는 한 분야이다.

1. 본서(本書)는 금융·보험학에서 생명보험 분야의 기본적인 지식과 학습해야 할 내용들을 요약하고 정리하여 생명보험론을 다룬 기본적인 이론서(理論書)로서 정립(定立)하여 체계적으로 구성한다.

2. 특히, 금융·보험학에서 생명보험론의 기본적인 교재로서, 대학교에서 금융·보험학을 전공하는 학도(學徒)들이 생명보험론에 대한 기본적인 보험지식과 관련 내용들을 심층적으로 학습하도록 구성한다.

3. 본 교재의 제3편 일부(제3장, 제4장, 제5장)에 생명보험회사에서 실제로 이루어지는 기본적인 업무(보험실무)로서 보험 계약보전 업무, 계약 후의 사후관리 실무, 기타 등 **생명보험회사의 기초적인 보험실무와 내용** 등을 적극적으로 반영하여 보험산업의 현장과 접목된 이론 교재로 구성함으로써 보험실무에서 이해력과 적응력을 높이는 데 중점을 두었다.

4. 본 교재에 위험과 보험, 보험이론, 보험모집·보험설계사(영업조직), 보험윤리·보험소비자 보호, 보험모집 관련 법규, 생명보험 이론, 생명보험 계약 및 관련 법규(약관), 보험계약체결 및 보험 계약보전 업무(보험실무), 생명보험 상품의 각론, 제3보험 상품 및 각론, 기타 등에 관한 것을 **요약·정리식의 방법**으로 기술한다.

5. 보험회사의 현장에서 기본적으로 업무를 수행하는 실제(實際)의 보험 계약보전 업무(보험실무)와 밀접하게 연관된 ① 보험계약과 체결(성립) 과정, ② 보험계약의 효과, ③ 보험계약의 유지 및 사후관리(보험계약의 부활, 보험계약의 변경, 보험계약의 계약해지, 보험금의 지급, 기타 등)와 관련된 보험실무(보험계약보전 업무) 분야는 <u>실제로 이루어지는 업무 FLOW의 순서와 흐름</u>에 따라 교재를 편성하고자 노력하였으며, 분야별로 요약·정리 식으로 교재를 집필한다. 또한, 그 내용들을 일목요연(一目瞭然)하게 하여 좀 더 구체적이고 쉽게 보험실무의 기본지식 습득 및 생명보험의 지식을 획득하여 보험실무에서 보험에 대한 이해력의 제고, 업무능력 및 적응력을 높이는데 노력하였다.

■ 본서(本書) 집필의 목적과 계기(契機)

생명보험론의 교재를 집필하게 된 계기는 대학에서 회계원리, 원가관리회계 및 회계 분야와 기타 과목을 강의 하다가 보험학 및 보험계약론실무, 금융·보험 관련 과목에 대한 강의를 맡게 되면서 그 필요성을 매우 강하게 느꼈다. 집중적(集中的)이면서 효과적인 수업을 위해서 사전(事前)에 금융·보험학의 강의안과 교육용 자료를 만들기 위해 관련된 도서(교재 및 기타)와 자료들을 많이 찾았으나, 금융·보험학에 대해서 현존하는 교재의 수량이 절대적으로 부족함을 알았다. 또한, 효과적인 강의와 교육을 위해 교재 선정과 참고 도서를 지정하고자 각 출판사별로 보험학 분야와 관련한 모든 도서(교재)를 조회하고 교재 내용을 분석하여 선별하고자 하였다. 그러나, 보험 관련 학문(생명보험, 손해보험, 제3보험, 보험계약법, 기타) 분야에서 선택할 수 있는 교재가 부족하거나 거의 없다는 것을 알았다.

저자는 다소 부족함도 있으나, 금융·보험학의 각 분야별(생명보험·손해보험·제3보험·보험계약법·기타)로 다양하게 선택할 수 있는 교재를 제공해야겠다는 강한 신념과 금융·보험학을 전공하는 학도(學徒)들에게 저자의 조그마한 노하우(Know-how)이지만 이를 전(傳)하기 위해서 본(本) 교재의 집필을 계획하고 시도하게 되었다.

또한, 본 교과목(생명보험론)은 우리나라 전체의 출판사별로 현존(現存)하는 교재의 수량이 몇 개가 없으며, 교재에 대한 선택의 여지(餘地)가 거의 없는 관계로 다양한 교재의 필요성과 선택의 여지(餘地)를 높이기 위해 빠른 시일 내에 출간해야겠다는 의식 때문에 더욱 매진하게 되었다.

저자는 삼성그룹 삼성생명보험(주)에서 재직한 금융·보험업계의 금융·보험인으로서, 금융·보험학의 전공자로서, 오랜 세월 동안에 금융·보험업계에서 다양하게 경험한 노하우(Know-how)와 실제로 경험한 보험실무[보험 계약보전 업무, 영업조직 관리총괄, 보험설계사 교육 및 등록 총괄, 대출(융자) 업무관리 및 채권관리 총괄, 보험 관련 법규, 기타]를 접목하여 금융·보험학을 전공하는 학도(學徒)들에게 생명보험 이론 및 제3보험, 금융·보험학의 지식을 전달함에 목적을 두고 최선을 다하고자 했다.

본서(本書)가 금융·보험학을 전공하는 학도(學徒)들에게 보험의 지식 및 생명보험·제3보험의 지식, 보험회사의 보험실무에 대한 기초적인 지식을 습득하는 데 기여하기 바란다. 또한 보험소비자와 예비 보험전문인이 되고자 하는 모든 분들께 도움이 되기를 기대한다.

■ 본서(本書) 구성(편성)의 내용

본서(本書)는 제1편 보험의 이해, 제2편 보험모집 이해, 제3편 생명보험 이해, 제4편 생명보험상품 이해 및 각론, 제5편 제3보험 이해 및 각론, 제6편 부록으로 구분한 후 구체적인 설명을 하였다.

또한, 생명보험·제3보험 각 분야의 중요 핵심 내용들을 요점·정리의 방식으로 요약 및 정리하였으며, 특히 심화학습이 요구되는 부분은 대법원의 판례 및 기타 등을 반영하여 교재를 집필하기 위해 노력하였다.

▣ 맺음말

저자는 삼성그룹 삼성생명보험(주)에 재직하면서 제작한 보험설계사의 교육과정을 위한 수많은 강의안 자료와 보험실무(보험 계약보전 업무 및 기타)의 실제 경험을 바탕으로 교재를 집필하기 위해 노력하였다. 그러나 저자의 개인적인 한계로, 기존에 가지고 있던 수많은 관련 자료와 참고 문헌(文獻) 및 다른 자료들을 참고로 하여 생명보험론의 교재를 만들다 보니, 기억의 한계로 문헌 및 자료의 인용 사실(출처)을 모르거나 본 교재에 본의 아니게 누락한 것이 있다면 사과의 말씀을 올리며, 만약 지적을 하신다면 교정할 것을 약속드린다.

또한, 집필 과정에 대한 여러 가지로 부족한 점이 있다면 너그러이 용서와 양해의 부탁 말씀을 드린다.

끝으로, 글로벌 전체가 아주 고약한 전염병인 코로나바이러스의 감염 예방 및 확산 방지를 위한 사투(死鬪)를 벌였으며, 이로 인한 사회생활 및 문화적인 변화의 소용돌이와 지긋지긋한 불편함과 고통의 긴 터널에서 점점 벗어나고 있으나 삶의 질(質)이 많이 저하되어 있으며, 계속 밀려오는 경제적 및 사회적인 어려움으로 힘들고 어지러운 시국이다. 또한, '고물가', '고금리', '고환율' 등 이른바 3고(高) 현상으로 스태그플레이션 우려가 커진 가운데 정부가 재정건전성 관리 차원의 여러 정책과 전기와 가스 등의 공공요금을 인상하면서 서민들의 살림살이가 더욱 팍팍해질 전망이다.

본래부터 경제적인 어려움이 있었는데, 코로나 시국으로 인해 더욱 가중되어 역대급(歷代級) 이상의 경제적인 어려움과 여러 가지 복합적인 상황들 때문에 점점 어려워지는 출판업계의 환경 속에서도 본서의 출간을 위해서 많은 도움을 주신 ㈜박영사의 대표님께 감사드리며, 장규식 차장 및 탁종민 대리에게도 고마운 마음을 전하여 드린다. 감사합니다.

2023년 8월 저자

차례

제3편　생명보험 이해(理解)

제6편 부록

보험의 이해 / 제1편

제1장

위험(Risk)과 보험(保險, Insurance)

제1절 / 위험 & 보험

1. 위험(Risk)의 의의

위험이란 "손실 발생에 대한 불확실성"이다.

위험은 "어떤 사건의 발생에 관해서 예측 능력의 부족에 기인한 객관적 불확실성"이라고 정의한다.[1]

즉, 위험(Risk)은 근본적으로 **경제적 이익과 손실에 불확실성(uncertainty)의 성격**을 가지고 있다. 이는 미래에 확실하지 않은 상황을 뜻한다.

이 불확실성은 인간의 미래에 대한 예측 능력이 부족하기 때문에 실제의 결과가 예측과는 다른 현상으로 나타남을 뜻한다. 이러한 불확실성이라는 위험(Risk)의 본질은 본래 존재하는 것이 아니고, 인간의 지식과 경험이 유한하기 때문에 미래를 완벽하게 예측할 수 없어서 야기된다.

즉, 인간이 신(神)과 같이 전지전능하지 않은 이상, 인간 사회에는 항상 위험(Risk)이 존재한다는 것이다. 또한, 예측 불능에 의한 손실 발생의 가능성이 있다는 것이다.

1) 위험(危險)이란?

위험 = Risk

위험이란 **"손실 발생에 대한 불확실성"**이다.

원하지 않는(Undesired) 또는 뜻하지 않는(Unintentional) 손해가 발생할 가능성이 있다.

위험은 학자들의 관점에 따라 『손해의 가능성』, 『손해에 관한 불확실성』 등으로 정의 된다.

이를 종합하면, 『우연한 사고 발생의 불확실성 또는 가능성』으로 정의 된다.

『위험이 없으면 보험도 없다.』

---

[1] 이경룡, 보험학원론, 영지문화사, 2011, p.6

2) 위험의 관련 개념

위험과 관련된 개념으로 **위태(hazard), 사고(peril), 손해(loss)** 등이 있다.

이들 개념은 위험이 현실화되는 일련의 과정들과 밀접한 관련을 가진다.

♣ 위태로 인한 사고발생의 가능성: 위험(Risk)이며, 그 결과는 손해이다.

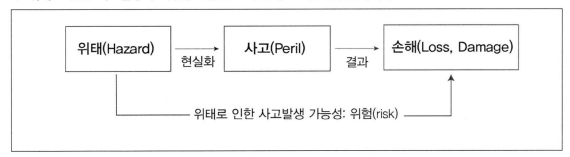

■ **위태(hazard), 사고(peril), 손해(loss)**

1) 해저드(hazard, 위태)

손실의 원인, 즉 페릴을 발생시켜 손실 발생의 가능성 또는 손실의 규모를 증대시키는 행위 또는 여건을 말한다. 해저드(위태)의 개념은 손실을 발생시키는 확률, 즉 빈도 수 뿐만 아니라 손실의 정도에 영향을 미치는 여건도 포함한다.

♣ 보험학에서 위태(hazard)이란 손실의 빈도나 심도 그리고 특정한 사고로부터 손실의 발생 가능성을 새로이 만들어 내거나 증가시키는 상태를 말한다.

2) 페릴(peril, 사고)

우리 주변에서 발생하는 각종의 손실(loss)을 야기 시키는 원인(cause)이라 정의된다.[2]

보험계약에서 보험자가 피보험자에 대하여 전보의 책임을 지는 손실은 보험계약에 합의된 페릴에 의하여 발생한 것이다.

예) 자동차의 손실을 발생시키는 충돌, 지진, 홍수, 태풍이나 건물의 손실을 야기하는 화재 등이 페릴이다.

즉, **사고(peril)라 함은 손해의 직접적인 원인이 되는 것**을 말한다. 예를 들면 화재로 인해 건물이 손상 또는 멸실되었을 경우 화재라는 사고로 건물의 손상 또는 멸실 이라는 손해가 발생한 것이다.

♣ **보험학에서 peril이란 재산이나 인적 손실의 원인 또는 원천을 의미한다.** 다음과 같이 구분한다.
- **자연적 peril**: 인간의 통제력을 벗어난 사건으로 자연재해(홍수, 폭풍, 지진, 해일, 가뭄)와 질병 등
- **인적 peril**: 사람의 행위, 무책임으로 인한 것으로 절도, 사기, 부주의 등
- **경제적 peril**: 경제 전반에 미치는 손실의 원인으로 노동쟁의, 경기침체, 기술진보 등

3) 손해(loss)

우연한 사고로 인하여 발생하는 예기치 않은 경제적·재산적 가치의 상실이나 감소를 말한다.

일반적으로 손해는 손실, 손상, 훼손, 일실, 상실, 멸실 등 여러 가지 의미로 사용되고 있다.

3) 보험은 다양한 위험을 전제로 한다.

보험은 인간의 경제생활을 위협하는 산물에 의해 생겨난 것으로『위험이 없으면 보험도 없다.』라는 말은 위험과 보험의 연관성을 잘 말해 준다. 위험은 학자들의 관점에 따라『손해의 가능성』,『손해에 관한 불확실성』등으로 정의 된다. 이를 종합하면 위험은『우연한 사고발생의 불확실성 또는 가능성』으로 정의된다고 할 수 있다.

4) 보험가입 대상의 위험 특성

보험에 가입하는 위험의 특성들은 동질성, 우연성, 명확성, 확률 등이 있는데 그 내용들은 다음과 같다.

① 다수의 동질적 위험

보험회사가 대수의 법칙을 적용하여 손실을 추정할 수 있기 위해서는 손실을 유발하는 유사한 특성을 가진 다수의 위험 단위들이 필요하다.

② 우연적 사고위험

보험가입 대상이 되는 위험은 손해 발생의 여부, 시기, 정도가 우연성에 기초한 위험이어야 하며, 이것이 의도적으로 조작된다면 보험가입 대상이 될 수 없다.

③ 명확하고 측정 가능한 위험

보험가입 대상이 되는 위험은 손실 발생의 원인, 시간, 장소, 손실금액 등이 어느 정도 명확한 위험이어야 한다. 금전으로 측정이 어렵거나 시간과 장소가 불명확한 경우 해당 보험의 담보여부를 가리기가 어렵기 때문이다.

④ 자연계의 이상변동 등이 아닌 손실(보험회사가 감당할 수 있는 손실)

사고 발생이 개개인에 어느 정도 경제적 손실을 야기해야 하며 그렇다고 해서 보험회사가 감당하는 것이 불가능할 정도로 너무 거대한 손해를 초래하지 않는 위험이어야 한다.

⑤ 확률적으로 측정 가능한 위험

보험가입 대상이 되는 위험은 보험사의 적정 보험료 산출을 위해서 과거의 경험 통계에 의하여 사고 발생률을 예측할 수 있는 위험이어야 한다.

⑥ 경제적 부담이 가능한 보험료

손실발생 가능성이 매우 높아 보험료가 보험금액에 비해 너무 높은 경우 현실적으로 보험의 경제성이 없으므로 보험가입 대상이 되는 위험은 보험료를 보험계약자가 납입할 수 있는 규모가 되어야 한다.

---

2) 이경룡, 보험학원론, 영지문화사, 2011, p.13

2. 위험관리(risk management)의 의의

조직의 이익을 위해 조직에서 발생될 수 있는 손실 가능성을 체계적으로 파악, 분석하여 그에 대응하는 최적의 방안을 강구하는 것이다

위험관리(危險管理)란 조직이 직면하는 위험(Risk)을 합리적이고 체계적인 방법을 활용하여 효율적이며 효과적으로 관리하는 것이다. 위험관리는 **기업 경영의 한 축으로서 잠재적 리스크를 관리하여 기업의 소득 능력을 유지시키며 자산을 보전함으로써 기업의 목적 달성에 기여한다.**

- 위험(Risk)란 예측 능력의 부족에 기인한 객관적 불확실성이다.
- 위험관리(risk management)는 위험과 손실에 대한 평가, 통제, 재무에 있어서 미래 지향적 행동을 강조하며, 분석과 대응 또한 통합되고 합리적이며 체계적인 접근 방법을 추구한다.
- 최근 기업의 경영 환경이 급속히 변화하면서 위험 관리의 중요성이 증대하고 있다.
- 위험관리(risk managment)는 위험 통제와 위험 재무라는 2가지 기본적인 방법을 활용하여 관리 한다.

1) 환경변화와 위험(Risk)관리

장기 안정적 성장의 지향 경제정책, 기업의 규모 확대 및 국제화 경향, 새로운 기술의 발전, 기업의 경쟁적 환경에 따른 원가 절감의 압박, 일반 대중의 위험에 대한 관심 및 지식 증가, 소비자 보호를 위한 사회적 압력 증가, 새로운 노사관계 요구, 기업의 사회적 책임에 대한 사회적 요구 증대 등 환경의 변화가 다양하다.

2) 위험의 관리(Risk Management) 방법

위험(Risk)을 관리하는 방법은 위험(Risk) 통제와 위험(Risk) 재무가 있다.

① 위험 통제(Risk Control)는 **손실을 감소시키고 손실에 대한 불확실성을 감소시킨다.**

  그 기법은 **위험(Risk)의 회피, 분리, 결합, 손실통제, 전가** 등이 있다.

② 위험 재무(Risk Finance)는 **손실의 재무적 결과를 최소화하고 손실을 복구**하는 것이다.

  그 기법은 **위험(Risk) 보유와 위험(Risk) 전가**가 있다.

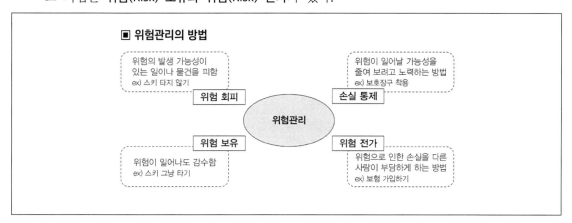

3) 위험에 대한 대비방법(위험관리 기법)

① 위험회피(risk avoidance)

단순히 위험을 피함으로서 위험에 대비하는 방법이다.

위험 자체를 회피하거나 기존에 존재해온 위험을 제거함으로서 위험에 대비하는 방법이다.

예) 교통사고의 위험이 많은 오토바이 안 타기, 암벽 등반 안하기, 기타 등

② 위험인수(risk retention): 위험을 전부 인수와 일부 인수가 있다.

위험의 보유는 예상되는 손실의 일부나 전부를 보유하여 직접 손실을 부담하는 방법이다.

자기인수(self retention) — 위험에 대한 대비책을 전혀 강구하지 않고 단순하게 인수한다.

자기보험(self insurance) — 자기 인수의 경우와 달리 과학적 방법으로 위험에 대비한다.

③ 위험전가(risk transfer)

위험을 자기 자신이 인수하는 대신 제3자에게 넘기는 경우이다.

보험가입, 특수계약의 체결, 리스를 이용 등을 이용하여 전가를 시킨다.

건설공사의 부분적 위험을 해당 분야에 공사 기술과 경험이 많은 하청업자에게 하청을 주어서 공사 중에 일어나는 경제적 손실 가능성을 제3자에게 부담시키는 경우이다.

④ 손실(위험)통제(loss control, risk control): 손실 방지와 손실의 최소화.

손실 통제를 하는 목적은 손실을 미연에 방지하고, 발생된 손실을 최소화하는 것이다.

손실의 횟수와 손실의 규모를 최대한 줄이는 방법이다.

– 손실방지: 손실 발생의 가능성을 줄이거나 손실 발생 자체를 막는데 목적이 있다.

　　　　　건강을 위해 운동 또는 금연과 절주, 보일러 정기점검 등

– 손실 최소화: 이미 발생한 손실을 최소화하는데 목적이 있다.

　　　　　건물에 스프링클러를 설치하여 화재 발생 시 손실을 최소화시키는 방법이다.

⑤ 보험(insurance)

– 위험을 대비하는 가장 과학적인 방법이다.

– 보험의 성격: 위험의 전가.

　　　　　위험 분산을 위한 기법.

　　　　　대수의 법칙에 의해 위험에 대비하는 과학적인 방법.

4) 위험관리(Risk Management)로서의 보험

> 보험의 존재 이유는 곧 위험(Risk) 때문이며,
> 다양한 분야와 종합적으로 연구되고 있으며 보험제도는 발전 중이며,
> 보험이 전적으로 위험(Risk)을 모두 해결해 줄 수 없으며,
> 사전에 위험(Risk)을 파악하고 관리하는 것이 중요하다.

보험은 위험에 대처하는 수단의 하나이다. 보험에 가입함으로서 위험은 보험자(보험회사)에게 전가되고, 전체적으로 볼 때 다수의 경제 주체가 결합하여 위험은 축소된다.

위험(Risk)관리는 기업 경영의 주요한 기능 중 하나이다. 위험(Risk)관리를 통해 앞으로의 불확실성으로 인해 발생할 추가적인 비용을 절감할 수 있고, 현재의 사업에 집중함으로써 효율적인 경영환경을 제공할 수 있다. 그러한 가운데 보험은 위험(Risk)관리의 중심에 있고, 핵심적 역할을 해낼 것이다.

보험은 위험(Risk)관리를 위한 다양한 방법 가운데 위험(Risk)전가의 기능을 수행한다.

원활한 위험관리를 위해 보험 제도를 운영하는 보험자는 개별 피보험자에게 적은 금액의 보험료를 받고, 위기 상황과 보험사고 시에 경제적 손실보상을 위해 보험금을 지급해야 하는 의무가 있다.

이러한 상황에서 보험을 운영하기 위해서는 기본 원리가 필요한데, 이 기본 원리에는 보험등식, 확률과 대수의 법칙, 통계자료와 정보 등이 있다.

3. 위험관리의 절차 및 방법

1) 위험관리의 절차

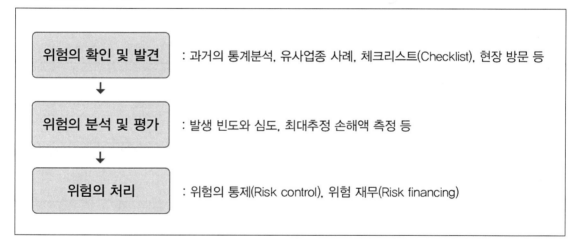

2) 위험의 처리방법

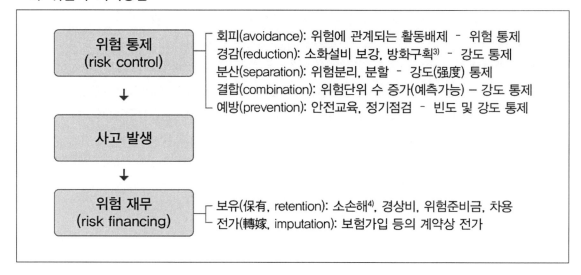

4. 대형사고 사례

1) 타이타닉 침몰사고(1912. 4. 14.)

2,200여명의 승객을 싣고 미국으로 향하던 타이타닉호가 빙산에 부딪혀 침몰(1,513명 사망)

→ 영국 로이드보험사 140만 파운드 지급(약 1,430억 원)

2) 대연각 호텔 화재사고(1971. 12. 25.)

1층에서 프로판가스 폭발로 화재 21층까지 전소, 168명 사망, 68명 부상, 8억 4천만 원 재산피해 (당시 금액), 공무원 봉급 7000원, 그때의 열기로 인해 뛰어내리는 사람들의 중계는 아직도 선하다.

3) 이리(익산)역(전북 익산시) 폭발사고(1977. 11. 22.)

화약을 가득 실은 열차가 수송원의 실수로 폭발하여 59명이 사망 130여명이 부상을 입은 대형 사고이다.

4) 대한항공 보잉707 북한공작원 테러사건(1987. 11. 29.)

북한공작원에 인하여 미얀마 근해에서 폭발. 한국인 93명 승무원 20명 외국인 2명 모두 115명이 숨지는 끔찍한 사고였다.

---

3) 구획(區劃): 토지나 시가지 따위의 경계를 갈라 정함. 또는 그러한 구역.

4) 소손해(petty claim): 사소한 요구, 사소한 손해는 부담함.
　※ 소손해 면책비율: 사소한 손해는 보상하지 않는 것이 원칙(면책).

5) 서해 훼리호 침몰사고(1993. 10. 10.)

격포에서 위도로 운행하는 훼리호가 292명의 사망자를 낸 대형 사고였다.

6) 성수대교 붕괴사고(1994. 10. 29.)

1979년에 개통한 대교였으나 부실공사로 인해 붕괴 32명 사망 17명 부상. 이때 등교길이라 무학여고생이 많이 사고를 당했다.

7) 삼풍백화점 붕괴사고(1995. 6. 29.)

501명 사망, 6명 실종, 937명 부상 → 4억 4천만 원 보험금 지급

8) 대한항공 여객기 괌 추락사고(1997. 8. 6.)

대한항공 여객기가 괌에서 추락(229명 사망, 25명 부상) → 1인당 약 2억 5천만 원 보험금 지급

9) 대구 지하철 화재 참사(2003. 2. 18.)

전동차 전소, 192명의 사망자와 6명의 실종자 그리고 151명의 부상자, 총 343명, 보험금 약 137억

10) 서해대교 29중 추돌사고 발생(2006. 10. 2.)

11명 사망, 46명 부상, 40여억 원 보험금 지급

11) 남대문 화재 발생(2008. 2. 10.)

한국지방재정공제회 9,500여만 원 보험금 지급(일반화재보험 미가입.)

5. 보험의 시작은 위험에서

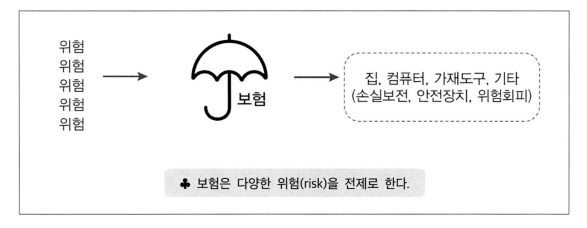

위험 위험 위험 위험 위험 → 보험 → 집, 컴퓨터, 가재도구, 기타 (손실보전, 안전장치, 위험회피)

♣ 보험은 다양한 위험(risk)을 전제로 한다.

6. 위험(Risk)과 보험(Insurance)

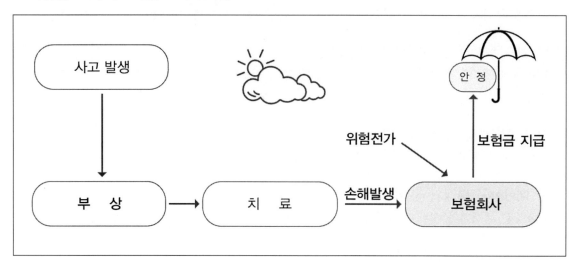

제2절 / 보험의 기초 및 개요

1. 보험의 성립

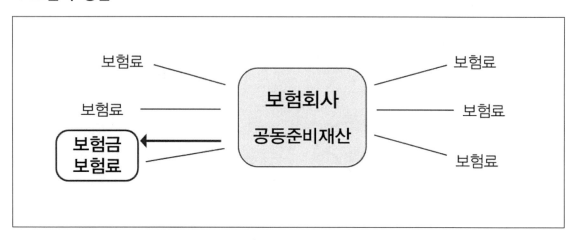

♣ 서로 비슷한 어려운 일에 처할 것 같은 사람들이 모여서 돈을 조금씩 내어서 몫 돈을 마련하고, 그 사람들 중 누구에게 어려운 일이 일어나면 그 돈으로 도와주는 것.

미래의 안전장치!!!

2. 보험 용어

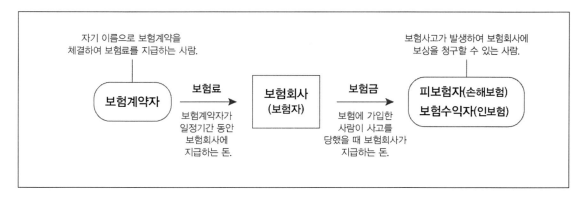

3. 보험의 기본원리

보험의 기본원리는 위험의 분담, 확률, 대수의 법칙, 수지상등의 원칙, 급부 반대급부 균등의 원칙 등이 있다.

♣ **보험의 뜻(정의)**

보험이 위험 이전의 대표적인 방법이며, 개인의 입장에서 볼 때 보험은 자신의 재무적 위험을 보험회사에게 이전 시키는 것이다. 또한 사회 전체적인 관점에서 보면 보험은 소수에게 발생할 손실을 다수에게 분담하여 위험을 감소시키는 역할을 한다.

예를 들어 개인이 손해보험에 가입했는데 소유하는 건물이 화재로 손실되었다면 손실액만큼 보험회사에게 보상받을 수 있는 것이다.

이 외에도 다양한 측면에서 보험을 정의하고 있는데, 미국 위험 및 보험협회의 보험심의회에서는 보험을 보험가입자가 우연한 사고로 인해 입은 손실을 보상하거나 이에 상응하는 금전적 급부를 하거나, 기타 그에 상응하는 서비스를 제공하기로 약속한 보험회사로 위험을 이전시킨 손실의 결합체라고 정의하고 있다고 한다.

♣ **보험의 특징(간략하게 키워드 중심)**

① 보험은 우연한 사고가 발생했을 때 지급한다는 것(때문에 자살에 대해서는 대부분 보험금을 지급하지 않는다)
② 보험회사로 개인의 위험을 전가한다는 것
③ 소수에게 발생한 손실을 다수에게 분산시키는 것(손실의 결합)
④ 사고 발생으로 인한 재무적 손실을 보상하는 것(손실보상)이다.

1) 위험의 분담

♣ 만인은 1인을 위하여, 1인은 만인을 위하여!!! (All for one, One for all)

동일한 위험에 노출된 다수의 경제단위가 하나의 위험 집단을 구성하여 보험료를 갹출하고 이 보험료를 통해 구성원의 일부가 입은 손해를 보상하는 원칙이며 위험을 분담하는 것이다.

2) 확률(確率, Probability)

♣ 확률은 어떤 사건이 일어날 가능성의 정도를 수치로 나타낸 것이다.

즉, 일정한 조건하에서 하나의 사건이나 사상(事象)이 일어날 수 있는 가능성의 정도 또는 그것을 나타내는 수치이다.

수학적으로는 1보다 크지 않고 음이 될 수도 없다. 확률 1은 항상 일어남을 의미하고, 확률 0은 절대로 일어나지 않음을 의미한다. 확률은 모든 경우의 수에 대한 특정 사건이 발생하는 비율이다. (예를 들어 눈금이 6개인 주사위를 던졌을 때 특정수가 나올 확률은 1/6이다.)

3) 대수(大數)의 법칙(Law of large numbers): 다수 위험의 결합

♣ 위험 집단이 늘어날수록 그 위험의 발생 가능성을 예측할 수 있다.

개개의 경우 사고 발생을 예측할 수 없으나, 동일한 사고를 대량적으로 관찰할 경우 일정한 우연적 사건(사고)발생에 대해 일정한 비율이 통계적으로 추출되고 예측할 수 있다는 법칙이다(예: 주사위, 동전).

대수의 법칙은 관찰 횟수를 늘려갈 수록 표본의 측정치가 모집단에서 기대되는 결과와 비슷해지는 것을 말한다.

즉, 주사위를 던져서 1이 나올 확률은 1/6인데, 주사위를 6번 던졌을 때는 1이 4번이 나올 수도 있지만 600만 번 던졌을 때는 1이 나오는 횟수가 약 100만 번이 될 것이다. 이 원리가 바로 대수의 법칙이다.

대수의 법칙은 보험료 계산원리 중의 하나로 이용되는데, 개인이 사망하는 것은 우연한 일이지만 사회의 전체로 봤을 때는 그 확률이 일정하게 나타난다고 한다.

4) 수지상등(收支相等)의 원칙

수지상등의 원칙은 위험집단 전체의 입장에서 본 것이라는 점에서 급부 반대급부 균등의 원칙과 차이가 있는데, 수지상등의 원칙은 보험가입자로부터 받은 순보험료 총액과 보험사고로 지급하는 보험금 총액이 같아야 한다는 것 이다(수입＝지출).

즉 보험계약자가 납입하는 보험료 총액과 보험회사가 보험사고로 지급하는 보험금 및 경비의 총액은 동일한 금액이 되도록 보험료를 결정하게 되는데 이를 수지상등(收支相等)의 원칙이라 한다.

5) 급부 반대급부 균등의 원칙

급부 반대급부 균등의 원칙은 개인의 입장에서 보는 건데, 각자가 내는 보험료와 기대되는 보험금이 같아야 한다는 것이다.

급부 반대급부 균등의 원칙에 따르면 개별적인 위험 발생 가능성에 맞게 보험료를 내야 하니, 30세의 남성과 70세의 남성이 내는 보험료는 당연히 달라져야 한다.

4. 보험가입의 절차

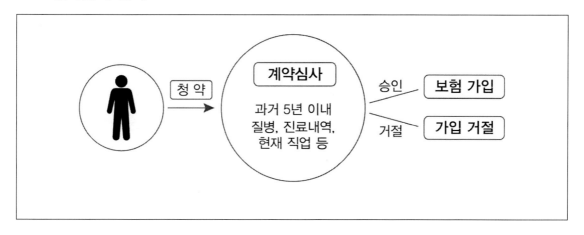

보험은 가입자의 청약과 보험회사의 승인에 의해서 성립되는 쌍방계약이다.

다만, 피보험자의 위험률에 따라 가입이 거절될 수도 있다.

5. 보험가입 시 의무

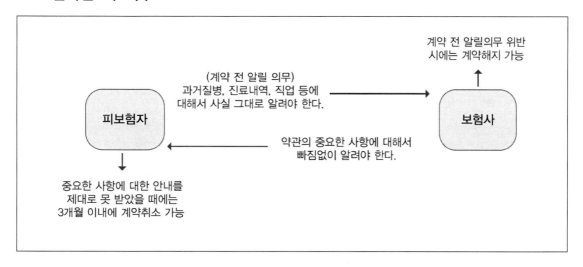

6. 예금과 보험의 차이(중도 해약 시)

1) 예금

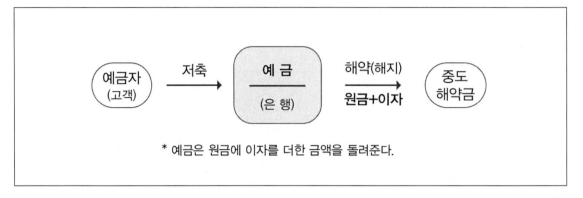

* 예금은 원금에 이자를 더한 금액을 돌려준다.

2) 보험

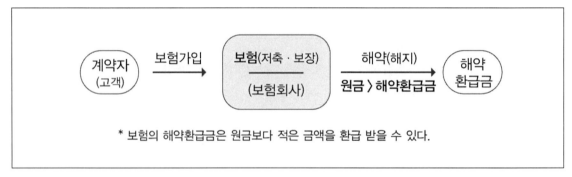

* 보험의 해약환급금은 원금보다 적은 금액을 환급 받을 수 있다.

7. 보험과 사회적 인식의 비교

■ 보험과 투기, 도박과의 비교

구분	보험	투기	도박
동기	위험의 제거 또는 감소	부의 획득	부의 획득
사회적인식	생산적	비생산적	비생산적
대상 위험	기존에 존재하는 위험	새로이 창출된 위험	새로이 창출된 위험
기타	위험의 전가 및 감소가능, 발생된 손실의 일부 또는 전부 회복가능	위험의 전가만 가능	발생된 손실의 회복 불가능

출처: 김동현, 보험론, 학현사, P.57

8. 보험의 종류

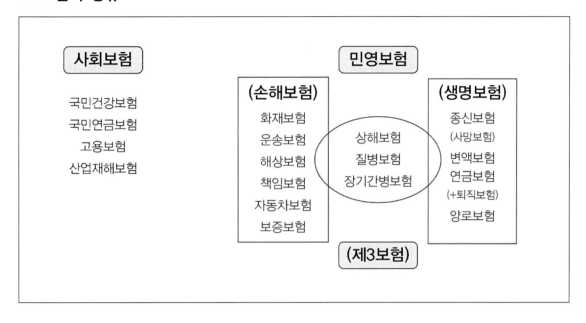

제3절 / **보험의 사회적 기능과 손해보험 & 인보험**

1. 보험의 사회적 기능

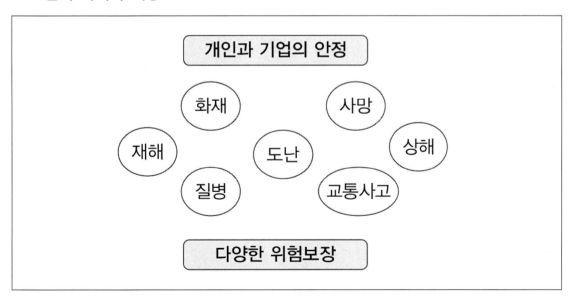

2. 손해보험과 인보험의 개념

1) 손해보험(損害保險)

우연한 사고(보험사고)로 피보험자가 입을 재산상의 손해보상을 약정하는 보험.

즉, 보험회사가 보험사고로 생길 피보험자의 재산상의 손해를 보상하는 보험을 말한다.

손해보험의 경우 피보험자가 실제 입은 만큼의 손해에 대한 보상만 받을 수 있다.

상법은 손해보험을 화재보험, 운송보험, 해상보험, 책임보험, 자동차보험, 보증보험으로 구분하고 있다.

♣ 손해보험계약: 사고 발생 시 지급할 금액을 사고발생 전에 알 수 없는 불확정보험.

2) 인보험(人保險)

사람의 생명이나 신체에 생기는 손해에 대하여 보험금을 지불할 것을 목적으로 하는 보험.

즉, 손해와 상관없이 일정액을 지급하는 정액보험(확정보험)이며, 사고발생 대상이 사람의 생명이나 신체인 경우의 보험이다.

상법은 인보험을 생명보험, 상해보험, 질병보험으로 구분하고 있다.

제4절 / 보험사기와 보험의 경제적인 측면

1. 보험사기

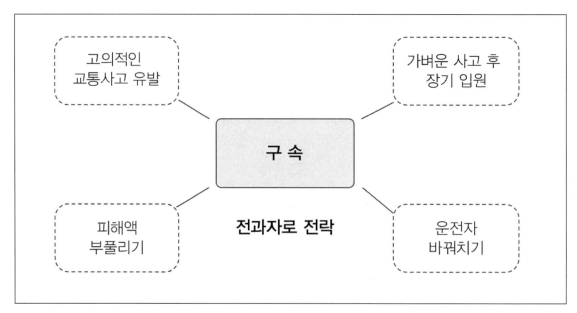

● 보험사기

1) 정의: 보험사고의 발생, 원인 또는 내용에 관하여 보험자를 기망하여 보험금을 청구하는 행위.

2) 보험사기방지특별법: 10년 이하의 징역, 5천만 원 이하 벌금.

3) 이득이 5억 원 이상일 때에는 특정경제범죄 가중처벌법에 의해 가중처벌.

4) 연성사기: 사고는 났으니 과잉청구, 기회사기

5) 경성사기: 의도적, 고의적 사고 조작

2. 보험은 안정적인 경제생활의 도우미

* **위험**은

원하지 않는 또는 뜻하지 않은 경제적 손해가 발생할 가능성을 말하며,

이러한 위험을 관리하는 방법 중의 하나가 보험에 가입하는 것.

* **보험**은

서로 비슷한 어려운 일에 처할 것 같은 사람들이 돈을 조금씩 내어 공동준비자금을 마련하고,

그 사람들 중 누구에게 어려운 일이 일어나면 그 돈으로 도와주는 **"미래의 안전장치"** 이다.

* **손해보험**은

다양한 위험을 보장함으로써 개인과 기업의 안정을 도모하고,

타인에 대한 배상을 통해 피해자를 보호하며 각종 사고를 예방한다.

제2장

보험이란 무엇인가?

제1절 / 보험의 개념

1. 보험(保險, insurance)의 정의

 "보험"이란 동질(同質)의 경제상의 위험에 놓여 있는 다수인이 하나의 단체를 구성하여, 미리 통계적 기초에 의해 산출한 일정한 금액(보험료)을 내어 일정한 공동 준비재산(기금)을 만들고 현실적으로 우연한 사고(보험사고)로 손해를 입은 사람에게 이 공동 준비재산에서 일정한 금액(보험금)을 지급하여 경제생활의 불안에 대비하는 경제제도이다.

 즉 동질의 위험에 처한 다수인이 우연한 사고의 발생과 그로 인한 경제적 수요에 대비하고자 위험단체(보험단체)를 구성하고, 그 단체 내에서 통계적 기초와 대수의 법칙(大數의 法則)에 따라 일정한 금액(보험료)을 미리 각출하여 기금을 형성한 후, 약정된 사고(보험사고)가 우연하게 실제 사고를 당한 구성원에게 재산적 급여(보험금)를 지급함으로써 경제적 어려움과 불안을 극복하고 위험을 분산하는 경제제도이다. 이것은 동질적인 위험의 결합을 통해 실제 손실을 평균 손실로 대체하는 제도이다.

 또한, 보험(保險, insurance)은 경제적, 사회적, 법적, 수리적 관점과 특성(속성)을 모두 포함하고 있는 종합적인 경제제도이다.

 보험은 미래에 직면할 위험에 대비하기 위한 집단적 위험대비 제도이다. 현존하는 보험형태 가운데 가장 오랜 역사를 지니는 것은 후에 해상보험으로 발전한 것이고 그 후에 나타난 화재보험, 재해보험으로 확대되었다. 재해보험은 19세기에 더욱 확대되어 새로운 산업기술의 산물을 보험대상으로 하게 되었다. 19세기 말엽과 20세기 전반기에는 의료보험 등 다양한 형태의 사회보험이 생겼다. 20세기 말에는 자동차보험 등 다양한 종류의 책임보험이 역할을 증대시켰다. 보험대상은 재산과 사람으로 양분할 수 있고 보험으로 대처하는 사고는 재해와 의무 위반 등이다. 보험료와 보험급여의 징수 및 지불방식은 어떤 분야에서든 보험증권의 내용에 따라 다소 차이가 있다.

20 제1편 보험의 이해

- 보험이란 위험의 감소와 손실의 분담과 전보(전가), 그리고 손실의 예측과 분배를 목적으로 한다.
- 보험의 정의를 분석하면, 발생이 불확실한 우연성이 존재, 가계 및 기업의 경제적 불안정 제거가 목적, 다수 개별경제 주체의 결합으로 공동기금조성, 합리적인 계산에 의한 보험료의 갹출이다.
- 보험은 현대인들의 삶에서 분리할 수 없는 필수적인 존재이며 경제제도이다.
- 보험은 우리 인생에 보다 효율적으로 이용하여 삶의 질(質)을 윤택하게 만드는 데 힘써야 할 것이다.

▣ 보험과 위험

"위험(危險)이 없으면 보험(保險)도 없다."
- 우발적 위험(사고): 위험의 불확실성, 위험의 다수성, 위험의 동질성 → **전가(轉嫁)**: 보험
- 보험은 다양한 **위험(risk)**을 전제로 한다.
- 보험은 안정적인 경제생활의 도우미로서 공동준비자금 마련을 통한 **"미래의 안전장치"** 이다.

---

2. 보험의 기본정신

* 보험의 기본정신은 상부상조의 정신과 공평한 위험의 부담이다.

1) 상부상조의 정신

많은 사람들이 모여 언제 일어날지 모르는 각종 사고에 대비해 서로 적은 금액을 예치하여 공동으로 재산을 마련해두고, 그 구성원 가운데 불의의 사고를 당한 사람에게 미리 정해진 금액을 지급함으로써 서로 돕는 제도를 합리적인 방법으로 제도화한 것이다.

2) 공평한 위험의 부담

♣ 만인은 1인을 위하여, 1인은 만인을 위하여!!! (All for one, One for all)

동일한 위험에 노출된 다수의 경제단위가 하나의 위험 집단을 구성하여 보험료를 갹출하고 이 보험료를 통해 구성원의 일부가 입은 손해를 보상하는 원칙이며 위험을 분담하는 것이다.

보험사고 발생에 대비한 공평한 위험 부담을 위해 대수의 법칙을 기초로 작성한 생명표와 사망률에 따라 합리적인 보험료를 산출하게 된다.

3. 보험의 기본 성격

1) 위험의 전가(risk transfer)

일정한 보험료를 내고 순수 위험의 부담을 보험자에게 전가한다. 보험의 필수적인 요소이다.

화재보험의 경우, 피보험자가 일정한 보험료를 내고 화재로 인한 손실 부담을 보험자에게 전가하는 것이다. 생명보험의 경우도 사망에 따른 손실 부담을 피보험자로부터 보험자에게 전가시키는 것이다.

2) 위험의 결합(pooling of risks)

발생된 손실을 보험가입자 모두에게 분산시키는 효과가 있다. 보험원리의 핵심적인 요소를 구성한다. 위험의 결합과 관련된 개념으로서 대수의 법칙이 있는데, 이는 "어떤 위험에 대하여 측정 대상의 수를 늘리면 늘릴수록, 또한 측정을 통한 예상치는 실제 치에 가까워진다."라고 풀이될 수 있다.

3) 우연적 손실의 보상(indemnification of fortuitous losses)

고의적이고, 의도적인 사고에 의한 손실은 보상하지 않고, 우발적인 보험사고의 우연적 손실을 보상한다.

4. 보험의 목적(目的)과 목적 달성을 위한 수단

- 보험(保險, insurance)의 목적

  위험을 감소하고, 손실을 분담하며, 손실을 전가(轉嫁)하고, 손실을 예측하고 분배하는 것이다.
- 목적 달성을 위한 방법

  위험(Risk)을 전가(轉嫁)하거나 결합하고, 공동기금을 형성하거나, 법적인 계약을 체결하고, 보험수리라는 수리적 수단(확률, 경험적 통계)을 이용하는 방법이 존재한다.

5. 보험의 필수 요건

1) 손실의 발생은 우연적이고 고의성이 없어야 한다.

보험은 우연한 사고의 발생에 대처하는 제도이므로 보험사고는 우연적이고 불확실한 것이어야 한다. 이때 우연성이란 사고발생 여부와 발생 시기, 발생 정도(규모) 등의 전부 또는 일부가 불확실함을 의미한다.

- 보험 대상의 손실은 반드시 우연적이고, 손실 발생의 장소 및 시간을 예견할 수 있어서는 안 된다.
- 보험계약자가 고의로 손실을 발생시키거나, 발생한 손실을 고의로 확장시키거나, 과장시키는 것을 방지하기 위한 것이다.
- 만약, 손실이 고의적으로 발생되고 확대·과장된다면 이는 도덕적 위태(moral hazard)에 해당되는 것으로서 보험의 대상이 될 수 없다.

2) 다수의 동질적인 위험이 존재해야 한다.

보험은 다수의 동질적인 위험의 결합을 필요로 한다. 즉, 위험의 발생 빈도, 동일한 기간 내에 보험금 지급에 필요한 보험료 수준, 사고 시 지급될 비용 등을 통계적인 경험에 의해 산출하기 위해서는 다수의 위험의 동질성이 필요하다.

- 보험에서 대상으로 할 수 있는 위험은 동질성(同質性)과 다수성(多數性)을 갖추어야 한다.
- 위험의 동질성과 다수성을 필요로 하는 이유는, 만약 동질성과 다수성을 갖추게 되면 보험회사는 대수의 법칙을 이용하여 위험으로 인한 손실의 규모와 발생 수를 보다 정확하게 측정할 수 있고, 이에 따른 보험료 산출도 정확해 질 수 있다.

3) 손실은 대이변적(大異變的, catastrophic) 이어서는 안 된다.

한번 보험사고의 발생으로 보험회사를 비롯한 보험집단 전부에 심각한 영향을 줄 수 있는 위험은 일반적으로 보험 대상에서 제외된다는 뜻이다.

국가 전체의 불경기로 대량 실업사태 발생, 태풍, 홍수, 지진 등 천재지변의 사고 등은 제외한다는 뜻이다. 대형 위험은 재보험을 효율적으로 이용하거나, 지역적으로 대형 위험을 적절히 분산하여 대처할 수 있다.

4) 손실은 확정적이고 측정이 가능해야 한다.

보험 대상의 손실은 그 발생원인, 발생한 때 발생한 장소, 손실의 금액이 명확하고 측정 가능한 것이어야 한다. 이러한 것들이 명확하게 정해지지 않는다면 손실에 관한 모든 사항을 파악할 수 없고, 보험료 산출 등 보험에 필요한 모든 자료를 객관적이고 과학적으로 처리하지 못하게 된다.

5) 손실 발생의 가능성은 확률로서 측정이 가능해야 한다.

보험 대상이 되는 손실은 그 발생 규모나 발생 횟수를 예상하여 그 예측이 가능하여야 한다. 이러한, 확률적 예상이 가능해 짐에 따라 충분하고 정확한 보험료 계산이 가능하다.

6) 보험료·보험금의 산정

보험에 있어서 보험료나 보험금은 과거의 위험 발생을 토대로 대수의 법칙에 의하여 향후의 위험 발생 확률(probability)을 예측하여 산정한다.

7) 보험료는 시장성을 고려해 경제적이어야 한다.

위의 열거된 여러 가지 요건을 고려하여 계산된 보험료는 보험가입자들이 부담 없이 지불할 수 있을 정도로 시장성이 있고 경제적이어야 한다. 또한, 보험계약 금액에 비해 보험료가 상대적으로 비싸다면 보험가입자들이 보험가입 자체를 포기하거나 주저할 것이다.

/ 보험의 본질(本質)로서 정의(定義)

보험을 부분적으로만 이해한다면, 그에 대한 왜곡된 시각이 생길 수가 있으므로 보다 다각적인 방법으로 살펴볼 필요가 있다. 따라서 아래의 다양한 관점들을 통하여 보험의 특성(속성)을 이해하고자 한다.

보험은 어떤 관점에서 보느냐에 따라 그 정의(定義)도 상이하다. 보편적으로 **보험을 크게 4가지 관점에서 정의할 수 있는데, 경제적 관점, 사회적 관점, 법적 관점, 수리적 관점**이다.

따라서 이 4가지 관점에서 보험을 어떻게 정의 할 수 있을지?, 보험의 목적이 무엇인지?, 어떤 수단들이 사용되는지? 여러 가지 관점들을 적용하여 보험을 정의하고 보험의 특성(기능)을 종합적으로 파악한다.

- **보험이란 위험의 감소와 손실의 분담과 전보, 그리고 손실의 예측과 분배를 목적으로 한다.**

1. 경제적 관점의 보험(보험의 개념과 특성)

> - 위험이란, 손실이 발생할 수 있다는 불확실성이다.
> - 위험 감소를 위한 방법은 전가와 결합, 2가지이다.
> - 보험은 계약을 통해 위험을 전가하거나 결합하여 관리한다.
> - 보험은 경제적 손실 가능성(위험)을 감소시키는 경제적 제도이다.

경제적 관점에서 보험의 근본적 목적은 위험(Risk)의 감소와 위험(Risk)의 전가 및 결합에 있다. 위험(Risk)을 감소시키는 방법은 ① 위험(Risk)의 전가이고, ② 위험(Risk)의 결합이다.

일반적인 보험의 형태는 첫 번째(①) 형태이고, 피보험자와 보험자의 계약을 통해서 피보험자는 보험자에게 위험(Risk)을 전가시킬 수 있다.

둘째(②)의 형태는 보험자가 첫째에서 이루어진 개별적 위험(Risk)을 한데 모아 결합시킴으로써, 위험분산의 효과를 낼 수 있다.

경제적 관점에서는 보험은 위험을 결합하여 위험을 분산(감소)시키는 것이다.

즉, 피보험자가 보험자에게 위험을 전가하는 행위뿐만 아니라 위험의 결합으로 위험을 분산 시킬 수 있다면 경제학에서 보험이라고 볼 수 있다.

- **위험의 감소와 위험의 전가 및 위험의 결합이다.**
  보험은 위험을 결합하여 위험을 분산시키는 것이다.

- **경제적 관점의 보험**: 재무적 손실에 대한 불확실성, 즉 위험(Risk) 감소를 말한다.
  - 위험(Risk) 전가: 개별적 위험을 감소시키기 위해 피보험자가 자신의 재무적인 위험을 보험자에게 전가한다.
  - 위험(Risk) 결합: 집단적 위험을 감소시키기 위해 대수의 법칙에 따라 개별적 위험을 결합하여 관리한다.

2. 사회적 관점의 보험(보험의 개념과 특성)

- 보험의 기본 정신은 상부상조이다(다수의 사람들이 모여 불행을 함께 해결).
- 사회 구성원들 중 소수의 손실을 다수가 분담하는 것이 목적이다.
- 사회적 관점의 특성: ① 다수인의 참여가 전제한다.
  ② 다수가 힘을 합쳐 소수를 돕는 것이다(상부상조).
  ③ 개별 구성원 모두의 책임 의식이 필요하다.

사회적 관점에서 보험의 근본이념은 상부상조(相扶相助)이다. 사회의 다수가 모여 협력을 형성하고 개인이 불행한 일을 겪게 될 때 다수의 협력으로 해결하는 형태이다.

즉, 보험은 사회적 관점에서 개인에게 발생한 손실을 다수인이 부담하는 것으로, 기금의 형태이다.

단, 사회적 관점에서 보험의 특징은 개인의 불행을 다수가 분담한다는 것이고, 특정 개인의 원조(aid)를 위한 기금의 형성이나 협력은 아니다.

보험의 사회적 특성의 표현은 "만인은 일인을 위하여, 일인은 만인을 위하여"로 함축하여 인용한다.

- 사회의 다수가 모여 개인이 불행한 일을 겪을 때 다수의 협력으로 해결하는 형태이다.
- 사회적 관점의 보험:
  다수인이 모여 손실에 따른 불행을 공동의 노력으로 해결하고자 하는 사회제도로 다수인의 참여가 필요하다(상부상조 정신).

3. 법적 관점의 보험(보험의 기반)

- 재무적 손실의 전보를 목적으로 한 법적인 계약이다.
- 보험은 계약의 원칙과 법적 특성이 존재한다.
- 법률적 요건을 충족해야 한다.

보험이 구체적으로 실현되기 위해서는 법적인 효력이 존재하여야 한다.

만약 법적인 제제가 없다면 피보험자에게 손실이 발생하였을 때, 피보험자가 자신의 의무를 이행하지 않는 기회주의적 행동이 발생할 수 있다. 따라서 보험자를 보호하기 위하여 법적인 제도가 필요할 것이다.

법적인 관점에서 보험은 **보험자와 피보험자 또는 보험계약자 사이에 맺어진 재무적 손실의 전가를 목적으로 하는 법적 계약이다.**[5)]

피보험자의 불확실성을 보험자에게 전가하는 대가로 프로미엄(premium, 보험료)을 지불하는 거래를 구체화하는 수단은 바로 보험계약이다.

- 보험자와 피보험자 또는 보험계약자 사이에 맺어진 재무적 손실의 전보를 목적으로 하는 법적 계약이다.
- 법적 관점의 보험
  - 보험은 법적인 관점에서 보험자와 피보험자 또는 보험계약자 사이에 맺어진 재무적 손실의 전보를 목적으로 한 법적 계약이다.
  - 피보험자는 미래의 불확실하고 큰 손실과 보험료 형태의 확실하고 적은 손실을 보험자와 교환한다.
  - 보험 계약의 성립을 위해서 고유한 법률적 요건을 구비하고 보험과 관련된 법으로 이를 충족시킨다.

4. 수리적 관점의 보험(보험의 기반)

- 보험은 근본적으로 수리적인 이론과 기술을 바탕으로 한다.
- 미래의 손실을 다각적인 측면에서 예측 한다.
- 피보험자가 각자 부담해야 할 몫을 예측 한다.
- 예측을 위한 수단이 보험수리이다.

보험은 수리적 이론과 기술을 바탕으로 미래의 불확실성과 손실에 대한 예측을 통해 배분을 하는 제도이다. 이러한 기능을 올바르게 실행하기 위해서는 보험수리를 필요로 하며 이는 확률과 통계로 구성된다.

- 수리적 이론(확률, 통계)과 기술을 바탕으로 미래의 손실에 대한 예측을 통해 배분을 하는 제도이다.
- 수리적 관점의 보험
  - 수리적 관점에서 보험제도의 운영을 위한 이론과 기술이 필요하다.
  - 확률 이론과 통계적 기법을 바탕으로 미래의 불확실한 손실을 예측하여 배분한다(수리적 제도).

---

5) 이경룡, 보험학원론, 영지문화사, 2011, p.111

제3절 / 보험의 기본원칙과 보험운영의 기본원리

1. 보험의 기본원칙(보험계약법상)

보험계약법 상에 보험의 기본원칙은 대수의 법칙, 수지상등의 원칙, 보험계약자 평등대우의 원칙, 보험계약자 이득금지의 원칙(실손 보상의 원칙) 등이 있다.

1) 대수의 법칙

동일한 사고를 대량적으로 관찰할 경우에 우연적인 사고 발생에 대해 일정한 발생 확률이 나오고, 이 확률은 대개 비슷하게 진행되는데 이를 대수의 법칙이라 한다. 즉, 동일한 사실을 대량적으로 관찰할 경우 예측 사고율과 실제 사고율의 편차가 적어진다는 원칙이다(확률 동일함). 경험적 확률로 미래의 사고 발생률을 구하는 법칙이며, 대수 법칙에 따라 결정한다. 예) 주사위

2) 수지상등의 원칙

보험계약자로부터 받은 순보험료의 총액과 보험자가 지급하는 보험금의 총액은 서로 균형의 원칙이다. 즉, 총수입의 금액과 총지출의 금액이 똑같다는 원칙이다(총 수입액=총 지출액).

3) 보험계약자 평등대우의 원칙

보험가입자는 위험 단체의 한 구성원으로서 다른 구성원과 평등하게 대우를 받아야 한다는 원칙이다.

4) 보험계약자 이득금지의 원칙(실손 보상의 원칙)

손해보험에서 보험사고로 인하여 피보험자가 이득이 생겨서는 안 된다는 원칙이다.

즉, 보험사고 발생 시 피보험자는 실제의 손해액 이상으로 보상받을 수 없다는 원칙이다.

2. 보험운영의 기본원리

보험자는 개별 피보험자에게 적은 금액의 보험료(保險料, Premium)를 받고, 위기 상황과 경제적 손실이 발생 시에 많은 보험금(保險金, insurance money)을 지급해야 하는 의무가 있다.

이러한 상황에서 보험을 운영하기 위해서는 기본 원리가 필요하며, 기본 원리에는 수지상등의 원칙(보험등식), 확률과 대수의 법칙, 통계 자료와 정보 등이 있다.

1) 수지상등의 원칙("보험등식": 수입 = 지출)

수지상등의 원칙(보험등식)은 **수입과 지출을 같게 만드는 관계**를 말한다.

즉, 보험 제도를 운영하는 것과 관련하여 자금의 수입과 자금의 지출이 같게 하는 관계식을 뜻한다. 수입과 지출이 같은 상태가 성립함으로써 보험 사업을 장기적으로 운영할 수 있으며, 피보험자는

보험서비스(경제적 손실보상)를 받을 수 있게 된다.

즉, 장기적으로 보험등식을 성립시킬 수 있다면, 보험자는 보험 사업을 영위할 수 있으며, 보험계약자 및 피보험자는 보험을 이용하여 경제적 손실을 보상 받을 수 있다.

- 보험은 장기적으로 안정적인 운영을 위해서는 '**수입=지출**'의 등식을 만족시켜야 한다.
- **정의**: 보험제도 운영과 관련하여 수입과 지출을 같게 하는 관계식이다.

자금의 수입은 보험료 수입, 투자 수입, 기타 수입으로 구성되고, 자금의 지출(비용)은 손실 보상, 사업비, 자본비용 및 기타 지출로 구성된다.

◆ **수입**

보험료수입: 위험(Risk)의 전가를 대가로 피보험자 또는 보험계약자로부터 받는 보험료(Premium)

투자수입: 보험 상품을 기초로 한 투자활동을 통한 수입

기타수입: 자산운용수익, 임대수입 등

◆ **지출(비용)**

손실 보상: 피보험자의 손실 보전을 위한 비용(보험금)

사업비: 보험 사업을 운영하기 위해 드는 비용

자본비용 및 기타비용

채권 및 주식 발행비용 등

보험등식에서 보험자는 '수입＝지출'이라는 균형을 이루기 위해 노력해야 한다. 그 이유는 지출이 수입보다 더 크다면 보험자는 보험 사업을 장기적으로 영위하기 어려우며 계약 불이행의 위험이 발생할 수 있기 때문이다. 그렇게 된다면 보험자와 계약을 맺은 보험계약자 또는 피보험자는 피해를 입을 수 있다.

반면, 수입이 지출보다 큰 상황이 발생할 경우도 있다. 이러한 상황은 보험자에게는 호의적인 상황이지만, 보험계약자 또는 피보험자는 적정 이상의 과대한 보험료를 부담하게 되어 효율적이지 않다.

◆ **보험등식**

수입 > 지출: 보험자에게는 호의적인 상황이다.

하지만 보험계약자는 적정 이상의 보험료 부담으로 효율적이지 않은 상황이다.

수입 < 지출: 보험 사업을 장기적으로 영위하기 위한 어려움이 있고, 계약의무 불이행의 위험이 있다.

수입 = 지출: 보험 사업을 장기적으로 운영이 가능하고, 안정적으로 보험서비스의 제공이 가능하다.

- **수입이 지출보다 적은 경우**: 적정 보험료 예측 실패.

투자 수입이 예상보다 낮음.

예측을 벗어난 손실.

• **수입이 지출보다 큰 경우:** 미래 손실을 지나치게 크게 예측.

투자 수입이 예상보다 높음.

사업비 규모 산정에서의 잘못.

손실을 지나치게 크게 예측.

2) 확률과 대수법칙

보험제도가 건전하게 운영되기 위해서는 수리적인 이론으로 뒷받침하는 것이 필요한데, 보험수리 중에 확률과 대수법칙이 가장 중요한 역할을 한다.

보험 제도를 운영할 때 수리적 뒷받침이 필요한 이유는 미래에 발생하는 손실을 보다 정확하게 예측하기 위해서이며, 보험료를 비롯한 보험제도는 예측된 손실을 바탕으로 운영되고 있다.

미래의 손실을 예측하는 것과 대수법칙은 매우 밀접한 관계를 가지고 있다.

예측된 손실과 실제 손실이 항상 일치되기는 어렵지만 대수법칙을 통해 이러한 불확실성을 감소시킬 수 있다.

(1) 확률

특정 사건의 발생 기회를 측정하며, 상대적인 빈도와 주관적인 판단으로 구분된다.

☆ 손실이 발생할 확률이 클수록 보험료도 증가한다.

① **상대적인 빈도:** 선험적 확률과 경험적 확률로 구분된다.

선험적 확률: 수리적 기초에 의하여 연역적인 방법으로 추론한 확률이다.

경험적 확률: 사고가 발생할 확률을 실제 경험이 축적된 데이터를 통하여 귀납적으로 도출한 확률이다. 모든 보험 제도는 경험적 확률을 바탕으로 운영된다.

② **주관적인 판단:** 선호되지 않으나, 특수한 경우의 보험료 산출 시 이용한다.

즉, 상대적 빈도로 예측이 불가능할 경우, 개인의 경험 및 판단을 기초로 한다.

> ※ 귀납법: 연역법 이외에 특수한 것으로부터 일반적인 것으로 혹은 구체적인 것에서 추상적인 것의 추론 방법이다.
> ※ 연역법: 확실한 보편원리를 바탕으로 여기에서 특수한 명제를 끌어내어 진실한 인식에 도달하는 추리 방법이다.
> ※ 연역 논리(演繹論理)는 추론의 타당성을 목표로 한다. 따라서 추론의 구조나 형식에 더 큰 관심을 둔다. 귀납 논리(歸納論理)는 추론의 정확함을 목표로 한다.

(2) 대수법칙

동일한 사고를 대량적으로 관찰할 경우에 일정한 우연적 사건(사고)발생에 대해 일정한 발생 확률이 나오고 이 확률은 대개 비슷하게 진행되는데 이를 대수(大數)의 법칙이라 한다.

다수 위험의 결합이며, 위험 집단이 늘어날수록 그 위험의 발생 가능성을 예측할 수 있다.

대상의 수가 많을수록 예측과 실제 손실의 차이를 감소시키는 방법이다. 따라서 보험자는 실제 발생한 손실 예측한 손실보다 적을 때 이익을 얻기 때문에 불확실성을 줄이기 위해 대수법칙을 이용한다.

* 확률은 단순한 평균 예측의 수치에 불과하다.
* 보험자의 위험은 예측한 손실과 실제 손실 사이의 불확실성이다.
* 보험자는 보험료 산정의 불확실성을 감소시키기 위해 대수법칙이 필요하다.
* 대수법칙을 통해 보험자는 이익을 얻을 수 있다.

3) 통계 자료와 정보

확률과 대수법칙을 이용하여 실제와 비슷한 손실을 예측하기 위해서는 충분한 양과 정확한 질을 가진 통계 자료와 관련 정보가 있어야 하며, 보험을 운영하는 데 가장 핵심적인 것은 보험요율의 산정이다.

보험요율 산정은 풍부하고 정확한 통계 자료를 과학적으로 사용하는 것을 기본으로 한다.

확률 개념을 이용하여 미래의 손실을 예측하기 위해서는 그와 관련된 통계 자료를 활용한다.

따라서 보험자 입장에서는 통계 자료의 충분성, 정확성, 분석 능력이 보험의 질적 수준을 좌우한다.

* 손실 예측을 위해서는 충분한 정보가 필요하다.
* 정확한 통계 정보의 부재는 미래 손실에 대한 신뢰성이 저하된다.
* 통계자료의 충분성, 정확성, 분석 능력이 보험의 질적 수준을 좌우한다.
* 보험 운영의 핵심은 보험료율의 산정이다.
* 보험료율 산정은 풍부하고 정확한 통계 자료를 과학적으로 활용해야 한다.

3. 보험운영의 원칙

1) 수많은 동질성의 다수 리스크가 존재한다.

대수법칙의 혜택을 얻을 수 있을 만큼의 다수의 리스크가 존재해야 한다.

대수법칙: 관찰 횟수가 증가할수록 우연성이 점점 제거되어 일정한 규칙적인 관계가 나타나게 되는 것이다. 예전의 발생 손실을 통해 앞으로의 손실을 예측이 가능하다.

2) 절대적인 손실이다.

발생한 시간, 장소, 원인을 객관적으로 파악할 수 있는 손실이다.

3) 규모가 큰 손실이다.

보험료＝보험계약자의 리스크 관리 비용이다.

만약, 보험료 ＞ 손실이라면, 보험계약자 관점에서는 비경제적 의사결정이다.

4) 합리적인 보험료이다.

피보험자의 손실 발생의 확률이 너무 크지 않아야 하고, 그에 따른 보험료도 합리적으로 책정되어야 한다.

5) 손실 가능성과 비용의 측면에서 손실 측정이 가능하다.

/ **보험료의 구성 및 계산원리**

1. 보험료의 구성

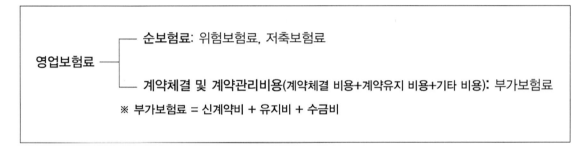

1) 영업보험료 = 순보험료 + 계약체결 및 계약관리 비용(부가보험료)

2) 순보험료 = 위험보험료 + 저축보험료

대수의 법칙에 따라 예상평균사고발생률과 예상평균보험금에 의하여 산출된다.

사고발생 위험률에 따라 계산된 위험보험료와 보험료 적립을 위한 저축보험료로 구성된다.

① 위험보험료: 보험사고가 발생 시 계약자 등에게 지급되는 보험금의 재원(**보험료 산출: 예정위험률**).

② 저축보험료: 계약자가 보험계약을 중도에 해지한 경우에 지급하는 해지환급금 및 보험사고 없이 만기가 되었을 때 계약자에게 지급하는 만기환급금의 재원(**보험료 산출: 예정이율**).

3) 계약체결 및 계약관리비용(계약체결 비용 + 계약유지 비용 + 기타 비용) : 부가보험료

보험계약 및 유지관리에 필요한 사업비(경비)로서, 보험계약의 체결비용, 인건비, 그 밖의 사업비로서 부가되는 보험료이다(**보험료 산출: 예정사업비율**).

① 계약체결 비용(신계약비)

보험회사가 신계약을 모집하는데 필요한 제경비로서 초년도에만 사용하며 보험설계사 등의 급여로 사용된다.

② 계약유지 비용(유지비)

보험계약을 유지 관리하는데 필요한 제경비로 점포유지비, 내근직원의 인건비등으로 사용된다.

③ 기타 비용(수금비 등)

계속보험료를 수금하는데 필요한 제경비로 수금사원의 수금수수료와 은행이나 우체국을 통한 수금비용(자동이체 수수료)으로 사용된다.

2. 보험료 계산의 원리(보험료 산출의 원칙)

보험료를 계산하고 결정하는 산출의 원칙은 수지상등(收支相等)의 원칙과 대수(大數)의 법칙이 근간(根幹)이며, 보험회사의 보험료 산출의 기본적인 원리는 '수지상등의 원칙'이다(총수입 = 총지출).

보험료는 대수의 법칙에 기초한 보험사고의 확률을 반영하여 총 지급보험금에 비례하여 산출한다.

즉, 보험료(수입) 총액과 보험금(지출) 총액이 같아지도록 보험료을 결정하는 것이 원칙이다.

1) 수지상등(收支相等)의 원칙(Principle of Equivalence)

장래에 수입되는 순보험료 현가의 총액이 장래에 지출해야 할 보험금 · 경비 현가의 총액과 동일하게 되는 것을 말한다.

보험이란 많은 사람들이 모여서 서로 적은 분담금액을 내고 예기치 못한 불행을 당한 사람에게 도움을 주는 상부상조제도이기 때문에 보험가입자의 개개인으로 본다면 납입한 보험료와 지급을 받은 보험금에 차이가 날 수 있다. 그러나 전체적으로 보면 **보험가입자가 납입하는 보험료 총액과 보험회사가 지급하는 보험금 및 경비의 총액은 동일한 금액이 되도록 보험료를 결정하게 되는데 이를 수지상등(收支相等)의 원칙이라 한다.** 즉 보험회사의 수입과 지출이 같아지도록 보험료를 결정하는 원칙이다.

> ♣ 보험료 총액[장래 수입] = 보험금 총액 + 경비(사업비) 총액[장래 지출]
> 장래에 수입되는 순보험료 현가의 총액이 장래 지출해야할 보험금 현가의 총액과
> 동일하게 되는 것이다.

2) 대수(大數)의 법칙(law of large numbers)

동일한 사고를 대량적으로 관찰할 경우에 일정한 우연적 사건(사고) 발생에 대해 일정한 발생 확률이 나오고 이 확률은 대개 비슷하게 진행되는데 이를 대수(大數)의 법칙이라 한다. 이것은 피보험자가 많이 있는 것을 가정하고 있으므로 확률론에서 말하는 대수의 법칙이 성립되는 것을 의미한다.

> 어떠한 사건의 발생비율은 1회나 2회의 관찰로는 측정이 어렵지만, 관찰의 횟수를 늘려 가면 일정한 발생확률이 나오고 이 확률은 대개 비슷하게 진행되는데 이를 대수(大數)의 법칙이라 한다(예: 주사위, 동전).

3) 보험료의 계산(산출) 방식

(1) 3이원방식의 보험료 산출(보험료계산의 기초)

보험료 산출은 보험료 계산의 3요소를 사용하여 보험료를 계산하는 데, 이를 3이원방식이라 한다. 보험료 계산의 3요소에는 예정위험률(예정사망률 등), 예정이율, 예정사업비율이 있으며, 이 3가지 예정률을 기초로 보험료를 산출한다.

보험가입 시에 동일한 보장이라도 보험료 계산 시에 적용하는 예정기초율에 따라 납입보험료가 달라지므로 회사별로 예정기초율을 확인한 후 가입하면 보험료 부담을 줄일 수 있다.

① 예정위험률(예정사망률)

한 개인이 사망하거나 질병에 걸리는 등의 일정한 보험사고가 발생할 확률을 대수의 법칙에 의해 예측한 것이 예정위험률이며, 특히 한 개인의 특정시점에 사망할 확률을 미리 예측하여 보험료 계산에 적용하는 위험률을 예정사망률이라 한다. 즉, 과거 일정기간 동안 일어난 보험사고 발생 통계를 기초로 해서 앞으로 일어날 사고율을 예측한 위험률을 말한다.

* 예정위험률이 높으면 보험료는 올라가고, 반대로 낮으면 보험료는 내려간다.

② 예정이율

보험회사는 장래의 보험금 지급에 대비하기 위해 계약자가 납입한 보험료를 적립해 두는데, 보험료 납입 시점과 보험금 지급 사이에는 시간적 차이가 발생하게 된다. 이 기간 동안 보험회사는 적립된 금액(보험료)을 운용(運用)할 수 있는데 운용에 따라 기대되는 수익을 미리 예상하여 일정한 비율로 보험료를 할인해 주고 있다. 이러한 할인율을 예정이율이라고 한다.

보험금을 지급하기 위하여 보험료 계산 시 적용하는 할인 금리를 뜻하며, 계약자로부터 받은 보험료를 운용해 보험금 지급 때까지 거둘 수 있는 예상수익률로 볼 수도 있다.

* 예정이율이 높아지면 보험료가 싸지고 예정이율이 낮아지면 보험료가 비싸진다.

③ 예정사업비율

생명보험회사가 보험계약을 유지, 관리해 나가기 위해서는 여러 가지 비용이 든다. 따라서 보험사업의 운영에 필요한 경비를 미리 예상하고 계산하여 보험료에 포함시키고 있는데, 보험료 중 이러한 경비의 구성 비율을 예정사업비율이라고 한다. 즉, 과거의 사업비 집행 실적을 기초로 장래에 집행할 사업비를 예측한 비율을 말한다.

* 예정사업비율이 높으면 보험료는 비싸지게 되고 예정사업비율이 낮으면 보험료는 싸지게 된다.

(2) 현금흐름방식의 보험료 산출(CFP: Cash-Flow Pricing)

미래에 예측되는 각각의 가정에 대한 최선의 추정치를 이용하여 보험계약에 대한 예상 운영성과를 시뮬레이션하여 보험료를 산출하는 방법이다. 보험료 수준은 회사 경험통계, 시장을 고려한 목표이익 등에 따라 결정된다.

현금흐름방식의 보험료 산출체계(CFP: Cash-Flow Pricing)의 현금흐름방식은 종래의 산출 방식에서 사용하던 3이원(예정위험률, 예정이율, 예정사업비율) 이외에 해약률, 판매량 등 **다양한 기초율*** 을 반영하여 보험료를 산출하는 방식이다. 3이원을 조합하여 정해진 수식으로 즉시 보험료를 산출하는 방식이 아니라, 다양한 기초율을 가정하여 미래의 현금흐름을 예측하고 그에 따라 목표 수익성을 만족시키는 영업보험료 수준을 거꾸로 계산하는 방식을 따르기 때문에 현금흐름방식이라고 한다.

> ▣ 기초율
> * 계리적 요인: 투자수익률, 계약해지율, 지급여력 등
> * 마케팅요인: 보험료, 보험가입금액 수준, 판매규모, 계약자 구성(성별, 연령별 등)

출처: 생명보험협회 자료

(3) 독일 경제학자 렉시스의 보험료 산출방식

보험료의 산정은 보험계리사가 행한다. 보험료는 대수의 법칙에 기초한 보험사고의 발생 빈도와 심도를 고려하여 총 지급보험금에 비례하여 산출된다.

> • 독일 경제학자 렉시스의 산식: $p = Zw = r/n \times Z$　　$w = r/n$
>   보험료: p, 위험발생률: w, 보험금: Z, 보험금 받을 자의 수: r, 보험가입자 수: n

예) 보험가입자 1만 명이고, 시가 1억 원짜리 건물을 각각 가지고 있는데, 이들의 화재 발생율은 0.01%라고 가정하면, 1인당 순보험료는 1만 원이 된다($p = 1/10,000$명 $\times 100,000,000$원 $= 10,000$원).

제5절 / 보험연령 및 보험가입 연령의 계산

1. 보험연령의 의의(意義)

보험의 나이(보험연령)이란 생명보험이나 장기손해보험을 가입할 때 보험료를 책정(策定)하기 위해 피보험자에게 적용되는 연령(상령일)을 말한다. 즉, 상령일은 보험연령(보험나이)이 변경되는 날이다.

보험나이(보험연령)가 한 살 더 많아지는 날이 상령일인데 보험가입이 필요하다면 상령일이 지나기 전에 가입해야만 더 저렴한 금액(보험료)으로 보험가입이 가능하다.

보험을 가입할 때 나이(연령)가 매우 중요한 것은 나이와 성별, 직업에 따라서 보험료가 달라지기 때문이다. 보험료 산출에 있어서 통상 질병보험은 연령별로 차이가 있으며, 상해보험은 직업, 직무상 차이가 있다. 또한 보험을 가입할 때 입력하는 생년월일로 실제 나이와 달라지기도 하는데 보험료의 산출에 크게 영향을 미친다.

만약, 보험계약자가 보험을 가입하려고 하다가 하루 차이로 보험연령(상령일)이 변경되어 보험료

가 올라가서 계약자가 부담해야 하는 보험료가 많아지는 것은 보험기간이 장기간인 점을 고려하면 상당한 부담이 된다.

보험의 상령일에 따라 보험료가 1살 당 평균적으로 5~10%의 차이가 있으며, 혹은 1살 차이로 보험가입이 안될 수도 있기 때문에 보험연령(보험나이)의 계산은 중요하다고 할 수 있다.

1) 보험연령(보험의 나이) 계산의 기준(원칙)

피보험자의 보험연령의 계산은 **계약일 현재의 만 연령으로 하고, 1년 미만의 단수가 있을 경우에는 6개월 미만은 버리고 6개월 이상은 1년으로 계산한다.** 질병이나 사망을 보장하는 보험 상품의 경우 보험연령에 따라 보험료가 달라질 뿐만 아니라 보험가입에도 제한을 받을 수 있다.

2) 적용 사례

1990년 3월 5일생이 2023년 5월 5일에 생명보험을 가입할 경우 보험연령을 계산하면, 계약일 현재 만 연령은 33년 2개월이 되는데 6개월 미만은 버려야 하므로 보험연령은 33세가 된다. 하지만 계약일이 9월 5일 이라면 33년 6개월이 되어 단수인 6개월을 1년으로 계산하여 보험연령은 34세가 된다.

3) 보험가입 시의 가장 기본적인 고려사항

보험계약자가 보험가입 시에 가장 기본적으로 고려해야 할 사항은 피보험자의 연령을 계산하는 것이라고 할 수 있다. 이것은 보험계약자가 보험기간 동안에 부담해야 하는 보험료를 결정(산출)하는 기준이 되기 때문이다.

여기서 보험계약 시에 한 가지 유념해야 할 것은 보험가입의 적절한 시기는 정해져 있지 않다는 것이다.

만약 우리가 불의의 사고 또는 질병 사망의 정확한 시기를 미리 알 수 있다면, 그 직전에 보험을 가입 함으로써 최소의 비용으로 최대의 경제적 이익을 획득할 수 있다.

그러나 보험료의 절감 및 기타를 위해 보험가입을 계속 미루다가 보험사고(우연한 사고, 재해 장해·사망, 질병 사망 등)가 발생하는 경우는 우리 주위에서도 비일비재하게 보고 있는데, 나중에 후회를 해봐도 아무 소용이 없다. 결론은 보험가입의 시기는 정해져 있는 것이 아니라 필요하다면 즉시 가입해야 한다는 것이다.

흔히 일반인들은 가계 재정계획을 세울 때 경제적인 형편에 따라 저축 및 투자와 보험가입을 결정하며, 올해는 언제쯤 보험가입을 할 것이라는 계획에 따라 보험가입을 준비한다. 이때 가급적 보험연령이 한살이라도 초과하지 않고 보다 저렴하게 가입할 수 있게, 가입자가 보험연령을 계산할 줄 안다면 큰 도움이 될 것으로 생각된다.

2. 보험가입 연령의 계산

♣ 보험의 나이(보험연령)을 상령일이라고 한다(생일 기준으로 6개월 전 부터 생일까지 보험 상의 나이는+1살이다. 즉, 생일이 안 지나도 6개월 전이라면 보험연령은+1살로 계산한다).

피보험자의 보험연령(나이)은 **계약일 현재 만 연령으로 계산하는데 6개월 미만은 버리고, 6개월 이상은 1년으로 계산**하며, 이후 매년 계약 해당 일에 나이가 증가하는 것으로 한다. 계산 착오로 피보험자의 실제 연령과 차이가 있는 경우에는 보험료 변경 시의 변경에 따른 소정의 보험료를 정산한다. 보험료 산출에 있어서 통상 질병보험은 연령별로 차이가 있으며, 상해보험은 직업, 직무상 차이가 있다.

■ **보험연령(상령일) 계산 예시표**

1) 예시 1.

보험계약일: 2023. 10. 5. 현재, 피보험자 생년월일: 1979. 6. 5.인 경우

⇒ 만 44년 4개월(6개월 미만) ⇒ 보험 가입연령: 44세

2) 예시 2.

보험계약일: 2023. 12. 5 현재 피보험자 생년월일: 1989. 2. 5.인 경우

⇒ 만 34년 10개월(6개월 이상) ⇒ 보험 가입연령: 35세

제6절 / 보험의 분류 및 종류

1. 보험의 분류

보험의 운영 목적에 따른 보험의 분류

① 국가나 그 밖의 공공단체가 공동 경제적 목적으로 운영하는 보험을 공보험(公保險)이라 한다. 이러한 공보험의 예로는 산업재해보상보험, 선원보험, 국민건강보험, 수출보험 등이 있다.

② 개인이나 사법인이 사경제적 목적으로 운영하는 보험을 사보험(私保險)이라 한다. 이러한 사보험의 예로는 생명보험, 손해보험 등이 있다.

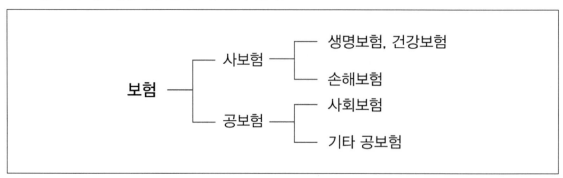

1) 공보험
① 사회보장의 성격이 강하고 국민의 최저 생활을 확보함에 그 목적이 있다.
② 주로 국가나 지방 공공단체에 의해 운영한다.
③ 공보험과 사보험의 차이점은 다음과 같다.
- 사보험은 보험료와 혜택이 비례한다.
- 공보험은 강제적 성격이며, 사보험은 개인의 의사에 따라 결정한다.
- 공보험 보험료는 정부가 일부 분담하며, 사보험은 계약자가 모두 부담한다.
- 공보험은 사회보장적 성격이므로 비 통계적이며, 사보험은 순수 통계자료에 의한다.

2) 사보험
① 생명 및 건강보험: 사망보험, 연금보험, 양로보험, 치료비 등을 지급하는 보험이다.
② 재산 및 배상책임 보험(손해보험)
- 화재 및 관련보험
- 재해보험: 생명 및 건강보험, 화재 및 관련보험, 해상보험, 육상운송보험으로 부보되지 않는 모든 위험을 그 부보 대상으로 하는 광범위한 보험이다.
③ 자동차보험, 일반배상책임보험, 강도 및 도난보험, 근로자재해 배상, 책임보험, 유리보험, 기관 및 기계보험, 핵보험, 농작물 우박보험
④ 해상보험: 항해 사업과 관련하여 발생된 손실을 보상해 주는 보험이다.
⑤ 육상운송보험: 육상운송 중에 있는 재산은 물론 정지 상태에 있는 교량, 터널, 부두시설, 통신시설 등
⑥ 복합종목보험: 한 계약 안에 여러 가지 보험을 한꺼번에 포함시킨 보험이다.
   예) 화재보험과 재해보험을 같이 가입함.
⑦ 신용 및 보증본드: 신용본드는 주로 종업원의 부정직, 횡령, 사기 등에 따른 손해 보상하는 보험. 보증본드는 계약 등의 불이행에 따른 손해 보상하는 보험.

3) 보험과 본드
① 본드(bond): 보험과 유사한 것이다.
② 신용본드(Fidelity, 신용보험): 종업원의 부정직, 횡령, 사기 등에 따른 손해 보상.
③ 보증본드(Surety, 보증보험): 계약 불이행에 따른 손해 보상.

4) 보험과 본드의 차이
① 계약 당사자: 보험은 보험자와 피보험자, 본드는 채무자, 채권자, 보증인
② 보험료: 보험에서는 손실 보상에 대한 대가, 본드는 신용 공여에 대한 수수료의 성격이다.
③ 구상권: 본드에서는 피보험자에 대한 구상권을 가지나 보험은 없다.

④ 보험은 피보험자의 통제 불가능 우연적 손실을 보상, 본드는 피보험자가 통제 가능한 불성실, 부정직 등에 기인하는 손실 보상.

2. 보험의 종류

보험의 종류를 크게 나누면 손해보험·생명보험·사회보험(공보험) 등이 있다. 손해보험에는 화재보험·운송보험·해상보험·책임보험·자동차보험·보증보험이 있고, 생명보험에는 사망보험·생존보험·양로보험 등이 있다. 사회보험에는 의료보험·건강보험·실업보험 등이 있다.

1) 보험의 분류(보험계약법 및 보험업법)

(1) 보험계약법: 손해보험, 인보험(생명보험, 상해보험, 질병보험)

(2) 보험업법: 손해보험, 생명보험, 제3보험(상해보험, 질병보험, 간병보험)

상법 제4편 제2장 손해보험에는 손해보험 종목을 화재보험, 운송보험, 해상보험, 책임보험, 자동차보험, 보증보험의 여섯 가지로 분류하고 있다.

상법 제4편 제3장 인보험에는 인보험 종목을 생명보험과 상해보험, 질병보험으로 분류하고 있다. 보험업법에서는 보험을 크게 손해보험, 생명보험, 제3보험으로 분류하고 있고 제3보험 속에 상해보험, 질병보험, 간병보험을 포함시키고 있다.

따라서 상해보험과 질병보험은 보험계약법상으로는 인보험에 포함되고, 보험업법상으로는 제3보험에 포함되기 때문에 혼선을 초래하지 않도록 유의해야 한다.

2) 「상법 제4편」 보험계약법에 따른 보험의 종류

(1) 보험계약법상 보험의 분류

상법 4편 '보험'편은 다시 제1장 통칙, 제2장 손해보험, 제3장 인보험, 이렇게 3개의 장으로 구성되어 있다.

제1장인 통칙은 보험의 종류에 관계없이 적용되고, 각론에 해당하는 제2장과 제3장에는 다시 통칙과 구체적인 보험종류를 규정하고 있다.

그러므로 우리 상법(보험계약법)은 보험을 크게 손해보험과 인보험으로 나누어 각 종류별로 그 특성을 정하고 있다.

(2) 손해보험(損害保險)

"손해보험"이란 보험회사가 보험사고로 인해 생길 피보험자의 재산상의 손해를 보상하는 보험으로 화재보험, 운송보험, 해상보험, 책임보험, 자동차보험, 보증보험 등이 이에 해당한다(「상법」 제665조 및 「상법」 제4편 제2장 제2절부터 제6절까지).

(3) 인보험(人保險)

인보험은 피보험자의 생명이나 신체에 보험사고가 발생할 경우 보험회사가 보험계약으로 정하는 바에 따라 보험금이나 그 밖의 급여를 지급하는 보험으로 생명보험, 상해보험, 질병보험 등이 이에 해당한다(「상법」 제727조 및 「상법」 제4편 제3장 제2절 및 제3절).

■ 「보험계약법」의 인보험과 손해보험의 비교

구분	인보험(생명보험, 상해보험, 질병보험)	손해보험
피보험자	보험사고의 객체인 사람	보험사고 발생 시 보상금을 받는 사람
보험금청구권자	보험수익자	피보험자
보험목적	사람(15세 미만자, 심신상실자, 심신 박약자는 사망보험의 피보험자가 될 수 없음)	사람, 법인, 물건 등(피보험이익 요건을 충족하는 것이면 모두 가능)
피보험이익	없음	보험가액
보험금 지급범위	계약체결 시 약정한 보험금(정액보험)	보험금액과 보험가액의 범위에서 실손보상
보험자대위	불인정 다만, 상해보험 등 실손 보상 개념이 있는 경우 특약에 의해 보험자대위 인정 가능	인정

출처: 금융감독원, 금융생활안내서(보험편), 2007

3) 「보험업법」에 따른 보험의 종류

(1) 생명보험

"생명보험"이란 위험보장을 목적으로 사람의 생존 또는 사망에 관하여 약정한 금전 및 그 밖의 급여를 지급할 것을 약속하고 대가를 수수하는 계약으로서 다음과 같은 계약을 말한다(「보험업법」 제2조 제1호 가목 및 「보험업법 시행령」 제1조의2 제2항).

① 생명보험계약

② 연금보험계약(퇴직보험계약을 포함함)

(2) 손해보험

"손해보험"이란 위험보장을 목적으로 우연한 사건(제3보험에 따른 질병·상해 및 간병은 제외함)으로 발생하는 손해(계약상 채무불이행 또는 법령상 의무불이행으로 발생하는 손해를 포함)에 대하여 금전 및 그 밖의 급여를 지급할 것을 약속하고 대가를 수수하는 계약으로서 다음과 같은 계약을 말한다(「보험업법」 제2조 제1호 나목 및 「보험업법 시행령」 제1조의2 제3항).

♣ 화재보험계약, 해상보험계약(항공·운송보험계약을 포함함), 자동차보험계약, 보증보험계약, 재보험계약, 책임보험계약, 기술보험계약, 권리보험계약, 도난보험계약, 유리보험계약, 동물보험계약, 원자력보험계약, 비용보험계약, 날씨보험계약, 기타 등이 있다.

(3) 제3보험

"제3보험"이란 위험보장을 목적으로 사람의 질병·상해 또는 이에 따른 간병에 관하여 금전 및 그 밖의 급여를 지급할 것을 약속하고 대가를 수수하는 계약으로서 다음과 같은 계약을 말한다(「보험업법」 제2조 제1호 다목 및 「보험업법 시행령」 제1조의2 제4항).

① 상해보험계약
② 질병보험계약
③ 간병보험계약

■ 「보험업법」에 따른 보험의 비교

구분	생명보험	손해보험	제3보험
보험대상	사람의 생명·신체에 생기는 손해(사망·생존)	재산상의 손해	신체의 상해·질병·간병
보상방법	정액보상(확정형)	실손보상(불확정형)	정액보상, 실손보상
보험기간	장기	단기	장기
보험종목	사망보험(종신보험), 연금보험, 변액보험 양로보험, 기타	화재보험, 해상보험, 운송보험, 책임보험, 자동차보험, 재보험, 보증보험, 기술보험, 권리보험, 도난보험	상해보험, 질병보험, 간병보험

3. 보험종류의 상세구분 및 취급 범위

보험의 종류를 정리하자면 국내에는 크게 3개 종류의 보험으로 나눌 수 있다. 이 중에서 생명보험과 손해보험은 어느 정도 인식이 되어있지만 제3보험이라는 것은 처음 듣는 사람들도 많을 것이다.

사실 그럴 수밖에 없는 것은 2023년 현재 제3보험만을 단독적으로 판매하는 회사 자체가 없기 때문이다.

보험 종류의 구분을 보면 제3보험 전문회사는 없으나, 국내에는 크게 생명보험사와 손해보험사로 나누어진다. 이 두개 보험사에서는 각각 주로 취급하는 보험종목이 정해져 있고, 그 주종목에 더해서 제3보험의 종목을 겸업해서 취급한다. 생명보험사에서 제3보험 영역을 함께 취급할 수 있고, 손해보험사에서도 제3보험 영역을 취급할 수 있다. 두 회사에 공통으로 존재하는 종목이 바로 제3보험 영역이다. 생명보험상품이 제3보험 영역에 걸쳐있고, 또한, 손해보험상품이 같이 제3보험 영역에 걸쳐있다. 일반적으로 '보험은 비슷하거나 다 똑같은 거 아냐?' 라고 생각할 수 있겠지만, 보험 종류의 구분과 취급 범위에 대해 아래의 표로 통해 상세히 설명한다.

1) 보험종류의 구분

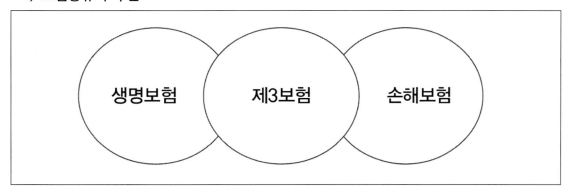

2) 보험종류의 상세구분 및 취급 범위

구분	취급하는 보험 종목
생명보험	사망보험(종신보험), 연금보험(+퇴직보험), 변액보험, 양로보험
제3보험	상해보험, 질병보험, 간병보험
손해보험	화재보험, 해상보험, 운송보험(항공 포함), 책임보험, 자동차보험, 보증보험, 재보험 등

4. 생명 · 손해보험의 차이점과 상품

1) 생명보험과 손해보험의 차이점

구분	생명보험	손해보험
보험대상	사람의생명 · 신체에 생기는 손해 (생존과 사망)	재산상의 손해
보상방식	정액보상(확정형)	실손보상(불확정형)
설계방식	자금설계 중심	보장설계 중심
주계약(기본)	재해사망(일반사망)	상해사망
상속증여	가능	불가(不可)

2) 생명보험 · 제3보험 · 손해보험의 상품

구분	생명보험	제3보험(겸업 · 공동판매)	손해보험
보장성	• 일반종신보험 • 변액종신보험 • 정기보험	(손해보험의 장기보험 영역) • 상해: 보통상해보험, 교통상해보험, 단체상해보험, 여행상해보험 등 • 건강: 실손의료보험, 암보험 CI(치명적 질병)보험, 자녀보험 등 • 간병: 치매보험 등 • 기타: 치아보험 등	• 일반보험: 화재, 해상, 특종, 책임 운송, 보증, 여행, 권리 • 자동차보험
			장기보험: 운전자보험, 재물보험, 상조보험, 단체보험 등
저축성	• 연금보험 (세제적격/비적격) • 변액연금보험	• 저축성보험 • 퇴직연금보험	연금보험(세제적격)

제7절 / 보험상품의 구조(構造)

1. 보험 상품의 구성(構成)

> ♣ 보험 상품 = 주계약 + 특약

■ 보험 상품을 구성하는 요소

1) 보험 상품을 구성하는 요소는 ① 주계약, ② 특약이 있다.

2) 일반적으로 주계약에 3~5개 또는 그 이상의 특약으로 보험상품을 구성한다.

3) 음식으로 따지면, 주계약은 메인메뉴, 특약은 사이드메뉴라고 볼 수 있다.

2. 주계약

> ♣ 보험계약의 기본이 되는 주계약이다.
> 1) 가장 기본적인 보험계약의 항목이다.
> 2) 보험 가입에 반드시 필요하다.
> 3) 임의로 제외하거나 변경하는 등 선택이 불가능하다.

주계약이란? 보험계약에서 중심이 되는 계약을 말한다. 해당 보험으로 보장을 받을 수 있는 가장 기본적인 보장 내용을 의미하기 때문에 주계약이 곧 해당 보험의 성격을 나타낸다. 따라서 기본이 되는 주계약 없이는 보험 가입 자체가 불가능하다.

주계약만으로도 보험계약이 성립할 수 있지만, 다수 보험계약자들의 기대와 고객 니즈(Needs)을 모두 충족시킬 수 없기 때문에 보험회사들은 계약자들의 다양한 요구에 맞춰 여러 가지 옵션(Option, 선택)특약을 더해 보험상품을 판매하고 있다.

3. 특약

> ♣ **주계약에 보장 내용을 추가(부가)하는 옵션(Option) 특약이다.**
> 1) 부가적인 보험계약의 항목이다.
> 2) 보험 가입에 반드시 필요하지 않다.
> 3) 원하는 대로 넣거나(가입하거나) 제외하는 등 선택이 가능하다.
> 4) 분류: ① 의무(고정부가) 특약, ② 선택 특약, ③ 제도성 특약

특약은 "특별보험약관"의 줄임말로, 주계약에서 보장하지 않는 보장 내용을 특별히 부가적으로 추가하는 선택적 특약의 계약이다. 선택 특약의 종류는 사망특약, 상해특약, 입원특약, 보험료할인 특약, 연금전환 특약, 보험금 선지급 특약, 기타 특약 등 많이 있다.

보험계약자들의 기대와 고객 니즈(Needs)에 맞춰 필요한 보장들을 추가하기 때문에 "나만의 보장"을 위한 보험계약을 할 수 있다. 또한, 같은 보험 상품이지만 특약으로 인해 계약자 마다 보장이 다를 수가 있다. 특약은 주계약에 추가되는 옵션이기 때문에 독립적인 상품으로는 판매하지 않는다. 대신에 상대적으로 낮은 보험료로 큰 보장을 받을 수 있는 것이 특징이다.

특약의 분류는 대체로 의무(고정부가) 특약, 선택 특약, 제도성 특약으로 구분하여 나눈다.

1) 의무(고정부가) 특약

보험 상품을 개발 시 주계약에 포함되어 의무적으로 반드시 가입해야 하는 특약이다(보험상품 조립 시에 자동 부가함).

"의무특약"은 주계약처럼 보험 상품을 가입 할 때 이미 해당 상품에 포함된 특약이다. 따라서 임의적으로 삭제하거나 변경이 불가능한 특약이다.

2) 선택 특약

보험을 계약 시에 계약자의 필요에 의해 선택이 가능한 특약이며, 보험 가입한 후에 해당 특약이 불만족이거나 불필요할 때는 해당 특약 부분만 해지(삭제) 및 조정이 가능한 자율적인 계약 조항이다. 또한, 보험계약을 한 후에도 원하는 해당 특약을 추가로 가입할 수도 있으며, 추가로 가입이 안

되는 특약도 간혹 있으니 신중한 접근과 판단이 필요하다. 보험 계약자의 필요성(Needs)에 의한 선택과 고객의 편의를 위해 선택 특약의 종류가 많아지고 다양해져 있다.

3) 제도성 특약

별도의 특약 보험료를 추가 납부 없이 가입이 가능한 특약으로 오직 가입자의 편의와 대고객서비스를 위해 마련된 특약이다. 이러한 제도성 특약은 놓치지 않고 잘 살펴서 유용하게 보장을 받아야 한다.

4. "주계약"과 "특약"이 따로 구성되어 있는 사유?

주계약만으로도 충분하지만, 추가적인 보험사고를 대비하는 보장의 확대와 추가적인 보장을 원하는 고객의 니즈(Needs, 필요성, 요구)를 위함이다. 그러나 특약이 무조건 다다익선(多多益善)인 것은 아니다. 특약을 추가할 때 마다 보험료가 증가하기 때문이다. 선택적 특약이 정말로 필요하고 유익한 특약인지 자세히 살펴보고 판단하는 것이 중요하다.

제8절 / 인보험과 손해보험

1. 인보험

1) 인보험의 의의 및 구분

(1) 인보험의 의의

인보험은 피보험자의 생명이나 신체에 보험사고가 발생할 경우 보험회사가 보험계약으로 정하는 바에 따라 보험금이나 그 밖의 급여를 지급하는 보험이다(「상법」 제727조).

(2) 인보험의 구분

① 「상법」은 인보험을 생명보험 및 상해보험, 질병보험으로 구분하고 있다(「상법」 제4편 제3장 제2절, 제3절, 제4절).

② 그러나, 「보험업법」에서는 생명보험을 생명보험업의 한 종목으로, 상해보험을 제3보험업의 한 종목으로 구분하고 있다(「보험업법」 제2조 제1호 가목 및 다목).

> ※ 「보험업법」의 보험종류: 생명보험, 손해보험, 제3보험
> ※ 제3보험의 종류: 상해, 질병, 간병보험

2) 인보험의 특징 및 보험증권의 기재사항

(1) 인보험의 특징

① 인보험은 보험의 목적이 피보험자의 생명 또는 신체이다(「상법」 제727조).

② 보험대위 금지

- 보험자대위란 보험회사가 보험사고로 인한 손실을 피보험자에게 보상한 경우 보험의 목적이나 제3자에 대한 피보험자의 권리를 취득하는 것을 말한다(「상법」 제681조 및 682조).

- 사람의 생사를 보험사고로 하는 생명보험은 보험회사가 보험계약자 또는 보험수익자의 제3자에 대한 권리를 대위하여 행사하지 못한다. 그러나, 상해보험에서는 다른 약정이 있는 경우 보험회사가 피보험자의 권리를 해하지 않는 범위에서 그 권리를 대위 행사할 수 있다(「상법」 제729조).

(2) 인보험증권의 기재사항

인보험증권에는 다음의 사항이 기재되어야 한다(「상법」 제666조 및 제728조).

- 보험의 목적
- 보험사고의 성질
- 보험금액
- 보험료와 그 지급방법
- 보험기간을 정한 경우 그 시기와 종기
- 무효와 실권의 사유
- 보험계약자의 주소와 성명 또는 상호
- 피보험자의 주소, 성명 또는 상호
- 보험계약의 연월일
- 보험증권의 작성지와 그 작성연월일
- 보험계약의 종류
- 피보험자의 주소, 성명 및 생년월일
- 보험수익자를 정한 경우 그 주소, 성명 및 생년월일

3) 인보험의 책임범위

(1) 보험회사의 책임

① 보험회사는 피보험자의 생명이나 신체에 보험사고가 발생할 경우 보험계약으로 정하는 바에 따라 보험금이나 그 밖의 급여를 지급할 책임이 있다(「상법」 제727조).

② 사망을 보험사고로 한 보험계약에서는 사고가 보험계약자 또는 피보험자나 보험수익자의 중대한 과실로 발생한 경우에도 보험회사는 보험금을 지급할 책임을 면하지 못한다(「상법」 제732

조의2 제1항).

③ 둘 이상의 보험수익자 중 일부가 고의로 피보험자를 사망하게 한 경우 보험자는 다른 보험수익자에 대한 보험금 지급 책임을 면하지 못한다(「상법」 제732조의2 제2항).

(2) 보험회사의 책임면책

보험사고가 전쟁, 그 밖의 변란으로 생긴 경우 당사자 간에 다른 약정이 없으면 보험회사는 보험금액을 지급하지 않아도 된다(「상법」 제660조).

> **■ 여러 개의 생명보험에 가입했을 경우의 보험금 지급(중복보험)**
> (여러 개의 생명보험에 가입하였을 경우 and 생명보험에도 가입하고 손해보험에도 가입하였을 경우)
> ① 생명보험은 기본적으로 손해보험과 달리 보험사고에 일정액을 지급하는 정액보험으로서 중복가입 여부에 상관없이 각각의 보험이 각각의 약관에서 정한 보험금을 지급한다. 따라서 여러 개의 생명보험에 가입한 경우에도 각각의 보험에서 해당 보험금을 지급받게 된다.
> ② 생명보험회사의 상품에 가입하고 손해보험회사의 상품에 가입한 경우에도 생명보험과 손해보험의 성격이 서로 달라 각각의 보험회사로부터 해당되는 보험금을 지급받을 수 있다.

2. 인보험의 종류

1) 생명보험

(1) 생명보험의 의의

생명보험은 피보험자의 사망, 생존, 사망과 생존에 관한 보험사고가 발생할 경우 약정한 보험금을 지급하는 보험을 말한다(「상법」 제730조).

(2) 생명보험의 목적

생명보험은 사람의 생명을 보험의 목적으로 한다(「상법」 제730조).

2) 연금보험

(1) 연금보험의 의의

연금보험은 일정연령 이후에 생존하는 경우 연금을 주된 보장으로 하는 보험을 말한다.
[「보험업감독규정」(금융위원회고시 제2020-9호, 2020. 3. 18. 발령·시행) 제1-2조 제5호].

> **■ 연금보험의 가입연령 및 지급방법 등**
> 연금보험은 장래 노후생활의 준비를 위한 목적으로 운영되고 있다.
> ① 특징: 연금수령방법 다양
> ② 가입연령: 15세 ~ 72세(회사별, 상품별 상이)
> ③ 연금개시연령: 45세 ~ 80세(회사별, 상품별 상이)

④ 연금지급방법: 종신형, 확정형, 상속형
 - 종신형: 연금지급개시 후 사망 때까지 매년 연금을 받는 방식으로 보험회사가 일찍 사망하면 연금보
     증기간(10년 또는 20년)동안 유족에게 대신 연금을 지급
 - 확정형: 연금지급개시 후 연금지급기간(10년, 15년, 20년) 동안 매년 연금을 지급받는 방식이며, 피보
     험자가 연금지급기간 중 사망하면 잔여 연금지급기간 동안 미지급된 연금액을 매년 연금지급
     일에 지급받음
 - 상속형: 연금개시 시점의 보험계약자 적립금을 원금으로 하여 연금지급개시 후 사망 시까지 가입한
     목돈의 이자를 매년 연금으로 지급받는 방식이며, 피보험자의 사망 시에는 사망시점의 연금계약 적립
     금을 지급받음
⑤ 예금보호 여부: 「예금자보호법」에 따라 보호

출처: 한국은행, 금융생활 길라잡이, 2012

3) 변액보험

변액보험은 보험의 기능에 투자의 기능을 추가한 일종의 간접투자 상품으로 보장도 받으면서 투자수익도 기대할 수 있는 보험을 말한다.

일반적으로 보장금액이 가입 당시 정해져 있는 정액보험과 달리 변액보험은 지급되는 보험금이 투자수익에 따라 달라지는 것이 특징이다.

4) 상해보험

(1) 상해보험의 의의

상해보험은 사람의 신체에 입은 상해에 대해 치료에 소요되는 비용 및 상해의 결과에 따른 사망 등의 위험에 관하여 금전 및 그 밖의 급여를 지급할 것을 약속하고 대가를 수수하는 보험(계약)을 말한다(「보험업감독규정」 제1－2조의2 및 별표 1 제3호).

> ※ 상해보험에서 담보되는 위험으로서 상해란 외부로부터의 우연한 돌발적인 사고로 인한 신체의 손상을 말하는 것이므로, 그 사고의 원인이 피보험자의 신체의 외부로부터 작용하는 것을 말하고 신체의 질병 등과 같은 내부적 원인에 기한 것은 제외된다(대법원 2001. 8. 21. 선고 2001다 27579 판결).
> ※ 급격하고도 우연한 외래의 사고를 보험사고로 하는 상해보험에 가입한 피보험자가 술에 취하여 자다가 구토로 인한 구토물이 기도를 막음으로써 사망한 경우, 보험약관상의 급격성과 우연성은 충족되고, 나아가 보험약관상의 외래의 사고란 상해 또는 사망의 원인이 피보험자의 신체적 결함 즉 질병이나 체질적 요인 등에 기인한 것이 아닌 외부적 요인에 의해 초래된 모든 것을 의미한다고 보아야 한다(대법원 1996. 10. 13. 선고 98다28114 판결).

(2) 보험회사의 책임

보험회사는 신체의 상해에 관한 보험사고가 생길 경우 보험금액, 그 밖의 급여를 보상할 책임이 있다(「상법」 제737조).

> ■ 여행보험(해외여행보험 포함)은 신체상해 손해, 질병치료, 휴대품 손해, 배상책임 손해 등 여행 중 일어날 수 있는 다양한 위험에 대비할 수 있는 보험이다.
>
> ① 보상내용
> * 여행 중 사고로 사망하거나 후유장애가 남은 경우
> * 상해나 질병으로 인해 치료비가 발생한 경우
> * 여행 중 발생한 질병(전염병 포함)으로 사망한 경우
> * 여행 중 가입자의 휴대품 도난 등으로 인해 손해가 발생한 경우
> ※ 통화, 유가증권, 신용카드, 항공권 등은 보상하는 휴대품에서 제외하며, 휴대품의 방치나 분실에 의한 손해는 보상하지 않음.
>
> ② 가입 시 유의사항
> 보험가입 시 작성하는 '청약서'에 다음의 사항을 사실대로 기재해야 한다.
> * 여행지(전쟁지역 등) 및 여행목적(스킨스쿠버, 암벽등반 여부 등)
> * 과거의 질병여부 등 건강상태
> * 다른 보험 가입여부 등
> ※ 가입자의 직업, 여행지 등 사고발생 위험에 따라 인수가 거절되거나 가입금액이 제한될 수 있으며, 사실대로 알리지 않을 경우 보험금을 지급받지 못할 수 있다.
>
> ③ 보험약관을 반드시 읽어보아야 하며, 특히 보험회사가 다음과 같은 원인에 의한 손해는 보상하지 않음을 유의해야 한다.
> * 전쟁, 외국의 무력행사, 혁명, 내란 기타 이들과 유사한 사태
> ※ 전쟁 등으로 인한 상해를 보상하는 특약도 운영 중이나 추가 보험료의 부담이 있다.
> * 가입자의 고의, 자해, 자살, 형법 상의 범죄행위 또는 폭력행위 등
> * 가입자의 직업이나 동호회활동 목적으로 행하는 전문등반, 스쿠버 다이빙 등 위험한 활동
> * 질병치료와 무관한 치아보철 비용 등
> ※ 이는 일부를 요약한 것이므로 구체적인 사항은 해당 약관을 참조해야 한다.

출처: 금융감독원, 해외여행보험 가입 시 알아두어야 할 사항, 2007

5) 질병보험

(1) 질병보험의 의의

질병보험은 사람의 질병 또는 질병으로 인한 입원·수술 등의 위험(질병으로 인한 사망을 제외함)에 대해 금전 및 그 밖의 급여를 지급할 것을 약속하고 대가를 수수하는 보험(계약)을 말한다(「보험업감독 규정」 제1−2조의2 및 별표 1 제3호).

(2) 보험자의 책임

질병보험계약의 보험자는 피보험자의 질병에 관한 보험사고가 발생할 경우 보험금이나 그 밖의 급여를 지급할 책임이 있다(「상법」 제739조의2).

6) 간병보험

간병보험은 치매 또는 일상생활장해 등 타인의 간병을 필요로 하는 상태 및 이로 인한 치료 등의 위험에 대해 금전 및 그 밖의 급여를 지급할 것을 약속하고 대가를 수수하는 보험(계약)을 말한다 (「보험업감독 규정」 제1-2조의2 및 별표 1 제3호).

7) 건강보험

건강보험은 개인의 의료비 부담 완화를 위해 정액 의료비를 지급하거나 실의료비를 보장하는 보험이다.

> ♣ **건강보험의 가입연령 및 납입방법 등**
> - 가입연령: 제약 없음
> - 보험기간: 보험회사별, 상품별로 다소 차이가 있으며 계약 시 이를 명기
> - 납입기간: 일시납, 5·10·15·20년납, 55·60·65세납 등 다양
> - 납입방법: 일시납, 월납, 3개월납, 6개월납, 연납 등
> - 예금보호 여부: 「예금자보호법」에 따라 보호

8) 실손의료보험

(1) 실손의료보험의 개념

실손의료보험은 보험가입자가 상해 또는 질병으로 입원, 통원치료를 받을 경우 발생한 의료비를 보장하는 실손보상형 보험이다.

(2) 실비보장금액

① 의료기관이 환자에게 청구하는 진료비는 그 진료행위가 국민건강보험의 보장대상인지 여부에 따라 급여와 비급여로 구분되며, 급여부분은 다시 국민건강보험 부담과 환자본인 부담으로 구분된다.

② 실손의료보험은 입원 및 통원 시 실제 발생한 진료비 중 "급여 중 환자 본인부담금 + 비급여 의료비 일정 수준의 본인부담금"의 금액을 실비로 보장하는 보험이다.

■ **실손의료보험 가입 시 유의사항**

① 보험모집인은 사람의 질병·상해 또는 이로 인한 간병에 관해 손해(의료비에 한함)의 보상을 약속하고 금전을 수수하는 보험계약(이하 '실손의료보험계약'이라 한다)을 모집하기 전 보험계약자 또는 피보험자가 될 자의 동의를 얻어 실손의료보험계약을 체결하고 있는지의 여부를 확인해야 한다. (「보험업감독규정」 제4-35조의5 제1항).

② 보험모집인은 실손의료보험계약을 체결하고 있는지의 여부를 확인한 결과, 피보험자로 될 자가 다른 실손의료보험계약의 피보험자로 되어 있는 경우 보험금 비례분담 등 보장방법에 관한 세부사항을 보험계약자에게 충분히 안내하고 이를 인지하였음을 서명(전자서명 포함), 기명날인, 녹취 등의 방법으로 확인 받아야 한다(「보험업감독규정」 제4-35조의5 제4항).

3. 손해보험

1) 손해보험의 개념

"손해보험"이란 보험회사가 보험사고로 생길 피보험자의 재산상의 손해를 보상하는 보험을 말한다 (「상법」 제665조).

2) 손해보험의 목적

(1) 손해보험은 금전으로 산정할 수 있는 이익을 목적으로 한다(「상법」 제668조).

따라서, 금전으로 산정할 수 없는 정신적, 감정적 이익은 손해보험의 목적이 될 수 없다.

(2) 또한, 손해보험의 종류 중 운송보험은 적하의 도착으로 인해 얻을 이익 또는 보수의 보험에서 계약으로 보험가액을 정하지 않은 경우에는 보험금액을 보험가액으로 한 것으로 추정한다. 「상법」 제698조에 규정하고 있어 장래의 이익도 손해보험의 목적으로 보고 있다.

3) 손해보험 종류

(1) 「상법」은 손해보험을 화재보험, 운송보험, 해상보험, 책임보험, 자동차보험, 보증보험으로 구분하고 있다(「상법」 제4편 제2장 제2절부터 제7절까지).

(2) 「보험업감독규정」은 손해보험을 화재보험, 해상보험, 자동차보험, 보증보험, 재보험, 책임보험, 기술보험, 권리보험, 도난보험, 유리보험, 동물보험, 원자력보험, 비용보험, 날씨보험으로 구분하고 있다[「보험업감독규정」(금융위원회고시 제2020-9호, 2020.3.18. 발령·시행) 제1-2조의2 및 별표1].

※ 손해보험업의 보험종목별 구분기준은 「보험업감독규정」 별표 1 제2호에서 확인할 수 있다.

(3) 보험회사의 책임

① 보험회사는 보험사고로 생길 피보험자의 재산상의 손해를 보상해야 한다(「상법」 제665조).

② 보험의 목적에 손해가 생긴 후 그 목적이 보험회사가 보상 책임을 지지 않는 보험사고의 발생

으로 멸실된 경우에도 보험회사는 이미 생긴 손해를 보상해야 한다(「상법」 제675조). 예를 들면, 화재보험의 목적이 화재로 일부 훼손된 후 홍수로 전부 멸실된 경우 보험회사는 화재로 인한 손해를 보상할 책임이 있다.

(4) 보험회사의 책임 면책

① 보험사고가 보험계약자 또는 피보험자나 보험수익자의 고의 또는 중대한 과실로 일어난 경우 보험회사는 보험금액을 지급하지 않아도 된다(「상법」 제659조).

② 보험사고가 전쟁, 그 밖의 변란으로 생긴 경우 당사자 간에 다른 약정이 없으면 보험회사는 보험금액을 지급하지 않아도 된다(「상법」 제660조).

③ 보험목적의 성질, 하자 또는 자연소모로 인한 손해는 보험회사가 보상 책임을 지지 않는다. (「상법」 제678조).

4) 손해보험의 보험가액 및 손해액 산정

(1) 보험가액(保險價額)

① 보험가액이란 사고발생 당시 보험계약자가 입게 되는 손해액의 한도로서 목적물을 금액으로 평가한 것을 말한다.

② 당사자 간에 계약체결 시 보험가액을 미리 정한 경우 그 가액(기평가보험의 보험가액)은 사고발생 시의 가액으로 추정된다. 그러나 그 가액이 사고발생 시의 가액을 현저하게 초과할 때에는 사고발생 시의 가액을 보험가액으로 한다(「상법」 제670조).

③ 당사자 간에 보험가액을 정하지 않은 경우 그 가액(미평가보험의 보험가액)은 사고발생 시의 가액을 보험가액으로 한다(「상법」 제671조).

(2) 손해액 산정

① 손해보험은 보상할 손해액의 가액을 그 손해가 발생한 시기와 장소를 기준으로 산정한다. 그러나 당사자 간에 다른 약정이 있는 경우에는 신품가액에 의해 손해액을 산정할 수 있다(「상법」 제676조 제1항).

② 이때 손해액의 산정비용은 보험회사가 부담한다(「상법」 제676조 제2항).

5) 손해보험의 유형 및 그 특례: 보험금액 및 보험가액

(1) 초과보험

① "초과보험"이란 보험금액이 보험계약 목적의 가액(보험가액)을 현저하게 초과하는 보험을 말한다(「상법」 제669조 제1항 전단).

② 보험가액은 계약 당시의 가액에 의해 정해진다(「상법」 제669조 제2항).

③ 초과보험의 경우 보험회사 또는 보험계약자는 보험료와 보험금액의 감액을 청구할 수 있다.

그러나 보험료의 감액은 장래에 대해서만 그 효력이 있다(「상법」 제669조 제1항 후단).

④ 보험가액이 보험기간 중 현저하게 감소한 경우에도 보험회사 또는 보험계약자는 보험료와 보험금액의 감액을 청구할 수 있다(「상법」 제669조 제3항).

(2) 중복보험

① "중복보험"이란 동일한 보험목적을 가지고 사고에 대비하기 위해 여러 개의 보험계약을 동시에 또는 차례대로 체결하는 보험을 말한다(「상법」 제672조 제1항 전단).

② 중복보험을 체결한 경우 그 보험금액의 총액이 보험가액을 초과한 경우 보험회사는 각자의 보험금액의 한도에서 연대책임을 진다. 이 경우 각 보험회사의 보상책임은 각자의 보험금액의 비율에 따른다(「상법」 제672조 제1항 후단).

(3) 일부보험

보험가액의 일부에만 보험을 든 경우 보험금액의 보험가액에 대한 비율에 따라 보상을 받게 된다. 그러나 당사자 간에 다른 약정이 있는 경우에는 보험금액의 한도 내에서 보상을 받는다. (「상법」 제674조).

■ 중복보험 가입 시 수령하는 보험금액

• **(질문)** 저는 A보험회사의 'OO운전자보험'에 가입하여 유지하여 오던 중, 2003. 9. 발생한 교통사고로 입원치료 후 입원비 등 치료비에 관한 보험금을 청구하였으나 A보험회사는 제가 B보험회사의 'OO운전자보험'에 중복 가입하였다는 이유로 보험금을 50%만 지급하겠다고 하고 있습니다.

• **(답변)** 중복보험은 비례 보상합니다.

1. 손해보험의 경우 기본적으로 보험사고로 인해 실제 발생한 손해를 보상하며, 발생한 손해 이상의 이득은 얻지 못하는 것을 원칙으로 하고 있습니다. 만약 같은 위험을 담보하는 손해보험을 여러 개 가입한 경우 해당 보험사고로 발생한 손해에 대해 가입한 모든 보험에서 보험금을 지급한다면 발생한 손해의 몇 배에 해당하는 보험금을 받게 되는데 이는 손해보험의 원칙에 어긋나게 되므로 손해보험에서는 발생한 손해에 대해 가입한 보험들에 대한 적정한 비율로 나누어서 보험금을 지급하게 됩니다.

2. 이 사례의 경우 보험회사가 책임지는 비율은 A보험회사에만 가입하였을 경우 발생한 손해에 대해 A보험회사로부터 받게 될 보험금과 B보험회사에만 가입하였을 경우 발생한 손해에 대해 B보험회사로부터 받게 될 보험금의 합계액에 대한 A보험회사에만 가입하였을 경우 받게 되는 보험금의 비율만큼 입니다. B보험회사의 책임비율도 마찬가지로 계산됩니다. 양 보험회사에 각각 단독으로 가입하였을 경우 사고 시 받게 되는 보험금이 같다면 A보험회사와 B보험회사로부터 각각 50%씩 지급받게 됩니다.

3. 다만, 이는 손해보험상품의 항목 중 입원비 및 치료비 등의 실제 발생한 손해를 보전하는 항목의 보험금의 경우이고, 정액성 항목의 보험금에 대해서는 비례보상하지 않고 각각 보상합니다.

출처: 한국소비자원, 사례안내, 자주 묻는 질문

제3장

보험의 마케팅

제1절 / 마케팅 개념 및 마케팅 관리

1. 마케팅(Marketing) 개념

마케팅(marketing)이란 모든 일련의 판매 행위를 말하며, 생산자와 소비자가 원하는 것을 원활하게 공급하기 위한 활동으로 시장 조사, 상품 선전, 판매 촉진 등이 이에 속한다. 또한 상대방의 잠재욕구를 자극하여 상품과 용역을 생산자로부터 소비자에게 원활히 이전하기 위한 비즈니스 활동을 포함한다.

마케팅이란 생산자로부터 소비자내지 사용자에게 상품 및 용역을 유통시키는 제 기업활동의 수행이다.[6]

이 정의는 마케팅이란 유형의 상품뿐만 아니라 보험회사가 제공하는 보험, 금융권의 여신 등의 무형의 서비스도 마케팅의 대상으로 한다.

현대적인 마케팅이라면, 소비자에게 상품이나 서비스를 효율적으로 제공하기 위한 체계적인 경영 활동이다. 시장 조사, 상품화 계획, 선전, 판매 등이 이에 속하며, 소비자 및 사용자에게 최대한 만족과 감동을 주고, 생산자 및 판매자의 목적을 가장 효율적으로 달성하는 방법에 의하여 재화와 용역을 생산자로부터 사용자나 소비자에게 유통시키는 것이다.

생산자로부터 소비자에게로 상품과 용역이 이동되는 모든 과정과 활동, 경제의 특정 유형을 초월하는 거대한 개념으로, 이익을 전제로 한 사업에만 해당되는 것이 아니다. 예전에는 판매량의 극대화 정도의 개념으로 이해되었으나, 최근에는 소비자와 관련된 모든 활동으로 의미가 확대되었다. 상품 가격에서 차지하는 마케팅 비용은 매년 증가하고 있을 정도로 그 영향력이 크다. 기업의 마케팅 담당자는 가격책정·상품선정·유통·판매촉진·장리서치를 모두 고려하여 마케팅 전략을 세운다.

---

6) 미국마케팅협회 정의위원회의 정의임.

■ 마케팅의 4P's 전략
• 제품(product) 전략: 장비의 차별화를 통한 고객 만족
• 가격(price) 전략: 고소득층을 위한 별도의 고가 정책 전략
• 유통(place) 전략: 최신 유통 장비의 도입을 통한 고객의 신뢰성 확보
• 촉진(promotion) 전략: After Service 전략을 넘어선 Before Service 전략의 판촉활동

2. 마케팅 관리(Marketing Management)

1) 마케팅 관리의 의의

개인과 조직의 목표를 달성하기 위하여 아이디어, 제품, 서비스에 관하여 개념 규정, 계획 수립, 가격 설정, 판매 촉진, 유통을 관리하는 과정이다.

마케팅 관리란, 마케팅 조사 활동과 마케팅 전략 활동을 관리·통제하는 이론과 기법의 총체라 할 수 있다.

마케팅은 소비자의 필요와 욕구를 충족시키기 위하여 시장에서 교환이 일어나도록 하는 일련의 활동이다. 따라서 마케팅 활동이란 제품 및 서비스를 설계하고 가격을 결정하며, 유통 등을 계획하고 실행하는 과정이라 할 수 있다. 마케팅은 기업 경영뿐 아니라 사회적 기능에 있어서도 중요한 의미가 있다.

마케팅 관리는 기업의 마케팅 활동을 종합적, 체계적, 합리적으로 실시하기 위해 계획, 조직, 실시 및 통제의 각 단계를 관리하는 것이다. 마케팅 관리의 주요 대상은 제품계획, 가격설정, 광고, 판매촉진, 판매경로의 설정, 물적 유통 등이다. 마케팅 관리는 전체로서의 마케팅 활동을 계획하고, 이를 실시하기 위한 조직을 설정하며, 그에 의하여 실시되는 활동을 관리, 통제하는 것이다.

또한 개인이나 단체의 필요를 충족시키기 위한 교환이 이루어지도록, 제품이나 서비스의 개념 설정, 가격결정, 판촉정책, 유통정책 등을 계획·집행 및 통제하는 활동이다. 여기서 계획이란 적절한 마케팅 전략을 수립하는 과정이며, 집행이란 그 계획을 실행하는 것이며, 통제란 집행 결과를 분석하여 계획에 반영시키는 것을 말한다. 이 활동은 마케팅 관리 과정을 통해 구체적으로 실행된다. 마케팅 관리 과정은 시장을 분석하여 마케팅 기회를 포착하고(마케팅 기회 분석), 마케팅 조사를 통해 목표시장을 선정하며(마케팅 조사와 목표시장 선정), 목표시장에서의 마케팅 전략을 수립하고(마케팅 전략 수립), 마케팅 전략을 집행하기 위한 구체적인 마케팅 프로그램을 작성하며(마케팅 프로그램 작성), 프로그램된 마케팅 활동을 조직하고 실시하며 그 결과를 통제하는(조직, 집행, 통제) 일련의 활동을 말한다.

2) 마케팅의 중요성

(1) 기업 경영상의 중요성

오늘날 소비자의 욕구는 급변하고 있고 이를 충족하기 위해서는 소비자가 원하는 제품 및 서비스 제공을 위한 마케팅 활동이 반드시 필요하다. 또한 시시각각 변하는 무한 경쟁 속에서 기업의 지속적인 성장을 위하여 마케팅 활동은 반드시 수반되어야 한다.

(2) 사회적 기능상의 중요성

마케팅은 '수요에 부합하는 자원의 배분'이라는 사회적 기능을 수행하고 있다. 이는 마케팅을 통하여 수요와 공급이 조정되며 사회 경제가 균형적으로 발전할 수 있다는 의미이다. 마케팅 활동은 수요 증진에도 기여하여 고용 창출의 효과도 기대할 수 있다.

제2절 / 보험마케팅(Insurance Marketing)

1. 보험마케팅의 의의

보험이라는 무형의 서비스상품을 대상으로 개인과 기업의 위험에 대한 보장 및 저축 욕구 등의 여러 욕구를 충족시키고자 인적·물적인 지원을 통하여 보험서비스를 고안하고 가격을 설정하고 촉진 및 유통을 효율적으로 하기 위해 계획·실행·통제하는 제반 활동이다.

> **<보험판매 5단계>**
> 준비 - 접근 - 상담 - 판매 - 사후봉사(보험 계약보전 업무 및 유지관리, 대고객 서비스)

2. 보험마케팅 시스템의 의의

보험마케팅 시스템은 보험기업의 보험판매 과정에 관련된 참여자, 시장 및 보험 환경을 형성하는데 미치는 모든 영향의 요인에 일조 내지 중요한 역할을 말한다.

보험마케팅 시스템은 마케팅의 모든 기능을 유기적이고 효과적으로 조정하고 통합함으로써 보험 가입을 극대화하여 보험시장의 일반화 및 보편화를 실현하고, 보험상품의 질을 개선하여 보험소비자의 만족을 극대화하며, 보험상품 선택의 폭을 제고하고, 경제적인 안정화 및 생활의 질을 향상시키는데 목적을 두고 있다.

또한, 보험마케팅 시스템은 일반적인 마케팅 시스템과 같이 환경과의 사이에 정보를 교환하여 이에 적응함으로써 목표를 달성하는 적응적 개방시스템이면서 동시에 정보피드백 시스템이다.

3. 보험 마케팅(서비스)의 특징

1) 보험상품상의 특성

① 보험상품은 무형상품이며 관념적 상품으로서 추상적인 상품이다. 일반 상품에 비해 구체적으로 어떠한 성질과 기능을 갖고 있는지 이해하기 어렵다. 또한, 미래에 대한 위험담보 성격으로 효용은 미래지향적이고 우연적이다. 일반적인 상품은 유형상품이며 구체적인 상품이다.

② 일반 상품과 서비스는 동가교환(同價交換)원칙이 적용되지만 보험상품은 이 원칙이 적용되기 어렵다. 즉, 급부와 반대급부가 동시성 없다(예를 들어 적은 보험료 납입한 후에 사고발생 시 많은 보험금을 받는다).

③ 일반 상품과 서비스는 계약관계가 대체적으로 교환과 동시에 종료되지만, 보험상품은 보험계약 기간 동안 계속되며, 지속적 서비스로 개인적인 보살핌, 고객에 대한 조언, 사고발생 시 사고처리, 보험계약 변경 등 다양한 서비스가 추가로 존재한다.

④ 보험상품은 고도의 기술적 전문적 내용을 내포하기 때문에 소비자가 그 내용을 구체적으로 인식하고 다른 보험상품과 구분하기 어렵다. 또한, 법률적 계약방식으로 구성하고, 가격은 고도의 기술적인 방식에 의해 결정하며, 의학, 수학, 공학, 기타 분야의 전문적이고 복잡하다.

⑤ 요구(수요)측면에서 보험상품은 존재하고 있으나, 기능과 종류에 대한 인식수준이 매우 낮아서 주로 인식되지 못하며, 보험상품에 대해 대부분은 고객의 자발성은 존재하지 않는다.

2) 보험시장과 보험가격 결정상의 특성

보험가격은 일반상품과 달리 수요와 공급의 원리에 의해 결정되기 보다는 보험자에 의해 일방적으로 결정되지만, 감독기관의 통제와 통계적, 과학적인 자료가 가격산정의 기초가 된다.

즉, 보험자에 의해 일방적인 가격 결정(부합계약성)을 하는데, 가격결정에 수요자의 의사나 희망이 전혀 고려되지 않는다. 타 상품은 수요와 공급에 의해 가격이 결정되지만, 보험시장은 보험 수요를 환기시키고 자극하는 모집조직에 의하여 인위적으로 형성된다.

3) 보험수요 및 판매상의 특성

① 보험은 필수품이 아니라 미래의 불확실성에 대비하는 간접적이고 2차적인 욕구와 관련된 장기 상품으로 욕망의 강도가 낮고 상품의 수요가 잠재적이므로 공급자에 의해 일방적으로 판매되는 일종의 푸시(push) 상품의 성격이 강하다.

또한, 의식주처럼 1차적 욕구가 아니고 장래 우발적 사고에 대한 안전을 추구하는 2차적이거나 간접적인 욕구이므로 자발적 수요를 기대하기 어렵다.

② 보험상품은 보험의 기본원리인 대수의 법칙에 의해 대량판매를 전제로 하며 생산원가가 판매 후에 결정되는 사후적 성질을 가지므로 양질의 소비자를 많이 확보해야 한다.

즉, 보험은 다량생산을 전제로 하고 판매에 종속되어지며, 상업적 위험(경기의 변동, 유행의 변화, 판매조직의 실패, 경쟁자의 압력 등) 외에 보험가격이 판매 후에 결정된다는 기술적 위험을 가진다.

③ 고도의 기술적, 전문적 내용을 내포하므로 판매 시 소비자에게 충분한 설명과 계약 후 계속적으로 서비스를 해야 하는 거래의 정직성과 서비스 정신이 강조된다.

이는 전문적 지식과 경험이 요구되는 판매활동 과정에서 일반 고객을 상대로 계약을 체결하고 계속 서비스를 제공하므로 다른 상품의 서비스 거래관계에서 요구되는 기준보다 높은 수준의 논리성이 강조된다.

④ 사망, 질병, 장애 등 장래 위험의 존재를 전제로 하고, 불유쾌한 사건의 대상은 거부감을 준다.

⑤ 가입 위한 서류절차 까다롭다(많은 질문에 답변, 청약서 작성 등).

⑥ 타인을 위한 상품으로 당장의 지출을 꺼린다(생명보험의 수익자는 타인).

4) 그 이외 보험상품의 특성

객관적이 아니고, 잡아 볼 수 없으며, 볼 수 없으며, 순차적으로 급부가 실현될 수 없고, 구체적인 등가관계가 없으며, 대부분 장기간의 계약구속이 이루어지고 있고, 상품공급은 임의로 무한정 증대시킬 수 있고, 미래의 수요 파악이 곤란하다.[7]

보험상품은 생산에서 판매에 이르는 전 과정이 주로 인적 요소에 의해 처리되는 특징이 있다. 상품의 성질은 사회성과 공익성이 강조되고, 보험상품의 수요는 국민소득, 인구 등의 경제 사회적 요소에 많은 영향을 받는 특성이 있다.

4. 보험마케팅의 목표

무한한 경쟁에 효율적으로 대처하는 최선의 방법으로 기업이 임의로 생산한 제품 및 상품이나 서비스를 판매하려는 것보다 그 기업이 대상으로 하는 목표 시장의 욕구를 파악하여 그 욕구를 충족시키는 것이 필요한데 이를 마케팅 개념이라 한다.

보험마케팅이 추구하는 목표는 바로 고객 욕구충족 내지, 고객 만족 경영이라고 한다.

기업중심 관리의 철학은 기업이 기존 제품을 판매적인 수단으로 판매량 증대에 의한 이익실현의 목표를 추구하여 판매하지만, 고객 지향적 관리의 철학은 고객 요구에 고객 니즈(Needs)를 위한 노력으로 고객만족을 통한 이익실현에 목표와 초점을 두는 것이 보험마케팅의 목표이다.

---

7) 신수식, 보험경영론, 박영사, 2002. P.388

제3절 / 보험마케팅 믹스(Insurance Marketing Mix)

1. 보험마케팅 믹스(Marketing Mix)의 개요

보험마케팅 믹스란 보험마케팅의 효율성을 극대화하기 위해 여러 가지 마케팅 변수들 중에 통제 가능한 요소(4Ps: 상품, 경로, 촉진, 가격)을 최적의 상태로 결합, 운영하는 것이다.

마케팅 믹스는 기업이 마케팅 목표를 달성하기 위하여 사용하는 실질적인 마케팅 요소이다. 제품(product), 가격(price), 촉진(promotion), 유통(place)으로 구성되며 보통 4P라고 부른다.

기업이 판매 목표를 이루기 위해 제품 계획, 가격 설정, 광고, 입지, 공급 경로, 서비스 따위의 요소를 합리적으로 짜맞추는 일이다.

기업이 표적 시장에서 마케팅 목표의 달성을 위해 사용하는 보다 실질적인 마케팅 도구들이다.

기업의 마케팅 관리자가 특정의 마케팅 목표를 달성하기 위해 이용 가능한 여러 가지 마케팅 수단들을 최적 조합한 상태를 의미한다.

일반적으로 제품(product), 가격(price), 촉진(promotion), 유통(place) 이라는 요소로 구성된 이 4P 요소는 기업의 마케팅 시스템의 핵심을 구성하는 투입 변수의 결합을 기술하는 데 사용되는 용어이며, 이를 효과적으로 조합하는 것이 가장 중요한 과제이다.

최근에는 4P가 너무 공급자 지향적인 해석이란 비판이 있어 소비자 관점으로 해석하고자 하는 경향이 있어, 4C 개념(product → customer value, price → cost, promotion → communication, place → convenience)으로 바꾸어 부르기도 한다.

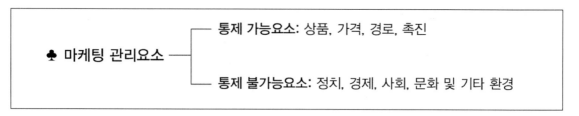

♣ 마케팅 관리요소 ── 통제 가능요소: 상품, 가격, 경로, 촉진

통제 불가능요소: 정치, 경제, 사회, 문화 및 기타 환경

1) 보험상품

♣ 경제적 환경의 영향: 국민소득, 경제성장률, 산업구조

마케팅 믹스의 한 요소인 상품은 재화, 신상품 개발 및 기존상품의 개량에 대한 아이디어 및 상품과 관련된 서비스를 모두 포함하는 광의의 개념이다.

상품과 관련된 요인으로는 취급하고자 하는 보험종목의 결정, 새로운 보험상품의 개발 및 기존상품의 개량, 보험계약의 담보조건과 내용에 관한 결정, 보험금지급, 고객상담 등 보험관련 서비스에 관한 결정 등이 있다. 상품수명의 주기는 짧아지고 있고, 창의적 상품개발을 유도하기 위해 개발이익 제도을 도입 및 사용한다.

2) 보험가격

♣ 정치적·법률적 환경의 영향: 정치상황, 보험규제, 법률 등

보험가격은 마케팅 믹스의 한 요인으로서의 가격은 교환과정에서 상품을 소유하는 대신 지불하는 대가를 말하며, 이는 생산 및 판매업자에게 적정한 이익을 보장하는 수준에서 결정되어야 한다. 즉, 보험가격이란 보험료, 보험료율이라고 하며 보험자가 보험이라는 무형상품을 통해서 제공하는 보험보호 서비스의 대가로 보험계약자가 납입하는 것이다.

보험가격은 시장의 수급에 의해 결정되기 보다는 감독당국의 통제 하에 보험자가 결정하는 경우가 일반적이지만, 향후 보험가격의 자율화가 확대된다면 가격경쟁력의 중요성은 더욱 증가할 것이다.

가격요인으로는 보험요율을 구성하는 순보험료, 부가보험료, 영업마진, 대리점 수수료 등이 있다. 일반상품의 가격은 수요공급에 의해 이루어진 교환비율, 교환가치가 화폐적으로 표현된 것으로 가격결정이 이루어지나, 보험은 수요탄력성이 크지 않아 가격결정이 수요중심이나 가격중심으로 이루어지지 않는다.

- 보험 계약자가 보험 가입 시 가장 중요하게 고려하는 요소는 ① 가격, ② 담보내용, ③ 계약자 서비스 등이다.
- 모집종사자들이 중요하게 생각하는 요소는 ① 가격, ② 담보내용, ③ 수수료, ④ 계약자서비스, ⑤ 시장 환경 등이다.

3) 보험경로

♣ 기업 환경의 영향: 경쟁상태, 기업조직, 보험시장 등

(1) 마케팅 믹스의 한 요인으로서의 경로는 소비자가 상품을 구매할 수 있도록 시간적·공간적 간격을 좁히는 활동을 의미한다. 또한, 마케팅 경로는 가치 있는 재화를 생산자로부터 소비자에게 이전시키는 과정에 참여하는 기관이나 개인으로 구성된 상호조직적 시스템이다.

① 일반적 마케팅 경로: 생산자 – 도매상 – 소매상 – 소비자

② 보험기업의 마케팅 경로

- 직접경로(지사제도, 전속대리점)와 간접경로(모집대리점, 제휴기업)
- 통신판매(직접반응판매), 중개인제도, 독립대리점방식 등

(2) 마케팅 믹스의 경로는 거래기능과 유통기능 및 촉진기능이 있는데, 보험의 경우 이 중에 거래기능과 촉진기능이 중요시되며, 그중 판매기능(보험 모집조직)이 매우 중요하다.

① **거래기능**: 판매기능, 구매기능, 위험부담기능.

② **물적 유통기능**: 구색기능, 보관기능, 운송기능.

③ **촉진기능**: 재무기능, 등급분류기능, 시장정보수집기능.

④ **판매기능**: 영업지점, 대리점(법인 또는 개인), 방카슈랑스(금융기관대리점), 통신판매 등

4) 보험촉진

♣ **사회·문화적 환경의 영향: 인구, 평균수명, 보험 및 위험관리 의식**

촉진은 소비자로 하여금 특정상품을 구입하도록 하기 위한 의사소통과 관련된 제반 활동을 말하며, 광고, 홍보, 인적 판매 및 판매촉진으로 크게 구분된다.

보험판매촉진은 주로 보험모집과 대리점을 통해 이루어지는데 관련 요인으로는 보험광고, 정확하고 신속한 손해사정과 보험금지급, 손실방지를 위한 각종 서비스, 고객과 기업과의 호의적 관계 유지 등이 있다.

(1) 잠재적 소비자에 대한 커뮤니케이션을 주요 역할로 하는 마케팅믹스의 모든 수단을 포괄하는 활동이다.

(2) 광고: 상품광고(상품표준화로 중요성 낮다)와 기업광고(기업의 이미지와 평판증대 역할을 한다)

(3) 홍보: 진실성과 경계 의식을 해제한다. 보험인식이 높지 않은 보험후진국에서는 매우 중요하다.

(4) 판매촉진: ① 판매를 자극시킬 목적으로 하는 제반 활동이다.

② 소비자, 거래처, 판매원을 대상으로 수행한다.

③ 주로 보험모집인 및 보험대리점을 중심으로 이루어진다.

2. 마케팅 믹스의 구성 요소(4P)

제품(product), 가격(price), 촉진(promotion), 유통(place)

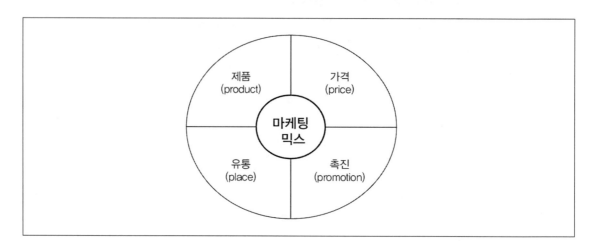

1) 제품(product)

제품은 경제적 시장에서 사용·소비·구입·관심 등의 형태로 고객의 필요와 욕구를 충족시켜 줄 수 있도록 제시된 모든 형태의 재화와 용역을 말한다.

제품이란 기업이 취급하고 있는 모든 제품 계열과 품목 등이다.

※ **제품의 수명 주기를 파악하기**

제품의 수명 주기는 제품이 새로 개발되어 시장에 도입된 후 성장 과정을 거쳐 사라지기까지의 과정을 말한다.

① 도입기: 제품이 시장에 도입된 단계로, 비용이 과다하게 발생되는 반면 판매량이 낮으며, 유통이 제한적이다. 이 시기에는 신제품에 생소한 소비자들에게 제품의 사용을 증대시킨다.

② 성장기: 제품이 시장에서 급격히 수용되는 단계로, 매출액과 비용이 급격하게 상승한다. 성장기에는 시장 점유율을 유지·확대하기 위하여 시장을 세분화한다.

③ 성숙기: 제품의 충분한 구매·수용으로 매출액의 성장이 둔화되는 단계로, 이익이 극대화되다가 감소한다. 이 시기가 지나면 곧 쇠퇴기가 되므로 신제품을 개발해야 한다.

④ 쇠퇴기: 매출액이 급격히 감소하는 단계로, 비용 통제, 광고 활동의 축소, 제품 폐기 등이 이루어진다.

2) 가격(price)

가격은 소비자가 제품 구매 또는 서비스 사용 시 지불하는 화폐의 양을 말한다. 따라서 제품 및 서비스의 가치를 나타내는 기준이 된다.

※ **합리적인 기준에 따라 가격을 결정하기**

가격은 원가, 수요, 경쟁 업체의 가격, 고객의 심리 상태 등을 고려하여 결정한다.

① 원가 기준: 제품의 원가를 중심으로 가격을 결정한다.

② 수요 기준: 수요와 가격과의 탄력성을 고려하여 가격을 결정한다.

③ 경쟁 기준: 경쟁 기업이 설정한 가격을 기준으로 제품의 가격을 결정한다.

④ 고객의 심리 상태 기준: 구매자의 심리 상태를 고려하여 가격을 결정한다.

3) 유통(place)

유통은 제품 및 서비스가 생산자에서 소비자로 옮겨 가는 과정을 말한다. 유통 과정에 참여하는 개인 및 기업들 사이에 효율적인 물자의 흐름을 만들어 주는 것이 물류 활동이다. 물류 활동의 목적은 물류 합리화를 통하여 고객 서비스의 수준을 높이면서 물류비용을 최소화하는 데 있다.

※ **유통 경로가 창출하는 효용 가치를 잡기**

유통 경로는 제품 및 서비스를 생산자로부터 소비자에게 이전시키는 과정에서 시간 효용, 공간 효용, 소유 효용, 형태 효용 등의 네 가지 효용을 제공한다.

① 시간 효용: 소비자가 원하는 시간에 제품 및 서비스를 구매할 수 있을 때 발생하는 효용을 말한다.

② 장소 효용: 소비자가 원하는 장소에서 제품 및 서비스를 구매할 수 있을 때 발생하는 효용을 말한다.

③ 소유 효용: 소비자가 제품 및 서비스를 빨리 소유할 수 있도록 유통 경로를 줄여 줌으로써 발생하는 효용을 말한다.

④ 형태 효용: 소비자가 원하는 포장 상태를 갖춤으로써 발생하는 효용을 말한다.

4) 촉진(promotion)

촉진은 기업이 소비자에게 제품 및 서비스를 인지시켜서 소비자의 구매 욕구를 증대시키는 활동을 말한다. 주요 촉진 수단으로는 광고, 인적 판매, 홍보, 판매 촉진 등이 있다.

> ※ 적절한 촉진 수단을 선택하기
> 제품 및 서비스의 특성, 기업의 상황에 맞는 효과적인 촉진 수단을 선택해야 한다.
> ① 광고: 텔레비전, 신문, 잡지 등의 매체를 통하여 기업의 특정 상품이나 메시지를 소비자에게 제시하는 활동을 말한다.
> ② 인적 판매: 판매원이 직접 고객과 대면하여 기업의 제품이나 서비스를 구매하도록 권유하는 활동을 말한다.
> ③ 홍보: 후원자의 대금 지불 없이 제품 및 서비스 내용을 대중 매체에 기사화하여 수요를 자극하거나 호응을 얻고자 하는 비인적 촉진 행위를 말한다.
> ④ 판매 촉진: 단기적으로 매출을 증대시키기 위하여 사용하는 모든 활동을 말하며, 광고 · 홍보와 같은 장기적 효과를 노리는 다른 촉진 수단과 구별된다.

3. 보험마케팅 믹스의 마케팅 인력

보험 산업은 설비중심이 아니고 인력중심이기 때문에 인력의 중요성이 다른 산업보다 매우 높다.

또한, 보험기업에서는 보험모집인과 모집인을 관리하는 점포장의 역할이 다소 비슷한 것도 있지만 엄밀하게 다르며, 점포장의 역할이 중요하고 크다고 할 수 있다.

1) 마케팅 인력은 보험모집인, 대리점, 영업지점장 등 관계 경영자를 포함하는 개념이다.

2) 관리자의 업무기능: 고객관리, 판매조직관리, 계약보전업무 총괄, 서비스관리, 기타 등

3) 판매 인력의 업무기능: 가망고객 개척 및 판매, 정보전달, 판매서비스 기능제공, 정보수집 등

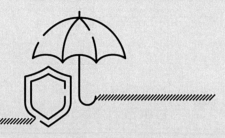

보험모집 이해(理解) / 제2편

제1장

보험모집(保險募集)

1. 보험계약의 모집

1) 보험모집의 정의

보험업법은 보험회사가 아닌 자와는 계약을 체결하거나 이를 중개 또는 대리할 수 없다고 하여 보험회사가 아닌 자와의 보험계약 체결을 제한하고 있다. 이때 보험회사와 보험에 가입하려는 자 사이에서 **보험계약의 체결을 중개(仲介) 또는 대리(代理)하는 것을 '보험의 모집'**이라고 정의하고 있다. 이는 쉽게 말해 일반소비자를 대상으로 보험상품을 판매하는 행위라고 할 수 있다.

♣ 보험계약 체결의 중개란 보험회사와 보험계약자 간에 보험계약이 체결될 수 있도록 하는 모든 행위를 말한다(보험설계사 또는 보험중개사에 의해 이루어진다).

♣ 보험계약 체결의 대리란 보험회사를 대리하여 보험계약을 체결하는 행위를 말한다(보험대리점).

> ※ **중개와 대리의 차이**
> 중개: 제3자가 두 당사자 사이에서 일을 주선하는 것으로 법률 효과가 본인에게 직접 발생하지 않는다.
> 대리: 타인(대리인)이 본인의 이름으로 법률 행위의 의사표시를 하거나 의사표시를 받음으로써 그 법률 효과가 곧바로 본인에게 발생하는 것이다.

2) 보험계약의 체결권

보험계약의 체결을 원하는 자(보험계약자)는 보험회사에 소속되어 있거나 중개 또는 대리하는 보험모집인(모집종사자)을 통해 보험계약을 체결할 수 있다(규제 「보험업법」 제3조 및 제83조 제1항).

2. 보험모집을 할 수 있는 자

보험업법에서는 건전한 모집질서를 확립하고 보험계약자 보호 등을 위하여 보험을 모집할 수 있는 자를 다음과 같이 제한하고 있다(규제 「보험업법」 제83조 제1항).

1) 보험설계사

보험회사, 보험대리점 또는 보험중개사에 소속되어 보험계약의 체결을 중개하는 자[법인이 아닌 사단(社團)과 재단 포함]로서 등록된 자(「보험업법」 제2조 제9호 및 제84조 제1항). 그리고 「보험업법」에서는 생명보험설계사, 손해보험설계사, 제3보험설계사로 구분하고 있다.

2) 보험대리점

보험회사를 위하여 보험계약의 체결을 대리하는 자(법인이 아닌 사단 및 재단 포함)로서 금융위원회에 등록된 자(「보험업법」 제2조 제10호 및 제87조 제1항). 보험대리점은 생보 및 손보의 겸업이 가능하다.

3) 보험중개사

독립적으로 보험계약의 체결을 중개하는 자(법인이 아닌 사단 및 재단을 포함)로서 금융위원회에 등록된 자(「보험업법」 제2조 제11호 및 제89조 제1항).

4) 보험회사의 임원 또는 직원(규제 「보험업법」 제83조 제1항 제4호).

대표이사, 사외이사, 감사 및 감사위원은 제외한다.

5) 보험의(保險醫)

보험회사의 위촉을 받아 생명보험에 가입할 사람의 건강 상태를 진찰하는 의사.

6) 금융기관보험대리점(방카슈랑스) 등

보험모집은 방카슈랑스(은행과 보험의 결합)라는 금융영업정책에 의해 2003년 8월부터 실시되고 있다. 방카슈랑스는 은행 등의 금융 기관이 보험회사와 제휴하여 대리점이나 중개사 자격으로 보험상품을 함께 판매하는 영업 형태이다.

3. 보험모집자의 권한 및 지위와 등록기관

구분	계약체결권	고지의무수령권	보험료수령권	등록기관
보험설계사	×	×	×(♣)	금융위원회 등록(보험협회 위탁)
보험대리점	○	○	○	금융위원회 등록(보험협회 위탁)
보험중개사	×	×	×	금융위원회 등록(금융감독원 위탁)

출처: 손해보험협회

♣ 초회 보험료 수령권을 인정하는 대법원 판례가 있음.

4. 보험모집인의 모집자격 및 보험가입

1) 보험모집인의 모집자격

(1) 보험모집인의 등록

보험모집인은 「보험업법」에 따라 금융위원회에 등록이 되어 있어야 한다. 실무적으로 손해보험협회, 생명보험협회에 위탁 등록한다(규제 「보험업법」 제84조 제1항, 제87조 제1항 및 제89조 제1항).

(2) 보험모집 위반 시 제재

보험모집을 할 수 없는 사람이 보험모집을 한 경우에는 1년 이하의 징역 또는 1천만 원 이하의 벌금이 부과된다(「보험업법」 제204조 제1항 제2호).

2) 보험가입

(1) 보험모집인을 통한 가입(규제 「보험업법」 제83조 제1항)

보험모집을 할 수 있는 자는 보험설계사, 보험대리점, 보험중개사, 보험회사의 임원(대표이사·사외이사·감사 및 감사위원은 제외함) 또는 직원으로서 모집에 종사할 자로 신고 된 자이다.

(2) 금융기관보험대리점을 통한 가입(「보험업법」 제91조 제1항 본문)

금융기관은 보험대리점 또는 보험중개사로 등록을 하고 보험상품을 판매할 수 있다.

(3) 통신매체를 통한 가입(규제 「보험업법」 제96조 제1항)

전화·우편·컴퓨터 등 통신수단을 이용하여 모집하는 자는 금융위원회에 등록을 하여 모집을 할 수 있는 자여야 하며, 다른 사람의 평온한 생활을 침해하는 방법으로 모집해서는 안 된다.

보험회사는 통신수단을 이용해 보험계약을 청약한 자가 그 청약을 철회하고자 할 경우 통신수단을 이용할 수 있도록 해야 한다.

5. 보험안내자료

보험안내자료란 보험모집을 위하여 보험계약자 등에게 제공하기 위한 목적으로 사용되는 보험안내서, 상품요약서, 가입설계서 등의 제반 홍보물을 말한다. 또한, 방송 및 인터넷 홈페이지 등을 통해 불특정다수에게 알리는 자료를 포함한다.

보험안내자료를 임의로 작성하여 사용할 경우, 보험계약자가 허위내용으로 인한 부당한 피해를 입을 수 있기 때문에 감독당국은 보험안내자료의 기재내용과 관련하여 부실 모집행위를 방지함으로써 건전한 보험거래질서를 유지하고 보험계약자의 권익을 보호하기 위해 필수적으로 기재하여야 할 사항과 기재하지 말아야 할 사항 등에 대하여 규정하고 있다.

보험회사 또는 모집종사자는 보험계약자에게 보험모집 단계별로 보험약관 및 보험안내 자료 등을 제공하여야 한다.

한편, 보험회사는 보험안내자료의 관리를 전담하는 부서를 지정하고 자체 제작한 보험안내자료 및 보험계약의 체결 또는 모집에 종사하는 자가 제작한 보험안내자료를 심사하여 관리번호를 부여한 후 사용하도록 하여야 한다(「보험업감독규정」 제4-35조).

1) 보험안내자료의 필수기재사항

보험모집인이 보험의 모집을 위해 사용하는 보험안내 자료에는 다음의 사항이 명료하고 알기 쉽게 기재되어 있어야 한다(규제 「보험업법」 제95조 제1항 및 규제 「보험업법 시행령」 제42조 제3항).

① 보험회사의 상호나 명칭 또는 보험설계사나 보험대리점 또는 보험중개사의 이름·상호나 명칭

② 보험가입에 따른 권리·의무에 관한 주요사항: 변액보험계약의 경우, 변액보험자산의 운용성과에 따라 납입한 보험료의 원금에 손실이 발생할 수 있으며 그 손실은 보험계약자에게 귀속된다는 사실 및 최저로 보장되는 보험금이 설정되어 있는 경우에는 그 내용을 포함.

③ 보험약관에서 정하는 보장에 관한 사항

④ 「예금자보호법」에 따른 예금자보호와 관련된 사항

⑤ 보험금이 금리에 연동되는 보험상품의 경우 적용금리 및 보험금 변동에 관한 사항

⑥ 보험금 지급제한 조건의 예시

⑦ 보험안내 자료의 제작자, 제작일, 보험안내 자료에 대한 보험회사의 심사 또는 관리번호

⑧ 보험상담 및 분쟁의 해결에 관한 사항

⑨ 보험금 지급제한 조건에 관한 사항

⑩ 해약환급금에 관한 사항

2) 변액보험의 보험안내자료

변액보험에 관한 보험안내 자료에는 권리·의무에 관한 기재내용 중 다음의 사항이 포함되어야 한다(규제 「보험업법 시행령」 제42조 제1항).

① 변액보험 자산의 운용성과에 따라 납입한 보험료의 원금에 손실이 발생할 수 있으며 그 손실은 보험계약자에게 귀속된다는 사실.

② 최저로 보장되는 보험금이 설정되어 있는 경우 그 내용.

3) 보험안내 자료의 기재금지사항

보험안내 자료에 다음의 사항이 기재되어서는 안 된다(규제 「보험업법」 제95조 제3항 및 규제 「보험업법 시행령」 제42조 제2항).

① 보험회사의 장래의 이익 배당 또는 잉여금의 분배에 대한 예상을 기재해 놓은 내용.

• 다만, 보험계약자에게 배당해 주는 연금보험의 경우 지난 5년 동안의 실적을 근거로 장래 계약자 배당을 예시할 수 있다. 이 경우 장래의 계약자배당금액은 예상금액이므로 실제 금액과 차이가 있을 수 있음을 명시해야 한다(「보험업감독규정」 제4-34조 제3항).

※ 방송·인터넷 홈페이지 등의 방법으로 모집을 위하여 불특정다수인에게 알리는 경우에도 위 사항 적용

② 불공정거래행위(규제「독점규제 및 공정거래에 관한 법률」제23조)로 볼 수 있는 내용

③ 보험계약의 내용과 다른 사항

④ 보험계약자에게 유리한 내용만을 골라 안내하거나 다른 보험회사 상품과 비교한 사항

⑤ 확정되지 않은 사항이나 사실에 근거하지 않은 사항을 기초로 다른 보험회사 상품에 비하여 유리하게 비교한 사항

⑥ 특정 보험계약자에게만 혜택을 준다는 내용(「보험업감독규정」제4-34조 제2항 제2호).

⑦ 금융위원회에 제출한 내용과 다른 보험회사의 자산과 부채에 관한 사항

> ※ 보험상품 모집과정에서 보험설계사들은 다양한 안내 자료를 사용한다. 이때 유의해야 할 것 중 하나는 설계사가 보험모집을 위해 독단적으로 사용하는 자료이다. 따라서 자료의 상단이나 하단에 회사에서 발급되는 승인번호가 없는 자료는 자료의 신빙성이 떨어지므로 유의해야 한다.
> 그리고 가급적 안내 자료도 청약서 등의 관련 자료와 함께 보관해야 증거로서 향후 분쟁 시 도움이 될 수 있다.

출처: 금융감독원, 금융생활안내서(보험편), 2007

4) 위반 시 제재

① 보험안내 자료를 부실하게 기재하거나 기재하지 말아야 할 사항을 기재하는 등 위반 행위를 한 보험회사에게는 5천만 원 이하의 과태료가 부과 된다(「보험업법」제209조 제1항 제2호).

② 보험안내 자료를 부실하게 기재하거나 기재하지 말아야 할 사항을 기재하여 독단적으로 사용하는 등 위반 행위를 하여 보험모집을 한 자에게는 1천만 원 이하의 과태료가 부과 된다(「보험업법」제209조 제5항 제5호).

5) 단계별로 제공해야 하는 보험안내 자료

(1) 보험계약 체결 권유 단계

① 가입설계서

단체보험계약, 단체취급특약이 부가된 보험계약, 보증보험계약, 일반손해보험 중 기업성 손해보험, 보험기간이 3개월 이내인 보험, 보험업감독규정 제4-35조의2 제4항 및 제5항(갱신계약, 계속계약)에 따른 보험계약은 제외

② 상품설명서

전문보험계약자가 체결하는 보험계약과 보험업감독규정 제4-35조의2 제4항 및 제5항(갱신계약, 계속계약)은 제외

(2) 보험계약 청약 단계

① 보험계약청약서 부본.

전화를 이용하여 청약하는 경우에는 확인서 제공으로 이를 갈음이 가능하다.

② 보험약관.

③ 보험회사가 보험계약을 승낙하는 경우에는 지체 없이 보험증권을 보험계약자에게 교부하여야 한다.

④ 보험회사는 사업연도 만료일 기준으로 1년 이상 유지된 계약에 대하여 보험계약 관리내용을 연 1회 이상 보험계약자에게 제공하여야 한다.

♣ 보험계약 체결 단계의 안내·설명의무

- 보험의 모집에 종사하는 자의 성명, 연락처 및 소속
- 보험의 모집에 종사하는 자가 보험회사를 위하여 보험계약의 체결을 대리할 수 있는지 여부
- 보험의 모집에 종사하는 자가 보험료나 고지의무사항을 보험회사를 대신하여 수령할 수 있는지 여부
- 보험계약의 승낙절차
- 보험계약의 승낙거절시 거절사유
- 보험계약의 품질보증해지의 내용, 절차 및 방법 등

(3) 보험금 청구단계

♣ 보험금 청구 단계의 안내·설명의무

- 담당부서, 연락처 및 보험금 청구에 필요한 서류
- 보험금 심사절차, 예상 심사기간 및 예상지급일
- 보험사고 조사 및 손해사정과 관련하여 해당 보험사고 및 보험금 청구가 손해사정 대상인지 여부, 손해사정 대상인 경우 손해사정사를 선임할 수 있다는 사실 및 비용부담에 관한 사항, 보험계약자 등이 따로 손해사정사를 선임하지 않은 경우 보험회사에 소속된 손해사정사 또는 보험회사와 위탁계약이 체결된 손해사정업자가 손해사정을 하게 된다는 사실
- 보험금 지급심사 현황 결과 문의 및 조회방법
- 보험약관에 따른 보험금 지급기한 및 보험금 지급지연시 지연이자 가산 등 보험회사의 조치사항 등

(4) 보험금 지급요청

♣ 보험금 심사·지급 단계의 안내·설명의무

- 보험금 지급일 등 지급 절차
- 보험금 지급내역
- 보험금 심사 지연 시에 지연사유 및 예상지급일
- 보험금을 감액하여 지급하거나 지급하지 아니하는 경우에는 그 사유

6. 보험회사의 배상책임

보험회사는 그 임원·직원·보험설계사 또는 보험대리점(보험대리점 소속 보험설계사를 포함함. 이하 같음.) 이 모집을 함에 있어서 보험계약자에게 손해가 발생한 경우 배상할 책임을 진다.

다만, 보험회사가 보험설계사 또는 보험대리점에 모집을 위탁함에 있어서 상당한 주의를 기울였고 또한 모집 시 보험계약자에게 손해가 발생하지 않도록 노력한 경우에는 책임을 부담하지 않을 수 있다(「보험업법」 제102조 제1항).

7. 보험계약자의 의무와 보험관계 업무 종사자의 의무

1) 보험계약자의 의무

보험계약자, 피보험자, 보험금을 취득할 자, 그 밖에 보험계약에 대해 이해관계가 있는 자는 보험사기 행위를 해서는 안 된다(규제「보험업법」 제102조의2).

2) 보험관계 업무 종사자의 의무

보험회사의 임직원, 보험설계사, 보험대리점, 보험중개사, 손해사정사, 그 밖에 보험 관계 업무에 종사하는 자는 다음의 어느 하나에 해당하는 행위를 해서는 안 된다(규제「보험업법」 제102조의 3).

① 보험계약자, 피보험자, 보험금을 취득할 자, 그 밖에 보험계약에 관하여 이해가 있는 자로 하여금 고의로 보험사고를 발생시키거나 발생하지 아니한 보험사고를 발생한 것처럼 조작하여 보험금을 수령하도록 하는 행위.

② 보험계약자, 피보험자, 보험금을 취득할 자, 그 밖에 보험계약에 관하여 이해가 있는 자로 하여금 이미 발생한 보험사고의 원인, 시기 또는 내용 등을 조작하거나 피해의 정도를 과장하여 보험금을 수령하도록 하는 행위.

8. 보험모집인의 금지행위

1) 보험모집인은 보험모집 시 법률에 위반된 행위를 해서는 안 된다(규제「보험업법」 제97조 제1항).

2) 보험모집인은 보험계약자에게 특별이익을 제공하거나 제공 약속을 해서는 안 된다(규제「보험업법」 제98조).

3) 보험계약의 부활

보험계약자는 보험계약의 체결 또는 모집에 종사하는 자가 부당하게 기존 보험을 소멸시키거나 소멸하게 한 경우 해당 보험계약의 체결 또는 모집에 종사하는 자가 속하거나 모집을 위탁한 보험회사에 해당 보험계약이 소멸한 날부터 6개월 내에 소멸된 보험계약의 부활을 청구하고 새로운 보험계약을 취소할 수 있다(규제「보험업법」 제97조 제4항).

보험모집의 종사자는 보험설계사, 보험대리점, 보험중개사, 보험회사의 임원 또는 직원(대표이사, 사외이사, 감사 및 감사위원은 제외함.), 금융기관보험대리점(방카슈랑스) 등이 있다.

1. 보험설계사

보험설계사란 **보험회사 등에 소속되어 보험계약의 체결을 중개하는 자**로서 「보험업법」에서는 생명보험설계사, 손해보험설계사, 제3보험설계사로 구분하고 있다.

1) 보험설계사 등록제도

『보험설계사』라 함은 보험회사, 보험대리점 및 보험중개사를 위하여 보험계약의 체결을 중개하는 자를 말하는데 보험업법에 따라 금융위원회에 등록하여야 한다. 현재 실무적으로 손해보험 설계사는 보험설계사의 등록에 관한 업무를 위탁받은 손해보험협회에 등록하여야 하고, 생명보험 설계사는 생명보험협회에 등록해야 한다.

2) 보험설계사 등록제도의 취지

생·손보의 보험상품은 기본적으로 구매에 따른 효과를 곧바로 느끼기 어려운 무형의 상품이고 가입에 대한 수요도 잠재적인 경우가 대부분이기 때문에 보험산업에서 보험설계사의 역할은 매우 중요하다.

그러나 보험설계사가 보험모집 과정에서 부당하거나 적정치 못한 행위를 할 경우에는 보험가입자가 피해를 입게 되는 것은 물론, 생·손보 보험산업의 건전한 발전에도 지장을 초래하게 된다. 이러한 이유로 「보험업법」에서는 보험설계사의 등록을 의무화하고 있으며, 등록 후에도 부당한 모집행위 등을 하는 경우에는 일정기간 영업을 중지하게 하거나 그 등록을 취소하도록 하고 있다. 또한 등록제도를 엄격히 운영하기 위해 거짓이나 그 밖의 부정한 방법으로 보험설계사, 보험대리점 또는 보험중개사의 등록을 한 자는 1년 이하의 징역 또는 1천만 원 이하의 벌금에 처하도록 하고 있다(「보험업법」 제204조 제1항 제3호).

3) 보험설계사의 분류

(1) 영위종목별 분류
① **생명보험설계사**: 생명보험상품의 계약체결을 중개하는 보험설계사.
② **손해보험설계사**: 손해보험상품의 계약체결을 중개하는 보험설계사.
③ **제3보험설계사**: 제3보험(상해, 질병, 간병)상품의 계약체결을 중개한 보험설계사.

(2) 유형별 분류

① 전속보험설계사: 1개의 보험회사와만 보험상품의 계약체결을 판매하는 보험설계사.

(손보사, 생보사 중의 1개 회사만 영위하는 설계사)

② 교차모집보험설계사: 1개의 보험회사 이외에 업종이 다른 1개의 보험회사상품의 계약체결을 중개하는 보험설계사(손보사 1개＋생보사 1개를 함께 하는 설계사).

4) 교차모집보험설계사

「보험업법」은 보험회사가 다른 보험회사에 소속된 보험설계사에게 보험모집을 위탁하지 못하게 하고 있으며, 보험설계사 역시 본인이 소속된 보험회사 이외의 자를 위하여 보험모집을 하지 못하게 하고 있다. 즉, 일사전속주의를 채택하고 있다. 다만 생·손보 전속설계사의 교차모집을 허용함으로써 일사전속주의의 예외로 하고 있다(「보험업법」 제85조).

교차모집제도는 **보험설계사 일사전속주의의 예외** 제도로 2008년 8월 30일부터 **보험설계사가 소속 보험회사 외의 1개의 이종(異種) 보험회사 상품을 판매할 수 있도록 한 제도**로 생명보험설계사 또는 손해보험설계사가 각각 1개의 손해보험회사나 생명보험회사를 선택하여 보험상품을 판매할 수 있도록 하는 것이다(손보사 1개＋생보사 1개를 함께 하는 설계사).

더불어 생명보험회사 또는 손해보험회사에 속한 보험설계사가 1개의 제3보험업을 전업으로 영위하는 보험회사를 위하여 모집을 하는 경우도 교차모집에 해당된다.

(1) 교차모집설계사의 자격

교차모집을 하고자 하는 보험설계사는 모집하고자 하는 보험계약의 종류(생명보험, 손해보험 등)에 따른 등록요건을 갖추어 보험협회에 보험설계사 등록을 하여야 한다.

(2) 보험회사 및 교차모집보험설계사에 대한 금지사항

보험업법령에서는 교차모집제도의 원활한 운영을 위해 교차모집을 위탁한 보험회사의 금지사항과 교차모집보험설계사의 금지사항을 규정하고 있다.

■ **보험회사의 금지사항**(「보험업법 시행령」 제29조, 「보험업법 시행규칙」 제16조)
① 교차모집보험설계사에게 자사 소속의 보험설계사로 전환하도록 권유하는 행위
② 교차모집보험설계사에게 자사를 위하여 모집하는 경우 보험회사가 정한 수수료·수당 외에 추가로 대가를 지급하기로 약속하거나 이를 지급하는 행위
③ 교차모집보험설계사가 다른 보험회사를 위하여 모집한 보험계약을 자사의 보험계약으로 처리하도록 유도하는 행위
④ 교차모집보험설계사에게 정당한 사유 없이 위탁계약 해지, 위탁범위 제한 등 불이익을 주는 행위
⑤ 교차모집보험설계사의 소속 영업소를 변경하거나 모집한 계약의 관리자를 변경하는 등 교차모집을 제약·방해하는 행위

---

⑥ 소속 보험설계사에게 특정 보험회사를 지정하여 교차모집 위탁계약의 체결을 강요하는 행위

⑦ 소속 보험설계사에게 교차모집보험설계사가 될 자의 유치를 강요하는 행위

⑧ 합리적 근거 없이 교차모집보험설계사를 소속 보험설계사보다 우대하는 행위

■ **교차모집보험설계사의 금지사항**(「보험업법 시행령」 제29조, 「보험업법 시행규칙」 제16조)

① 업무상 알게 된 특정 보험회사의 정보를 다른 보험회사에 제공하는 행위

② 보험계약을 체결하고자 하는 자의 의사에 반하여 다른 보험회사와의 보험계약 체결을 권유하는 등 모집을 위탁한 보험회사 중 어느 한쪽의 보험회사만을 위하여 모집하는 행위

③ 모집을 위탁한 보험회사에 대하여 회사가 정한 수수료 · 수당 외에 추가로 대가를 지급하도록 요구하는 행위

④ 교차모집을 위탁한 보험회사에 대하여 합리적 근거 없이 다른 보험설계사보다 우대하여 줄 것을 요구하는 행위

⑤ 교차모집을 위탁한 보험회사에 대하여 다른 교차모집보험설계사 유치를 조건으로 대가를 요구하는 행위

⑥ 교차모집 관련 보험계약정보를 외부에 유출하는 행위

---

5) 손해보험 · 생명보험(제3보험)설계사의 등록요건

(1) 손해보험설계사의 등록요건

① 금융위원회가 정하여 고시하는 바에 따라 손해보험 모집에 관한 연수과정을 이수하고, 손해보험협회에서 실시하는 손해보험설계사 자격시험에 합격한 자(유효기간은 연수과정 또는 교육 이수 후 1년).

② 손해보험 관계 업무에 1년 이상 종사한 경력이 있는 자(등록 신청일 부터 3년 이내에 해당 업무에 종사한 사람으로 한정)로서 해당 보험설계사 교육을 이수한 자

③ 개인인 손해보험대리점의 등록요건을 갖춘 사람(법인보험대리점의 소속 보험설계사가 되려는 사람만 해당).

④ 개인인 손해보험중개사의 등록요건을 갖춘 사람(법인보험중개사의 소속 보험설계사가 되려는 사람만 해당).

(2) 생명보험(제3보험)설계사의 등록요건

생명보험과 제3보험은 각각 개별 보험업종으로서 보험설계사가 생명보험과 제3보험 상품을 함께 판매 하고자 할 경우 각 업종별 보험설계사로 등록을 해야 한다. 생명보험설계사와 제3보험설계사의 등록 요건은 동일하나 교육내용, 시험구분이 상이하다(「보험업법 시행령」 별표 3, 4 및 「보험업감독규정」 제4-3조).

① 생명보험(제3보험) 모집에 관한 연수과정을 이수한 자*

　　* 연수과정을 이수한 자는 아래 가.~다.를 모두 갖춘 사람을 의미함.

　　가. (교육) 보험모집 관련 윤리교육, 보험관련 법령 및 분쟁사례, 보험상품 등에 관한 교육과정을 20시간 이상 이수한 자

　　나. (시험) 보험협회에서 실시하는 생명보험(제3보험) 설계사등록자격시험에 합격한 자

　　다. 교육 이수 요건을 충족한 자는 1년 이내에 시험에 합격하여야 하며, 시험에 합격한 자는 합격일 부터 1년 이내에 교육 이수 요건을 충족하여야 함.

② 생명보험(제3보험) 관계 업무에 1년 이상 종사한 경력(등록신청일로부터 3년 이내)이 있고, 교육을 이수한 사람.

③ 개인인 생명보험(제3보험)대리점의 등록요건을 갖춘 자(법인보험대리점 소속 보험 설계사가 되려는 자에게만 해당).

④ 개인인 생명보험(제3보험)중개사의 등록요건을 갖춘 자(법인보험중개사 소속 보험 설계사가 되려는 자에게만 해당).

※ 단, 등록신청의 유효기간은 연수과정 또는 교육 이수 후 1년

6) 보험설계사의 등록 제한사유(보험업법 제84조 ②)

보험 산업에서 보험설계사의 역할은 매우 중요하기 때문에 설계사로서 부적당한 자가 등록되거나 과거 부당한 모집을 하였던 자의 경우에는 설계사의 등록을 제한한다.

「보험업법」에서는 보험설계사가 되지 못하는 자에 대하여 아래와 같이 규정하고 있다.
[개정 2018.4.17., 2020.3.24 제17112호(금융소비자 보호에 관한 법률)] [시행일 2021.3.25.]

1) 피성년후견인 또는 피한정후견인.

2) 파산선고를 받은 자로서 복권되지 아니한 자.

3) 「보험업법」 또는 「금융소비자 보호에 관한 법률」에 따라 벌금 이상의 형을 선고받고 그 집행이 끝나거나(집행이 끝난 것으로 보는 경우를 포함한다) 집행이 면제된 날부터 2년이 지나지 아니한 자.

4) 「보험업법」 또는 「금융소비자 보호에 관한 법률」에 따라 금고 이상의 형의 집행유예를 선고받고 그 유예기간 중에 있는 자.

5) 「보험업법」에 따라 보험설계사·보험대리점 또는 보험중개사의 등록이 취소(제1호 또는 제2호에 해당하여 등록이 취소된 경우는 제외한다)된 후 2년이 지나지 아니한 자.

6) 제5호에도 불구하고 「보험업법」에 따라 보험설계사·보험대리점 또는 보험중개사 등록취소 처분을 2회 이상 받은 경우 최종 등록취소 처분을 받은 날부터 3년이 지나지 아니한 자.

7) 「보험업법」 또는 「금융소비자 보호에 관한 법률」에 따라 과태료 또는 과징금 처분을 받고 이를 납부하지 아니하거나 업무정지 및 등록취소 처분을 받은 보험대리점·보험중개사 소속의 임직원이었던 자.(처분 사유의 발생에 관하여 직접 또는 이에 상응하는 책임이 있는 자로서 대통령령으로 정하는

자만 해당한다)로서 과태료·과징금·업무정지 및 등록취소 처분이 있었던 날부터 2년이 지나지 아니한 자.

8) 영업에 관하여 성년자와 같은 능력을 가지지 아니한 미성년자로서 그 법정대리인이 제1호 부터 제7호까지의 규정 중 어느 하나에 해당하는 자.

9) 법인 또는 법인이 아닌 사단이나 재단으로서 그 임원이나 관리인 중에 제1호부터 제7호까지의 규정 중 어느 하나에 해당하는 자가 있는 자.

10) 이전에 모집과 관련하여 받은 보험료, 대출금 또는 보험금을 다른 용도에 유용(流用)한 후 3년이 지나지 아니한 자.

7) 보험설계사 등록·말소 절차

손해보험, 생명보험 및 제3보험설계사가 되려는 자는 손해보험/생명보험회사를 통하여 금융위원회로부터 등록업무를 위탁받아 수행하는 손해보험협회와 생명보험협회에 각 등록하여야 하며, 보험설계사의 등록 및 말소 절차는 다음과 같다.

(1) 보험설계사 등록

① 신규 등록

보험설계사(대리점)시험 합격 및 등록교육 이수 후 보험회사를 통해 보험협회에 등록 신청한다.

② 경력등록

보험관계 업무에 1년 이상 종사한 경력이 있는 사람(등록신청일로부터 3년 이내 경력*으로 한정)은 등록교육 이수 후 보험회사를 통해 보험협회에 등록 신청한다.

* 대리점의 경우, 보험관계 업무에 2년 이상 종사한 경력(등록 신청일부터 4년 이내)

(2) 보험설계사 말소

① 보험회사를 통한 말소

보험회사는 말소 대상자를 보험협회에 말소 신청한다.

② 설계사 본인 방문 또는 공인인증을 통한 직접 말소

등록 말소를 원하는 보험설계사는 해촉 신청서를 회사로 발송하거나 해촉 증명서를 발급받은 후, 보험협회 지역본부(지부) 방문 또는 보험협회 홈페이지(공인인증서 등을 통한 본인인증)를 통해 직접말소를 신청한다.

(3) 보험설계사 경력확인

손해보험협회와 생명보험협회 홈페이지에서 본인의 보험설계사 경력 현황을 조회할 수 있다.

2. 보험대리점

보험대리점은 보험업종에 따라 생명보험대리점, 제3보험대리점, 손해보험대리점으로 구분하며 설립 형태에 따라 개인보험대리점과 법인보험대리점으로 구분된다.

1) 보험대리점의 정의

보험대리점이라 함은 **보험회사를 위하여 보험계약의 체결을 대리하는 자**로서 금융위원회에 등록된 자를 말한다. 보험대리점이 되려는 자는 개인과 법인을 구분하여 금융위원회에 등록하여야 한다.

2) 보험대리점의 성격

보험대리점은 특정 보험회사를 위하여 계약관계에 기초를 두고 계속적으로 보험계약 체결의 대리, 보험료 수령, 영수증 발급, 계약상담 등 보험계약자에 대한 서비스 제공 등을 대리하는 자를 말한다. 보험대리점은 일사전속제가 적용되지 않아 여러 생명·손해보험회사와의 계약체결을 통해 보험모집을 할 수 있다(생명보험 및 손해보험 겸업도 가능함).

3) 간단손해보험대리점의 정의

2015년 7월부터 소비자의 보험 상품에 대한 접근성 및 편의성을 높이기 위하여 간단손해보험대리점 제도를 도입하였다. 간단손해보험대리점은 재화의 판매, 용역의 제공 또는 사이버몰(「전자상거래 등에서의 소비자보호에 관한 법률」 제2조 제4호에 따른 사이버몰을 말한다. 이하 같다)을 통한 재화·용역의 중개를 본업으로 하는 자가 판매·제공·중개하는 재화 또는 용역과 관련 있는 보험 상품을 모집하는 손해보험대리점을 말한다. 즉, 공인중개사는 동산종합보험, 주택화재보험 등을 판매하고, 골프장에서는 골프보험, 여행사에서는 여행자보험 등을 판매할 수 있다. 간단손해보험대리점의 활성화를 위해 보험업법령에서는 등록 시 보험대리점 시험(보험연수원 주관) 합격 요건을 면제해주고 있으며, 8시간 이상(외부교육시간 2시간 이상 포함) 등록교육을 이수하면 등록이 가능하다.

4) 보험대리점의 분류

(1) 영위종목별 분류

① 생명보험대리점: 생명보험상품의 계약체결을 대리하는 보험대리점.
② 손해보험대리점: 손해보험상품의 계약체결을 대리하는 보험대리점.
③ 제3보험대리점: 제3보험(상해, 질병, 간병)상품의 계약체결을 대리하는 보험대리점.

(2) 유형별 분류

① 전속대리점: 1개 보험회사와만 대리점계약을 체결한 보험대리점.
② 비전속대리점: 2개 이상의 보험회사와 대리점 계약을 체결한 보험대리점.
※ 비전속대리점이 대리점계약을 체결할 수 있는 보험회사 수는 제한이 없음.

(3) 영위업종별 분류

① 전업대리점: 생명보험회사, 손해보험회사 또는 제3보험회사와만 대리점계약을 체결한 보험대리점.

② 겸업대리점: 생명보험회사 및 손해보험회사, 생명보험회사 및 제3보험회사 또는 손해보험회사 및 제3보험회사 또는 생명보험회사와 손해보험회사 및 제3보험회사와 대리점계약을 체결한 보험대리점.

(4) 운영주체별 분류

① 개인대리점: 개인이 영위하는 보험대리점.

② 법인대리점: 상법상 회사 형태로 운영하는 보험대리점.

5) 보험대리점의 등록요건

(1) 손해보험대리점의 등록

손해보험대리점이 되고자 하는 자는 다음의 등록요건 중 하나에 해당하는 자로서 손해보험회사와 보험계약체결의 대리 업무에 관한 위임계약(대리점 계약)을 체결하고 금융위원회에 대리점 등록을 하여야 한다. 현재는 손해보험협회가 금융위원회로부터 손해보험대리점의 등록에 관한 업무를 위탁받아 수행하고 있다.

♣ [개인보험대리점]

① 보험연수원에서 손해보험대리점에 관한 연수과정(등록교육)을 이수한 자(등록신청 유효기간은 연수과정 또는 교육 이수 후 2년).

② 손해보험 관계 업무에 2년 이상 종사한 경력이 있는 자(등록 신청일 부터 4년 이내에 해당 업무에 종사한 사람으로 한정)로서 해당 보험대리점 교육을 이수한 자.

♣ [법인보험대리점]

① 개인인 손해보험대리점의 등록 요건 중 어느 하나에 해당하는 사람을 1명 이상 두고 있는 법인.

② 임직원 수가 100명 이상인 법인(법 제91조 제1항 각 호의 금융기관은 제외)의 경우 소속 임직원의 10분의 1 이상이 법 제84조에 따른 보험설계사 등록요건을 갖춘 법인.

(2) 생명보험대리점의 등록

생명보험대리점이 되고자 하는 자는 다음의 등록요건 중 하나에 해당하는 자로서 생명보험회사와 보험계약체결의 대리 업무에 관한 위임계약(대리점 계약)을 체결하고 금융위원회에 대리점 등록을 하여야 한다. 현재는 생명보험협회가 금융위원회로부터 생명보험대리점의 등록에 관한 업무를 위탁받아 수행하고 있다(「보험업법 시행령」 별표 3, 4 및 「보험업감독규정」 제4-3조).

♣ [개인보험대리점]

① 생명보험 대리점에 관한 연수과정을 이수한 자*

　　* 연수과정을 이수한 자는 아래 가.~다.를 모두 갖춘 사람을 의미함.

가. (교육) 보험모집 관련 윤리교육, 보험관련 법령 및 분쟁사례, 보험상품 등에 관한 교육과정을 20시간 이상 이수한 자.

나. (시험) 보험연수원에서 실시하는 생명보험(제3보험) 대리점자격시험에 합격한 자.

다. 교육 이수 요건을 충족한 자는 1년 이내에 시험에 합격하여야 하며, 시험에 합격한 자는 합격일 부터 1년 이내에 교육 이수 요건을 충족하여야 함.

② 생명보험 관계 업무에 2년 이상 종사한 경력(등록 신청일로부터 4년 이내)이 있고, 교육을 이수한 사람.

※ 단, 등록 신청의 유효 기간은 연수과정 또는 교육 이수 후 2년.

♣ [법인보험대리점]

① 개인인 생명보험(제3보험)대리점의 등록요건(연수과정 이수 또는 관계 업무 2년 이상 종사한 경력) 중 어느 하나에 해당하는 사람을 1명 이상 두고 있는 법인.

② 임직원의 수가 100명 이상인 법인(금융기관보험대리점 제외)의 경우 소속 임직원의 10분의 1 이상이 생명보험(제3보험)설계사 등록요건을 갖춘 법인.

(3) 제3보험대리점의 등록

♣ [개인보험대리점]

① 보험연수원에서 제3보험대리점에 관한 연수과정을 이수한 자(등록신청 유효기간은 연수과정 이수 후 2년).

② 제3보험 관계 업무에 2년 이상 종사한 경력이 있는 자(등록 신청일 부터 4년 이내에 해당 업무에 종사한 사람으로 한정)로서 해당 보험대리점 교육을 이수한 자.

♣ [법인보험대리점]

① 개인인 제3보험대리점의 등록 요건 중 어느 하나에 해당하는 사람을 1명 이상 두고 있는 법인.

② 임직원 수가 100명 이상인 법인(법 제91조 제1항 각 호의 금융기관은 제외)의 경우 소속 임직원의 10분의 1 이상이 법 제84조에 따른 보험설계사 등록 요건을 갖춘 법인.

(4) 간단손해보험대리점

♣ [교육이수]

① **교육과목**: 보험모집과 관련한 윤리교육, 보험 관계 법령, 간단손해보험상품.

② **교육방법**: 집합교육 또는 사이버교육.

③ **교육시간**: 8시간(외부 교육시간 2시간 포함).

6) 영업보증금

보험대리점이 보험모집을 하는 과정에서 보험계약자에게 손해를 끼치게 되는 경우 등에 대비하기 위해 금융위원회는 보험대리점으로 하여금 대리점 계약을 체결한 보험회사에 영업보증금을 예탁하게 할 수 있다. 「보험업법」은 보험대리점 등록을 한 자가 영업보증금을 예탁하지 않고서는 영업을 할 수 없도록 규정하여 영업개시 시점뿐만 아니라 영업 중에도 반드시 영업보증금을 예탁하도록 규제를 강화하고 있다. 또한, 영업보증금의 규모는 1억 원(법인보험대리점의 경우 3억 원)의 한도 내에서 보험회사와 보험대리점 이 협의하여 정할 수 있으며, 금융위원회는 보험계약자 보호와 모집질서 유지를 위하여 필요하다고 인정하는 경우에는 영업보증금의 증액을 명할 수도 있다.

다만, 은행 등 금융기관보험대리점의 경우에는 영업보증금 예탁의무를 면제하고 있는데, 이는 금융기관이 일반보험대리점보다 자산 건전성이 우수하다는 특성을 고려한 입법 조치이다.

7) 보험대리점의 등록 제한사유(「보험업법」 제87조 제2항)

보험 산업에서 보험대리점의 역할은 보험설계사의 역할과 마찬가지로 매우 중요하기 때문에 보험대리점으로서 부적당한 자의 경우에는 보험업법에서 보험대리점의 등록을 제한하고 있다.

① 보험설계사 등록 제한 사유에 해당하는 자.
② 보험설계사 또는 보험중개사로 등록된 자.
③ 다른 보험회사 등의 임직원.
④ 외국의 법령에 따라 위 첫 번째에 해당하는 것으로 취급되는 자.
⑤ 그 밖에 경쟁을 실질적으로 제한하는 등 불공정한 모집 행위를 할 우려가 있는 자로서 대통령령으로 정하는 자.

3. 보험중개사

보험중개사는 보험대리점과 마찬가지로 보험업종에 따라 생명보험중개사, 제3보험중개사, 손해보험중개사로 구분되며, 설립 형태에 따라 개인보험중개사와 법인보험중개사로 구분된다.

1) 보험중개사의 정의

보험중개사는 **특정 보험회사에 소속되지 않고 독립적으로 보험계약의 체결을 중개하는 자**를 말한다. 보험중개사는 보험설계사나 보험대리점과 달리 불특정다수의 계약자나 보험회사를 위하여 보험모집 업무를 수행하는 것이 특징이다.

2) 보험중개사의 등록

보험중개사가 되고자 하는 자는 「보험업법시행령」 별표3에서 정한 기준을 충족하고 금융감독원에 등록 신청하여야 한다. 보험대리점과는 달리 부채가 자산을 초과하는 법인은 보험중개사가 될 수 없으며, 영업개시 7일전까지 영업보증금을 금융감독원에 예탁하거나 보험가입 등을 해야 한다. 한편, 보험중개사 소속 보험설계사에 대해서는 금융감독원이 아닌 보험협회로 등록·말소 사항을 신고하여야 한다(「보험업법」 제89조, 「보험업감독업무시행세칙」 제2−14조).

3) 보험중개사의 의무

보험중개사는 보험계약을 체결할 때 보험중개사의 권한과 지위에 관한 사항, 손해배상에 관한 사항 등을 적은 서면을 미리 보험계약자에게 발급하고 설명하여야 한다. 또한 보험계약자가 요청하는 경우 보험계약 체결의 중개와 관련하여 보험회사로부터 받은 수수료, 보수와 그 밖의 대가를 알려주어야 한다(「보험업법 시행령」 제41조).

4. 보험회사의 임원 또는 직원

보험회사는 보험설계사나 보험대리점 등을 통하지 않고 직접 보험회사 임직원을 통해 보험모집을 할 수 있다. 이때 모집활동을 담당하는 임직원과 그들이 소속된 본사의 영업부서조직으로 본사의 소속으로 모집활동을 하는 본사조직과 보험계약자가 필요하다고 인정하는 곳에 사무소를 설치하여 보험모집활동을 하는 영업소와 영업소를 관리하는 지점이 있다.

보험업법상 모집을 할 수 있는 보험회사의 임원에는 **대표이사, 사외이사, 감사 및 감사 위원은 제외**된다.

5. 금융기관보험대리점(방카슈랑스)

1) 금융기관보험대리점의 정의

금융기관보험대리점은 **보험회사에 대한 대리점 자격으로 보험계약의 체결을 대리하는 은행, 투자매매업자, 상호저축은행 등의 금융기관**을 말한다. 일반적으로 금융기관 보험대리점을 프랑스어의 은행(Banque)과 보험(Assurance)을 합성하여 방카슈랑스(Bancassurance)라고 부른다. 우리나라의 경우 방카슈랑스는 보험소비자의 편익 증대와 금융산업의 겸업화를 통한 경쟁 활성화 및 생산성 제고를 위해 2003년 8월에 도입되었다.

금융기관보험대리점 등의 보험모집은 방카슈랑스(은행과 보험의 결합)라는 금융영업정책에 의해 실시되고 있으며, **방카슈랑스는 은행 등의 금융기관이 보험회사와 제휴하여 대리점이나 중개사 자격으로 보험상품을 함께 판매하는 영업 형태**이다. 등록과 모집에 관한 내용을 살펴보면 다음과 같다.

2) 보험대리점 또는 보험중개사로 등록 가능한 금융기관(「보험업법」 제91조, 「보험업법 시행령」 제40조)

① 은행법에 의하여 설립된 금융기관.
② 자본시장과 금융투자업에 관한 법률에 의한 투자매매업자 또는 투자중개업자.
③ 상호저축은행법에 따른 상호저축은행.
④ 「한국산업은행법」, 「중소기업은행법」, 「여신전문금융업법」, 「농업협동조합법」에 따라 설립된 한국산업은행, 중소기업은행, 신용카드회사(겸영여신업자 제외), 농업협동조합 및 농협은행.

3) 금융기관보험대리점의 모집방법

금융기관보험대리점은 점포 내 지정된 장소에서 보험계약자와 직접 대면하여 보험을 모집하여야 한다. 즉, 금융기관 점포를 방문한 사람에게 보험가입 권유 후 모집하는 것은 가능하나 금융기관 점포 외의 장소에서 모집할 수 없도록 규정되어 있다. 또한 금융기관보험대리점은 금융기관의 본점, 지점 등 점포별로 2인(2년 이상 모집경력이 있는 보험설계사로서 모집의 업무를 폐지한지 6월 이상 경과한 자의 채용은 점포별 2인 규제에서 제외)까지만 모집에 종사하게 할 수 있다.

한편, 인터넷 홈페이지를 이용하여 불특정다수를 대상으로 보험상품을 안내 또는 설명하여 모집하는 것도 가능하다. 또한 금융기관보험대리점 중 「여신전문금융업법」에 의해 허가를 받은 신용카드업자 (겸영여신업자 제외)는 전화, 우편, 컴퓨터 통신 등의 통신수단을 이용한 모집이 가능하나 다른 금융기관보험대리점은 통신수단을 이용한 보험모집이 불가하다(「보험업법 시행령」 제40조).

4) 금융기관보험대리점의 금지행위

「보험업법」은 은행 등 금융기관보험대리점 등에 의한 불공정행위를 사전에 방지하기 위하여 금융기관 보험대리점이 보험모집을 함에 있어 금지해야 될 사항을 다음과 같이 명시하여 엄격히 규제하고 있다(「보험업법」 제100조, 「보험업법 시행령」 제48조, 「보험업감독규정」 제5-15조).

- 대출 등 해당 금융기관이 제공하는 용역(이하 "대출 등")을 제공하는 조건으로 대출 등을 받는 자에게 보험계약 체결을 요구하는 행위
- 대출 등을 받는 자의 동의를 미리 받지 아니하고 보험료를 대출 등의 거래에 포함시키는 행위
- 금융기관의 임직원(「보험업법」에 따라 보험모집을 할 수 있는 자는 제외)으로 하여금 모집을 하도록 하거나 이를 용인하는 행위
- 해당 금융기관의 점포 외의 장소에서 모집을 하는 행위
- 모집과 관련이 없는 금융거래를 통하여 취득한 개인정보를 미리 그 개인의 동의를 받지 아니하고 모집에 이용하는 행위
- 모집에 종사하는 자 이외에 소속 임직원으로 하여금 보험상품의 구입에 대한 상담 또는 소개를 하게 하거나 상담 또는 소개의 대가를 지불하는 행위
- 대출을 조건으로 차주의 의사에 반하여 보험가입을 강요하는 행위
- 대출과 관련하여 중소기업의 대표자·임원 등 차주의 관계인의 의사에 반하여 보험가입을 강요하는 행위
- 대출과 관련하여 차주인 중소기업, 차주인 신용 등급이 낮은 개인과 차주의 관계인 중 중소기업의 대표자에게 대출실행일 전후 1개월 이내에 보험상품을 판매하는 행위로서 월납보험료가 대출금의 100분의 1을 초과하는 보험계약의 체결을 요구하는 행위
- 대출을 실행함에 있어 차주에 대하여 대출실행일 전후 1개월 이내에 월납보험료가 대출금의 100분의 1을 초과하는 보험계약의 체결을 요구하는 행위(단, 해당 규제를 회피할 목적으로 대

출실행일 전후 1개월 기간 외에 보험계약을 체결하거나 차주가 아닌 제3자의 명의로 보험계약을 체결한 것이 명백한 경우에는 위에 따른 행위를 한 것으로 봄)

제3절 / 보험모집 과정(Process)[8]

보험판매는 고객이 가지고 있는 기본적인 니즈(Needs)를 이해하고 해결책을 제시하여 가입을 결정하게 하는 것이고, 이러한 보험판매에서 성공한 보험설계사의 공통적인 지식과 기술을 체계화한 것이 판매 프로세스(Sales Process)[9]이다. 지속적인 반복과 훈련을 통해 무의식중에 활동 습관화가 이루어져야 한다. 고객과의 직접 면담 시 아래의 6가지 단계를 차례로 거치면서 각각 별개로 이루어질 수도 있지만, 경우에 따라서는 각 단계마다 추가 또는 연장되거나, 한 차례의 면담에서 각 단계가 함께 이루어져도 무방하다. 예를 들어 초회 면담 전에 전화 방문약속을 하거나, 제안 단계에서 계약 체결까지 이루어 질 수도 있다.

> **<보험판매 5단계>**
> **준비 - 접근 - 상담 - 판매 - 사후봉사(보험 계약보전 업무 및 유지관리, 대고객 서비스)**

1. 준비 단계: 가망고객 발굴(Prospecting)

보험을 가입할 조건을 갖춘 사람 중에 향후 보험을 가입할 가능성이 있는 사람으로서 판매활동의 기초이며, 영업공략의 대상이다.

1) 가망고객 발굴의 중요성

가망고객의 발굴은 판매 활동의 가장 기초적인 단계로서 보험세일즈로 성공하는 열쇠이다. 또한 판매 활동의 원천 및 소득 수준을 결정하는 중요한 시초이다.

2) 가망고객 발굴 기법

가망고객의 발굴 기법은 연고, 소개, 신규 개척, 각 정보리스트 등의 활용이 있는데, 그중에 가장 기본적인 것은 연고(緣故)를 이용하는 방법이다. 대표적인 방법은 다음과 같다.
- 일상적으로 자연스럽게 접촉할 수 있는 모든 사람을 만난다.
- 가까운 가족, 친척, 친구, 지연 등으로부터 출발한다.

---

8) 출처: 삼성생명보험(주) 자료, 손해보험협회 자료.
9) 프로세스[process]: 기술적인 작업이 진행되는 과정이나 진척되는 정도.

- 가망고객의 생활 상황과 가족 구성원 등 기존 모든 정보를 활용한다.
- 가망고객의 신뢰를 충족시킨다.

연고를 이용하는 방법은 가망고객에 대해 접근이 용이하고, 가망고객 사전 선별이 용이 하며, 단기간 내 많은 가망고객을 확보할 수 있는 장점이 있다. 연고를 이용하는 방법 외에 다른 사람으로부터 가망고객을 소개(紹介)받는 방법과 신규로 개척하는 방법, 정보리스트를 활용하는 방법이 있다.

■ 장점
① 소개에 의한 신용으로 인해 대화와 판매가 용이하다.
② 방문에 대한 자신감을 가질 수 있다.
③ 유력한 가망고객 발굴이 용이하다.
④ 사전정보를 입수할 수 있어서 치밀한 판매계획을 수립할 수 있다.
⑤ 단기간 내에 가망고객을 확보할 수 있다. 이외에도 개척(開拓)과 정보(리스트 등)를 활용하는 방법이 있다.

---

3) 가망고객의 조건

가망고객은 쉽게 만날 수 있거나 보험의 니즈(Needs)가 있는 사람이면 좋다.

아울러 보험료를 지속적으로 납입할 수 있어야 하며 회사가 정한 가입 자격이 되는 사람이어야 한다.

2. 접근 단계: 접근(Approach)

1) 가망고객 발굴 후 고객과의 첫 만남의 단계로 상품 판매 시 보다 유리한 환경과 여건을 조성하는 과정

2) 방문 면담 약속방법
① 전화를 통한 면담 약속
② DM(Direct Mail)을 통한 면담 약속
③ 직접(돌입) 방문 등

3) 초회 면담의 목적
① 나의 차별성 인식 → 호감, 신뢰감 형성
② 재무 분석, 보장의 필요성 인식 → 해결안 제시를 위한 정확한 정보 수집

3. 상담 단계: 상담(Consultation)

1) 정보수집(Fact & Feeling Finding)

(1) 고객에 대한 상세하고 체계적인 정보 수집단계(보험에 대한 니즈 및 친밀도 포함)

(2) 정보수집내용
① 일반정보: 이름, 성별, 생년월일, 가족사항 등
② 재정정보: 5대 필요자금: 생활비, 양육비(교육비·결혼자금), 주택구입비, 노후자금, 긴급예비
   자금/준비자금: 월수입, 보유자산, 보험가입
③ 고객의 니즈: 보험니즈, 꿈, 가치관, 관심사, 자녀에 대한 기대, 인생목표 등

2) 가입권유(Presentation)

(1) 고객의 니즈(Needs)에 적합한 보험상품 제시 및 보험가입설계서를 토대로 상세히 설명.

(2) 고객의 니즈(Needs) 및 재무정보를 토대로 최적의 위험보장 설계를 제시.

(3) 제시와 설득의 포인트
① 어떤 이익이 있는가? 자료를 이용하여 고객이 받는 이점을 설명한다.
② 정말 가입하고 싶다. 이익을 강조하여 가입 욕구를 높인다.
③ 그런데 정말 가입할 만한 가치가 있는가? 다른 상품과 비교하여 납득시키고 반응을 관찰한다.

4. 판매(계약) 단계: 계약체결(Closing)

1) 보험영업의 최종 목표이자 새로운 고객서비스의 시작단계

2) 계약체결의 의의
① 영업의 최종목표
② 영업의 자신감 부여
③ 고객과의 약속
④ 새로운 고객서비스의 시작

3) 완전판매와 보험관련 민원 및 분쟁 예방
① 보험 안내자료 전달, 약관 전달 및 중요내용 설명의무, 청약서 부본 전달, 자필서명 등
② 계약자의 고지의무 이행, 기타 등

5. 사후봉사 단계: 고객관리 및 소개확보(Referred Leads)

1) 보험 계약보전 업무 및 지속적인 고객관리

2) 고객서비스 관리 및 애프터 서비스(after service)

3) 기존 계약자의 소개로 새로운 가망고객 확보단계

4) 소개 확보의 의의
새로운 시장 창출의 근원이며 영업 활동의 원동력이 된다.

5) 증권전달(Policy Delivery) 및 사후관리
① 정확한 보험가입에 대한 최종 확인 및 완전판매의 실현 단계이다.
② 증권전달은 고객과의 신뢰 구축, 고객의 니즈 재확인, 추가가입의 기회, 소개를 통해 새로운 고객 확보 가능의 의의를 가진다.

제4절 / 우수인증 설계사 제도[10]

모집준수사항을 잘 지키고 고객을 위한 영업을 지속한 설계사들에게 주어지는 인증제도이다.

생명보험협회와 손해보험협회는 공동으로 전문성이 우수한 생명·손해보험 설계사들이 자긍심을 갖고 영업현장에서 활동할 수 있도록 하고, 보험설계사들에게 자질 향상의 동기와 자긍심을 주기 위해 일정 자격을 갖춘 우수한 보험설계사에게 혜택을 부여하는 우수인증 설계사 제도(CIC, Certified Insurance Consultant)를 2008년부터 시행하고 있다.

우수인증설계사 제도는 2008년 처음 도입된 이후 보험회사와 보험설계사의 꾸준한 관심 속에 점점 그 자리를 잡아가고 있다. 보험업계의 지속적인 홍보 속에 보험소비자의 인식이 점점 높아지면서 이제는 우수인증설계사가 완전판매, 실적보다는 신뢰를 추구하고 믿을 수 있는 설계사라는 인식이 확산되고 있다. 또한, 완전판매 실현을 통한 소비자 보호와 궁극적으로 보험산업의 이미지를 제고할 수 있을 것으로 기대되며, 보험회사의 불필요한 스카웃 행위 근절 등을 통한 보험회사의 경영효율 개선과 영업 현장에서의 자긍심 고취로 보험설계사 및 개인전속대리점의 수익 향상으로 이어지는 효과가 나타나고 있다.

보험회사의 우수인증설계사로 인증을 받기 위해서는 보험설계사의 근속기간, 보험계약유지율, 모

---

10) 출처: 생명보험협회 자료, 손해보험협회 자료.

집실적, 불완전판매 유무 등 엄격한 생명보험협회·손해보험협회의 인증 기준을 충족해야 한다. 인증 기준에서도 알 수 있듯이 우수인증설계사는 모집실적뿐만 아니라 고객에 대한 신뢰와 윤리 의식을 검증받은 보험설계사이다. 그러므로 우수인증설계사 제도의 활성화는 궁극적으로 보험계약자에게 양질의 서비스를 제공하기 위한 기반이 된다.

1. 현황

우수인증 설계사로 인증 받을 수 있는 대상은 보험설계사와 개인전속대리점이며, 매년 4월부터 다음해 3월까지 보험설계사의 실적을 기준으로 인증을 부여한다.

생명보험협회·손해보험협회는 매년 5월 보험회사 본사를 통해 우수인증설계사 인증 신청을 접수받고, 신청자에 대한 자격을 심사한 후 인증을 부여하고 있다. 우수인증설계사 인증기간은 해당 연도 6월 1일부터 다음해 5월 31일까지 1년간 우수인정 설계사 인증을 부여한다.

2. 선발기준

1) 개요

생명보험·손해보험 우수인증 설계사로 선발되기 위해서는 동일회사에서 3년 이상 근속하여야 하며 고객과 보험회사에 대한 책임감과 성실성을 갖춰야 한다. 그리고 전년도의 소득과 보험계약 유지율 등을 매년 보험업계와 협의하여 정한 선발 기준을 통해 우수인증 설계사를 선발하고 있다.

또한 고객자필서명의 미이행, 약관전달 및 중요내용 설명의무 미이행, 청약서 부본 미전달로 인한 품질보증해지 건이 단 한 건도 없어야 하며, 민원해지 건과 신청 일로부터 3년 이내에 보험업법 및 금융관련 법령에 의해 처벌 받은 경력이 없어야 한다.

생명보험회사에서 모집준수사항을 잘 지키고 고객을 위한 영업을 지속한 설계사들에게 주어지는 우수인증설계사의 선발요건은 다음의 표와 같다.

■ 생명보험회사의 우수인증설계사 선발요건

구분	자격 기준
적용대상	생명보험사 전속설계사 및 전속 개인대리점
근속기간	동일회사에 3년 이상 재직자
보험계약유지율	보험계약 유지율[11] 13회 차 90%, 25회 차 80% 이상
소득·실적	월납초회보험료 월평균 80만 원 이상 또는 연소득이 전속설계사 평균 이상
정도영업	직전 1년간 품질보증해지·민원해지·무효 "0건"(불완전판매 無)
기타	신청일로부터 3년 이내 「보험업법」에 의한 사고모집인 기록, 금융 및 신용질서 문란사실 없음(모집질서 위반 無)

출처: 생명보험협회 자료

2) 우수인증 효력상실 사유

① 보험설계사의 등록이 말소된 경우
② 보험대리점의 등록이 말소되거나 회사와 계약이 해지된 경우
③ 점포의 관리자가 되는 등 보험모집에 종사하지 아니하게 된 경우
④ 인증도용 및 허위신청에 대한 제재로 인증을 받지 않은 보험 모집자가 협회 인증을 사용하는 경우 해당 보험 모집자의 인증 신청을 2년간 금지한다.

3. 우수인증 설계사 혜택

우수인증 설계사가 되면 각종 서류와 문서에 사용 할 수 있는 우수인증 설계사 로고가 생긴다. 또한, 우수인증 설계사에 대한 자긍심 고취와 홍보를 위해 정기적인 언론홍보(신문 등)를 통해 인지도 제고 등을 지원한다. 우수인증 설계사에 대해서는 인증 로고를 명함, 보험안내자료, 보험증권 등에 인쇄하여 보험영업에 활용할 수 있도록 인센티브를 부여한다. 보험협회는 관계 기관과 협력하여 일반인과 보험인을 대상으로 우수인증 설계사에 대한 홍보활동을 지속적으로 전개하여 공신력 있는 제도로 확립시켜 가고 있다.

---

11) 유지율은 계약건수 또는 보험료 모두 가능(일시납은 월납 변환).

제2장

보험모집 관련 법규

제1절 / 보험업법

1. 보험업법(保險業法)의 의의

보험업에 관한 사항을 규정하기 위해 제정한 법률(전문개정 1977. 12. 31, 법률 제3043호)을 말한다. **보험업을 경영하는 자의 건전한 경영을 도모하고 보험계약자, 피보험자, 그 밖의 이해관계인의 권익을 보호함으로써 보험업의 건전한 육성과 국민경제의 균형 있는 발전에 기여함을 목적으로 제정되었다**(보험업법 제1조, 목적).

보험산업은 일반 제조업과 달리 보험산업의 건전한 육성 이외에도 보험과 이해관계가 있는 보험계약자 등의 권익을 보장하여야 하며, 국민의 생활안정을 보장하는 공공적 기능이 있어 국가의 엄격한 감독이 요구된다. 우리나라는 보험산업의 건전한 경영을 도모하고, 보험과 관련한 이해관계자의 권익을 보호함으로써 국민경제의 균형 있는 발전에 기여하기 위하여 1962년에 '보험업법'을 제정하였다.

2. 「보험업법」과 보험모집

보험회사는 불특정다수의 보험계약자로부터 보험료를 납입 받아 보험사고가 발생하는 경우에 보험금을 지급하는 본연의 기능뿐만 아니라 사회보장제도의 보완, 국가 기간산업에 대한 투자 등 공공적 기능도 수행하고 있다. 그러므로 보험회사가 부실하게 운영되어 보험금을 제대로 지급하지 못하는 등 그 기능을 제대로 수행하지 못할 경우 보험가입자는 경제적 손실을 입게 될 것이며, 국민경제에도 악영향을 끼치게 될 것이다. 이와 같이 보험회사가 보험가입자 및 일반 공공의 이익보호라는 기본 기능을 충실히 이행하도록 국가의 엄격한 감독이 요구됨에 따라 1962년 「보험업법」이 제정되었다.

우리나라의 「보험업법」은 보험업을 경영하는 자의 건전한 경영을 도모하고, 보험계약자·피보험자· 그 밖의 이해관계인의 권익을 보호함으로써 보험업의 건전한 육성과 국민경제의 균형 있는 발전에 기여함을 목적으로 하고 있다. 이후 사회여건 신장 및 금융환경 변화 등에 따라 여러 차례 개정 되었으며, 1977년과 2003년 전면 개정을 거쳐 현재에 이르고 있다.

「보험업법」 제2조는 보험상품을 "위험보장을 목적으로 우연한 사건 발생에 관하여 금전 및 그 밖의 급여를 지급할 것을 약정하고 대가를 수수하는 계약"으로 정의하고 있으며, 보험업은 "보험상품의 취급과 관련하여 발생하는 보험의 인수, 보험료 수수 및 보험금 지급 등을 영업으로 하는 것"으로서 생명보험업·손해보험업 및 제3보험업으로 구분하고 있다.

보험감독방식의 유형으로는 공시주의에 의한 감독방식과 준거주의에 의한 감독방식, 실질적 감독주의에 의한 감독방식이 있으나 우리나라를 비롯한 대부분의 나라가 실질적 감독주의를 채택하고 있다. 다만, 각 국가별 사회경제적인 환경변화에 따라 감독방향이 달라진다.

※ **보험감독방식의 유형**
① **공시주의**: 보험회사가 정기적으로 재무제표나 영업보고서 등을 공시하고, 그 이상의 통제나 그로부터 생기는 결과에 대해서는 일반 국민이 판단
② **준거주의**: 보험사업을 허가하기 위하여 요구되는 요건을 규정해두고 보험회사가 이 요건을 충족하면 보험사업을 허가
③ **실질적 감독주의**: 회사의 설립·경영·해산에 이르기까지 보험사업의 전 과정을 계속적으로 감독

---

3. 보험업법상 보험의 종류

1) 생명보험

생명보험이란 위험보장을 목적으로 사람의 생존 또는 사망에 대해 약정한 금전 및 그 밖의 급여를 지급할 것을 약속하고 대가를 수수하는 계약을 말한다(「보험업법」 제2조 제1호 가목).

2) 손해보험

손해보험이란 위험보장을 목적으로 우연한 사건(제3보험에 따른 질병·상해 및 간병은 제외함)으로 발생하는 손해(계약상 채무불이행 또는 법령상 의무불이행으로 발생하는 손해를 포함함)에 대해 금전 및 그 밖의 급여를 지급할 것을 약속하고 대가를 수수하는 계약을 말한다(「보험업법」 제2조 제1호 나목).

3) 제3보험

제3보험이란 위험보장을 목적으로 사람의 **질병·상해** 또는 이에 따른 **간병**에 대해 금전 및 그 밖의 급여를 지급할 것을 약속하고 대가를 수수하는 계약을 한다(「보험업법」 제2조 제1호 다목).

제2절 / 완전판매와 3대 기본 지키기/실명제/단계별 설명의무[12]

1. 완전판매의 의의

보험은 눈에 보이지 않는 무형의 상품이며 동시에 불확실한 미래에 대한 보장을 주기능으로 하는 미래지향적 상품이다. 또 짧게는 수년에서 길게는 수십 년 효력이 지속되는 장기상품이다. 이런 보험의 특성상 보험에 있어서 완전판매는 매우 중요하다. 만약 완전 판매가 이루어지지 않을 경우 고객, 회사, 보험설계사 모두에게 치명적인 피해를 줄 수 있다. 그래서 보험 모집 시 최소한 지켜야 할 3대 기본 사항으로 「자필서명, 청약서부본 전달, 약관설명 및 전달」이 있지만, 실제 완전판매는 불완전 판매를 하지 않는 것 이상으로 고객이 충분히 상품에 대하여 이해하고 가입할 수 있도록 하여야 한다.

2. 보험모집 시 3대 기본 지키기

> **<보험모집의 3대 기본 지키기>**
> ① 청약서 부본전달, ② 청약서 자필서명, ③ 보험약관의 전달 및 중요내용의 설명

1) 청약서 부본전달

보험계약 청약 시 모집관련인은 당연히 **청약서 부본을 계약자에게 교부하여야** 하고 **청약서 원본은 회사에 접수**하여야 한다. 그러나 잘못된 보험모집 관행 등으로 이를 준수하지 않은 부실모집 건이 많이 발생함으로써 이를 근본적으로 치유하기 위하여 99.2.1시행 표준약관에서는 보험자의 청약서부본 전달의무를 약관의 규정으로 삽입하여 청약서부본 전달이 되지 않은 경우 **3개월 이내 보험계약을 취소**할 수 있게 규정하고 있다.

보험회사 또는 모집종사자는 보험계약 체결 시 보험계약자가 작성한 청약서의 사본(부본)을 보험계약자에게 제공하여 본인의 계약 내용에 대해 확인할 수 있도록 안내해야 한다. 보험계약자 및 피보험자는 청약서를 통해 보험계약내용, 보험계약자, 피보험자, 보험수익자 등 보험계약관계자, 보험계약자의 주소, 보험계약자의 계약 전 알릴의무에 대한 사항(고지사항), 자필서명 여부 등을 확인할 수 있다.

보험회사 및 모집종사자는 보험계약자가 동의하는 경우에는 보험청약서 등의 자료를 광기록 매체, 전자우편 등 전자적 방법으로 교부 또는 수령할 수 있다.

---

12) 출처: 삼성생명보험(주) 자료, 손해보험협회 자료.

2) 청약서 자필서명(보험업법 제97조 ① 7호)

계약자는 계약체결 시 보험가입의 청약의사를 명백히 한다는 측면에서 청약서 기재를 한 후 서명을 하게 되어 있는 바, 부실 모집의 경우는 청약서 부본을 전달하지 않을 뿐 아니라, 자필서명도 임의로 하는 경우가 발생하고 이러한 이유로 분쟁이 발생하는 경우도 있어 이를 제도적으로 막기 위하여 자필서명이 되어 있지 않은 경우에는 약관 미교부와 동일하게 청약 시로부터 **3개월 이내 계약을 취소**할 수 있도록 약관은 정하고 있다.

(1) 보험업법 제97조 ① 7호(청약서 등 자필서명)

① 청약서에는 보험계약자 또는 피보험자(보험대상자)가 자필서명을 해야 한다. 다만, 단체가 규약에 따라 구성원의 전부 또는 일부를 피보험자(보험대상자)로 하는 계약을 체결하는 경우에는 피보험자의 자필서명이 없어도 된다.

② 단체보험의 보험수익자를 피보험자 또는 그 상속인이 아닌 사람으로 지정할 경우에는 단체의 규약에서 명시적으로 정한 경우가 아니면 피보험자의 자필서명이 있어야 한다.

(2) 청약서 자필서명의 개요

보험회사 또는 보험설계사 등 모집종사자는 보험계약 체결 시 계약자 및 피보험자로부터 청약서, 고지사항(계약 전 알릴의무), 상품설명서, 신용정보활용동의서 등에 직접 서명 날인을 받아야 한다. 자필서명은 고객의 청약의사 표시이므로 보험설계사 등 보험 모집자들은 반드시 보험계약자 또는 피보험자로부터 직접 서명을 받아야 한다. 다만 계약자 또는 피보험자가 미성년자인 자녀의 경우에는 친권자가 대신 자필서명을 하여야 한다.

2011년 1월 시행된 보험업법에서는 소비자보호를 강화하기 위하여 보험계약자로부터 청약서 등 자필서명을 받지 않은 경우에는 1천만 원 이하의 과태료를 부과하는 등 모집종사자의 각별한 주의가 요구된다.

3) 약관의 전달 및 중요한 내용 설명

보험약관은 보험자가 일방적으로 작성하여 금융감독위원회의 인가를 받은 보험계약 조항으로서, 보험자는 보험계약을 체결할 경우 보험계약자에게 보험약관을 전달해 주고, 중요한 사항(내용)에 대하여 설명을 해주어야 한다.

■ 보험약관의 교부 · 명시 · 설명의무

① 보험자는 보험계약을 체결할 때에 보험계약자에게 보험약관을 교부하고 그 약관의 중요한 내용을 알려주어야 한다(「상법」 제638조의3 제1항).

② 보험자가 제1항의 규정에 위반한 때에는 보험계약자는 보험계약이 성립한 날부터 3개월 이내에 그 계약을 취소할 수 있다.

보험회사 또는 모집종사자는 보험계약 체결 시 계약자에게 약관을 전달하여야 하며, 약관에 기재된 보험상품의 내용, 보상하는 손해, 보상하지 않는 손해 등 약관의 중요한 내용을 설명해야 한다. 보험약관에는 보험계약의 상세한 내용이 설명되어 있지만 분량이 많고 이해하기 어려운 보험전문용어로 설명되어 있는 부분들이 많으므로 보험계약자들이 상품의 내용을 정확히 알고 가입할 수 있도록 보험설계사에게 중요한 내용에 관한 설명의무를 부여하고 있다. 보험종류 및 상품에 따라 중요한 내용이 달라지기는 하지만 일반적으로 보장개시일, 보험금 지급사유, 보험계약의 해지사유, 보험회사의 면책사유 등 계약당사자의 권리·의무에 대한 것이다.

약관 전달의 경우에도 청약서 부본 전달과 같이 보험계약자가 동의하는 경우에는 보험 약관을 광기록 매체, 전자우편 등 전자적 방법으로 교부 또는 수령할 수 있으며, 이 경우에도 준수사항을 이행하여야 한다.

3. 모집자실명제 및 상품설명제

1) 모집자실명제(보험업법 제97조 ① 8호)

보험회사 및 모집종사자는 보험계약자에게 제공하는 상품설명서, 보험계약청약서, 보험증권에 모집종사자의 소속, 성명, 연락처 등을 기재하여야 한다.

2011년 1월 시행된 보험업법에서는 다른 모집종사자의 명의를 이용하여 보험계약을 모집하는 행위 즉, 모집자실명제 위반행위에 대하여 1천만 원 이하의 과태료를 부과하도록 되어 있다.

2) 상품설명제(보험업법 제95조의2 ①, ②)

보험회사 또는 모집종사자는 보험계약자에게 보험계약의 중요사항을 설명한 경우 상품설명서 2부에 보험계약자가 중요 사항을 이해하였음을 항목별로 확인받아야 하며, 1부는 모집종사자가 서명한 후에 보험계약자에게 교부하고 다른 1부는 보험회사가 보관하여야 한다. 다만, 전화 등 통신수단을 이용하여 보험을 모집하는 경우 제2항에 따른 표준상품설명대본을 통해 보험계약의 중요사항을 설명하고 녹취를 통해 보험계약자가 이해하였음을 확인받을 수 있다.

※ 보험회사 또는 모집종사자가 아래에 해당하는 보험계약 체결을 권유하는 경우에는 최초 계약체결 시 중요 사항을 설명하면 이후 계약체결 시에도 법 제95조의 2에 따른 설명의무를 이행한 것으로 본다.
① 이미 가입되어 있는 보험계약과 동일한 조건으로 갱신되는 보험계약.
② 보험회사와 피보험자 또는 보험계약자간에 거래의 종류, 기간, 금액 등 가입 조건을 미리 정하고 그 범위 내에서 계속적으로 체결되는 보험계약.

4. 보험료 영수증 발급(영수증의 발행자 확인 등)

1) 보험 계약 시 보험계약자가 모집인에게 보험료를 준 경우 영수증은 소속보험회사 또는 모집을 위탁한 보험회사 명의로 발급된 것을 받아야 한다(「보험업감독규정」 제4-31조 제3항 본문).

2) 보험료 영수증의 효력

보험회사는 보험기간이 시작되기 전에 보험료를 수납하여야 한다. 단 기초서류에 의한 보험료 분납특약 또는 감독원장이 승인한 특별약정서가 있는 경우에는 보험기간이 시작된 이후에도 보험료 수납이 가능하다. 보험료정산특별약정서는 과거 6월간에 있어 월평균 보험계약건수가 25건 이상이고, 월평균 보험료가 500만 원 이상인 보험계약자에 한하여 사용할 수 있다.

> ※ **대법원 2005. 11. 10. 선고 2005다38249 판결**
> 화재보험계약의 보험료로 약속어음과 그 어음금에 대한 한 달 분의 이자를 지급하기로 합의가 된 상태에서 보험회사가 약속어음을 교부받지 않고 그 어음금에 대한 이자를 대납하고 보험료 영수증을 발행하였다면 위 어음을 받지 못하였더라도 보험책임기간이 개시되었다고 볼 수 있다.

5. 단계별 설명의무(보험업법 제95조의 2)

보험회사는 보험계약 체결 시부터 보험금 지급 시까지의 각 단계에서 중요 사항을 항목별로 일반보험계약자에게 이해할 수 있도록 설명해야 하는 「보험업법」상의 의무이다. 다만, 계약자가 설명을 거부하는 경우에는 설명하지 않아도 된다(「보험업법」 제95조의 2).

1) 보험계약 체결 권유단계

보험회사 또는 보험의 모집에 종사하는 자는 일반보험계약자(국가, 금융기관, 상장법인 등 전문보험계약자 제외)에게 보험계약 체결을 권유하는 경우에는 보험료, 보장범위, 보험금 지급의 제한 사유 등 보험계약의 중요 사항을 일반보험계약자가 이해할 수 있도록 설명하여야 한다.

보험회사 또는 보험의 모집에 종사하는 자는 설명한 내용을 일반보험계약자가 이해하였음을 서명, 기명날인, 녹취 등의 방법으로 확인을 받아야 한다.

> ※ **보험계약 체결 권유단계의 주요 설명사항**
> - 주계약 및 특약별 보험료
> - 주계약 및 특약별로 보장하는 사망, 질병, 상해 등 주요 위험 및 보험금
> - 보험료 납입기간 및 보험기간
> - 보험회사의 명칭, 보험상품의 종목 및 명칭
> - 청약의 철회에 관한 사항
> - 지급한도, 면책사항, 감액지급 사항 등 보험금 지급제한 조건

- 고지의무 위반의 효과
- 계약의 취소 및 무효에 관한 사항
- 해약환급금에 관한 사항
- 분쟁조정절차에 관한 사항 등

2) 보험계약 체결 단계

보험회사는 보험계약의 체결 시부터 보험금 지급 시까지의 주요 과정을 일반보험계약자에게 설명하여야 한다. 다만, 일반보험계약자가 설명을 거부하는 경우에는 그러하지 아니하다.

※ 보험계약 체결단계의 주요 설명사항
- 보험의 모집에 종사하는 자의 성명, 연락처 및 소속
- 보험의 모집에 종사하는 자가 보험회사를 위하여 보험계약의 체결을 대리할 수 있는지 여부
- 보험의 모집에 종사하는 자가 보험료나 고지의무사항을 보험회사를 대신하여 수령할 수 있는지 여부
- 보험계약의 승낙절차
- 보험계약 승낙거절시 거절 사유
- 「상법」 제638조의3 제2항에 따라 3개월 이내에 해당 보험계약을 취소할 수 있다는 사실 및 그 취소 절차·방법

3) 보험금 청구 단계

보험회사는 피보험자 등이 보험금 청구 시 아래의 사항을 확인하여 보험계약자에게 설명하여야 한다.

※ 보험금 청구단계의 주요 설명사항
- 담당 부서, 연락처 및 보험금 청구에 필요한 서류
- 보험금 심사 절차, 예상 심사기간 및 예상 지급일

4) 보험금 지급요청

보험회사는 일반보험계약자가 보험금 지급을 요청한 경우에는 보험금의 지급절차 및 지급내역 등을 설명하여야 하며, 보험금을 감액하여 지급하거나 지급하지 아니하는 경우에는 그 사유를 설명하여야 한다.

※ 보험금 심사 · 지급단계의 주요 설명사항
- 보험금 지급일 등 지급절차
- 보험금 지급 내역
- 보험금 심사 지연 시 지연 사유 및 예상 지급일
- 보험금을 감액하여 지급하거나 지급하지 아니하는 경우에는 그 사유

제3절 / 청약철회 청구제도

1. 청약철회 청구제도의 개념

"청약철회청구제도"란 장기간 유지되는 보험계약의 가입 여부를 신중히 재고할 기회를 부여하기 위해 보험계약자에게 청약을 철회할 수 있는 권리를 부여하는 제도로, 청약을 한 날 또는 제1회 보험료를 납입한 날부터 15일 내에 청약을 철회할 수 있으며 보험료도 환급받을 수 있다.

즉, **청약철회는 보험계약자를 보호하기 위한 제도로서, 보험계약자는 보험계약을 청약한 이후 일정기간 (보험증권을 받은 날로부터 15일) 내에 청약을 철회할 수 있다.** 이는 보험계약자가 청약한 이후 보험계약의 유지 여부, 필요성 여부에 대한 신중한 판단을 할 수 있도록 기회를 주기 위함이다.

이 경우 철회의 의사를 내용으로 한 청약철회청구서를 작성하여 내용증명 우편으로 보내거나 회사로 직접 방문하여 접수할 수 있다.

1) 청약의 철회

① 보험계약자는 보험증권을 받은 날 부터 15일 내에 그 청약을 철회할 수 있다[「보험업감독업무시행세칙」(금융감독원세칙, 2023. 3. 22. 발령, 2023. 3. 27. 시행) 별표 15. 생명보험 표준약관 제17조 제1항 본문].

다만, 건강상태 진단 지원계약, 보험기간이 90일 이내인 계약 또는 전문보험계약자가 체결한 계약은 청약을 철회할 수 없다(「보험업감독업무시행세칙」 별표 15. 생명보험 표준약관 제17조 제1항 단서).

② 위의 ①에도 불구하고 청약한 날부터 30일이 초과된 계약은 청약을 철회할 수 없다(「보험업감독업무시행세칙」 별표 15. 생명보험 표준약관 제17조 제2항).

③ 청약철회는 계약자가 전화로 신청하거나, 철회의사를 표시하기 위한 서면, 전자우편, 휴대전화 문자 메시지 또는 이에 준하는 전자적 의사표시(이하 '서면 등'이라 함)를 발송한 때 효력이 발생한다. 계약자는 서면 등을 발송한 때에 그 발송 사실을 회사에 지체 없이 알려야 한다(「보

험업감독업무시행세칙」별표 15. 생명보험 표준약관 제17조 제3항 참조).

2) 통신매체를 통한 청약의 철회

① 전화로 청약을 한 후 보험계약자가 전화로 철회를 하려는 경우 보험회사는 청약내용, 청약자 본인인지 확인 등을 하고 그 내용을 증거자료로 녹음한 후 철회해 주어야 한다(규제 「보험업법 시행령」제43조 제5항 참조).

② 보험계약자가 컴퓨터 통신을 이용하여 청약을 철회하려는 경우 보험회사는 다음의 방법으로 청약자 본인 여부를 확인한 후 철회해 주어야 한다(규제 「보험업법 시행령」제43조 제6항 참조).

- 전자서명(「전자서명법」제2조 제2호)

- 그 밖에 규제 「전자금융거래법」제21조 제2항에서 정하는 기준을 준수하는 안전성과 신뢰성이 확보될 수 있는 수단을 활용하여 청약자 본인인지를 확인하는 방법

2. 청약철회 방법

보험계약자는 보험증권을 받은 날로부터 15일 이내에 그 청약을 철회할 수 있다(다만, 청약을 한 날로부터 30일을 초과할 수 없음). 또한, 보험자는 특별한 사정이 없는 한 거부할 수 없다.

다만, 진단계약, 보험기간이 1년 미만인 계약 또는 전문보험계약자가 체결한 계약은 청약을 철회할 수 없으며, 청약을 한 날로부터 30일을 초과한 경우도 청약을 철회할 수 없다. 이 경우 보험증권을 받은 날에 대한 다툼이 발생한 경우 회사가 이를 증명하여야 한다.

3. 청약철회의 효과

♣ 보험회사는 보험계약자가 이미 납입한 보험료를 반환해야 한다.

1) 보험회사는 보험계약자가 청약철회 신청을 하면 철회를 접수한 날부터 3일 이내에 이미 납입한 보험료를 반환해야 한다.

2) 보험료 반환이 지체가 된다면 지체된 기간에 대해서는 이 계약의 보험계약대출 이율을 연단위 복리로 계산한 금액을 더하여 지급해야 한다(「보험업감독업무시행세칙」별표 15. 생명보험 표준약관 제17조 제4항 본문).

3) 다만, 보험계약자가 제1회 보험료를 신용카드로 납입한 계약을 철회할 경우 보험회사는 청약의 철회를 접수한 날부터 3일 이내에 해당 신용카드회사로 하여금 대금청구를 하지 않도록 해야 하며, 이 경우 회사는 보험료를 반환한 것으로 본다(「보험업감독업무시행세칙」별표 15. 생명보험 표준약관 제17조 제4항 단서).

4) 청약을 철회할 때에 이미 보험금 지급사유가 발생하였으나, 계약자가 그 보험금 지급사유가 발생한 사실을 알지 못한 경우에는 청약철회의 효력은 발생하지 않는다(「보험업감독업무시행세칙」별표 15. 생명보험 표준약관 제17조 제5항).

1. 보험품질보증제도(보험계약 취소)의 개념

계약자가 보험가입 시 보험약관과 청약서 부본을 전달받지 못하였거나 청약서에 자필서명 또는 날인(도장을 찍음)을 하지 않았을 경우, 약관의 중요한 내용을 설명 받지 못하였을 때에는 계약이 성립한 날로부터 3개월 이내에 회사에 보험계약의 취소를 요구할 수 있다.

다만, 전자거래기본법에 의해 컴퓨터를 이용하여 가상의 영업장(사이버몰)을 이용하여 계약을 체결한 때에는 청약서 부본을 배부하지 않을 수 있다.

보험회사는 계약자가 이의를 제기할 경우 보험료를 환불해주는 3단계의 보험품질보증제도를 시행하고 있는 데, 계약자가 가입 후 3개월 이내에 이의를 제기하고 회사가 인정하는 경우 보험료를 환불받거나 다른 상품으로 교환이 가능한 것이다. 즉, 보험계약 시에 3가지의 불완전판매 행위에 대해서는 계약 체결 후, 3개월 이내라면 보험품질보증 제도를 통해 계약자(소비자)는 원금이 손해가 없이 계약을 해지할 수 있는 제도를 운영하고 있다.

금융상품 중 특히 보험은 소비자와 보험회사간 정보의 비대칭이 높고, 보험은 계약기간이 장기간이거나 원금손실을 볼 수 있기 때문에 계약 체결에 신중해야 한다.

2. 보험품질보증제도의 개요

보험의 품질은 무엇을 의미할까? 보험의 품질은 곧 가입부터 만기(지급)까지 일련의 절차(Process)상의 신뢰를 의미한다.

보험품질보증제도란 보험상품 구입 후 3개월 이내 계약자가 불완전판매를 이유로 문제를 제기할 때 이를 회사가 인정하는 경우에 납입한 보험료를 반환해 주거나 고객이 원하는 계약으로 전환하여 줌으로써 「품질·서비스 완벽주의」를 실천하고자 하는 제도이다.

여기서 불완전판매란 약관미교부, 상품설명 불충분, 보장금액 과다선전, 해약환급금 설명 부실, 대출조건부 선계약, 고지의무안내 불철저 및 부실기재 유도 등을 말하며, 보험회사가 인정하는 것은 ① 계약자용 청약서 부본 전달, ② 자필서명, ③ 보험약관 전달 및 중요한 내용 설명 등 최소한의 입증조건을 확인하여, 계약자의 주장이 타당함을 회사가 인정하는 경우 계약자 요구대로 조치함을 말한다.

즉, 구입(가입) 초기 단계에서 설계사의 대고객 서비스 및 모집질서 확립과 약관의 이행 등으로 고객의 불만을 완전 제거하여, 만기까지 고객이 100% 만족(유지)할 수 있도록 하자는 것이 이 제도를 추진하는 배경이며, 이렇게 되었을 때 한번 고객은 영원한 고객이 될 것이다.

보험의 품질보증에 영향을 미치는 가장 기본적인 핵심사항(내용)은 ① 청약서 부본 전달, ② 자필서명, ③ 보험약관 전달 및 중요한 내용설명, ④ 상품 설명, ⑤ 증권 전달 등이다.

품질보증의 핵심사항을 체결시점 전후를 중심으로 보험설계사의 서비스 요령을 다음과 같이 살펴본다.

1) 청약서 부본 전달

청약서 부본이란 제1회 보험료는 납입하였다는 영수증으로서 청약(계약) 사항에 대한 사본이다. 따라서, 청약서 부본은 청약서 작성한 후 제1회 보험료를 받고 약관과 동시에 전달하는 것이 기본이다. 청약서 부본을 전달할 때는 체결에 대한 감사의 표시와 함께 품질보증에 대한 자신감을 갖고 청약철회 및 증권 전달 안내 등을 하는 것이 최상의 서비스이다.

2) 계약자 자필서명

청약서 내용 중 '회사에 알려할 사항(계약 전 고지의무)'과 자필서명란의 성명과 서명은 반드시 자필로 기재토록 하고 날인도 인장 보다는 가급적 서명(싸인)으로 안내하여야 한다.

부득이 인장을 사용하게 될 경우는 가입자보관용 청약서에도 인주(印朱)가 소인(素引)되게 다시 날인하여야 하며, 청약서 기재사항은 설계사가 임의로 수정할 수 없고, 만약 수정한 경우는 청약서의 원본, 부본상의 계약자 또는 피보험자의 정정 확인을 반드시 받아야 한다.

3) 약관(約款) 전달 및 중요한 내용 설명

보험약관은 청약서 작성 후, 제1회 보험료를 받고 청약서 부본과 동시에 계약자에게 전달하고 설명을 하는 것이 기본이다. 청약서 부본을 전달할 때는 장해등급의 판정기준이라든지, 건강진단절차 등과 함께 계약사항에 대한 정정, 변경 및 계약적부확인조사 등을 상세히 안내하는 것이 최상의 서비스이다.

4) 완벽한 상품설명

완벽한 상품설명으로 고객에게 이익(보장성, 저축성 등), 니즈(needs)와 만족감을 주는 것은 기본이며, 고객의 인생에 필요한 보험상품의 구조, 특징, 보장내용 등을 상세히 정확하게 설명하여야 한다. 그러므로, 보험설계사는 무엇보다도 판매하는 보험상품에 대하여 철저히 무장하여야 한다.

3. 보험품질보증 해지의 요건

<보험품질보증제도(보험계약의 취소) 미준수의 주요 내용>
1) 청약서부본 전달,
2) 자필서명,
3) 보험약관 전달 및 중요한 내용 설명(약관·상품설명 및 상품설명서 전달 등)

보험상품을 가입한 후, 청약서 부본 및 보험약관을 전달받지 못했거나 보험설계사가 약관의 내용과 다르게 설명했거나 보험청약서에 자필서명(또는 상담내용 녹음)이 안 되었을 경우에 불완전판매의 사유로 보험계약을 취소할 수 있다. 또한, 보험설계사가 약관 및 보험상품를 설명했으나 확인한 결과로 보험설계서 및 보험상품의 내용과 다르거나, 보험금의 미지급 사유 등을 고려할 시 보험가입 목적에 맞지 않는 경우에 상품설명 불충분으로 가입 후 3개월 이내에 보험품질보증제도를 통해 계약 취소가 가능하다.

4. 보험품질보증제도의 예외 사항

보험계약을 전화를 이용하여 계약을 체결하는 경우에 자필서명을 생략할 수 있으며, 음성녹음 내용을 저장 및 보관하거나 문서화한 확인서를 보험계약자에게 주는 것으로써 계약자 보관용 청약서(부본)을 전달한 것으로 본다. 또한 전자거래기본법에 의해 컴퓨터를 이용하여 가상의 영업장(사이버 몰)을 이용하여 계약을 체결한 때에는 청약서 부본을 주지 않을 수 있다.

5. 보험품질보증제도의 효력

보험상품을 가입한 후, 3개월 이내 보험품질보증제도의 보험계약 취소사유에 해당하여 보험계약자가 계약을 취소하는 경우 보험회사는 보험계약자에게 이미 납입한 보험료를 반환하여야 한다.

또한, 보험회사가 보험료를 받은 기간에 대해 보험계약자대출(약관대출)의 이율을 연단위 복리로 계산한 금액을 추가하여 지급해야 한다.

6. 청약철회 vs 보험품질보증제도(보험계약 취소)

구분	청약철회	보험품질보증제도(계약취소)
행사 기간	보험증권 수령일로부터 15일 이내	계약체결 후 3개월 이내
적용 대상	조건 없이 철회 가능	3대 기본 지키기 미준수 (부본 미전달, 자필 미서명, 약관 미전달 및 중요한 내용 미설명)

제5절 / 위법계약해지권

위법계약해지권이란 『금융소비자 보호에 관한 법률』 제47조(위법계약의 해지)에 따라 **금융회사가 판매원칙을 위반하여 금융상품 계약을 체결한 경우에 금융소비자는 서면 등으로 해당 계약의 해지를 요구할 수 있는 권리이다**(2021년 3월 금융소비자보호법 시행).

즉, 금융소비자는 금융상품판매업자 또는 금융상품자문업자(이하 "금융상품판매업자 등"이라 함)가 1) 적합성 원칙, 2) 적정성 원칙, 3) 설명의무, 4) 불공정 영업행위 금지, 5) 부당권유행위 금지 등의 규정을 위반하여 금융상품에 관한 계약을 체결한 경우에 계약자가 중도에 해당 계약의 해지를 요구할 수 있다(「금융소비자 보호에 관한 법률」 제47조 제1항 전단).

1. 계약해지권 요구 대상

① 금융소비자와 금융상품직접판매업자 또는 금융상품자문업자 간 계속적 거래(계약의 체결로 규제 「자본 시장과 금융투자업에 관한 법률」 제9조 제22항에 따른 집합투자규약이 적용되는 경우에는 그 적용기간 포함)가 이루어지고, ② 금융소비자가 해지 시 재산상 불이익이 발생하는 금융상품에 대한 계약의 해지를 요구할 수 있다[「금융소비자 보호에 관한 법률」 제47조 제1항 전단, 규제 「금융소비자 보호에 관한 법률 시행령」 제38조 제1항 및 「금융소비자 보호에 관한 감독규정」(금융위원회 고시 제2022－47호, 2022. 12. 8. 발령·시행) 제31조 제1항].

> ※ **계약의 해지를 요구할 수 없는 금융상품**
> (「금융소비자 보호에 관한 감독규정」 제31조 제1항)
> 1) 「온라인투자연계금융업 및 이용자 보호에 관한 법률」에 따른 온라인투자연계금융업자와 체결하는 계약
> 2) 「자본시장과 금융투자업에 관한 법률」에 따른 원화로 표시된 양도성 예금증서
> 3) 「자본시장과 금융투자업에 관한 법률 시행령」에 따른 표지어음
> 4) 그 밖에 위 1)부터 3)까지의 규정과 유사한 금융상품

2. 위법계약해지권의 행사기간

위법계약해지권은 금융소비자가 계약 체결에 대한 위반사항을 안 날로부터 1년 이내에 요구할 수 있다(「금융소비자 보호에 관한 법률」 제47조 제1항 전단 및 규제「금융소비자 보호에 관한 법률 시행령」 제38조 제2항 전단). 이 경우 해당 기간은 계약 체결일로부터 5년 이내에 행사할 수 있다(규제 「금융소비자 보호에 관한 법률 시행령」 제38조 제2항 후단).

계약자는 위반 사실과 근거 자료를 첨부하여 보험회사에 계약해지 요구서를 제출하면 된다.

3. 위법계약의 해지를 요구하는 절차

금융소비자가 계약해지요구서를 제출한 후, 금융상품판매업자 등이 계약해지 요구의 수락여부를 통지하면 계약의 해지가 이루어진다. 다만 거절할 때에는 거절사유를 함께 통지한다.

1) 계약해지요구서 제출

금융소비자는 계약의 해지를 요구하려는 경우 "① 금융상품의 명칭과 ②「금융소비자 보호에 관한 법률」위반사실"을 작성한 계약해지요구서에 위반사항을 증명하는 서류를 첨부하여 금융상품 직접 판매업자 또는 금융상품 자문업자에게 제출해야 한다(「금융소비자 보호에 관한 법률」제47조 제1항 전단, 규제「금융소비자 보호에 관한 법률 시행령」제38조 제3항 전단 및 「금융소비자 보호에 관한 감독규정」제31조 제2항).

이 경우「자동차손해배상 보장법」에 따른 책임보험에 대해 해지 요구를 할 때에는 동종의 다른 책임보험에 가입해 있어야 한다(규제「금융소비자 보호에 관한 법률 시행령」제38조 제3항 후단).

2) 계약해지의 요구 수락 등

금융상품판매업자 등은 해지를 요구받은 날부터 **10일 이내**에 금융소비자에게 수락여부를 통지해야 하며, 거절할 때에는 거절사유를 함께 통지해야 한다(「금융소비자 보호에 관한 법률」제47조 제1항 후단).

3) 계약의 해지

금융소비자는 금융상품판매업자 등이 다음과 같은 정당한 사유 없이 계약의 해지 요구를 따르지 않는 경우 해당 계약을 해지할 수 있다(「금융소비자 보호에 관한 법률」제47조 제2항, 규제「금융소비자 보호에 관한 법률 시행령」제38조 제4항 및 「금융소비자 보호에 관한 감독규정」제31조 제4항).

■ **금융상품판매업자 등이 계약을 해지하지 않는 정당한 사유**

1) 위반사실에 대한 근거를 제시하지 않거나 거짓으로 제시한 경우
2) 계약 체결 당시에는 위반사항이 없었으나 금융소비자가 계약 체결 이후의 사정변경에 따라 위반사항을 주장하는 경우
3) 금융소비자의 동의를 받아 위반사항을 시정한 경우
4) 금융상품판매업자 등이 계약의 해지 요구를 받은 날부터 10일 이내에「금융소비자 보호에 관한 법률」위반사실이 없음을 확인하는데 필요한 객관적·합리적인 근거자료를 금융소비자에게 제시한 경우. 다만, 10일 이내에 금융소비자에 제시하기 어려운 경우에는 다음의 구분에 따른다.
   ① 계약의 해지를 요구한 금융소비자의 연락처나 소재지를 확인할 수 없거나 이와 유사한 사유로 계약해지 요구의 수락여부 통지기간 내 연락이 곤란한 경우: 해당 사유가 해소된 후 지체 없이 알릴 것

---

② 「금융소비자 보호에 관한 법률」위반사실 관련 자료 확인을 이유로 금융소비자의 동의를 받아 계약해지 요구의 수락여부 통지기한을 연장한 경우: 연장된 기한까지 알릴 것

5) 금융소비자가 금융상품판매업자 등의 행위에 「금융소비자 보호에 관한 법률」위반사실이 있다는 사실을 계약을 체결하기 전에 알았다고 볼 수 있는 명백한 사유가 있는 경우

4) 계약 해지 관련 비용 요구 금지

금융회사가 판매원칙을 위반하여 계약이 해지된 경우에 금융상품판매업자 등은 수수료, 위약금 등 계약의 해지와 관련된 비용을 요구할 수 없다(「금융소비자 보호에 관한 법률」제47조 제3항).

4. 위법계약해지권과 청약철회·품질보증제도 권리의 차이점 및 내용(표)

1) 위법계약해지권과 청약철회·품질보증제도 권리의 차이점

위법계약해지권을 행사하는 경우, 청약철회와 보험품질보증제도의 2가지 권리와의 차이점은 기 납입한 보험료 전액을 반환하여 주지 않는다는 점이다.

위법계약해지권의 행사로 보험계약이 해지된 경우에는 해지 시점까지 받은 위험보장에 대한 내용, 계약체결 유지관리 비용을 빼고 보험금지급을 위해 적립하여 둔 금액만 지급한다. 즉, 해약환급금 보다는 많고 기 납입한 보험료 보다는 적은 금액이다.

따라서, 보험계약일로부터 3개월이 미경과 되었으면 위법계약해지권 보다는 품질보증해지를 통하여 보험계약을 해지하는 것이 보다 유리하다.

2) 위법계약해지권 내용(표)

구분	내용
적용대상	금융회사가 금융소비자보호법의 5대 판매원칙을 위반하여 계약을 체결한 경우 (적합성 원칙, 적정성 원칙, 설명의무, 불공정영업행위 금지, 부당권유행위 금지)
적용상품	금융소비자와 계속적 거래가 이루어지고 금융소비자가 해지 시 재산상 불이익이 발생하는 금융상품
행사기간	위법계약해지 요구는 계약일로부터 5년, 위법사실을 안 날로부터 1년 이내. (단, 계약 종료 시 행사 불가)
행사절차	- 법 위반사실을 증명하는 서류를 첨부하여 금융회사에 "위법계약해지요구서"를 작성하여 서면으로 의사 표시 - 금융회사가 계약 해지 요구를 거절하는 정당한 사유를 제시하지 않는 경우 금융소비자는 일방적으로 계약해지 가능
행사효과	계약의 해지와 관련하여 수수료·위약금 등 계약 해지 비용 요구 불가

결과통지	- 해지 신청일로부터 10일 이내 금융회사에서 수락여부를 통지 - 해지 요구 거절 시에는 금융소비자에게 거절사유를 안내
유의사항	법규 위반에 대한 근거를 제시하지 아니하거나, 조사 결과 법규위반으로 보기 어려운 경우 해지 요구가 거절될 수 있음.

제6절 / 중복계약체결 확인 의무 및 통신수단 모집의 준수사항

1. 중복계약체결 확인 의무(실손의료보험 판매 시 준수사항)

보험회사 또는 보험설계사 등은 실손의료보험(실제 부담한 의료비만 지급하는 제3보험 상품)계약을 모집하기 전에 보험계약자가 되려는 자의 동의를 얻어 모집하고자 하는 보험계약과 동일한 위험을 보장하는 보험계약을 체결하고 있는지를 확인하여야 하며, 확인한 내용을 보험계약자가 되려는 자에게 즉시 알려야 한다(「보험업법」 제95조의5).

실손의료보험은 실제 손해액(비용)만을 보장하므로 중복가입이 불필요하기 때문에 보험계약 체결 전 중복가입 여부(이미 보험계약에 가입되어 있는지 여부)를 반드시 확인해야 한다.

그러므로 실손의료보험을 모집하기 전에 보험계약자 또는 피보험자가 될 자의 동의를 얻어 실손의료보험에 이미 가입하고 있는지의 여부를 확인하여야 한다(단, 단체 보험의 경우 예외).

확인 결과 피보험자로 될 자가 다른 실손의료보험계약에 이미 가입되어 있는 경우 중복 보험에 의한 보험금 비례분담 등 보장방법에 관한 세부 사항을 보험계약자로 될 자에게 충분히 안내하고 이를 인지하였음을 서명, 기명날인, 녹취 등의 방법으로 확인 받아야 한다.

> **※ 실손의료보험**
> 사람의 상해, 질병, 간병에 관한 의료비의 보상을 약속하는 보험계약이다.
> 보험가입자가 질병·상해로 입원(또는 통원) 치료 시 부담한 의료비(국민건강보험 급여 항목 중 본인 부담액 및 비급여 항목)를 보험회사가 보상하는 상품이다.

2. 통신수단 모집의 준수사항(보험업법 제96조)

1) 준수사항

전화, 우편, 컴퓨터 통신 등 통신수단을 이용하여 모집하는 자는 보험의 모집을 할 수 있는 자이어야 하며, 다른 사람의 평온한 생활을 침해하는 방법으로 모집하여서는 아니 된다. 또한 보험계약을 청약한 자가 청약의 내용을 확인·정정 요청을 하거나 청약을 철회하고자 하는 경우와 보험계약자가 체결한 계약의 내용을 확인하고자 하는 경우에는 통신수단을 이용할 수 있도록 하여야 한다.

그리고, 통신수단을 이용하여 보험계약을 청약한 경우 청약철회, 계약내용 확인, 계약해지(사전 동의 시)도 통신수단을 이용할 수 있도록 해야 한다.

2) 전화를 이용한 모집 시 자필서명 면제

전화·우편·컴퓨터통신 등 통신수단을 이용한 보험모집의 경우에도 우편이나 팩스 등을 통하여 보험계약자로부터 청약서에 자필서명을 받아야 한다. 그러나 전화를 이용한 보험모집의 경우에는 자필서명이 없어도 계약 성립을 위한 법적요건과 청약자의 계약체결 의사를 확인할 수 있는 기본요건을 충족하는 때에는 자필서명 의무를 면제하여 전화 판매의 특성을 반영하고 있다.

제7절 / 보험모집 관련 준수사항(「보험업법」에서 정한 준수사항)

「보험업법」에서는 보험계약자 등의 권익을 보호하고 공정한 보험모집질서를 유지하여 보험산업의 건전한 발전을 도모하기 위해 보험설계사 등의 모집종사자가 보험모집과정에서 반드시 지켜야 할 준수사항과 금지사항 등을 규정하고 있다. 이것은 「보험업법」에서 정한 준수사항이다.

1. 보험모집인의 보험계약 체결과정에서의 금지행위

1) 보험계약의 체결 또는 모집에 관한 금지행위(보험업법 제97조)

보험모집 및 계약 체결 시에 허위 사실을 알리거나 객관적 근거 없이 한 상품만을 유리하게 설명하여 소비자의 선택권을 제한하고 불완전판매를 하는 행위 등에 대해 보험업법은 금지하고 있다.

보험계약의 체결 또는 모집에 종사하는 자는 그 체결 또는 모집에 관하여 다음 각 호의 어느 하나에 해당하는 행위를 하여서는 아니 된다. <개정 2014. 1. 14., 2015. 12. 22.>

① 보험계약자나 피보험자에게 보험상품의 내용을 사실과 다르게 알리거나 그 내용의 중요한 사항을 알리지 아니하는 행위.

② 보험계약자나 피보험자에게 보험상품의 내용의 일부에 대하여 비교의 대상 및 기준을 분명하게 밝히지 아니하거나 객관적인 근거 없이 다른 보험상품과 비교하여 그 보험상품이 우수하거나 유리하다고 알리는 행위.

③ 보험계약자나 피보험자가 중요한 사항을 보험회사에 알리는 것을 방해하거나 알리지 아니할 것을 권유하는 행위.

④ 보험계약자나 피보험자가 중요한 사항에 대하여 부실한 사항을 보험회사에 알릴 것을 권유하는 행위.

⑤ 보험계약자 또는 피보험자로 하여금 이미 성립된 보험계약(이하 이 조에서 "기존보험계약"이라 한다)을 부당하게 소멸시킴으로써 새로운 보험계약(대통령령으로 정하는 바에 따라 기존보험계약과 보장 내용 등이 비슷한 경우만 해당한다. 이하 이 조에서 같다)을 청약하게 하거나 새로운 보험계약을 청약하게 함으로써 기존보험계약을 부당하게 소멸시키거나 그 밖에 부당하게 보험계약을 청약하게 하거나 이러한 것을 권유하는 행위.

⑥ 실제 명의인이 아닌 자의 보험계약을 모집하거나 실제 명의인의 동의가 없는 보험계약을 모집하는 행위.

⑦ 보험계약자 또는 피보험자의 자필서명이 필요한 경우에 보험계약자 또는 피보험자로부터 자필서명을 받지 아니하고 서명을 대신하거나 다른 사람으로 하여금 서명하게 하는 행위.

⑧ 다른 모집 종사자의 명의를 이용하여 보험계약을 모집하는 행위.

⑨ 보험계약자 또는 피보험자와의 금전대차의 관계를 이용하여 보험계약자 또는 피보험자로 하여금 보험계약을 청약하게 하거나 이러한 것을 요구하는 행위.

⑩ 정당한 이유 없이 「장애인차별금지 및 권리구제 등에 관한 법률」 제2조에 따른 장애인의 보험 가입을 거부하는 행위.

⑪ 보험계약의 청약철회 또는 계약 해지를 방해하는 행위.

2) 기존보험계약을 부당하게 소멸시키거나 소멸하게 하는 행위

보험 모집자가 다음에 해당하는 행위를 한 경우 기존보험계약을 부당하게 소멸시키거나 소멸하게 하는 행위를 한 것으로 본다(규제 「보험업법」 제97조 제3항, 「보험업법 시행령」 제43조의2 제2항 및 제44조).

(1) 기존보험계약이 소멸된 날부터 1개월 이내에 새로운 보험계약을 청약하게 하거나 새로운 보험계약을 청약하게 한 날부터 1개월 이내에 기존보험계약을 소멸하게 하는 행위. 다만, 보험계약자가 기존 보험계약 소멸 후 새로운 보험계약 체결 시 손해가 발생할 가능성이 있다는 사실을 알고 있음을 자필로 서명하는 등 다음과 같이 본인의 의사에 따른 행위임이 명백히 증명되는 경우에는 그렇지 않다.

① 서명(전자서명 포함)

② 기명날인

③ 녹취

④ 그 밖에 금융위원회가 정하는 기준을 준수하는 안전성과 신뢰성이 확보될 수 있는 수단을 활용하여 보험계약자 본인의 의사에 따른 행위임을 명백히 증명하는 방법

(2) 기존보험계약이 소멸된 날부터 6개월 이내에 새로운 보험계약을 청약하게 하거나 새로운 보험계약을 청약하게 한 날부터 6개월 이내에 기존보험계약을 소멸하게 하는 경우로서 해당 보험계약자 또는 피보험자에게 기존보험계약과 새로운 보험계약의 보험기간 및 예정이자율 등 다

음과 같은 중요한 사항을 비교하여 알리지 않은 행위

① 보험료, 보험기간, 보험료 납입주기 및 납입기간

② 보험가입금액 및 주요보장 내용

③ 보험금액 및 환급금액

④ 예정이자율 중 공시이율

⑤ 보험목적

⑥ 보험회사의 면책사유 및 면책사항

3) 변액보험계약 모집 시 보험모집인의 금지행위

보험모집인은 변액보험계약을 할 때 보험계약자에게 다음의 행위를 해서는 안 된다.
[「보험업감독규정」(금융위원회고시 제2020-9호, 2020. 3. 18. 발령·시행) 제4-31조의2 제1항].

① 납입한 보험료의 원금을 보장하는 권유 행위

② 모집 시 취득한 정보를 자신 또는 제3자의 이익을 위해 이용하는 행위

③ 허위 표시 또는 중요한 사항에서 오해를 유발할 수 있는 표시 행위

④ 사실에 근거하지 않은 판단자료 또는 출처를 제시하지 않은 예측 자료를 제공하는 행위

4) 위반 시 제재

보험업법에서는 보험모집인이 보험계약 체결과정에서 금지된 행위를 한 경우에는 2천만 원 이하의 과태료가 부과된다(규제 「보험업법」 제209조 제4항 제18호). → 보험업법 제97조 위반.

2. 보험모집 시 특별이익의 제공 및 제공요구 금지

보험계약의 체결 또는 모집에 종사하는 자는 그 체결 또는 모집과 관련하여 보험계약자나 피보험자에게 금품*, 기초서류에서 정한 사유에 근거하지 아니한 보험료의 할인 또는 수수료의 지급, 기초서류에서 정한 보험금액보다 많은 보험금액의 지급 약속, 보험료 대납, 보험회사로부터 받은 대출금에 대한 이자의 대납, 보험료로 받은 수표 또는 어음에 대한 이자 상당액의 대납, 「상법」 제682조에 따른 제3자에 대한 청구권 대위행사의 포기 등의 특별이익을 제공하거나 제공하기로 약속하여서는 안 된다(「보험업법」 제98조).

> *금품: 처벌대상이 되는 금품은 보험계약 체결 시 부터 최초 1년간 납입되는 보험료의 10%와 3만 원 중 적은 금액을 초과하는 금품을 말한다.

1) 특별이익의 제공 금지

보험모집인은 보험계약자에게 다음에 해당하는 특별이익을 제공하거나 제공 약속을 해서는 안 된

다(규제 「보험업법」 제98조 및 규제 「보험업법 시행령」 제46조).

반대로 보험계약자 또는 피보험자가 특별이익을 요구하더라도 특별이익을 제공하여서는 아니 된다. 소위 리베이트라 불리는 특별이익의 제공이란 보험모집과정에서 보험계약자 또는 피보험자 등에게 불법적으로 보험료의 일부를 환급하여 주는 것으로 반드시 근절해야 하는 관행이다.

2) 보험업법상 금지되는 특별이익(보험업법 제98조, 특별이익의 제공 금지)
① 금품(다만, 보험계약 체결 시로부터 최초 1년간 납입되는 보험료의 100분의 10과 3만 원 중 적은 금액을 넘지 않는 금품은 제외)
② 기초서류에서 정한 사유에 근거하지 않는 보험료의 할인 또는 수수료의 지급
③ 기초서류에서 정한 보험금액보다 많은 보험금액의 지급 약속
④ 보험계약자 또는 피보험자를 위한 보험료의 대납
⑤ 보험계약자 또는 피보험자가 해당 보험회사로부터 받은 대출금에 대한 이자의 대납
⑥ 보험료로 받은 수표 또는 어음에 대한 이자상당액의 대납
⑦ 제3자의 행위로 인해 손해가 발생한 후 보험금액을 지급한 보험회사가 그 지급 금액의 한도에서 취득한 대위청구권의 행사를 포기하는 행위

3) 위반 시 제재
① 보험회사가 특별이익을 제공하거나 약속한 경우 특별이익의 제공대상이 된 해당 보험계약의 연간 수입보험료 이하의 금액이 과징금으로 부과된다(규제 「보험업법」 제196조 제1항 제2호).
② 보험회사가 특별이익을 제공하거나 약속한 경우의 상황에 따라 위 과징금과 3년 이하의 징역 또는 3천만 원 이하의 벌금이 함께 부과될 수 있다(규제 「보험업법」 제196조 제3항 및 제202조 제2호).
③ 특별이익을 제공하거나 약속한 자뿐만 아니라 이를 요구하여 받은 보험계약자 또는 피보험자도 3년 이하의 징역 또는 3천만 원 이하의 벌금이 부과된다(「보험업법」 제202조 제2호).

3. 무자격자 모집위탁 및 경유계약 금지, 작성계약 금지

1) 무자격자 모집위탁 금지

(1) 수수료 지급 등의 금지(「보험업법」 제99조)
보험회사는 무자격자나 보험 모집을 할 수 있는 자 외의 자에게 모집을 위탁하거나 모집에 관하여 수수료·보수 그 밖의 대가를 지급하지 못한다. 다만, 다음의 경우에는 예외로 한다.
① 기초서류에서 정하는 방법에 따른 경우
② 보험회사가 대한민국 밖에서 외국보험사와 공동으로 원보험 계약을 인수하거나 대한민국 밖에서 외국의 모집조직(외국의 법령에 의하여 모집을 할 수 있도록 허용된 경우에 한한다)을 이용

하여 원보험 계약 또는 재보험계약을 인수하는 경우

(2) 모집에 종사하는 자는 다음의 경우를 제외하고는 타인에게 모집을 하게 하거나 그 위탁을 하거나, 모집에 관하여 수수료·보수 그 밖의 대가를 지급하지 못한다.
① **보험설계사**: 같은 보험회사 등에 소속된 다른 보험설계사에 대한 경우
② **보험대리점**: 같은 보험회사와 모집에 관한 위탁계약이 체결된 다른 보험대리점이나 소속 보험설계사에 대한 경우
③ **보험중개사**: 다른 보험중개사나 소속 보험설계사에 대한 경우

(3) 보험중개사는 보험계약 체결의 중개와는 별도로 보험계약자에게 특별히 제공한 서비스에 대하여 일정 금액으로 표시되는 보수나 그 밖의 대가를 지급할 것을 미리 보험계약자와 합의한 서면 약정서에 의하여 청구하는 경우 이외에는 보험계약 체결의 중개와 관련한 수수료나 그 밖의 대가를 보험계약자에게 청구할 수 없다.

(4) 보험업법에서는 무자격 모집 행위를 한 자에게는 1년 이하의 징역 또는 1천만 원 이하의 벌금에 처하도록 되어 있으며, 경유처리 금지 위반자에게는 1천만 원 이하의 과태료를 부과하도록 되어 있다.

2) 경유계약 금지
♣ **실제 모집설계사 ≠ 청약서상 설계사**

경유계약이란 보험모집종사자 본인이 모집한 계약을 다른 사람 명의로 경유처리를 금지하는 것을 말한다. 즉, 자기가 모집한 계약을 타인이 모집한 것으로 또는 타인이 모집한 것을 자기가 모집한 것으로 처리하지 못한다. 또한, 같은 점포소속 설계사의 명의를 이용해도 경유계약에 해당한다.
경유계약 체결 시에 200만 원 이하의 제재금을 부과한다.

3) 작성계약 금지

작성계약이란 보험계약자의 청약이 없음에도 계약자 또는 피보험자의 명의를 가명, 도명 또는 차명으로 하여 보험모집종사자가 보험계약청약서를 임의로 작성하여 성립시키는 것을 말한다. 작성계약은 1건별 기납입보험료 전액을 제재금으로 부과한다. 단, 기납입보험료가 100만 원 미만의 보험계약의 경우 건당 100만 원을 부과한다.

4. 모집광고 관련 준수사항과 자기계약의 금지

1) 모집광고 관련 준수사항

보험회사는 또는 보험설계사 등이 보험상품에 관하여 광고를 하는 경우에는 보험계약자가 보험상품의 내용을 오해하지 아니하도록 명확하고 공정하게 전달하여야 한다.

2) 자기계약의 금지

보험대리점 또는 보험중개사는 그 주된 목적으로서 자기 또는 자기를 고용하고 있는 자를 보험계약자 또는 피보험자로 하는 보험을 모집하지 못한다. 보험대리점 또는 보험중개사가 모집한 자기 또는 자기를 고용하고 있는 자를 보험계약자 또는 피보험자로 하는 보험의 보험료 누계액이 당해 보험대리점 또는 보험중개사가 모집한 보험의 보험료의 100분의 50을 초과하게 된 경우에는 이를 자기 또는 자기를 고용하고 있는 자를 보험계약자 또는 피보험자로 하는 보험을 모집함을 그 주된 목적으로 한 것으로 본다.

5. 모집질서 확립을 위한 부당한 모집행위 등 금지사항

금융감독기관에서 건전한 보험모집질서의 확립을 위하여 보험업감독규정에서 다음과 같은 사항을 금지하고 있다.

1) 보험회사와 모집종사자는 다른 보험회사에 소속되거나 다른 보험회사로부터 모집을 위탁받은 모집종사자에게 모집을 위탁하거나 수수료·보수·그 밖의 대가를 지급하지 못하며, 모집종사자는 소속보험회사 또는 모집을 위탁한 보험회사 이외의 보험회사를 위하여 보험을 모집하지 못한다.

2) 모집종사자는 보험료를 받지 아니하고 영수증을 선발행하거나, 분납보험료의 경우 보험약관에서 정한 납입유예기간 이후에 결제되는 어음 등을 영수하지 못한다.

3) 모집종사자는 보험료를 영수한 때에는 소속보험회사 또는 모집을 위탁한 보험회사가 정한 영수증을 발급하여야 한다. 다만, 신용카드 또는 금융기관(우체국을 포함한다)을 통하여 보험료를 영수한 경우에는 영수증을 발급하지 아니할 수 있다.

4) 모집종사자는 자기가 모집한 계약을 타인이 모집한 것으로 또는 타인이 모집한 것을 자기가 모집한 것으로 처리하지 못한다.

5) 모집종사자는 보험계약자 또는 피보험자의 실지명의(금융실명거래 및 비밀보장에 관한 법률 제2조 제4호의 규정에 의한 실지명의를 말한다)가 아닌 명의로 보험계약 청약서를 임의로 작성하여 보험계약을 체결하지 못한다.

6. 「보험업법」 위반 시 제재

보험모집에 관한 「보험업법」을 위반 시에 벌칙은 다음과 같다.

위반대상	벌칙
무자격모집을 한 자	1년 이하의 징역 또는 1천만 원 이하의 벌금 (「보험업법」 제204조)

특별이익을 제공한 자 또는 이를 요구하여 수수한 보험계약자 또는 피보험자	3년 이하의 징역 또는 3천만 원 이하의 벌금 (「보험업법」 제202조)
• 보험안내자료 관련 위반자 • 설명의무 위반자 • 모집광고 관련 준수사항 위반자 • 통신수단을 이용한 모집관련 준수사항 위반자 • 보험계약의 체결 또는 모집에 관한 금지행위 위반자 • 수수료 부당지급	1천만 원 이하의 과태료(「보험업법」 제209조)

제8절 / 기타 모집종사자 준수사항

보험설계사·보험대리점 또는 보험중개사는 등록을 신청할 때 제출한 서류에 적힌 사항이 변경된 경우 보험협회에 이를 신고하여야 한다(보험업법 제93조). 모집종사자가 이를 위반 시 1천만 원 이하의 과태료를 부과 받을 수 있다.

보험회사 등은 보험설계사에게 보험계약의 모집을 위탁할 때 보험모집 위탁계약서를 교부하지 아니하거나 위탁계약서상 계약사항을 이행하지 아니하는 행위 등을 하여서는 아니 되며 이를 위반 시 보험업법 제85조의 3에 따라 1천만 원 이하의 과태료를 부과 받을 수 있다.

제3장

보험윤리 및 보험소비자 보호

제1절 / **보험모집인의 영업윤리(역할 및 책임)**

1. 보험모집인의 직업윤리

1) 직업윤리

(1) 직업의식이 있어야 한다.

자기의 직업을 사랑하고, 자랑스럽게 여기고, 긍지와 자부심을 갖는 것을 말한다. 직업은 개개인이 갖는 단순한 의미보다 사회 전체나 조직에서 갖는 의미가 더 중요하다.

(2) 직분의식과 봉사정신이 있어야 한다.

사람은 일정한 직업을 가지고 활동함으로써 사회의 각종 기능 수행에 직접·간접으로 참여하고 그것은 각자 맡은 바 직분을 다하는 것이라고 할 수 있다. 또한 자신의 직무를 수행하는 과정에서 필요한 협동정신과 봉사정신을 마땅히 요구하게 된다.

어떤 직업이건 간에 그 직업에 대한 직분의식과 봉사 정신은 직업인이 갖추어야 할 윤리인 것이다.

(3) 책임의식과 전문의식이 있어야 한다.

직장인은 그 직업에 대한 사회적 역할과 직무를 충실히 수행해야 하며 책임을 다해야 한다. 또한 모든 사람은 보다 발전성 있고 능률적으로 직무를 완수하기 위해 전문적인 직위와 권위를 확보하고 중단 없는 연구개발을 해 나가야 한다.

2) 보험설계 전문가로서의 직업윤리

① 기본에 입각한 판매프로세스(Sales Process) 준수로 고객감동 영업을 실천한다.
② 고객을 내 가족처럼 여기며 고객서비스에 최선을 다한다.
③ 고객정보를 소중하게 생각하고 철저하게 보호한다.
④ 전문금융인으로서 끊임없는 자기계발에 힘쓴다.
⑤ 보험인으로서 사회보장의 숭고한 사명을 다한다.

2. 보험모집인의 사회적 책임 및 보험인 윤리강령

1) 보험모집인의 사회적 책임

(1) 오늘날 사회구성원들에 대한 생·손보 보험의 중요성은 날로 커져가고 있으며, 이에 따라 보험회사, 보험설계사 등 보험인의 사회적 역할과 책임이 그 어느 때보다 강조되고 있다.

(2) 특히 우리나라는 경제 전반에 걸쳐 불확실성이 확대되는 가운데 인구 고령화가 빠른 속도로 진행되고 있고, 우리 사회에 각종 보험사고와 손해의 위험들이 많이 있다. 따라서 사회구성원들의 경제적인 안정과 손해의 보상, 건강한 노후를 위하여 생·손보 보험의 역할이 더욱 강조되고 있는 상황이다.

(3) 이러한 상황 속에서 보험인들은 보험업을 통해 국민들의 생애설계까지도 책임진다는 인식과 국가 경제·사회발전에도 기여한다는 사명감 아래 보험업에 대한 자부심과 긍지를 갖고 업무에 최선을 다하는 것이 중요하다. 즉, 보험인은 단순히 보험상품을 개발·판매하는 역할에 그치는 것이 아니라 성실한 고객관리를 통해 미래의 경제적 위험으로부터 고객을 보호한다는 사회적 책임을 가지며 아울러 공공성과 준법 및 윤리의식을 함양, 이를 실천해야 한다.

"보험인 윤리강령"은 이러한 배경에서 제정·시행되어 보험인의 사회적 책임을 강조하고 있다.

(4) 한편, 2015년 7월에는 생명·손해보험, 은행, 금융투자 등 전 금융권 공통의 "금융권 윤리헌장"을 제정하고, 금융회사 자율적으로 내부 윤리강령에 반영하여 금융회사의 내부통제 강화와 함께 윤리의식 제고를 통해 국민의 신뢰를 회복하기 위해 노력하고 있다.

2) 보험인 윤리강령과 금융권 윤리헌장

(1) 보험인 윤리강령

우리는 보험산업의 역군으로서 온 겨레의 소망인 안정과 번영을 추구함을 우리들의 사명으로 한다. 보험산업은 새 시대가 지향하는 복지국가 건설의 기반이며 지속적인 경제성장을 이룩하는 밑거름이다. 이에 우리 보험인은 주어진 책무의 중차대함을 절감하여 보험인 윤리강령을 제정하고 이를 성실히 준수할 것을 다짐한다.

① 공공성

우리는 보험의 공공성을 깊이 인식하고 국민의 생활안정과 복리증진에 기여한다.

② 공신력 제고

우리는 보험산업의 공신력을 제고하여 보험의 생활화가 이루어지도록 최선의 노력을 경주한다.

③ 성실·봉사

우리는 보험가입자 보호를 최우선으로 하고 성실과 봉사를 신조로 하여 신뢰받는 보험인상(保險人像) 구현에 정진한다.

④ 기술개발

우리는 자기능력을 배양하고 새로운 보험기술을 개발하여 국민경제의 발전과 복지사회의 건설에 솔선한다.

⑤ 준법

우리는 법과 질서를 존중하는 보험인으로서 새 시대 새 역사 창조에 앞장선다.

(2) 금융권 윤리헌장

<금융권 윤리헌장 주요내용>
① 고객우선, ② 법규준수, ③ 신의성실, ④ 시장질서 존중, ⑤ 경영진의 책임
⑥ 정보보호, ⑦ 자기혁신, ⑧ 상호존중, ⑨ 주주가치 극대화, ⑩ 사회적 책임

3. 보험모집인 윤리의 중요성

1) 보험은 사회구성원들의 안정적이고 풍요로운 미래를 준비하는 수단으로, 복지국가 구현에 필요한 3층 보장(사회보장, 기업보장, 개인보장)의 한 축을 담당하고 있다. 이에 따라 정부도 손해·생명보험 상품 가입자에 대하여 일부 세제 혜택을 지원함으로써 국민들이 갑작스러운 사고·위험 및 장래의 노후생활 등의 개인보장과 보험사고로 인한 손해보상 등을 자발적으로 보다 확실하게 준비할 수 있도록 하고 있다.

2) 보험모집인들은 이러한 손해·생명보험의 공공성을 명확히 인식하고 손해·생명보험 상품의 내용을 정확히 숙지하여 고객에게 설명할 수 있는 기본 소양을 쌓아야 하며, 철저한 윤리의식을 함양하고 이를 실천할 책임이 있다. 특히 보험모집인은 영업 현장에서 고객과 의견을 나누고 보험의 효용에 대해 설명하는 역할을 담당하고 있기 때문에, 고객들은 어렵고 복잡한 보험약관보다 보험설계사의 설명을 더 신뢰할 수밖에 없다. 이러한 고객의 기대에 부응하기 위해서 보험설계사는 누구보다도 높은 사명감을 갖고 영업현장에 임해야 한다.

3) 최근 우리나라의 보험시장은 판매채널 다변화, 금융겸업화, 소비자보호 강화에 따라 큰 변화를 맞이 하고 있다. 과거에는 보험설계사가 대표적인 판매채널로 대부분의 고객은 보험설계사와의 대면을 통하여 보험을 접하고 계약을 체결하였으나, 최근에는 방카슈랑스, 텔레마케팅(TM), 홈쇼핑, 인터넷, 모바일은 물론 타업종(은행·증권 등) 점포와 보험점포가 결합한 복합점포 등 다양한 판매채널을 통하여 보험서비스 및 보험정보를 제공받고 있다.

4) 이에 따라 고객의 니즈에 맞는 보험서비스와 정확한 정보 제공을 위하여 보험설계사의 전문성이 점점 강조되고 있다.

5) 최근 개인정보 보호 및 소비자 권익에 대한 고객들의 관심이 높아지고 있으며, 금융위원회 등 금융당국도 금융소비자의 개인정보 보호 및 금융상품 불완전판매로부터 소비자를 보호하기 위한 제

도를 지속적으로 개선·강화하고 있다.

6) 이러한 환경변화 속에서 보험설계사의 보험업에 대한 전문성은 물론 건전성 및 철저한 윤리의식은 그 어느 때보다 중요성이 커지고 있으며 이는 보험산업이 고객의 신뢰를 확보하는 데 있어 가장 중요한 기본 요소라고 할 수 있다.

4. 보험모집인의 자세

1) 관련 법규와 윤리의 준수

보험모집인은 보험 관련 법규와 윤리를 준수하여야 한다. 법규 준수란 보험모집인이 고객에게 보험을 판매함에 있어 명문화된 법규를 지키는 것이다. 주요 보험 관련 법규로는 「상법」 보험편, 「보험업법」, 「보험업법 시행령」, 「보험업법 시행규칙」, 「보험업감독규정」 등이 있다.

이러한 법규들이 보험판매 과정에서 발생하는 모든 사안을 반영하기에는 한계가 있다. 즉, 명문화된 법규는 최소한의 기준이므로 보험설계사는 관련 법규를 준수해야 하는 것은 물론이며, 사회의 통념과 윤리, 상식 등에도 귀를 기울여야 하고, 고객의 입장에서 사고하고 행동하는 자세가 필요하다.

2) 보험모집인로서의 사명감

보험모집인은 자신의 직업에 대해 사명감을 가져야 한다. 이는 영업현장에서 보험상품을 판매하는 역할을 담당하기 때문이기도 하지만, 무엇보다도 보험설계사는 고객에게 처음으로 생명보험의 필요성과 효용성을 전달하는 중요한 역할을 담당하고 있기 때문이다.

단순히 상품을 판매하는 것에 그치지 않고 기존 보험을 분석하여 부족한 보장부분을 보완하거나, 고객의 가족 구성원별 보장설계 서비스를 별도로 제안하는 등 고객에게 제공할 수 있는 모든 서비스를 자발적으로 안내하는 것은 보험업에 종사하는 보험모집인들만이 사명감을 갖고 할 수 있는 고유의 활동 영역이다.

3) 전문성 개발

하루가 다르게 변화하는 현대 사회에 발맞추어 보험모집인은 끊임없이 보험 관련 전문성을 키워나가야 한다. 보험모집인은 고객이 생애주기별 다양한 위험을 예측하고 이를 대비할 수 있도록 함으로써, 안정적인 사회경제 활동을 할 수 있도록 도와주는 역할을 담당한다.

다양한 고객들이 각각의 생활에 꼭 필요한 보험상품에 가입하기 위해서는 보험모집인은 전문성을 갖추고 보험상품과 서비스에 대한 정확한 설명을 고객들에게 제공할 수 있어야 한다. 그러므로 보험모집인은 단순히 보험상품에만 국한하지 않고 관련 법규를 비롯하여 언더라이팅, 세무, 부동산, 금융지식 등 보험과 관련된 다양한 분야의 전문지식을 고르게 갖추어야 하며, 이러한 전문성이 곧 보험설계사 스스로의 경쟁력이 될 것이다.

5. 보험모집인 자신과 보험업에 대한 책임

고객들은 보험상품을 가입할 때 소위 보험전문가라고 할 수 있는 보험모집인의 설명에 크게 의존할 수밖에 없다. 그러므로 보험모집인은 고객에게 보험상품 및 계약에 대해 설명할 때 주관적 또는 자의적 판단에 따른 일부 정보만을 제공해서는 안 되며, 보험소비자에 대한 책임성과 공공성을 가지고 관련 법규는 물론 제반정보를 충분히 전달하여야 한다. 이와 관련하여 보험설계사가 보험설계사 자신과 보험업에 대하여 반드시 지켜야 할 주요내용은 다음과 같다.

1) 3대 기본 지키기

보험설계사 등 보험모집인들은 보험계약자가 보험계약을 청약한 경우 보험계약자들의 이해를 돕고 보험계약 성립의 안정성을 확보하기 위하여 "3대 기본 지키기"를 준수하고 있다.

이러한 "3대 기본 지키기"는 보험설계사의 보험상품 완전판매를 위한 기본 의무사항으로, 만약 보험모집인이 이를 위반했을 경우에는 보험 표준약관에 따라 보험계약자는 계약이 성립한 날부터 3개월 이내에 보험계약을 취소하고 납입한 보험료와 보험료를 납입한 기간에 대하여 보험계약대출이율을 연단위 복리로 계산한 금액을 더하여 반환받을 수 있다

① 보험약관 교부 및 중요한 내용 설명

보험모집인은 보험계약자가 보험계약을 청약하는 경우, 보험약관을 교부하고 약관의 중요한 내용을 설명해야 한다. 보험약관에는 보험계약의 상세한 내용이 설명되어 있지만 분량이 많고 이해하기 어려운 보험전문용어가 많아 정확한 설명이 없을 경우 소비자 피해가 발생할 수 있다.

이에 따라 보험계약자들이 상품의 내용을 보다 정확히 알고 가입할 수 있도록 보험모집인에게 중요사항에 대한 설명의무를 부과하고 있다. 물론 보험종류 및 상품에 따라 중요한 내용이 달라지긴 하지만, 일반적으로 보험계약의 중요 사항이라 함은 보험료, 보장범위, 보험금 지급제한 사유 등 계약당사자의 권리와 의무에 관한 사항들이다.

② 청약서 부본 전달(계약자 보관용 청약서)

보험모집인은 보험계약자 보관용 청약서(청약서 부본)를 보험계약자에게 제공하여 보험계약자가 본인의 보험계약 내용에 대해 확인할 수 있도록 안내하여야 한다. 보험계약자 및 피보험자는 청약서를 통해 보험계약내용, 보험계약자·피보험자·보험수익자 등 보험계약관계자, 보험계약자의 주소, 보험계약자의 계약 전 알릴 의무에 대한 사항(고지사항), 자필서명 여부 등을 확인할 수 있다.

③ 자필서명 안내 및 확인

자필서명은 보험계약자와 피보험자의 청약 의사표시이므로 보험설계사는 반드시 보험계약자와 피보험자로부터 직접 서명을 받아야 한다. 보험모집인은 판매 과정상의 편의를 위해 보험계약자의 배우자나 가족 등 보험계약자 이외의 사람에게 자필서명을 대리하도록 해서는 안 되며, 보험계약자와 피보험자가 다를 경우 보험계약자가 피보험자를 대리하여 서명하도록 권유·유도해서도 안 된다.

이러한 사항이 지켜지지 않았을 경우, 향후 보험금 지급과 관련한 분쟁의 주요 원인이 되므로 보험모집인은 반드시 보험계약자와 피보험자가 직접 자필서명을 하도록 안내하고 확인해야 한다.

2) 부당한 보험계약 전환(승환계약) 금지

부당한 보험계약 전환(승환계약)이란, 보험모집인이 보험계약자에 대하여 이미 가입한 보험계약을 부당하게 해지시키고 새로운 보험계약을 청약하게 하거나 권유하는 행위를 말한다. 만약 고객의 진정한 필요에 의해서 보험계약을 전환하고자 하는 경우에는 반드시 비교안내확인서에 보험계약자와 피보험자의 자필서명을 받아야 한다. 아울러 고객에게 이미 가입한 보험계약과 새로운 보험계약의 장단점을 충분히 비교·설명하여 고객이 이를 근거로 합리적인 선택을 할 수 있도록 해야 한다.

3) 비윤리적 판매행위 지양

보험모집인이 고객에게 직·간접적인 피해를 입히고 보험산업의 신뢰도에 악영향을 초래하는 비윤리적이고 불건전한 영업 행위를 하지 않아야 한다.

※ 비윤리적 판매행위 사례(예시)
- 판매자격이 없는 상품을 판매하는 행위
- 위탁계약을 체결한 보험회사 이외의 다른 회사 금융상품을 대리판매하고 돈이나 물품 등의 보상을 받는 행위
- 제3자로부터 고객을 소개받았을 때 소개비 또는 그에 상응하는 물품 등의 보상을 주는 행위
- 고객의 보험료를 보험설계사가 자신의 돈으로 대신 납입하는 행위
- 보험설계사가 고객과 공동으로 보험상품에 가입하고 이익의 일부를 수수료로 받는 행위
- 상담이나 재무설계에 대한 대가로 고객으로부터 직접 수수료를 받는 행위

출처: 생명보험협회 자료

---

4) 불법·허위·과장광고행위 금지

보험모집인은 보험상품에 관한 광고를 하는 경우 보험계약자가 보험상품의 내용을 오해하지 않도록 명확하고 공정하게 전달하여야 하며, 보험상품 광고는 관련 법규에 저촉되지 않는 범위 안에서 이루어져야 한다.

또한 우리나라 「정보통신망 이용촉진 및 정보보호 등에 관한 법률」은 고객의 명시적인 수신거부의사에 반하여 영리 목적의 광고성 정보를 전송하지 않도록 규정하고 있으며 고객에게 전화, 팩스 또는 SMS, E-mail 등을 통해 영리 목적의 광고성 정보를 보낼 경우 반드시 사전에 고객의 동의를 확보하도록 규정하고 있다.

5) 회사가 승인한 자료 사용

보험모집인이 고객에게 상품을 설명하거나 권유할 경우에는 반드시 보험회사가 심사·승인하여 관리번호가 부여된 보험안내자료만을 사용해야 하며, 보험설계사가 그 자료의 형태나 내용을 임의로 수정 또는 변경해서 사용해서는 안 된다. 만약 본인이 직접 제작한 보험안내자료를 사용하기 위해서는 별도로 소속 보험회사의 내부 심사를 거쳐 관리번호를 부여 받아야 한다.

6) 편법적 영업행위 금지

통상 대출고객에게 금융상품 가입을 강요하는 행위는 실질적으로 대출 금리를 높이게 되는 등 소비자에게 불이익이 초래될 수 있으므로 금융감독당국에서는 이를 엄격히 금지하고 있다.

최근에는 보험설계사가 개인대출을 해주고 그 대가로 보험계약을 유치하는 사례도 발생하는 등 편법적 영업이 증가하고 있으므로 부당한 영업행위에 편승하지 않도록 각별한 주의가 요구된다.

제2절 / 보험회사 영업행위 윤리준칙

오늘날 생·손보 보험은 산업의 성장과 발전 못지않게 우리 사회에 대한 공공성과 사회적 역할 및 책임이 강조되고 있다. 이에 보험회사 등 보험업계는 사회적 책임을 실천하기 위하여 잘못된 정보제공 등으로 인한 불완전판매 및 부당 영업행위 등으로부터 보험소비자보호를 강화하고 있으며, 보험소비자의 권익을 침해하는 영업 행태를 발굴하고 이를 시정하는 등 영업 관행의 근본적인 변화를 통해 보험소비자의 권익을 제고하기 위한 개선 노력도 지속하고 있다.

이와 더불어 보험업계는 2018년 6월 **"보험회사 영업행위 윤리준칙"**을 제정하고 보험소비자 권익 제고를 위한 기본지침으로 활용하고 있다. "보험회사 영업행위 윤리준칙"은 보험회사 및 모집종사자가 판매 과정에서 준수해야 할 근본 원칙을 명시하고 보험소비자에 대한 정보제공 강화 등의 내용을 포함하고 있으며, 이를 통한 보험회사 및 모집종사자의 영업행위 윤리의식 확립과 보험산업의 신뢰도 제고 및 건전한 시장질서 확립에 그 목적을 두고 있다.

■ 보험회사 영업행위 윤리준칙 주요내용
1) 영업행위 기본원칙
　　보험소비자 권익 제고를 위해 신의성실, 적합한 상품 권유, 부당 영업행위 금지, 개인정보보호 등
　　보험회사 및 모집종사자가 판매과정에서 준수해야 할 근본 원칙
2) 성과평가·보상체계의 적정성 제고
　　보험소비자 권익을 침해하는 영업 행태를 방지하기 위해 평가 및 보상체계에 판매실적 이외 불완전

> 판매건수 · 소비자만족도 조사결과 반영 등 임직원의 적정한 평가 · 보상체계 구축 운용
> 3) 영업행위 내부통제 강화
> 윤리준칙 준수 여부에 대한 주기적 점검 및 위법 · 부당행위에 대한 내부자 신고제도 운영 등
> 4) 합리적 분쟁해결 프로세스 구축
> 보험회사의 자체 민원처리 능력 향상을 위해 민원관리시스템 구축, 분쟁예방 대책 및 효율적인 분쟁
> 처리방안 마련 등 합리적인 민원 · 분쟁해결 프로세스 구축 등
> 5) 소비자의 알 권리 강화
> 소비자의 알 권리 보장을 위해 충실한 설명의무 이행 및 공시, 계약체결 및 유지단계에서 단계별
> 필요한 정보 제공 등

출처: 삼성생명보험(주), 생명보험협회 자료

1. 제정 목적

보험회사 영업행위 윤리준칙은 보험회사가 모집종사자를 통해 보험상품을 판매하기 위한 영업활동을 할 때 준수할 수 있는 윤리적 지침을 제공함으로써, 보험산업의 신뢰도 제고 및 건전한 시장질서의 확립에 기여함을 목적으로 한다.

2. 보험영업 활동의 기본 원칙

1) 보험회사는 보험상품을 판매하고 서비스를 제공하는 일련의 과정에서 보험소비자의 권익이 침해되는 일이 발생하지 않도록 노력하여야 한다.

2) 모집종사자는 금융인으로서 사명감과 윤리의식을 가지고, 보험소비자의 권익 보호를 최우선 가치로 삼고 영업활동을 수행하여야 한다.

3) 보험회사는 모집종사자의 도입·양성·교육·관리 등에 있어서 법령을 준수하고 건전한 금융거래질서가 유지될 수 있도록 노력하여야 한다.

4) 보험회사 및 모집종사자는 부당한 모집행위나 과당 경쟁을 하여서는 아니 되며, 합리적이고 공정한 영업풍토를 조성함으로써 모집질서를 확립하고 보험계약자의 권익보호에 최선을 다하여야 한다.

3. 보험관계 법규의 준수

1) 보험회사 및 모집종사자는 보험상품 판매에 관한 보험관계 법규 등을 철저히 준수하여야 한다.

2) 법령 등에서 정하고 있지 않은 사항은 사회적 규범과 시장의 일관된 원칙 등을 고려하여 선의의 판단에 따라 윤리적으로 행동하여야 한다.

4. 보험상품 판매 전·후 보험소비자와의 정보 불균형 해소

1) 신의성실의 원칙

보험회사와 모집종사자는 보험소비자의 권익 보호를 위해 보험영업 활동 시 보험소비자가 합리적인 선택을 할 수 있도록 지원해야 한다. 보험회사는 판매 과정에서 소비자 피해가 발생한 경우 신속한 구제를 위해 노력해야 하며 모집종사자는 보험소비자와의 신의성실의 원칙에 따라 보험영업활동을 수행해야 한다.

2) 적합한 상품 권유

보험회사 및 모집종사자는 보험소비자의 연령, 보험가입목적, 보험상품 가입경험 및 이해수준 등에 대한 충분한 정보를 파악하고, 보험 상품에 대한 합리적 정보를 제공하여 불완전판매가 발생하지 않도록 노력하여야 한다.

3) 부당영업행위 금지

보험회사 및 모집종사자는 보험소비자의 권익을 침해하는 부당한 영업행위를 하여서는 아니 된다.

4) 충실한 설명의무 이행

보험회사 및 모집종사자는 보험 상품을 권유할 때 보험소비자가 보험 상품의 종류 및 특징, 유의사항 등을 제대로 이해할 수 있도록 충분히 설명하여야 한다.

5) 보험계약 유지관리 강화

보험회사는 보험소비자에게 보험료 납입안내, 보험금 청구절차 안내 등 보험계약 유지관리서비스를 강화하여 보험소비자의 만족도를 제고하도록 노력하여야 한다.

5. 모집질서 개선을 통한 보험소비자 보호

1) 완전판매문화 정착

보험회사는 보험소비자 보호 강화를 위해 완전판매문화가 정착되도록 노력해야 하며, 모집종사자의 모집관리지표를 측정·관리하고, 그 결과에 따라 완전판매 교육체계를 마련해야 한다.

2) 건전한 보험시장 질서 확립

보험회사는 모집조직을 부당하게 대량 이동시켜 다른 사업자의 사업 활동을 심각하게 곤란하게 하는 등의 과도한 스카웃 행위를 자제해야 한다. 모집종사자 위촉 시에는 보험협회의 e-클린보험서비스(http://www.e-cleanins.or.kr)를 활용하여 위촉 대상 모집종사자의 모집경력을 확인하고 위촉심사기준을 마련해야 한다. 또한, 불완전판매 등 모집종사자의 부실모집행위에 대하여 양정기준을 운영함으로써 모집종사자의 불완전판매 재발을 방지해야 하고, 보험소비자 등에게 「보험업감독규정」제5－15조에 따른 구속성 보험계약의 체결을 요구하여서는 안 된다.

3) 모집종사자의 전문성 제고

모집종사자는 판매하는 상품에 대한 모집자격 및 충분한 지식을 갖추어야 한다. 보험회사는 보험모집인의 전문성 제고를 위한 교육프로그램을 운영하여 보험설계사가 종합적인 재무·위험전문 컨설턴트로서 보험소비자에게 최고의 서비스를 제공할 수 있도록 지원해야 하며, 보험협회에서 시행하는 우수인증설계사에 대한 우대방안을 마련하여 불완전판매가 없는 장기근속 우수설계사 양성을 도모하여야 한다.

6. 개인정보의 보호

1) 개인정보의 수집·이용

보험회사는 보험상품 판매를 위해 개인정보의 수집 및 이용이 필요할 경우 명확한 동의 절차를 밟아 그 목적에 부합하는 최소한의 정보만 수집·이용해야 한다.

2) 개인정보 보호 및 파기

보험회사는 법령에서 정하고 있는 경우, 고객의 동의가 있는 경우를 제외하고는 수집한 개인정보를 제3자에게 제공해서는 안 된다. 또한 개인정보가 외부에 유출되지 않도록 기술적·관리적 조치를 취해야 하고, 수집한 개인정보를 해당 목적 이외에는 사용해서는 안 되며, 그 목적을 달성한 이후에는 수집한 정보를 파기해야 한다.

제3절 / 보험사기

1. 보험사기(保險詐欺)의 개념

보험사기란 거짓으로 사고를 내거나 사고 내용을 조작하여 보험금을 타 내려는 행위이며, 경성사기와 연성 사기가 있다. 즉, **보험사고의 발생, 원인 또는 내용에 관하여 보험자를 기망하여 보험금을 청구하는 행위를 말한다**(보험사기방지 특별법 제2조 제2호).

이 것은 보험의 원리상 지급받을 수 없는 보험금을 수령하는 행위, 실제 손해액보다 많은 보험금을 청구하는 행위 또는 보험가입 시 실제보다 적은 보험료를 납입할 목적을 가지고 행동하는 일체의 불법 행위를 말한다.

보험은 우연성을 전제로 하는 예상치 못한 우발적인 사고로 인한 경제적 손실을 보상하기 위한 제도로 우연이 아닌 누군가의 목적에 의해 고의로 현실화된 것이라면 이는 이미 보험의 범주에서 벗어난 것이다. 이처럼 우연을 가장한 목적 또는 고의에 의해 위험을 실현시키고 보험금을 청구하는 행위, 위험 정도를 조작하는 행위 및 그 과정에서 발생된 모든 의도된 행위가 보험사기에 해당된다.

보험계약의 사행계약성이라는 특성을 일부 보험계약자 등이 개인의 재산적 이득을 위한 수단으로 악용하여 큰 사회문제가 되고 있다.

1) 연성사기(soft fraud)

연성사기는 우연히 발생한 보험사고를 이용하여 실제 발생한 손해 이상의 과다한 보험금을 받기 위해 보험사고를 과장하여 보험금을 청구하는 것을 말한다.

연성사기의 유형으로는 경미한 질병·상해에도 불구하고 장기간 병원에 입원하거나 보험계약 당시 보험료를 절감하기 위하여 보험회사에 허위정보를 제공(고지의무 위반)하는 것 등이 있으며 이러한 연성사기는 피해자가 없는 범죄로 인식되고 있다.

2) 경성사기(hard fraud)

경성사기는 계획적이고 의도적으로 보험사고를 조작하거나 발생시키는 행위로 보험금을 받기 위해 보험에서 담보되는 재해, 상해 등을 고의적으로 발생시키거나 의도적으로 사고를 조작하는 행위를 말한다.

경성사기의 유형으로는 보험금을 타내기 위해 피보험자의 신체 일부를 절단하는 행위, 상해·방화·살인 등 피보험자를 해치는 행위, 생존자를 사망한 것으로 위장하는 행위 등이 있으며 보험금을 받으려는 과정에서 추가적인 피해자가 발생하게 된다.

3) 보험사기죄

보험사기행위자의 처벌에 관하여는 다른 법률에 우선하여 '보험사기 방지 특별법'을 적용한다(같은 법 제3조 후단). 즉, 보험사기도 사기의 일종이기는 하지만, 2016년 9월 30일 이후의 보험사기에 관해서는, 일반 사기죄가 아니라 보험사기방지특별법위반죄가 성립한다. 또한 벌금형 이상의 판결이 나오면 벌금만 내고 끝이 아니라 부정 지급된 보험금을 이자까지 쳐서 전액 환수해 간다.

예를 들어, 보험사기죄로 부정 수급한 보험금이 800만 원이고 벌금형 300만 원이 나왔다면 피고인은 최소 1100만 원[보험사에 민사로 800만 원(이자 및 법률비용 별도), 국가에 형사로 300만 원]을 뱉어내야 한다는 이야기다. 이자 및 법률비용 별도라는 점도 중요한 포인트다. 민사와 형사는 재판 자체가 완전히 다른 일이며 민사와 형사 간에는 일사부재리의 원칙이 적용되지 않는다.

제1조(목적) 이 법은 보험사기행위의 조사·방지·처벌에 관한 사항을 정함으로써 보험계약자, 피보험자, 그 밖의 이해관계인의 권익을 보호하고 보험업의 건전한 육성과 국민의 복리증진에 이바지함을 목적으로 한다.

제2조(정의) 이 법에서 사용하는 용어의 뜻은 다음과 같다.

1. "보험사기행위"란 보험사고의 발생, 원인 또는 내용에 관하여 보험자를 기망하여 보험금을 청구하는 행위를 말한다.

제3조(다른 법률과의 관계) 보험사기행위의 조사·방지 및 보험사기행위자의 처벌에 관하여는 다른 법률에 우선하여 이 법을 적용한다.

제8조(보험사기죄) 보험사기행위로 보험금을 취득하거나 제3자에게 보험금을 취득하게 한 자는 10년 이하의 징역 또는 5천만 원 이하의 벌금에 처한다.

제9조(상습범) 상습으로 제8조의 죄를 범한 자는 그 죄에 정한 형의 2분의 1까지 가중한다.

제10조(미수범) 제8조 및 제9조의 미수범은 처벌한다.

제11조(보험사기죄의 가중처벌)

① 제8조 및 제9조의 죄를 범한 사람은 그 범죄행위로 인하여 취득하거나 제3자로 하여금 취득하게 한 보험금의 가액(이하 이 조에서 "보험사기이득액"이라 한다)이 5억 원 이상일 때에는 다음 각 호의 구분에 따라 가중 처벌한다.

    1. 보험사기이득액이 50억 원 이상일 때: 무기 또는 5년 이상의 징역

    2. 보험사기이득액이 5억 원 이상 50억 원 미만일 때: 3년 이상의 유기징역

② 제1항의 경우 보험사기이득액 이하에 상당하는 벌금을 부과할 수 있다.

출처: 삼성생명보험(주), 생명보험협회 자료

4) 처벌 형의 효력

제11조를 위반하여 처벌받은 사람에 대하여는 「특정경제범죄 가중처벌 등에 관한 법률」 제14조를 준용한다(보험사기 방지 특별법 제16조). 즉, 일정 기간의 취업 제한 및 인가·허가 금지 등의 제한을 받는다.

5) 보험사기의 특성

(1) 사기피해의 간접성과 광범위성

보험사기는 외견상 보험회사에게 직접적인 피해를 주는 것으로 보이지만 궁극적으로는 보험료 인상을 통해 보험계약자에게 피해가 전가된다.

따라서, 보험사기의 피해는 많은 사람에게 적은 액수로 전가되기 때문에 인식하지 못하거나 크게 문제 삼지 않는 경향이 있다.

(2) 사기의 복잡성과 다양성

다른 범죄의 결과로서 보험사기를 이용하기도 하지만 보험금을 편취하기 위해 살인, 방화와 같은 타 범죄를 저지르는 등 복합적인 성격을 띤다. 또한, 보험은 일상생활 주변의 거의 모든 위험을 담보하고 있어 보험사기의 수법이 매우 다양하다.

(3) 공범에 의한 범죄

보험사기는 보험사고를 위장하거나 범인 자신을 범행 혐의로부터 벗어나게 하기 위해 2인 이상이 공동으로 수행하는 경우가 많다.

주범이 대부분 피보험자이기 때문에 범행에 능숙한 공범이 보험사고를 일으키고 경찰이나 보험회사가 눈치 채지 못하도록 보험금청구 절차를 진행한다.

보험사기는 보험약관이나 계약내용 등이 복잡하고 다양하여 내부 종사자의 묵인, 방조, 공모 행위가 많아지고 있다.

(4) 조직화 · 지능화

최근 보험사기는 폭력조직, 병·의원, 정비업체, 택시기사 등 다수인이 개입된 전문보험사기단이 출현하는 등 점차 조직화 되는 경향이 있다. 또한, 법규 위반 차량을 대상으로 교통사고를 유발하거나 고의 사망사고(교통사고, 방화 등)를 발생시켜 보험금을 편취하는 등 지능화되는 경향이 있다.

2. 보험사기의 분류

1) 보험종류별 분류

보험은 보험대상에 따라 구분하는 것이 일반적이며 목적물에 따라 생명보험, 손해보험, 제3보험으로 나눌 수 있다. 보험사기도 담보되는 목적물에 따라 생명보험, 손해보험, 제3보험으로 구분할 수 있다.

(1) 생명보험

생명보험은 사람의 생존과 사망에 관하여 일정하게 정해진 금액을 지급할 것을 목적으로 하는 보험으로 사망보험, 생존보험, 양로보험, 연금보험, 단체보험 등이 있다.

특히 사람의 생사를 담보로 하는 생명보험으로 인한 보험사기는 강력 범죄와 동반될 가능성이 커 그 심각성이 높다.

(2) 손해보험

손해보험은 피보험자의 재산상의 손해가 발생한 경우 실제 재산상의 손해를 보상하는 보험으로 화재보험, 운송보험, 해상보험, 책임보험, 자동차보험 등이 있으며, 이 중 보험사기는 화재보험과 자동차보험이 주 대상이 되고 있다.

2000년 이후 자가용 보급의 대중화로 현재는 자동차 보험에서 가장 많은 보험사기가 나타나고 있으며 CCTV, 블랙박스가 보편화 되면서 보험사기에 대한 적발률도 높아지고 있다.

(3) 제3보험

제3보험은 생명보험회사와 손해보험회사가 공동으로 판매하는 것으로 상해보험, 질병보험, 간병보험, 실손의료보험 등이 있으며, 최근 실손의료보험에 의한 허위·과다입원 및 수술(진료)에 의한 보험사기가 증가하고 있다.

2) 보험사기 유형

(1) 사기적인 보험계약의 체결

"보험계약자가 보험가입 시 최대 선의의 원칙을 어기는 행위"

보험계약 시 허위 고지, 대리진단 등을 통해 중요한 사실을 은폐하고 사기적으로 보험계약을 체결하는 행위 등을 말한다.

① 보험을 가입할 수 없는 부적격자가 보험가입을 할 수 있는 자격을 획득하기 위하여 또는 적은 보험료를 지불하기 위해 불리한 사실을 숨기는 것이다.

② 이는 암진단을 받은 자가 보험계약을 체결하기 위하여 진단사실을 숨기거나 보험가입자(피보험자)가 아닌 타인을 통한 대리진단 등을 통하여, 통상적으로 2~4개의 다수보험에 가입하는 행위로 나타나게 된다.

③ 또는 이미 보험사고가 발생한 이후에 보험계약을 체결하는 경우, 즉 이미 사망한 사람을 피보험자로 하여 보험에 가입하거나, 자동차사고 발생 후에 사고일자 등을 조작·변경하는 방법으로 보험에 가입하는 행위 등이 있다.

(2) 보험사고의 고의적 유발

"고의적으로 사고를 일으키거나 사고를 조작해 부당하게 보험금을 청구하는 행위"

보험금의 편취를 목적으로 고의적으로 살인을 하거나 방화, 자해 등의 사고를 유발하는 가장 악의적인 보험사기 유형으로 일가족 또는 지인들과 사전 공모하여 고의로 사고를 일으키는 등 계획적·조직적·지능적인 양상을 보인다. 또한, 다양한 범죄수단과 방법을 이용하며, 최근에는 조직화 양상을 보이고 있다.

① 피보험자 본인이 고의로 보험사고를 유발하는 경우로써 손목·발목 등 신체 일부를 절단하거나 고층에서 뛰어내리는 행위, 운행 중인 차량에 고의로 부딪치는 행위 등이 있다.

② 보험수익자가 보험금을 노리고 피보험자의 신체나 재산에 피해를 가하는 경우로 자신 등을 수익자로 하여 가족 또는 제3자를 살해하는 행위 등이 있다.

③ 또는 고의로 제3자로 하여금 보험사고를 유발하도록 하는 경우로, 이는 보험사고가 발생하도록 교묘하게 상황을 조작하는 것으로 신호위반 또는 중앙선을 침범한 제3자가 운행 중인 차량을 고의로 충돌하는 행위 등이 있다.

④ 최근에는 국내 보험사고 조사 강화로 중국·동남아 등 보험사고 조사가 상대적으로 어려운 국외까지 보험사기 현장이 확대되는 경향을 보이고 있다.

(3) 보험사고의 위장 및 날조(허위사고)

"보상되지 않는 사고에 대하여 부당하게 보험금을 청구하는 행위"

전통적인 보험사기 유형으로 보험사고 자체를 위장·날조하는 경우와 보험사고가 아닌 것을 보험 사고로 조작하는 행위이다.

① 생명보험에 있어 사망보험금을 사취하기 위하여 피보험자가 보험사고로 사망하지 않았는데도 불구하고 사망한 것처럼 위장하는 유형(허위사망증명서 제출, 타인의 시신을 자기시신으로 위장하여 사망한 것으로 조작하는 방법, 자기와 유사한 사람을 선택·살해한 후 자기가 사망한 것같이 조작하는 방법)이 있다.

② 상해보험에 있어 보험사고 조작을 통하여 병·의원의 허위진단서 등을 발급받는 방법으로 보험금을 청구하거나, 기존에 다른 사고로 입은 부상을 교통사고로 인하여 발생한 것으로 신고하는 행위 등이 있다.

③ 자동차소유주가 자신의 자동차를 팔고 난 후 보험회사에 도난신고를 하는 행위, 진열장에서 미리 상품을 치운 후에 도난당했다고 신고하는 행위, 다른 사고로 파손된 차량을 교통사고로 인하여 파손된 것으로 신고하는 행위 등이 있다.

(4) 보험사고의 과장(보험금 과다청구 및 피해 과장)

"보험사고로 인하여 입은 피해보다 많은 보험금을 받으려는 행위는 결국 다른 보험계약자의 보험료 인상으로 이어진다."

보험사고로 인한 보험금을 많이 지급받기 위하여 사기적으로 보험금을 과다 청구하는 행위이다. 즉, 보험사고로 인하여 입은 피해보다 많은 보험금을 지급받기 위하여 병원과 공모하여 부상의 정도나 장해 등급을 상향하는 행위, 통원 치료를 하였음에도 입원하여 치료를 받은 것으로 서류를 조작하는 행위, 치료기간의 연장 또는 과잉진료를 하는 행위 등 사기적으로 보험금을 과다 청구하는 행위이다.

① 이미 발생한 보험사고를 과대 또는 악용하여 보험금을 편취하는 것으로 생명보험보다는 손해보험 분야에서 주로 발생한다.

② 의사에게 부탁하여 부상의 정도나 장해등급을 상향하는 행위, 통원치료 하였음에도 입원하여 치료를 받은 것으로 서류를 조작하는 행위, 치료기간의 연장 또는 과잉진료를 하는 행위 등이 있다.

③ 피보험자가 자녀들과 함께 병원에 입원하여 특별한 검사 결과가 없는 일반 질병에 대해 특정 질병으로 허위 진단서를 발급받는 행위, 입원기간 동안 외출, 외박, 기타 정상적인 사회활동을 하였음에도 입원한 것처럼 진단서를 발급받는 행위가 있다.

④ 차량정비 업체 등이 다양한 형태로 피해를 부풀리거나 조작하여 보험금을 과다 청구한 경우 등이 있다.

⑤ 재물보험에 있어 자기부담금 공제부분을 보상받고자 하거나 더 많은 보험금을 타내기 위한 의
도로 피해 규모를 과다 청구하는 행위 등이 있다.

3. 보험사기와 구별되는 유형

1) 도덕적 해이

도덕적 해이(Moral Hazard)란 보험사고의 발생 가능성을 높이거나 손해를 증대시킬 수 있는 보험
계약자나 피보험자의 고의 또는 불성실에 의한 행동을 뜻한다.

보험제도는 우연성을 기초로 한다. 그런데 위험성은 모든 사람마다 다르기 때문에 공정한 보험계
약이 되기 위해서는 각각의 보험계약을 체결할 때마다 보험계약자 또는 피보험자가 가지고 있는 각
각의 위험성을 일일이 산출하여야 하는데, 이는 현실적으로 불가능하다. 따라서 각 보험계약자나 피
보험자를 공통된 특징을 기초로 일정한 군으로 분류한 뒤 각 군에 대해 추정되는 위험성을 근거로
보험료를 결정하게 된다.

한편 보험계약도 계약의 일종으로 모든 계약의 원칙인 신의성실의 원칙이 적용되므로 보험계약자,
피보험자, 보험회사는 그 계약의 체결, 계약의 이행 단계에서 신의에 좇아 성실히 그 권리를 행사하
고 의무를 이행하여야 한다.

그런데 특정 위험군에 속한 것으로 분류되고 합의되어 보험계약을 체결한 당사자가 그 후 보험금
을 노리고 인위적으로 보험사고를 일으키거나, 불성실한 태도로 보험사고를 일으킬 수 있는 위험의
발생 가능성을 높이는 것을 바로 도덕적 해이라고 한다.

결국 도덕적 해이란 우연성을 인위적으로 조작하는 행위인 것이다. 이러한 도덕적 해이는 그러한
위험 행동을 누가 유발하였는가에 따라 내적 도덕적 해이와 외적 도덕적 해이로 나누기도 한다.

내적 도덕적 해이는 보험계약자 또는 피보험자가 직접적으로 보험제도를 악용하거나 남용하는 행
위에 의해 야기되나, 외적 도덕적 해이는 피보험자와 관계있는 의사, 병원, 자동차 수리인, 변호사
등이 간접적으로 보험을 악용하거나 남용하는 행위에 의해 야기된다.

2) 역선택

역선택이란 시장 경제주체들의 거래 행위 시 어느 일방이 다른 거래 주체보다 더 많은 정보를 가
지고 있는 경우 정보가 부족한 입장에서 바람직하지 못한 상대방과 거래하게 되거나 열등한 재화를
구매하게 되는 상황을 뜻한다.

보험계약에 있어 역선택이란 특정군의 특성에 기초하여 계산된 위험보다 훨씬 높은 위험을 가진
집단이 동일한 군으로 분류되어 보험계약을 체결함으로써 가입한 군의 사고 발생률을 증가시키는
현상이다.

즉, 평균적인 위험 발생 가능성보다 더 높은 위험 발생 가능성을 갖고 있는 사람이 평균적인 위험
발생 가능성을 갖고 있는 것처럼 평균 보험요율에 따라 보험에 가입하는 상황을 말한다.

보험에 가입하려는 사람이 기왕의 병력[13]이 있었다고 하더라도 그 병력으로 인해 보험금을 수령한 사실이 없다면 보험회사로서는 보험계약 당시에 그러한 병력이 있었는지 여부를 확인할 수 없다.

보험에 가입할 수 없는 부적격자가 보험에 가입하기 위해, 또는 보다 적은 보험료를 지급하기 위해 기왕의 병력을 숨기고 보험에 가입하는 고지의무 위반의 경우, 이미 보험사고가 발생하였음에도 그 발생 사실을 숨기고 보험에 가입하는 경우 등이 역선택의 예이다.

역선택과 도덕적 해이의 공통점은 정보의 불균형에서 비롯된다는 것이다. 차이점은 그러한 정보의 불균형으로 인한 효과가 보험계약 체결 전에 발생하는지 아니면 체결 후에 발생하는지에 있다.

역선택은 보험계약 체결 전에 이미 정보의 불균형으로 인한 효과가 현실화되어 있지만, 도덕적 해이는 보험계약 체결 후에 그 효과가 현실화된다는 차이가 있다.

4. 보험사기 계약의 특징

1) 고액 또는 다수 보험계약

대부분의 보험사기 계약은 사망이나 상해·질병보험의 보험금을 많이 받기 위해 본인의 소득 수준에 맞지 않게 과다한 보험료를 납입하는 방법으로 가입하거나 암보험, 정기보험과 같이 특정질병, 특정기간에 고액의 보험금이 지급되는 동일한 종류의 보험상품을 여러 회사에 분산하여 가입하는 특징을 보인다. 이러한 고액이나 다수 보험계약 체결 여부는 사전에 언더라이팅이나 보험금 지급심사 시 파악하는 것이 중요하다.

2) 비연고성 및 자발성계약

보험사기를 목적으로 보험에 가입하는 자들은 자신이 개인적으로 잘 알고 있는 보험설계사 등의 권유에 의해 보험을 가입하지 않고 보험회사에 직접 연락하여 보험계약을 체결하거나, 낯선 지역의 설계사 또는 영업소를 방문하여 가입하는 등 자발적으로 보험계약을 체결하는 속성을 가지고 있다.

3) 부자연스러운 보험계약

일반적으로 계약자의 소득 수준보다 과다한 보험에 가입하거나, 피보험자의 연령 등의 측면에서 자연스럽지 않은 보험계약의 경우 보험사기로 이어질 가능성이 매우 높다.

따라서 보험계약 체결 시 언더라이팅 과정에서 보험계약자의 소득 수준 등 재정 상태를 정확히 파악하는 것이 중요하다.

4) 보험사기자들의 개인적 특징

보험사기자들은 과중한 부채로 인해 재정적으로 어려움을 겪고 있는 등 사생활 및 가정생활이 비정상적인 경우가 많다. 또한 강한 물적 욕구나 탐욕, 허영심도 지니고 있다.

---

13) 지금까지 걸렸던 질병이나 외상 등 진찰을 받는 현재에 이르기까지의 병력.

5. 보험사기의 사회적 피해

1) 보험제도 존립기반에 대한 위협

보험사기의 직접적인 피해자는 보험회사인 것처럼 보이지만 실제로는 선의의 일반계약자인 국민에게 그 피해가 전가됨에 따라 보험사기가 사회에 미치는 피해에 대해서 살펴보기로 한다.

보험사기가 증가하면 미래의 불확실한 위험에 대비하여 마련된 보험 본래의 기능이 퇴색하고 보험의 도박화 또는 사행화 되어 보험에 대한 인식을 악화시킨다. 보험사기로 인한 부당한 보험금 지급의 증가는 과학적이고 수리적인 기초를 근거로 설정한 보험료를 부당하게 인상시키는 요인이 되며 특정 보험상품의 판매 중단 또는 판매 제한 등으로 이어진다. 또한 과도한 보험료 인상으로 위험도가 낮은 선의의 보험계약자들이 보험가입을 회피함으로써 결국 보험산업의 존립 자체가 위협받을 수 있다.

2) 생명존중 가치관 파괴

소액에서 시작된 보험사기가 범죄의 지능성, 조직성, 입증의 곤란성 등으로 인해 적발되지 못한 경우 더 큰 보험사기를 유발할 수밖에 없다.

실제로도 보험금을 목적으로 한 살인, 자해, 방화 등 강력사건이 발생하고 이러한 반인륜적인 범죄 유발로 인해 건전한 윤리의식 및 생명 존중의 가치관이 파괴되어 결과적으로는 보험산업의 존립뿐만 아니라 사회의 존립기반 자체가 무너질 수 있다.

3) 모방범죄 및 동조행위 증가

자신의 신체를 자해하거나 고의로 사고를 유발하는 등의 보험사기로 보험금을 수령하게 되면 주위 사람은 그것에 대해 무의식적으로 동조하거나 일부 이익을 공유함으로써 방조하게 된다.

사회적으로 보험사기가 만연되어 있을 경우 보험사기 수법을 어렵지 않게 터득할 수 있을 뿐만 아니라 선량한 보험계약자들도 이러한 사회 분위기에 동조하여 유사 행위를 할 가능성이 커지므로 언론 등에서 보험사기 사건 보도 시 범죄기법 및 수사기법을 제한하여 모방범죄 가능성을 최소화시켜야 한다.

4) 보험산업 이미지 악화 초래

보험사기가 증가할 경우 보험회사의 보험계약 인수심사 및 지급심사 강화, 보험사고 조사 강화에 따른 사회적 손실이 증가한다. 보험회사는 심사·조사업무 강화를 통해 보험금 지급 지연 및 거절되면 보험계약체결 당사자 사이에 분쟁을 유발하여 보험산업의 이미지 악화를 초래할 수 있으며, 법원에 소송절차를 진행하는 경우 소송비용이 드는 등 사회적 손실이 증가하게 된다.

5) 공보험료의 인상 초래

질병이나 재해로 인한 보험사고는 공보험인 건강보험 및 산재보험 등과 밀접한 관계를 가지고 있다. 또한 보험사기 상당수가 병의원 등 의료기관의 과잉 진료 및 허위 입원 등과 관련이 있어 보험사기가 증가할수록 건강보험의 지출 증가로 이어져 건강보험의 재정 악화를 초래한다. 이는 공보험료의 인상으로 귀결되어 고스란히 국민의 부담이 된다.

■ 공보험료의 연도별 인상

연도	2011년	2013년	2015년	2017년	2019년	2021년
인상률	5.9%	1.6%	1.35%	0%	3.49%	2.89%

출처: 보건복지부

6. 보험사기 방지활동

1) 민영보험 보험사기 규모

최근 보험사기 경향은 고액의 보험금을 노린 계획적 경성보험사기 보다는 일반 국민이 피해를 과장하는 등 연성사기 위주의 생계형 보험사기가 증가하고 있다.

CCTV, 자동차 블랙박스 보편화로 인해 상대적으로 자동차 보험사기 비중이 감소 추세이나 반면, 실손보험을 과다 청구하는 유형의 범죄가 증가하고 있는 것으로 나타났다.

특히, 보험설계사, 손해사정사, 정비업체, 의료인 등 전문가가 연루된 보험사기가 지속적으로 증가하는 경향을 보이고 있으며, 점차 조직화, 지능화, 저연령화 추세이다.

이에 따른 민영보험사의 보험금 누수 규모는 매년 증가 추세로 2014년 기준 연간 약 4조 5천억 원에 이르는 보험금 누수 규모가 2018년도에는 6조 1,513억 원(민영보험 5조 8,029억 원 / 유사보험 3,484억 원)으로 증가했으며 가구당 보험사기 누수 금액은 약 28만 원, 1인당 11만 원의 보험료를 추가 부담하는 것으로 추정되고 있다.

2) 보험사기 적발실적

2019년 보험사기 적발금액은 8,809억 원으로 전년(7,982억 원) 대비 827억 원(10.4%↑) 증가한 역대 최고 수준이다. 적발 인원은 2015년 이후 정체·감소 추세를 보이다가 2019년 92,538명으로 크게 증가한 것으로 나타났다.

■ 보험사기 적발금액 및 인원

연도	2016년	2017년	2018년	2019년(전년대비)
금액	7,185억 원	7,302억 원	7,982억 원	8,809억 원(10.4%)
혐의자수	83,012명	83,535명	79,179명	92,538명(6.9%)

출처: 금융감독원, 보험사기 적발통계

한편 보험사기 적발자의 직업별 비중은 회사원(18.4%, 17,148명), 전업주부(10.8%, 9,987명), 무직·일용직(9.5%, 8,766명), 학생(4.1%, 3,837명) 순이며 40~50대 중년층의 보험사기 적발비중(46.7%, 43,235명)이 가장 높으며 60대 이상 고령층의 보험사기도 증가 추세인 것으로 나타났다.

또한 직업·성별·연령과 관계없이 불특정 다수의 보험소비자가 범죄라는 인식 없이 피해를 과장하거나 사실을 왜곡하는 허위·과다사고의 보험사기 비중이 대부분으로 2019년 금액 8,809억 원의 73.2%를 차지하는 것으로 나타났다.

이러한 보험사기는 민영보험뿐만 아니라 국민건강보험의 재정 누수를 초래하며, 전국민의 보험료 증가 부담으로 이어져 우리 모두에게 피해를 입히는 심각한 범죄임을 인식하여야 한다.

3) 보험업계의 보험사기 조사 강화

보험회사에서는 자체적인 보험심사시스템을 구축하는 등 언더라이팅을 강화하여 가입시점에서 역선택을 방지하고 보험사기특별조사반(SIU)을 설치하여 금감원의 보험사기 대응단 및 생·손보협회의 보험범죄방지 부서와 유기적인 협조체제를 갖추고 보험사기에 대처하고 있다.

보험업계가 보험사기를 조사하는 업무를 체계화했다. 해마다 보험사기가 급증한 데 따른 것으로 단계 마다 준수해야 할 사항을 자체적으로 마련해 원활하고 공정하게 조사가 이뤄지도록 하겠다는 취지다.

새롭게 마련된 모범규준안의 핵심은 보험사의 보험사기 방지능력을 확보하는 것이다. 보험사는 사기 조사업무의 효율적인 수행을 위해 보험사기 조사전담부서를 설치, 운영할 수 있도록 했다.

대부분 보험사가 자율적으로 보험사기조사단(SIU)을 운영하고 있지만 그 역할이 보다 강화된다.

SIU는 보험금 보상 조직과 구분되는 독립적인 기능을 갖춰야 한다. 또한 보험사기 방지 전략을 수립·시행토록 규정했다.

신상품 개발할 시 보험사기 유발요인을 지적하거나 인수심사 단계에서 사기성 계약을 차단할 수 있는 방안 등을 제안하는 임무도 도맡게 된다.

보험사는 보험사기 조사원과 보험계약자·보험수익자 간 이해 상충이 발생하지 않도록 조사원이나 조사전담부서에 대한 합리적인 평가기준을 마련하도록 했다.

이와 함께 보험사기 제보 활성화를 위해 신고센터를 설치할 수 있도록 했다. 제보를 통해 부당한 보험금지급을 방지하거나 줄이는 등 보험사기 적발에 기여한 사실이 인정되는 경우 해당 제보자에게 신고포상금도 지급할 수 있도록 하는 규정도 담았다.

제보자의 동의 없이 인적사항 등 제보자에 관한 정보를 타인에게 제공하거나 누설하지 못하도록 하는 내용 또한 포함시켰다. 특히 이번 모범규준에는 보험업 종사자가 보험사기에 연루됐을 경우에 대해 징계를 할 수 있도록 하는 조항을 넣었다.

당사자가 보험사기에 연루됐다는 것을 인정할 만한 구체적인 증거를 확보하거나 사기행위를 인정하는 경우 법원에서 사기행위와 관련해 유죄 판결을 선고한 경우에 징계나 해촉을 할 수 있게 했다.

그동안에는 법원에서 유죄 판결을 받고 난 이후에서야 구체적인 징계 절차에 돌입할 수 있었던 한계를 어느 정도 해소할 수 있을 것으로 예상된다.

보험사기 조사 과정에 대한 금융당국 보고와 수사의뢰, 수사협조 등에 대한 규정도 담겨있다.

보험사기행위로 의심할 만한 합당한 근거가 있는 경우나 2개 이상 보험사가 연루된 사건에 대해 적어도 수사의뢰 시까지 금융감독원에 보고해야 한다.

다만 모범규준은 업계 자율규제를 의미하며 강제성이나 법적 구속력을 가지지 않는다.

생보협회 관계자는 "그동안 업계에서 자율적으로 보험사기 조사를 실시해왔지만 앞으로는 보험사기조사단 운영이 확대되고 사기조사 과정을 공정하게 이행할 수 있을 것"이라고 설명했다.

4) 정부 및 유관기관 등의 보험사기 방지활동

보험범죄가 급증함에 따라 정부 및 금융감독원과 보험협회 등 유관기관은 보험사기 적발 및 예방을 위한 대책이나 방지 활동을 강화하고 있다.

경찰청은 보험사기 기획수사 및 특별단속을 지속적으로 실시하고 있으며 전국 지방경찰청에 보험사기 수사 역량 강화를 위해 전문수사팀을 지정하고 금융감독원과 보험협회, 보험회사로 구성된 "보험범죄수사협의회"를 구성하여 운영하고 있다.

금융감독원은 2011년 1월 건강보험심사평가원과 업무협약을 체결하여 부적정 급여를 청구하는 의료기관의 정보를 공유하고, 의료비 허위·부당청구, 나이롱환자 방치 또는 허위 입원확인서 발급과 같은 의료기관의 불법 행위에 공동 대응할 수 있도록 하였다. 또한 보험계약, 보험사고 및 보험금 지급 정보를 집적하고 보험사기혐의자를 자동 추출하는 보험사기인지시스템(IFAS)을 개선하여 다양한 보험사기 혐의 그룹에 대한 기획조사 분석 기능을 추가하는 등 보험범죄 적발능력을 강화하고 있다.

금융감독원과 보험협회는 보험사기의 심각성 및 폐해에 대한 인식 제고를 위해 운수업, 의료업, 정비업종사자 등 보험사기 취약 계층에 대한 교육 및 대국민 홍보활동을 강화하고 보험회사 사고조사 및 지급심사 담당자 대상의 보험사기 방지교육을 통한 전문인력을 양성하고 있다.

또한 금융감독원과 보험회사는 "보험범죄 신고센터"[14]를 설치하고 접수된 제보건 중 보험사기로 확인되는 경우 포상금을 지급함으로써 보험사기 예방 및 적발을 위해 적극적으로 노력하고 있다.

한편, 제도적으로 보험사기 조사업무 등을 효율적으로 수행하기 위해 2008년에는 「보험업법」상 보험계약자 등의 의무로 보험사기 행위금지 조항(제102조의 2)이 신설되었다.

2014년에는 「보험업법」상 보험관계 업무종사자의 의무로 보험회사의 임직원, 보험설계사, 보험대리점, 보험중개사, 손해사정사, 그밖에 보험관계 업무종사자가 고의로 보험사고 발생·보험사고 발생 조작·피해과장 등으로 보험금을 수령하도록 하는 행위를 금지하는 조항(제102조의 3)이 신설되어 보험관계 업무종사자의 보험사기 행위를 명시적으로 금지하는 법률적 체계가 마련되었다.

---

14) 금융감독원: https://insucop.fss.or.kr(국번없이 1332), 보험회사: 각 보험회사 홈페이지.

특히, 2016년에는「보험사기방지특별법」이 제정되어 보험사기 행위에 대한 정의 마련 및 처벌 강화 등을 통해 보험범죄에 대한 사회적 경각심 제고는 물론, 실질적 예방에 기여할 수 있는 제도적 기반이 갖춰지게 되었다. 이 외에도 보험사기방지 캠페인을 전개하는 등 보험범죄 근절을 위해 다각적으로 노력하고 있다.

5) 보험사기 방지를 위한 모집종사자의 역할

보험설계사 등 모집종사자는 업무 특성상 보험계약자 등과 1차적 접점관계를 맺고 보험 계약자의 재산상황, 건강상태 등을 가장 먼저 알 수 있는 위치에 있다. 따라서 모집종사자는 보험계약 모집이나 보험금지급 신청 시 보험계약자의 보험사기 유발가능성 등을 파악하고 일부 보험계약자가 모방범죄 등으로 아무런 죄의식 없이 보험사기자가 되지 않도록 보험사기 방지에 적극 참여해야 한다.

제4절 / 보험소비자 보호제도

계약자들에게 편의를 제공하는 각종 서비스들과 정보의 불균형으로 인한 피해로부터 계약자들을 보호하기 위한 시스템과 법안 그리고 제도들을 살펴보겠다.

1. 예금자보호법(預金者保護法)

「예금자보호법」은 금융기관이 파산 등의 사유로 고객의 예금을 지급하지 못하게 될 때, 예금자의 예금을 보호할 목적으로 예금보험제도를 효율적으로 운영함으로써 예금자를 보호하고 금융제도의 안정성을 유지하고자 제정한 법이다. 이 법에 따라 **예금보험공사가 금융기관으로부터 예금 보험료를 받아 예금보험기금을 적립하여 운용하다가 금융기관이 예금을 지급하지 못할 상황에 놓일 때 대신 지급한다.**

즉, 예금자보호법은「예금자보호법」에 의해 설립된 예금보험공사는 예금자보호제도 운영을 위해 금융기관에서 보험료를 납부 받아 예금보험기금으로 적립해 두었다가 금융기관이 경영 악화나 파산 등의 사유로 예금을 지급할 수 없는 경우, 해당 금융기관을 대신해 예금자에게 일정 한도 내에서 예금 지급을 보장하는 제도다. 현재 1인당 보호 금액은 원금과 소정의 이자를 합해 예금자 1인당 최고 5000만 원이다.

보험계약은 계약자가 보험회사의 파산, 인가 취소 및 해산 등으로 인해 보험금 지급이 불가피할 경우 이를 대비하기 위해 예금자 보호법을 적용하고 있다. 평상시에 예금보험공사는 회사로부터 예금자 보험료를 적립해두었다가 지급이 불가능할 때 이를 계약자에게 지급하여 계약자의 예금을 보호해 주고 있다.

이 경우에 보험계약자 등은「예금자보호법」에 따라 예금보험공사를 통해 일정금액의 한도 내에서 보험금을 지급받을 수 있다.

예금자보호법은 제1장 총칙, 제2장 예금보험공사, 제3장 예금보험, 제4장 부실금융기관의 정리 등, 제5장 벌칙 등 전문 44조와 부칙으로 이루어져 있다. 1995년 12월 29일 법률 제5042호로 제정된 이후 내용이 일부 개정되었다. 이 법에 의한 예금보험제도 등을 효율적으로 운영하기 위해 예금보험공사를 설립한다(제3조). 예금보험공사는 무자본특수법인으로 하며(제4조), 예금보험위원회를 둔다(제8조). 이 법에 따른 보험료의 수납 및 지급, 예금 등 채권 매입, 출자, 자금지원을 위하여 공사에 예금보험기금을 설치한다(제24조). 예금보험공사는 예금자보호 및 신용질서의 안정을 위하여 필요한 자금을 조달하기 위하여 위원회의 의결을 거쳐 예금보험기금의 부담으로 예금보험기금채권을 발행할 수 있다(제26조의 2).

■ 「예금자보호법」에 의해 보호되는 보험계약

1) 지급사유

예금이 지급 정지된 경우(1종 보험사고) 및 인허가 취소·해산·파산의 경우(2종 보험사고)

2) 보호대상

예금자 1인

3) 보장금액

1인당 최고 5,000만 원(원금과 소정의 이자를 합산하여 산정, 동일한 금융기관 내에서 예금자 1인이 보호받을 수 있는 총금액)

4) 산출기준

해지환급금 등 채권의 합계액에서 채무의 합계액을 뺀 금액

5) 보험상품별 보호여부

- 보호대상: 개인이 가입한 보험계약, 변액보험계약의 특약·최저보증금, 예금보호대상 금융상품으로 운용되는 확정기여형(DC형) 퇴직연금 및 개인형퇴직연금(IRP) 등
- 보호제외: 법인보험계약(보험계약자 및 보험료납부자가 법인인 보험계약), 보증보험계약, 변액보험계약(주계약), 재보험계약

출처: 생명보험협회 자료

<예금보험제도 정비 관련>

■ 예금보험금 지급액 산정 시 적용이율 변경(2021년 7월 6일자)

- (현행) 예금보험공사는 금융회사가 파산하여 예금보험금을 지급하는 경우 이자금액에 적용되는 이자율의 상한 기준 중의 하나로서 '은행 1년 만기 정기예금의 평균이자율'을 선정*하고 있다.
  * 실제로는 '약정이자(금융회사와 예금자간 계약)' 중 예보가 정하는 이자 중 적은 금액으로 지급
  – 하지만, 은행의 평균 이자율을 全업권에 적용하고 있어 업권별 취급상품의 특성·시장상황 등을 반영하기 곤란한 측면이 있었다.

- (개선) 예금보험공사가 예금보험금 산정 시 '은행 1년 만기 정기예금의 평균이자율'에 국한하지 않고, 업권별 특성·시장상황 등을 고려하여 적용되는 이율을 결정할 수 있도록 근거 규정을 정비한다.
  - 이에 따라, 예금자등에게 예금보험금을 지급하는 경우에 적용되는 이율이 보다 현실화되어 예금자 보호수준이 합리적으로 개선될 것으로 기대된다.

출처: 예금보험공사, 금융위원회 보도자료(2021. 2. 9)

2. 금융분쟁조정위원회

금융감독원에서 운영되는 단체이며, 계약자와 회사 사이에 금융과 관련된 문제가 생기면 분쟁조정신청을 받게 되는데, 금융감독원은 둘의 합의를 도와주게 되고 30일 이내에 합의가 되지 않을 시에 금융감독원은 지체 없이 이를 분쟁조정위원회에 회부해야 한다.

즉, 금융감독원은 「금융위원회의 설치 등에 관한 법률」에 따라 금융회사와 금융소비자 사이에 발생하는 금융관련 분쟁의 조정에 관한 사항을 심의·의결하기 위하여 금융분쟁조정위원회를 운영하고 있다.

금융회사, 예금자 등 금융수요자 및 기타 이해관계인은 금융과 관련하여 분쟁이 발생한 때에는 금융감독원에 분쟁의 조정을 신청할 수 있다. 금융감독원은 분쟁조정의 신청을 받은 때에는 관계당사자에게 그 내용을 통지하고 합의를 권고할 수 있는데, 분쟁조정 신청을 받은 날로부터 30일 이내에 합의가 이루어지지 않는 경우 금융감독원장은 지체 없이 이를 분쟁조정위원회에 회부해야 한다. 다만, 분쟁 조정의 신청 내용이 이미 법원에 제소된 사건이거나 분쟁조정을 신청한 후 소를 제기한 경우, 신청한 내용이 분쟁조정 대상으로서 적합하지 아니하다고 인정되는 경우, 신청한 내용이 관련법령 또는 객관적인 증빙 등으로 비추어 볼 때 합의권고절차 및 조정절차 진행의 실익이 없는 경우 등은 합의를 권고하지 않거나, 분쟁조정위원회에 회부하지 않을 수 있다. 또한 분쟁조정위원회는 조정의 회부를 받은 때에는 60일 이내에 이를 심의하여 조정안을 작성해야 하며, 금융감독원장은 분쟁조정위원회가 조정안을 작성하면 신청인과 관계당사자에게 이를 제시하고 수락을 권고할 수 있다. 당사자가 조정안을 수락한 경우 해당 조정안은 재판상 화해와 동일한 효력을 갖는다.

3. 고객상담창구·보험가입조회제도·내보험찾아줌(ZOOM) 운영

금융감독원, 생명보험협회, 생명보험회사는 보험관련 소비자 상담 등을 처리하기 위해 고객상담창구를 설치·운영하고 있다. 이 밖에도 생명보험협회는 소비자가 보험가입여부 확인을 위해 각 보험회사를 방문하는데 들이는 시간적, 경제적 비용을 덜어주기 위해 생존자 및 사망자에 대한 보험가입조회제도 및 "내보험찾아줌(ZOOM)"의 온라인 서비스 시스템을 운영하고 있다.

생명보험협회를 직접 방문하기 어려운 소비자를 위해 공인인증서, 휴대폰, 아이핀 등을 이용한 본인 인증을 통해 내보험찾아줌(ZOOM) 홈페이지(https://cont.insure.or.kr)에서도 보험가입내역을 조회할 수 있도록 시스템을 운영하고 있다. 보험가입내역은 생명보험뿐만 아니라 손해보험도 확인 가능하나 우체국, 새마을금고 등 공제보험의 가입 내역은 조회할 수 없다. 또한 2019년 홈페이지를 개편하여 생명보험 가입자들이 필요한 핵심정보를 한곳에 모은 "소비자 포털사이트(consumer.insure. or.kr)"를 운영 중이다. 소비자 포털에서는 보험사별 또는 항목별로 민원건수, 소비자보호 실태평가, 불완전 판매비율 등 보험소비자와 관련된 핵심정보를 한 눈에 볼 수 있다.

4. '착오송금 반환지원제도' 도입

금융위원회는 예금자보호법 시행령(이하 "시행령") 일부 개정령안을 입법예고 했다(2021. 2. 9.). '예금자보호법'에 따라 2021년 7월 6일 부터 송금인이 실수로 잘못 송금한 돈을 예금보험공사(이하 '예보')가 대신 찾아주는 '착오송금 반환지원제도'가 도입되었다.

법 개정에 따라 송금인이 수취 금융회사나 수취 계좌번호 등을 잘못 기재·입력한 상태로 자금이 이동하면, 송금인은 예금보험공사에 반환지원제도 이용을 신청할 수 있게 된다. 반환지원 대상에는 전자화폐와 직불전자지급수단, 선불전자지급수단(토스, 카카오페이 등) 등도 포함된다. 다만, 선불전자지급수단을 통한 거래 중 연락처를 통한 송금이나 사회관계망서비스(SNS) 회원 간 송금 등 예금보험공사가 수취인의 실제 이름과 주민등록번호를 취득할 수 없는 거래의 경우에는 반환지원 신청이 제한된다.

착오송금 반환지원제도의 적용 대상은 송금 기능이 있는 금융회사와 간편 송금을 제공하는 전자금융업자다. 지난해 7월 기준 12개인 전자금융업자에서 확대되는 경우에 대해서는 추후 예금보험위원회가 지정한다.

이번 시행령 개정안은 착오송금 반환지원제도 도입을 위하여 개정 법률에서 위임하고 있는 사항 및 법 집행을 위해 필요한 사항을 구체적으로 정하기 위해 마련됐다. 또한, 시행령 개정안에는 기타 예금보험제도의 정비가 필요한 사항도 함께 담았다.

1) 착오송금 반환지원제도의 적용대상 및 제한

원칙적으로는 송금인이 수취 금융회사, 수취 계좌번호 등을 잘못 기재하거나 입력해 자금이 이동되면 송금인은 예금보험공사에 반환 지원제도 이용을 신청할 수 있다.

개정법은 착오송금 반환지원의 대상이 되는 '자금의 이동'에 직불전자지급수단, 선불전자지급수단, 전자화폐 등 전자지급수단을 포함하고 그 전자지급수단 종류는 시행령으로 정하도록 했다.

시행령안 내용은 송금인이 선불전자지급수단(예: 토스, 카카오페이 등)을 통해 수취인의 금융회사 계좌에 금전을 잘못 보내는 경우도 반환지원을 신청할 수 있다.

다만, 선불전자지급수단을 통한 거래 중 예보가 수취인의 실지명의(이름과 주민등록번호)를 취득할 수 없는 거래의 경우에는 반환지원 신청이 제한된다. 연락처를 통한 송금, SNS 회원간 송금 등이 그 예다. 구체적인 내용은 예보 내에 설치된 예금보험위원회에서 추후 확정할 예정이다.

2) 착오송금 반환지원제도의 적용 대상기관

착오송금 반환지원제도 적용 대상을 금융회사와 전자금융업자 중 시행령으로 정하는 자로 규정하였다. 시행령안 내용은 송금기능이 있는 전체 금융회사와 간편 송금을 제공하는 전자금융업자를 반환지원제도 적용 대상으로 규정했다.

금융회사는 은행(외국은행 지점, 농협은행, 수협은행, 산업은행, 중소기업은행 포함), 금융투자업자, 보험회사, 여신전문금융회사, 저축은행, 신협, 새마을금고, 농협·수협·산림조합, 우체국 등이다.

간편 송금을 제공하는 전자금융업자는 7월 기준 12개사로 일부이며 변동 가능하다. 추후 예금보험위원회에서 간편 송금을 제공하는 전자금융업자를 반환지원제도 적용 대상으로 지정할 예정이다.

3) 부당이득반환채권의 매입계약 및 해제 요건

예금보험공사는 착오송금인의 신청이 있는 경우 착오송금 수취인에 대한 부당이득반환채권을 매입해 회수한다. 다만, 부당이득반환채권을 매입한 이후 착오송금 여부에 관해 다툼이 있는 경우 대통령령으로 정하는 요건과 절차에 따라 매입계약을 해제하도록 했다.

시행령안 내용은 예금보험공사는 반환지원 신청을 받은 송금거래가 정상적인 상거래나 자금의 대여·상환 등으로 확인될 경우 매입계약을 해제할 수 있다.

매입계약 후 해제가 가능한 요건은 ① 신청인이 거짓이나 부정한 방법으로 지원 신청한 경우, ② 착오송금이 아님이 객관적인 자료로 확인되는 경우, ③ 관련 소송이 진행 중이거나 완료된 경우 등이다. 매입 계약을 해제하는 경우에 그 절차에 관해서는 예금보험위원회에서 정할 예정이다.

4) 착오송금 반환지원 제도 주요 내용

(1) 은행에 연락하여 착오송금액을 반환(현행/제도시행 이후에도 가능)

① 착오송금 발생 시, 먼저 송금인은 현재와 같이 송금은행을 통해 수취인에게 연락하여 착오송금을 반환 받을 수 있다. 송금인(예금주)이 송금은행에 착오송금 발생 신고를 하면, 송금은행은 수취은행에, 수취은행은 수취인에게 연락하여 반환을 요청한다.

② 연락을 받은 수취인이 동의하면, 수취은행 등을 통해 착오 송금된 금액이 송금인에게 반환*된다.
   *온라인 반환동의 후 수취은행 통해 반환 또는 송금인에게 직접 반환

(2) 착오송금 반환지원 제도 도입(개정 「예금자보호법」)

만약, 금융회사를 통한 착오송금 반환 요청에도 수취인이 반환하지 않는 경우 송금인은 예금보험공사에 반환지원제도 이용을 신청할 수 있다(2021.7.6. 법 시행일 이후 발생한 착오송금에 대해 신청가능).

① 송금인의 신청에 따라 예보는 수취인에게 착오송금 반환을 안내하고, 필요시 법원의 지급명령* 등을 통해 회수한다.
   *실무적으로는 예보가 송금인이 착오송금과 관련하여 수취인에 대해 갖게 되는 부당이득반환

채권을 매입

② 착오송금액이 회수될 경우, 예보는 관련 비용*을 차감한 잔여 금액을 송금인에게 지급할 예정 (사후 정산 방식)이다.

　*예보의 반환안내에 따라 수취인이 반환하는 경우, 송금인이 부담하는 비용은 안내비용(우편 료 등), 제도운영비 등을 포함.

(3) 반환 지원 대상 등

① 구체적인 지원 대상 금액 범위* 및 관련 비용 등은 예보 내규 마련 등을 거쳐 추후 확정할 예정 이다.

　*회수비용을 고려하여 최저금액을 설정하고, 착오송금액이 큰 경우 직접 회수하는 것이 더 효율적일 수 있는 점을 고려하여 최대금액을 설정할 예정(예: 5만 원~1천만 원, 추후 변경 가능).

② 다만, 반환지원 과정에서 정상적 상거래, 자금대여 및 상환 등에 의한 송금으로 밝혀지는 경우 는 법에 따라 착오송금 반환지원이 중지된다.

<예금보험공사의 반환업무 개요>
① **채권매입**: 예보가 착오송금인의 부당이득반환채권*을 매입
　*착오송금인은 법적으로 수취인에 대해 부당이득반환채권을 가짐
② **수취인정보 확인**: 예보가 금융회사, 행안부, 통신사 등으로부터 수취인 정보를 취득
③ **자진반환 권유**: 전화·우편 등을 통해 착오송금 사실 및 반환계좌를 안내하고 자진반환 권유
④ **지급명령* 등**: 자진반환이 이루어지지 않을 경우 소송 전 단계로서 지급명령*을 법원에 신청
　*채권자의 신청으로 채무자에 대한 심문 없이 법원이 지급을 명하는 것으로 채무자의 자발적 이행 을 촉구하는 법적절차임
※ 회수 과정에서 송금인·수취인 간 분쟁이 발생하거나, 법원의 지급명령에 대해 수취인이 이의신청을 할 경우 당사자끼리 소송 등으로 해결할 수 있도록 예보가 송금인에게 채권을 돌려줄 예정이다.

---

5. 생명보험 광고심의제도

1) 광고심의 규정 목적과 근거

　보험회사 또는 보험 모집에 종사하는 자가 보험상품에 관하여 광고를 하는 경우에는 보험계약자가 보험상품의 내용을 오해하지 아니하도록 명확하고 공정하게 전달하여야 한다.

　특히나, 생명보험상품은 사람의 생명을 담보로 금전이 오고가는 금융상품이다. 오해의 소지가 있 는 광고를 통해 가입을 하게 되어 피해를 보게 되는 일이 없도록 광고심의제도를 마련해 소비자들을 보호하고 있는 것이다.

　생명보험업계는 허위 또는 과장 광고를 차단하여 건전한 보험시장 질서를 확립하고, 보험소비자 보호 및 보험산업 이미지 제고를 위해 2005년부터 「생명보험 광고·선전에 관한 규정」을 제정하여

생명보험 광고에 대한 심의제도를 운영하고 있다. 동 제도는「보험업법」제95조의4를 근거로 하며, 생명보험회사가 보험상품에 관하여 광고를 하는 경우 반드시 안내해야 하는 필수안내사항, 금지사항 등을 규정하고 있다.

2) 심의 적용이 되는 광고대상

보험회사가 홍보를 위해 제작하는 모든 매체와 수단들은 보험광고심의 제도에 따라 광고심의를 거친다.

상품을 직접적으로 제작하고 유통하지 않는 대리점, 설계사 등이 제작한 광고 목적용 인쇄물은 회사의 자체심사를 받아야 한다.

광고는 크게 판매광고와 이미지광고로 구분하며, 판매광고의 경우 상품광고와 판매방송으로 구분한다. 일반적으로 판매광고 중 상품광고는 사전심의를 원칙으로 하며, 판매방송의 경우 사전심의 또는 사후심의를 별도로 진행한다. 또한 이미지광고는 생명보험협회 심의를 별도로 거치지 않는다.

3) 광고심의 위원회의 광고심의 절차

(1) 상품광고(각종 인쇄물, 온라인 광고)

회사자체에서 확인한 후 생명보험협회에 심의신청을 하면, 협회 내 설치된 광고심의 위원회에서 접수된 광고물에 대해 심의 후 심의결과를 통보하는 사전심의를 진행한다.

(2) 판매방송(생방송 진행의 홈쇼핑 판매방송)

방송 전 회사의 사전심의와 이전 방송 내용을 토대로 한 광고심의위원회 정기회의를 통해 심의결과를 확정·통보하는 사후심의를 진행한다. 또한, 방송된 후 방송 내용을 상시 모니터링한다.

4) 중요한 광고 관련 규정 목록

「보험업법」에서는 과장 또는 허위 광고로 인한 소비자 피해방지를 위해 보험광고 시 다음과 같은 필수안내사항과 금지행위를 규정하고 있다.

(1) 상품광고 시 필수안내사항(「보험업법」제95조의4 제2항)

명시된 보험금이나 보험료 등의 각종 수치가 변동 될 경우 변동 가능성의 여부를 반드시 알려야한다.

① 계약체결 전에 상품설명서 및 약관을 읽어볼 것을 권유하는 내용

② 기존계약 해지 후 다른 계약 체결 시 보험인수가 거절되거나 보험료가 인상되거나 보장내용이 달라질 수 있다는 내용

③ 변액보험계약과 관련하여 자산운용의 성과에 따라 보험금이 변동될 수 있다는 내용 및「예금자 보호법」이 적용되는 보험금의 범위

④ 그밖에 대통령령으로 정하는 내용(회사 및 상품 명칭, 보험료·보험금·해지환급금 예시 등)

(2) 보험상품 광고 시 금지행위(「보험업법」 제95조의4 제3항)

보상받는 보험금과 납입하는 보험료를 오인하게 하는 모든 행위를 금지한다. 또한, TV광고 시 모집자격이 없는 자는 보험상품을 설명해서는 안 된다.

① 보험금 지급한도, 지급제한 조건, 면책사항, 감액지급사항 등을 누락하거나 충분히 고지하지 않아 제한 없이 보험금을 수령할 수 있는 것으로 오인하게 하는 행위

② 보장금액이 큰 특정내용만을 강조하거나 고액 보험금 수령사례 등을 소개하여 보험금을 많이 지급하는 것으로 오인하게 하는 행위

③ 보험료를 일할로 분할하여 표시하거나 보험료 산출기준(보험가입금액, 보험료 납입기간, 보험기간, 성별, 연령 등)을 불충분하게 설명하여 보험료가 저렴한 것으로 오인하게 하는 행위

④ 갱신형 상품의 경우 갱신 시 보험료가 인상될 수 있음을 충분히 고지하지 않는 행위

⑤ 금리 및 투자실적에 따라 만기환급금이 변동하는 상품의 경우 만기환급금이 보험만기일에 확정적으로 지급되는 것으로 오인하게 하는 행위

⑥ 지급사유 또는 지급시점이 다른 두 개 이상의 보험금을 더하여 하나의 보험사고 발생 시에 지급될 수 있는 것으로 오인하게 하는 행위

⑦ TV광고, 홈쇼핑 판매방송의 경우 모집자격이 없는 자로 하여금 보험상품을 설명하게 하는 행위

5) 주요 재재 조치 내용

(1) 심의를 받지 않고 한 광고, 심의를 받았으나 내용을 반영하지 않고 임의로 변경해 광고하는 경우에 1억 원 이하의 제재금을 부과한다.

(2) 필수안내사항 등 준수사항 및 금지사항 관련규정을 위반 시에 5천만 원 이하의 제재금을 부과한다.

(3) 광고심의필의 유효기간을 경과 사용 시에 3천만 원 이하의 제재금을 부과한다.

6. 보험정보 공시

공시란 회사 등 보험과 관련된 기관 단체가 해당 기업의 재무상황, 영업실적 등을 외부에 알리는 제도를 말하며, 이해관계자나 일반소비자들에게 정보를 제공하는 행위를 공시라고 한다.

즉, 공시는 원래 이해관계자의 보호를 주목적으로 하여 주주나 채권자, 투자자를 대상으로 실시하였으나, 기업의 사회적 책임을 수행하기 위하여 직접적인 이해관계자 이외의 일반소비자 등으로 공시의 대상 범위가 확대되었다. 공시는 크게 상품공시, 경영공시, 비교공시 등 3가지로 분류할 수 있다.

■ 보험정보공시체계

주체	구분	주요내용
생명보험회사	경영공시	정기공시(결산/분기), 수시공시
	상품공시	보험상품 정보 및 현황 등 공시
생명보험협회	경영공시	회사별 정기공시(결산/분기), 수시공시
	비교공시	보장성보험 및 저축성보험, 변액 및 퇴직연금 펀드현황, 실손의료보험, 연금저축보험, 퇴직연금사업자 등 공시
	기타공시	불완전판매비율, 보험금 부지급률, 보험금 청구지급 관련 소송공시, 금융회사 민원건수, 금융소비자보호 실태평가, 지배구조공시, 위험직군가입현황, 보험료 신용카드 납입 가능 현황, 보험료 신용카드납지수, 금융기관 보험대리점 모집수수료율 등 공시, 의료자문 관련 공시 등
금융감독원	보험회사 종합공시	회사별 재무현황, 보험계약관리, 금융사고 현황 등 공시

출처: 생명보험협회 자료

1) 상품공시

보험소비자가 보험의 선택을 하는데 도움을 주기 위해 상품에 대한 정보를 회사가 공시하며 공시내용은 상품 안내자료이다. 즉, 상품공시는 보험소비자가 충분하고 정확하게 보험상품을 이해하고, 적합한 보험상품을 선택할 수 있도록 도움을 주기 위해 「보험업감독업무시행세칙」 제5－11조 제4항에 따라 생명보험협회가 「생명보험 상품통일공시기준」 및 「생명보험 상품공시 시행세칙」에서 정하여 시행하고 있다.

① 보험안내자료는 상품설명서, 상품 요약서, 변액보험운용설명서, 보험계약관리내용 등 이다.
② 상품공시는 회사의 인터넷사이트 내에서 소비자들이 쉽게 이용할 수 있도록 서비스를 제공한다.

2) 경영공시

－ 자본을 어떻게 관리하고 경영할 것인가에 대한 내용을 공시한다.
－ 경영공시는 다시 공시시기에 따라 정기적으로 공시하는 정기공시와 발생하는 즉시, 수시로 공시하는 수시공시 두 가지로 나눈다.
－ 전 회사가 공시한 정기공시와 수시공시는 생명보험협회에서 종합적으로 모아 협회 자체적으로 동일한 내용을 공시한다.

(1) 정기공시

정기적으로 시기에 맞게 회사가 공시하는 내용이다.

① 결산공시

- 매 사업연도 결산일로부터 3개월 이내 공시일로부터 3년간 공시한다.
- 주요 공시내용은 다음과 같다.

  주요 경영현황요약, 일반현황, 경영실적, 재무상황, 경영지표, 위험관리, 기타 경영현황, 신탁, 재무제표, 기타

② 분기별 임시 결산공시(보험사는 1년을 3개월로 4분기로 나눔)

- 분기결산일로부터 2월 이내 간략한 분기별 임시결산자료를 다음 분기 임시결산 공시 전까지 공시한다.
- 주요 공시내용은 다음과 같다.

  영업규모, 수익성, 건전성, 자본의 적정성, 주식매수선택권 부여내용, IFRS 관련 주요공시사항, 기타 경영현황, 재무제표

■ 정기공시의 시기 및 방법

공시구분	공시시기	공시기간		공시방법
결산공시	결산일로부터 3개월 이내	공시일로부터 3년		인터넷
분기별결산 공시	분기 결산일로부터 2개월 이내	1/4분기	상반기 결산공시 전까지	인터넷
		상반기	당해연도 결산공시 전까지	
		3/4분기	당해연도 결산공시 전까지	

출처: 생명보험협회 자료

(2) 수시공시

회사의 경영활동이 계약자들에게 중대한 영향을 미칠 수 있는 사항들은 수시로 공시하는 것이다. 수시 공시 사항이 발생하면 즉시 금융감독원과 생명보험협회에 사실을 보고하고 3년간 공시한다.

> ▣ 수시공시사항
> ① 적기 시정조치 등 법령에 의한 주요 조치사항
> ② 부실채권, 금융사고, 소송, 파생상품거래 등으로 인한 거액의 손실
> ③ 재무구조 및 경영환경에 중대한 변경을 초래하는 사항
> ④ 재산, 채권채무관계, 투자·출자관계, 손익구조의 중대한 변동에 관한 사항
> ⑤ 기타 경영상 중대한 영향을 미칠 수 있는 사항
> ⑥ 대주주에 대한 신용공여, 대주주가 발행한 채권 또는 주식 취득 및 의결권 행사
> ⑦ 정부기관으로부터 받은 출자 내용 등

3) 비교공시

(1) 생명보험협회는 소비자가 보험상품을 선택하는데 필요한 정보를 확인할 수 있도록 각 회사의 상품을 서로 비교할 수 있도록 비교공시를 제공한다. 즉, 적립금 및 수익률, 보험료 인상률 및 손해율, 판매채널, 보장내용, 보험료 및 공시이율 등의 정보를 제공한다.

(2) 그 밖에도 기타공시를 통해 합리적인 소비자 결정을 돕기 위한 보험사별 정보들을 제공하고 있다. 즉, 공시실 내의 기타공시 메뉴 및 소비자포털 홈페이지를 통해 소비자가 보험회사를 선택하는데 필요한 정보를 확인할 수 있도록 각 보험회사의 불완전판매비율, 보험금 부지급률, 민원건수, 소송건수 등을 공시하고 있다.

(3) 생명보험협회는 인터넷공시실(https://pub.insure.or.kr)을 통해 상품비교공시를 한다.

(4) 상품비교공시는「보험업법」제124조 및「보험업감독규정」제7-46조에 따라 생명보험협회가「생명보험 상품비교·공시기준」및「생명보험 상품비교·공시정보 시행세칙」에서 구체적인 사항을 정하여 시행하고 있다.

■ 생명보험협회 보험상품 비교공시 내용

1) 상품 비교공시

① 공 통: 상품명, 채널, 변액 및 유니버설 여부, 금리부가방식, 공시이율, 최저보증이율, 보험료, 상품요약서

② 보장성보험: 보험가격지수, 보장범위지수(암보험), 예상 갱신보험료(갱신형), 경도치매 보장여부/경도치매 진단급여금(간병/치매보험)

③ 저축성보험
  - 공통: 공제금액 구분공시, 해지환급금 및 적립금(률), 사업비율, 위험보장비용비율
  - 금리연동형: 적용이율 가정 시 예상수익률
  - 변액저축성: 투자수익률 가정 시 예상수익률, 최저보증비용비율

2) 변액보험 및 퇴직연금실적배당보험 비교공시
  기준가격, 수익률, 보수정보, 자산구성내역, 상품별 펀드 운영현황 등

3) 실손의료보험 비교공시
  담보별 보험료, 보험료 인상률, 손해율

4) 연금저축보험 비교공시
  적립금, 수익률, 수수료율 등

5) 퇴직연금사업자 비교공시
  적립금 및 운용수익률, 총비용부담률, 원리금보장상품 제공현황 등

출처: 생명보험협회 자료

■ 생명보험협회 기타공시 내용

1) 불완전판매비율 등 공시

　회사별 · 상품별 · 채널별 불완전판매비율, 불완전판매계약해지율, 청약철회비율

2) 보험금 부지급률 등 공시

　회사별 보험금 부지급률, 불만족도, 보험금 부지급 · 지급지연 사유별 건수 등

3) 보험금 청구지급 관련 소송공시

　회사별 본안소송 및 민사조정 건수, 보험금 청구건 대비 소송제기 비율

4) 보험료 신용카드 납입가능현황 공시

　회사별 보험료 납입가능 신용카드사 및 납입가능 상품군

5) 보험료 신용카드납 지수 공시

　실제 카드 결제지수(금액/건수 기준), 카드결제 가능상품 지수, 계속보험료 카드납 지수

6) 금융기관보험대리점 모집수수료율 공시

　회사별 · 상품별 각 금융기관보험대리점에 적용되는 모집수수료율

7) 금융회사 민원건수 공시

　각 생명보험회사의 분기별 자체 · 대외 민원건수, 유형별 민원건수(판매, 유지, 지급, 기타), 상품별 민원건수(변액, 보장성, 종신, 연금, 저축, 기타)

8) 금융소비자보호 실태평가 공시

　소비자 보호수준을 계량항목 및 비계량항목에 따라 평가한 결과 공시

9) 위험직군 가입현황 공시

　사망보험/상해보험/실손의료보험별 위험직군 가입비율 및 거절직군수 등

10) 지배구조 공시

　지배구조 및 보수체계 연차보고서, 주주총회 개최내역, 임원 선 · 해임 내역 등

11) 의료자문 관련 공시

　의료자문 실시 건수, 의료자문 실시율, 의료자문을 통한 보험금 부지급 건수 등

출처: 생명보험협회 자료

4) 온라인 보험슈퍼마켓 "보험다모아"

생명보험협회는 「보험업감독규정」에 근거하여 2015년부터 손해보험협회와 공동으로 온라인 전용보험, 단독실손의료보험, 자동차보험, 보장성 · 저축성보험 등의 보험료, 보장내용 등을 비교공시하는 온라인 보험슈퍼마켓 "보험다모아"를 운영하고 있다. 보험다모아에서는 8개 보험종목에 대해 보험소비자가 보다 저렴한 상품을 온라인으로 손쉽게 비교하여 가입할 수 있도록 가입 경로를 안내하고 있다.

■ 온라인 보험슈퍼마켓 "보험다모아"
1) **홈페이지** www.e-insmarket.or.kr
2) **등재상품**: 단독실손의료보험, 자동차보험, 여행자보험, 연금보험, 암보험, 어린이/태아보험, 보장성·
저축성보험
3) **이용절차**: ① 보험다모아 접속
② 원하는 보험종목 및 상품선택
③ 보험료 및 보장금액 등 비교
④ 인터넷바로가입 클릭(또는 가입상담 전화 등)
⑤ 보험회사 온라인 가입 홈페이지로 이동
4) **운영주체**: 생명보험협회 및 손해보험협회 공동

출처: 생명보험협회 자료

5) 금융감독원 공시

금융감독원은 홈페이지(www.fss.or.kr)의 "업무자료 > 보험회사 종합공시"를 통해 회사별 재무현황, 보험계약관리현황, 금융사고 현황 등 보험회사 업무 전반에 대한 유의성 있는 정보를 공시하여 보험소비자가 보험회사의 경영상태, 서비스 수준 등을 직접 비교·평가할 수 있도록 하고 있다.

또한, 금융감독원 금융소비자보호처 홈페이지(https://consumer.fss.or.kr)의 "금융상품비교"를 통해 생명보험협회의 보험상품 비교공시를 비롯한 각 금융협회의 공시내용을 연결하여 제공하고 있다.

그 밖에도 금융소비자 정보포털「파인 FINE」(fine.fss.or.kr), 연금관련 정보를 통합한「통합연금포털」(100lifeplan.fss.or.kr)을 통해 전 금융권을 망라하여 공시자료 및 소비자정보자료를 제공하고 있다.

제5절 / 보험금 대리청구인 지정제도

1. 보험금 대리청구인 제도란?

보험기간 중에 보험계약자가 사전에 지정해 둔 대리인이 보험금 청구가 불가능한 보험계약자를 대신해 보험금을 청구할 수 있게 하는 것이며, 스스로 보험금 청구가 불가능할 때 쉽게 청구 가능한 제도이다.

즉, 예상치 못한 보험사고(예: 치매환자, 식물인간, 중증환자 등)가 발생했을 때 본인 스스로 보험금 청구가 현실적으로 어려운 상황이 될 때 보험금을 대신 청구하는 자(보험금 대리청구인)를 보험가입 초기 또는 보험계약 유지 중에 미리 지정하는 제도이다.

보험금 청구는 보험수익자가 행사할 수 있다. 그러나 만일 수익자 본인이 치매진단으로 보험에 가입한 사실을 잊었거나 중대한 사고 발생 등으로 보험금 청구가 현실적으로 어려운 경우에 부닥칠 수 있다. 보호자가 대신 보험금을 청구하려고 해도, 청구권 행사는 오직 수익자만 할 수 있어 보험회사는 보험금 지급을 거절할 것이다.

이와 같은 상황을 고려해 계약자의 청구권을 보호하기 위해 '보험금 지정대리 청구인제도'를 운영하고 있다. 이 제도는 보험기간 중 계약자가 사전에 지정해 둔 대리인이 보험금 청구가 불가능한 계약자를 대신해 보험금을 청구할 수 있게 해둔 것이다.

2. 보험금 대리청구인 지정제도의 목적

보험계약은 질병(치매 등)이나 상해 등의 보험사고가 발생하면 보험가입자가 보험금을 청구해야만 보험금이 지급되는 상품의 특징으로 인해 계약자가 본인을 위한(계약자=피보험자=보험수익자) 보험상품에 가입한 후 보험사고가 발생할 때 인식불명 등으로 본인이 보험금을 청구할 수 없는 상황이 발생할 수 있다. 이런 경우에 대비하여 보험금 대리청구인을 미리 지정하여 두며, 대리청구인이 가입자(계약자)를 대신하여 보험금을 청구할 목적으로 보험계약 시 또는 계약유지 중에 지정한다.

즉, 본인을 위한 본인의 보험상품(보험계약자, 피보험자, 보험수익자가 동일)에 가입한 경우, 본인이 보험금을 청구해야만 보험금이 지급된다. 그러나 질병(치매 등)이나 상해 등의 보험사고가 발생하였는데 계약자가 의식불명상태라면 보험금을 청구할 수 없는 상황이 발생할 수 있다. 이런 경우를 방지하기 위해 보험금 대리청구인을 미리 지정해두면 대리청구인이 계약자를 대신하여 보험금을 청구할 수 있다.

3. 보험금 대리청구인 지정제도 신청 시 요건

1) 계약자, 피보험자, 수익자가 모두 동일해야 한다.
2) 통상 피보험자가 치매나 의식불명 상태에서는 수익자가 대리 청구가 가능하다.
3) 수익자의 경우 2가지로 나눈다.
① 사망 시 수익자
사망 시 수익자는 법정 상속인 혹은 본인 외 지정된 수익자로 보험금 청구가 가능하다.
② 사망 외 수익자
사망 외 수익자의 경우 통상 피보험자와 동일인일 경우가 거의 대부분이다 보니 금융감독원에서는 치매보험 등에 있어 보험금 대리청구인 지정 제도를 의무화 할 것을 권유하고 있다.

4. 보험금 대리청구인 지정 범위

1) 피보험자와 동거하거나 생계를 같이하고 있는 피보험자의 가족관계등록부상 배우자.

2) 피보험자와 동거하거나, 생계를 같이하는 피보험자의 3촌 이내의 친족.

5. 보험금 대리청구인 지정방법

보험을 가입한 계약 중에 본인을 위한 계약의 경우 해당 보험회사에 연락하여 대리청구인 지정 제도를 신청할 수 있다.

1) 가입한 계약 중 본인을 위한 계약 「보험계약자 = 피보험자 = 보험수익자」의 경우 해당 보험회사에 연락하여 대리청구인 지정을 신청할 수 있다.

— 계약자가 실명확인증(신분증)을 지참 후 가까운 금융PLAZA 또는 지점 방문

— 계약자기준 가족관계증명서(지정할 대리청구인과의 관계 확인 필요)

— 지정대리청구인의 개인신용정보활용동의서(보험사 양식)

2) 보험회사는 상품설명서와 해피콜(완전 판매 모니터링 제도) 등을 통해 지정대리 청구인제도의 활용을 안내한다.

3) 보험가입자는 보험계약 체결할 때 보험금 대리청구인 지정제도를 신청한다.

4) 이미 가입한 보험계약도 해당 보험회사에 연락해 보험금 대리청구인 지정제도를 신청 가능하다.

6. 대리청구인 지정제도 활성화를 위한 보험업계의 노력

보험업계는 신계약 체결시 상품설명서와 해피콜(완전판매 모니터링 제도) 등을 통해 대리청구인 지정제도를 안내하고 있다. 또한 매년 계약자에게 제공하는 보험계약관리내용(종합안내장)을 통해서 기존 계약자에게 안내를 실시하여 보험소비자의 권익 향상을 위해 노력하고 있다.

7. 치매보험 대리청구인 지정 2021년 상반기 중 의무화

금감원에서 치매보험 대리청구인 지정의 의무화, 대리청구인의 범위 확대와 위반 때 제재사항 등을 면밀하게 검토하고 있다.

이르면 상반기 내 치매보험 대리청구인 지정이 의무화된다. 금융감독당국이 해당 내용에 대해 검토에 들어갔기 때문이다.
치매보험을 계약할 때 보험사는 계약자, 피보험자, 수익자가 동일한 경우 대리청구인 제도를 안내해야 하지만 현재까지는 권고사항이다. 금융감독원이 이 같은 방안을 추진하는 것은 보험사에서 운영 중인 치매보험 지정대리인 청구제도가 활성화되지 않고 있다는 지적이 이어지고 있어서다. 해당 제도는 치매나 혼수상태 등 정상적인 의사소통이 되지 않아 보험금 청구가 어려운 상황을 대비해 만들어졌다. 대리

청구인을 지정하지 않을 경우 보험가입자 본인이 직접 보험금 지급을 위한 청구 절차를 거쳐야 하는데 치매 질병 특성상 보험에 가입돼 있는 것 자체를 기억하기 어려워 정작 치매에 걸려 보험금 청구가 불가능 하는 등 소비자 피해가 발생할 수 있다는 우려가 나온다는 것이다.

특히, 치매보험 판매가 꾸준히 진행되고 있지만 해당 제도를 알지 못하는 경우가 많은 것으로 나타났다. 실제로 지난해 국정감사에서도 관련해 지적이 있었다. 국회 정무위원회 소속 전재수 의원이 금융감독원으로부터 받은 자료를 통해 지난해 상반기 기준 국내 주요 보험사의 치매보험 대리청구인 지정 비율이 2%가 채 되지 않는다고 꼬집은 것이다.

구체적으로 삼성화재에서 판매한 17만5947건의 치매보험 중 1218건(0.69%), DB손해보험은 7만5126건 중 647건(0.86%)만이 대리청구인을 지정했다. 한화생명은 37만6793건 중 5286건(1.4%), 교보생명은 26만388건 중 4049건(1.55%)의 가입자가 대리청구인 제도를 이용했다.

금감원은 이 같은 상황을 해결하기 위해 대리청구인 지정을 의무화하는 방향으로 방안을 검토하고 있다. 이번 달 중 업계의 의견을 수렴해 초안을 마련한 이후 소비자보호 관련 부처 등과도 논의해 최종안을 내놓을 예정이다.

금감원 보험감독국 특수보험1팀 관계자는 "현재는 피보험자와 동거하거나 생계를 같이 하고 있는 자로서 피보험자의 배우자 또는 3촌 이내의 친족을 자격요건으로 하고 있는데 이 범위를 더 넓혀야 하는지, 이를 어겼을 때 제재수위는 어느 정도 수준으로 진행해야 하는지 등 살펴볼 사안이 많다"며 "소비자 측면에서도 의무화가 됐을 때 문제가 되는 부분이 없는지도 면밀히 살펴볼 것"이라고 설명했다.

업계도 금감원의 이 같은 움직임에 대해 환영하는 분위기다. 업계 관계자는 "사실 관련 제도를 안내하다 보면 보험금을 자신이 타고 싶다며 대리지정인을 거부하는 경우가 종종 발생하는데 의무화된다면 해소될 것"이라며 "또 가족 없이 혼자 사는 경우는 제도 활용이 불가능해 지정 범위를 확대해야 한다는 의견도 나오고 있다"고 밝혔다.

출처: 보험신보, 2021년 1월 11일 기사내용(정두영 기자)

제6절 / 생명보험 민원의 개요(槪要) 및 유형

1. 보험 민원의 정의

보험민원이란 보험상품도 보험료와 보험금이 오고가는 금전거래 형태의 상품이다. 계약자가 약속된 보험금을 받는데 어려움을 겪거나 아예 받지 못하는 등의 억울한 상황이 발생하면 의견을 표출하고 회사 측에 해결을 요구하게 된다. 그 밖에 자신이 가입한 상품에 대한 의문점을 질문한다거나 체결한 계약에 대한 관리가 부족하다고 느낄 때도 민원이 발생할 수 있다.

즉, 민원인이 보험회사에 대하여 이의신청, 진정, 건의, 질의 및 기타 특정한 행위를 요하는 의사표시를 하는 것으로, 보험회사가 계약에 따른 의무를 이행하지 않았거나 보험상품 및 서비스가 기대에 미치지 못했을 때, 고객에 대한 관리가 제대로 이루어지지 않았을 때 발생하게 된다.

여기서, 금전적인 문제에서 발생하는 민원의 종류는 금융민원이고, 금전과 관계없는 단순한 질의 서비스와 관련해 발생하는 민원은 기타 민원으로 분류한다.

> ※ 민원[民願]의 정의
> 국민이 정부나 시청, 구청 등의 행정 기관에 어떤 행정 처리를 요구하는 일이다.
> 즉, 어떤 구체적인 일과 관련하여 주민 개개인이나 집단이 바라는 바를 국가 기관에 필요한 사항을 요청하는 내용이다. 행정기관에 민원을 요청하는 사람은 민원인, 신청하는 내용은 민원 사항이라고 한다.

2. 보험 민원의 특성

1) 계약 과정상 다수의 민원이 발생할 수 밖에 없다.

소비자가 원하는 계약을 고르고 직접 체결하는 방식 보다는 판매채널의 모집 행위를 통해 체결되는 계약이 이루어지는 형태가 대부분이기 때문에 중간 중간에 생기는 오류로 인한 민원이 많이 발생할 수 밖에 없다.

2) 민원건수는 지속적으로 증가 중이다.

고령화가 진행되면서 생존 인구가 많아지다 보니 총 계약의 숫자가 많아져 보험민원의 발생 횟수 또한 계속해서 증가하는 추세이다.

3) 악성민원인에 의해 남용될 소지가 크다.

민원 사유 입증의 어려움, 복잡함 등의 이유로 민원을 악용하는 사례가 종종(種種) 발생한다. 이에 보험회사는 관련법규 및 기준에 근거해 민원처리에 만전(萬全)을 기하고 있다.

3. 민원처리의 과정 및 중요성

고객에게 민원사항이 발생하면 보험회사 혹은 금융감독원을 비롯한 여타 전문 금융기관에 민원을 신고하게 된다. 또한, 한국소비자원 등에 금융민원 또는 분쟁조정을 신청할 수 있으며, 대부분의 민원접수는 금융감독원에 접수하고 있다.

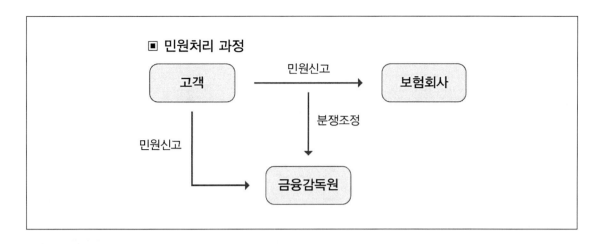

금융시장이 성숙할수록 금융산업의 경쟁력은 산업 및 개별 금융회사에 대한 사회적 신뢰도와 고객 만족도에 의해 크게 좌우된다. 특히 보험산업과 같은 성숙산업일수록 기존 보유고객의 만족도 제고를 통한 충성 고객층의 확보가 중요하다고 할 수 있다. 보험민원은 해당 보험회사에 대한 단순한 불만 표출을 넘어 자칫 보험산업 전체에 대한 불신으로 연결될 개연성이 크기 때문에 민원에 대해 적극적이고 효율적으로 대응하는 것이 중요하다.

4. 생명보험민원의 주요 유형

생명보험 민원이 발생하는 주요 유형으로는 보험모집, 계약성립 및 실효, 고지 및 통지의무 위반, 면책·부책결정, 보험금 산정 및 지급 민원 등이 있다. 금융감독원이 발표하는 생명보험 민원의 주요 유형을 살펴보면, 보험금 산정 및 지급 민원과 불완전판매에 따른 보험모집 민원이 전체 민원의 주요 비중을 차지하고 있다.

■ 실제 현장에서 많이 발생하는 민원유형

유형	세부내역
보험모집	상품설명 불충분, 보험료 환급 요청
계약의 성립 및 해지	계약의 변경처리, 보험계약 무효처리, 보험료 납입방법 변경요청
고지 및 통지의무 위반	고지 및 통지의무 위반 및 임의해지, 고지의무위반 사실과 사고와의 인과관계
면책·부책 결정	보험사고(담보책임)의 유무, 법률 및 약관상의 면책조항 관련
보험금 산정 및 지급	보상책임 범위, 보험금 과소지급 주장, 보험금 및 제지급금 지급 지연

출처: 생명보험협회 자료

5. 금융소비자 실태 평가제도

　금융감독원이 2016년 금융회사의 소비자보호 수준을 종합적으로 평가하는 "금융소비자보호 실태 평가제도"를 도입하였으며, 직접 평가의 대상은 은행, 보험, 증권, 카드, 저축은행이며, 보험업권의 경우는 민원 건수와 영업 비중이 모두 1% 이상인 금융산업체가 소비자에게 올바른 서비스를 제공하고 있는가를 연 1회마다 평가하는 제도이다. 평가 항목은 총 10개로 구성이 되어 있고 각 항목별로 3개(미흡, 양호, 우수)의 등급을 매기어 기준이 미달한 금융회사는 금융감독원에 자체 개선 방안을 만들어 제출해야 한다.

■ 금융소비자보호 실태평가 항목

구분		평가항목
계량항목 (5개)	1	민원발생건수(민원건수 및 증감률)
	2	민원처리노력(처리기간, 자율조정성립률)
	3	소비자 대상 소송 관련(소송패소율, 분쟁조정중 소제기 건수)
	4	영업 지속가능성(재무건전성 지표)
	5	금융사고(금융사고 건수 및 금액)
비계량항목 (5개)	6	소비자보호 지배구조
	7	상품개발과정의 소비자보호 체계 구축 및 운영
	8	상품판매과정의 소비자보호 체계 구축 및 운영
	9	소비자보호 정책 참여 및 민원시스템 운영
	10	소비자정보 공시 등

출처: 생명보험협회 자료

6. 보험민원의 처리

　금융소비자는 생명보험회사를 포함한 금융회사와의 민원·분쟁발생 시 해당 금융회사에 직접 민원을 제기하거나 금융감독원, 한국소비자원 등에 금융민원 또는 분쟁조정을 신청할 수 있다.

　금융감독원에 금융민원을 제기하고자 하는 소비자는 우편, 팩스 및 인터넷을 이용하여 접수할 수 있으며, 금융감독원을 직접 방문하여 접수도 가능하다. 우리나라의 금융민원처리체계상 금융회사를 거치지 않고 금융감독원, 한국소비자원에 바로 민원을 접수하는 것이 가능하며, 현재 대다수 보험민원이 금융감독원에 접수되고 있다.

I N S U R A N C E

생명보험 이해(理解) / 제3편

제1장

생명보험의 개요(槪要)

1. 생명보험의 의의

생명보험은 동질의 위험에 처한 많은 사람들이 합리적인 금액을 모아 공동기금(보험료)을 형성하고, 우연히 사고를 당한 구성원에게 보험금 등의 급여를 지급함으로써 경제생활의 불안을 없애거나 경감하고자 하는 상부상조의 정신을 바탕으로 하는 경제제도이다.

즉, 생명보험사는 고객에게 보험료를 받아 공동으로 준비한 재산인 공동기금을 형성한 후, 사망 · 상해 등의 우연한 보험사고로 발생한 경제적 손실에 대해 약정한 보험금을 지급하는 경제제도로서, 공평한 위험 부담의 정신과 상부상조의 정신을 바탕으로 사망 등 불의의 사고로 인한 경제적 손실을 보장하기 위한 경제제도이다.

사람은 출생에서 사망에 이를 때까지 언제 어디서 닥칠지 모를 질병이나 상해 또는 우연한 사고 등 무수히 많은 위험에 노출된 채로 살아간다. 특히 그 사고 등이 사람의 생사에 관한 것일 경우에는 가족의 안정적인 생활유지에 큰 어려움을 겪게 된다.

또한 사람은 출생 이후 성장, 결혼, 육아, 노후와 같은 인생주기(생애주기, life cycle)를 거치면서 가정생활자금, 주택마련자금, 자녀교육 및 결혼자금, 노후생활자금, 긴급자금 등이 필요하다. 이러한 필요 자금들은 생명보험을 이용하여 개인이 경제활동기간 중에 준비할 수 있다. 이처럼 생명보험은 우연한 사고를 대비하는 보장기능뿐만 아니라 재산을 마련하는 저축기능을 동시에 갖추고 있다. 생명보험은 상부상조 정신이 근간이 되며, 독일학자 마네스(Manes)의 "일인은 만인을 위하여, 만인은 일인을 위하여(one for all and all for one)"라는 말이 널리 인용되고 있다.

1) 생명보험의 구분

생명보험은 크게 사망, 생존, 혼합, 타인의 생명보험으로 나눌 수 있다.

2) 생명보험의 보험사고

피보험자의 사망, 생존 또는 사망과 생존이다.

3) 생명보험의 기본정신

① 공평한 위험 부담

② 상부상조의 정신

4) 생명보험의 기능

① 저축성 기능: 피보험자가 만기까지 생존 시 만기환급금, 사망 시 사망보험금.

② 투자적 기능: 보험업법에서 정한 방법의 자산운용으로 얻은 이익으로 보험료, 보험금에 반영함.

③ 보장적 기능: 우연한 사고로 인한 보험수익자의 경제적 수요를 충족시키고자 하는 보장적 기능.

5) 생명보험의 역할

① 손실발생 이전과 손실발생 이후의 미래의 불확실성을 제거 또는 감소시킨다.

② 비용 손실의 가능성을 줄인다.

③ 근심과 두려움을 제거한다.

2. 생명보험의 역사

1) 고대

기원 전 부터 집단생활을 하면서 장례비용을 공동으로 부담하는 제도가 있으며, 천재지변, 도난, 재해 손해가 발생 시에 공동부담으로 도와주는 제도가 있다.

즉, 고대에는 집단생활을 하면서 장례비용을 공동으로 부담하는 제도가 있었으며, 또 구성원들 가운데 천재지변 등으로 불행을 당한 사람이 생기거나 여행 중에 도난이나 재해로 인해 손해가 발생할 경우 이를 공동부담으로 도와주는 제도가 있었다.

2) 중세

① 13~14세기 경 부터 길드(Guild) 조직을 중심의 상호부조제도가 있으며, 항해 선박, 적재화물 손해, 공동 부담의 공제제도가 있었다.

　즉, 중세에는 길드(Guild) 조직을 중심으로 한 상호부조(相互扶助)제도와 함께 항해 도중 일어난 선박이나 적재화물의 손해를 공동으로 부담하는 일종의 공제제도가 있었는데 이로부터 보험제도가 발생하게 되었다.

② 17세기말에는 프랑스의 루이 14세가 톤틴연금을 시행하였다. 톤틴연금은 이탈리아 은행가인 톤티(Lorenzo Tonti)가 국가의 재정 개선을 위해 건의한 것으로 국고에 유휴자금을 융자해주는 자에 대하여 원리금을 지불하는 대신 종신연금을 지급하는 제도였다. 이 제도는 곧 영국,

네덜란드, 독일 등에서 국채조달 수단으로서 채택되었으며, 나라에 따라서는 사적인 자금조달 수단으로 이용되기도 하였다. 톤틴연금은 사망률, 이자계산법 등에서 근대적 생명보험의 발달에 크게 기여하는 등 생명보험의 사상을 광범위하게 보급시키는 역할을 하였다.

③ 한편, 17세기말 프랑스의 수학자 파스칼(Pascal)은 사람의 생존율을 연구하였으며, 영국의 천문학자 핼리(Halley)는 최초의 사망표를 작성함으로써 생명보험이 과학적인 근거를 갖춘 산업으로 발전하는 기술적 기초를 제공하였다.

3) 근대

18세기 산업혁명을 계기로 1762년 영국에서 세계 최초로 근대적인 생명보험체계를 갖춘 최초의 근대적 생명보험회사인 에퀴타블(Equitable) 생명보험회사가 설립되었다.

즉, 근대적 생명보험은 17세기 이탈리아의 톤티(Tonti)가 고안한 톤틴연금에 의해 사망표와 보험수리의 연구가 본격화되면서 시작되었는데 이로부터 오늘날과 같은 과학적 기초에 근거한 생명보험이 발생하게 되었으며, 그 후 **18세기에는 산업혁명을 계기로 최초의 근대적 생명보험회사인 에퀴터블 (Equitable) 생명이 영국에서 설립**되었다.

에퀴타블사는 신체검사, 가입금액의 제한, 해지환급금 제도, 보험계약자 배당 등 오늘날 생명보험의 토대가 된 각종 근대적인 제도를 도입하였다.

3. 우리나라 생명보험의 역사

우리나라의 경우에는 전통적으로 생명보험과 유사한 형태로서 신라시대의 창(倉), 고려시대의 보(寶), 조선시대의 계(契)라는 일종의 상호부조제도가 있었으며, 이러한 제도는 상부상조의 민간협동체제로서 경제적 어려움뿐만 아니라 친목 도모로 이용되었다. 또한 조선시대에 향촌의 자치규약인 향약(鄕約)이 있어 사망 또는 화재가 났을 경우 모두가 분담금을 나누어 상부상조하였다. 근대적 생명보험은 1876년 일본과의 강화조약 체결이후 일본인에 의해 도입되었다. 그 후 1921년에는 한상룡 등의 실업가들에 의해 우리나라 최초의 근대적 생명보험회사인 조선생명보험주식회사가 설립되었다.

그리고 우리나라 최초의 보험은 '소(牛)'를 대상으로 한 것이 있고, 교육의 열이 대단했던 우리나라에서 세계에서 최초로 개발된 보험상품이 '교육보험'이다.

1) 상호부조제도

우리나라에는 대표적인 일종의 상호부조제도로서, **신라시대의 창(倉), 고려시대의 보(寶), 조선시대의 계(契)**가 있었다.

신라시대부터 시작된 보(寶)는 불교사원에서 공동재산을 운영하여 그 이자로 자선이나 대부를 해주던 제도였다. 보(寶)는 이후 불교사원 뿐만 아니라 사회적 보장제도로 점차 확대되었으며, 고려시대에 들어와서 크게 발전하였다.

삼한시대부터 시작된 계(契)는 여러 사람이 돈이나 곡식 등을 추렴하여 소수의 사람에게 모아줌으로써 경제적인 필요를 해결하는 제도였다. 조선시대에는 친목을 도모하고 관혼상제 부담을 덜어주는 다양한 계가 등장하였으며, 최근까지도 목돈 마련을 위한 대중적인 수단으로서 널리 이용되고 있다.

2) 근대적 생명보험

우리나라에 생명보험이 도입된 것은 1876년 일본과의 강화도조약 체결 이후에 일본의 생명보험회사가 국내에 대리점을 설치하면서부터였다.

(1) 근대적인 생명보험은 1876년 일본과 강화조약 체결 이후 일본인에 의해 처음 도입되었다.

(2) **1921년 최초의 생명보험회사인 조선생명보험주식회사 설립되었다.**

　　(1922년에는 최초의 손해보험회사인 조선화재해상보험주식회사가 설립되었다.)

(3) 일제 강점기의 우리나라 보험업계는 일본의 생명보험회사가 독점하였다.

(4) 광복 이후 1950년 한국전쟁과 4.19혁명 이후에 생명보험업이 침체 상태이었다.

(5) 1960년대에 경제개발계획이 추진되고, 생명보험회사가 국민저축기관에 지정되면서 단체보험이 크게 성장하였다.

(6) 1970년대는 경제성장에 힘입어 생명보험 산업이 발전을 거듭하면서 보험시장도 개인보험 위주로 전환되었다. 1977년 보험산업의 근대화대책을 추진함으로써 자산과 수입보험료가 대폭 신장되었다.

(7) 1980년대에 가계소득 증가로 생명보험은 고도성장을 지속함으로써 국민의 복지향상과 자본시장의 육성에 크게 기여하였다.

(8) 1990년대에 보험시장의 개방, 금융자율화 등에 따라 생명보험시장이 본격적인 경쟁체제로 전환되었고, 한편으로는 과거 규모 위주의 성장과정에서 빚어진 사업비 증가, 과다한 실효해약 등으로 경영부실이 드러나기 시작하였다.

　　결국 IMF 금융위기를 겪으면서 1998년에 4개 생명보험회사의 허가가 취소되는 등 다수 생명보험회사가 구조조정으로 계약을 다른 회사로 이전하거나 합병되었다.

3) 현대적 생명보험

(1) 2000년대에는 2003년 「보험업법」 개정을 통해 방카슈랑스 제도가 도입됨으로써 방카슈랑스 전문보험회사가 출범하였고, 이와 더불어 홈쇼핑, T/M, C/M, 대형마트 등에서의 판매도 활발해지는 등 생명보험사업의 판매채널이 다양해지는 양상을 보이고 있다.

(2) 2010년대에는 정보통신기술 발달에 따른 금융의 디지털화는 생명보험 산업에도 큰 변화를 초래하여 2013년 이후부터는 인터넷 전문 생명보험회사가 출범하는 등 온라인채널이 지속적으로 확대되는 추세이다.

　　생명·손해보험협회는 IT와 금융이 결합된 핀테크에 대한 소비자의 관심을 반영하여 2015년

11월 부터 다양한 보험상품을 온라인상에서 비교·조회할 수 있는 온라인보험 슈퍼마켓 "보험다모아"를 운영하고 있으며, 2017년 12월부터는 소비자가 자신이 가입한 모든 보험가입내역과 숨은 보험금을 365일 24시간 조회할 수 있는 "내보험찾아줌(ZOOM)"을 운영하고 있다.

(3) 2020년대에는 2021년 3월부터는 금융소비자 보호에 관한 법률(약칭: 금융소비자보호법)이 시행되어 금융소비자의 권익 보호와 금융상품판매업자 및 금융상품자문업자의 건전한 시장질서 구축을 위한 법적 기반이 마련되었고, 향후 금융소비자 보호의 중요성은 더욱 높아질 것으로 전망되고 있다.

(4) 생명보험회사 수의 변화

연도	1960년	1987년	1990년	1995년	2000년	2020년	2023년
회사수	5개	9개	28개	33개	23개	24개	23개

출처: 생명보험협회 자료

제2절 / 생명보험의 기능

1. 사회보장제도의 보완

우리나라의 경우 급격한 도시화 및 핵가족화의 진행, 저 출산의 장기화와 평균 수명의 연장으로 인한 인구구조의 고령화, 소득수준의 향상 및 그에 따른 기대욕구의 증대, 소득재분배 구조의 왜곡으로 인한 소득분포의 불균형 등이 사회문제로 대두되고 있다. 이를 해소하기 위해 정부차원에서 사회보장제도를 확충하고 있지만 그 보장수준이 개개인이 필요로 하는 기대수준에는 미치지 못하고 있는 것이 현실이다.

1) 3층 보장론

국가가 일정 최저수준의 국민생활을 보장해주는 사회보장과 기업이 종업원의 복리후생이나 퇴직 후의 안정된 생활을 보장해주기 위해 실시하는 기업보장, 그리고 각 개인이 만족스러운 수준의 생활까지 보장받기 위해 스스로 준비하는 개인보장의 3대 보장축이 서로 적절히 조화를 이루어야 완벽한 복지사회가 구현되는데 이를 3층 보장론이라 한다.

3층 보장론의 측면에서 볼 때 공영보험인 사회보험과 민영보험인 생명보험의 관계는 상호보완과 경쟁이라는 양면성을 가지고 있다.

■ 사회보험과 민영보험 비교

구분	사회보험	민영보험
가입형태	의무가입	임의가입
급여	법률로 규정	계약에 의해 결정
보장수준	최저생계 또는 의료 보장	보험료 부담수준에 따라 상이
운영주체	정부(독점)	민간(자유경쟁)
기금운영 방법	정부에 의해 투자방법 결정	민간에 의해 투자방법 결정
운영취지	사회적 형편성	개인별 적정성
의견합치	목적 및 결과에 대한 이해당사자간 의견 불일치	목적 및 결과에 대한 이해당사자간 의견 일치

출처: 생명보험협회 자료

2) 사회보장제도

사회보장제도란 기본적으로 국가가 국민의 최저생활을 보장해주기 위해 실시하는 각종 제도를 총칭하는 말로서 우리나라의 경우에는 크게 사회보험, 공공부조, 사회서비스 등으로 나뉘어 실시되고 있다.

① 사회보험

사회보험은 국민에게 발생하는 사회적 위험(질병, 사망, 부상, 노령 등)에 보험방식으로 대처함으로써 국민 건강과 소득을 보장하는 제도로서 우리나라의 경우 국민건강보험(장기요양보험), 국민연금, 산재보험, 고용보험 등 4대 보험제도를 모두 갖추고 있다.

② 공공부조

공공부조는 국가 및 지방자치단체의 책임 하에 생활유지능력이 없거나 생활이 어려운 국민의 최저생활을 보장하고 자립을 지원하는 제도로서 이들에게 기초생활보장, 의료급여를 제공하는 것이다.

③ 사회서비스

사회서비스란 국가·지방자치단체 및 민간부문의 도움을 필요로 하는 모든 국민에게 상담·재활·직업소개 및 지도·사회복지시설 이용 등을 제공하여 정상적인 사회생활이 가능하도록 지원하는 제도이다. 사회서비스는 그 대상에 따라 노인복지, 장애인복지, 아동복지, 가정복지 등으로 나누어진다.

2. 국가경제 발전에 기여

생명보험회사는 장래의 보험금 지급에 대비하기 위해 계약자가 납입한 보험료를 적립하고 있으며 이렇게 적립된 생명보험자산을 효율적으로 운용하여 이익금이 발생할 경우 주주와 계약자에게 배당 등을 실시하고 있다. 이와 같이 생명보험회사는 보험 본래의 기능인 보장기능 외에 금융기능을 담당하고 있다. 대부분의 생명보험계약이 수년에서 수십 년에 걸친 장기계약이기 때문에 생명보험자산의 경우 장기에 걸쳐 안정적으로 운용할 수 있는 특성을 갖고 있으며, 이러한 특성으로 인해 국가 기간산업 등 중요산업에 투자·운용되어 우리나라의 경제발전에 크게 기여하고 있다.

1) 생명보험자산의 특성

생명보험자산은 기본적으로 장기자금의 성격을 띠고 있으며 중도해지시나 보험사고 발생 시 반드시 보험금 등으로 지급되어야 하므로 신탁재산적인 성격도 강하다. 또한 수많은 계약자의 소액자금이 모여서 형성된 것이기 때문에 공공적인 성격도 강하다.

2) 생명보험자산의 운용원칙

생명보험자산의 운용원칙은 안전성, 유동성, 수익성, 공익성 등이다.

① 안정성

생명보험자산은 장래에 보험금 등으로 지급되어야 할 것이 대부분이기 때문에 무엇보다도 장래 보험금 등의 지급에 지장이 없도록 안정적으로 운용되어야 한다.

② 유동성

생명보험회사는 보험금 등의 지급이 일시에 집중되는 경우를 대비하여 즉시 현금화할 수 있는 자산도 일정부분 확보해야 한다. 이를 위해 생명보험자산의 일부를 예금이나 단기채권 등과 같이 유동성(환금성)이 높은 자산으로 보유하고 있다.

③ 수익성

보험료는 적용이율로 미리 할인되었기 때문에 생명보험자산은 기본적으로 적용이율 이상의 수익률로 운용될 수 있도록 수익성이 높은 부문에 투자·운용되어야 한다. 이는 보험계약자의 권익보호는 물론 생명보험회사의 경쟁력을 확보하기 위해서도 매우 중요한 원칙이다.

④ 공익성

생명보험자산은 다수의 일반국민, 즉 보험계약자가 납입한 보험료로 형성된 것이기 때문에 국민생활이나 국가경제 발전에 기여할 수 있도록 공익성을 바탕으로 운용되어야 한다.

제3절 / 생명보험을 필요로 하는 사회적 배경

1. 급속한 고령화와 노후준비 부족

1) 인구구조의 변화

우리나라는 합계출산율[15]이 2.1명 미만인 저 출산 현상이 30년 이상 장기화되고 의료기술의 발달과 전반적인 국민생활수준의 향상으로 기대수명이 빠르게 증가함에 따라 전 세계적으로 유례없이 빠른 속도의 인구구조 변화를 경험하고 있다.

이러한 저출산과 기대수명의 증가는 필연적으로 노인인구 비중의 빠른 증가를 초래한다. 이와 같은 급속한 인구구조 변화는 노인 부양을 위한 사회적 부담을 가중시키고 노동력과 소비지출을 감소시켜 국가경제성장이 둔화되는 심각한 사회경제적 위험요인이 될 수 있으므로 전 사회적인 대책 마련이 요구된다.

■ 평균 기대수명 추이

구분		1970년	2020년	2070년
전체		62.3세	83.5세	91.2세
	남자	58.7세	80.5세	89.5세
	여자	65.8세	86.5세	92.8세

출처: 통계청, 장래인구추계(2021)

■ 인구구조 변화 추이

구분	2020년	2030년	2040년	2050년	2060년	2070년
총인구 대비 전체 노인인구 비율	15.7%	25.5%	34.4%	40.1%	43.8%	46.9%
총인구 대비 85세 이상 노인인구 비율	1.5%	3.1%	5.0%	9.3%	12.7%	14.4%

출처: 통계청, 장래인구추계(2021)

---

15) 가임기여성 1명당 평균 출생아 수.

구분	2020년	2030년	2040년	2050년	2060년	2070년
노년부양비*	21.8명	38.6명	60.5명	78.6명	90.4명	100.6명

*생산가능인구(15~64세) 100명에 대한 고령(65세 이상) 인구의 비율
출처: 통계청, 장래인구추계(2021)

2) 불안한 노후보장체계와 노후준비 필요성 증대

우리나라는 급속히 고령화가 진행됨에 따라 노후에 대한 준비가 충분하지 못하였으며, 그 결과 2017년 기준 우리나라의 노인 빈곤율[16]은 43.8%로 OECD 국가 중 가장 높은 수준을 보이고 있다. 또한, 지속적인 국민건강보험의 보장성 강화 정책에도 불구하고 국민건강보험의 보장률은 60%를 조금 상회하는 수준에 머무르고 있어 소득이 충분하지 못한 노인 가구에 의료비 지출은 큰 부담으로 작용하고 있다.

향후 10년 이내에 700만 명이 넘는 베이비붐 세대(1955년~1963년생)가 차례로 노년층으로 진입하는 등 국민연금과 국민건강보험 등 사회보험료의 납입인구는 감소하나 수급인구가 급격히 증가하여 공적 사회보장 지출 부담이 급증할 것으로 전망된다. 이에 따라 공적 사회보장체계만으로는 충분한 수준의 노후준비에 한계가 있으며 지속 가능성마저 위협받고 있다.

이러한 현실을 고려할 때 노후빈곤을 해결하기 위해 공적연금 외에 개인연금 등을 통한 다양한 노후소득원을 마련하고 민영건강보험 등을 통해 노후의료비 지출에 대비하는 등 자신의 노후에 대한 사전준비가 무엇보다 중요하다. 특히 노부모 부양에 대한 자녀의 책임의식이 점차 희박해지고 있어 개인 차원의 노후준비 필요성이 점차 커질 가능성이 높다.

고령화라는 시대적 환경을 고려할 때 건강하고 풍요로운 노후생활을 준비하는 수단으로서 생명보험에 대한 수요는 지속될 것으로 예상된다.

2. 재해와 성인병의 증가

급속한 경제성장과 산업사회의 진전에 따른 각종 재해나 공해로 인한 사망 및 부상이나 질병의 증가, 자동차의 급증에 따른 교통사고의 증가는 오늘날 커다란 사회문제로 대두되어 우리의 삶을 위협하고 있다.

10대 사인 중 악성신생물(암), 심장 질환, 폐렴, 알츠하이머병은 증가 추세이며, 뇌혈관 질환, 당뇨병은 감소 추세이다. 한편, 폐렴 등 호흡기계 질환으로 인한 사망 인구는 10년 전에 비해 꾸준히 증가하는 추세를 보이고 있다. 이는 자동차의 급증, 산업재해와 공해의 심화, 음주·흡연인구의 증가와 식생활습관의 서구화 등에서 그 원인을 찾을 수 있는데, 이러한 질병 및 재해에 대한 대비책으로서

---

16) 65세 이상 인구 중 중위소득 50% 이하의 비율, OECD 평균 약 14.2%(가처분소득 기준).

장래를 위한 경제준비의 필요성은 더욱 커지고 있으므로 생명보험에 대한 수요는 앞으로도 계속 증대될 것으로 전망된다.

■ 연도별 주요 사망원인

구분	2005년	2010년	2018년	2019년	2020년
악성신생물(폐암, 간암, 대장암)	26.7%	28.6%	26.5%	27.5%	27.0%
심장질환(심근경색, 심부전증 등)	7.9%	9.2%	10.7%	10.5%	10.6%
폐 렴	1.7%	2.9%	7.8%	7.9%	7.3%
뇌혈관질환(뇌출혈, 뇌경색 등)	12.7%	10.4%	7.7%	7.3%	7.2%

출처: 통계청, 사망원인통계(2021)

3. 핵가족화와 자기책임주의

오늘날 우리사회는 경제발전 및 도시화의 영향으로 대부분의 가족이 부부와 자녀만으로 구성되는 이른바 핵가족 형태를 보이고 있다. 통계청의 「인구총조사」에 의하면 전체 가구 중에서 2세대 이하로 구성된 가구의 비중이 크게 증가하였고 가구당 평균가족수도 1970년 5.2명에서 1980년 4.5명, 1990년 3.7명, 2000년 3.1명, 2010년 2.7명, 2018년 2.4명으로 지속적인 감소추세를 보이고 있으며, 1인으로 구성된 가구도 2018년도 전체 가구의 29.3%를 차지하여 가장 주된 가구유형으로 조사되었다(출처: 생명보험협회 자료). 이렇게 가족생활이 개개인을 중심으로 고립화되어 가는 추세에 따라 안정적인 생활을 위한 경제적인 준비부담이 점차 늘어나고 있음을 알 수 있다.

제4절 / 생명보험산업의 전망

생명보험은 그 나라의 국력과 문화의 척도라는 말이 있듯이 우리나라의 생명보험산업은 국력의 신장과 문화의 발전에 따라 비약적으로 성장해왔고, 앞으로도 다음의 3가지 측면에서 볼 때 성장전망이 밝다고 할 수 있다.

1. 가정 경제적 측면

국민소득의 증가와 산업사회·정보화 사회의 급속한 발전에 따라 부부중심의 핵가족제도가 일반화되고, 1인 가구도 크게 늘어나고 있다. 이와 같은 현실에서 우연한 사고로 불안정해지기 쉬운 가정의 경제생활에 대해 이제는 스스로의 힘으로 사전준비를 해야 한다.

이러한 측면에서 생명보험은 비상시를 대비한 예비적 경제준비로서 가장 합리적 수단이기 때문에 생명보험의 중요성은 앞으로도 확대될 것이며 그 수요 또한 계속 증대될 것이다.

2. 사회보장제도 보완 측면

현재 우리나라는 각종 사회보장제도를 확충함으로써 복지사회를 실현하기 위해 꾸준히 노력하고 있으나, 정부에 의해 실시되고 있는 사회보장제도는 재원 마련에 한계가 있어 국민의 최저생활을 보장하는 수준에 그치고 있다. 따라서 그 이상의 여유로운 생활을 영위하기 위해서는 각자 별도의 보완대책을 강구해야 하는데 그 대안으로 가장 적합한 수단이 생명보험이다. 왜냐하면 생명보험은 국민 개개인의 자유로운 선택을 통해 사전에 최저생활 이상의 충분한 경제적 보장을 준비하는 제도이기 때문이다. 이렇게 사회보장제도를 보완하는 역할로서의 생명보험의 기능은 국민들의 생활수준 향상에 따라 앞으로도 더욱 커질 전망이다.

3. 생명보험회사의 경영적 측면

시대의 변화에 따라 다양해지는 보험소비자의 수요에 적극적으로 대응하기 위하여 생명보험회사는 지속적으로 신상품을 개발·판매하고 있으며, 아울러 고객 가정에 대한 생활설계 상담자로서의 역할을 충실히 수행할 수 있도록 보험설계사의 교육과 육성에도 주력하고 있다.

또한 효율적인 자산운용을 통해 보험자산의 안정성과 수익성을 확보하는 한편, 생명보험의 이미지 제고를 위해 꾸준히 노력한 결과 생명보험산업은 국내 금융산업의 핵심축으로 자리매김하였으며, 앞으로도 생명보험산업의 중요성은 더욱 증대될 것이다.

제5절 / **재무설계와 생명보험**[17]

1. 재무설계(Financial Planning)의 개념

재무설계란 고객에게 꼭 맞는 재무적 목표를 설정하고, 재무상태와 현금의 흐름을 파악하여 그 목표를 달성할 수 있도록 자산을 배분하고 투자를 실행하는 과정을 도와주는 일련의 프로세스, 즉 과정을 말한다. 고객의 개인적인 상황과 자산, 재무목표 등을 종합적으로 검토하고, 목표달성과 문제해결을 위해 공정하고 종합적으로 자산을 활용할 수 있는 계획을 설계하며, 고객의 동의하에 설계된 계획(plan)을 실행한다. 또한, 계획의 목적에 부합하도록 정기적인 수정 작업과 모니터링을 통해 재무목표를 재조

---

17) 출처: 삼성생명보험(주), 생명보험협회, 손해보험협회.

정하고 자산배분과 투자실행 결과를 지속적으로 재점검함으로써 변화하는 환경을 효율적으로 대응하여 재무목표를 달성해 나가는 일련의 과정인 것이다.

다시 말하면, **재무설계란 개개인의 특수성을 반영하여 개인의 라이프 사이클에 맞는 재무적 목표를 보다 효과적으로 달성하기 위해 각 개인의 재무 상황에 맞는 금융 포트폴리오와 소비를 효과적으로 조합하는 것을 말한다.**

재무적 의사결정을 위해서는 전문적인 지식이 필요하게 되었고 금융기관에서는 고객의 이러한 니즈에 부응하기 위해 재무설계서비스를 제공하게 되었다. 재무설계는 고객 생애 전반에 걸쳐 진행되는 과정이므로 장기 금융상품을 주력으로 하는 생명보험이 가장 강점을 가지는 분야이다.

최근 생명보험회사들은 단순히 보험상품의 판매보다는 고객들에게 양질의 재무설계 컨설팅서비스를 제공하고자 하는 노력을 강화하고 있다.

2. 재무설계의 필요성

1) 미래 위험(Risk)에 대한 대비

① 고용불안과 조기퇴직

기업 도산과 구조조정은 우리 사회를 지배해오던 평생 직장의 개념을 붕괴시켰다. 이는 정년까지 지속적으로 소득이 보장될 것이라는 미래 소득에 대한 기대가 사라진 것을 의미하며, 현재의 소득으로 과연 자신의 미래가 보장될 수 있을 것인가 하는 의문을 가지게 되어 결국 미래에 대한 예측을 어렵게 만들었다.

② 재해·질병과 기대수명의 증가

인생에는 여러 가지 리스크가 존재하여 예상하지 못한 상황에 봉착할 수 있다. 재해나 질병으로 건강을 잃어 가장으로서 부양가족의 생계를 책임질 수 없게 될 수도 있다. 또 평균수명의 증가에 따라 은퇴 후 몇십년 동안 소득 없이 생활을 해야 하는 경우도 있다. 따라서 재해·질병으로 인한 자신과 가족의 생계유지와 은퇴생활에 대한 대비가 필요하다.

③ 물가상승

물가가 오르면 화폐의 가치가 하락하여 실질구매력이 감소하게 된다. 물가가 지속적으로 상승하는 인플레이션 시기에는 나중에 구매할수록 더 많은 금액을 지불해야 한다. 물가가 오를 때에는 물건을 지금 구매할지 또는 나중에 구매할지를 결정해야 한다.

2) 다양해진 금융상품

금융기관의 도산과 합병, 업종 전환은 금융산업의 구조를 더욱 복잡하게 만들고, 금융상품과 금융서비스 까지도 다양해지고 복잡해져 개인이 자신에게 맞는 금융상품을 선택하는 것이 더욱 어렵게 되었다. 또한, 외국 금융기관들의 활발한 국내 진출, 그리고 이들 외국 금융기관들의 선진 금융기법 전파로 새로운 자산운용기법이 등장하게 되었고, 조세제도 또한 갈수록 복잡해지고 있어 보다 전문화된 금융서비스에 대한 니즈(Needs)가 발생하게 되었다.

또한, 2009년 2월「자본시장과 금융투자업에 관한 법률」이 시행됨에 따라 금융업종 간 구분이 약해지면서 은행, 보험, 증권사는 새로운 금융상품을 계속 출시하고 있다. 그러나 금융상품마다 금리나 상품구조, 세금문제뿐만 아니라 대출조건 등의 부가서비스에 상당한 차이가 있다. 따라서 고객들은 금융 관련 전문용어를 이해하고 수익률 계산방법 등을 숙지하여 다양한 금융상품 중에서 최적의 투자결정을 할 수 있어야 한다.

3) 저금리 기조

최근에는 실제금리 마이너스 시대로 돌입하였으며, 향후에도 이러한 저금리 상태가 지속될 것으로 예상된다. 저금리 상태가 지속된다는 것은 단순한 금융상품의 조합만으로는 노후를 대비하기가 충분하지 못하다는 것을 의미하므로 보다 체계적이고 다양한 준비를 요구하게 되었다.

4) 자기책임 강조

개인은 스스로가 재정적인 문제가 발생하기를 원하지 않으며, 자신의 자산을 잘 관리하여 많은 수익을 얻기 위해 노력하지만 주변 여건들은 갈수록 이를 어렵게 만들고 있다. 사회는 갈수록 복잡해지고 다양해지고 있지만 외부의 지원으로 보장받는 범위는 오히려 줄어들고 있다. 이러한 시대에는 장래에 대한 인생설계와 그 실현에 대해 자기책임 하에 스스로 적극적인 태도를 취하지 않는다면 장래는 매우 불안정해질 수밖에 없다.

5) 금융서비스에 대한 기대치 고조

과거 금융과 관련된 정보는 특정 전문가 집단이나 자산이 상대적으로 많은 부유층만이 획득할 수 있는 한정된 정보였으나, 인터넷의 등장과 발전으로 인하여 일반 대중들도 고급 정보라고 여겼던 금융과 관련된 정보를 쉽게 접하게 됨으로써 금융기관으로부터 제공받고자 하는 서비스의 기대치가 높아지게 되었다.

6) 생애주기에 따른 소득과 지출관리로 생애 소비만족 극대화

사람들은 누구나 여유롭고 풍요로운 삶을 영위하기 위해 노력한다. 따라서 기대하는 생활수준에 도달하기 위해서는 현재 소득의 많고 적음에 상관없이 가계의 재무상황을 조절하여 현재와 미래의 소득과 자산을 증대시키고 관리할 필요가 있다.

일반적으로 가계의 소득은 전 생애주기(生涯週期, life cycle)에 걸쳐 발생하는 소비지출을 충분히 감당할 만큼 항상 여유롭지는 않다. 따라서 전 생애주기(生涯週期, life cycle)에 걸쳐 소득을 분산·이전하는 재무설계는 평생 필요자금을 해결하는 데 반드시 필요한 방안이다.

7) 사회경제적 환경 변화에 대응

개인과 가계는 다음과 같은 사회경제적 환경의 변화에 대비하여 재무설계를 해야 할 필요가 있다.

① 가계 금융자산 증가

2018년 가계금융·복지조사 결과에 의하면 우리나라 가계자산 중 금융자산이 차지하는 비중은 25.3%로 낮은 수준이다. 이는 아직 부동산에 대한 투자비중(70.2%)이 높기 때문이며, 이로 인한 자산구조의편중성과 경직성은 경제상황 변동에 따른 위험을 높이고 유동성을 저하시키는 원인이 된다.

하지만 금융자산에 대한 국민의 선호도가 점점 높아지고 있으므로 급변하는 경제 환경과 빠르게 진행되는 고령화에 대비하기 위해 선진국처럼 현금화가 쉬운 금융자산에 대한 비중이 점차 늘어날 것으로 예상된다.

② 고령사회 진입

우리나라의 65세 이상 노인인구 비율은 점차 증가하여 2000년에 7.2%로 고령화 사회에, 2017년 8월에 14.0%로 고령사회에 진입하였으며, 2026년이면 21.0%로 초고령 사회에 도달할 것으로 전망된다. 또한 점차 노인들의 교육수준이 높아지고 결혼한 자녀와 따로 사는 비율도 높아질 것이다.

현재 노년층이 겪는 가장 큰 어려움이 경제적인 문제와 건강 문제임을 볼 때 은퇴 이후를 대비하는 재무설계는 반드시 필요하다.

3. 재무설계 단계

성공적인 재무설계를 하기 위해서는 개인의 신상정보 뿐만 아니라 재산 및 수입관련 정보 등 공개가 쉽지 않은 정보가 필수적으로 필요하며, 제공된 정보의 정확도에 따라 재무설계의 성공 여부가 결정된다. 따라서 성공적인 재무설계를 진행하기 위해서는 사전에 고객과의 신뢰 있는 관계 형성이 필수적인 전제 조건이라 할 수 있다. 고객과의 원만한 형성을 전제로 하여 이후 통상적으로 다음과 같은 6단계의 단계를 거쳐 재무설계가 진행된다.

1) 목표확인 및 우선순위 파악
2) 정보 수집
3) 고객정보 분석 및 재무상태 진단
4) 전략의 개발 및 실천계획의 작성
5) 정기 평가(재검토, Review) 및 주기적인 재무진단(실행)
6) 재무계획 재평가 및 수정

4. 재무설계의 효과

재무설계의 궁극적인 목표는 설정해 놓은 재무 목표의 달성이다. 종합적으로 자산을 활용할 수 있도록 설계된 재무설계는 실행 및 점검 과정을 반복하며 재무 목표를 달성할 수 있도록 도와주며 잘 실행된 재무설계로 인해 많은 재무적인 위험에 대해 미리 점검하고 준비하도록 하여 위험에 적극적으로 대처할 수 있게 된다. 그리고 삶의 질은 소득 수준보다는 소비에 관련된 의사결정과 행동을 어떻게 하느냐에 따라 더 많은 영향을 받게 되는데 재무설계는 개인의 재무적인 안정성을 유지하면서 소비에 있어서도 최저의 비용으로 최대의 만족도를 얻을 수 있게 함으로써 삶의 질을 점진적으로 향상시켜 주게 된다. 아울러 재무설계는 현재의 소득과 예산을 기초로 한 현금흐름을 사전에 통제할 수 있도록 도와주기 때문에 불필요하거나 예상치 못한 소비로 인한 부채 발생 등을 막아 줌으로써 개인의 신용도를 하락시키는 의사결정을 미연에 방지하는 효과를 나타낸다.

5. 재무설계와 생명보험

재무설계의 종류에는 전통적인 재산증식 수단인 저축이나 주식과 같은 금융자산의 운용 또는 부동산 운용, 세무설계와 위험관리를 주 기능으로 하는 보험설계 등이 있다. 재무설계와 생명보험과의 관계는 다음과 같이 살펴볼 수 있다.

최근 금융환경이 복잡해지고 저금리 기조 지속과 고령화에 따른 장수위험, 각종 질병과 사고 등으로 인해 가계의 불안정이 증가하여 개인과 가계는 혼란스러운 상황에 놓이게 되었다.

사람은 출생에서 사망에 이를 때까지 언제 어디서 닥칠지 모를 질병이나 상해 또는 우연한 사고 등 무수히 많은 위험에 노출된 채로 살아간다. 특히 그 사고 등이 사람의 생사에 관한 것일 경우에는 가족의 안정적인 생활유지에 큰 어려움을 겪게 된다.

이것은 보험사고 당시는 물론이고 그 이후에도 개인과 가계의 재무적 상황을 매우 어렵게 만들 것이다.

이러한 위험과 상황 발생을 미연에 방지하고 회피하기 위해 생명보험을 가입하는 것이므로 재무설계와 생명보험의 관계는 매우 높다고 할 수 있다.

보험회사의 재무설계 서비스를 통하여 재무목표를 세우고 재무상태와 현금흐름을 파악하여 목표에 맞게 자산을 배분하고 투자를 실행하는 과정을 거치면서 보험설계를 통해 생명보험을 가입하여 불의의 사고로 인한 경제적 손실을 보전하고 위험을 회피한다. 또한 잠재적으로 존재하는 위험의 종류를 파악한 뒤, 그 위험요소 중에 보험을 통해 위험관리를 할 수 있는 항목을 선택하여 위험관리수단(위험회피, 보유, 전가, 예방 등)을 선정한 뒤 보험을 통해 관리하면 된다.

생명보험은 상부상조 정신을 바탕으로 사망 등 불의의 사고로 인한 경제적 손실을 보전하기 위한 준비제도이다. 또한 사람은 출생 이후 성장, 결혼, 육아, 노후와 같은 인생주기(생활주기, 생애주기, life cycle)를 거치면서 가정생활자금, 주택마련자금, 자녀교육 및 결혼자금, 노후생활자금, 긴급자금 등이 필요하다. 이러한 필요자금을 재무설계와 생명보험을 이용하여 개인이 경제활동기간 중에 준비할 수 있다는 점은 재무설계와 생명보험의 관계는 무엇보다도 중요하며 매우 밀접한 관계라 할 수 있다.

제6절 / 생명보험과 손해보험의 차이점

1. 법률적 근거에 따른 차이점

1) 생명보험 및 손해보험 겸영 금지

- 보험업법 제10조(보험업 겸영의 제한)
- 보험회사는 생명보험업과 손해보험업을 겸영(兼營)하지 못한다. 다만, 다음 각 호의 어느 하나에 해당하는 보험종목은 그러하지 아니하다.
① 생명보험의 재보험 및 제3보험의 재보험
② 다른 법령에 따라 겸영할 수 있는 보험종목으로서 대통령령으로 정하는 보험종목
③ 대통령령으로 정하는 기준에 따라 제3보험의 보험종목에 부가되는 보험
  [전문개정 2010. 7. 23] [시행일 2011. 1. 24.]
- 손해보험으로부터 다수의 소액 생명보험 계약자를 보호한다.
- 리스크의 체계적 관리를 통해 잠재적 경영 리스크을 최소화한다.

■ 손해보험과 생명보험의 차이점

구분	생명보험	손해보험
위험 발생	안정적, 다수	비안정적, 소수
인수 위험	사람의 생존, 사망	재산상 손해
위험 크기	소형	대형(대재해 위험)
통계적 기초	정확한 경험 통계치	추정을 가산한 손해율
보험기간	장기	단기

2) 보험사업의 허가는 보험회사 설립의 허가가 아니다.

보험사업의 허가는 보험회사 설립에 대한 허가가 아닌 보험사업(영업)에 대한 허가이므로 영위하고자 하는 사업의 종류마다 허가를 받아서 보험회사를 설립하여야 한다.

3) 그 외

'참조순보험료율 검증기간 차이', '보험설계사·대리점·중개사 등의 생·손보 구분', '손해보험사업에서의 책임준비금 및 비상위험 준비금 계상' 등 법률에 의해 생·손보가 구분된다.

2. 보험 종류(생명보험, 손해보험, 제3보험)에 따른 차이점

보험은 보장하는 내용에 따라 크게 '손해보험', '생명보험', 제3보험'으로 세 가지로 나눌 수 있다.

1) 손해보험

손해보험은 우연한 사건으로 발생하는 재산상의 손해를 보상해주는 보험을 뜻한다. 간단하게 말해서 일상생활 중에 우연하게 일어난 일로 인해서 예상치 못한 손실이 발생했을 때 이를 보상해주는 보험이다. 특이한 점은 손해보험은 실손보상을 원칙으로 하고 있다. 쉽게 말하면 실제 손해를 본 금액만 보상을 해준다. 실손보상은 이득금지의 원칙이 근본인 관계로 아무리 많은 손해보험에 중복해서 가입을 했어도 피해가 발생하면 발생한 금액만큼 보험사에서 나눠서 보상해 준다.

손해보험의 종류에는 자동차보험, 화재보험, 실손의료보험, 상해보험, 운전자보험, 배상책임보험 등등 다양하다.

2) 생명보험

생명보험은 사람의 생존 또는 사망과 관련하여 발생하는 경제적 손실을 보상해주는 보험이다. 일반적으로 보험의 꽃이라고 불리는데, 대부분의 보장 내용이 사람의 사망과 관련되어 있다.

생명보험사에서 취급하는 상품은 크게 보장성 보험과 저축성 보험으로 나눈다. 보장성 보험은 사람의 사망과, 질병 각종 재해 등 위험보장에 중점을 둔 상품이며, 대표적으로는 종신보험이 있다. 저축성보험은 위험보장보다는 목돈을 마련하기 위한 방법으로 연금보험이 대표적이다.

3) 제3보험

제3보험은 사람의 질병, 상해 또는 간병에 관해 약속한 금액을 지급하거나 그로 인한 손해를 보상해주는 보험이다. 내용에 따라서 생명보험과 손해보험의 보장이 겹치는 부분이 많으며 일반적으로 가입할 일이 많은 보험이기 때문에 이 부분의 차이에 대해 알고 있어야 한다.

4) 손해보험과 생명보험의 가장 큰 차이는 무엇일까?

① 생명보험과 손해보험 상품의 차이는 보험의 대상과 보상하는 방식의 차이, 설계 방식이나 주계약 구성, 상속·증여 활용 등에 차이가 있다.

② **손해보험과 생명보험의 가장 큰 차이는 보험의 대상과 보상하는 방식의 차이에 있다.**

　원래 이 둘의 보험은 크게 겹칠 일이 없어서 구분하기가 쉬웠는데, 최근에 생명보험회사와 손해보험회사 모두에서 판매가 가능한 제3보험이 활성화(출시)되면서 구분하기가 어렵게 되었다.

③ 최근 양사에서 모두 판매할 수 있는 제3보험이 등장하고, 건강 보장에 대한 니즈를 반영한 다양한 특약이 개발되면서 생명보험과 손해보험 상품 자체의 차이는 점점 줄어들고 있는 추세이다. 이렇게 비슷한 보장을 제공하는 상품이라도 개인의 상황에 따라 필요한 보장 내용은 달라질 수 있기 때문에 생명보험과 손해보험의 보장 담보 차이를 분명하게 이해한다면 더 효율적인

보험 설계가 가능하다.

■ **보험 종류(생명보험, 손해보험)에 따른 차이점**
  ♣ 손해보험과 생명보험의 가장 큰 차이는 보험의 대상과 보상하는 방식의 차이에 있다.

구분	손해보험	생명보험
보험 대상	재산상의 손해	사람의 생존과 사망
보상 방식	실손 보상	정액 보상
설계 방식	보장 설계 중심	자금 설계 중심
주계약 (기본계약)	상해 사망 상해후유 장애(3%~100%)	일반사망
상속/증여	불가능	가능

■ **보험 종류(생명보험, 손해보험, 제3보험)에 따른 차이점**
  ♣ 손해보험과 생명보험의 가장 큰 차이는 보험의 대상과 보상하는 방식의 차이에 있다.
    제3보험은 손보사와 생보사가 겸영이 가능한 보험이며 회사별로 보장에는 차이가 있다.

구분	손해보험	생명보험	제3보험
보험 대상	재산상의 손해	사람의 생존과 사망	상해, 질병, 간병
보험금 지급 방식	실손 보상 (비례 보상)	정액 보상	정액 보상 또는 실손 보상
보험 기간	일반적으로 단기	일반적으로 장기	장기 또는 단기
전업/겸업 여부	전업	전업	생손보 겸업 가능

3. 제3보험의 담보에 따른 보장의 차이점

일반적으로 판매되는 상해나 질병에 관한 보험은 손해보험과 생명보험 두 군데에서 모두 판매가 가능하다. 따라서 제3보험에서 손해보험과 생명보험의 담보에 따라서 보장에 차이가 있다.

1) 사망에 대한 보장(보장 범위 및 가입 금액)의 차이

제3보험에서 손해보험과 생명보험의 가장 큰 차이는 사망 시 보장(보장 범위 및 가입 금액) 내용이다. 손해보험은 오로지 질병이나 상해로 사망한 경우에만 사망 보험금을 지급한다. 자살한 경우에는 보험금을 지급하지 않는다. 또한 사망보험금의 한도도 2억으로 정해져 있다.

손해보험과 생명보험 보장의 담보에 있어서 『사망』보장 범위 및 가입 금액이 다르다. 손해보험은 사망의 원인이 질병이나 상해일 경우에만 보험금이 지급되는데, 최대 2억 원으로 만기와 가입금액에 제한이 있다는 점이 다르다. 또한, 사망의 원인이 불분명한 경우에는 대부분 질병 사망으로 간주해 보험금을 지급하지만, 자살한 경우에는 지급하지 않는다.

이에 반해 생명보험은 사망 시에 원인을 따지지 않고 보험금을 지급한다. 자살의 경우에 보험가입 2년이 경과된 경우라면 사망보험금을 지급한다. 보험기간은 종신까지 설정이 가능하며, 사망보험금 가입금액의 한도가 없으며 자살에 대해서도 보상이 가능하다.

간단하게 정리해보면 사람은 질병이나 상해로 보통 사망하기 때문에 손해보험과 생명보험의 사망 보장의 차이는 자살 정도로 볼 수 있다. 이외에는 보장의 범위는 같으며 금액 부분에서 조금 차이가 있다.

2) 질병보장 범위의 차이

① 암보장

생명보험사에서는 암 진단금을 지급할 때 종류에 따라서 암의 일부를 소액암으로 분류한다. 상대적으로 흔하거나 치료율이 높은 암은 소액암으로 분류하는데 갑상선암이 대표적이다. 이 소액암으로 분류되면 보장 비용이 상당히 낮아진다. 하지만 손해보험사에서는 비교적 적은 숫자의 암 종류만 소액암으로 분류하기 때문에 상대적으로 보장비용이 높다. 같은 갑상선 암이라고 해도 생명보험에서 보장비용이 300만 원 정도라면 손해보험은 1000만 원 이상도 가능하다.

② 뇌혈관 질환 보장범위

뇌혈관 관련 질환에서는 손해보험사가 뇌와 관련된 전체적인 질병을 보장한다고 보면, 생명보험사는 중증에 해당하는 뇌졸중이나 뇌출혈까지만 보장을 한다. 최근에는 생명보험에서도 뇌혈관질환 전체를 보장하는 상품이 몇 가지 출시가 되었지만 아직까지 전체적인 보장 범위나 금액은 손해보험이 유리하다.

③ 심장관련 질환 보장범위

심장질환도 뇌 관련 질환과 비슷하다. 일반적으로 손해보험사가 허혈성심장질환까지의 질병을 보장한다고 하면, 생명보험사는 심장질환 중 10% 내외에 해당하는 심근경색까지만 보장한다. 이 역시도 생명보험에서 최근 허혈성심장질환까지 보장하는 상품이 출시되었지만, 역시 보장금액면에서 손해보험에 비해 적다.

④ '실손의료비' 가입 금액

실손의료비의 가입 금액에도 차이가 있는데, 생명보험의 경우 상해·질병 통원의료비 외래 최대 20만 원, 처방조제비 10만 원 한도이며, 손해보험은 상해·질병 통원의료비 외래 최대 25만 원, 처방조제비 5만 원 한도로 상대적으로 비용이 높은 통원의료비를 손해보험에서 5만 원 더 높게 가입할 수 있다.

⑤ '수술비'보장 범위 및 가입 금액

수술비의 보장 범위 및 가입 금액의 경우, 생명보험은 수술의 유형에 따라 1종~5종(1종 10만 원 / 2종 30만 원 / 3종 50만 원 / 4종 100만 원 / 5종 300만 원)으로 구분하여 차등 지급하며, 손해보험의 경우 질병 수술비 최대 30만 원, 상해 수술비 최대 50만 원 지급, 7대/21대 특정 질병 수술비 추가 가입으로 중대한 수술의 보장 강화가 가능해 경미한 수술은 손해보험이 유리하고 중대한 수술은 생명보험이 유리한 편이다.

3) 결론 정리

조금 더 간단하게 정리하면, 일반적으로 사망에 관련된 보장과 금액은 생명보험사가 유리하다. 반대로 질병과 관련된 보험을 가입할 때는 손해보험사가 절대적으로 유리하다. 따라서 보험가입 시에 보장의 필요 유무에 따라서 잘 비교해 보고 가입해야 한다.

최근에는 손해보험과 생명보험이 담보별로 보장의 차이점은 많이 좁혀져서 별반 차이가 없는 상품도 있으며, 서로의 영역이 겹치며 구분하기가 어려운 것도 있다.

■ 제3보험상품의 담보에 따른 보장의 차이점

구분	손해보험	생명보험
사망	• 상해/질병으로 인한 사망 보장 • 상해사망(100세)/질병사망(80세, 2억) 제한 • 자살 보장하지 않음	• 원인 불문 사망 보장 • 보장 금액/보장 기간 제한 없음 • 자살 보장(가입 후 2년 후)
뇌혈관 질환	뇌졸중 진단금	뇌출혈 진단금
통원의료비	• 외래 한도 25만 원 • 처방조제비 한도 5만 원	• 외래 한도 20만 원 • 처방조제비 한도 10만 원
수술비	• 질병 수술 50만 원, 상해 수술 30만 원 • 특정 질병수술비 추가로 보장 강화 가능 • 제왕 절개 미보장	• 1종(10만 원)~5종(300만 원) • 중대한 수술일 경우 보장 금액이 높음 • 제왕 절개 보장

4. 면책 사유의 차이

1) 생명보험: 중과실로 인한 보험사고도 보험자의 책임이 있다.
2) 손해보험: 보험계약자나 피보험자의 고의 또는 중과실로 인한 보험사고가 발생 시에 보험자는 그 책임이 면제된다.

5. 종합

생명보험은 손해보험과 그 성질이 크게 다르므로, 양 보험업의 성질을 정확히 이해하는 시각이 필요하다.

제2장

생명보험 이론

제1절 / 생명보험의 기본원리

보험의 원리는 다수의 경제 주체가 하나의 위험 집단을 구성하여 각자가 갹출한 보험료에 의해 개개인의 위험을 분산(분담)시키는 경제제도이다. 보험의 기본원리에는 ① 위험의 분담 ② 확률, ③ 대수(大數)의 법칙, ④ 수지상등(收支相等)의 원칙 등이 있다. 또한, 보험제도가 건전하게 운영되기 위해서는 수리적인 이론으로 뒷받침하는 것이 필요한데, 보험수리 중에 확률과 대수법칙이 가장 중요한 역할을 한다.

이것은 보험사고와 경제적 손실을 보다 정확하게 예측하고, 예측된 보험사고와 손해를 바탕으로 운영되고 있는 원리이기 때문이다.

생명보험은 보험계약자가 언제 일어날지 모르는 각종 사고나 위험에 대비하여 생명보험회사에 보험료를 납입하고 생명보험회사는 사망 등의 보험사고가 발생한 경우에 미리 약정한 금액을 지급하는 제도이다. 생명보험을 과학적이고 합리적으로 운영하기 위해 대수의 법칙과 확률(사망률, 생명표)을 바탕으로 보험사고의 발생을 예측하고, 수지상등의 원칙에 따라 적정한 보험료와 보험금을 산정하고 있다.

1. 위험의 분담

생명보험의 보험료는 보험사고 발생에 대한 공평한 위험분담을 위해 대수의 법칙을 기초로 하여 작성된 생명표와 수지상등의 원칙 등에 의하여 합리적으로 산출된다.

> ▣ 위험의 분담
> 동일한 위험에 노출된 다수의 경제 단위가 하나의 위험 집단을 구성하여 보험료를 갹출하고, 이 보험료를 통해 구성원의 일부가 입은 손해를 보상하는 원칙이며 위험을 분담하는 것이다.
> 즉, 동일한 위험집단을 구성하고 있는 각각의 위험 당사자는 각자가 위험을 분담하고 있는 것이며, 어떤 공동보험의 보험회사는 각각 인수액에 상응해서 위험을 분담하고 있는 것이다.

또한, 재보험 거래를 통해서 원수보험회사와 재보험회사 사이에도 위험의 분담이 이루어지고 있는 것이 된다. 이것은 위험을 나누어 대비할 수 있는 수단이라고 할 수 있다.

2. 대수(大數)의 법칙(Law of large numbers)

개개의 경우에 사고 발생을 예측할 수 없으나, 동일한 사고를 대량적으로 관찰할 경우에 일정한 우연적 사건(사고)발생에 대해 일정한 비율이 통계적으로 추출되고 예측할 수 있다는 법칙이다(예: 주사위, 동전).

즉, **어떠한 사건의 발생 확률은 1회나 2회의 관찰로는 예측이 어렵지만, 관찰의 횟수를 늘리면 일정한 발생 확률이 나오고 이 확률은 대개 비슷하게 진행되는데 이를 대수(大數)의 법칙이라 한다.**

대수(大數)의 법칙은 대상의 수가 많을수록 예측과 실제 손실의 차이를 감소시키는 방법이며, 보험자는 실제 발생한 손실이 예측한 손실보다 적을 때 이익을 얻기 때문에 불확실성을 줄이기 위해 대수의 법칙을 이용한다.

예를 들면, 주사위를 한 번 던졌을 때 어떤 눈이 나올 것인지를 정확히 예측하기는 어렵다. 그러나 던지는 횟수를 늘리다보면 각 눈이 나오는 횟수가 점차 비슷해지게 되는데, 각각의 눈이 나오는 비율은 전체 던진 횟수의 1/6에 가깝게 된다.

예를 들면, 동전던지기를 여러 번 반복할 경우 앞면이 나올 확률은 1/2이 되는 것으로서 이 법칙은 개개인에게는 우연한 사고지만 동일 위험이 대량 관찰될 수 있는 위험집단이 있을 경우 과학적인 보험이 성립할 수 있다는 논리적 근거가 된다.

따라서 특정 개인의 경우 사고의 발생 가능성 및 시기 등은 불확실하지만 다수의 사람을 대상으로 관찰해보면 대수의 법칙에 따라 사고의 발생 가능성을 예측할 수 있다. 이러한 원리로 특정 개인의 사망 시점 등은 알 수 없지만, 대수의 법칙에 따라 특정 연령대에 전체 보험대상자(피보험자) 중 어느 정도가 사망하는지 추정하여 보험료를 산출할 수 있게 된다.

■ 대수(大數)의 법칙
♣ 다수 위험의 결합이며, 위험 집단이 늘어날수록 그 위험의 발생 가능성을 예측할 수 있다.
　즉, 동일한 사실을 오랜 기간 동안에 대량으로 관찰 시에 위험률을 통계적으로 추출할 수 있다.
① 확률은 단순한 평균 예측의 수치에 불과하다.
② 보험자의 위험은 예측한 손실과 실제 손실 사이의 불확실성이다.
③ 보험자는 보험료 산정의 불확실성을 감소시키기 위해 대수의 법칙이 필요하다.
④ 대수법칙을 통해 보험자는 이익을 얻을 수 있다.

3. 확률(사망률과 생명표)

■ **확률(確率, Probability)**
확률은 어떤 사건이 일어날 가능성의 정도를 수치로 나타낸 것이다.
즉, 일정한 조건하에서 하나의 사건이나 사상(事象)이 일어날 수 있는 가능성의 정도 또는 그것을 나타내는 수치이다. 수학적으로는 1보다 크지 않고 음이 될 수도 없다.
확률 1은 항상 일어남을 의미하고, 확률 0은 절대로 일어나지 않음을 의미한다.
확률은 모든 경우의 수에 대한 특정 사건이 발생하는 비율이다(예를 들어 눈금이 6개인 주사위를 던졌을 때 특정수가 나올 확률은 1/6이다).

1) 사망률
대수의 법칙에 따라 **어떠한 연령대의 사람들이 1년간 몇 명 정도 사망할 것인가를 산출한 것이 사망률이다.**

> ♣ 사망률 = 1년간의 사망자수 ÷ 연초의 생존자수

2) 생명표(生命表)
사망률과 대수의 법칙에 따라 사람의 연령별 생사 잔존상태를 나타낸 표이다.

즉, 생명보험은 **사망률과 대수의 법칙을 기초로** 하고 있으며, 이에 따라 **사람의 연령별 생사잔존 상태와 관련된 통계를 나타낸 표를 생명표(生命表) 또는 사망표(死亡表)라** 한다.

생명표는 어떤 연령대의 사람들이 1년에 몇 명 정도 사망(또는 생존)할 것인가를 산출하여 계산한 표로서, 사람의 연령별 생사와 관련된 통계(생존자수, 사망자수, 생존율, 사망률, 평균여명)를 나타낸다. 또한, 생명표는 생명보험의 보험료 산출을 위한 기초통계로서의 역할을 한다.

생명표는 다양한 분류방법이 있지만, 생명표의 종류는 모든 국민을 대상으로 한 국민생명표와 생명보험회사가 보험대상자(피보험자) 집단을 대상으로 작성한 경험생명표로 분류할 수 있다.

♣ **생명표 종류**
① **국민생명표**: 전체 국민 또는 특정 지역의 인구를 대상으로 한다.
② **경험생명표**: 생명보험회사, 공제조합 등의 가입자에 대한 실제 사망 경험치를 근거로 작성한다.

국민생명표는 전체 국민 또는 특정지역의 인구를 대상으로 해서 그 인구통계에 의한 사망 상황을 나타낸 것이고, 경험생명표는 생명보험회사나 공제조합 등의 가입자에 대한 실제 사망 경험치(통계치)를 근거로 작성되는 것이다. 또한 사람의 사망률은 일반적으로 의학기술의 발달이나 생활수준의 향상에 따라 감소하기 때문에 사망 상황을 측정하는 방법이나 연도에 따라 생명표를 분류하기도 한다.

우리나라의 생명보험회사는 1976년부터 국민생명표를 보정한 조정국민생명표를 사용하다가 1986년부터는 실제 보험가입자들의 사망 통계를 기초로 작성된 경험생명표를 사용했으며, 2019년 4월부터는 제9회 경험생명표를 표준위험률로 사용하고 있다.

한편 1997년 4월부터 예정위험률이 자유화됨에 따라 회사별로 경험사망률의 적용이 자유화되었다.

4. 수지상등의 원칙(收支相等의 原則, Principle of Equivalence)

보험료 총액(전체 계약자 납입보험료) = 보험금 총액 + 사업비(경비) 등

보험 사업을 경영할 때, 위험 집단이 각각 납입하는 보험료의 총액이 그 위험 집단에 지급하는 보험금의 총액과 같게 되도록 균형을 꾀하는 원칙이다(보험회사의 관점).

즉, 위험에 노출된 집단 구성원으로부터 모인 기금과 위험집단 구성원 중 위험에 실제 처하여 입은 손해액이 일치해야 한다는 원칙이다. 이것은 **회사가 장래에 수입되는 수입보험료 총액(계약자가 납입하는 보험료의 총액)과 향후 보험회사가 고객(보험계약자, 보험수익자)에게 지급하는 보험금 및 보험회사 경영에 사용되는 사업비(경비) 등의 지출하는 총액이 동일(균등)한 금액이 되도록 하는 것을 수지상등의 원칙이라고 한다(총수입 = 총지출).**

보험회사의 순보험료 총액은 지급보험금 및 사업비(경비)의 총액과 일치되어야 한다는 원칙으로 보험 사업의 수지 전체에 관한 원칙이다.

생명보험계약의 순보험료는 수지상등의 원칙에 의하여 계산된다. 수지상등의 원칙이란 보험료 계산 원리 중의 하나로 보험회사가 얻게 되는 장래의 전(全) 보험기간의 수입인 보험료 총액의 현가와 보험회사의 지출, 즉, 보험사고 발생으로 보험회사가 지급해야 하는 보험금 및 보험회사 사업비 총액의 현가가 같게 되도록 한다는 원칙이다. 여기에서 수지(收支)가 같아진다는 것은 다수의 동일 연령의 피보험자가 같은 보험 종류를 동시에 계약했을 때 보험기간이 만료 시에 수입과 지출이 균형이 잡혀지도록 순보험료를 계산하는 것을 의미한다. 즉, 보험회사의 수입과 지출이 같아지도록 보험료와 보험금을 산정(결정)하게 되는 원칙이다. 이와 같은 수지상등의 원칙은 보험회사가 경영을 지속적으로 유지하기 위해 필요한 조건 또는 원리라고 할 수 있다.

제2절 / 생명보험계약의 요소

보험계약과 관련되어 생명보험계약을 구성하는 주요한 요소(要素)들은 보험계약 관계자, 보험의 목적, 보험사고, 보험기간, 보험료 납입기간, 보험금액(보험가입금액), 보험료 등이 있다.

1. 보험계약관계자

보험계약관계자란 보험자(보험회사), 보험계약자, 피보험자, 보험수익자를 말한다.

보험계약 관계자 이외의 보조자(보험자를 위해 모집사무 및 보험계약의 보조자)로는 보험설계사, 보험대리점, 보험중개사, 보험의(保險醫), 금융기관보험대리점 등이 있다.

1) 보험자(保險者, insurer)

보험사업의 주체로서 보험계약자로부터 보험료를 받고 보험을 인수(引受)하는 자이며, under-writer 라고도 한다(실무적으로 '**보험회사**'로 칭함).

보험자는 보험계약자와 보험계약을 체결하는 보험계약의 당사자로서 **보험계약자로부터 보험료를 받고 보험계약을 인수한 후 보험사고가 발생한 때에 보험금 지급의무를 지는 자**를 말한다.

보험사업은 공공의 이익과 밀접한 관련이 있고 다수의 보험계약자를 상대로 보험계약을 인수하여 효율적으로 관리해야 하기 때문에 보험회사가 사업을 영위하기 위해서는 사전에 금융위원회의 사업 허가를 얻어야 하는 등 일정한 제한이 있다.

> ■ **주요 의무:** ① 보험약관의 교부 및 설명의무
> ② 보험증권 교부의무
> ③ 청약의 낙부통지의무 및 승낙 전 담보
> ④ 보험금 지급의무

2) 보험계약자(保險契約者, insurance contractor)

보험자의 상대방으로서, 자기명의로 **보험자와 보험계약을 체결하고 보험료의 납입의무를 지는 자**이다. 실무적으로는 '**보험가입자**'라고 하며, 보험계약자는 대리인을 통하여 계약을 체결할 수 있다.

보험에 가입한 사람. 즉 보험계약자는 보험회사와 계약을 체결하고 계약이 성립되면 보험자에게 보험료 납입의무를 지는 자이다. 보험계약자의 자격에는 제한이 없어 자연인이든 법인이든 또는 1인 이든 2인 이상이든 상관없이 보험계약자가 될 수 있다. 그러나 만 19세 미만자는 친권자나 후견인(법정대리인)의 동의가 필요하다.

■ 주요 의무: ① 보험료 납입의무
② 계약 전 알릴 의무(상법 제651조): 고지의무
③ 계약 후 알릴 의무: 통지의무
④ 보험사고 발생을 알릴의무(보험사고발생의 통지의무)
⑤ 위험변경·증가 통지의무
※ 손해보험의 계약자: 손해방지의무가 있다.

3) 피보험자(被保險者, insured person)

피보험자는 **생명 또는 신체에 관하여 보험에 붙여진 자연인을 말한다. 즉, 보험의 대상이 되는 사람을 말한다.** 생명보험의 보험사고는 피보험자의 생사(生死), 즉 생존 또는 사망이다.

피보험자란 그 사람의 생사 등이 보험사고의 대상이 되는 자, 즉 그 사람의 사망, 장해, 질병의 발생 또는 생존 등의 조건에 관해서 보험계약이 체결된 대상자를 말한다. 피보험자 수는 1인 이든 2인 이상 이든 상관이 없으며 또 보험계약자 자신이 피보험자가 될 수도 있고 타인을 피보험자로 할 수도 있다.

또한, 생명보험의 피보험자는 타인의 사망보험에 있어서는 보험계약 체결 당시에 그 타인의 서면에 의한 동의(또는 전자서명, 공인전자서명)를 얻어야 하고(상법 제731조), **15세 미만자, 심신상실자 또는 심신박약자는 사망보험의 피보험자가 될 수 없다**(제732조).

※ **손해보험의 피보험자**
피보험자는 피보험이익의 주체로서 보험사고가 발생한 경우에 사고보험금(손해보상)을 받을 권리를 갖는 자를 말한다. 즉, 손해배상청구권자(보험금청구권자)이다.

4) 보험수익자(保險受益者, insurance beneficiary)

보험수익자는 인보험에만 있는 특유한 개념으로 보험계약의 요소로서 **보험사고가 발생할 시에 보험금 청구권을 갖는 자를 말한다.** 즉, 보험사고가 발생한 경우에 보험금을 지급받는 자이다.

인보험의 보험수익자는 손해보험의 피보험자에 해당한다. 인보험 계약에서 보험계약자와 보험수익자가 동일하면 '자기를 위한 생명보험계약'이 되고, 보험계약자와 보험수익자가 다른 경우에는 '타인을 위한 생명보험계약'이 된다.

보험수익자는 보험계약자로부터 보험금청구권을 지정받은 사람으로서 그 수나 자격에는 제한이 없으며 보험금 지급사유가 발생했을 때에 보험회사에 보험금을 청구하여 받을 수 있다.

※ 손해보험: 피보험자가 보험금청구권을 갖는 자이다.

5) 보험계약 관계자 이외의 보조자

① 보험설계사(insurance planner)

보험자에게 종속되어 **보험자를 위하여 보험계약의 체결을 중개하는 자이다.**

보험업법에 따라 금융위원회에 등록하여야 하며, 현재 생명보험 설계사는 보험설계사의 등록에 관한 업무를 위탁받은 생명보험협회에 등록하여야 한다(※손해보험의 설계사는 손해보험협회에 등록한다).

② 보험대리점(an insurance agent)

보험대리점이란 **보험자를 위하여 보험회사가 판매하는 보험상품에 관한 보험계약의 체결을 대리하는 자**로서 금융위원회에 등록된 자를 말한다. 보험대리점이 되려는 자는 개인과 법인을 구분하여 금융위원회에 등록하여야 한다. 보험대리점은 일사전속제가 적용되지 않아 여러 보험회사(생명보험 및 손해보험 겸업도 가능)와의 계약 체결을 통해 보험모집을 할 수 있다.

③ 보험중개사(保險仲介士, insurance broker)

보험중개사는 **특정 보험회사에 소속되지 않고 독립적으로 보험계약의 체결을 중개하는 자를 말한다.** 보험중개사는 보험설계사나 보험대리점과 달리 불특정다수의 계약자나 보험회사를 위하여 보험모집업무를 수행하는 것이 특징이다.

④ 보험의(保險醫, a panel doctor)

보험회사의 위촉을 받아 생명보험에 가입할 사람의 건강 상태를 진찰하는 의사이다.

보험의(保險醫)란 생명보험 계약에 있어서 피보험자의 신체, 건강상태 그 밖의 위험 측정상의 중요한 사항에 대해 조사하여 이를 보험자에게 제공해주는 의사를 뜻한다.

⑤ 금융기관보험대리점

금융기관보험대리점 등의 보험모집은 방카슈랑스(은행과 보험의 결합)라는 금융영업정책에 의해 2003년 8월부터 실시되고 있다.

■ **보험대리점 또는 보험중개사로 등록 가능한 금융기관**
① 은행법에 의하여 설립된 금융기관
② 자본시장과 금융투자업에 관한 법률에 의한 투자매매업자 또는 투자중개업자
③ 상호저축은행법에 따른 상호저축은행
④ 한국산업은행, 중소기업은행, 신용카드회사(겸영여신업자 제외), 농업협동조합 및 농협은행

---

2. 생명보험계약의 주요 요소

1) 보험의 목적

보험사고의 대상이 되는 객체, 즉 보험의 목적이 있어야 한다.

보험의 목적은 **보험에 부쳐지는 대상**을 말하는데, 생명보험의 경우에는 생명이나 신체가 보험에 부쳐진 자이며, 즉 **피보험자가** 보험의 목적이 된다.

※ 손해보험의 경우 보험사고 발생의 객체가 되는 물건이나 재산이 보험의 목적이다.

2) 보험사고(保險事故)

보험계약에서 보험자의 보험금 지급의무를 구체화시키는 보험의 목적에 약정된 우연한 사고이다.

즉, 보험회사가 그 발생에 대하여 보험금 지급을 약속한 사고이며 생명보험계약의 경우는 피보험자의 생사나 상해, 질병 등이 이에 해당된다. 보험회사가 일정한 보험금을 지급해야 할 의무가 있는 사고로서 보험금 지급사유라고도 한다. 현재 판매되고 있는 생명보험 상품의 경우 피보험자의 사망, 생존뿐만 아니라 장해, 입원, 진단 및 수술, 만기 등이 보험금 지급사유로 규정되어 있다.

3) 보험기간(保險期間)

보험자의 책임이 시작(개시)되어 종료될 때까지의 기간이다. 즉, 보험계약에 따라 보장을 받는 기간이다.

보험자는 보험계약에 의하여 어떤 일정한 기간 내에 발생한 보험사고에 대하여 보험금을 지불할 것을 약속하게 되는데, 그 일정기간이 **보험기간**이며, **위험기간** 또는 **책임기간**이라고도 한다.

보험기간은 보험사고 발생에 대한 시간적 제한, 즉 보험자가 위험을 부담하는 기간을 의미한다. 보험사고는 모두 보험기간 내에 발생해야 한다.

4) 보험료 납입기간

보험료 납입기간은 **보험계약자가 보험료를 납입하는 기간을 말한다.** 보험료 납입기간은 보험기간과 항상 일치하는 것은 아니며, 보험료 납입기간이 보험기간과 동일한 경우를 전기납, 보험기간보다 보험료 납입기간이 짧은 경우를 단기납이라고 한다.

■ **납입기간 및 주기에 따른 분류**

1) 납입기간에 의한 분류
 • 전기납: 보험기간의 전 기간에 걸쳐 보험료를 납입
 • 단기납: 보험기간보다 짧은 기간 동안 보험료 납입
 • 일시납: 보험계약체결과 동시에 전 보험기간에 대한 보험료를 일시에 납입

2) 납입주기에 의한 분류
보험료는 매년 1회 납입하는 것이 원칙이다. 이는 보험료의 산출기초가 되는 예정사망률이 1년 단위로 측정되었기 때문이다. 그러나 보험계약자의 편의를 위해 다음과 같이 납입할 수 있다.

- 일시납: 전 보험기간의 보험료를 일시에 납입하는 방법
- 연 납: 보험료를 매년 1회 납입하는 방법
- 6개월납: 보험료를 연간 2회, 즉 6개월마다 납입하는 방법
- 3개월납: 보험료를 연간 4회, 즉 3개월마다 납입하는 방법
- 2개월납: 보험료를 연간 6회, 즉 2개월마다 납입하는 방법
- 월 납: 보험료를 연간 12회, 즉 매월 납입하는 방법

보험료를 일시에 납입하는 경우 일시납보험료 총액은 연납이나 월납으로 납입할 경우의 보험료 총액보다 적게 된다. 이는 일시납보험료에서 초년도(첫해) 분에 해당하는 보험료를 제외한 나머지 보험료는 회사에 적립되어 이자가 발생하기 때문이다. 예를 들어 3년에 걸쳐 매년 10만 원의 보험료를 납입하는 경우, 이를 일시납으로 납입하게 되면 총보험료에서 초년도 연납보험료에 해당하는 10만 원을 제외한 나머지 미경과보험료(2년치 보험료)는 회사가 별도 적립하여 이자가 발생하므로 3년치 연납보험료 합계액 30만 원보다 적은 금액을 보험료로 납입하게 되는 것이다.

출처: 생명보험협회 자료

5) 보험금액(保險金額, insured amount, 보험가입금액)

보험금액은 보험사고가 발생하였을 때 **보험수익자에게 지급하여야 할 급여(給與)의 최고한도액을 말한다(보험계약상 보상의 최고한도액).**

즉, 보험기간 내에 보험사고가 발생하는 경우 보험회사가 지급해야 하는 금액을 말한다. 보험금액은 보험계약 체결 시 보험회사와 보험계약자의 합의에 의하여 자유롭게 정할 수 있다.

♣ **보험금(保險金, insurance money)**: 보험금액의 한도 내에서 실제 지급하게 되는 금액이 보험금이다.

6) 보험료(保險料, premiums)

보험계약에서 보험자가 보험금지급의 책임을 지는 대가로서, **보험계약자가 위험보장을 받기 위하여 보험계약에 따라 보험자에게 지급하는 금액이다.** 즉, 보험회사가 위험을 인수하여 준 대가로서 보험계약자가 보험회사에 지급하는 금액이다. 보험계약은 유상계약(有償契約)으로서 보험료의 산정은 급부·반대급부 균등의 원칙에 기초한다.

생명보험계약은 보험회사가 위험부담이라는 급부를 제공하는 대신 계약상대방인 보험계약자는 그 대가를 보험회사에게 지불할 것을 약속하는 계약이다. 이때 위험부담의 대가로서 보험계약자가 보험회사에게 지불하는 금액을 보험료라고 한다.

제3절 / 보험료 계산의 원리

1. 보험료 구성의 원칙

보험료를 계산하고 결정하는 산출의 원칙은 수지상등(收支相等)의 원칙과 대수의 법칙이 근간(根幹)이며 보험회사의 보험료 산출의 기본적인 원리는 '수지상등의 원칙'이다(총수입 = 총지출).

또한, 보험료는 대수의 법칙에 기초한 보험사고의 확률을 반영하여 총 지급보험금에 비례하여 산출한다.

즉, 보험료(수입) 총액과 보험금(지출) 총액이 같아지도록 보험료를 산정(결정)하는 것이 원칙이다.

> ♣ 대수의 법칙과 수지상등의 원칙
> 다수의 사건(사람)들을 대상으로 관찰해 보면 대수의 법칙에 따라 그 발생 확률을 구할 수 있게 되는데, 이 같은 확률론에서 대수의 법칙이 성립되는 것을 의미하고, 여기서 구해진 확률로서 사망률·보험사고율 등을 산출할 수 있다.
> 보험업은 대수의 법칙에 근거한 위험분산을 본업으로 하는 대표적인 산업으로서, 보험업이 영위될 수 있는 근거가 되는 것은 '대수의 법칙'과 보험료 산출의 기본 원리인 '수지상등의 원칙'이다.

> ♣ 위험분산
> 개별적으로는 다양한 위험을 집합시켜 모음으로써 집단 전체 위험의 변동성을 줄이는 행위를 위험분산(risk pooling)이라고 한다.

1) 수지상등(收支相等)의 원칙(Principle of Equivalence): 보험료 결정원칙

장래에 수입되는 순보험료 현가의 총액이 장래에 지출해야 할 보험금 및 경비 현가의 총액과 동일하게 되는 것을 말한다.

생명보험이란 많은 사람들이 모여서 서로 적은 분담금액을 내고 예기치 못한 불행을 당한 사람에게 도움을 주는 상부상조제도이기 때문에 보험가입자의 개개인으로 본다면 납입한 보험료와 지급을 받은 보험금에 차이가 날 수 있다. 그러나 전체적으로 보면 **보험가입자가 납입하는 보험료 총액과 보험회사가 지급하는 보험금 및 경비의 총액은 동일한 금액이 되도록 보험료를 결정하게 되는데 이를 수지상등(收支相等)의 원칙**이라 한다. 즉 보험회사의 수입과 지출이 같아지도록 보험료를 결정하는 원칙이다.

> ♣ 보험료 총액[장래 수입] = 보험금 총액 + 경비(사업비) 총액[장래 지출]
> 장래에 수입되는 순보험료의 현가의 총액이 장래 지출해야할 보험금 현가의 총액과 동일하게 되는 것이다.

제2장 생명보험 이론 **185**

■ 수지상등의 원칙에 따른 보험료 산출 예시

◆ 보험회사의 지출	
가입자 연령 가입자 수 사망보험금 20세 남자의 연간 사망자 수 1년간 사망보험금 지급액	20세, 1,000명 1,000만 원 1,000명당 1명 1,000만 원×1명 = 1,000만 원
◆ 보험회사의 수입	
1년간의 지급보험금 1,000만 원을 가입자 전원이 동일하게 분담 한다. 따라서 1,000만 원÷1,000명 = 10,000원	

※ 예시의 단순화를 위해 보험회사의 지출 중 비용 및 운용수익 등은 제외

♣ 보험회사의 지출

　1년간 사망보험금 지급액: 1,000만 원 × 1명 = 1,000만 원

♣ 보험회사의 수입

　1년간 사망보험금 지급액이 1,000만 원이므로, 1년간 보험회사의 보험료 수입도 1,000만 원
　⇒ 따라서, 가입자 1인당 보험료는 1,000만 원 ÷ 1,000명 = 1만 원

2) 대수(大數)의 법칙(law of large numbers)

　수지상등의 원칙이란 다수의 동일 연령의 피보험자가 같은 보험종류를 동시에 계약했을 때 보험기간 만료 시에 수입과 지출이 균형이 잡혀지도록 순보험료를 계산하는 것을 의미하며, 피보험자가 많이 있는 것을 가정하고 있으므로 확률론에서 말하는 대수의 법칙이 성립되는 것을 의미한다.

　즉, 동일한 사고를 대량적으로 관찰할 경우에 일정한 우연적 사건(사고)발생에 대해 일정한 발생 확률이 나오고 이 확률은 대개 비슷하게 진행되는데 이를 대수(大數)의 법칙이라 한다(예: 주사위, 동전).

> ▣ 대수(大數)의 법칙
> 주사위를 한번 던졌을 때 어떤 눈이 나올 것인지를 정확히 예측하기는 어렵다. 그러나 던지는 횟수를 많이 하다보면 각 눈이 나오는 횟수가 점차 비슷해지게 되는데, 각각의 눈이 나오는 횟수는 전체 던진 회수의 1/6에 가깝게 된다. 실제로 주사위를 10,000번 던져보면 대체로 다음과 같은 결과가 나온다.
> 이와 같이 어떠한 사건의 발생비율은 1회나 2회의 관찰로는 측정이 어렵지만 관찰의 횟수를 늘려 가면 일정한 발생확률이 나오고 이 확률은 대개 비슷하게 진행되는데 이를 대수(大數)의 법칙이라 한다.
> 개인의 경우에도 우연한 사고의 발생 가능성 및 발생 시기 등은 불확실하지만 다수의 사건(사람)들을

대상으로 관찰해 보면 대수의 법칙에 따라 그 발생 확률을 구할 수 있게 된다.
사람의 사망 역시 이러한 방법을 통해 어떤 연령대의 사람들이 1년간 몇 명 정도 사망할 것인가를 산출할 수 있는데 이를 사망률이라 한다.

2. 보험료의 계산(산출) 방식

보험료 계산(산출)의 방식은 3이원방식과 현금흐름방식(CFP)이 있는 데, 국내 생명보험업계는 전통적으로 예정위험률, 예정이율, 예정사업비율을 기초로 하는 3이원방식으로 보험료를 산출해왔으나, 2010년 4월부터 새로운 보험료 산출방식인 현금흐름방식을 도입하였다.

보험업계에서 오랜 세월 동안 보험료 산출의 방식으로 3이원방식을 사용해 왔으나, 생명보험회사는 현금흐름방식 도입 후 3년간 기존 3이원방식과 현금흐름방식을 선택적으로 사용하였으며, 2013년 4월 이후부터 현금흐름방식(CFP: Cash Flow Pricing)을 본격적으로 도입하여 보험료를 산출하고 있다.

현재 3이원방식의 보험료 산출방식은 보험기간이 3년 이하인 단기상품에 한하여 사용할 수 있다.

1) 3이원방식의 보험료 산출

보험료 산출은 보험료 계산의 3요소를 사용하여 보험료를 계산하는 데, 이를 3이원방식이라 한다. **보험료 계산의 3요소에는 예정위험률(예정사망률 등), 예정이율, 예정사업비율이 있으며, 이 3가지 예정율을 기초로 보험료를 산출한다.** 3이원방식에 의한 보험료 산출은 세 가지 예정기초율(위험률, 이자율, 사업비율)과 이윤 등을 감안하여 보수적(안정적)으로 책정한다.

그리고 일반적으로 생명보험 상품은 보험기간이 장기이므로 통계의 불확실성 등을 감안하여 기초율을 안정적으로 산출한다. 보험사고 발생 시 지급하는 보험금의 재원으로 예정위험률을 기초로 산출된 보험료를 위험보험료라 하고, 중도·만기보험금 등 생존 시 지급되는 보험금의 재원이 되는 보험료를 저축보험료라고 하며, 위험보험료와 저축보험료를 합한 것을 순보험료라고 한다. 또한 예정사업비율에 의하여 산출된 보험료를 부가보험료라고 하고, 순보험료와 부가보험료를 합한 것을 총보험료 또는 영업보험료라고 한다. 예정이율은 보험료 납입시점과 보험금 지급시점의 현재가치를 일치시키는 매개체 역할을 한다. 현재 3이원방식은 보험기간이 3년 이하인 단기상품에 한하여 사용할 수 있다.

보험가입 시에 동일한 보장이라도 보험료 계산 시에 적용하는 예정기초율에 따라 납입보험료가 달라지므로 회사별로 예정기초율을 확인한 후 가입하면 보험료 부담을 줄일 수 있다.

(1) 예정위험률(예정사망률)

한 개인이 사망하거나 질병에 걸리는 등의 일정한 보험사고가 발생할 확률을 대수의 법칙에 의해 예측한 것이 예정위험률이며, 특히 한 개인의 특정시점에 사망할 확률을 미리 예측하여 보험료 계산에 적용하는 위험률을 예정사망률이라 한다.

즉, 과거 일정기간 동안 일어난 보험사고 발생 통계를 기초로 해서 앞으로 일어날 사고율을 예측한 위험률을 말한다. **예정위험률이 높으면 보험료는 올라가고, 반대로 낮으면 보험료는 내려간다.**

(2) 예정이율

보험회사는 장래의 보험금 지급에 대비하기 위해 계약자가 납입한 보험료를 적립해 두는데, 보험료 납입 시점과 보험금 지급 사이에는 시간적 차이가 발생하게 된다. 이 기간 동안 보험회사는 적립된 금액을 운용(運用)할 수 있으므로 운용에 따라 기대되는 수익을 미리 예상하여 일정한 비율로 보험료를 할인해 주고 있다. 이러한 할인율을 예정이율이라고 한다.

보험금을 지급하기 위하여 보험료 계산 시 적용하는 할인 금리를 뜻하며, 계약자로부터 받은 보험료를 운용해 보험금 지급 때까지 거둘 수 있는 예상수익률로 볼 수도 있다. **예정이율이 높아지면 보험료가 싸지고 예정이율이 낮아지면 보험료가 비싸진다.**

(3) 예정사업비율

생명보험회사가 보험계약을 유지, 관리해 나가기 위해서는 여러 가지 비용이 든다. 따라서 보험사업의 운영에 필요한 경비를 미리 예상하고 계산하여 보험료에 포함시키고 있는데, 보험료 중 이러한 경비의 구성 비율을 예정사업비율이라고 한다. 즉, 과거의 사업비 집행 실적을 기초로 장래에 집행할 사업비를 예측한 비율을 말한다.

예정사업비율이 높으면 보험료는 비싸지게 되고 예정사업비율이 낮으면 보험료는 싸지게 된다.

(4) 예정기초율과 보험료의 관계

구분	보험료와의 관계
예정위험률	• 예정사망률이 낮아지면 사망보험의 보험료는 낮아지게 되고 생존보험의 보험료는 높아지게 된다. • 예정사망률이 높아지면 사망보험의 보험료는 높아지게 되고 생존보험의 보험료는 낮아지게 된다.
예정이율	예정이율이 낮아지면 보험료는 높아지게 되고, 예정이율이 높아지면 보험료는 낮아지게 된다.
예정사업비율	예정사업비율이 낮아지면 보험료는 낮아지게 되고 예정사업비율이 높아지면 보험료는 높아지게 된다.

2) 현금흐름방식(CFP: Cash Flow Pricing)의 보험료 산출

(1) 현금흐름방식 보험료산출의 개념

미래에 예측되는 각각의 가정에 대한 최선의 추정치를 이용하여 보험계약에 대한 예상 운영성과를 시뮬레이션하여 보험료를 산출하는 방법이다. 보험료 수준은 회사 경험통계, 시장을 고려한 목표이익 등에 따라 결정된다.

현금흐름방식의 보험료 산출체계(CFP: Cash-Flow Pricing)의 현금흐름방식은 종래의 산출 방식에서 사용하던 3이원(예정위험률, 예정이율, 예정사업비율) 이외에 해약률, 판매량, 투자수익률 등 다양한 기초율을 반영하여 보험료를 산출하는 방식이다. 3이원을 조합하여 정해진 수식으로 즉시 보험료를 산출 하는 방식이 아니라, 다양한 기초율을 가정하여 미래의 현금흐름을 예측하고 그에 따라 목표 수익성을 만족시키는 영업보험료 수준을 거꾸로 계산하는 방식을 따르기 때문에 현금흐름방식이라고 한다.

① 보험료는 지급보험금, 사업비, 배당금, 기타 보장, 책임준비금, 해약환급금 등을 고려하여 산출한다.

② 만약 처음 적용한 영업보험료가 보험회사 입장에서 부족하다면 보험료를 인상하거나 계약자에 대한 보험금을 줄이게 된다. 다른 측면에서는 사업비의 절감 계획을 세우거나, 보다 리스크가 높은 자산에 투자하는 전략을 세울 수도 있다.

③ 사업비를 통하여 상품의 마진을 조정하던 종전의 3이원방식보다 상품개발의 유연성이 제고될 수 있다는 것이 장점이다. 또한 현금흐름방식은 기초율을 최적가정(Best Estimate)으로 책정하고 기대 이익은 예정기초율과 별도 구분함으로써 상품개발 시점에 상품의 수익성 및 민감도를 분석할 수 있고 상품판매 후 각종 기초율별로 마진을 설정할 수 있어 '예정기초율과 실제경험치의 차이'로 인한 손익 변동을 쉽게 분석할 수 있다.

(2) 현금흐름방식의 보험가격 산출과정

① [예정기초율]: 위험률, 이율, 사업비율을 포함한 다양한 기초율* 적용한다.

- 예정기초율은 최적(Best Estimate)으로 책정하고 기대이익은 예정기초율과 별도 구분한다.

■ 기초율
* 계리적 요인: 투자수익률, 계약해지율, 지급여력 등
* 마케팅요인: 보험료, 보험가입금액 수준, 판매규모, 계약자구성(성별, 연령별 등)

② [산출방법]: 예정기초율로 장래 현금흐름을 생성하여 보험료 산출한다.

- 최근에는 결정론적(deterministic) 방법 외에 확률론적(Stochastic) 방법도 사용한다.

③ [수익성분석]: 사전적으로 상품의 수익성, 민감도 분석 실시한다.

- 장래 현금흐름을 기초로 수익성 분석을 통해 회사가 원하는 목표 달성 가능 여부를 판단하여 보험료를 결정한다.
- 기초율 변화에 따른 손익 영향 등 민감도 분석 실시한다.

(3) 현금흐름방식의 도입 및 경과

국내 생명보험업계는 전통적으로 예정위험률 예정이율 예정사업비율을 기초로 하는 3이원 방식으로 보험료를 산출해왔으나, 2009년 12월 「보험업법 시행령」 개정으로 새로운 보험료의 산출방식인 현금흐름방식 보험료의 산출체계가 도입하였다.

생명보험회사는 현금흐름방식 제도를 도입한 후 2013년 3월까지는 기존 3이원방식과 현금흐름방식을 선택적으로 사용하여 왔으나, 2013년 4월 이후부터 현금흐름방식을 본격적으로 도입하여 보험료를 산출하고 있다.

(4) 현금흐름방식의 특징

일반적으로 3이원방식에 의한 보험료 산출은 세 가지 예정기초율(위험률, 이자율, 사업비율)과 이윤 등을 감안하여 보수적(안정적)으로 책정한다.

이에 비해 현금흐름방식은 기존 3이원방식의 가격요소(예정기초율) 이외에 계약유지율, 판매량, 투자수익률(목표이익) 등 현금흐름에 영향을 주는 다양한 가격 요소를 반영하여 보험료를 산출하는 것이며, 기초율도 보수적 가정보다는 회사별 상황에 맞는 최적가정으로 책정한다.

또한, 현금흐름방식 보험료산출을 통해 보험회사는 상품개발의 자율성을 제고할 수 있고 보험소비자는 상품선택의 폭을 확대할 수 있다.

(5) 현금흐름방식의 기대효과

보험회사는 현금흐름방식을 통해 회사별 경험통계에 기초한 가정을 통해 상품의 기대이익 및 가격전략 등을 유연하게 반영할 수 있어 회사별 보험료를 차별화할 수 있다. 또한 현금흐름방식을 도입하면 금리시나리오, 금리변동에 따른 유지율 영향 등 가격요소를 정교하게 반영할 수 있어 다양한 옵션·보증이 부가된 보험상품 개발을 기대할 수 있다.

(6) 현금흐름방식(CFP)과 3이원방식의 보험료 산출방식 비교

① 현금흐름방식의 보험료 산출(Cash-Flow Pricing)체계는 보험상품에 영향을 주는 다양한 요인에 의한 미래 현금 유입과 유출을 예측하여 합리적인 가격의 책정과 적절한 준비금 등을 산출할 수 있도록 하는 방법이다.

② 기존의 3이원방식의 보험료 산출체계는 미래의 예정위험률, 예정이율, 예정사업비 가정만을 사용하여 보험료를 산출하는 방식이다.

- 3이원방식은 과거 컴퓨터 등 전산기술이 발달되지 못하여서 비교적 단순한 방법인 기수표를

이용하여 보험료를 산출하는 방식으로 시작되었다.

- 이는 보험가격에 영향을 주는 경제적, 비경제적 환경 변화 등 다양한 요소를 충분히 반영하지 못하는 한계점이 있어 보험 환경의 변화에 대한 적응성이 떨어진다.
③ CFP는 위험률, 이율, 해지율 등 보험가격 요소의 기간별 변동을 가정하여 동적인 미래의 현금흐름을 예측함으로써 3이원방식에 비해 보험상품에 보다 적합한 가격을 산출할 수 있다.
④ 3이원방식에서는 각 기초율에 마진의 개념을 포함하는 내재적인 마진 방식을 적용하는 것과는 달리, 현금흐름방식에서는 상품에 대한 종합적인 이익률(이익 마진, Profit Margin)이 반영되므로 원가와 마진을 정확하게 구분하여 관리한다.

■ 보험료 산출방식 비교

구분	3이원방식	현금흐름방식
가정종류	예정위험률, 예정이율, 예정사업비율	3이원 포함, 계약유지율, 해지율, 옵션, 판매량, 재보험 등 다양한 기초율 적용
가정적용	보수적인 표준기초율 가정	회사별 최적 가정
이익원천	이원별 이익	종합이익
수익성 분석	선택적	필수적
새로운 원가 요소반영	용이하지 않음	용이함
장점	3가지 예정기초율만을 적용하므로 보험료 산출이 비교적 간단	새로운 가격요소의 적용이 가능하여 정교한 보험료 산출 상품개발의 자율성 제고
단점	새로운 가격요소 적용이 불가능해 정교한 보험료 산출 곤란	산출방법이 복잡하고 전산시스템 관련 비용이 많음
사용국가	일본, 대만	미국, 캐나다, 호주, EU 등

출처: 생명보험협회 자료

(7) 2013년 4월 현금흐름방식(CFP: Cash Flow Pricing)의 전면 도입으로 인한 용어의 변경

변경 전(前)	변경 후(後)
부가보험료	계약체결 및 계약관리비용
신계약비	계약체결 비용
유지비	계약유지 비용(납입 중과 납입 후로 구분)
수금비	기타 비용

※ 영업보험료 = 순보험료 + 계약체결 및 계약관리비용
※ 순보험료 = 위험보험료 + 저축보험료
※ 계약체결 및 계약관리비용(사업비) = 계약체결 비용 + 계약유지 비용 + 기타 비용

제4절 / 영업보험료의 구성

　영업보험료(일반적으로 그냥 "보험료"라고 표현함)는 보험계약자가 실제로 보험회사에 납입하는 보험료를 말하며, 영업보험료는 순보험료와 계약체결 및 계약관리비용(부가보험료)로 구성되어 있으며, 순보험료는 위험보험료와 저축보험료로 구성되어 있고, 계약체결 및 계약관리비용(부가보험료)은 계약체결 비용(신계약비)과 계약유지비용(유지비), 기타비용(수금비 등)으로 구성되어 있다.

♣ 보험료 계산(산출)의 방식은 3이원방식과 현금흐름방식(CFP: Cash Flow Pricing)이 있는 데, 2013년 4월에 보험료 산출의 방식으로 현금흐름방식(CFP)이 도입되었으며, 현재 3이원방식의 보험료 산출 방식은 보험기간이 3년 이하인 단기상품에 한하여 사용할 수 있다.

　2013년 4월에 보험료 산출의 방식을 현금흐름방식(CFP: Cash Flow Pricing)으로 전면 도입하면서 보험료와 관련된 일부 용어가 변경되었으나, 보험기간이 3년 이하인 단기상품에 한하여 3이원방식의 보험료 산출방식도 사용하고 있으며, 그 동안 사실적으로 사용한 것을 감안하여 본서(本書)에서는 같이 혼용하여 사용하기로 한다. 보험료와 관련된 일부 용어가 변경된 것은 다음과 같다.

① 부가보험료 ⟶ (변경 後) 계약체결 및 계약관리비용
② 신계약비 ⟶ (변경 後) 계약체결 비용
③ 유지비 ⟶ (변경 後) 계약유지 비용(납입 중과 납입 후로 구분)
④ 수금비 ⟶ (변경 後) 기타 비용

♣ 영업보험료를 수식으로 표현하면 다음과 같다.

영업보험료 = 순보험료(위험보험료+저축보험료) + **계약체결 및 계약관리비용**(부가보험료)
※ 계약체결 및 계약관리비용(부가보험료) = 계약체결 비용(신계약비) + 계약유지 비용(유지비) + 기타비용(수금비)

♣ 영업보험료의 구성도는 다음과 같다.

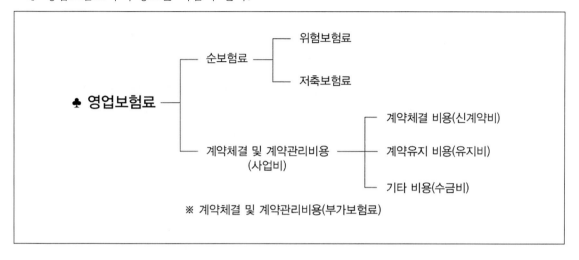

1. 순보험료

장래에 보험금 지급의 재원이 되는 보험료.

순보험료는 장래 보험금 지급 재원이 되는 보험료로서, 사고발생 위험률에 따라 계산된 **위험보험료**와 저축보험료 적립을 위한 **저축보험료**로 구성되며, **예정위험률(예정사망률)**과 **예정이율**의 두 가지 요소에 의해 계산된다. 또한, 대수의 법칙에 따라 예상평균사고발생률과 예상평균보험금에 의하여 산출한다.

♣ 순보험료 = 위험보험료 + 저축보험료

1) 위험보험료

사망보험금 · 장해급여금 등의 지급 재원이 되는 보험료(보험료 산출: 예정위험률).

사고발생 시 사망보험금 · 장해급여금 · 입원 · 수술 등의 보험금지급의 재원이 되는 보험료로서 이 보험료는 **예정위험률**에 따라 정하여 진다.

2) 저축보험료

만기보험금·중도급부금 등 지급의 재원이 되는 보험료(보험료 산출: 예정이율).

사고발생 시 만기보험금·중도급부금 등의 보험금지급의 재원이 되는 보험료로서 이 보험료는 **예정이율**에 따라 정하여 진다.

보험계약의 중도 해지 시에는 해지환급금의 재원이 되고, 한 번의 사고로 보험가입금액의 80%이상의 보험사고 없이 보험기간이 만료되었을 때에는 만기환급금 지급 재원이 되는 보험료이다.

저축보험료는 적용이율로 부리하여 책임준비금(만기환급금의 재원이 됨)으로 적립한다.

2. 계약체결 및 계약관리비용(부가보험료)

보험계약을 체결·유지·관리하기 위한 경비(사업비)의 보험료(보험료 산출: 예정사업비율).

계약체결 및 계약관리비용은 생명보험회사가 보험계약을 체결, 유지, 관리하기 위한 경비(계약체결 비용, 계약유지 비용, 기타 비용)에 해당되는 보험료로서, **예정사업비율**을 기초로 하여 계산된다.

계약체결 및 계약관리비용은 보험계약 및 유지관리에 필요한 사업비로서, 보험회사가 보험사업의 경영, 즉 보험계약의 모집 및 체결비용, 인건비, 유지관리 및 보험료의 수금, 그 밖의 사업비 등에 필요한 사업비로서 부가되는 보험료라고 하며 사용하는 용도에 따라 구분한다.

> ♣ 계약체결 및 계약관리비용(사업비) = 계약체결 비용 + 계약유지 비용 + 기타 비용
> ※ 부가보험료(사업비) = 신계약비 + 유지비 + 수금비

1) 계약체결 비용(신약계비)

♣ **계약체결 비용**: 신계약 체결에 필요한 제 경비(설계사 모집수당/증권발행비/진단비/인쇄비/전산비/판촉비 등).

보험회사가 신계약을 모집하는데 필요한 제경비로서 보통은 계약 초년도(1년)에만 적용하며 설계사 모집수당, 수수료, 증권발행 등의 신계약 체결에 필요한 제반 경비로 사용한다.

2) 계약유지 비용(유지비)

♣ **계약유지 비용**: 회사 및 계약유지, 자산운용 등에 필요한 제 경비(인건비/임차비 등).

보험계약을 유지·관리하는데 소요되는 제경비로서 점포 유지비, 내근직원 인건비, 물건비 등의 재원이 된다.

3) 기타 비용(수금비)

♣ **기타 비용**: 보험료 수금에 필요한 제 경비(수금수당, 자동이체 수수료 등).

계속보험료 수금에 필요한 제경비로서 2회 이후 계속보험료 수금비의 재원이 된다.

3. 중도 해약 시 손해를 보는 이유

보험의 종류는 크게 나누면 보장성 보험과 저축성 보험이 있는데 보험료의 구성이 서로가 다르다. 보험료의 구성에서 보험기간 중에 중도 해약 시 손해를 보는 이유를 알 수 있는데 다음과 같다.

1) 보장성 보험을 해약 시에 손해를 많이 보는 이유

보장성 보험은 만기 생존 시 지급되는 급부금의 합이 납입한 보험료 총액을 초과하지 않아야 된다. 따라서 순보험료 중 위험보험료의 비중이 매우 높다. 따라서 중도 해약 시에 저축보험료만 환급받게 되므로 손해를 많이 보게 된다.

예를 들면, 보험료를 총 500만 원 납입한 사람이 교통사고로 사망하여 사망보험금 1억을 받게 된다면 보험사는 수많은 고객들의 위험보험료를 모아서 1억 원을 지급하게 되는 것이다.

그러나 보험기간 중에 보험사고가 없어 보상을 받은 보험금은 없으나 보장은 받았기 때문에 보험의 본래 목적의 좋은 점은 있다. 도표로 표시하면 아래와 같은 형태이다.

위험보험료	저축보험료	부가보험료

2) 저축성 보험을 해약 시에 손해를 작게 보는 이유

반면에 저축성보험은 저축보험료가 차지하는 비중이 높다. 따라서 이런 저축성보험은 중도 해약 시 보장성보험에 비해 환급액이 높아 손해를 보는 금액이 적다. 도표로 표시하면 아래와 같은 형태이다.

위험보험료	저축보험료	부가보험료

제5절 / **생명보험회사의 수익구조 및 배당금**

1. 생명보험회사의 수익구조 및 손익

생명보험회사 수익구조의 3대 이원은 사차익(위험률차익), 이차익(이자율차익), 비차익(사업비차익) 등이 있다.

1) 사차익(위험률차익)

실제사망률이 예정사망률보다 낮은 경우에는 보험회사에 남게 되는 이익이다.

즉, 실제위험률이 보험료 산출의 기초가 된 예정위험률보다 낮은 경우에 발생하는 이익을 말하며,

반대의 경우는 사차손이라 한다.

♣ 사차익(손) = 예정위험률과 실제위험률(손해율) 간의 차이이다. 식으로 표현하면 다음과 같다.

> 위험률차익(손) = 예정위험률 - 실제위험률

2) 이차익(이자율차익)

예정이율에서 예측하였던 운용수익보다 실제이율에 의한 운용수익이 많을 경우에 발생하는 이익이다.

즉, 자산운용에 의한 실제수익률이 예정이율보다도 높은 경우에 생기는 이익을 이자율차익이라 말하며, 반대의 경우를 이자율차손으로 말할 수 있다.

♣ 이차익(손) = 예정이율과 실제이율(투자수익률) 간의 차이이다. 식으로 표현하면 다음과 같다.

> 이자율차익(손) = 예정이율 - 실제이율(실제수익률)

3) 비차익(사업비차익)

생명보험 경영에서, 보험료 수입 가운데 경비 충당 부분이 실제로 지출한 경비보다 많을 경우에 발생하는 이익이다.

즉, 실제의 사업비가 예정사업비보다 적은 경우에 생기는 이익이다. 반대의 경우는 손실이 발생하며, 이를 사업비차손이라 한다.

♣ 비차익(손) = 예정사업비와 실제사업비간 차이이다. 식으로 표현하면 다음과 같다.

> 사업비차익(손) = 예정사업비(계약체결 및 계약관리 비용) 총액 - 실제사업비 총액

2. 생명보험회사의 배당금

1) 배당금의 의의

보험회사는 유배당 보험계약에 대하여 잉여금이 발생할 경우 잉여금의 일정 비율을 계약자배당준비금으로 적립하였다가 이를 보험계약자에게 배당금으로 지급하게 된다.

과거에는 모든 생명보험회사가 동일한 배당률을 적용하여 배당금을 지급하였으나, 2000년 4월 부터 보험가격 자유화가 시행됨에 따라 완전 자유화되었다. 또한 2002년 3월 부터는 사전에 배당재원(위험률차, 이자율차, 사업비차 배당준비금)을 적립한 회사에 한하여 계약자배당을 실시하는 선적립 후배당의 체계로 변경되었다.

2) 배당금 지급방법

배당금은 보험업감독규정에서 정하는 일정한 기준에 의하여 보험회사의 경영성과에 따라 보험계

약자에게 배당하도록 되어 있으며 배당금의 지급 방법은 다음과 같다(「보험업감독규정」 제6–14조 제9항).

① 현금지급방법

배당금이 발생할 때마다 계약자에게 현금으로 지급하는 방법이다.

② 적립방법(보험금 또는 중도 환급금 지급 시 지급방법)

계약이 소멸할 때까지 또는 보험계약자로부터 청구가 있을 때까지 배당금을 보험회사에 적립해 두었다가 보험금 또는 각종 환급금에 더하여 지급하는 방법이다.

③ 보험료 상계방법

계약자가 납입해야 하는 보험료를 배당금으로 대신 납부(상계)하는 방법이다.

④ 연금보험에 대한 배당금 지급방법

개인연금 및 연금저축보험a) 보험의 계약자 배당금은 생명보험회사가 정하는 이율b)로 부리하여 계약 소멸 시 또는 연금개시 이후 연금에 증액하여 지급한다.

　a) 조세특례제한법 제86조 및 제86조의2의 규정에 의한 연금보험계약

　b) 직전 회계연도의 평균공시이율과 같거나 높은 이율

3) 유배당보험과 무배당보험

① 유배당(有配當) 보험

위험률차익, 이자율차익, 사업비차익에 의해서 발생한 배당금을 보험계약자에게 환급하는 보험이다.

② 무배당(無配當) 보험

무배당보험은 계약자배당을 실시하지 않는 보험상품으로 계약자에게 배당금을 지급하지 않는 대신 보험료를 계산 시에 미리 배당을 감안하여 실제 경험률과 비슷하게 설정하여 보험료를 할인하고 있다. 무배당상품의 경우 유배당상품에 비해 보험료가 비교적 저렴하다.

즉, 보험계약자에게 배당금에 대한 환급금이 전혀 없는 보험이며, 보험료가 유배당상품 보다 많이 싸다. 보험료 산정의 기초가 되는 예정사망률, 예정이율, 예정사업비율의 안전도를 가능한 축소하여 보험료를 저렴하게 하는 대신 계약자배당을 하지 않는 보험을 말한다. 현재는 일부 연금저축보험을 제외하고는 거의 모든 보험상품이 무배당상품이다.

③ 현재 판매되는 보험상품의 유형: 무배당(無配當) 보험

우리나라의 보험회사는 2000년 이전에는 거의 대부분이 유배당 보험상품을 판매하는데 주력을 했으나, 2000년대 초부터 다양한 형태의 무배당 보험상품을 판매하는데 노력하였으며, 2010년대 초 이후 무배당 보험상품이 보험시장에서 많이 활성화되어서 현재는 거의 무배당 상품만을 판매하고 있는 현실이다.

4) 보험안내 자료상 배당에 대한 예상의 기재금지와 예외

① 보험업법은 보험모집을 위해 사용하는 보험안내자료에 보험회사의 장래 이익배당 또는 잉여금 분배에 대한 예상을 기재하지 못하도록 규정하고 있다(보험업법 제95조 제3항 본문).

② 이는 장래 이익의 발생 정도에 따라 달라지는 불확실한 배당을 과장되게 기재함으로써 발생할 수 있는 모집질서 혼란과 과당 경쟁을 방지하기 위한 것이다.

③ 그러나 보험상품에 따라서는 보험계약자의 상품에 대한 이해를 돕기 위해 과거의 배당 실적과 이를 토대로 한 장래의 배당 예상액을 밝혀야 할 필요도 있으므로 보험업법은 보험계약자의 이해를 돕기 위하여 금융위원회가 필요하다고 인정하는 경우에는 예외를 두고 있다(보험업법 제95조 제3항 단서).

④ 이에 따라 계약자배당이 있는 연금보험의 경우 직전 5개년도 실적을 근거로 장래의 계약자배당을 예시할 수 있으나 보험계약자가 오해하지 않도록 장래의 계약자배당금액은 예상 금액이므로 실제 금액과 차이가 있을 수 있음을 명시 하여야 한다(보험업감독규정 제4-34조 제3항).

제6절 / 생명보험회사의 책임준비금

1. 책임준비금(責任準備金, Liability Reserve)의 개념

책임준비금은 '보험계약자준비금'이라고도 하는데, 이것은 **생명보험회사가 보험계약에 대한 장래의 보험금지급의 책임을 완전히 완수할 수 있도록 적립하는 준비금의 금액이다.**

즉, 보험회사가 계약자 또는 보험수익자에 대하여 장래에 지급하는 보험금, 환급금, 배당금 등을 충당하기 위하여 계약자로부터 받은 순보험료의 일부를 적립해 놓은 금액을 책임준비금이라 한다.

책임준비금은 보험회사 입장에서는 부채에 해당하며 이 중 일부(보험료적립금 등)는 고객의 몫으로 계약해지 시에 지급되는 해지환급금의 기준이 된다.

이 책임준비금은 대단히 중요한 것으로서 보험사업의 건전한 운영을 위하여 보험업법 및 동 시행 규칙에서 책임준비금의 적립에 관하여 규정하고 있다.

우리나라의 보험업계는 2021년에 도입한 국제회계기준(IFRS17)이라는 회계기준변경에 따라 자기 자본을 확충하기 위해 고군분투하고 있다.

새 회계기준에 의하면 보험 상품의 판매로 예상되는 만기보험금 지급의 재원 및 사망보험금 지급의 재원, 해약환급금, 기타 등 미래 손실을 즉시 인식해야 함에 따라 책임준비금을 충분히 더 쌓아야 한다.

책임준비금이란 보험사가 예상치 못한 손실(해약환급금, 보험금 지급, 기타)이 발생할 경우 이를 보전해 지급할 수 있는 능력이다.

보험회사의 재무건전성을 나타내는 측정지표인 RBC비율(risk based capital.지급여력비율)이 중요해졌다. 만약 RBC비율이 200%라면 파산 위험을 2번 넘길 능력이 있다는 이야기이고, 100% 이하라면 파산가능성이 높아 보험료를 떼일 염려가 있는 것이다.

2. 책임준비금의 개요

순보험료 중 만기보험금 지급의 재원이 되는 생존보험의 보험료에 해당하는 부문(저축보험료 부문)은 만기까지 지급의 필요가 없기 때문에 그때까지 적립해서 이자를 불려 나가지 않으면 안 된다.

또한, 사망보험금의 재원이 되는 부문(위험보험료 부문)도 평준화되고 있기 때문에 보험기간의 전반에서 잉여부문은 후반에서의 부족을 보충하기 위해서 적립해 나가지 않으면 안 된다.

이와 같이 생명보험회사에 납입되는 보험료 중 순보험료 부분에 대해서는 그 연도에 사망보험금 지급에 쓰이고 난 후, 나머지는 장래의 사망 및 만기보험금 지급을 위해서 적립해야 할 금액으로 이 금액의 누적금액을 책임준비금이라 한다.

보험의 궁극적인 목적은 보험사고 발생 시 보험수익자에게 보험금을 지급하는 것에 있다.

책임준비금은 보험회사가 계약자에 대한 보험금을 지급하기 위해 보험료의 일정액을 적립시키는 금액이다. 책임준비금은 그 성격상 은행의 지급준비금과 비슷하지만, 지급준비금은 은행이 자율적으로 사용할 수 없는 반면 책임준비금은 보험사가 사내유보나 자산운용준칙에 따라 마음대로 사용할 수 있다.

그러나 책임준비금은 보험회사의 손익에 직접적인 영향을 주기 때문에 매 결산기마다 계약종류별로 책임준비금을 산출하도록 법률로 정하고 있다. 적립방법으로는 순보험료식과 해약환급금식(질메르식)이 있는데, 계약자의 안전 확보를 위해 매년 일정액을 적립토록 하는 순보험료식이 원칙이다.

그러나 현실적으로 계약 첫해에는 보험증권 제작비, 수당, 검진수수료 등이 많이 지출되므로 계약 초기에 사업비를 앞당겨 쓰고 부족해진 금액은 계약 만기 시까지 점차 채우도록 하는 해약환급금식이 혼용되고 있다. 해약환급금식은 순보험료보다 적립금액이 적지만 중도해약자에게 돌아가는 환급금은 차근차근 쌓아놓는 방식이다.

3. 책임준비금의 형태

생명보험에서의 책임준비금은 두 가지 형태로 나누어 생각할 수 있다.

1) 보유계약에 있어 실효, 부활이나 미지급보험금(지급비금) 등을 감안하지 않은 이상적이고 이론적인 금액을 보험년도 기준으로 적립하는 준비금(보험년도 책임준비금)으로 보험료적립금과 미경과 보험료를 말한다.

2) 보험사업년도말 현재 결산을 위하여 현실적이고 실제적인 금액을 사업년도 기준으로 적립하는 준비금(사업년도 책임준비금)으로 보험료적립금, 미경과보험료, 지급준비금 등을 말한다.

4. 지급여력비율 의의 및 활용도

보험회사가 가입자에게 보험금을 제때에 지급할 수 있는지를 나타낸 것으로 보험회사의 경영 상태를 판단할 수 있는 지표로, 보험회사는 100% 이상의 지급여력비율을 유지하여야 한다.

> **보험업법시행령 제65조(재무건전성 기준)**
> 보험사는 만기 시 계약자에게 지급해야할 금액이나 계약자의 보험금 지급 요청에 대비해 회사 내부에 금액을 준비해야 한다.
> 이러한 금액을 [책임준비금]이라고 하는데, 이에 대해 회사가 실제로 지급할 수 있는 금액이 얼마나 되는가를 나타낸 것이 [지급여력비율]이다.

5. 책임준비금의 구성

보험회사가 적립하는 책임준비금은 주로 보험료적립금으로 구성되며, 그 외에도 미경과보험료적립금 및 지급준비금, 계약자배당준비금, 기타 등으로 각각 구분하여 적립한다.

1) 보험료적립금

보험료적립금은 매 회계연도 말 현재 유지되고 있는 계약에 대하여 장래의 보험금 등의 지급을 위해 적립하는 금액을 말한다. 책임준비금의 대부분(90% 이상)은 보험료적립금이 차지하고 있어 통상 책임준비금이라 하면 보험료적립금을 말한다.

2) 미경과보험료적립금

미경과보험료적립금은 납입기일이 당해 사업연도에 속하는 수입보험료 중에서 사업연도 말 현재 위험보장기간이 경과하지 않은 보험료를 말한다. 보험료 납입주기가 1개월을 초과할 경우에 발생한다(3월납, 6개월납, 연납, 일시납 등).

3) 지급준비금

지급준비금은 사업연도 말 현재 보험금 등의 지급사유가 발생한 계약에 대하여 지급하여야 하거나 지급하여야 할 것으로 추정되는 금액 중 아직 지급하지 아니한 금액을 말한다.

즉 사업연도 결산일 이전에 보험사고가 발생하였으나 보험금·환급금·계약자배당금에 관한 분쟁 또는 소송이 계류 중인 금액이나 보험금 지급금액이 확정되지 않은 경우에 대비하여 적립하는 추정 지급금액을 말한다.

4) 계약자배당준비금

계약자배당준비금은 법령이나 약관 등에 의하여 계약자에게 배당할 목적으로 적립하는 금액이다. 계약자배당준비금은 금리차보장준비금, 위험율차배당준비금, 이자율차배당준비금, 사업비차배당준비금, 장기유지특별배당준비금, 재평가특별배당준비금으로 구분한다.

5) 계약자이익배당준비금

계약자이익배당준비금은 장래에 계약자배당에 충당할 목적으로 계약자배당준비금 외에 추가적으로 적립하는 것으로서 법령이나 보험약관에 의해 영업성과에 따라 총액으로 적립하는 금액을 말한다.

6) 배당보험손실보전준비금

배당보험손실보전준비금은 배당보험계약의 손실을 보전하기 위해 적립하는 준비금으로 배당보험계약에서 손실이 발생할 경우 우선적으로 손실보전에 사용한다.

7) 재보험료적립금

재보험료적립금은 보험계약을 수재한 경우에 수재부분에 대한 책임준비금을 재보험료적립금의 과목으로 적립한 것이다.

8) 보증준비금

보증준비금은 보험금 등을 일정수준 이상으로 보증하기 위해 장래 예상되는 손실액 등을 고려하여 적립하는 금액으로, 주로 변액보험의 최저연금적립금 보증(GMAB), 최저사망보험금 보증(GMDB), 최저중도인출금 보증(GMWB), 최저종신중도인출금 보증(GLWB) 등을 평가대상으로 한다.

6. 책임준비금 적립방식

생명보험회사가 장래의 보험금 지급을 위해 책임준비금을 적립하는 방법에는 크게 순보험료식과 질멜식 및 해약환급금식 등이 있다.

1) 순보험료식 책임준비금

순보험료식은 사업비[특히 신계약비(계약체결비용)]에 관한 것을 일체 고려하지 않고 책임준비금을 적립하는 방법이다. 즉 순보험료 중 위험보험료는 위험보험금의 충당에, 저축보험료는 보험료적립금의 충당에 사용하여 책임준비금을 준비하는 방법으로 보험계약 초기에 소요되는 신계약비(계약체결비용) 재원을 과거 계약의 사업비재원으로 충당한다는 개념이다.

순보험료식 책임준비금 적립방식은 초년도에 신계약비(계약체결비용) 지출로 인한 비용 부담이 크지만 책임준비금을 두텁게 적립하는 장점이 있다. 그러나 계약자 입장에서는 계약자배당 규모가 축소되거나 배당시기가 지연될 수 있는 적립방식이다.

2) 질멜식 책임준비금

보험계약의 특성상 보험계약 초년도에 신계약비(계약체결비용) 지출이 많아 계약체결 및 계약관리비용(부가보험료)만으로는 절대액이 부족하게 된다. 이때 추가적으로 필요한 신계약비(계약체결비용)를 순보험료 부분에서 대체하여 사용하고 차년도 이후의 계약체결 및 계약관리비용(부가보험료)로 이를 대체하는 것을 질멜식이라고 한다.

질멜식 책임준비금은 순보험료식 책임준비금에 비해 계약 초기에 책임준비금 적립규모가 작다.

질멜식 책임준비금은 초년도에 대체한 신계약비(계약체결비용)를 상각하는 기간에 따라 전기질멜식과 단기질멜식으로 구분된다. 전기질멜식은 초기에 초과 사용한 신계약비(계약체결 비용)를 보험료 납입 전(全)기간에 걸쳐 상각하는 방식이고, 단기질멜식은 초기에 대체하여 사용한 신계약비(계약체결비용)를 일정기간 내에 상각하도록 하는 방식이다.

3) 해약환급금식 책임준비금

보험계약자가 보험계약의 해약을 청구하거나, 보험료 납입이 일정한 유예기간을 경과하고도 이루어지지 않는 경우 보험회사는 해약환급금을 지급하고 보험계약은 종료된다. 해약환급금식 책임준비금은 이러한 해약환급금을 책임준비금으로 적립하는 방법이다.

해약환급금은 순보험료식 보험료적립금에서 일부 금액(미상각신계약비 등)을 공제하고 지급하므로, 일반적으로 해약환급금식 책임준비금은 순보험료식 책임준비금보다 작다.

제7절 / 보험약관(保險約款)

♣ 보험약관이란 **보험회사가 보험계약의 내용에 대해 미리 정해놓은 표준적인 계약조항**을 말한다. 보험계약은 보험회사가 불특정다수를 상대로 같은 내용의 계약을 반복적으로 체결하므로 보험회사는 미리 정해놓은 약관을 제시하게 되며 상대방이 이를 승인함으로써 성립된다.

생명보험표준약관(이하 "약관")은 「보험업감독업무시행세칙」 별표 15에서 정하고 있으며, 동 표준약관이 생명보험 상품 약관의 기준이 되고 있으므로 세부적인 내용은 표준약관을 참조하면 된다.

1. 보험약관의 종류

1) 보통약관(General Conditions)

보험자가 같은 위험을 대상으로 하는 수많은 보험계약을 맺기 위하여 보험계약의 공통적인 표준 사항을 보험자가 미리 작성하여 놓은 정형적(定型的) 계약조항이다. 즉, 보험회사가 일반적·보편적·표준적인 계약조항을 미리 작성해 두고 있는데 이를 보통약관이라 한다.

2) 특별약관(Special Conditions, 특약)

주계약(보통약관)에 부가(추가)하여 보험계약(판매)을 하는 계약 조항이며, 이를 특약이라고 한다. 이는 보험계약을 체결 시에 당사자가 보통보험약관의 특정 조항을 변경하거나 이를 보완 또는 배제하는 계약조항을 특별보험약관이라고 한다. 즉, 계약당사자의 특별한 요청에 따라 보통약관의 내용을 일부 보완 또는 변경하거나 특정 위험을 선택적으로 가입할 때 사용되는 약관으로서, 보통약관에서 면책한(보험회사가 책임지지 아니하는) 위험을 특별약관에서 담보(보장)하는 경우가 가장 대표적이다.

> ■ **특약의 종류**
> ① **의무특약**: 주계약에 포함되어 의무적으로 반드시 가입해야 하는 특약. 임의로 삭제하거나 변경이 불가능하다(고정부가 특약).
> ② **선택특약**: 계약 시 계약자의 필요에 의해 선택이 가능한 특약. 계약한 후에도 추가로 가입이 가능하다.
> ③ **제도성특약**: 주계약의 보장내용이나 적용방식 따위를 보완하거나 규정하는 특약. 보험료의 부담이 없다.

2. 보험약관의 기능

1) 대량·반복적인 거래의 신속·간편·합리적인 처리로 거래 비용을 절감한다.
2) 서비스에 대한 급부 내용 등을 명백히 함으로써 소비자의 선택에 필요한 정보를 제공한다.
3) 보험계약 당사자의 권리·의무를 구체적으로 명시하여 거래의 원활화 도모 및 분쟁을 방지한다.
4) 모든 계약자에게 동일한 거래 조건을 적용하여 소비자간 평등대우의 원칙을 유지한다.

3. 보험약관의 기본요건

1) 보험계약 당사자 간의 공평성을 확보한다.
2) 해석의 폭이 생기지 않도록 명확한 내용으로 규정한다.
3) 거래의 실태와 약관 규정을 일치시킨다.
4) 이해하기 쉽게, 즉 전문적인 법률용어를 피하고, 약관 전체를 간결하게, 조항의 중요도에 따른 배열을 한다.
5) 소비자를 위해 약관내용에 대한 적합한 명시(예시)를 한다.

4. 보통약관의 기재사항

1) 보험금 지급사유.
2) 보험회사의 면책사유.
3) 보험회사의 의무 범위를 정하는 방법과 그 이행시기.

4) 보험계약자나 피보험자가 그 의무를 이행할 시기와 미이행 시 그 손실.

5) 보험계약의 무효(원인).

6) 보험계약의 일부 또는 전부의 해지 원인과 해지 시 당사자의 권리·의무.

7) 보험계약자, 피보험자, 보험금 수취자가 이익 또는 잉여금 배당을 받을 경우 그 범위.

5. 보험약관의 필요성

보험제도는 그 사회성·공공성에서 볼 때에 사회적·경제적으로 보험자에 비하여 약자의 위치에 있는 보험가입자의 이익을 보호하기 위한 국가의 관리 감독이 필요하며, 이를 실현하기 위해서는 보험제도나 보험계약에 관한 사항을 전문적으로 알고 있는 보험자가 보험계약의 내용에 관한 일반적·표준적인 조항인 약관을 작성하게 하고 행정기관이 이를 인가·관리 감독하는 것이 합리적이므로 이와 같은 취지에서 보험약관이 필요한 것이다.

6. 보험약관 규제의 필요성

약관은 기업의 경영과 영업을 합리화하여 대량 거래를 신속하게 처리하고 법률관계를 상세히 규정하여 당사자 간의 분쟁을 예방하는 등 여러 가지 긍정적인 기능을 갖는 것은 부정할 수 없는 사실이나 한편으로 기업 등이 그들의 거래상의 우월인 지위를 이용하여 거래상의 위험을 경제적 약자(弱者)인 고객에게 전가(轉嫁)하는 등 여러 가지 문제점을 안고 있다.

즉 보험약관은 계약 내용 및 조건이 보험자 측의 입장에서 작성되므로, 자칫 경제적 약자이면서 비전문가인 계약자 등의 권리가 쉽게 침해(侵害)될 수 있다.

일반 계약자는 보험약관의 내용의 결정에는 직접 개입할 수 없는 입장이고, 이러한 까닭에 보험약관에 대해서는 입법적·행정적·사법적 통제가 가해지고 있다.

7. 약관에 대한 규제

1) 입법적 규제

(1) 불이익변경금지의 원칙(상법 제663조)

상법 보험편은「이 편의 규정은 당사자 간의 특약으로 보험계약자 또는 피보험자나 보험수익자의 불이익으로 변경하지 못한다」고 하여 불이익변경금지의 규정을 두고 있다.

상법상『불이익변경금지의 원칙』은 상대적 강행규정으로서 이에 위반하는 약관 조항은 비록 주무관청의 인가를 받은 경우에도 무효가 되어 그 효력이 없다.

(2) 약관의 교부·설명(상법 제638조의 3)

보험자는 보험계약을 체결할 때에 보험계약자에게 보험약관을 교부하고 그 약관의 주요 내용을 알려주어야 한다」고 하여 보험자의 보험약관의 교부·설명의무를 규정하고 있다.

또한, 동조 2항에서는 「보험자가 이 의무를 위반한 때에는 보험계약자는 보험계약이 성립한 때로부터 3월 이내에 그 계약을 취소할 수 있다」고 함으로써 보험자의 약관의 교부·설명의무의 이행을 촉구하고 있다.

(3) 약관규제법상의 제규제

약관 규제법은 사업자가 그 거래상의 지위를 남용하여 불공정한 내용의 약관을 작성하여 통용하는 것을 방지하고, 불공정한 내용의 약관을 규제하여 건전한 거래 질서를 확립함으로써 소비자를 보호하고 나아가 국민생활의 균형 있는 향상을 도모함을 목적으로 제정된 법이다.

2) 행정적 규제

보험사업은 다수의 보험가입자로부터 위험을 인수하여 그 대가로서 보험료를 받아 이를 관리 또는 운영하고, 보험가입자에게 우연한 사고가 발생한 때에 보험금을 지급하여 주는 것을 내용으로 하는 사업인 바, 이러한 보험사업은 어떠한 사업에 있어서보다 공공의 이익(public interest)과 밀접한 연관을 갖고 있어 보험 거래의 건전성을 유지하고 보험계약자를 보호하기 위하여 보험감독의 필요성이 부각된다.

(1) 보험감독기관의 약관의 규제(보험업법 제5조, 제7조)

보험사업의 허가를 받고자 하는 자는 신청서에 보험약관을 첨부하여 기획재정부장관에게 제출하여야하고, 약관 변경의 경우에도 금융감독위원회의 인가를 받아야 한다(보험업법 제5조, 제7조).

이는 보험사업의 공공성과 불특정 다수인인 보험계약자등에게 미치는 영향을 고려하여 기초서류의 변경 등 중요사항은 인가를 받도록 규제한 것이다.

(2) 보험감독기관의 기초서류의 변경권(보험업법 제16조)

금융감독위원회는 보험사업에 대하여 그 업무 및 재산상황 기타 사정의 변경에 의하여 필요하다고 인정하는 때에는 기초 서류의 변경을 명할 수 있다.

3) 사법적 규제

법원은 약관의 해석과 적용에 대한 최종적 판단을 행한다. 법원은 약관의 내용이 불공정하거나 강행법규 또는 선량한 풍속 기타 사회질서에 어긋나는 경우 약관 자체를 무효로 처리한다.

법원의 약관 효력에 대한 사법적 판단은 향후 약관해석 및 적용의 일반원칙이 되며, 현재 약관 해석의 제원칙들은 법원에서 주로 인정된 해석의 원칙이기도 하다.

8. 보험약관 해석의 원칙

보험계약 시에 보험약관은 보험자가 작성하기 때문에 소비자에게 불합리하게 적용될 여지가 있다. 또한 약관의 해석에 따라서 내용이 달라질 수 있기 때문에 약관의 해석에 대한 원칙이 존재한다.

약관은 또한 입법적, 행정적, 사법적으로 규제를 받는다. 약관에 대한 규제의 관한 법률, 보험 분쟁 시의 재판, 약관의 대한 심사 등의 여러 가지로 규제, 제제를 받을 수 있다.

보험약관은 일반적으로 보험회사 측에 의하여 작성된 것으로 보험계약자에게 불리한 내용이 되지 않도록 변경 시 금융위원회에 미리 신고해야 하며, 다음과 같은 해석원칙이 지켜져야 한다.

(1) 신의성실의 원칙

약관은 신의성실의 원칙에 따라 공정하게 해석되어야 한다는 원칙이다.

당사자 간의 의사보다는 법률의 법해석 원칙에 따라 해석해야 한다는 것으로 신의성실의 원칙에 반하는 내용의 개별약정 등은 무효가 된다. **약관 해석의 원칙 중 가장 으뜸가는 원칙에 해당한다.**

(2) 개별약정우선의 원칙

약관에서 정하고 있는 사항과 관련하여 보험자와 보험계약자가 약관의 내용과 다르게 약정(합의)한 사항이 있을 경우에는 그 합의한 사항이 약관에 우선한다는 원칙이다.

약관 규제법은 개별약정우선의 원칙에 관하여 "약관에서 정하고 있는 사항에 관하여 사업자와 고객이 약관이 내용과 다르게 합의한 사항이 있을 때에는 당해 합의 사항은 약관에 우선한다."고 규정하고 있다. 즉, 고객과 기업이 설사 약관에 의하여 계약을 체결하였다 하더라도 일부분에 개별 약정이 있었다면 개별 약정을 우선적으로 계약의 내용으로 하고 약관은 이에 상반되지 않는 부분에 한해서 채용한다는 원칙을 말한다.

(3) 객관적해석의 원칙

보험계약자의 상황, 사정, 이해 수준 등을 고려하지 않고 일반적인 수준으로 객관적으로 해석해야 한다는 원칙이다. 즉, 계약 당사자의 개별적 사항, 사정, 약관 이해 가능성 등을 고려하지 아니하고 평균적 고객의 이해 가능성을 기준으로 객관적, 획일적으로 해석해야 한다는 원칙이다.

(4) 작성자불이익의 원칙

약관의 내용이 모호하여 그 뜻이 명확하지 아니한 경우에는 작성자에게 불리하게 해석해야 한다는 원칙이다.

이처럼 약관은 공정하게 해석되어야 하며, 보험회사가 잘못 작성한 약관의 내용은 주장할 수가 없다. 또한 약관의 뜻이 명백하지 아니한 경우, 고객(계약자, 피보험자)에게 유리하게 해석되어야 한다.

(5) 축소해석의 원칙

사업자에게는 이익이 되고 고객에게는 부담이 되는 약관의 조항은 그 범위를 좁게 해석해야 한다는 원칙이다. 사업자에게 이익이 되고 고객에 부담이 되는 약관의 규정이란 구체적으로 "~한 경우에는 사업자에게 책임이 없다"라든지, "~한 경우에는 고객은 사업자에게 손해배상을 청구할 수 없다" 등의 약관 조항을 말한다. 이러한 ~한 경우는 가급적 그 범위를 좁게 해석해야 공평할 것이기 때문이다.

(6) 기타의 원칙

① 계약당사자 의사 우선의 원칙

약관을 해석할 때는 우선 계약당사자의 의사가 우선적으로 고려되어야 한다.

② 보통의미의 해석원칙

보험약관의 문언은 평이한 보통의 의미로 이해되어야 한다.

③ 동종제한의 원칙

약관 중의 일반 문언은 그것에 선행하는 열거사항과 동종의 사항만을 지칭하는 것으로 해석한다.

④ 수기우선의 원칙

필서와 인쇄가 모순되는 경우 필서가 우선하여 효력을 갖는다.

⑤ 유효해석의 원칙

2가지 의미를 가지는 자구는 보험약관을 유효하게 하는 방향으로 해석되어야 한다.

■ 약관의 변경과 소급효란?

변경약관의 소급효란 약관이 변경된 경우 이미 체결된 보험계약에 대해서도 장래에 한하여 그 변경의 효력을 미치게 하는 것을 말한다. 보험약관이 변경된 경우라도 당사자의 합의가 없는 한 기존의 보험약관에 대해서는 아무런 영향을 미치지 않는 것이 원칙이다. 그러나, 금융위원회에 약관의 변경을 신고할 때 보험계약자 또는 피보험자의 이익을 보호하기 위하여 필요하다 인정한 때에는 이미 체결된 종전의 보험계약에 대해서도 장래에 향하여 변경된 약관의 효력을 미치게 할 수 있다.

제8절 / 보험계약(損害保險契約)의 특성과 법적 성질

1. 보험계약(保險契約, contract of insurance)의 정의

보험계약(保險契約)은 당사자의 일방(보험계약자)이 약정한 보험료를 지급하고 상대방(보험자)이 재산 또는 생명이나 신체에 관하여 불확정한 사고가 생길 경우에 일정한 보험금액 및 기타의 급여(給與)를 지급할 것을 약정함으로써 효력이 생기는 계약이라고 정의한다.

즉, 보험자가 상대방인 보험 계약자로부터 보험료를 받고 보험 계약자에게 사고가 발생하였을 때 약관에 따라 일정한 금액을 지급할 것을 약정하는 계약이다.

그러나 이러한 추상적 정의로써 반드시 구체적인 유사한 성질의 계약을 구별할 수 있을 것인가 하는 비판도 있다. 보험계약은 보험계약자의 청약과 보험자의 승낙으로 서로 대립되는 의사표시의 합치로 성립하는 법률 행위를 말한다. 즉, 계약은 효력이 발생함을 뜻한다.

보험계약자가 약정한 보험료를 지급하고 상대방의 재산 또는 생명이 신체에 관하여 불확정한 사고가 생길 경우에 보험회사가 일정한 보험금액과 기타의 급여를 지급할 것을 약정함으로써 효력이 생기는 계약이며, 보험계약자의 청약과 보험회사의 승낙으로 성립되는 법률행위를 말한다.

즉, 생명보험계약은 보험회사가 보험계약자로부터 보험료를 받고 피보험자의 생명(사망, 생존, 사망과 생존)에 관하여 우연한 사고(보험사고)가 생길 경우에 약정한 보험금을 지급하는 것을 약속하는 계약을 의미한다고 할 수 있다.

생명보험계약은 사람의 생사에 관한 보험사고가 발생한 경우 약정한 금액을 지급한다는 점이 손해보험계약과 가장 큰 차이점이라고 할 수 있다.

■ 생명보험계약과 손해보험계약의 비교

구분	생명보험계약	손해보험계약
보장대상	사람의 생존, 사망	재산상의 손해
주된 보상원칙	정액보상	실손보상
보험기간	장기, 종신	단기, 확정기간
취급회사	생명보험회사	손해보험회사

출처: 생명보험협회 자료

2. 보험계약(保險契約)의 특성

1) 미래지향적 계약

(1) 보험은 다른 상품 및 서비스와 달리 미래의 손실을 전보하며 효용을 발휘한다.

(2) 미래적 효용에 대한 이해도가 필요하며 보험 마케팅의 어려움이 있다.

(3) 하지만 보험의 현재적 효용에 대한 이해도 필요하며 미래의 불확실성을 보험 상품에 전가한다.
   → 자신감, 효율성 상승함.

(4) 미래적 효용과 현재적 효용을 모두 이해가 필요하며 보험 상품의 성격에 대한 깊은 이해가 필요하다.

2) 우연적 계약

(1) 보험은 확실한 미래의 손실을 전제로 하지 않는다.

(2) 손실 발생의 우연성을 전제로 하는 우연적 계약이다.

(3) 손실이 일어나지 않아 손실을 전보 받지 않는 것이 최선의 상황이다.
   → 손실의 전보 외에도 보험 계약이 주는 효용이 많다.

(4) 대부분이 우연적 손실에 대한 인식이 낮다.

3) 서비스 계약

(1) 보험 상품의 태생적인 어려움이 있어 이해를 돕고 효용을 높이기 위한 여러 가지 서비스들을 제공한다.

(2) 위험 전가라는 보험의 주된 효용 외에 서비스를 통해 효용을 제공한다.

    예) 배상 책임 보험

(3) 보험에 병행되는 서비스의 질이 보험 계약의 질을 결정한다.

4) 리스크 계약

(1) 재무적 손실의 불확실성을 담보하는 리스크 계약이다.

(2) 특수한 기능이 요구된다. → 언더라이팅(Underwriting) & 보험지급금

(3) 매출의 극대화만을 노리기보다는 손실에 대한 정확한 분석이 필요하다.

3. 보험계약의 법적인 성질

보험계약은 낙성계약, 유상계약, 쌍무계약, 불요식계약, 사행계약, 선의계약, 계속적 계약, 부합계약 등의 성질을 가지고 있다. 보험은 우발적인 사고의 발생을 전제하므로 사행계약에 속한다.

또 보험계약은 기본적 상행위의 일종이나(제46조 17호) 다수의 보험계약자를 상대하므로 부합계약 (附合契約)으로 될 수밖에 없고 따라서 보험계약법은 보험계약자를 보호하기 위하여 국가적 감독이 필요 하므로 통칙 규정은 특약으로 계약자·피보험자·보험수익자의 불이익이 되도록 변경하지 못하게 **상대적 강행규정(相對的 强行規定)**으로 하고 있다(제663조). 보험계약의 법적인 성질(특성)은 다음과 같다.

1) 불요식 · 낙성계약성(不要式 諾成契約性)

보험계약은 보험계약자의 청약이 있고 이를 보험자가 승낙하면 계약이 성립되므로 낙성계약의 특징이 있다. 이것은 당사자 쌍방의 의사의 합치가 있으면 성립한다. 다른 급여나 형식을 요하지 않는 불요식의 낙성계약이다. 실무상 계약청약서 작성과 보험증권을 교부하고 있으나, 보험증권은 계약효력에 대한 법률상 요건은 아니고 계약관계를 증명하는 증거증권에 불과하다.

즉, 낙성(諾成)계약이란 계약당사자 간에 의사표시가 합치하기만 하면 계약이 성립되는 것을 말하여, 불요식(不要式)계약이란 계약의 성립요건으로 특별한 형식이나 절차를 요구하지 않는 계약을 말한다. 보험계약은 낙성계약이기 때문에 계약당사자의 합의만으로 계약이 성립하고 보험료 납입여부는 계약 성립의 요건이 아니다. 또한 불요식계약이기 때문에 청약서의 작성 또는 보험증권 교부도 엄밀한 의미에서는 보험계약의 성립요건이 아니다. 다만 실거래에서는 보험계약 체결 시에 정형화된 보험계약청약서를 이용하고, 보험계약을 체결할 때에는 보험회사가 작성·교부하는 보험증권의 제공을 의무화하고 있으므로 보험계약이 사실상 요식계약화 되어가는 경향을 보이고 있다.

2) 유상·쌍무계약성(有償 雙務 契約性)

보험자는 보험사고의 발생을 일정한 조건 또는 기한으로 하여 보험금 지급의무를 부담하고 보험계약자는 보험료 납입의무를 부담하므로 이 두 채무가 서로 대가관계에 있어 쌍무계약의 성질을 갖는다.

보험계약은 보험계약자가 보험료를 지급하고 보험사고가 발생하면 보험회사가 일정한 금액을 지급하는 것을 약정하는 유상계약이다. 또한, 보험계약자의 보험료 지급의무와 보험회사의 보험금 지급의무는 대가관계를 가지고 있으므로 쌍무계약이라 할 수 있다.

즉, 생명보험계약은 개인이나 법인의 기부와 자선단체 등의 무상지원과는 달리, 계약당사자인 보험계약자가 보험회사에 보험료를 납입하고, 보험회사는 피보험자에게 우연한 사고가 발생한 경우 약정한 보험금을 지급한다는 점에서 유상·쌍무계약의 특성이 있다.

보험계약의 양 당사자인 보험계약자와 보험회사가 보험료, 보험금이라는 대가성 재산을 지급하게 되므로 금전거래가 수반되는 유상(有償)계약이라 할 수 있고, 보험계약자는 보험료 납입, 보험회사는 보험금 지급의무를 지니게 되므로 계약당사자 간 의무가 수반되는 쌍무(雙務)계약이라고 할 수 있는 것이다.

3) 사행계약성(射倖契約性)

보험계약은 보험자의 보험금지급 책임이 장래의 우연한 사고(보험사고)의 발생에 달려 있다는 점에서 사행계약의 일종이다. 그러나 도박은 이득 아니면 손해지만, 보험은 손해를 보전할 뿐이며 부당이득을 취하는 것은 아니라는 면에서 차이가 있다.

또한, 보험계약은 보험계약자가 지급한 보험료와 보험회사가 지급하는 보험금의 불일치성에 의해 요행에 의한 우연한 이득을 목적으로 하는 사행계약성을 가지고 있지만, 보험단체 전체의 입장에서 볼 때에는 대수의 법칙에 의하여 산정된 보험료와 보험금이 균형을 이루도록 되어 있기 때문에 사행성은 희박하다고 할 수 있다.

보험계약은 보험회사의 보험금 지급책임이 장래의 우연한 사고(보험사고)의 발생에 달려있다는 점에서 사행(射倖)계약에 속한다. 보험계약은 보험회사가 장래의 불확정한 위험을 인수하는 것이고 보험금 지급은 장래의 우연한 사고에 달려있으므로 도박, 복권과 마찬가지로 사행계약성이 인정된다고 할 수 있다. 그러나 보험은 위험에 대비하여 경제생활의 안정을 추구하는 적법한 금융제도이지만, 도박은 법률상 무효이고 처벌이 수반되는 반사회질서 범법행위가 된다는 점에서 차이가 있다.

4) 상행위성(商行爲性)

영업으로 보험을 인수하는 행위는 상행위에 해당한다. 상법은 보험을 상행위로 규정하고 있다(상법 제46조 제17호).

5) 계속계약성(繼續契約性)

보험자가 일정기간 안에 보험사고가 발생한 경우에 보험금을 지급하는 것을 내용으로 하므로 그 기간 동안 보험관계가 지속되는 계속적 계약의 성질을 갖는다. 또한, 보험계약은 계약의 성립으로서 장기간(보험기간) 계약당사자의 계약관계를 유지시킨다.

즉, 보험계약은 1회적인 보험료납입 및 보험금지급으로 계약이 종료되는 것이 아니라 계약 관계가 일정기간 동안 지속되는 계속적 계약이다.

6) 부합계약성(附合契約性)

부합계약이란 그 내용이 당사자 일방에 의해 획일적으로 정해지고 다른 일방이 이를 포괄적으로 승인함으로써 성립되는 계약을 말한다. 즉, 보험회사가 미리 그 계약 내용을 정형화한 보험약관을 제시하고 보험계약자가 이를 포괄적으로 승인함으로써 성립되는 부합계약이다.

보험계약은 그 성질상 다수의 보험계약자를 대상으로 동일한 내용의 계약이 반복되므로 개개의 계약과 같이 그 내용을 일일이 정하는 것은 거의 불가능하다. 그러므로 보험계약은 보험회사가 미리 마련한 정형화된 약관에 따라 계약을 체결하고 있어 부합계약의 성질을 갖는다.

즉, 보험은 대수의 법칙을 기초로 성립하는 것이기 때문에 다수인과 보험계약체결이 불가피하고 이 경우 개개인과 보험계약조건을 협상한다는 것은 실무상 매우 어렵다. 따라서 보험회사는 미리 정한 정형화된 보험약관에 의하여 보험계약을 체결하게 되는데, 이 때문에 보험계약은 부합계약의 성질을 가진다.

보험계약이 부합계약의 특성을 갖는 이유는 보험회사가 수많은 보험계약자를 상대하기 때문에 보험계약자별로 보험약관을 새로 작성하는 것이 사실상 불가능하기 때문이다. 이와 같은 보험계약의 부합계약성으로 인하여 보험계약자 보호를 위한 규제 및 감독이 필요하며, 보험계약의 해석에 있어서 다툼이 있을 때에는 보험자의 불이익으로 해석해야 한다는 "작성자 불이익의 원칙"이 적용된다 (「약관의 규제에 관한 법률」 제5조 제2항).

7) 단체성(團體性)

보험계약은 다수의 보험계약자로 구성되는 보험단체(위험단체)를 기초로 대수의 법칙에 입각하여 성립된다.

♣ **대수의 법칙**: 동일한 위험을 대량적으로 관찰할 경우 우연한 사건의 발생을 일정한 확률이 통계적으로 추출되고 예측할 수 있다는 법칙.

8) 선의계약성(善意契約性, 최대선의의 원칙)

보험계약은 사행계약의 일면을 가지고 있어 보통의 계약과는 달리 보험계약의 체결과 이행에 계약관계자의 선의성과 신의성실이 요구된다. 특히 보험계약은 우연한 사고의 발생을 전제로 하는 점에서 선의성이 더욱 강조되며 이에 따라 보험계약자에게 고지의무(계약 전 알릴 의무) 등 특수한 의무를 부과하고 있다.

표준약관에서는 고지의무(계약 전 알릴 의무)를 위반한 경우 보험회사는 계약을 해지할 수 있도록 규정하고 있는데 이는 계약당사자의 선의를 계약체결의 기본요건으로 한 것임을 알 수 있다.

보험계약은 당사자 간의 최대 선의를 필요로 한다는 것으로 보험계약의 가장 큰 특징 중 하나이다. 계약당사자 간의 선의성이나 신의성실의 원칙은 보험계약뿐만 아니라 모든 계약의 기본원칙이라 할 수 있으나, 특히 보험계약에서 최대선의의 원칙이 중요시되는 것은 보험계약의 사행 계약적 특성 때문이다. 즉, 보험계약은 보험회사의 보험금 책임이 우연한 사고의 발생에 기인하므로 선의성이 없으면 보험계약이 도박화하여 보험의 본질에 반하기 때문이다.

9) 독립계약성(獨立契約性)과 기술성
① 보험계약은 민법상의 전형계약[18]의 어떤 범주에도 속하지 않는 독특한 계약으로서 독립계약이다.
② 보험계약은 보험료의 산정과 보험금 지급에 상당한 수리적 기술이 요구된다.

제9절 / 생명보험계약 관련 법규

보험은 보험회사가 작성한 보험약관에 의하여 판매되므로, 보험계약자의 이익이 등한 시 될 수 있어 보험계약자의 이익보호를 위해 금융감독당국의 감독 및 운영관련 법규 체계가 필요하다.

1) 보험계약법
생명보험 계약관계를 규율하는 근거 법률은 보험계약의 성립과 소멸, 보험계약자 및 보험회사의 권리·의무를 정하고 있는 「상법」 보험편(제4편)이다.

2) 표준약관
현재 사용되고 있는 생명보험표준약관은 「상법」 보험편의 규정을 토대로 작성되었으며, 「상법」의 규정보다 보험계약자의 권리를 확대하고 있다.

> ※ 「보험업감독업무시행세칙」 별표 15에서는 보험종목별 표준약관을 정하고 있으며, 생명보험 표준약관(이하 '약관')은 총 11개의 보험종목별 표준약관 중 첫번째 순서에 위치해 있다. 동 표준약관은 개별 생명보험 상품 약관의 기준이 되어 표준약관보다 소비자에게 불리하게 약관을 작성할 수 없다. 세부적인 내용은 표준약관을 참조하면 된다.

3) 보험업법, 금융위원회의 설치 등에 관한 법률
생명보험 계약관계는 보험업 인허가 및 감독 관련 근거법률인 「보험업법」, 「금융위원회의 설치 등에 관한 법률」 등도 적용받고 있다.

---

18) 전형계약: 일반적으로 행하여지는 계약을 법률에 규정을 둔 계약. 증여, 매매, 교환, 소비대차, 임대차 등.

4) 예금자보호법, 금융산업의 구조개선에 관한 법률

그 밖에 금융기관의 구조조정과 이에 따른 소비자 보호를 위하여「금융산업의 구조개선에 관한 법률」과「예금자보호법」도 적용받고 있다.

5) 최근에는 보험회사의 공동행위와 관련하여「독점규제 및 공정거래에 관한 법률」, 변액보험에 대해서「자본시장과 금융투자업에 관한 법률」, 보험사기행위의 조사·방지·처벌과 관련하여「보험사기방지 특별법」, 금융소비자의 권익 증진 등을 위해 제정된「금융소비자 보호에 관한 법률」까지 적용받고 있어 관련 법규가 확대되고 있다.

■ 생명보험 관련 법규

구분	법률
생명보험계약의 근거법률	상법 제4편 '보험편'(보험계약자 및 보험회사의 권리·의무 규정
보험업 인·허가 및 감독 관련 법률, 상품	보험업법
보험회사의 공동행위 관련 법률	독점규제 및 공정거래 관한 법률
변액보험	자본시장 및 금융투자업에 관한 법률
기타 생명보험 관련 법규	예금자보호법, 보험사기방지특별법 등

※ 상법: 생명보험계약을 규정한 법률
※ 보험업법: 생명보험상품을 규정한 법률

제3장

생명보험계약 및 약관의 주요내용

제1절 / **보험계약의 성립**

"보험계약"이란 당사자 일방이 약정한 보험료를 지급하고 재산 또는 생명이나 신체에 불확정한 사고가 발생할 경우에 상대방이 일정한 보험금이나 그 밖의 급여를 지급할 것을 약정하는 계약을 말한다(「상법」 제638조).

보험계약은 낙성계약(諾成契約)이므로 보험계약자의 청약에 대하여 보험자가 승낙함으로써 성립한다.

즉, 보험계약자가 청약의 의사표시에 대하여 보험자의 승낙이라는 의사표시가 일치됨으로써 보험계약은 성립된다. 이 때문에 보험계약은 불요식·낙성계약이라고 한다.

최초의 보험료 납입이나 보험증권의 교부 등은 보험계약 성립의 요건은 아니나, 보험회사 책임개시일의 요건이 된다.

1. 보험계약의 성립요건

보험계약은 보험계약자의 청약과 보험회사의 승낙으로 성립되며, 보험회사는 인수하고자 하는 위험 대상(피보험자)의 위험 정도에 따라 승낙을 거절하거나, 별도의 조건(보험가입금액 제한, 일부보장 제외[19]), 보험금 삭감, 보험료 할증 등)을 붙여 승낙할 수도 있다(약관 제16조).

2. 보험계약의 청약 및 청약철회

1) 보험계약의 청약

보험계약의 청약이란 보험계약을 체결하고자 하는 자가 보험계약을 성립시키코자 하는 목적을 가진 일방적 의사표시를 말한다. 즉, 보험계약자가 보험자에 대하여 일정한 보험계약을 맺을 것을 목적으로 하는 일방적인 의사 표시로서 이를 보험회사가 승낙하면 계약이 성립된다.

---

[19] 일부 보장을 제외 조건으로 승낙한 경우에도 청약하였더라도 청약일로부터 5년이 지나는 동안 보장이 제외되는 질병으로 추가 진단(단순 건강검진 제외) 또는 치료 사실이 없을 경우, 청약일로부터 5년이 지난 이후에는 보장한다.

청약의 의사표시는 특별한 형식을 요하지 않으며, 실무상으로는 대량의 거래를 신속·정확하게 처리하기 위하여 보험계약청약서를 사용한다. 또한 구두든 서면이든 청약의 효력에는 차이가 없으나, 보험실무에 있어서는 거의 대부분 보험자가 미리 정한 양식, 즉 청약서(請約書)의 작성을 통해 보험계약의 청약이 이루어진다.

보험회사는 계약자가 청약한 경우 계약자에게 약관 및 계약자 보관용 청약서(청약서부본)를 교부하고 약관의 중요한 내용을 설명하여야 한다. 다만, 계약자가 동의하는 경우 약관 및 계약자 보관용 청약서(청약서 부본) 등을 광기록매체(CD, DVD 등) 및 전자우편 등 전자적 방법으로 송부할 수 있으며, 계약자 또는 그 대리인이 약관 및 계약자 보관용 청약서(청약서 부본) 등을 수신하였을 때에는 당해 문서를 교부한 것으로 본다. 또한 통신판매계약의 경우 보험회사는 계약자의 동의를 얻어 인터넷 홈페이지에서 약관 및 그 설명문을 읽거나 내려 받게 하고 이를 확인하거나, 전화를 이용하여 청약내용, 보험료 납입, 보험기간, 계약 전 알릴 의무, 약관의 중요한 내용 등 계약 체결을 위하여 필요한 사항을 질문 또는 설명하고 그에 대한 계약자의 답변, 확인내용을 음성 녹음함으로써 약관의 중요한 내용을 설명한 것으로 본다(약관 제18조 제1항).

■ 개인보험계약의 단체취급

동일한 단체(회사, 관공서 등)에 소속된 계약자 또는 피보험자 5인 이상이 보험료의 납입주기 및 납입일을 단일로 하는 경우 또는 동일한 상품을 구입하는 경우에는 비록 단체보험은 아니지만 이들을 단체로 취급할 수 있다.(다만, 이것은 보험회사가 반드시 운영해야 하는 사항은 아니므로 상품에 따라 단체취급이 불가능한 경우도 있다.) 이 경우 피보험자의 상해나 사망사고를 담보하는 보장성보험을 체결하면서 보험수익자를 피보험자 또는 그 상속인으로 지정한 단체취급 계약의 경우에는 피보험자의 서면동의에 갈음할 수 있는 취업규칙, 단체협약, 회칙 등 규약을 첨부하여야 한다. 이와 같이 개인보험계약을 단체로 취급할 경우 각각 별개의 계약으로 취급하는 것보다 계약관리가 편리할 수 있으며, 예정사업비 등의 범위 내에서 보험료가 할인될 수도 있다.

출처: 생명보험협회 자료

---

2) 보험계약의 청약철회(cooling off)

(1) 청약철회 청구제도의 개념

보험계약자를 보호하기 위한 제도로서, **보험계약자는 보험계약을 청약한 이후 일정기간(보험증권을 받은 날로부터 15일) 내에 청약을 철회할 수 있다. 이는 보험계약자가 청약한 이후 보험계약의 유지 여부, 필요성 여부에 대한 신중한 판단을 할 수 있도록 기회를 주기 위함이다.**

보험을 계약한 뒤 단순히 마음에 들지 않거나 변심에 의한 경우도 일정한 기간 내에는 위약금이나 손해 없이 그 계약을 철회할 수 있다. 이는 장기 상품인 보험의 특성을 고려하여 그 가입 여부를 다시 한 번 신중히 재고할 기회를 부여하는 것이다.

즉, 생명보험은 일반적인 제조 상품에 비해 계약을 체결하고자 하는 자(계약자)와 보험회사 간 정보의 비대칭성이 높고, 장기간에 걸친 계약이라는 특징이 있어 계약을 체결할 때에는 일반적인 상품에 비해 상대적으로 신중한 계약 체결이 요구된다. 이러한 이유로 계약 체결 후에도 본인이 청약한 계약에 대해 철회할 수 있는 청약철회기간을 부여하고 있다. 다만, 청약철회기간을 장기화하는 것은 계약의 안정성과 신뢰성에 반할 수 있으므로 그 기간을 한정하고 있다.

(2) 청약철회 청구의 대상

청약 철회가 가능한 보험종목은 생명보험 및 손해보험 중 가입기간 1년 이상 **가계성 보험**(개인의 일상 생활과 관련된 보험, 장기손해보험의 경우 단체상해보험 포함)에 한하여 적용한다. 그러나, 자동차보험·화재보험·배상책임보험 등은 제외된다.

(3) 청약철회 방법

보험계약자는 보험증권을 받은 날로부터 15일 이내에 그 청약을 철회할 수 있다(다만, 청약을 한 날로부터 30일을 초과할 수 없음). 또한, 보험자는 특별한 사정이 없는 한 거부할 수 없다.

다만, 진단계약, 보험기간이 1년 미만인 계약 또는 전문보험계약자가 체결한 계약은 청약을 철회할 수 없으며, 청약을 한 날로부터 30일을 초과한 경우도 청약을 철회할 수 없다. 이 경우 보험증권을 받은 날에 대한 다툼이 발생한 경우 회사가 이를 증명하여야 한다.

▣ 청약철회 가능기간
- 일반계약은 보험증권(보험가입증서)을 받은 날[20]로부터 15일 이내 청약철회 가능 (단, 청약일로부터 30일을 초과한 경우에는 청약철회 불가)
- 진단계약, 전문보험계약자[21]가 체결한 계약, 보험기간이 1년 미만인 계약: 청약철회 불가

■ 청약철회 vs 보험품질보증제도(보험계약 취소)

구분	청약철회	보험품질보증제도(계약취소)
행사 기간	보험증권 수령일로부터 **15일 이내**	계약체결 후 **3개월 이내**
적용 대상	조건 없이 철회 가능	3대 기본 지키기 미준수(부본 미전달, 자필 미서명, 약관 미전달 및 중요한 내용 미설명)

---

20) 보험증권의 교부에 다툼이 있으면 보험회사가 증명하여야 한다.
21) 보험계약에 관한 전문성, 자산규모 등에 비추어 보험계약의 내용을 이해하고 이행할 능력이 있는 자로서 보험업법령에서 정한 국가, 지방자치단체, 한국은행, 금융기관, 주권상장법인, 단체보험계약자 등을 말한다.

※ 보험품질보증제도(보험계약 취소) (P. 99 참조)
계약자가 보험가입 시 보험약관과 청약서 부본을 전달받지 못하였거나 청약서에 자필서명 또는 날인 (도장을 찍음)을 하지 않았을 경우, 약관의 중요한 내용을 설명 받지 못하였을 때에는 계약이 성립한 날로부터 3개월 이내에 보험회사에 보험계약의 취소를 요구할 수 있는 제도이다.

※ 보험품질보증제도(보험계약 취소) 3대 기본 지키기의 주요내용
1) 청약서부본 전달, 2) 자필서명, 3) 보험약관 전달 및 중요한 내용 설명(약관·상품설명 및 상품설명서 전달 등) 등이다.

※ 보험품질보증 해지의 요건
보험품질보증제도(보험계약의 취소) 3대 기본 지키기의 주요내용을 미준수 시에 보험품질보증 해지의 요건에 해당되어 보험계약의 취소가 가능하다.
즉, 보험상품을 가입한 후, 청약서 부본 및 보험약관을 전달받지 못했거나 보험설계사가 약관의 내용과 다르게 설명했거나 보험청약서에 자필서명(또는 상담내용 녹음)이 안 되었을 경우에 불완전판매의 사유로 보험계약을 취소할 수 있다. 또한, 보험설계사가 약관 및 보험상품를 설명했으나 확인한 결과로 보험설계서 및 보험상품의 내용과 다르거나, 보험금의 미지급 사유 등을 고려할 시 보험가입 목적에 맞지 않는 경우에 상품설명 불충분으로 가입 후 3개월 이내에 보험품질보증제도를 통해 계약취소가 가능하다.

(4) 청약철회의 효과

보험회사는 보험계약자가 청약의 철회를 접수한 경우 3일 이내에 기납입 보험료를 반환하며, 보험료 반환이 지체된 경우 일정한 반환지급 지연이자(보험계약대출이율로 연단위 복리로 계산한 금액)를 더하여 지급한다. 다만, 신용카드로 제1회 보험료를 납입한 경우 매출만 취소하고 이자를 지급하지 않는다(약관 제17조).

보험계약자가 보험계약의 청약을 철회한 경우에는 청약의 효과는 발생하지 않는다. 즉, 보험계약자가 청약 철회를 한 이후에 발생한 보험사고에 대해서는 보험회사가 보험료를 보험계약자에게 반환하기 전이라도 보장을 하지 아니한다.

보험계약의 청약철회 당시에 이미 보험금의 지급사유가 발생하였으나 계약자가 그 지급 사유의 발생사실을 알지 못한 경우에는 청약 철회의 효력은 발생하지 않는다(약관 제17조 제5항).

그러나, 보험계약자가 보험금의 지급사유가 발생하였음을 알면서 해당 보험계약의 청약을 철회한 경우에는 그러하지 않는다(보험업법 제102조의 5).

(5) (예시)보험계약에 대한 청약철회의 가능기간은 언제인가?

① 청약일로부터 15일 이내에 보험증권을 받은 경우(일반계약)

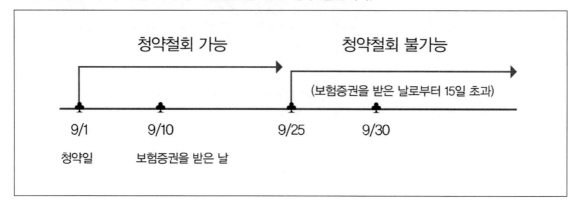

② 청약일로부터 15일 이후에 보험증권을 받은 경우(일반계약)

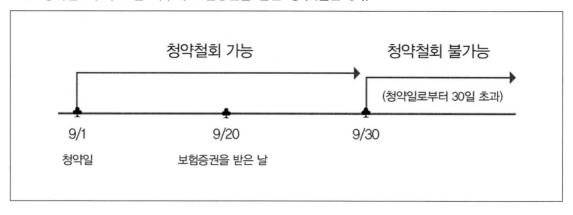

3. 청약의 승낙 · 거절

1) 보험계약의 승낙

특정한 보험계약의 청약에 대하여 보험자가 보험계약의 성립을 목적으로 하는 의사표시이다.

보험자가 보험계약자의 청약을 승낙하면 보험계약이 성립되고, 보험계약의 당사자는 보험계약상의 권리와 의무를 지는 계약의 효력이 발생한다. 승낙의 방법에는 제한이 없고, 명시적이든 묵시적이든 상관없다.

♣ 승낙통지의 방법: 보험증권 교부(발송)

2) 청약에 대한 승낙 및 거절

♣ 보험계약의 청약이 특별한 형식을 요하지 않은 것처럼, 청약에 대한 승낙도 특별한 형식이 없다. 즉, 명시적이든 묵시적이든 승낙은 유효하다.

그러나 보험 실무에서는 보험계약자의 청약에 대하여 보험자는 어떠한 방식이든 위험을 선택하는 절차를 밟게 되며 청약이 있은 후 보험자는 계약자 또는 피보험자가 보험계약 청약서에 의하여 회사에 고지(告知)한 사항이나 피보험자의 건강진단 결과 등에 따라 위험발생 가능성이 적은 보험계약을 선택하고, 동질의 위험집단에 속하는 피보험자라고 판단되면 청약을 승낙하며, 피보험자가 위험발생의 개연성(蓋然性)이 크다고 판단되면 보험계약의 승낙을 거절할 수 있다.

보험회사는 청약을 받고 제1회 보험료를 받은 경우 무진단계약은 청약일로부터 30일 이내, 진단계약은 진단일[22]로부터 30일 이내 승낙 또는 거절하여야 하며, 30일 이내에 이를 통지하지 않은 경우 승낙된 것으로 본다.

보험회사가 제1회 보험료를 받고 청약을 거절한 경우에는 거절 통지와 함께 이미 받은 보험료를 돌려주며, 보험료를 받은 기간에 대해 「평균공시이율 + 1%」를 연단위 복리로 계산한 금액을 더하여 지급한다. 다만, 신용카드로 제1회 보험료를 납입한 경우 매출만 취소하고 이자를 지급하지 않는다 (약관 제16조).

보험계약의 청약을 승낙한 때에는 보험증권을 교부한다. 보험증권은 보험계약의 성립과 그 내용을 증명하기 위하여 보험회사가 보험계약자에게 교부하는 증서를 말한다.

보험증권에는 증권번호, 보험의 목적, 보험사고의 성질, 보험금액, 보험료와 그 지급방법, 보험기간, 보험계약의 종류 등이 기재되어 있다(「상법」 제666조, 제728조).

4. 보험계약의 효력(책임개시 시기)

1) 보험계약의 책임개시 시기

보험회사의 책임은 당사자 간에 다른 약정이 없으면, 보험계약자로부터 최초의 보험료를 받은 때부터 시작된다(「상법」 제656조). 즉, 보험회사는 보험계약자와 보험계약을 체결하여 특정한 위험을 인수한 대가로서 보험료를 수령하고 이때부터 보험회사의 책임이 개시된다.

또한, 보험자의 승낙이 있기 전이라도 보험계약자로부터 청약과 함께 제1회 보험료를 받은 때부터 보장책임이 개시된다.

다만, 피보험자가 신체검사를 받아야 하는 경우에는 신체검사를 받은 날부터 보장책임이 개시된다.

피보험자가 신체검사를 받은 후 재검사를 받아야 하는 경우에는 재검사일로부터 보장책임이 개시된다.

> ♣ 보험회사의 책임 개시일(보장개시일): 최초(제1회)의 보험료 납입일.

---

22) 여러 차례의 진단(재진단)이 이루어진 경우 최종진단일.

♣ (예시)보험회사의 책임개시일은 언제인가???

9/1	9/5	9/10	9/20	9/30
♣	♣	♣	♣	♣
청약	제1회 P	건강진단	재진단	승낙

① 무(無)진단 계약의 보험회사 책임개시일은? 9/5 제1회 P 납입일
② 유(有)진단 계약의 보험회사 책임개시일은? 9/10 건강진단일
③ 재(再)진단 계약의 보험회사 책임개시일은? 9/20 재진단일
④ 무(無)진단 계약의 승낙前 계약 책임개시일은? 9/5 제1회 P 납입일

2) 제1회 보험료 납입 및 건강진단

보험회사는 계약의 청약을 승낙하고 제1회 보험료를 받은 때부터 약관이 정한 바에 따라 보장한다. 계약자가 제1회 보험료를 자동이체 및 신용카드로 납입하는 경우에는 자동이체 신청 및 신용카드의 매출 승인에 필요한 정보를 제공한 때를 제1회 보험료를 받은 때로 하며, 계약자의 책임 있는 사유로 자동이체 또는 매출 승인이 불가능한 경우에는 보험료를 납입하지 않은 것으로 본다.

또한 회사가 청약 시에 제1회 보험료를 받고 청약을 승낙한 경우에는 제1회 보험료를 받은 때부터 보장한다. 이와 같이 회사가 보험계약상의 보장책임이 발생하는 날을 "보장개시일(책임개시일)"이라 하며, 현행 약관은 제1회 보험료를 받은 날을 보장개시일로, 보장개시일을 보험계약일로 본다.

진단계약의 경우에는 보험금 지급사유가 발생할 때까지 진단을 받지 아니한 경우 보험회사는 보장하지 않는다(다만, 이 경우에도 재해로 인해 보험금 지급사유가 발생한 것이라면 보험회사는 보장한다). 따라서 건강진단을 받기 이전에 청약과 제1회 보험료의 납입이 있었던 경우라도 보험회사의 보장개시일은 제1회 보험료의 납입일이 아니라 건강진단을 받은 때부터이다(약관 제23조).

3) 무진단 계약의 책임개시일(보장개시일) ?

① 청약, 회사 승낙, 제1회 보험료 납입의 순서인 경우? 9/20 제1회 보험료 납입일

9/1	9/10	9/20
♣	♣	♣
청약	승낙	제1회 P

② 청약과 동시에 제1회 보험료를 납입하고 회사 승낙의 순서인 경우? 9/1 청약·제1회 보험료 납입일

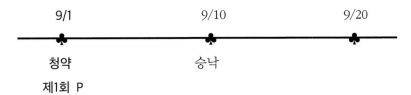

③ 청약, 제1회 보험료 납입, 회사 승낙의 순서인 경우? 9/10 제1회 보험료 납입일

4) 진단 계약의 책임개시일?

① 청약, 건강진단, 제1회 보험료 납입, 회사 승낙의 순서인 경우? 9/20 제1회 보험료 납입일

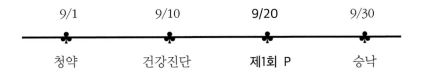

② 청약, 제1회 보험료 납입, 건강진단, 회사 승낙의 순서인 경우? 9/20 건강진단일

③ 청약과 동시에 제1회 보험료를 납입하고 건강진단, 회사 승낙의 순서인 경우? 9/10 건강진단일

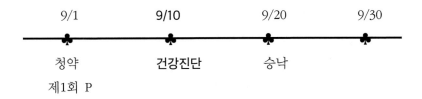

④ 청약, 건강진단, 회사 승낙, 제1회 보험료 납입의 순서인 경우? 9/30 제1회 보험료 납입일

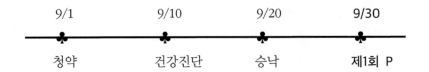

5. 낙부통지의무(諾否通知義務)와 승낙의제(承諾擬制)

1) 보험자의 승낙통지의무(낙부통지의무)

보험자가 보험계약자로부터 보험계약의 청약과 함께 보험료의 전부 또는 일부를 지급받은 때에는 다른 약정이 없으면, 보험자는 30일 이내에 보험계약자에게 보험계약의 인수여부에 대하여 낙부통지를 하여야한다(상법 제53조). (보험자의 낙부통지 의무로서 보험증권을 교부한다).

보험계약은 계약자의 청약에 대하여 보험자의 승낙이 있을 때에 성립하는데, 보험계약에 있어서는 일반 계약과는 달리 보험계약의 청약에 대하여 보험자는 이를 승낙할 것인가, 거절할 것인가의 의사를 신속하게 결정하여 통지할 의무를 상법과 약관상 규정하고 있다.

즉, 무진단계약(無診斷契約)의 경우는 청약일, 진단계약(診斷契約)의 경우는 진단일로부터 30일 이내에 승낙 또는 거절해야 하며 승낙한 때에는 보험증권을 교부하여야 하며, 30일 이내에 승낙 또는 거절의 통지가 없으면 승낙된 것으로 의제(擬制)한다.

2) 낙부통지의 기산일

① 원칙은 청약과 함께 보험료의 지급을 받은 때부터 기산한다.
② 인보험 계약은 피보험자가 신체검사를 받는 경우는 신체검사를 받는 날부터 기산한다[유(有)진단계약].
③ 피보험자가 재검사(재 건강진단)할 경우는 재검사일로부터 기산한다.

3) 승낙의제(承諾擬制)

상법은 보험자의 낙부통지의무를 게을리 한 때에는 보험계약자의 보험청약을 승낙한 것으로 보아 보험계약의 성립을 인정하고 있다.

보험자가 보험계약자로부터 보험계약의 청약과 함께 보험료의 전부 또는 일부를 지급받은 때에는 다른 약정이 없으면, 보험자는 **30일 이내**에 보험계약자에게 보험계약의 인수여부에 대하여 낙부통지를 한다.

보험자가 이 기간 내에 낙부(승낙 또는 거부)의 통지를 게을리 한 때에는 승낙한 것으로 보아 그 계약의 성립을 인정하고 있다. 이처럼 <u>승낙하지 않았지만 승낙을 한 것으로 보아서 그 계약의 성립을 인정하는 것</u>을 **승낙의제**라고 한다. 이는 보험계약의 청약에 대하여 다른 조건 없이 승낙한 것으로 의제[23]된다.

6. 승낙 전 보험사고 보상 및 보험계약의 무효

1) 승낙 전 보험사고 보상(승낙 전 보호제도)

보험회사의 책임개시일 이후, 보험회사의 승낙이 있기 전에 보험사고가 발생한 경우에 적용한다. **보험계약자가 청약과 함께 보험료의 전부 또는 일부를 납입한 경우에 보험자는 승낙의 의사 표시를 하기 전(前)이라고 하더라도 청약을 거절할 사유가 없는 한 보상책임을 부담한다.**

즉, 보험회사가 제1회 보험료를 받고 청약을 승낙하기 전에 보험금 지급사유가 발생하였을 경우에도 보장개시일로부터 약관이 정하는 바에 따라 보장한다(약관 제23조 제2항).

♣ **청약을 거절할 수 있는 사유**
① 보험자가 인수할 수 없는 또는 부적합한 위험을 목적으로 청약한 것.
② 고지의무 위반, 자필서명 위반, 과거 병력, 기타 등이 있는 청약.
③ 인보험의 경우에 진단계약은 피보험자가 신체검사를 받아야 한다(신검 미이행 시).

■ **승낙 전 보험사고에 대한 보험회사의 면책**(약관 제23조 제3항)
① 계약 전 알릴 의무에 따라 보험계약자 또는 피보험자가 회사에 알린 내용 또는 건강진단 내용이 보험금 지급사유의 발생에 영향을 미쳤음을 회사가 증명하는 경우
② 약관상 가입자의 계약 전 알릴 의무 위반의 효과 규정을 준용하여 회사가 보장을 하지 아니할 수 있는 경우
③ 진단계약에서 보험금 지급사유 발생 시까지 진단을 받지 않은 경우. 다만, 진단계약에서 진단을 받지 않은 경우라도 재해로 보험금 지급사유가 발생하는 경우에는 보장
※ 계약자 또는 피보험자가 청약 시에 직업 또는 직종별로 보험가입금액의 한도액이 명시되어 있음에도 그 한도액을 초과하여 청약을 하고 청약을 승낙하기 전에 보험사고가 발생한 경우 그 초과 청약액에 대해서는 회사가 보장을 하지 않는다.

---

2) 보험계약의 무효

보험계약의 무효란 법률상 보험계약이 성립한 때로부터 그 효력이 발생하지 않는 것을 말한다. 보험계약이 무효가 되면 보험회사는 위험을 담보하지 않은 것이므로 보험료도 당연히 보험계약자에게 돌려주어야 한다.

다만, 회사의 고의 또는 과실로 계약이 무효로 된 경우와 회사가 승낙 전에 무효임을 알았거나 알 수 있었음에도 보험료를 반환하지 않은 경우에는 보험료를 납입한 날의 다음날부터 반환일까지의 기간에 대하여 회사는 해당 계약의 보험계약대출이율을 연단위 복리로 계산한 금액을 더하여 반환한다(약관 제19조).

---

23) 의제: 어떤 것을 동일한 것으로 보고 동일한 효과를 부여하는 일.

보험계약이 성립한 경우라도 다음의 한 가지에 해당하는 경우에는 그 계약을 무효로 하고 이미 납입한 보험료를 반환한다.

(1) 타인의 사망을 보험금 지급사유로 하는 보험계약에서 계약을 체결할 때 피보험자의 서면에 의한 동의(또는 전자서명, 공인전자서명)를 얻지 않은 경우[24]

다만, 단체가 규약에 따라 그 구성원의 전부 또는 일부를 피보험자로 하는 경우는 제외하되 단체보험의 보험수익자를 피보험자 또는 그 상속인이 아닌 자로 지정할 때에는 단체의 규약에서 명시적으로 정한 경우가 아니면 피보험자의 동의(서면 또는 전자서명, 공인전자서명)를 받아야 한다.

타인의 사망을 보험사고로 하는 보험계약에서 피보험자의 동의를 받도록 하는 취지는 만일 피보험자 동의 없이 계약체결이 가능하다면 고의로 피보험자의 생명을 해칠 우려가 있고, 피보험자의 사망을 도박의 목적으로 이용하는 등 피보험자의 생명·신체에 대한 위험가능성이 높기 때문에 피보험자의 동의를 계약의 효력 발생요건으로 하여 계약체결에 일정한 제한을 가하고 있는 것이다. 예를 들어 아내(보험계약자)가 남편(피보험자)의 사망을 보험사고로 하는 보험계약을 체결하면서 남편의 서면, 전자서명, 공인전자서명에 따른 동의를 받지 않은 경우 계약이 무효가 되어 보험사고가 발생하더라도 보장을 받지 못하게 된다. 따라서 <u>타인의 생명보험계약을 체결하는 경우에는 반드시 피보험자의 동의 여부를 확인하여야 한다.</u>

(2) 만 15세 미만자, 심신상실자 또는 심신박약자를 피보험자로 하여 사망을 보험금 지급사유로 한 계약의 경우

만 15세 미만자, 심신상실자 또는 심신박약자는 정상인에 비해 정신 상태나 이성적 판단이 현저히 결여되어 있어 이들을 피보험자로 하여 보험계약을 체결한 후 고의로 피보험자의 생명을 해칠 가능성, 즉 도덕적 위험이 높기 때문에 무효로 하고 있다.[25]

다만, 심신박약자가 계약을 체결하거나 소속 단체의 규약에 따라 단체보험의 피보험자가 될 때에 의사 능력이 있는 경우에는 계약이 유효하다.

(3) 계약을 체결할 때 계약에서 정한 피보험자의 나이에 미달되었거나 초과되었을 경우

다만, 회사가 나이의 착오를 발견하였을 때 이미 계약 나이에 도달한 경우에는 유효한 계약으로 보나 만 15세 미만자에 관한 예외가 인정되는 것은 아니다.

이외에도, 판례[26]에서는 보험계약자가 보험금의 부정취득 또는 도박을 목적으로 보험계약을 체결

---

24) 「상법」 제731조(타인의 생명의 보험) ① 타인의 사망을 보험사고로 하는 보험계약에는 보험계약 체결 시에 그 타인의 서면(「전자서명법」 제2조 제2호에 따른 전자서명 또는 제2조 제3호에 따른 공인전자서명이 있는 경우로서 대통령령으로 정하는 바에 따라 본인 확인 및 위조·변조 방지에 대한 신뢰성을 갖춘 전자문서를 포함한다)에 의한 동의를 얻어야 한다.

25) 「상법」 제732조(15세 미만자 등에 대한 계약의 금지) 15세 미만자, 심신상실자 또는 심신박약자의 사망을 보험사고로 한 보험계약은 무효로 한다. 다만, 심신박약자가 보험계약을 체결하거나 제735조의3에 따른 단체보험의 피보험자가 될 때에 의사능력이 있는 경우에는 그러하지 아니하다.

26) 대법원 2000. 2. 11. 선고 99다49064판결.

한 경우에도 「민법」상 선량한 풍속, 기타 사회질서에 반하는 행위로서 무효로 하고 있다.

제2절 / 보험회사의 주요 의무

1. 보험약관의 교부 · 명시 및 설명의무

1) 의의

보험자는 보험계약을 체결할 때에 보험계약자에게 보험약관을 교부하고, 그 약관의 중요한 내용을 설명을 하여야 한다(상법 제638조의 3 제1항). 즉, 보험약관의 교부 · 설명의무란 보험회사의 의무로서 보험계약자가 청약한 경우 보험계약자에게 약관 및 계약자 보관용 청약서를 교부하고 그 중요한 내용을 설명해야 하는 것을 말한다.

이러한 보험자의 의무를 인정하는 이유는 보험자가 일방적으로 작성한 청약서에 의하여 청약을 함으로써 보험계약자가 알지 못하는 가운데 약관에 정하여진 중요한 사항이 계약 내용으로 되어 보험계약자가 예측하지 못한 불이익을 받을 수가 있다. 이를 방지하기 위하여 보험약관의 교부 · 명시의무를 부과하고 있다. 약관 및 계약자 보관용 청약서 등을 교부함에 있어, 계약자가 동의하는 경우 광기록 매체, 전자우편 등 전자적 방법으로 송부할 수 있으며, 계약자 또는 그 대리인이 약관 및 계약자 보관용 청약서 등을 수신하였을 때에는 해당 문서를 교부한 것으로 본다.

보험계약은 보험자와 보험계약자의 개별적인 의사의 합치로 이루어지거나, 위험단체를 전제로 하는 보험제도의 성질상 보험회사는 다수의 보험계약자를 상대로 동일한 내용의 계약을 반복하여 체결하고 있고, 그 세부 내용은 보험약관에서 정하고 있다. 그러나 보험약관은 보험회사가 일방적으로 작성하여 교부하기 때문에 보험계약자는 계약의 내용을 잘 알지 못하는 경우가 많아 불이익을 당할 수 있다. 따라서 약관에서는 보험계약자가 보험계약의 내용을 정확히 알고 계약을 체결하도록 하기 위해서 보험회사의 보험약관에 대한 교부의무와 중요한 내용에 대한 설명의무를 부과하고 있다(약관 제18조).

(1) 보험약관의 교부 · 명시 · 설명의무의 취지

보험계약은 보험자가 일방적으로 작성한 보험약관에 의하여 체결되는 부합계약성의 성질이 있다.

이러한 부합계약의 경우에 상대방(보험계약자)은 보험자가 정한 계약의 내용을 제대로 이해하지 못하여 약관상의 권리와 의무를 행사하지 못하는 경우가 발생할 수 있다. 이를 방지하기 위하여 보험약관을 작성한 보험자에게 보험약관의 설명의무를 부여하고 계약자가 이를 확인하도록 한다.

그리하여 보험계약자가 약관의 내용을 알고 보험계약을 맺는 것이 바람직하므로 이에 따라 상법은 보험자에게 약관의 교부와 명시의무를 지은 것이다.

(2) 상법 제638조의 3(보험약관의 교부 · 명시의무)

① 보험자는 보험계약을 체결할 때에 보험계약자에게 보험약관을 교부하고 그 약관의 중요한 내용을 알려주어야 한다.

② 보험자가 제1항의 규정에 위반한 때에는 보험계약자는 보험계약이 성립한 날부터 3개월 내에 그 계약을 취소할 수 있다.

(3) 중요한 사항

"중요한 사항"이란? 고객의 이해관계에 중대한 영향을 미치는 사항으로서 사회 통념상 그 사항의 지(知), 부지(不知)가 계약체결의 여부에 영향을 줄 수 있는 사항을 말한다.

(4) 판례에 의한 중요한 사항이란?

보통보험약관은 보험자가 일방적으로 작성하여 금융감독위원회에 제출하는 정형적인 보험계약조항으로 보험료와 그 지급방법, 보험금액, 보험기간, 보험사고의 내용, 보험자의 면책사유, 보험계약의 해지사유 보험청약서 상 기재사항의 변동사항 등은 보험자가 설명해야 할 중요한 사항이다.

2) 약관의 교부의무

보험자는 보험계약을 체결할 때에 보험계약자에게 보험약관을 교부하여야 한다(제638조의 3).

♣ 교부 시점: "계약을 체결할 때"로 규정한다. 그리고 보험자가 승낙한 때로 해석될 수 있다.

3) 약관의 설명의무

보험자에게 약관의 중요한 사항을 설명하도록 하는 것은 보험계약자가 약관의 내용을 알지 못하는 가운데 선의의 피해가 발생하지 않도록 하기 위함이다.

① 설명의무의 이행자

보험자이며, 보험계약을 보험설계사 · 보험대리상 · 보험중개사를 통해서 보험모집 시에 그들이 보험자의 설명의무를 대신한다(보험업법 제83조).

② 설명의무의 상대방

보험자는 보험계약자에게 보험약관의 중요한 사항을 설명하여야 한다.

③ 설명의 이행시기

'보험계약을 체결할 때'로 규정하고 있다.

④ 설명의 대상

약관 규제법이나 상법에서 사업자가 설명하여야 할 대상은 "중요한 사항"으로 규정하고 있다.

4) 보험약관 교부·설명의무의 내용

보험계약자에게 설명해야 할 약관의 중요한 내용은 보험종류에 따라 다르지만 일반적으로 보험료, 보장범위, 보험금 지급제한 사유 등 계약당사자의 권리·의무와 밀접한 관련을 맺고 있다(「보험업법」제95조의2).

보험약관의 교부·설명 의무자는 보험회사이지만 현실적으로 보험설계사·보험대리점 등 모집종사자를 통하여 보험계약의 청약이 이루어지고 있기 때문에 보험설계사·보험대리점 등이 회사를 대신하여 약관의 교부·설명의무를 이행하고 있다.

약관의 중요한 내용을 설명함에 있어 통신판매계약의 경우, 회사는 계약자의 동의를 얻어 다음 중의한 가지 방법으로 약관의 중요한 내용을 설명하는 것도 가능하다.

① 인터넷 홈페이지에서 약관 및 그 설명문(약관의 중요한 내용을 알 수 있도록 설명한 문서)을 읽거나 내려 받게 하여 계약자가 이를 읽거나 내려 받은 것을 확인.
② 전화를 이용하여 청약내용, 보험료납입, 보험기간, 계약 전 알릴 의무, 약관의 중요한 내용 등 계약을 체결하는 데 필요한 사항을 질문 또는 설명하고 계약자의 답변과 확인 내용을 음성 녹음.

5) 교부, 설명의무 불이행의 효과(상법상 효과)

보험계약의 청약 시에 약관교부 및 중요내용의 설명의무를 위반한 경우, 즉, 보험자가 보험계약을 체결할 때에 보험계약자에게 보험약관을 교부하지 아니하거나 그 약관의 중요한 내용을 설명하지 아니한 경우에 **보험계약자는 보험계약이 성립한 날로부터 3개월 이내에 계약을 취소**할 수 있다.

이 경우에 보험계약자가 그 계약을 취소한 때에는 그 계약은 무효가 되고, 보험자는 이미 지급받은 보험료를 반환하여야 한다. 계약이 취소된 경우 회사는 계약자에게 이미 납입한 보험료를 반환할 시에 보험료를 받은 기간에 대하여 보험계약대출이율을 연단위 복리로 계산한 금액을 더하여 지급한다.

2. 보험증권(保險證券)의 교부의무(交付義務)

1) 의의

보험자는 보험계약이 성립 시에 보험계약자의 청약을 승낙하는 경우 지체 없이 보험증권을 교부하여야 한다(제640조). 이것은 "보험계약의 승낙"의 표시이다.

2) 보험증권

보험계약이 성립한 이후에 보험계약의 성립과 그 내용을 증명하기 위해 계약의 내용을 기재하고 보험자가 서명·날인하여 보험계약자에게 교부하는 증거증권이다(계약의 증표).

보험증권은 보험계약이 성립한 후 보험계약의 내용을 증명하기 위하여 보험자가 발행하는 것으로 보험계약 당사자 쌍방의 권리를 위한 것이지 증권의 발행·교부가 계약의 성립요건은 아니며, 증권 상의 기명·날인 란에는 보험자만이 서명하는 것이므로 쌍방의 의사 합치를 나타내는 계약서도 아니다. 다만, 보험증권은 보험계약 당사자의 편의를 위한 증거증권 정도로 그 성격이 파악되고 있다.

3) 보험증권의 교부(상법 제640조)

① 보험자는 보험계약이 성립한 때에는 지체 없이 보험증권을 작성하여 보험계약자에게 교부하여야 한다. 그러나 보험계약자가 보험료의 전부 또는 최초의 보험료를 지급하지 아니한 때에는 그러하지 아니하다.

② 기존의 보험계약을 연장하거나 변경한 경우에는 보험자는 그 보험증권에 그 사실을 기재함으로써 보험증권의 교부에 갈음할 수 있다.

4) 증권에 관한 이의약관의 효력(상법 제641조)

보험계약의 당사자는 보험증권의 교부가 있는 날로부터 일정한 기간 내에 한하여 그 증권내용의 정부에 관한 이의를 할 수 있음을 약정할 수 있다. 이 기간은 1월을 내리지 못한다.

5) 증권의 재교부청구(상법 제642조)

보험증권을 멸실 또는 현저하게 훼손한 때에는 보험계약자는 보험자에 대하여 증권의 재교부를 청구할 수 있다. 그 증권작성의 비용은 보험계약자의 부담으로 한다.

3. 보험금 지급의무

1) 의의

보험계약은 유상·쌍무계약으로서 보험계약자의 보험료 지급의 대가로 **보험기간 내에 보험사고로 인하여 피보험자에게 손해가 발생한 경우 피보험자(손해보험) 또는 보험수익자(생명보험)에게 보험금을 지급할 의무를 진다**(제638조). 즉, 보험회사는 피보험자에게 보험금 지급사유가 발생한 때에는 보험수익자에게 중도보험금, 만기보험금, 사망보험금, 장해보험금, 입원보험금 등의 약정한 보험금을 지급한다.

또한, 부당한 보험금 지급 등을 예방하기 위해 보험금의 지급전에 보험회사의 조사가 필요한 경우가 있다. 이를 위해 약관에서는 회사의 조사권을 정하고, 이에 대해 계약자가 협조토록 하고 있다. 반면에 회사의 조사권한만을 과도하게 확대할 경우 자칫 조사의 장기화에 따른 보험계약자 측의 불이익이 발생할 가능성이 높으므로 보험금 지급시기를 정하고, 보험금 가지급제도[27] 등을 마련하고 있는 등 계약 양당사자의 권익을 균형 있게 보호하고 있다.

계약자, 피보험자 또는 보험수익자는 계약 전 알릴 의무 위반의 효과와 보험금 지급사유 조사와 관련하여 의료기관 또는 국민건강보험공단, 경찰서 등 관공서에 대한 회사의 서면에 의한 조사 요청에 동의하여야 하며, 정당한 사유 없이 이에 동의하지 않을 경우에는 사실 확인이 끝날 때까지 회사는 보험금 지급지연에 따른 이자를 지급하지 아니한다.

(1) 보험금 지급사유(약관 제3조, 제4조)

① **중도보험금**: 피보험자가 보험기간 중의 특정시점에 살아있을 경우 지급한다.

② **만기보험금**: 피보험자가 보험기간이 끝날 때까지 살아있을 경우 지급한다.

③ **사망보험금**: 피보험자가 보험기간 중 사망한 경우 지급한다.

- 실종선고를 받은 경우: 법원에서 인정한 실종기간이 끝나는 때에 사망한 것으로 본다.

- 수해, 화재나 그 밖의 재난에 의해 사망한 것으로 관공서가 인정하는 경우: 가족관계등록부에 기재된 사망연월일 기준

④ **장해보험금**: 피보험자가 보험기간 중 진단 확정된 질병 또는 재해로 장해분류표에서 정한 각 장해지급률에 해당하는 장해상태가 되었을 경우 지급

⑤ **입원보험금 등**: 피보험자가 보험기간 중 질병이 진단 확정되거나 입원, 통원, 요양, 수술 또는 수발이 필요한 상태가 되었을 경우 지급

(2) 사망의 추정·인정제도

① **일반실종**

부재자의 생사(生死)가 <u>5년간 분명하지 아니한 때</u>에 법원이 이해관계인이나 검사의 청구에 의해 실종 선고를 하고 사망한 것으로 보는 제도(「민법」 제27조 제1항).

② **특별실종**

전지(戰地)에 임한 자, 침몰한 선박 중에 있던 자, 추락한 항공기 중에 있던 자, 기타 사망의 원인이 될 위난을 당한 자의 생사가 전쟁 종지(終止) 후 또는 선박의 침몰, 항공기의 추락 기타 위난이 종료한 후 <u>1년간 분명하지 아니한 때</u>에 법원이 이해관계인이나 검사의 청구에 의해 실종 선고를 하고 사망한 것으로 보는 제도(「민법」 제27조 제2항).

---

27) 보험금가지급제도: 사고내용이 복잡하거나 의학적 판단이 필요하여 보험금 지급액 산정까지 상당 시간이 소요될 것으로 예상될 경우 회사가 추정하는 보험금의 50% 이내의 금액을 수익자에게 미리 지급하고 보험금 지급액 확정시 정산하는 제도를 말한다.

③ 인정사망

수해, 화재나 그 밖의 재난으로 인하여 사망한 사람이 있는 경우 이를 조사한 관공서가 지체 없이 사망지의 시·읍·면의 장에게 통보하여 사망한 것으로 인정하는 제도 (외국에서 사망한 때에는 사망자의 등록기준지의 시·읍·면의 장 또는 재외국민 가족관계등록사무소의 가족관계등록관에게 통보 (「가족관계의 등록 등에 관한 법률」 제87조).

(3) 약관의 장해분류표상 장해 등의 정의

① "장해"라 함은 상해 또는 질병에 대하여 치유된 후 신체에 남아있는 영구적인 정신 또는 육체의 훼손상태 및 기능상실 상태를 말한다. 다만, 질병과 부상의 주 증상과 합병증상 및 이에 대한 치료를 받는 과정에서 일시적으로 나타나는 증상은 장해에 포함되지 않는다.

② "영구적"이라 함은 원칙적으로 치유 시 장래 회복의 가망이 없는 상태로서 정신적 또는 육체적 훼손 상태임이 의학적으로 인정되는 경우를 말한다.

③ "치유된 후"라 함은 상해 또는 질병에 대한 치료의 효과를 기대할 수 없게 되고 또한 그 증상이 고정된 상태를 말한다.

④ 다만, 영구히 고정된 증상은 아니지만 치료 종결 후 한시적으로 나타나는 장해에 대하여는 그 기간이 5년 이상인 경우 해당 장해지급률의 20%를 장해지급률로 한다.

- 이 경우에도 만일 그 이후 보장받을 수 있는 기간(계약의 효력이 없어진 경우에는 상해 발생일 또는 질병진단확정일로부터 1년 또는 2년 이내)에 장해상태가 더 악화된 때에는 그 악화된 장해상태를 기준으로 장해지급률을 결정한다.

(4) 보험금 등의 청구 시 구비서류(약관 제7조)

① 보험금청구서(회사 양식)

② 사고증명서(사망진단서, 장해진단서, 입원치료확인서 등)

③ 신분증(주민등록증 또는 운전면허증 등 사진이 붙은 정부기관 발행 신분증, 본인이 아닌 경우에는 본인의 인감증명서 또는 본인서명사실 확인서 포함)

④ 기타 보험수익자가 보험금 등의 수령에 필요하여 제출하는 서류

(5) 보험금을 지급하지 않는 사유

보험회사는 다음 중 어느 한 가지의 경우에 의하여 보험금 지급사유가 발생한 때에는 보험금을 지급하지 아니한다(약관 제5조).

① 피보험자가 고의로 자신을 해친 경우

피보험자가 고의로 자신을 해친 경우에는 보험금을 지급하지 아니한다. 그러나 다음 중 어느 하나에 해당하면 보험금을 지급한다.

가. 피보험자가 심신상실 등으로 자유로운 의사결정을 할 수 없는 상태에서 자신을 해친 경우

⇒ 특히 결과가 사망에 이르게 된 경우 재해사망보험금을 지급(약관에서 정한 재해 사망보험금이 없는 경우에는 재해 이외의 원인으로 인한 사망보험금을 지급)

나. 계약의 보장개시일[부활(효력회복)계약의 경우는 부활(효력회복)청약일]부터 2년이 지난 후에 자살한 경우

⇒ 재해 이외의 원인에 해당하는 일반 사망보험금을 지급

② 보험수익자가 고의로 피보험자를 해친 경우(반사회적인 범죄행위, 신의성실 위반, 사회 비공익차원) 단, 그 보험수익자가 보험금의 일부 보험수익자인 경우에는 그 보험수익자에 해당하는 보험금을 제외한 나머지 보험금을 다른 보험수익자에게 지급한다(「상법」 제732조의2).

③ 보험계약자가 고의로 피보험자를 해친 경우

보험계약자가 고의로 피보험자를 해친 경우에도 보험수익자의 경우와 마찬가지로 반사회적인 범죄행위에 해당되어 당연히 보험회사는 보험금을 지급하지 아니한다.

2) 보험금 지급책임의 발생요건

(1) 유효한 보험계약이 존재 − 계약 무효, 계약 취소, 보험 실효건 등이 없어야 한다.

(2) 보험기간 중에 보험사고가 발생 − 보험기간 중에 발생한 것이어야 한다.

계약체결 당시에 보험사고가 이미 발생한 것을 당사자 쌍방과 피보험자가 알지 못하였거나, 보험기간 안에 발생하였으나 손해가 보험기간 후에 발생하여도 보험자는 보상책임을 진다.

(3) 보험계약자의 보험료 지급 − 보험계약자로부터 최초의 보험료를 지급 받은 때부터 개시된다 (제656조).

(4) 면책사유의 부존재 − 상법(제659조, 제660조), 약관에서 정하는 면책사유가 부존재하여야 한다.

− 보험사고가 보험계약자 또는 피보험자나 보험수익자의 고의 또는 중대한 과실로 인하여 생긴 때에는 보험자는 보험금액을 지급할 책임이 없다[제659조(보험자의 면책사유)].

− 보험사고가 전쟁 기타의 변란으로 인하여 생긴 때에는 당사자 간에 다른 약정이 없으면 보험자는 보험금액을 지급할 책임이 없다[제660조(전쟁위험 등으로 인한 면책)].

− 보험자의 책임이 제한될 수 있는 보험계약자·피보험자가 고지의무, 통지의무 등 위반이 없어야 한다.

♣ **보험기간 중 보험사고의 발생**

보험사고는 보험기간 안에 발생한 것이어야 하며, 계약 체결 당시 보험사고가 이미 발생한 것을 당사자 쌍방이 모를 경우나, 보험기간 안에 사고가 발생하고 보험기간 후에도 손해가 계속해서 있을 경우에도 보험자가 책임을 진다.

보험자의 위험부담 책임은 당사자의 약정이 없는 한 보험계약자로부터 최초의 보험료를 지급받은 때부터 개시, 보험사고가 보험료를 지급받기 전에 생긴 것이면 보험금 지급책임을 지지 않는다(소급보험의 경우는 그 시기를 정한 때부터).

3) 보험금 지급

보험사고 발생 시 보험금을 청구할 수 있는 자는 손해보험에서는 피보험자이고, 인보험에서는 보험수익자이다. 보험금지급은 당사자 간의 약정이 없는 경우 보험사고 발생 통지를 받은 후 지체 없이 지급할 보험금액을 정하고, 그 정해진 날로부터 **10일 이내**에 피보험자 또는 보험수익자에게 보험금을 지급해야 한다(상법 제658조, 보험금액의 지급).

한편, 회사는 중도보험금 및 만기보험금의 지급시기가 되면 지급시기 **7일 이전**에 그 사유와 회사가 지급하여야 할 금액을 계약자 또는 보험수익자에게 알리며, 보험금이 지급기일 이후에 지급되는 경우 표준약관에서 정하고 있는 "보험금 지급 시 적립이율 계산"에 따라 이자를 더하여 지급한다(약관 제8조).

(1) 보험금 청구권자

① 생명보험 – 보험수익자

② 손해보험 – 피보험자

③ 피보험자·보험수익자 사망 시 – 상속인

(2) 지급시기와 방법

약정기간이 있으면 약정기간 내, 다른 약정이 없으면 보험사고 발생 통지부터 10일 이내 지급한다(제658조).

(3) 보험금 지급기일(약관 제8조)

① 보험금 청구와 관련된 구비서류 접수 시: 서류 접수일로부터 3영업일 이내

② 보험금 지급사유 조사·확인 필요시 서류: 접수일로부터 10영업일 이내

③ 10영업일 이내 지급하지 못할 것으로 예상 시*: 서류 접수일로부터 30영업일 이내

* 이 경우 보험사는 지급 지연사유, 지급예정일 및 보험금 가지급제도에 대해 피보험자 또는 수익자에게 즉시 통지해야 한다. 다만, 아래의 경우에는 보험금 지급기일을 적용하지 아니한다.

- 소송제기
- 분쟁조정신청
- 수사기관의 조사
- 해외에서 발생한 보험사고에 대한 조사

– 회사의 조사요청에 대한 동의 거부 등 계약자, 피보험자 또는 보험수익자의 책임 있는 사유로 인하여 보험금 지급사유의 조사 및 확인이 지연되는 경우

– 보험금 지급사유와 관련하여 제3자의 의견에 따르기로 한 경우

▣ 보험종류별 보험금 지급시기

보험금의 지급 시기는 보험의 종류에 따라 다음과 같이 나눌 수 있다.

1) 생명보험: 3영업일 이내 지급(「보험업감독업무시행세칙」 별표 15. 생명보험 표준약관 제8조 제1항). 단, 지급사유의 조사나 확인이 필요한 경우에는 10영업일 이내 지급.

2) 질병 · 상해보험: 3영업일 이내 지급(「보험업감독업무시행세칙」 별표 15. 질병·상해보험 제8조 제1항)

3) 배상책임보험: 7일 이내에 지급(「보험업감독업무시행세칙」 별표 15. 배상책임보험 표준약관 제7조 제1항)

4) 화재보험: 7일 이내에 지급(「보험업감독업무시행세칙」 별표 15. 화재보험 표준약관 제7조 제1항)

5) 자동차보험: 7일 이내에 지급(「보험업감독업무시행세칙」 별표 15. 자동차보험 표준약관 제26조 제1항)

▣ 보험금의 가지급제도

1) 보험회사가 보험금 지급 사유의 조사 및 확인을 위해 지급기일 이내에 보험금을 지급하지 못할 것으로 예상되는 경우에는 그 구체적인 사유, 지급예정일 및 보험금의 가지급 제도에 대해 피보험자 또는 보험수익자에게 즉시 통지해야 한다(「보험업감독업무시행세칙」 별표 15. 생명보험 표준약관 제8조 제3항 본문).

2) 다만, 지급 예정일은 다음의 경우를 제외하고는 보험금 청구 서류를 접수한 날로부터 30영업일 이내에서 정한다(「보험업감독업무시행세칙」 별표 15. 생명보험 표준약관 제8조 제3항 단서).
보험금 지급기일을 적용하지 않는 경우는 ① 소송제기, ② 분쟁조정신청, ③ 수사기관의 조사, ④ 해외에서 발생한 보험사고에 대한 조사, ⑤ 회사의 조사요청에 대한 동의 거부 등 계약자, 피보험자 또는 보험수익자의 책임 있는 사유로 인하여 보험금 지급사유의 조사 및 확인이 지연되는 경우, ⑥ 보험금 지급사유와 관련하여 제3자의 의견에 따르기로 한 경우

4) 보험금 청구권의 소멸시효

① 시효기간: 보험계약자의 보험금 청구권은 3년간 행사하지 않으면 소멸시효가 완성된다(제662조). 보험자의 보험료 청구권은 2년이다.

② 기산점: 소멸시효의 기산점은 권리금을 행사할 수 있을 때부터 진행한다(민법 제166조). 보험금 청구권은 특별한 사정이 없는 한 보험사고가 발생한 때부터 진행한다.

즉, 보험계약은 유상/쌍무계약으로서 보험자는 보험계약자의 보험료 지급의 대가로 보험사고로 인하여 피보험자에게 손해가 발생한 경우 피보험자 또는 보험수익자에게 보험금을 지급할 의무를 진다. 보험계약자의 보험금 청구권은 3년간, 보험료 또는 적립금의 반환 청구권은 3년간이며, 보험자의

보험료 청구권은 2년이다(상법 제662조, 소멸시효).

※ 통상 보험사고 발생할 때이나 실무적으로 보험사고발생 통보일 + 10일 경과 후 기산한다.

4. 보험료 반환의무

보험자는 보험계약이 취소/무효/해지 된 경우에 보험계약자에게 일정 보험료를 반환하여야 하는 것을 의미한다[상법 제648조(보험계약의 무효로 인한 보험료반환청구)].

보험계약의 전부 또는 일부가 무효인 경우에 보험계약자와 피보험자가 선의이며, 중대한 과실이 없는 때에는 보험자에 대하여 보험료의 전부 또는 일부의 반환을 청구할 수 있다. 보험계약자와 보험수익자가 선의이며 중대한 과실이 없을 때에도 같다.

1) 보험계약이 취소된 경우

보험계약이 취소가 되는 경우는 보험약관의 교부/설명/명시 의무를 위반 시에 취소할 수 있다. 보험자는 보험계약을 체결할 때에 보험약관을 교부하고 그 약관의 중요한 내용을 설명하여야 한다. 이를 위반한 경우 보험계약자는 보험계약이 성립한 날로부터 3개월 이내에 계약을 취소할 수 있다. 보험자는 이미 지급받은 보험료(계약자의 이미 납입한 P)를 반환한다.

2) 보험계약이 무효인 경우

보험계약의 전부 또는 일부가 무효인 경우는 보험수익자나 보험계약자 또는 피보험자가 선의이며, 중대한 과실이 없는 때는 보험자는 보험료의 전부 또는 일부를 반환해야 한다.

단, 보험계약자의 악의가 있는 경우는 반환하지 않는다.

3) 보험사고 발생 전에 보험계약해지의 경우

보험자는 보험계약자가 보험사고의 발생 전에 보험계약의 전부 또는 일부를 해지한 경우에 다른 약정이 없으면 미경과보험료를 반환하여야 할 의무가 있고, 보험계약자는 반환청구 할 수 있다(제649조 ③).

※ 미경과 보험료란 계약이 해지될 때 보험료기간 이후의 기간을 의미한다.

> ♣ 생명보험
> 보험계약 해지 시에 미경과보험료, 보험료적립금을 반환한다(736조).
> 보험계약자가 위험변경증가 통지의무를 위반하여 계약이 해지된 경우에 미경과보험료 반환한다.

4) 소멸시효

보험자의 보험료적립금의 반환의무는 보험계약자가 청구권을 3년간 행사하지 않으면 소멸한다(제662조).

※ 해지 / 해제 / 취소 / 무효의 구분
- 해지: 장래 효력 상실
- 해제: 소급해서 효력상실 - 계약상 흠결(의무불이행)
- 취소: 소급해서 효력상실 - 법적 흠결(사기)
- 무효: 해제, 취소에 결과에 따른 결과

5. 이익배당의무

보험자가 약관상 이익의 일부를 보험계약자에게 배당할 것을 정한 경우 이익 배당을 할 의무를 부담한다 [유(有)배당 상품].

보험자가 약관에서 그 이익의 일부를 보험계약자에게 배당할 것을 정한 경우 그 조항에 따라 이익 배당 의무를 부담한다(예정이율 + 1%). 보험자는 그 지급을 위하여 준비금을 적립하여야 한다.

※ 고(高) 예정이율 사례
삼성 퍼펙트교통상해보험(예정이율 7.5%), 삼성 꿈나무사랑보험(예정이율 8.5%).
1997년~2000년대 초에 S그룹 S사 주력의 보장성 상품이며 현재는 판매가 중지된 상품이다.

6. 보험료적립금반환의무

생명보험의 경우에는 일정한 사유에 의해 보험계약이 해지되거나 보험금지급 책임이 면제된 때에는 보험자는 보험수익자를 위해 적립한 보험료적립금을 보험계약자에게 반환해야 할 의무를 부담한다(상법 제736조).

보험자의 보험료 또는 적립금의 반환의무는 **3년의 소멸시효 기간의 경과로 소멸한다**(상법 제662조).

7. 보험계약자 대부의무(보험약관대출)

① 계약자는 이 계약의 해지환급금 범위 내에서 회사가 정한 방법에 따라 대출(이하 '보험계약대출'이라 한다)을 받을 수 있다. 그러나, 순수보장성보험 등 보험상품의 종류에 따라 보험계약대출이 제한될 수도 있다.

② 계약자는 제1항에 따른 보험계약대출금과 그 이자를 언제든지 상환할 수 있으며 상환하지 않은 때에는 회사는 보험금, 해지환급금 등의 지급사유가 발생한 날에 지급금에서 보험계약대출의 원금과 이자를 차감할 수 있다.

③ 제2항의 규정에도 불구하고 회사는 제28조(보험료 납입이 연체되는 경우 납입최고(독촉)와 계약의 해지)에 따라 계약이 해지되는 때에는 즉시 해지환급금에서 보험계약대출의 원금과 이자를 차감한다.

④ 회사는 보험수익자에게 보험계약대출 사실을 통지할 수 있다.

⑤ 보험약관에서는 보험계약대출이라는 용어를 사용하는데 보험약관대출이라고 한다.

제3절 / 보험계약자 등의 주요 의무

1. 계약 전 알릴 의무(고지의무)

1) 고지의무(告知義務)의 의의

보험계약자 또는 피보험자는 보험계약을 청약하고자 할 때, 보험계약에 수반된 제반 위험정도를 판단하는 데 필요한 중요한 사항을 보험회사에 알려야 할 의무를 부담하는데 이를 고지의무(告知義務) 또는 계약 전 알릴 의무라고 한다.

즉, 보험계약자나 피보험자가 보험계약 체결 당시에 사고 발생률을 측정하기 위하여 필요한 중요 사항에 관하여 고지해야 할 의무이며, 또는 부실 고지를 해서는 안 될 의무를 말한다(상법 제651조).

고의 또는 중대한 과실로 인하여 불고지 또는 부실의 고지를 하지 아니할 의무를 지게 되는데 이를 고지의무라 한다. 보험표준약관에 **계약 전 알릴 의무**로 표현한다.

계약자 또는 피보험자는 청약할 때(진단계약의 경우에는 건강진단할 때 포함, 다만, 「의료법」 제3조의 종합병원 및 병원에서 직장 또는 개인이 실시한 건강진단서 사본 등 건강상태를 판단할 수 있는 자료로 건강진단을 대신할 수 있음) 청약서에서 질문한 사항에 대하여 알고 있는 사실을 반드시 사실대로 알려야(이하 '계약 전 알릴의무'라 하며, 상법상 '고지의무'와 같다) 한다. 그렇지 않은 경우 보험금의 지급이 거절되거나 계약이 해지될 수 있다.

계약 전에 알려야 할 사항은 통상 청약서의 질문표에 명시되어 있는데 일반적으로 피보험자의 현재 및 과거의 질병과 직접 운전여부 등이 중요한 알릴의무 대상이 된다(약관 제13조).

보험계약자나 피보험자에게 이러한 계약 전 알릴 의무를 부여하는 이유는 보험회사로 하여금 피보험자의 위험을 측정하여 계약의 인수 여부나 적정한 보험료 또는 보험금액을 결정하도록 하기 위해서이다.

즉 보험회사가 보험계약의 단체를 이루는 구성원 모두의 위험평가를 일일이 파악하는 것은 불가능하고 진료기록 등 위험측정 자료를 모두 조사하고 수집하는 것도 대량으로 보험계약이 체결되는 현재 실무에 비추어 볼 때 사실상 어렵기 때문이다. 따라서 그러한 사항에 대해 가장 잘 알고 있는 보험계약자와 피보험자에게 중요한 사항을 미리 알리도록 함으로써 합리적이고 건전한 보험제도의 운영을 기할 수 있다.

고지의무의 대상이 되는 것은 보험회사가 사고 발생의 위험을 측정하여 보험의 인수 및 보험료를 산정하는데 영향을 미칠 수 있는 사항을 말한다. 화재보험 같은 경우에는 사용 목적, 사용 장소 등 물리적 상태 등이며, 생명보험의 경우에는 과거의 중요한 병증이나 피보험자의 직업, 환경에 관한 사실을 말한다. 고지의 방법은 제한이 없으므로 서면이나 구두나 상관없지만 일반적으로는 질문표에 기재하여 고지의무를 이행한 것으로 추정한다.

> ※ 판례상 계약 전 알릴 의무(대법원 1996. 12. 23. 선고 96다27971판결)
> 중요한 사항이란 회사가 보험사고의 발생과 그로 인한 책임부담의 개연율을 측정하여 보험계약의 체결 여부 또는 보험료나 특별한 면책 조항의 부가와 같은 보험계약의 내용을 결정하기 위한 표준이 되는 사항으로서 객관적으로 회사가 그 사실을 안다면 그 계약을 체결하지 않든가 또는 적어도 동일한 조건 으로는 계약을 체결하지 않으리라고 생각되는 사항을 가리킨다.

2) 고지 사항과 질문표
♣ 보험가입 시에 고지의무의 대상이 되는 사항은 중요한 사항이다.
① 중요한 사항이란
보험자가 위험을 측정하여 보험의 인수 여부 및 보험료 산정의 표준이 되는 사항으로 보험자가 그 사실을 알았다면 계약을 체결하지 않거나 적어도 동일 조건으로는 계약을 체결하지 않을 것이라 고 객관적으로 인정되는 사실이다.
즉, 중요한 사항(중요한 알릴 의무 대상)이라 함은 회사가 그 사실을 알았더라면 계약의 청약을 거절하거나 부담보[28] 계약인수(보험가입금액 한도 제한, 일부 보장 제외, 보험금 삭감, 보험료 할증, 기타 등)의 조건부로 승낙하는 등 계약승낙에 영향을 미칠 수 있는 사항을 말한다(약관 제2조).
② 서면의 질문표
보험자는 보험계약 인수 시에 필요한 정보를 서면으로 질문할 수 있고, 서면으로 질문한 사항은 중요한 사항으로 추정하고 있다. 즉, 실무상 중요한 사항은 청약서에 질문표를 사용하며, 회사가 서 면으로 질문한 사항(질문표의 질문사항)은 중요한 사항으로 추정하고 있다(「상법」 제651조의2).

3) 보험가입 전 기본적인 고지사항
① 계약 전 알릴 고지의무 항목.
과거 병력사항, 직업, 장애여부, 운전사항, 해외위험지역 출국, 위험 취미, 음주, 흡연 등

---

28) 부담보: 가입된 보험 기간 중 특정 부위 및 특정 질환에 대해서 일정 기간 또는 전 기간 질병으로 인한 수술이 나 입원 등의 각종 보장에서 제외하여 조건부로 가입하는 것을 말한다.

♣ 과거 병력사항
- 최근 3개월(청약일 기준) 이내 의사로부터 진찰 또는 검사를 통한 의료행위 사실
- 최근 3개월 이내 마약, 혈압약, 수면제, 진통제 등 약물 상시 복용한 사실
- 최근 1년 이내 의사로부터 진찰 또는 검사를 통한 추가검사(재검사) 사실
- 최근 5년 이내 의사로부터 진찰 또는 검사를 통한 입원, 수술, 7일 이상 치료, 30일 이상 투약
- 최근 5년 이내 10대 질병 의료행위

② 계약 후 알릴 고지의무 항목

보험 증권에 기재된 피보험자의 직업 또는 직무가 변경되었을 때 혹은 피보험자의 운전 여부나 운전 목적(자가용, 영업용)이 변경되었을 때는 고지하여야 한다. 이외에 주소가 바뀌거나 전화번호가 바뀐 것도 고지해야 한다.

4) 고지의무(告知義務)의 위반

보험 계약자나 피보험자가 보험 계약을 체결할 때, 고의나 중대한 과실로 말미암아 중요한 사실을 전혀 알리지 않았거나 제대로 알리지 않는 것이며, 보험가입 시에 고지의무위반이 되는 경우는 다음과 같다.

① 피보험자의 고의, 중과실이 있어야 한다. 즉, 피보험자가 알고 있는 사항이어야 한다.

② 고지하지 않거나 사실과 다르게 또는 축소해서 고지한 경우에 두 요건이 모두 충족되어야 보험회사는 고지의무위반을 이유로 계약을 해지하거나 보험금을 부지급 하거나 할 수 있다.

■ 고지의무위반의 조건(계약 전 알릴 의무 위반의 조건)

1) 미고지 사항의 존재
계약자 및 피보험자가 청약서에 알려야 할 사항에 알리지 않은 사실이 보험회사 조사를 통해 확인되어야 한다.

2) 고의 또는 중과실의 존재
계약자, 피보험자에게 고의 또는 중대한 과실로 보험회사에 미고지한 사항이 확인되어야 한다.

3) 미고지 사항이 "중요한 사항"에 해당 될 것
"중요한 사항"이란 보험회사가 계약 당시 그 사실을 알았다면 계약을 체결하지 않았거나 동일한 조건으로는 계약을 체결하지 않았을 것을 의미한다.

※ 상기의 조건이 모두 충족되어야만 "고지의무 위반"이 되는 것이다. 그러나, 보험회사는 보험조사를 통해 미고지 사항만을 확인한 뒤 고지의무 위반을 적용하는 것이 대부분의 보험회사 실무에서 이루어지고 있는 실정이다.

즉, 계약자, 피보험자의 고의 또는 중과실 여부의 확인과 해당 미고지 사항이 가입한 보험의 "중요한 사항"에 해당 되는지는 대부분 확인하려고 하지 않는 경우가 다수이다.

■ 해지권 제한사유

고지의무 위반의 조건에 충족하여도 계약을 해지하기 위해서는 해지권 제한사유에 해당되지 않아야 한다.

1) 보험회사의 과실

미고지한 사항이 보험회사가 알고 있던 사실이나, 과실로 알지 못한 경우에는 해지권을 실행할 수 없다.

2) 진단 계약의 1년 경과

보험 가입 시 보험회사가 피보험자의 건강상태를 알 수 있었던 경우 진단계약으로 분류된다. 건강검진 결과지를 제출하던지, 혈압측정이나 혈액추출 등의 행위를 한 경우 진단계약으로 분류되며 계약일로부터 1년 이내에 보험금 지급사유가 없는 경우 해지권을 실행할 수 없다.

3) 일반 계약 2년 경과

진단 계약이 아니어도 계약일로부터 2년이 경과기간 동안 보험금 지급 사유가 없는 경우 보험 계약을 해지할 수 없다.

4) 3년의 경과

모든 계약은 계약일로부터 3년이 경과하면 보험계약을 해지할 수 없다.

5) 설계사 과실

보험 청약 시 설계사가 고지하지 않게 하였거나, 부실의 고지를 권유하였거나, 고지를 방해하는 등 설계사의 과실이 있는 경우 해지할 수 없다.

6) 안 날부터 1개월이 경과한 경우

보험회사가 계약자 또는 피보험자의 고지의무 위반 사실을 안 날부터 1개월이 경과하였음에도 해지의 의사표현을 하지 못한 경우에는 해지할 수 없다.

5) 계약 전 알릴 의무 위반의 효과

보험계약 당시에 보험계약자 또는 피보험자가 고의 또는 중대한 과실로 인하여 중요한 사항을 고지하지 아니하거나 부실의 고지를 한 때에는 보험자는 그 사실을 안 날로부터 **1개월** 내에, 계약을 체결(성립)한 날로부터 **3년** 내에 한하여 계약을 해지할 수 있다. 그러나 보험자가 계약당시에 그 사실을 알았거나 중대한 과실로 인하여 알지 못한 때에는 그러하지 아니하다(상법 제651조).

보험회사는 계약자 또는 피보험자가 고의 또는 중대한 과실로 중요한 사항에 대하여 사실과 다르게 알린 경우에는 계약을 해지하거나 보장을 제한할 수 있다. 회사가 계약 전 알릴의무의 위반으로 계약을 해지하거나 보장을 제한할 경우에는 계약자에게 계약 전 알릴 의무의 위반 사실뿐만 아니라 계약 전 알릴 의무 사항이 중요한 사항에 해당하는 사유 및 계약의 처리 결과를 "반대 증거가 있는 경우 이의를 제기할 수 있습니다"라는 문구와 함께 계약자에게 서면 등으로 알려주어야 한다. 그러나 회사는 다른 보험가입내역에 대한 계약 전 알릴 의무 위반을 이유로 계약을 해지하거나 보험금 지급을 거절하지 아니한다(약관 제14조).

6) 계약 전 알릴 의무 위반이 있더라도 계약을 해지할 수 없는 경우

보험계약자 또는 피보험자가 계약 전 알릴 의무를 위반하더라도 다음과 같은 경우에는 보험회사가 계약을 해지할 수 없다(약관 제14조 제1항).

① 회사가 계약 당시에 계약 전 알릴 의무 위반사실을 알았거나 과실로 인하여 알지 못했을 때

② 회사가 계약 전 알릴 의무 위반사실을 안 날로부터 1개월 이상 지났거나 또는 보장개시일로부터 보험금 지급사유가 발생하지 않고 2년(진단계약의 경우 질병에 대하여는 1년)이 지났을 때

③ 계약을 체결한 날부터 3년이 지났을 때

⇒ 이와 같이 계약 전 알릴 의무와 관련하여 보험회사가 계약을 해지할 수 없는 기간을 설정한 이유는 보험계약과 관련한 법률관계를 신속히 확정함으로써 장기간 보험계약이 불안정한 상태에 놓이는 것을 방지하기 위함이다.

④ 계약을 청약할 때 피보험자의 건강상태를 판단할 수 있는 기초자료(건강진단서 사본 등)에 따라 승낙한 경우에 건강진단서 사본 등에 명기되어 있는 사항으로 보험금 지급 사유가 발생하였을 때(단, 계약자 또는 피보험자가 회사에 제출한 기초자료의 내용 중 중요사항을 고의로 사실과 다르게 작성한 때에는 제외)

⑤ 보험설계사 등이 계약자 또는 피보험자에게 고지할 기회를 주지 않았거나 계약자 또는 피보험자가 사실대로 고지하는 것을 방해한 경우, 계약자 또는 피보험자에게 사실대로 고지하지 않게 하였거나 부실한 고지를 권유했을 때(단, 보험설계사 등의 행위가 없었다하더라도 계약자 또는 피보험자가 사실대로 고지하지 않거나 부실한 고지를 했다고 인정되는 경우에는 계약을 해지하거나 보장 제한 가능)

⇒ 보험설계사 등이 계약자 또는 피보험자에게 고지할 기회를 부여하지 않는 등으로 인하여 보험계약자 등이 결과적으로 계약 전 알릴 의무를 위반한 경우 회사가 책임을 지도록 함으로써 부실모집을 방지하고 보험설계사 등의 귀책사유로 인한 보험 가입자의 부당한 피해를 막기 위해 마련된 규정이다.

7) 계약 전 알릴 의무 위반과 보험금 등의 지급

회사가 계약 전 알릴 의무 위반을 이유로 보험계약을 해지하였을 때에는 해지환급금을 지급하며, 보장을 제한하였을 때에는 보험료, 보험가입금액 등이 조정될 수 있다.

① 계약을 해지할 경우 보험회사는 해지환급금을 보험계약자에게 지급한다(「보험업감독업무시행세칙」 별표 15. 생명보험 표준약관 제14조 제3항 및 질병·상해보험 표준약관 제16조 제3항).

② 알릴 의무의 위반 사실이 보험금 지급사유 발생에 영향을 미쳤음을 보험회사가 증명하지 못한다면 보험회사는 계약의 해지 또는 보장을 제한하기 이전까지 발생한 보험금을 보험계약자 또는 피보험자에게 지급해야 한다(「보험업감독업무시행세칙」 별표 15. 생명보험 표준약관 제14조 제4항 및 자동차보험 표준약관 제53조 제2항 단서).

③ 손해가 알릴 의무의 위반 사실이 보험금 지급 사유 발생에 영향을 미치지 않았음을 계약자·피보험자(보험대상자) 또는 보험수익자(보험금 받는 사람)가 증명한 경우 보험회사는 보험금을 보험계약자 또는 피보험자에게 지급해야 한다(「보험업감독업무시행세칙」 별표 15. 질병·상해보험 표준약관 제16조 제6항).

2. 보험료 납입의무

1) 의의

보험계약이 성립되면 보험계약자는 보험자에게 보험료를 지급할 의무를 진다(상법 제638조).

보험자는 보험 사고가 생긴 경우에 피보험자 또는 보험수익자에게 보험금을 지급할 의무가 있다. 보험료는 보험금에 대한 대가관계에 있는 것으로 보험료의 납입은 보험자의 책임 발생의 전제가 되는 것이다(상법 제656조 참조). 따라서 보험료 지급의무는 보험계약자의 가장 중요한 의무라고 할 수 있다.

보험계약은 보험계약자의 청약에 대한 회사의 승낙으로 성립하나, 제1회 보험료를 납입해야 회사의 보장이 개시되므로 보험계약자는 보험계약이 성립한 후에 지체 없이 보험료를 납입하여야 한다(약관 제23조). 한편 제2회 이후의 보험료는 계약 체결 시 보험계약자가 납입하기로 약속한 날(납입기일)까지 납입하여야 하며 회사는 보험계약자가 보험료를 납입한 경우 영수증을 발행하여 준다.

다만 금융회사(우체국 포함)를 통하여 보험료를 납입한 경우에는 그 금융회사 발행증빙서류를 영수증으로 대신한다(약관 제24조).

(1) 보험료의 성격

보험계약은 유상계약(有償契約)으로서 보험계약이 성립하면, 보험계약자는 보험자에게 보험료를 지급할 의무를 진다. 보험료는 보험자가 보험계약상의 책임을 지는 대가로서 보험계약자가 지급하는 것으로서 보험자가 지급할 보험금과 대가관계를 이루고 있다.

보험료의 지급은 보험자의 책임의 전제가 되어 보험계약이 성립하였다고 하더라도 제1회 보험료의 지급이 없는 경우 다른 약정이 없으면 보험자는 보험계약상의 책임을 지지 않는다.

(2) 보험료의 지급의무자

보험료지급의무는 보험계약의 당사자인 보험계약자가 지는 것이고, 타인을 위한 보험계약의 피보험자 또는 보험수익자는 보험계약자가 파산선고를 받거나 보험료의 지급을 지체한 때에 그 권리를 포기하지 아니하는 한 제2차적으로 그 의무를 지게 된다.

(3) 보험료의 지급시기

보험자의 책임은 최초의 보험료를 지급받은 때로부터 개시되므로 보험계약자는 보험계약이 성립한 후 지체 없이 보험료의 전부 또는 제1회 보험료를 지급하여야 한다. 여기서 보험료의 전부라 함은 일시 지급의 경우이고, 제1회 보험료는 분할 지급의 경우를 말한다. 그리고 보험료를 나누어 지급하기로 한 분할 지급의 경우 제2회 이후의 계속보험료는 약정한 지급기일에 지급하여야 한다.

2) 보험료 납입 연체 시 계약의 효력(보험료 지급지체의 효과)

(1) 최초(제1회)보험료의 납입 연체 시

① 보험자의 보상책임 면제

최초의 보험료를 받지 아니한 때에는 보험사고가 발생하여도 책임을 지지 않는다(제656조).
(♣ 보험자의 책임 개시일: 제1회(최초) 보험료 납부일)

② 보험계약의 해제

보험계약자는 계약체결 후 지체 없이 보험료의 전부 또는 제1회 보험료를 지급하여야 하는데, 이를 지급하지 아니한 경우에 계약체결 후 2개월이 경과하면 그 계약은 해제된 것으로 본다(제650조).

③ 보험증권 교부의무의 면제

보험자는 보험계약이 성립한 때에는 지체 없이 보험증권을 작성하여 보험계약자에게 교부하여야 하는데, 보험계약자가 최초의 보험료를 지급하지 아니한 때에는 그러하지 아니하다(제640조).

(2) 계속(제2회 이후)보험료의 납입 연체 시

보험계약자가 계속보험료를 약정한 시기에 납입하지 아니한 경우에 보험자는 상당한 기간을 정하여 보험계약자(보험료 납입의무자)에게 최고하고, 그 기간(보험료 납입 최고기간: 14일 이상) 내에 지급되지 아니한 때에는 그 계약을 해지할 수 있다(제650조 ②).

특정한 타인을 위한 보험계약의 경우 보험계약자가 보험료의 지급을 지체한 때에는 보험자는 그 타인에게도 상당한 기간을 정하여 보험료의 지급을 최고한 후가 아니면 그 계약을 해제 또는 해지하지 못한다(제650조 ③).

(3) 보험료 납입최고(독촉)기간

♣ 보험료 납입최고

보험계약자가 계속보험료를 약정한 시기에 납입하지 아니한 경우에 보험자는 상당한 기간을 정하여 보험료 납입의무자에게 최고하고 그 기간 내에 보험료를 지급하지 아니한 때에는 그 계약을 해지할 수 있다(**보험료 납입 최고기간: 14일 이상**).

계약자가 제2회 이후의 보험료를 납입기일까지 납입하지 않아 보험료 납입이 연체 중인 경우에 보험회사는 **14일**(보험기간이 1년 미만인 경우에는 **7일**) 이상의 기간을 납입최고(독촉)기간으로 정하여 계약자(보험수익자와 계약자가 다른 경우 보험수익자를 포함)에게 납입최고(독촉)기간 내에 연체보험료를 납입하여야 한다는 내용과 납입최고(독촉)기간이 끝나는 날까지 보험료를 납입하지 아니할 경우 납입최고(독촉) 기간이 끝나는 날의 다음날에 계약이 해지된다는 내용을 서면(등기우편 등), 전화(음성녹음) 또는 전자문서 등으로 알려주어야 한다(약관 제26조 제1항).

보험회사가 납입최고(독촉) 등을 전자문서로 안내하고자 할 경우에는 계약자에게 서면, 전자서명, 공인전자서명으로 동의를 얻어 수신 확인을 조건으로 전자문서를 송신하여야 하며, 계약자가 전자문서에 대해 수신 확인을 하기 전까지는 그 전자문서는 송신되지 않은 것으로 본다.

보험회사는 전자문서가 수신되지 않은 것을 확인한 경우에는 납입최고절차를 다시 거쳐야 한다. 즉, 납입최고(독촉)기간을 선정하여 납입최고 시 알려주어야 하는 내용을 서면(등기우편 등) 또는 전화(음성녹음)로 다시 알려주어야 한다(약관 제26조 제2항).

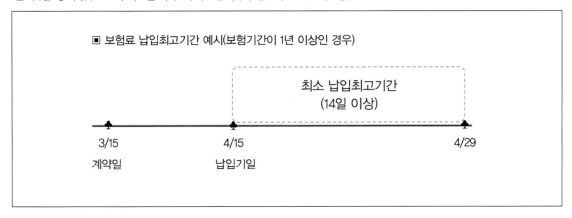

(4) 납입최고(독촉)기간 내에 보험료 미납 시 계약해지(보험계약의 효력상실)

♣ 계약해지

계속보험료의 지체로 보험자가 납입최고를 하였음에도 불구하고 보험료의 지급을 지체하는 경우 보험자는 계약을 해지할 수 있다(※ 실무에서는 보험계약이 효력상실(실효)된 계약이다).

계속보험료의 지체로 보험자가 납입최고를 하였음에도 불구하고 보험료의 지급을 지체하는 경우 보험자는 계약을 해지할 수 있다[※ 실무에서 보험계약이 효력 상실(실효)된 것이다].

납입최고(독촉)기간 안에 보험료가 납입되지 않은 경우 **보험회사는 납입최고(독촉)기간이 끝나는 날의 다음 날에 보험계약을 해지**하며, 이 경우 계약자의 청구에 의해 해지환급금(보험계약대출 원리금 차감)을 지급하여 준다. 계약이 해지된 후에 발생한 보험사고에 대해서는 회사가 보험금 지급책임을 지지 아니한다. 그러나 납입최고(독촉)기간 안에 발생한 보험사고에 대해서는 보험수익자에게 약정한 보험금을 지급한다(약관 제26조 제1항, 제3항).

(5) 보험료 부지급(납입의 연체)으로 인한 계약의 효력상실(실효)

① 최초보험료 부지급으로 인한 계약 해제의 의제(실효약관 조항의 효력)

보험계약자는 계약 체결한 후 지체 없이 보험료 전부 또는 제1회 보험료를 지급하여야 한다. 이를 지급하지 않을 때 계약 성립 후 2개월이 경과하면 그 계약은 해제된 것으로 본다('해제의제').

② 계속보험료 미지급으로 인한 계약의 해지(책임면제약관 조항의 효력)

계속보험료가 약정한 시기에 지급되지 아니한 때에는 보험자는 상당한 기간을 정하여 보험계약자에게 최고(催告)하고, 그 기간 내에 지급되지 아니한 때에는 그 계약을 해지할 수 있다.

■ 실효약관 및 책임면제약관 조항의 효력
① 실효약관 조항의 효력
상법 제650조 제②항에서 규정하고 있는 최고의 절차를 거치지 아니한 채 약관에 보험료 지급일부터 상당한 유예기간을 정하고, 그 기간 안에 보험료 지급이 없는 때에는 보험계약이 자동실효 된다는 보통보험약관의 조항을 "실효약관"이라고 한다.
② 책임면제약관 조항의 효력
계속보험료가 연체되는 경우에 보험계약은 그대로 존속시키되 보험료의 미지급 기간 동안 보험자의 보험금지급 책임을 면하도록 규정한 약관조항을 "책임면제"이라고 한다.

---

(6) 보험료 청구권의 소멸시효

보험자의 보험료청구권은 2년간 행사하지 아니하면 시효가 완성되어 보험료청구권은 소멸한다(제662조).

보험자는 최초보험료는 보험계약이 성립한 날로부터 2년, 계속보험료는 그 지급(납입)기일로부터 2년 안에 청구권을 행사하여야 한다.

(7) 보험료의 자동대출납입

생명보험계약은 장기의 계약이므로 계약 유지 중에 계약자의 경제적인 상황 변동이 올 가능성이 높고, 경제적인 상황의 변화로 보험료 납입이 어려울 경우 보험계약을 해지하거나 보험료 미납으로 실효될 수밖에 없는 상황에 처하게 된다. 그러나 해지환급금 범위 내에서 계약자에게 보험료 상당액을 대출하여 보험료에 충당하게 되면 회사 입장에서는 계약의 해지를 방지할 수 있고, 계약자 입장에서도 계약을 유지할 수 있게 되어 지속적으로 보장을 받을 수 있게 되는 장점이 있다. 이러한 이유로 보험약관에서는 "보험료 자동대출납입제도(이하 "자동대출납입제도")"를 정하고 있다(약관 제25조).

자동대출납입은 1년을 한도로 신청할 수 있으며 이후 추가로 자동대출납입은 재신청을 통해 가능하다. 다만, 대출 원리금 및 해지환급금 수준에 따라 자동대출납입이 불가능할 수 있다.

만일 계약자가 자동대출납입으로 보험료를 납입하고 난 뒤 "자동대출납입전 납입최고기간이 끝나는 날의 다음달부터 1개월 이내"에 해지를 청구한 경우에는 자동대출납입이 없었던 것으로 하여 해약환급금을 지급한다.

3. 통지의무(계약 후 알릴 의무)

1) 위험변경·증가의 통지의무

보험계약자 또는 피보험자가 보험기간 중 위험이 현저하게 변경, 증가된 그 사실을 안 때에는 지체 없이 보험자에게 통지해야 하는 의무이다(상법 제652조 제1항).

♣ 보험자: 위험의 크기 산정한 후 위험의 인수 여부, 보험요율 산정한다.

> ※ 대법원 2004. 6. 11. 선고 2003다18494 판결
> 통지의무의 대상으로 규정된 사고발생의 위험이 현저하게 변경 또는 증가된 사실이라 함은 그 변경 또는 증가된 위험이 보험계약의 체결 당시에 존재하고 있었다면 보험회사가 보험계약을 체결하지 않았거나 적어도 그 보험료로는 보험을 인수하지 않았을 것으로 인정되는 사실을 말한다.

(1) 위험변경·증가의 통지에 따른 보험회사의 결정

보험회사는 위험변경·증가의 통지를 받은 때에는 1개월 내에 보험료의 증액을 청구하거나 계약을 해지할 수 있다(「상법」 제652조 제2항).

보험회사는 보험계약자, 피보험자 또는 보험수익자의 고의 또는 중대한 과실로 사고발생의 위험이 현저하게 변경 또는 증가된 경우, 그 사실을 안 날부터 1개월 내에 보험료의 증액을 청구하거나 계약을 해지할 수 있다(「상법」 제653조).

(2) 통지의무의 발생요건

① 위험의 현저한 변경 및 증가: 사고발생의 위험이 현저히 변경, 증가 등이 매우 높다.

"현저하게"란 보험자가 그 사실을 알았다면 보험계약을 체결하지 않거나 적어도 동일한 조건으로 보험을 인수하지 않았을 것으로 인정되는 사실을 말하며, 이는 객관적으로 판단되어야 한다. 위험의 변경, 증가는 일정기간 지속가능성이 있는 경우에 한정 하고, 일시적인 것은 대상이 아니다.

② 보험기간 중의 변경 및 증가: 위험의 변경, 증가는 보험기간 중에 발생하여야 한다.

(보험계약 체결 전에 존재하던 위험에 대하여는 고지의무의 대상이다. 보험 인수여부, 보험료 재산정)

③ 위험의 변경 및 증가 사실의 인식

보험계약자 또는 피보험자가 위험이 변경, 증가되었다는 사실을 인식하여야 한다. 이러한 인식이 없으면 통지의무는 없다.

④ 귀책사유의 부존재

위험의 변경, 증가는 보험계약자 또는 피보험자의 행위로 발생한 것이 아니어야 한다. 즉, 자연적으로 위험이 현저하게 변경, 증가되었거나 보험계약자 또는 피보험자와 관계없는 제3자에 의하여 야기된 것이어야 한다.

(3) 통지의무 불이행의 효과

보험계약자 등이 통지의무를 해태한 경우에 보험자는 그 사실을 안 날로부터 1월내에 계약을 해지

할 수 있다(제652조 ①).

2) 보험사고 발생의 통지의무

보험계약자, 피보험자 또는 보험수익자는 보험사고의 발생을 안 때에 지체 없이 보험자에게 통지할 의무이다(상법 제657조 ①).

♣ 통지 의무자: 보험계약자, 피보험자(손해보험) 또는 보험수익자(인보험)

(1) 의의

계약자 또는 피보험자나 보험수익자는 약관에서 정한 보험금 지급사유가 발생하였을 때, 지체 없이 이를 보험회사에 알려야 한다(약관 제6조). 이러한 통지의무를 두는 이유는 **보험사고가 발생한 경우 보험자는 사고의 발생 사실을 알 수 있는 입장이 아니기 때문이다. 보험사고 발생 사실을 안 보험계약자 등에게 사고발생 통지의무를 부과하여 보험자가 신속하게 사고 사항과 원인 조사, 손해내용 및 보상책임의 유무 등을 조사하기 위한 것이다.**

즉, 보험사고의 발생 사실은 회사가 알 수 없는 경우가 대부분이며, 보험사고의 발생 사실을 신속하고 정확히 알 수 있는 보험계약자 측에서 통지를 하지 않을 경우 사고발생 사실의 확인 지연 등으로 손해가 확대되고, 조사 지연에 따른 공정한 보험금 지급이 어려워질 수 있기 때문에 이를 방지하기 위해 계약자에게 의무를 부과하는 것이다.

(2) 사고발생 통지의무의 내용

보험계약자 또는 피보험자는 보험사고가 발생한 사실을 안 때 지체 없이 통지하여야 한다. 통지의 방법으로는 서면을 규정하고 있으나 구두 또는 전화에 의한 통지도 유효하다.

보험사고 발생의 통지의무자는 손해보험의 경우에는 보험계약자 또는 피보험자이며, 인보험의 경우에는 보험계약자 또는 보험수익자이다.

통지의 방법에는 상법상 아무런 제한이 없으므로 서면이나 구두로 하건 기타의 방법으로 하건 상관이 없다. 통지의무자는 보험사고의 발생 사실을 안 때로부터 지체 없이 통지하여야 한다. 통지가 지체 없이 발송되었다면 보험자에게 도달하였는지 여부에 대한 위험을 통지의무자에게 부담시킬 수는 없다고 본다.

(3) 통지의무의 위반 효과

보험계약자, 피보험자 또는 보험수익자가 통지의무를 해태함으로 인하여 손해가 증가된 때에 보험자는 그 증가된 손해를 보상할 책임이 없다(제652조 ①).

즉, 사고발생 통지의무를 위반한 경우 그로 인하여 늘어난 손해액이나 회복할 수 있었을 금액을 보험금에서 공제하거나 지급하지 아니한다.

3) 주소변경 통지의무

보험계약에서 수령인 또는 상대방의 수령을 요하는 의사 표시는 그것이 상대방에게 도달된 때로부터 효력이 발생하게 되므로 계약자의 주소나 연락처는 매우 중요한 의미를 가진다. 그러나 실질적으로 계약자의 주소나 연락처의 변경 사항을 회사에서 파악하기가 매우 어렵기 때문에 약관에서는 주소의 변경 통지의무를 계약자 측에 부과하고 있다. 계약자 또는 보험수익자(보험수익자가 계약자와 다른 경우에 해당)는 주소 또는 연락처가 변경된 경우에는 즉시 보험회사에 알려야 한다. 이를 알리지 않은 경우 보험회사가 보험계약자 또는 보험수익자가 회사에 알린 최종의 주소로 등기우편 등 우편물에 대한 기록이 남는 방법으로 알린 사항은 일반적으로 도달하는데 필요한 시일이 지난 때에 계약자 또는 보험수익자에게 도달한 것으로 본다(약관 제10조).

4) 생명보험의 보험수익자 지정, 변경의 통지의무

보험계약자가 보험수익자를 지정 및 변경 시 보험자에게 통지해야 한다. 이를 위반 시 보험자에게 저항하지 못한다(제734조).

4. 위험변경·증가의 금지의무(위험유지의무)

보험기간 중에 보험계약자, 피보험자 또는 보험수익자는 보험자가 인수한 위험을 임의로 변경, 증가시키지 않고 그대로 유지시켜야 될 의무이다. 이는 "위험의 현저한 변경, 증가의 금지의무"이다.

보험계약자 등의 고의 또는 중대한 과실로 사고발생의 위험이 현저하게 변경, 증가된 때에는 보험자는 그 사실을 안 날로부터 1월내에 보험료의 증액을 청구하거나 계약을 해지할 수 있다(「상법」 제653조).

보험계약자, 피보험자 또는 보험수익자는 보험사고 발생의 위험을 현저하게 변경 또는 증가시키지 아니할 의무가 있다. 이것은 보험계약이 선의 계약으로서의 성격을 갖기 때문에 보험계약 당사자인 보험계약자, 피보험자 또는 보험수익자는 보험의 목적을 관리할 의무가 있다는 점에서 인정되는 의무이다.

1) 의의 및 법적 성질

보험기간 중에 보험계약자, 피보험자 또는 보험수익자의 고의 또는 중과실로 인하여 사고발생의 위험이 현저하게 변경 또는 증가된 때에는 보험자는 그 사실을 안 날로부터 1월내에 보험료의 증액을 청구하거나 계약을 해지할 수 있다.

이는 보험계약자 등에 보험기간 동안 위험을 계약체결 시의 상태로 유지하여야 할 의무를 부과한 것이라고 할 수 있으며, 이 의무의 법적 성질은 고지의무와 같은 간접의무 또는 자기의무이다.

2) 입법취지

이것은 위험 변경·증가의 통지의무가 객관적 위험증가의 경우에 해당되는데 반하여, 주관적 위험 변경·증가의 경우에 해당되는 의무이다. 위험유지의무는 보험계약 체결 당시의 위험을 전제로 하여 보험을 인수한 보험자를 보호하고, 나아가 보험단체 전체의 이익을 꾀하기 위한 것이다.

3) 의무위반의 효과

보험계약자 등이 이 의무를 위반한 때에는 보험자는 그 사실을 안 날부터 1월내에 보험료의 증액을 청구하거나 계약을 해지할 수 있다. 보험금액을 지급한 후에 그 사실을 안 때에도 계약을 해지하고, 이미 지급한 보험금의 반환을 청구할 수 있다.

그러나 위험의 현저한 변경 또는 증가와 보험사고의 발생 사이에 인과관계가 없음을 보험계약자 등이 증명한 때에는 그러하지 아니한다.

제4절 / 보험계약의 부활(효력회복)

1. 보험계약부활의 개념 및 취지

1) 보험계약 부활(효력회복)의 의의

계속보험료가 지급되지 아니하여 보험계약이 해지되고 해지환급금이 지급되지 아니한 경우 보험계약자는 일정한 기간 내에 보험계약의 부활을 청구할 수 있는데 이를 보험계약의 부활청약이라고 하고, 보험자가 승낙하게 되면 종전의 보험계약은 부활하게 된다. 이를 보험계약의 부활이라고 한다(제650조의 2).

즉, 계속보험료 납부를 연체함으로 인해 보험계약이 해지 또는 실효되고, 해지환급금이 지급되지 않은 경우에 보험계약자는 **일정한 기간(3년)** 내에 계약 전 알릴 의무를 이행하고 **연체보험료에 연체이자(평균공시 이율+1%)**를 붙여 보험자에게 납부하면서 해지 또는 실효되었던 보험계약의 부활을 청구(청약)할 수 있다.

경제적인 어려움으로 인하여 보험료를 납입하지 못해 보험계약이 실효되었으나 보험회사가 정한 절차에 따라 보험계약을 부활시킬 수 있는 권리이다. 보험계약의 부활에는 보험료 연체로 해지된 계약의 부활, 압류 등으로 해지된 계약의 부활, 보험모집자의 부당한 권유로 해지된 계약의 부활 등이 있으며, 각각의 부활조건 및 부활청약기간이 상이하므로 유의해야 한다.

보험료 납입연체로 계약이 해지된 경우 새로운 계약을 체결하는 방법 이외에 다른 방법이 없다면 그것은 계약자의 부담을 가중시키는 문제가 발생한다. 때문에 약관에서는 연체보험료를 납입하면 종전의 계약이 해지되지 않았던 것과 같은 효과를 발생시키는 부활(효력회복)제도를 두고 있다.

계약의 부활은 보험료의 납입연체로 계약이 해지되었으나 해지환급금을 받지 아니한 경우(보험계약대출 등에 의하여 해지환급금이 차감되었으나 받지 아니한 경우 또는 해지환급금이 없는 경우를 포함)에 가능하다. 계약자는 <u>해지된 날부터 3년 이내</u>에 회사가 정한 절차에 따라 계약의 부활(효력회복)을 청약할 수 있으며, 회사가 이를 승낙한 때 보험계약자는 부활(효력회복)을 청약한 날까지의 연체된 보험료에 「평균공시이율 + 1%」범위 내에서 각 상품별로 회사가 정하는 이율로 계산한 금액을 더하여 납입하여야 한다. 다만, 금리연동형보험은 각 보험상품별 사업방법서에서 별도로 정한 이율로 계산한다(약관 제27조 제1항).

보험계약을 부활(효력회복)하는 경우 책임개시와 계약 전 알릴 의무, 사기에 의한 계약의 취소, 위험선택(승낙, 거절, 조건부 인수 등)은 신계약과 동일하게 이루어지며, 계약이 부활(효력회복)되면 그 계약은 해지 이전의 상태로 되돌아간다.

> ♣ **보험계약 부활시 신계약절차를 준용하는 이유**
> 계약을 부활(효력회복)할 경우 책임개시일, 회사의 승낙거절시 보험료 반환, 계약 전 알릴 의무 등은 신계약절차와 동일하게 이루어지는데, 그 이유는 계약부활(효력회복)시 일반적으로 부활(효력회복) 청약자의 고의에 의한 역선택 개연성이 높아(예: 계약해지 후 암진단선고를 받고 암관련 보험금을 지급받기 위해 계약부활을 신청) 이를 방지하기 위해서이다.

2) 보험계약부활제도의 취지

보험계약자로서는 보험계약이 해지되어 해지환급금을 받는 경우 자신이 지금까지 납입한 보험료 총액과 비교하여 금액 면에서 손해가 되며, 또한 동일한 보장을 내용으로 하는 보험계약을 새롭게 체결하는 경우 연령증가 등으로 인해 인상된 보험료를 지급해야 하는 부담도 발생한다.

한편, 보험자로서도 기존의 고객을 타 회사에 뺏기게 될 가능성이 높다. 이러한 상황을 고려하여 해지 또는 실효된 종래의 보험계약을 회복시켜 양 당사자 모두에게 이익을 주는 제도이다.

보험계약 부활제도는 손해보험 보다는 장기적 성격의 인보험(생명보험)에서 주로 이용된다.

2. 보험계약 부활의 요건

1) 기존계약이 계속보험료의 부지급으로 계약이 해지된 경우이어야 한다(**계속보험료의 부지급으로 인한 계약해지**).
2) 보험계약자에게 해지환급금이 지급되지 않아야 한다(**해지환급금의 미지급**).
3) 보험계약자가 부활청구 기간, 즉 해지일로부터 **3년 이내**에 부활청약을 하여야 한다.
4) **연체보험료와 이에 대한 약정이자**(평균공시이율+1%)를 더하여 보험자에게 지급되어야 한다.
5) 보험자가 부활청약을 심사하여 승낙하여야 한다(**보험계약자의 청약과 보험자의 승낙**).

3. 계약부활의 효과

보험계약자가 연체보험료와 약정이자를 지급하고 부활청약을 하는 경우에 법률관계는 최초의 보험계약 청약과 같은 효과가 발생한다.

> ■ **보험회사의 보상책임**
> 보험계약이 실효 중인 때에 보험사고가 발생하더라도 보험자의 책임은 발생하지 아니한다.
> 다만, 보험계약이 실효되기 전 납입유예기간 중의 사고에 대해서는 보험자가 보상책임을 진다.
> 또한, 암보험과 같이 보험계약 성립한 후 일정기간이 경과한 후에 보험자의 책임개시가 이루어지는 계약은 부활 청약일을 기준으로 재산정하여 책임개시가 이루어진다(3개월).

4. 보험계약부활의 종류 및 내용

1) 보험료 연체로 해지된 계약의 부활(효력회복)

① 보험료가 미납된 경우 보험회사는 14일(보험기간이 1년 미만인 경우는 7일) 이상의 납입최고 기간을 정하여 보험계약자에게 보험계약이 해지됨을 알려야하며, 동 납입최고 기간 중 발생한 사고에 대해서는 보장을 받을 수 있다.

그러나, 납입최고기간이 경과한 후 부활 시까지 발생한 보험사고에 대해서는 보장하지 않는다.

② 보험료 연체로 해지된 보험계약은 보험계약이 해지된 날로부터 3년 이내에 부활을 청약해야 하며, 이때, 연체된 보험료와 이자를 납입하게 되면 기존 계약과 동일한 조건으로 보험료를 납입하면서 보장을 받을 수 있다.

③ 보험은 다른 금융상품과는 달리 미래에 발생할 수 있는 사고를 장기간 보장하는 상품이다. 보험계약자의 경제적 어려움 때문에 일시적으로 보험료납입을 연체하였으나 해지환급금을 받지 않은 경우, 향후 경제적 상황이 개선되어 연체된 보험료를 납입하고 동일한 조건으로 보험계약을 유지하기 위한 제도이다.

④ 만약, 이러한 부활제도가 없다면 보험계약자 입장에서는 새로운 보험계약에 가입해야 하는 번거로움이 있을 뿐만 아니라, 피보험자의 연령이 증가하여 보험료가 상승하거나 기존에 가입한 보험상품의 판매가 중단되어, 보험계약자가 해지 전과 동일한 조건의 계약에 가입하지 못하는 등의 피해가 발생할 수 있으므로, 약관에서는 이러한 보험계약자 피해를 방지하기 위해 보험계약의 부활 제도를 운용하고 있다.

2) 압류 및 강제집행 등으로 해지된 계약의 특별부활(효력회복)

보험회사는 계약자의 해지환급금 청구권에 대한 강제집행, 담보권 실행, 국세 및 지방세 체납의 처분 절차에 따라 계약이 해지된 경우, 해지 당시의 보험수익자가 계약자의 동의를 얻어 계약 해지로 보험회사가 채권자에게 지급한 금액을 보험회사에 지급하고, 계약자 명의를 보험수익자로 변경하여 계약의 특별부활(효력회복)을 청약할 수 있음을 <u>계약이 해지된 날부터 7일 이내</u>에 보험수익자에게 통지해야 한다.(다만, 법정상속인이 보험수익자로 지정된 경우에는 계약자에게 통지 가능) <u>보험수익자는 통지를 받은 날</u>(계약자에게 통지된 경우에는 계약자가 통지를 받은 날)부터 15일 이내에 특별부활(효력회복)을 위한 절차를 이행할 수 있고, 이 경우 회사는 약자 명의변경 신청 및 계약의 특별부활(효력회복) 청약을 승낙하여야 한다(약관 제28조).

① 보험계약자 등의 채무불이행으로 보험계약이 해지된 경우 보험수익자는 동 해지 사실을 알 수 없으므로, 보험회사는 해지일로부터 7일 이내에 보험수익자에게 해당 보험계약의 해지 사실을 통지 해야 한다.

보험료 연체로 인한 해지와 달리 동 기간 동안 발생한 보험사고에 대해서는 보장하지 않는다. 또한, 해지 사실을 통지한 후 부활 시까지 발생한 보험사고에 대해서도 보장하지 않는다.

② 해지 통지를 받은 보험수익자는 보험계약자의 동의를 얻어 압류, 강제집행 등을 유발한 채무를 대신 지급하고, 15일 이내에 부활을 청약하면 기존계약과 동일한 조건으로 계약을 유지할 수 있다. 한편, 보험계약 해지 후 15일이 초과할 경우 보험계약이 완전히 소멸되므로, 부활청약은 반드시 15일 이내 신청해야 한다.

③ 보험계약자가 보험계약을 유지하던 중 채무 불이행으로 인한 압류, 담보권실행 등으로 해당 보험계약(※소액 보장성보험 제외)이 해지될 수 있으며, 이 경우 보험계약의 실질적 보험금 수령자인 보험수익자는 보험금을 받을 수 없는 등 선의의 피해를 입을 수 있어, 약관에서는 보험수익자가 보험계약자의 지위를 이어받아 보험계약을 유지할 수 있도록 특별부활 제도를 운영하고 있다.

3) 보험모집자 등 부당한 계약전환 및 권유로 해지된 계약의 부활(효력회복)

보험계약자는 보험계약이 부당하게 소멸된 경우, <u>보험계약이 해지된 날로부터 6개월 이내</u>에 소멸된 보험계약의 부활을 청약할 수 있다.

보험계약자가 보험계약을 유지하던 중 보험모집자가 기존계약을 해지하고 새로운 계약을 가입하도록 권유할 수 있는데, 이러한 경우 기존계약과 새로운 계약의 보장범위가 달라지거나, 보험료가 인상되는 등의 불이익이 생길 수 있다. 이에 따라, 보험모집자의 부당한 계약전환 및 권유로 해지된 계약의 보험계약자를 보호하기 위해, 보험업법에서는 보험계약의 부활 제도를 두고 있다.

보험설계사 등 모집종사자는 보험계약자 또는 피보험자에 대하여 기존 보험계약을 부당하게 소멸시킴으로써 새로운 보험계약을 청약하게 하거나, 새로운 보험계약을 청약하게 함으로써 기존 보험계약을 부당하게 소멸하게 하는 등 부당한 계약전환행위를 하여서는 안 된다. 이러한 부당한 계약전환 시 보험계약자는 기존 보험계약이 소멸한 날로부터 6개월 이내에 관련법규 등에서 정한 절차 및 방법에 따라 소멸계약의 부활(효력회복)을 청구하고 새로운 보험계약을 취소할 수 있다.

이 경우 보험계약의 부활 청구를 받은 보험회사는 특별한 사유가 없는 한 소멸한 보험계약의 부활(효력회복)을 승낙하여야 한다(「보험업법」 제97조, 「보험업법 시행령」 제44조, 제45조).

① 보험계약 전환 시 비교해서 알려야 할 중요한 사항

보험계약의 전환 시 알려야 할 중요한 사항은 보험료, 보험기간, 보험료 납입주기 및 납입기간, 보험가입금액, 주요 보장내용, 보험금액, 환급금액, 예정이자율 중 공시이율, 보험목적, 보험회사의 면책사유 및 면책사항이다. 이와 같은 내용을 제대로 비교해서 알렸다는 것은 보험계약자가 두 보험계약의 장단점을 비교한 후 자신의 합리적인 의사결정에 의해 계약을 전환한 것이므로 부당하다고 볼 수 없다. 그러나 이와 같은 내용들을 계약자에게 비교해서 알리지 아니하고 보험계약을 전환한 경우에는 장기계약인 보험계약을 해약함으로써 보험계약자가 예측하지 못한 피해가 발생하는 등 부당한 계약전환이 될 수 있으므로 보험을 모집할 경우 특히 유의하여야 한다.

기존 보험계약이 소멸된 날부터 1개월 이내에 새로운 보험계약을 청약하게 하거나 새로운 보험계약을 청약하게 한 날부터 1개월 이내에 기존 보험계약을 소멸하게 한 경우 부당한 계약전환에 해당한다. 다만, 보험계약자가 기존 보험계약 소멸 후 새로운 보험계약 체결 시 손해가 발생할 가능성이 있다는 사실을 알고 있음을 자필로 서명하는 등 대통령령으로 정하는 바에 따라 본인의 의사에 따른 행위임이 명백히 증명되는 경우에는 그러하지 아니하다.

② 부당한 보험계약 전환에 따른 부활(효력회복)청구 절차

부당한 보험계약의 전환으로 피해를 본 계약자가 보험계약의 부활(효력회복)을 청구하는 경우에는 부활(효력회복)청구서에서 기존보험계약의 소멸을 입증하는 서류와 새로운 보험계약의 보험증권을 보험회사에 제출하여야 한다. 보험회사는 보험계약의 부활(효력회복)청구를 받은 날(건강검진을 받는 계약의 경우에는 진단일)부터 30일 이내에 승낙 또는 거절의 통지를 하여야 하며 기간 내에 통지가 없을 때에는 보험회사가 부활(효력회복)을 승낙한 것으로 본다.

③ 보험계약 부활(효력회복)을 위한 요건

소멸된 보험계약을 부활(효력회복)하기 위해서는 기존 보험계약의 소멸로 인하여 보험계약자가 수령한 해지환급금 또는 새로운 보험계약으로부터 보험계약자가 수령한 급부금 등을 반환하여야 한다.

그러나 부당한 보험계약의 전환으로 인한 부활(효력회복)은 기존 보험계약의 소멸과 새로운 보험계약의 체결이 동일한 보험회사를 대상으로 하여 이루어진 경우에만 적용된다.

즉, 부당한 계약전환이 이루어진 경우에도 A라는 보험회사에 가입한 보험계약이 소멸되고, 이와 연관하여 B라는 보험회사에서 새로운 보험계약이 체결된 경우에는 위에서 설명한 보험계약의 부활(효력회복)에 대한 내용들이 적용되지 않는다. 이는 보험계약이 소멸된 A보험회사는 부당한 계약전환에 관여하지 않았고, 오히려 B보험회사 모집종사자의 행위로 피해를 보았을 수도 있는 등 책임을 묻기가 어려워, 부활(효력회복)을 강제할 경우 복잡한 책임관계와 민원이 발생할 우려가 크기 때문이다. 또한 보험중개사가 행한 부당한 보험계약의 전환도 이와 같은 부활(효력회복)제도가 적용되지 않는다. 왜냐하면 보험중개사는 보험회사와는 독립적으로 보험중개를 하므로 보험중개사의 부당한 행위에 대하여 보험회사에게 책임을 지우는 것은 불합리하기 때문이다.

5. 보험계약 부활 청약 시 주의사항

1) 보험계약 부활은 가급적 빨리 신청한다.

보험료 납입연체 등의 사유로 인한 계약해지 이후 부활 전까지 기간 동안은 보험사고가 발생하더라도 보장을 받을 수 없으므로, 보험계약자는 부활을 원할 경우 가급적 조기에 부활을 청약할 필요가 있다.

2) 보험계약 부활 청약 시에도 계약 전 알릴사항을 사실대로 알려야 한다.

보험료 납입연체로 인해 해지된 계약의 부활에도 계약 전 알릴의무는 신규계약과 동일하게 적용되므로, 보험계약자는 부활 청약 시에 암, 고혈압 등 현재 및 과거의 질병상태, 장애상태 등 청약서에서 질문하고 있는 계약 전 알릴사항을 사실 그대로 알려야 한다.

※ 금융감독원은 부활청약 시 계약 전 알릴의무 대상기간을 종전계약 성립일로부터 부활청약일 까지로 단축하였다(2012년 4월 1일 시행).

3) 보험모집인 등의 권유로 보험계약을 전환할 때, 기존계약과 신계약간의 보장범위 등 꼼꼼히 비교하고 결정하라.

새로운 계약으로 갈아타는 경우 보장범위, 보험료 등이 보험계약자에게 불리하게 변경될 수 있으므로, 보험모집인 등의 권유로 보험계약을 갈아탈 경우에는 보장내용이나 보험료 수준 등을 꼼꼼히 살펴 비교할 필요가 있다.

6. 보험계약의 순연 부활제도

1) 의의

계속보험료의 미납으로 보험계약이 해지된 경우에 보험계약자가 효력이 상실된 계약을 연체보험료를 납입하지 않고 실효기간 만큼 보험기간을 순연하여 계약을 부활하는 것을 말한다.

2) 취지

계속보험료의 납입지체로 실효된 계약을 부활시키기 위해 보험계약자는 그 동안 지체된 연체보험료와 약정이자를 모두 납입해야 하는데, 이러한 보험계약자 측의 경제적 어려움을 덜어주기 위한 목적을 가진다. 보험자에게도 기존의 자사 고객을 타사에 뺏기지 않고 계약을 유지시키는 이점이 있다.

3) 계약순연 부활이 허용되지 않는 경우

과거에 계약순연 부활을 이미 한 계약, 이미 보험금의 지급사유가 발생한 계약, 계약일의 순연에 따른 가입연령의 변경으로 가입연령 범위를 초과하는 계약과 같이 순연된 계약일 시점에서 순연 후 계약의 가입이 불가능한 계약 등에는 계약순환 부활제도가 허용되지 않는다.

4) 고지의무 등

계약순연부활을 하는 경우에도 보험계약자 측의 고지의무 등은 동일하게 적용된다.

제5절 / 보험계약의 무효, 변경, 소멸

1. 보험계약의 무효와 취소

1) 보험계약의 무효란?

보험계약의 무효란 계약이 성립되기는 하였으나 **보험계약이 성립한 처음부터 법률상 효력이 없는 것을** 말한다. 계약이 성립되었다는 점에서 계약의 불성립과 다르고 처음부터 효력이 발생하지 않는다는 점에서 해지와 다르며, 당사자의 주장이 없더라도 당연히 효력이 생기지 않는다는 점에서 취소와 다르다. 무효인 경우는 보험사고 발생 시에도 보험회사의 책임이 없고 나중에 유효한 것으로 추인 할 수 없다.

2) 보험계약의 취소란?

보험회사가 보험약관 교부·설명의무를 위반한 경우, 보험계약자는 계약 성립일로부터 3개월 이내에 보험계약을 취소할 수 있다. 장기보험일 경우 보험회사는 이미 납입한 보험료에 약관대출이율로 계산한 이자를 더하여 주고, 일반보험인 경우에는 이미 납입한 보험료에 보험개발원이 공시하는 **정기예금이**

율로 계산한 이자를 더하여 돌려준다. 단, 약관교부 또는 약관내용 설명을 이행하지 않았을 경우, 자필서명을 하지 않은 계약 또는 청약서 부본이 전달되지 않은 계약에 한하여 적용되고 있다.

3) 보험계약의 무효사유
보험계약자 또는 피보험자가 보험계약 체결 당시에 보험사고가 이미 발생하였거나 발생할 수 없는 것임을 알고 한 보험계약의 경우 이 계약은 무효가 된다(「상법」 제644조 전단).

그러나, 당사자 쌍방과 피보험자가 이런 사실을 알지 못하고 보험계약을 체결한 경우에는 무효로 하지 못한다(「상법」 제644조 후단).

(1) 법정 무효사유
보험계약이 성립한 때부터 당연히 법률상의 효력이 발생하지 않는 것을 말한다. 또한, 보험계약이 법정 무효사유에 해당하게 되면, 보험계약 전체가 무효가 된다.

① 보험사고의 객관적 확정의 효과

보험계약 당시에 보험사고가 이미 발생하였거나 또는 발생할 수 없는 것인 때에는 그 계약은 무효로 한다(제644조).

② 보험계약자의 사기에 의한 초과, 중복보험

초과보험, 중복보험에 있어서 보험계약이 보험계약자의 사기로 인하여 체결된 경우 그 보험계약은 초과부분 뿐만 아니라 계약의 전부를 무효로 하고 있다(제699조 ④, 제672조 ③).

③ 타인의 생명보험의 경우

타인의 사망을 보험사고로 하는 보험계약에서 보험계약 체결 시에 그 타인의 서면(전자문서 포함)에 의한 동의를 얻지 못한 계약은 무효이다(제731조).

15세 미만자, 심신 상실자, 심신박약자의 사망보험의 계약도 무효로 하고 있다(제732조).

(예외) 심신박약자의 사망을 담보로 하는 계약이라고 하더라도 심신박약자가 보험계약을 체결하거나 단체보험의 피보험자 될 때에 의사능력이 있는 경우에는 그 계약은 유효하다(제732조 단서). 또한, 15세 미만자, 심신상실자 또는 심신박약자의 사망을 담보로 하는 보험계약이 아닌 상해 또는 질병을 담보로 하는 계약은 유효하다.

(2) 해석상 무효사유
법령에서 무효임을 명시하고 있지 않으나, 법령의 제정 취지, 법의 성격, 해석 및 적용 방식에 의하여 보험계약 규정의 효력을 제한하는 경우이다. 해석상 다툼의 원인이 되는 약관조항이나 문구에 한정하여 무효로 하고 다른 계약조항은 유효하게 적용한다.

♣ 보험계약자 등 불이익변경금지의 원칙에 반하는 계약(제663조), 보험계약자에게 유리한 계약은 유효함.
♣ 약관규제법 상의 설명의무 위반사항(약관규제법 제3조 ③, ④), 중요한 내용 이해하도록 설명해야 함.

4) 보험계약의 취소사유

일정한 사유가 있는 경우에 당사자의 의사 표시에 의하여 계약의 효력을 처음부터 없었던 것으로 소멸시키는 법률 행위이다.

(1) 보험계약이 취소된 경우
① 보험약관 교부·설명의무를 위반

보험자는 보험계약을 체결할 때에 보험계약자에게 보험약관 교부, 그 약관의 주요한 내용을 설명할 의무가 있는데(638조 ③), 보험자가 이를 위반한 경우 보험계약자는 보험계약이 성립한 날로부터 3개월 이내에 그 계약을 취소할 수 있다(제638조 ②).

② 자필서명 미이행 및 청약서 부본의 미전달 시

보험계약을 체결할 때에 자필서명을 하지 않은 계약 또는 청약서의 부본이 전달되지 않은 계약의 경우에 보험계약자는 계약 성립일로부터 3개월 이내에 보험계약을 취소할 수 있다.

③ 보험계약 취소의 효과

보험자가 이를 위반한 경우 보험계약자는 보험계약이 성립한 날로부터 3개월 이내에 그 계약을 취소할 수 있다(제638조 ②). 보험계약이 취소되면 보험자는 보험계약자에게 이미 납입한 보험료에 소정의 이자(장기보험: 약관대출이율, 일반보험: 정기예금이율)를 더하여 반환한다.

(2) 사기에 의한 고지의무 위반

보험계약을 체결함에 있어 중요한 사항에 관하여 보험계약자의 고지의무 위반이 사기에 해당하는 경우에 보험자는 상법의 규정에 의하여 계약을 해지할 수 있는 동시에 민법에 따라 그 계약을 취소할 수 있다(통설 및 대법원 판례 1991.12.27. 선고 91다1165 판결). 이 경우 보험계약자는 보험자가 사기의 사실을 안 때까지의 보험료를 지급하여야 하며, 보험자는 이를 반환할 필요가 없다(제669조 ④ 유추해석).

2. 보험계약의 변경

보험계약은 계속적인 법률관계이고, 계약체결 당시와 예견되지 않았던 사정으로 변경이 생기는 경우가 있을 때 보험계약의 내용을 변경하며, 보험회사는 보험계약을 변경하는 보험 계약보전 업무(보험실무)와 절차를 통하여 계약을 변경한다.

특히 생명보험계약은 장기간에 걸친 계약이므로 보험계약 성립 이후에 보험계약자의 경제적 여건이나 보험수익자와의 인적·물적 관계 등이 변하기 쉽다. 따라서 보험계약자는 회사의 승낙을 얻어 계약 사항을 변경할 수 있다(단, 보험수익자의 변경은 해당하지 않는다).

이 경우 보험회사는 승낙을 서면으로 알리거나 보험증권의 뒷면에 기재해주고 있다. 이러한 계약 내용의 변경은 보험계약자의 편의를 제공하여 보험계약을 계속 유지함으로써 중도해지로 인한 보험계약자와 보험회사 쌍방의 손해를 방지하기 위한 것이다(약관 제20조).

1) 담보범위의 변경

보험기간 중에 당사자의 합의에 따라 담보 위험의 범위를 확대하거나 축소할 수 있다.

즉, 보험계약자의 청구에 의하여 담보위험, 보험가입금액, 보상한도, 피보험자의 범위, 보험기간 등의 변경 청구에 대하여 보험자가 승낙함으로써 보험계약의 변경이 가능하다(보험료의 증액 또는 감액 可).

2) 위험의 변경

① 특별위험의 소멸

특별한 위험이 소멸할 시 계약자는 보험료 감액을 청구할 수 있다(제647조).

즉, 보험계약의 당사자가 특별한 위험을 예상하여 보험료를 정한 경우 그 보험기간 중에 예기한 위험이 소멸한 때에는 보험계약자는 이후의 보험료에 대한 감액을 청구할 수 있다.

② 위험의 변경, 증가

보험기간 중에 보험계약자, 피보험자는 보험사고 발생의 위험이 현저하게 변경, 증가 시에 보험자에게 통지하여야 하고, 보험자는 통지를 받은 날로부터 1월내에 새로운 위험에 대한 보험료의 증액 청구 또는 계약을 해지할 수 있다(제652조).

또한, 보험기간 중에 보험계약자, 피보험자 또는 보험수익자의 고의 또는 중대한 과실로 인하여 사고 발생의 위험이 현저하게 변경, 증가된 때에는 보험자는 그 사실을 안 날로부터 1월내에 보험료의 증액 청구 또는 계약을 해지할 수 있다.

3) 보험종목의 변경

보험회사는 계약자가 제1회 보험료를 납입한 때부터 1년 이상이 지난 유효한 계약으로써 그 보험종목의 변경을 요청한 때에는 보험회사의 사업방법서에서 정하는 방법에 따라 변경하여 준다.

4) 보험가입금액 등의 변경

보험회사는 계약자가 보험가입금액을 감액하고자 할 때에는 그 감액된 부분은 해지된 것으로 보며, 이로써 회사가 지급하여야 할 해지환급금이 있을 때에는 보험료 및 책임준비금산출방법서에 따라 해지환급금을 계약자에게 지급한다.

5) 보험계약자 및 보험수익자의 변경

보험계약자를 변경하기 위해서는 보험회사의 승낙을 얻어야 한다. 보험회사는 계약자 변경 시 변경된 계약자에게 보험증권 및 약관을 교부하고 변경된 계약자가 요청하는 경우 약관의 중요한 내용을 설명하여야 한다.

반면, 보험수익자를 변경할 때에는 보험회사의 승낙이 필요하지 않다. 다만, 이 경우 보험금 지급 사유가 발생하기 전에 피보험자가 서면으로 동의하여야 한다. 또한 변경된 보험수익자가 회사에 권리를 대항하기 위해서는 계약자가 보험수익자의 변경사실을 회사에 통지하여야 한다.

3. 보험계약의 소멸

보험계약의 소멸은 ① 보험사고의 발생 ② 보험기간 만료 ③ 보험계약의 실효 ④ 보험계약이 해지가 되면 보험계약은 소멸한다.

1) 보험사고의 발생

보험사고의 발생으로 보험금액이 지급되면 보험계약의 대상이 없어지므로 계약 그 자체는 종료한다. 이는 보험사고(전손사고)의 발생인데, 보험사고의 발생에 의하여 보험금액이 전부 지급된 경우에는 보험계약의 목적의 달성에 의하여 종료한다. 그러나 질병보험, 상해보험의 경우에는 그러하지 아니하기도 한다.

2) 보험기간의 만료

보험자의 책임기간은 자유로이 정할 수 있으나, 보험기간의 만료로서 보험기간이 끝난 때에는 보험계약은 당연히 소멸한다.

3) 보험계약의 효력상실(실효)

① 보험료 부(不)지급으로 인한 계약해제

보험계약자는 보험계약체결 후 지체 없이 보험료의 전부 또는 제1회 보험료를 지급하여야 하는데, 보험계약자가 아무런 약정 없이 계약 성립한 후 2월이 지나도록 보험료를 지급하지 아니한 때에는 보험계약은 해제된 것으로 본다(제650조 ①). 보험자의 의사표시와 관계없이 계약의 효력은 상실된다.

② 보험자의 파산

보험자가 파산선고를 받은 경우 보험계약자는 계약을 해지할 수 있으며(제654조 ①), 해지하지 아니한 보험계약이라도 파산선고 후 3개월을 경과하면 그 효력을 잃는다(제654조 ②).

4) 보험계약의 해지

> ♣ 보험계약자 또는 보험회사의 해지에 의한 소멸사유(보험계약의 해지사유)
> 보험계약자가 임의 또는 보험회사의 파산으로 인한 해지가 있다. 또 보험회사에서 고객의 과실 또는 귀책으로 해지를 할 수 있는데 보험료 미납으로 인한 해지, 고지의무 위반으로 인한 해지, 위험 변경·증가에 대한 통지의무 해태로 인한 해지, 보험계약자 등의 고의·중과실로 생긴 위험의 변경·증가로 인한 해지, 약관의 규정에 의한 해지가 있다.

(1) 보험자에 의한 계약해지

− 보험료가 연체되면 보험회사는 **상당한 기간을 정하여 보험계약자에게 최고하고, 그 기간에도 보험료를 내지 않으면 계약을 해지할 수 있다**(「상법」 제650조 제2항).

- 보험계약 당시 보험계약자 또는 피보험자가 고의 또는 중대한 과실로 중요한 사항을 고지하지 않거나 부실하게 고지한 경우 보험회사는 그 사실을 안 날부터 1개월 내에, 계약을 체결한 날부터 3년 내에 계약을 해지할 수 있다(「상법」제651조 본문).
① **상법상 계약해지**: 상법에 보험계약자 등이 다음 의무위반이 있는 경우에 보험자의 해지권을 인정한다.
- 보험계약자가 계속보험료를 약정한 시기에 지급되지 아니한 때(제650조 ②).
- 보험계약자 등이 고지의무를 위반한 때(제651조).
- 보험계약자 등이 위험변경, 증가의 통지의무를 위반한 때(제652조).
- 보험계약자 등이 위험유지의무를 위반한 때(제653조).
- 선박미확정 적하예정보험에서 통지의무를 위반한 때(제704조).
② **약관규정에 의한 해지**: 약관에서 정한 해지 요건에 해당하는 경우에 보험자는 계약을 해지할 수 있다.

(2) 보험계약자에 의한 계약해지

① 보험사고 발생 전의 임의해지

보험사고가 발생하기 전에 보험계약자는 언제든지 계약의 전부 또는 일부를 해지할 수 있다(「상법」제649조 제1항 전단).

- ♣ 타인을 위한 보험계약의 경우에 보험자는 그 타인의 동의를 얻지 아니하거나, 보험증권을 소지하지 아니하면 그 계약을 해지하지 못한다(제649조 ①).
- ♣ 생명보험표준약관의 연금보험에서는 연금지급이 개시된 이후에는 보험계약자의 임의 해지를 제한하고 있다.

② 보험사고 발생 후의 임의해지

보험사고의 발생으로 보험자가 보험금액을 지급한 때에도 보험금액이 감액되지 아니하는 보험의 경우에 보험계약자는 그 사고발생 후에도 보험계약을 해지할 수 있다(제649조 ②).

③ 보험자의 파산

보험자가 파산의 선고를 받은 때에는 보험계약자는 계약을 해지할 수 있다(제654조 ①). 보험계약자의 해지권은 파산선고 후 3개월 이내에 행사할 수 있다.

(3) 제3자에 의한 계약해지

보험계약자의 미경과보험료 반환청구권 또는 해지환급금청구권에 대해 추심명령을 받은 채권자는 자기의 명의로 계약을 해지할 수 있다.

(4) 보험계약의 종료

① 보험계약이 종료 시에 보험계약은 종료한다.

② 상태의 종료: 특정한 상태. 즉 전쟁, 여행, 기타 등의 위험을 전제로 한 보험에서는 그 상태의 종료로 인하여 보험계약도 종료된다.

제6절 / 타인(他人)을 위한 보험계약

1. 타인을 위한 보험계약의 의의

보험계약자가 자신이 아닌 특정 또는 불특정의 타인을 위하여 보험계약을 체결할 때 자기명의로 체결한 보험계약을 『타인을 위한 보험계약』이라고 한다(제639조). 즉, 보험계약자가 자신이 아닌 타인을 피보험자(손해보험) 또는 보험수익자(인보험)로 하여 체결하는 보험계약이 『타인을 위한 보험계약』이다.

또한, 타인을 위한 보험계약은 보험료를 지불하는 보험계약자와 보험금을 수령하는 보험금의 청구권자가 서로 다른 계약을 말한다. 타인은 보험계약상의 보험금 청구권자(이익을 받을 자)로서 손해보험은 피보험자, 인보험은 보험수익자를 말한다.

> **※ 자기를 위한 보험계약**
> 보험계약자가 피보험자 또는 보험수익자와 동일한 계약인 경우 이를 『자기를 위한 보험계약』이라고 한다(자기를 위한 보험계약의 예시: A라는 사람이 보험을 가입할 경우 보험계약자는 A, 피보험자 또는 보험수익자가 A가 된 경우의 계약이다. 이러한 경우에 자기를 위한 보험계약이라고 한다).

> **※ 타인을 위한 보험계약**
> 보험계약자가 자신이 아닌 특정 또는 불특정한 타인을 위하여 보험계약을 체결할 수도 있는데 이를 『타인을 위한 보험계약』이라고 한다.
> (타인을 위한 보험계약의 예시)
> 부모가 자녀를 위해 보험을 가입할 경우 보험계약자는 부모, 자녀는 피보험자가 된다.
> 이러한 경우에 타인을 위한 보험계약이라고 한다.

타인을 위한 보험이란 타인을 위하여 보험계약을 체결하는 것, 즉 손해보험에 있어서는 보험계약자와 피보험자가 다른 경우이고, 인보험(人保險)에 있어서는 보험계약자와 보험수익자가 다른 경우이다.

이것은 보험계약자가 자기 명의로 계약을 체결하므로 대리(代理)는 아니고 민법상의 제3자를 위한 계약(민법 539조)과 그 성질이 같다. 그러나 민법상의 이 계약은 그 제3자가 계약의 이익을 받을 의사를 표시하여야 제3자는 권리를 취득하나 타인을 위한 보험계약에 있어서는 보험계약자가 위임을 받거나 받지 아니하거나 상관없이 계약체결을 할 수 있고, 그 타인(제3자)은 당연히 계약의 이익을 받는 점에 차이가 있다(639조 1항). 보험계약자는 보험금액지급청구권은 갖지 아니한다.

타인을 위한 보험계약을 체결하는 경우에 그 타인의 위임을 필요로 하지 않는다. 다만, 손해보험계약의 경우 그 타인의 위임이 없는 때에는 보험계약자는 보험자에게 그 사실을 고지하여야 한다. 타인을 위한 보험계약을 체결한다는 명백한 의사가 없는 경우에는 자기를 위한 보험계약을 체결한 것으로 추정한다.

2. 타인을 위한 보험계약의 성립요건

> ♣ 계약체결의 요건
> ① 타인을 위한 보험계약이라는 의사표시가 있어야 한다.
> ② 보험계약자가 그 타인의 위임을 받았는지의 여부는 묻지 아니한다.

1) 타인을 위한다는 의사표시(제639조 ①)
보험계약 당사자 사이에 특정 또는 불특정 타인을 위한 보험계약이라는 의사표시가 있어야 한다.

2) 타인의 위임
보험계약자가 그 타인의 위임을 받았는지의 여부는 묻지 아니한다. 보험계약자는 위임을 받거나, 위임을 받지 아니하고 특정 또는 불특정 타인을 위하여 보험계약을 체결할 수 있다(제639조 ①단서).

손해보험계약의 경우에 타인의 위임이 없으면 보험계약자는 이를 보험자에게 고지하여야 한다(제639조 단서). 만일 그 고지가 없는 때에는 타인이 그 보험계약이 체결된 사실을 알지 못하였다는 이유로 보험자에게 대항하지 못한다(제639조 ①단서).

3. 타인을 위한 보험계약의 효과
타인을 위한 보험계약에서 보험의 효과는 손해보험에서는 피보험자, 인보험에서는 보험수익자에게 귀속 된다. 즉 피보험자, 보험수익자는 보험계약 체결여부, 위임 여부와 관계없이 보험금청구권을 갖는다.

1) 보험계약자의 지위
① 권리
보험회사에 대하여 보험금 청구권이 없다. 보험계약자는 보험계약의 당사자로서 계약해지권이 있다. 보험증권의 교부 청구권(제640조), 보험료의 감액 청구권(제647조), 보험료의 반환 청구권(제648

조), 인보험의 경우 보험수익자 지정, 변경권(제733조, 제734조)을 갖는다.

② 의무

보험계약자는 제1차적인 보험료지급의무가 있다. 또한, 고지의무(제651조), 위험변경·증가 통지의무(제652조), 위험유지의무(제653조, 위험변경·증가 금지의무), 보험사고발생의 통지의무(제657조)를 지며, 손해보험에서는 손해방지 경감의무(제680조)도 부담한다.

③ 타인을 위한 보험계약의 해지 여부

보험계약자는 피보험자의 동의를 얻지 아니하거나 보험증권을 소지하지 아니하면 그 계약을 해지하지 못한다. 타인을 위한 보험계약에서는 그 타인이 그 계약의 이익을 받기 때문에 원칙적으로 보험계약자에게는 보험금 청구권이 없다.

2) 피보험자, 보험수익자 지위

① 권리

타인을 위한 보험에서 피보험자는 당연히 그 계약의 이익을 받으므로, 보험사고가 발생하면 보험자에 대하여 보험금 또는 그 밖의 급여청구권을 갖는다(제639조 ①).

② 의무

계약의 당사자가 아니므로 보험료의 지급의무가 없으나, 보험계약자가 보험료의 납입을 지체하거나, 파산선고를 받은 경우에 피보험자 또는 보험수익자가 계약상의 권리를 포기하지 않는 한 보험료를 납입 할 의무를 지게 된다(제639조 ③단서).

그러므로, 타인을 위한 보험에서 보험계약자가 보험료 지급을 지체하여 계약을 해지하고자 하는 경우에 보험자는 그 타인에게도 상당한 기간을 정하여 보험료의 지급을 최고하여야 한다.

이러한 절차를 거치지 아니한 채 행한 계약의 해지는 효력이 없다(제650조).

또한, 고지의무(제651조), 위험변경·증가 통지의무(제652조), 위험유지의무(제653조, 위험변경·증가 금지의무), 보험사고 발생의 통지의무(제657조)를 지며, 손해보험에서는 손해방지 경감의무(제680조)도 부담한다.

4. 타인을 위한 보험계약의 해지

보험계약자는 보험사고가 발생하기 전에 언제든지 계약의 전부 또는 일부를 해지할 수 있다(제649조 ①) 타인을 위한 보험을 민법상 제3자를 위한 계약으로 보면, 보험계약자는 임의로 해지권을 행사할 수 없다. 반면 상법상 특수한 계약으로 보면, 보험계약자의 임의 해지권이 인정된다.

이 때문에 상법에서는 타인의 동의를 얻거나 보험증권을 소지한 경우에만 그 계약을 해지할 수 있도록 하고 있다(제649조 ① 단서).

5. 타인을 위한 보험의 계약 시 유의사항

1) 타인을 위한 생명보험 가입 시 유의사항

타인의 사망을 보험사고로 하는 보험계약에는 보험계약 체결 시 그 타인의 서면에 의한 동의를 받아야 한다(「상법」 제731조 제1항).

① 대법원 2006. 12. 21. 선고 2006다69141 판결

타인의 사망을 보험사고로 하는 보험계약에 있어 동의는 서면에 의해 이루어져야 하지만, 타인이 반드시 보험청약서에 자필 서명을 하는 것만을 의미하지는 않고 피보험자인 타인이 참석한 자리에서 보험계약을 체결하면서 명시적으로 권한을 수여받아 보험청약서에 타인의 서명을 대행하는 것과 같은 경우도 유효하게 이루어진 것으로 본다.

② 대법원 2008. 8. 21. 선고 2007다76696 판결

타인의 사망을 보험사고로 하는 보험계약의 체결에 있어서 보험설계사는 보험계약자에게 피보험자의 서면동의 등의 요건에 관하여 구체적이고 상세하게 설명하여 보험계약자가 그 요건을 구비할 수 있는 기회를 주어 유효한 보험계약이 성립하도록 조치할 주의의무가 있다.

2) 타인을 위한 손해보험 가입 시 유의사항

보험계약자는 위임을 받거나 위임을 받지 않고 특정 또는 불특정의 타인을 위해 보험계약을 체결할 수 있다. 그러나 손해보험계약에서 그 타인의 위임이 없는 경우 보험계약자는 이를 보험회사에 고지해야 하고, 그 고지가 없는 경우 타인이 그 보험계약이 체결된 사실을 알지 못했다는 사유로 보험회사에 대항하지 못한다(「상법」 제639조 제1항).

제7절 / 기타 약관의 내용

1. 보험계약자의 임의해지 및 피보험자의 서면동의 철회권

계약자는 계약이 소멸하기 전에 언제든지(단, 연금보험의 경우 연금이 지급 개시된 이후에는 제외) 계약을 해지할 수 있으며 이 경우 회사는 보험료 및 책임준비금 산출방법서에 따라 해지환급금을 계약자에게 지급한다. 또한 사망을 보험금 지급사유로 하는 계약에서 서면으로 동의를 한 피보험자는 계약의 효력이 유지되는 기간 중에는 언제든지 서면동의를 장래를 향하여 철회할 수 있으며, 서면동의 철회로 계약이 해지되어 회사가 지급하여야 할 해지환급금이 있을 때에는 이를 계약자에게 지급한다(약관 제29조).

2. 소멸시효

보험금 청구권, 보험료 반환청구권, 해지환급금 청구권, 책임준비금 반환청구권 및 배당금청구권은 3년간 행사하지 아니하면 소멸시효가 완성된다[29](약관 제37조).

3. 보험회사의 손해배상책임

보험회사는 계약과 관련하여 임직원, 보험설계사 및 대리점의 책임 있는 사유로 계약자, 피보험자 및 보험수익자에게 발생된 손해에 대하여 관계법령 등에 따라 손해배상의 책임을 진다. 또한 보험회사는 보험금 지급거절 및 지연지급의 사유가 없음을 알았거나 알 수 있었는데도 불구하고 소를 제기하여 계약자, 피보험자 또는 보험수익자에게 손해를 가한 경우에는 그에 따른 손해를 배상할 책임도 지며, 보험회사가 보험금 지급여부 및 지급금액에 관하여 현저하게 공정을 잃은 합의로 보험수익자에게 손해를 가한 경우에도 손해를 배상할 책임을 진다(약관 제40조).

4. 보험금 받는 방법의 변경

보험계약자(보험금 지급사유 발생 후에는 보험수익자)는 회사의 사업방법서에서 정한 바에 따라 사망보험금 또는 장해보험금의 전부 또는 일부에 대하여 나누어 지급하거나 일시에 지급하는 방법으로 변경할 수 있다.

보험회사는 일시금을 분할하여 지급하는 경우에는 그 미지급금액에 대하여 이 계약의 평균공시이율을 연단위 복리로 계산한 금액을 더하여 지급하며, 분할지급금액을 일시금으로 지급하는 경우에는 이 계약의 평균공시이율을 연단위 복리로 할인한 금액을 지급한다(약관 제9조).

5. 보험계약 연령(상령월)의 계산

피보험자의 나이는 보험나이를 기준으로 한다. 그러나 만 15세 미만자를 피보험자로 하여 사망을 보험금 지급사유로 한 계약의 경우에는 실제 만 나이를 적용하며, 계약은 무효로 한다.

보험나이는 계약일 현재 피보험자의 실제 만 나이를 기준으로 6개월 미만의 끝수는 버리고 6개월 이상의 끝수는 1년으로 하여 계산하며, 이후 매년 계약 해당일에 나이가 증가하는 것으로 한다.

또한 피보험자의 나이 또는 성별에 관한 기재사항이 사실과 다른 경우에는 정정된 나이 또는 성별에 해당하는 보험금 및 보험료로 변경한다(약관 제21조).

---

[29] 「상법」 제662조(소멸시효) 보험금청구권은 3년간, 보험료 또는 적립금의 반환청구권은 3년간, 보험료청구권은 2년간 행사하지 아니하면 시효의 완성으로 소멸한다.

6. 보험계약대출 및 상환

보험계약자는 가입한 보험계약의 해지환급금 범위 내에서 회사가 정한 방법에 따라 보험계약대출을 받을 수 있으나, 순수보장성보험 등 보험상품의 종류에 따라 보험계약대출이 제한될 수도 있다.

보험계약자는 보험계약대출금과 보험계약대출이자를 언제든지 상환할 수 있으며 상환하지 아니한 때에는 보험금, 해지환급금 등의 지급사유가 발생한 날에 지급금에서 보험계약대출 원리금을 차감할 수 있다. 회사는 계약이 해지되는 때에는 즉시 해지환급금에서 보험계약대출 원금과 이자를 차감한다. 또한 보험수익자에게 보험계약대출 사실을 통지할 수 있다(약관 제33조).

7. 약관의 해석

회사는 신의성실의 원칙에 따라 공정하게 약관을 해석하여야 하고 계약자에 따라 다르게 해석하지 않으며, 보험금을 지급하지 않는 사유 등 보험계약자나 피보험자에게 불리하거나 부담을 주는 내용은 확대하여 해석하지 아니한다. 회사는 약관의 뜻이 명확하지 아니한 경우에는 계약자에게 유리하게 해석한다(약관 제38조).

8. 회사가 제작한 보험안내자료 등의 효력

보험설계사 등이 모집과정에서 사용한 회사 제작의 보험안내자료 내용이 약관의 내용과 다른 경우에는 계약자에게 유리한 내용으로 계약이 성립된 것으로 본다(약관 제39조).

9. 개인정보 보호

보험회사는 보험계약과 관련된 개인정보를 계약의 체결, 유지, 보험금 지급 등을 위하여 「개인정보 보호법」, 「신용정보의 이용 및 보호에 관한 법률」 등 관계법령에서 정한 경우를 제외하고 계약자, 피보험자 또는 보험수익자 동의 없이 수집·이용·조회 또는 제공할 수 없으며, 이를 안전하게 관리하여야 한다. 다만, 보험회사는 보험계약의 체결, 유지, 보험금 지급 등을 위하여 관계법령에 따라 계약자 및 피보험자의 동의를 받아 다른 보험회사 및 보험관련단체 등에 개인정보를 제공할 수 있다. (약관 제41조).

제4장

생명보험의 세제 제도[30]

제1절 / 생명보험의 세제

생명보험의 세제혜택은 삶의 질(質) 향상과 복지사회를 실현하기 위해 정부차원에서 사회보장제도를 적극적으로 확충하고 있지만 그 보장 수준이 개개인이 필요로 하는 기대 수준에는 미치지 못하고 있는 현실적인 것을 민영보험제도의 육성·발전을 통한 각종 위험 및 사회보장 기능을 보완하고, 국민 개개인의 3층 보장(사회보장·기업보장·개인보장)의 완성에 입각한 사회보장제도를 보완하므로 세제혜택을 부여하고 있다.

또한, 대부분 생명보험계약의 기간이 장기적인 계약이기 때문에 생명보험자산의 경우 장기간에 걸쳐 안정적으로 운용할 수 있는 특성이 있기 때문에 국가 기간산업 등 중요산업에 투자·운용되어 우리나라의 경제발전에 크게 기여하고 있으며, 경제개발 및 발전에 필요한 산업자금의 조달을 위한 저축 유인책으로서의 기능 수행을 위하여 세제혜택이 도입되었다.

■ 3층 보장이란?
① 사회보장: 국가가 일정 최저수준의 국민생활 보장.
② 기업보장: 기업이 종업원의 복리후생이나 퇴직 후의 안정된 생활 보장.
③ 개인보장: 개인이 만족할 수 있는 수준까지 스스로 준비하는 보장.

---

1. 세제혜택 부여의 의의

1) 사회보장제도의 보완

현재 우리나라의 사회는 급격한 도시화 및 핵가족화, 저 출산의 장기화, 의료기술의 발달 및 평균수명의 연장으로 인구구조의 고령화, 소득수준의 향상 및 그에 따른 기대욕구의 증대, 소득분포의 불균형 등이 사회문제로 대두되고 있다.

---

30) 출처: 삼성생명보험(주) 자료, 생명보험협회 자료

이러한 우리 사회의 다양한 문제점을 해소하기 위해 정부 차원에서 유의미(有意味)한 사회복지국가의 실현을 위해 꾸준히 노력하며 각종 사회보장제도를 확충하고 있지만, 그 보장 수준이 개개인이 필요로 하는 기대 수준에는 미치지 못하고 있는 것이 현실이다.

이와 같은 현실은 정부에 의해 실시되고 있는 사회보장제도는 재원 마련에 한계가 있어 국민의 최저 생활을 보장하는 수준에 그치고 있기 때문이다. 따라서 그 이상의 여유로운 생활을 영위하기 위해서는 각자 별도의 보완 대책을 강구해야 하는데 그 대안으로 가장 적합한 수단이 생명보험이다.

생명보험은 사적인 보장 시스템으로 국민의 복지수준 향상과 복지국가 건설을 위한 국가의 사회보장제도를 보완적인 역할을 수행하고 있다.

또한, 생명보험은 사고나 질병 시 본인의 의료비 보장, 만일의 경우에 대비한 가족의 생활보장 등 각종 생존 및 사고위험 보장을 위해 가입하는 상품이다. 국가의 사회보장제도만으로는 모든 국민의 다양한 위험 보장을 감당하기에 재정적 한계 등 현실적 어려움이 있으므로 보험의 순기능을 통해 이를 보완하고 있는 것이다. 또한 우리나라는 세계 최저 수준의 출산율 및 급속한 평균수명 증가 등으로 초고령화 사회로 빠르게 진행 중이다. 하지만 공적연금 소득 대체율은 OECD 평균보다 낮은 수준이며, 조기퇴직 등으로 노후에 필요한 은퇴자금준비가 많이 부족한 실정이다. 따라서 생명보험은 개인의 미래보장을 완성하는 최선의 방법 중 하나로, 국가는 이러한 생명보험의 긍정적 기능을 인정하여 다양한 세제혜택을 부여하고 있다.

아울러 생명보험은 국민 개개인의 자유로운 선택을 통해 사전에 최저생활 이상의 충분한 경제적 보장을 준비하는 제도이기 때문이다. 이렇게 사회보장제도를 보완하는 역할로서의 생명보험의 기능은 국민들의 생활수준 향상에 따라 앞으로도 더욱 커질 전망이다.

2) 장기저축의 장려 및 국가경제 발전에 기여(저축·투자기능, 장기 산업자금 지원)

생명보험회사는 장래의 보험금 지급에 대비하기 위해 계약자가 납입한 보험료를 적립하고 있으며 이렇게 적립된 생명보험자산을 효율적으로 운용하여 이익금이 발생할 경우 주주와 계약자에게 배당 등을 실시 하고 있다. 이와 같이 생명보험회사는 보험 본래의 기능인 보장기능 외에 금융기능을 담당하고 있다. 대부분 생명보험계약의 기간이 수년에서 수십 년에 걸친 장기계약이기 때문에 생명보험자산의 경우 장기간에 걸쳐 안정적으로 운용할 수 있는 특성을 갖고 있으며, 이러한 특성으로 인해 국가의 기간산업 등 중요한 산업에 투자·운용되어 우리나라의 경제발전에 크게 기여하고 있다.

또한, 생명보험계약은 대부분 만기가 10년 이상이며, 장기간 안정적으로 채권(국채 등) 투자 및 대출운용 등을 통해 사회간접자본 및 국가경제발전에 필요한 산업자금의 지원 역할을 충실히 수행하고 있다. 그리고 현재는 민간 자금의 투자 확대를 통한 경제 활성화 및 일자리 창출 유도가 중요한 시점이므로, 생명보험의 장기·안정적인 자금조달 기능의 확대를 위해 생명보험에 대한 세제 혜택은 지속적으로 유지될 필요성이 있다.

2. 개인보험에 대한 세제 혜택

개인보험계약에 대한 세제혜택은 보험료 납입단계에서 일반 보장성보험료 세액공제 및 연금계좌 세액공제가 있으며, 보험금 수령단계에서는 저축성보험의 보험차익 비과세가 있다.

개인보험계약에 대한 세제의 관련 근거는 「소득세법」에 명시되어 있으며, 그 내용은 다음과 같다.

▣ 개인보험계약에 대한 세제
① 보장성보험료의 세액공제(「소득세법」 제59조의4)
② 연금계좌의 세액공제(「소득세법」 제59조의3, 조세특례제한법 제86조의4)
③ 저축성보험의 보험차익 비과세(「소득세법 시행령」 제25조)

1) 보장성보험료 소득공제(세액공제)

근로소득자가 보장성보험에 가입한 경우 납입한 보험료 중의 연간 100만 원까지 근로소득금액에서 공제된다.

▣ 공제대상 보험계약
① 계약자: 근로소득자 본인 또는 소득이 없는 가족
② 피보험자: 근로소득자(일용근로자 제외), 배우자, 기타 부양가족
③ 보장성보험의 범위
 • 만기 시 환급액이 납입보험료를 초과하지 않는 생명보험 및 상해보험
 • 가계성 손해보험
 • 만기 시 환급액이 납입공제료를 초과하지 않는 농·수협, 신협, 새마을금고의 공제

(1) 보장성보험의 의의

일반 보장성보험이란 만기에 환급되는 금액이 납입보험료를 초과하지 않는 보험으로서 보험계약 또는 보험료 납입영수증에 보험료 공제대상임이 표시된 것으로 생명보험, 상해보험 및 화재·도난 기타의 손해를 담보하는 손해보험 등이 해당한다.

(2) 세액공제 내용

근로소득자가 보장성보험에 가입한 경우 납입한 보험료 중의 연간 100만 원까지 근로소득금액에서 공제 된다. 즉, 근로소득자가 기본공제대상자를 피보험자로 하는 일반 보장성보험에 가입한 경우 해당연도에 납입한 보험료(100만 원 한도)의 12%(지방소득세 별도)에 해당하는 금액을 세액 공제받을 수 있다.

(3) 근로소득자

보장성보험료 세액공제는 근로소득자를 대상으로 한다. 따라서 근로소득이 없는 연금소득자 또는 개인사업자 등은 보장성보험에 가입하고 납입한 보험료가 있더라도 세액공제를 받을 수 없다. 근로소득자란 사장, 임원, 직원 등이며 일용근로자는 제외된다. 다만, 개인사업자에게 고용된 직원이 근로소득자일 경우에는 세액공제를 받을 수 있다.

(4) 기본공제대상자

피보험자에 해당하는 기본공제 대상자는 본인을 포함하여 배우자 또는 생계를 같이 하는 부양가족 등 이다. 근로소득자 본인에 대한 요건은 별도로 없지만 배우자 및 부양가족 등은 연간소득금액과 연령요건을 충족하지 못하는 경우에는 세액공제를 받을 수 없으므로 유의하여야 한다.

다만, 기본공제대상자가 장애인일 경우에는 연령에 상관없이 연간소득금액에 대한 요건만 충족하면 세액공제를 받을 수 있다. 피보험자에 해당하는 기본공제 대상자는 다음의 요건을 충족하여야 한다.

■ 보장성보험료의 세액공제 가능여부

보험료납입자	피보험자	연간 소득금액	연령	세액공제
본인	부모	100만 원 이하	만 60세 이상	가능
본인	배우자	100만 원 이하	나이 상관없음	가능
본인	자녀	100만 원 이하	만 20세 이하	가능
본인	형제자매	100만 원 이하	만 20세 이하 또는 만 60세 이상	가능

출처: 생명보험협회 자료

(5) 장애인전용 보장성보험

근로소득자가 기본공제대상자 중 장애인을 피보험자 또는 수익자로 하는 장애인전용보험(보험계약 또는 보험료 납입영수증에 장애인전용보험으로 표시된 보험)에 가입한 경우 해당연도에 납입한 보험료(100만 원 한도)의 15%(지방소득세 별도)에 해당하는 금액을 세액공제 받을 수 있다.

(6) 보장성보험 중도해지 시 세액공제 여부

보장성보험을 해당연도 중에 해지한 경우에도 해지 시까지 납입한 보험료는 세액공제를 받을 수 있으며, 이미 세액공제 받은 보험료에 대해서도 추징되지 않는다.

■ 보장성 보험료에 대한 세액공제액
일반 보장성보험의 보험료* × 12%** + 장애인 전용 보장성보험의 보험료* × 15%**
*: 연간 100만 원 한도, ** : 지방소득세 별도

■ 보장성보험료 세액공제 예시

① 연간 소득금액이 100만 원을 초과하는 부양가족을 피보험자로 하여 보장성보험에 가입하고 보험료를 납입한 경우

⇒ 공제대상이 아님(연간 소득금액이 100만 원 이하인 경우 공제가능)

② 기본공제대상자에 해당하지 않는 부양가족을 피보험자로 하여 보장성보험에 가입하고 보험료를 납입한 경우

⇒ 공제대상이 아님(피보험자가 기본공제대상자 요건 충족 시 공제가능)

③ 장애인인 배우자를 피보험자로 하여 일반 보장성보험료를 연간 100만 원, 장애인전용 보장성보험료를 연간 100만 원 납입한 경우

⇒ 세액공제액 27만 원(12만 원 + 15만 원, 지방소득세 별도)

④ 장애인인 근로자가 본인을 피보험자로 하여 장애인전용 보장성보험에 가입하고 보험료를 연간 100만 원 납입한 경우

⇒ 세액공제액 15만 원(지방소득세 별도, 일반 보장성보험료 세액공제와 중복적용 불가능)

⑤ 근로소득자인 전생명씨가 태아를 피보험자로 하여 일반 보장성보험에 가입한 경우

⇒ 공제대상이 아님

⑥ 보험계약기간이 2020년 5월부터 2021년 4월까지인 보장성보험의 보험료를 2020년 5월에 일시납입한 경우

⇒ 납입일이 속하는 연도의 근로소득에서 세액공제(월별로 안분 계산하지 않음)

⑦ 보장성보험료를 일정기간 미납한 경우

⇒ 보험료는 해당연도에 실제 납입한 금액에 한하여 공제

⑧ 자영업을 영위하는 자가 본인을 피보험자로 일반 보장성보험에 가입하고 보험료를 납입한 경우

⇒ 공제대상이 아님(자영업자는 근로소득자에 해당하지 않음)

출처: 생명보험협회 자료

2) 개인연금보험료 소득공제(세액공제) 등

개인연금보험(계좌)은 노후생활자금의 준비를 위한 상품으로서 근로소득자 뿐만 아니라 자영업자도 가입할 수 있다. 이러한 개인연금의 계좌는 여러 종류가 있다.

(1) 연금계좌의 의의 및 개요

연금계좌는 연금저축계좌와 퇴직연금계좌를 통칭하는 개념이다. 연금저축계좌는 금융회사와 체결한 계약에 따라 '연금저축'이라는 명칭으로 설정하는 계좌로 크게 보험회사의 연금저축보험, 은행의 연금저축신탁, 자산운용사(증권회사 등)의 연금저축펀드로 구분이 된다.

퇴직연금계좌는 퇴직연금을 지급받기 위해 가입하고 설정하는 계좌로 확정기여형(DC형), 확정급여형(DB형) 및 개인형 퇴직연금(IRP) 등이 있다. 다만, 확정급여형(DB형) 퇴직연금계좌는 세액공제 대상의 연금계좌에서 제외된다.

연금계좌와 관련한 세액공제는 2014년 소득세법 개정 시 세액공제 적용 대상을 확대하여 연금소

득자의 세 부담을 완화하고자 하고자 규정이 신설되었다. **종합소득이 있는 거주자가 해당 과세기간에 연금계좌에 낸 금액이 있는 경우 연금계좌 납입액의 12%에 해당하는 금액을 종합소득산출세액에서 공제하여 주는 제도이다.**

저소득층에 대한 세 부담을 조금 더 줄여주기 위하여 해당 연도 과세기간의 **종합소득금액이 4,500만 원 이하 또는 근로소득만 있는 경우 총급여액이 5,500만 원 이하**인 거주자에 대해서는 연금계좌 납입액에 대하여 **15%의 높은 세액공제율을 적용한다.**

여기에 약 10%의 지방세가 환급되기 때문에 최종적으로는 각각 13.2%, 16.5%까지 환급할 수 있다. 다만 모든 연금계좌가 해당이 되는 것은 아니며 해당이 되는 연금저축계좌 및 퇴직연금계좌에 가입해야만 환급을 받을 수 있다. 따라서 가입을 할 때는 반드시 연말정산시에 세액공제가 되는지? 안 되는지? 여부를 확인하고 가입을 하는 것이 좋다.

해당 연금계좌에 대하여 세액공제를 적용받고자 한다면, 가입한 금융회사에 연금납부확인서를 해당 과세기간의 다음 연도 2월분의 급여를 받는 날 또는 종합소득과세표준의 확정 신고기한까지 원천징수의무자, 납세조합 또는 납세지 관할 세무서장에게 제출하여야 한다.

세액공제의 대상이 되는 연금계좌는 소득세법 시행령 제40조의 2항에 의하여 규정이 되고 있으며, 사실상 법령을 확인하는 그것보다는 앞서 언급하였듯이 신규계좌를 열 때 담당에게 문의하여 가입하면 편할 것이다.

퇴직연금계좌만 조금 자세히 설명하자면 확정기여형 퇴직연금제도(DC형)에 따라 설정하는 계좌와 개인형 퇴직연금 제도(IRP)에 따라 설정하는 계좌, 과학기술인공제회법에 따라 퇴직연금급여를 지금 받기 위하여 설정하는 계좌를 세액공제 대상으로 규정하고 있다.

이 중에서 개인이 부담하는 금액을 대상으로 세액공제를 해주고 있으며, 개인이 개별적으로 가입을 할 때는 개인형 퇴직연금 계좌 즉 IRP만 가입할 수 있으므로, 현재 세액공제가 되는 계좌가 없다면 IRP 계좌 가입하기 위해 왔다고 하면 가입이 가능할 것이다.

그리고 과거에는 공무원의 경우 IRP 계좌를 가입할 수 없었는데 2018년부터 가입할 수 있게 되었다. 이점은 참고하고 가입하여 세액공제를 받으면 좋을 것이다.

(2) 개인연금보험 소득공제의 변천(연혁)

① 개인연금보험(2001년 1월 1일 이전 보험계약)

2000년 12월 31일까지 판매된 개인연금보험에 가입한 경우에는 연간 납입보험료의 40%(72만 원 한도)가 소득금액에서 공제되며, 또 10년 이상 보험료를 납입하고 보험금을 5년 이상에 걸쳐 연금으로 수령할 경우에는 이자소득세가 비과세 된다. 그러나 보험료 소득공제 혜택을 받은 뒤 가입일로부터 5년 이내에 중도해지 하는 경우에는 연간납입보험료의 4% 상당액(72,000원 한도)이 중도해약추징세액으로 추징된다. 단, 사망, 해외이주 등의 사유로 연금 이외의 형태로 지급 받거나 중도해지하는 경우에는 이자소득세 비과세 및 소득공제 혜택이 계속 부여된다.

② 신개인연금보험(2001년 1월 1일 이후 보험계약)

2001년 1월 1일부터 판매된 신개인연금보험에 가입하는 경우에는 연간납입보험료 전액(240만 원 한도)이 소득금액에서 공제되며, 향후 지급 받는 연금수령액 중 소득공제 받은 원금 부분과 투자수익 부분은 연금소득으로 보아 연금소득공제를 적용한 후 종합과세가 된다. 또한 중도해지 하거나 연금 이외의 형태로 지급받는 금액은 기타 소득으로 보아 소득세를 과세하며, 이에 따라 기타소득금액이 연간 300만 원을 초과하는 때에는 그 초과액을 타소득과 합산하여 종합과세를 한다. 이때 가입일로부터 5년 이내에 해지하는 경우에는 연간납입보험료 누계액(연간 240만 원 한도)의 5%를 해지 가산세로 부과한다. 다만, 계약자의 사망 등의 사유로 해지하는 경우에는 해지 가산세를 부과하지 아니한다.

> ■ 세제적격 신개인연금보험의 요건
> ① 만 18세 이상으로 계약자, 피보험자, 수익자가 동일인일 것.
> ② 보험료 납입기간이 10년 이상일 것.
> ③ 월 100만 원 이하 또는 3월마다 300만 원 이하의 보험료를 납입할 것.
> ④ 보험금은 계약기간 만기 후 계약자가 만 55세 이후부터 5년 이상에 걸쳐 연금으로 지급받을 것.

(3) 소득공제(세액공제) 대상자

연금계좌 세액공제는 종합소득이 있는 거주자를 대상으로 한다. 보장성 보험료에 대한 세액공제 대상자를 근로소득자로 한정하고 있는 것과 차이가 있다.

종합소득은 해당 연도에 발생하는 이자소득, 배당소득, 사업소득, 근로소득, 연금소득 및 기타소득을 의미한다.

(4) 연금세액공제 내용(연금계좌 세액공제율)

종합소득자가 연금계좌에 납입한 금액이 있는 경우 12%(지방소득세 별도)에 해당하는 금액을 해당 연도의 종합소득산출세액에서 공제받을 수 있다. 다만, 종합소득금액이 4,500만 원 이하 또는 근로소득만 있는 경우로 총급여액 5,500만 원 이하인 자는 연금계좌 납입액의 15%(지방소득세 별도)에 해당하는 금액을 세액공제 받을 수 있다.

(5) 연금계좌 납입액(세액공제 대상 연금계좌의 납입한도)

연금계좌에 납입하는 금액은 다음에 해당하는 금액을 제외한 금액을 의미한다. 또한, 연금계좌 중 연금저축계좌에 납입한 금액이 연 600만 원을 초과하는 경우에는 그 초과하는 금액은 없는 것으로 하고, 연금저축계좌에 납입한 금액 중 600만 원 이내의 금액과 퇴직연금계좌에 납입한 금액을 합한 금액이 연 900만 원을 초과하는 경우에는 그 초과하는 금액은 없는 것으로 한다.

위의 (4), (5)의 종합소득금액 기준 및 공제 대상 납입한도는 '23. 1. 1. 이후 납입하는 분부터 적용한다.

■ 연금계좌 세액공제 한도 및 세액공제율

종합소득금액(총급여액*1)	세액공제 대상 연금계좌 납입한도 (퇴직연금 합산 시 한도)	세액공제율*2
4.5천만 원 이하(5.5천만 원)	600만 원	15%
4.5천만 원 초과(5.5천만 원)	(900만 원)	12%

*1. 근로소득만 있는 경우 총급여액 기준 *2. 지방소득세 별도

출처: 생명보험협회 자료

■ 연금계좌 세액공제 적용사례

① 종합소득금액이 4천만 원 소득자

(단위: 만 원)

연금저축 계좌납입액	퇴직연금 계좌납입액	세액공제 대상금액	세액공제액 (공제금액×15%)*
0	900	900(=0+900)	135
200	700	900(=200+700)	135
700	200	800(=600+200)	120
900	0	600(=600+0)	90

*지방소득세 별도

출처: 생명보험협회 자료

② 종합소득금액이 6천만 원 소득자

(단위: 만 원)

연금저축 계좌납입액	퇴직연금 계좌납입액	세액공제 대상금액	세액공제액 (공제금액×15%)*
0	900	900(=0+900)	108
200	700	900(=200+700)	108
700	200	800(=600+200)	96
900	0	600(=600+0)	72

*지방소득세 별도

출처: 생명보험협회 자료

(6) 개인종합자산관리계좌(ISA) 만기 시 추가납입 허용 및 세액공제

개인종합자산관리계좌(ISA)로 형성한 자산을 노후 대비 연금재원으로 유도하기 위하여 다음과 같이 추가로 세제혜택을 제공한다.

개인종합자산관리계좌의 계약기간이 만료되고 해당 계좌 잔액의 전부 또는 일부를 개인 종합자산관리 계좌의 계약기간이 만료된 날부터 60일 이내에 연금계좌로 납입한 경우 그 납입한 금액(전환금액)을 납입한 날이 속하는 과세기간의 연금계좌 납입액에 포함한다.

이와 같이 전환금액이 있는 경우 세액공제 한도금액은 전환금액의 100분의 10 또는 300만 원 중 적은 금액과, 앞서 기술한 연금계좌 세액공제 한도 내에서 연금계좌에 납입한 금액을 합산하여 적용한다.

■ ISA 만기계좌의 연금계좌 전환 시 세액공제 한도

구분	주요 내용
세액공제 한도	현행 세액공제 대상 연금계좌 납입한도 + ISA계좌 만기 시 연금계좌 추가납입액의 10% (300만 원 한도)
세액공제율	현행 세액공제율과 동일(종합소득금액 4.5천만 원 이하, 총급여액 5.5천만 원 이하 15%/그 외의 경우에는 12%)
추가납입 방법	ISA계좌 만료일 현재 금융기관이 ISA계좌 가입자가 사전에 지정한 연금계좌로 이체하거나 ISA계좌 만료일부터 60일내 ISA계좌 가입자가 연금계좌로 직접 납입 가능

출처: 생명보험협회 자료

3) 저축성보험의 보험차익 비과세

(1) 저축성보험 보험차익의 개념

저축성 보험의 보험차익이란 보험계약에 따라 만기 시에 받는 보험금·공제금이나 보험의 계약기간 중에 받는 보험금·공제금 또는 계약기간 중도에 해지됨에 따라 지급받은 환급금에서 납입보험료(납입공제료)를 뺀 금액을 의미한다(소득세법시행령 25조 1항). 즉, 보험계약의 만기 또는 보험의 계약기간 중에 지급받는 보험금·공제금이나 계약기간 중도에 해당 보험계약이 해지됨에 따라 지급받는 환급금이 납입보험료를 초과하는 금액을 의미한다. 이 금액은 소득세법상의 이자소득으로 분류된다. 다만, 보험금이나 환급금에는 피보험자의 사망·질병·부상 그 밖의 신체상의 상해로 인하여 지급받은 보험금이나 자산의 멸실 또는 손괴(손실)로 인하여 지급받는 금액은 포함되지 않는다.

(2) 보험차익의 비과세

저축성보험에 대한 보험차익의 비과세는 **보험계약일로부터 만기일 또는 중도 해지일까지의 기간이 10년 이상인 보험계약에서 발생하는 보험차익에 대하여 일정한 요건을 충족하는 경우에 이자소득세가 비과세된다.** 따라서 10년 미만에 만기 또는 중도 해지됨에 따라 발생하는 보험차익에 대해서는 이자소득세가 과세된다.

(3) 저축성보험에 대한 보험차익의 비과세 배경

민영보험제도의 육성·발전을 통해 장기 산업자금의 지원 및 국가 경제발전에 기여하는 측면과 사회보장기능을 보완하기 위한 측면에서 저축성보험에 가입하여 얻는 보험차익에 대해 비과세 혜택을 부여하는 배경이다. 다만, 금융기관 간에 공정경쟁 기반을 조성하기 위한 취지에서 일반예금과 그 성격이 유사한 단기(10년 미만) 저축성보험의 보험차익은 이자소득으로 과세하고 있다.

(4) 저축성보험 보험차익의 비과세 요건

저축성 보험의 보험차익은 보험계약에 따라 만기 또는 보험의 계약기간 중에 받는 보험금·공제금 또는 계약기간 중도에 해당 보험계약이 해지됨에 따라 받는 환급금(피보험자의 사망·질병·부상 그 밖의 신체상의 상해로 인하여 받거나 자산의 멸실 또는 손괴로 인하여 받는 것이 아닌 것으로 한정하며, 이하 "보험금"이라 한다)에서 납입보험료 또는 납입공제료(이하 "보험료"라 한다)를 뺀 금액을 말하는데 소득세법상 이자소득으로 분류된다(소득세법시행령 25조 1항).

저축성보험의 비과세 요건은 보험계약 일에 따라 달라지는데, 크게 세법 개정에 따라 보험가입 시점이 2013년 2월 15일 전후(前後)인지, 2017년 4월 1일 전후(前後)인지에 따라 비과세 요건을 다르게 적용할 수 있다.

① 2013년 2월 14일까지 가입한 저축성보험 비과세 요건?

2013년 2월 14일까지 가입한 저축성보험은 일시납, 월납과 관계없이 만기일 또는 중도 해지일 까지 기간이 10년 이상이면, 저축성보험의 보험차익에 대해 이자소득세 비과세를 적용받을 수 있다.

또한, 모든 저축성보험의 계약자 1명당 납입할 보험료의 합계액에 한도가 없다(무한대).

단, 계약기간이 10년 이상이지만 최초납입일로부터 10년 경과 전에 납입한 보험료를 확정된 기간 동안 연금형태로 분할하여 지급 받는 경우에는 비과세를 적용하지 않는다.

② 2013년 2월 15일 ~ 2017년 3월 31까지 가입한 저축성보험 비과세 요건?

2013년 2월 15일 이후에 가입한 경우의 저축성보험은 월 적립식, 일시납, 종신형연금보험 등의 3가지로 구분하여 계약체결 시점부터 3가지 형태별로 정해진 요건을 모두 만족하는 경우에 저축성보험의 보험차익에 대해 비과세를 적용받을 수 있다.

단, 저축을 목적으로 하지 않고, 피보험자의 사망·질병·부상·신체상 상해·자산의 멸실 또는 손괴만을 보장하고, 만기 또는 보험계약기간 중 특정시점에서의 생존을 사유로 지급하는 보험금이 없는 보험계약은 제외한다.

가. 일시납 저축성보험의 비과세 요건

● 계약자 1명당 가입한 모든 저축성보험의 납입할 보험료 합계액이 **2억 원 이하**인 저축성 보험계약으로서 최초 납입일로부터 만기일 또는 중도해지 일 까지의 기간이 10년 이상일 것.

● 최초 납입 일부터 만기일 또는 중도해지 일 까지의 기간은 10년 이상이지만 최초 납입 일부터 10년 경과하기 전에 납입한 보험료를 확정된 기간 동안 연금 형태로 분할하여 지급받는 경우는 제외.

♣ 종신형 연금보험, 월 적립식의 요건을 만족하지 못하는 저축성보험은 일시납 보험에 포함하여 비과세로 판단함.

나. 월 적립식 저축성보험의 비과세 요건

● 최초 납입일로부터 만기일 또는 중도해지 일 까지의 기간이 10년 이상일 것.

● 최초 납입일로부터 납입기간이 5년 이상인 월 적립식 계약일 것.

● 최초 납입일로부터 매월 납입하는 기본 보험료가 균등(최초 계약한 기본 보험료의 1배 이내 기본 보험료 증액 포함)하고 기본 보험료의 선납 기간이 6개월 이내일 것.

다. 종신형 연금보험의 비과세 요건

● 계약자가 보험료 납입 계약기간 만료 후 55세 이후부터 사망 시까지 보험금, 수익 등을 연금으로 지급받을 것.

● 연금외의 형태로 보험금, 수익 등을 지급하지 아니할 것.

● 사망 시 [「통계법」 제18조에 따라 통계청장이 승인하여 고시하는 통계표에 따른 성별, 연령별 기대여명 연수 이내에서 보험금, 수익 등을 연금으로 지급하기로 보증한 기간이 설정된 경우로서 계약자가 해당 보증기간 이내에 사망한 경우에는 해당 보증기간의 종료 시를 말한다.] 보험계약 및 연금재원이 소멸할 것.

● 계약자와 피보험자 및 수익자가 동일하고 최초 연금지급 개시 이후 사망일 전에 중도 해지할 수 없을 것.

● 매년 수령하는 연금액[연금수령 개시 후에 금리 변동에 따라 변동된 금액과 이연하여 수령하는 연금액은 포함하지 아니한다.] 이 다음의 계산식에 따라 계산한 금액을 초과하지 아니할 것.

연간수령한도 = [연금수령 개시일 현재 연금계좌 평가액 / 연금수령 개시일 현재 기대여명 연수 X 3]

♣ 종신형 연금보험이 해당 요건을 충족하지 못하게 된 경우라도 월 적립식 또는 일시납 비과세 요건을 충족하면 비과세 적용된다.

③ 2017년 4월 1일 이후(현재) 가입한 저축성보험 비과세 요건?

저축성 보험의 보험차익은 보험계약에 따라 만기 또는 보험의 계약기간 중에 받는 보험금·공제금 또는 계약기간 중도에 해당 보험계약이 해지됨에 따라 받는 환급금에서 납입보험료 또는 납입 공제료를 뺀 금액을 말하는데 소득세법상의 이자소득으로 분류된다. 그러나, 저축성보험의 보험차익은 일반적으로 이자소득으로 과세되지만, 아래(가., 나., 다.)의 저축성보험 보험차익의 비과세 요건을 충족하는 경우에는 이자소득세가 비과세된다. 다만, 보험금이나 환급금에는 피보험자의 사망·질병·부상·신체상 상해·자산의 멸실 또는 손괴만을 보장하고, 만기 또는 보험계약기간 중 특정시점에서의 생존을 사유로 지급하는 보험금이 없는 보험계약은 제외한다.

즉, 저축성 보험의 보험차익 비과세는 아래의 가.부터 다.까지의 보험계약으로 한정하며, 그 보험계약을 체결한 후 비과세 요건을 충족하게 된 경우의 보험계약으로 한정하며, 그 보험계약을 체결한 후 비과세 요건을 충족하지 못하게 된 경우의 보험계약은 제외한다. 다만, 나.와 다.에 해당하는 보험계약이 그 보험계약을 체결한 후 비과세 요건을 충족하지 못하게 된 경우라도 가.의 요건을 충족하는 경우 그 보험계약은 포함한다.

가. 일시납 저축성보험의 비과세 요건

<u>최초로 보험료를 납입한 날부터 만기일 또는 중도해지일 까지의 기간이 10년 이상이고</u>, 계약자 1명당 가입한 모든 저축성보험의 납입할 보험료 합계액이 **1억 원 이하**인 저축성 보험계약의 경우

• 단, 최초 보험료의 납입일부터 만기일 또는 중도해지 일 까지의 기간은 10년 이상이지만, 납입한 보험료를 최초 납입일로부터 10년이 경과하기 전에 확정된 기간 동안 연금 형태로 분할하여 지급받는 경우는 제외한다.

♣ 종신형 연금보험, 월적립식의 요건을 만족하지 못하는 저축성보험은 일시납 보험에 포함하여 비과세로 판단함.

나. 월적립식 저축성보험의 비과세 요건

월 적립식 저축성보험으로서, <u>최초로 보험료를 납입한 날부터 만기일 또는 중도해지일까지의 기간의 10년 이상</u>이고, 아래의 요건을 모두 충족한 경우

• 최초납입일로부터 납입기간이 5년 이상인 월 적립식 보험계약일 것.

• 최초납입일부터 매월 납입하는 기본 보험료가 균등[31]하고, 기본 보험료의 선납기간이 6개월 이내 일 것.

---

31) 최초 계약한 기본보험료의 1배 이내로 기본보험료를 증액하는 경우 포함.

- 계약자 1명당 매월 납입하는 보험료 합계액(계약자가 가입한 모든 월적립식 보험계약의 기본 보험료 추가 납입보험료 등 월별 납입보험료 합계)이 150만 원 이하 일 것.

$$\frac{\text{해당연도의 기본보험료}^{32)}\text{와 추가로 납입하는 보험료의 합계액}}{\text{보험 계약기간 중 해당연도에서 경과된 개월 수}} \leq 150\text{만 원}$$

다. 종신형 연금보험의 비과세 요건

종신형 연금보험으로서, 아래의 요건을 모두 충족한 경우
- 계약자가 보험료 납입 계약기간 만료 후 55세 이후부터 사망 시 까지 보험금·수익 등을 연금으로 지급받을 것.
- 연금 외의 형태로 보험금·수익 등을 지급하지 아니할 것.
- 사망 시[「통계법」제18조에 따라 통계청장이 승인하여 고시하는 통계표에 따른 성별, 연령별 기대여명 연수 이내에서 보험금, 수익 등을 연금으로 지급하기로 보증한 기간이 설정된 경우로서 계약자가 해당 보증기간 이내에 사망한 경우에는 해당 보증기간의 종료 시를 말한다.] 보험계약 및 연금재원이 소멸할 것.
- 계약자와 피보험자 및 수익자가 동일한 계약으로서 최초 연금지급개시 이후 사망일 전에 계약을 중도 해지할 수 없을 것.
- 매년 수령하는 연금액[연금수령 개시 후에 금리변동에 따라 변동된 금액과 이연하여 수령하는 연금액은 포함하지 아니한다]이 다음의 계산식에 따라 계산한 금액을 초과하지 아니할 것.

> ♣ 매년 수령하는 연금액(연간수령한도):
> (연금수령개시일 현재 연금계좌 평가액 ÷ 연금수령개시일 현재 기대여명 연수) × 3 이내일 것.

♣ 종신형 연금 보험이 해당 요건을 충족하지 못하게 된 경우라도 월적립식 또는 일시납 비과세 요건을 충족하면 비과세 적용된다.

④ 위의 ③ 비과세 요건을 충족하지 못한 경우

위의 비과세 요건을 충족하지 못한 경우에는 만기 또는 해지 시점의 보험차익에 대해 이자소득세 14%(지방소득세 별도)가 원천징수 됨에 유의하여야 하며, 다른 금융소득과의 합계액이 연간 2,000만

---

32) 납입기간이 종료되었으나 계약기간 중에 있는 보험계약의 기본보험료를 포함.

원을 초과하는 경우에는 다른 소득과 합산하여 금융소득 종합과세가 적용된다.

또한 명의 변경 등을 통한 과세회피 사례를 방지하기 위하여 다음과 같이 저축성보험계약에 변경 사항이 발생한 경우 그 변경 일을 해당 보험계약의 최초납입일로 하여 계약기간을 기산한다.

▣ 변경 사항
① 계약자 명의가 변경(사망에 의한 변경은 제외) 되는 경우
② 보장성보험을 저축성보험으로 변경하는 경우
③ 최초 계약한 기본보험료의 1배를 초과하여 기본보험료를 증액하는 경우
※ 종신형 연금보험계약은 제외

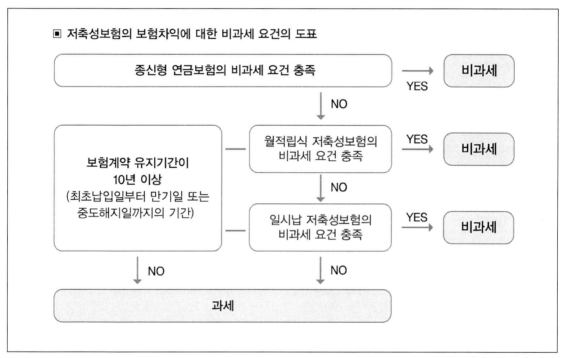

출처: 생명보험협회 자료

(5) 연금보험과 연금저축 비교

일반적으로 많은 사람들이 연금보험(저축성보험)과 연금저축(연금계좌)을 동일한 상품으로 많이 혼동한다. 하지만 보험료 납입·수령 시의 세제혜택 등을 비롯하여 많은 차이가 있으므로 분명히 구분하여 이해할 필요가 있다. 연금보험과 연금저축은 일정기간의 보험료 납입을 통해 형성된 재원을 연금형태로 수령한다는 공통점이 있지만, 세제혜택과 소득구분 등에 다음과 같은 차이가 있다.

연금보험은 앞서 설명한 저축성보험의 하나로 「소득세법」상 발생한 보험차익은 이자 소득으로 분류되지만, 일정한 요건을 충족한 경우에는 이자소득세가 비과세되는 세제혜택이 부여된 상품으로 생

명보험회사에서만 판매가 가능하다.

그러나 연금저축은 「소득세법」에서 납입요건과 인출요건 등을 엄격히 규정하고 있는 상품으로, 규정된 기준에 의해서만 상품을 개발할 수 있지만 보험회사를 비롯한 은행, 증권회사 등의 모든 금융기관에서 판매할 수 있는 상품이다. 이러한 연금저축은 연금보험과 달리 납입기간 동안 세액공제를 적용받을 수 있으며, 연금수령 단계에서는 연금소득으로 분류된다. 다른 소득이 있을 경우 합산하여 종합과세를 하는 것이 원칙이나, 사적연금소득의 합계액이 연 1,200만 원 이하인 경우에는 분리과세를 선택할 수 있는 특징이 있다.

■ 연금보험과 연금저축 차이점(비교)

구분	(변액)연금보험	연금저축
취급기관	생명보험회사	모든 금융기관
세제혜택 적용요건	일시납, 월적립식 저축성보험계약, 종신형 연금보험계약별 요건 충족	보험료 납입 및 인출요건의 충족
보험료 납입 시 세제혜택	없음	연금계좌 세액공제
보험금 수령 시 세제혜택	보험차익 비과세 (이자소득 비과세)	연금소득 분리과세 선택 • 사적연금소득 합계액 연 1,200만 원 이하 시: 3~5% 세율 적용 • 사적연금소득 합계액 연 1,200만 원 초과 시: 15% 세율 적용 * 지방소득세 별도
소득구분	이자소득	연금소득

출처: 생명보험협회 자료

3. 단체보험에 대한 세제 혜택

개인에 대한 보험세제 혜택은 비과세, 세액공제 등으로 소득세 측면에서 위험대비 및 노후를 위한 저축 장려 등을 지원하기 위한 목적으로 부여되었다. 반면, 단체보험 계약에는 법인세 절감 및 종업원의 복리후생 등을 지원하기 위한 목적으로 다음과 같이 별도의 세제혜택을 부여하고 있다.

1) 단체보장성보험료의 손금 산입

단체보장성보험은 종업원의 사망, 상해 또는 질병을 보험금 지급사유로 하여, 업무상 우발적으로 발생하는 각종 위험으로부터 종업원을 보장하기 위하여 도입된 보험이다.

일반적으로 종업원을 피보험자와 수익자로 하여 회사가 부담한 단체보장성보험료는 종업원의 급여에 해당되어, 회사는 손금으로 인정받아 법인세가 비과세되며, 종업원은 근로소득에 합산하여 과세한다.

그러나 단체순수보장성보험(만기에 납입보험료를 환급받지 않는 보험)과 단체환급부보장성보험(만기에 납입보험료를 초과하지 않는 범위에서 환급하는 보험)은 종업원을 피보험자와 수익자로 하여 회사가 연 70만 원 이하의 금액을 보험료로 부담하는 경우, 종업원의 복리후생비에 해당되어 회사는 손금으로 인정받고, 종업원은 별도의 세금을 부담하지 않는다. 다만, 연 70만 원을 초과하여 회사가 부담하는 보험료는 일반적인 단체보장성보험과 동일하게 처리한다.

(1) 단체보장성보험의 세제혜택 요건

① 재해로 인한 종업원의 사망·상해·질병을 보험금 지급사유로 할 것.
② 종업원 또는 그 배우자 기타 가족을 피보험자와 수익자로 할 것.
③ 만기에 납입보험료를 환급받지 아니하는 보험(단체순수보장성보험)일 것.
④ 만기에 납입보험료를 초과하지 아니하는 범위 안에서 환급하는 보험(단체환급부보장성보험)일 것.

(2) 단체보장성보험료의 세제혜택 내용

구분	단체순수보장성보험료, 단체환급부 보장성보험료 (회사부담: 연 70만 원 이하)	일반적인 단체보장성보험료(회사부담) 및 단체순수보장성보험료, 단체환급부 보장성보험료 (회사부담: 연 70만 원 초과)
회사	전액 손금(비용) 인정 (종업원의 복리후생비에 해당)	전액 손금(비용) 인정(종업원의 급여에 해당)
종업원	근로소득으로 과세되지 않음	근로소득으로 과세

2) 임직원을 위한 보험료 납입의 세무회계 처리

최근 회사에서는 임직원에게 발생하는 각종 위험으로부터의 보장 및 목적자금 마련 등을 위해 다양한 보험에 가입하고 있다.

회사가 가입하는 보험은 계약자, 피보험자, 수익자의 설정방법에 따라 세무처리가 조금씩 달라진다. 이를 사례별로 살펴보면 다음과 같다.

■ 임직원의 보험가입 유형별 세무처리

구분	사례 1	사례 2	사례 3
계약자	법인	법인	법인
피보험자	임원 또는 종업원	임원	종업원
수익자	법인	임원	종업원

납입보험료의 세무회계처리	만기환급금 상당액은 자산처리 나머지는 보험기간의 경과에 따라 손금산입	급여지급기준 초과 금액을 손금불산입하여 상여로 처분	종업원의 급여로 보아 손금인정
보험료의 근로소득여부	근로소득에 해당하지 않음	근로소득(인정상여)에 해당	근로소득에 해당

출처: 생명보험협회 자료

※ 임원에는 대표이사도 포함되며, 수익자인 임원 및 종업원에는 해당 임원 및 종업원의 가족도 포함

※ 보험료는 보험계약자인 법인이 납부함

3) 퇴직연금보험료의 세무회계(손금산입) 처리

퇴직연금제도는 2005년 12월부터 기존의 퇴직금 제도를 대체하기 위해 도입된 제도로서 근로자의 노후소득 보장과 생활안정 지원을 위해 근로자가 재직기간 중에 사용자가 퇴직금 지급 재원을 외부의 금융기관에 적립하고, 이를 사용자 또는 근로자의 지시에 따라 운용하여 근로자 퇴직 시 연금 또는 일시금으로 지급하도록 하는 기업의 복지제도를 말한다.

우리나라에 도입된 퇴직연금제도는 확정급여형(DB형) 퇴직연금, 확정기여형(DC형) 퇴적연금 및 개인형 퇴직연금(IRP, 개인퇴직계좌) 등이 있다.

(1) 퇴직연금제도에 대한 설명

① DB형은 근로자에게 지급될 연금급여가 근무기간과 평균임금에 의해 사전에 결정되고, 그것을 보장하기 위해서 사용자가 매년 부담할 금액은 적립금 운용결과에 따라 변동되는 제도로서, 퇴직 시에 DB운용 사업자와 회사가 각각 퇴직급여를 지급한다.

② DC형은 회사의 부담금이 사전에 확정되고 근로자가 지급받을 퇴직급여는 적립금의 운용실적에 따라 변동되는 제도로서, 퇴직 시에 회사는 퇴직급여를 지급하지 않는다.

③ IRP는 기업형 IRP와 개인 IRP가 있다. 기업형 IRP는 상시근로자 10인 미만 사업장에 한해 적용되는 제도로서, 기업형 IRP를 도입한 경우 확정기여형 제도를 도입한 것과 그 효과가 동일하다. 따라서 퇴직금 지급을 위해 회사가 외부 금융회사에 적립한 금액을 근로자 개개인이 직접 운용하고 운용 성과에 따라 퇴직금이 변동하게 된다.

개인 IRP는 근로자가 이직 등으로 받은 퇴직금을 저축할 수 있는 일종의 저축 계좌로서 직장 이전으로 받은 퇴직금을 생활자금으로 소진하는 대신 노후생활을 활용할 수 있도록 마련된 제도이다.

(2) 퇴직연금의 유형별 세법상 처리방법

퇴직연금보험료는 회사 납입분과 근로자 추가납입분에 대하여 다음과 같이 세제혜택을 받을 수 있다.

구분	확정기여형(DC형) 퇴직연금, 개인형 퇴직연금(IRP)	확정급여형(DB형) 퇴직연금
회사 납입분	전액 손금(비용)으로 인정	일정한도 내에서 손금(비용)으로 인정
근로자 추가납입분	소득금액 및 연령에 따라 세액공제 납입한도, 세액공제율에 차이가 있음*	-

출처: 생명보험협회 자료

*P. 273 표 '연금계좌 세액공제 한도 및 세액공제율' 참고
　연금계좌의 세액공제(「소득세법」 제59조의3, 조세특례제한법 제86조의4)

4. 상속 및 증여받은 보험금의 금융재산 상속공제(세제 혜택)

1) 상속세 및 증여세 개념(概念)

상속세는 개인의 사망(실종선고 포함)으로 상속이 개시되는 경우 재산의 무상 이전에 대해서 부과되는 세금이고, 증여세는 개인이 생전에 재산을 무상 이전 하는 경우 증여에 따른 경제적 이익의 무상 이전에 대하여 부과되는 세금이다.

(1) 상속세(相續稅) 정의

국세의 한 가지로, 물려받은 재산에 부과하는 세금(직접세)이다. 즉, 자연인의 사망을 원인으로 무상으로 이전되는 재산을 과세대상으로 하여 그 재산의 취득자에게 부과되는 조세이며, 재산의 취득자는 상속인, 과세대상은 상속재산을 말한다.

이는 사망에 의해 재산이 법정 상속인이 되는 유족이나 지정한 상속인에게 이전되었을 때에 부과되는 세금으로서, 상속세는 사망자의 유산이 갖고 있는 담세능력 또는 상속에 의해 재산을 무상 취득함으로써 생긴 취득자의 담세능력을 조세부담의 원천으로 한다.

상속세는 상속개시일(실종선고일 포함) 현재의 상속 재산에 대하여 부과하며, 과세 대상이 되는 상속재산은 피상속인(사망한 사람 또는 실종선고 받은 사람)에게 귀속되는 재산으로써 금전으로 환산할 수 있는 경제적 가치가 있는 모든 물건과 재산적 가치가 있는 법률상 또는 사실상의 모든 권리를 포함한다.

(2) 증여세(贈與稅) 정의

무상으로 양도·증여받은 재산을 대상으로 부과되는 세금이며 유형(有形)의 재산뿐 아니라 무형(無形)의 재산인 권리나 재산가치의 증가분에 대해서도 부과된다. 즉, 타인으로부터 재산을 무상으로

취득하는 경우 그 취득한 자에게 증여받은 재산가액을 과세표준으로 하여 부과하는 조세이다.

증여세의 과세가액은 증여받은 재산의 가액을 기본으로 한다. 여기에 동일인으로부터 10년 내에 증여받은 재산이 있으면 합한다. 그리고 비과세재산가액, 과세가액불산입액 및 수증자가 증여자의 채무를 인수한 경우 그 해당 금액은 증여받은 재산가액에서 뺀다.

동일인으로부터 10년 내에 증여받은 재산의 가액을 합산해 증여세의 과세대상으로 하는 이유는 여러 차례 나누어 증여함으로써 누진세율을 피하는 행위를 방지하기 위해서이다.

증여세는 상속세의 보완세(補完稅)로서의 위치를 지니고 있다. 즉, 재산의 취득이 상속에 의하는 경우에는 상속세를 과세하고, 생전에 상속받을 사람이나 기타 친족 등에게 재산을 증여하는 경우에 증여세를 과세한다.

증여세는 수증자가 증여받은 재산가액에 대하여 부과하며, 완전포괄주의를 채택하고 있다. 완전포괄주의에 따른 증여란 그 행위 또는 거래의 명칭·형식·목적 등과 관계없이 경제적 가치를 계산할 수 있는 유형·무형의 재산을 직접 또는 간접적인 방법으로 타인에게 무상으로 이전(현저히 저렴한 대가를 받고 이전하는 경우 포함)하는 것 또는 기여에 의하여 타인의 재산 가치를 증가시키는 것을 말한다. 즉, 형식이 무엇이든 사실상 재산의 무상 이전에 해당하는 경우 모두 증여세 과세대상에 해당한다는 의미이다.

(3) 상속세 및 증여세와 관련된 보험세제

우리나라는 상속 및 증여와 관련된 보험세제는 크게 4가지가 있다.

① 상속재산으로 보는 보험금
② 상속받은 보험금 등에 대한 금융재산 상속공제
③ 증여세가 과세되는 보험금의 범위
④ 장애인 등을 보험수익자로 하는 계약의 보험금에 대한 증여세 비과세

(4) 상속세 및 증여세의 세율

과세표준	세율
1억 원 이하	10%
1억 원 초과 5억 원 이하	20%
5억 원 초과 10억 원 이하	30%
10억 원 초과 30억 원 이하	40%
30억 원 초과	50%

(5) 상속순위

피상속인은 유언으로 공동상속인의 상속분을 지정할 수 있는데, 이를 유언 상속이라 한다. 이러한 유언 상속이 없는 경우에는 협의 분할 및 「민법」에 규정된 법정 상속분에 따라 상속 재산을 분할한다.

또한, 같은 순위의 상속인이 여러 명인 경우 최근친을 선순위로 하며, 촌수가 같은 상속인이 여러 명인 경우에는 공동상속인이 된다. 태아는 상속순위에 관하여 이미 출생한 것으로 본다. 법정상속분은 같은 순위의 상속인이 여러 명인 경우 그 상속분을 균분(均分)[33]한다. 다만, 배우자가 직계비속[34] 또는 직계존속[35]과 공동상속인인 경우 배우자의 법정상속분은 직계비속 또는 직계존속의 상속분에 5할을 가산한다. 예를 들어 자녀 2명과 배우자가 공동으로 상속받는 경우 배우자의 법정상속지분율은 $\dfrac{1.5}{(1+1+1.5)}$가 된다. 우리나라의 「민법」에 규정된 상속순위는 다음과 같다.

■ 「민법」에 규정된 상속순위

상속순위	비고
<1순위> 직계비속 (자녀, 손자) <2순위> 직계존속 (부모, 조부모 등) <3순위> 형제자매 <4순위> 4촌 이내의 방계혈족	배우자는 <1순위>인 직계비속과 동순위의 공동상속인이 되며, 직계비속이 없는 경우에는 <2순위>인 직계존속과 공동상속인이 된다. 만약, 직계비속과 직계존속이 모두 없는 경우에는 배우자가 단독 상속인이 된다.

※ 방계혈족: 자신과 같은 시조로부터 내려간 혈족

(6) 보험금에 대한 상속·증여세(보험상품 과세)

보험금에 대한 상속·증여세의 과세 여부는 보험료 납입의 원천이 중요하며, 보험료 납입의 원천이 누구냐에 따라서 과세 여부를 결정한다. 보험계약자로 지정되는 자의 소명할 수 있는 합법적 소득원 마련이 추후 발생할 수 있는 보험금에 대한 상속·증여세의 과세방지 차원에서 더욱 중요해지고 있다.

① 보험금에 대한 상속세(상속·증여세법의 제8조)

상속·증여세법의 제8조는 피상속인의 사망으로 인하여 받는 생명보험 또는 손해보험의 보험금으로서 피상속인이 보험계약자인 보험계약에 의하여 받는 것은 상속재산으로 본다.

보험금은 상속재산 중 금융재산으로 들어가며, 금융재산 상속공제의 대상이 된다. 금융재산의 상속공제는 최대 2억 한도에서 20% 공제되며, 2천만 원 까지는 전액 비과세가 된다.

---

33) 균분(均分): 1. 고르게 나눔. 2. 고르게 나누어지다.
34) 직계비속(直系卑屬): 자기로부터 직계로 이어져 내려간 혈족(血族). 곧, 자녀, 손자, 증손 등을 말한다.
35) 직계존속(直系尊屬): 조상으로부터 직계로 내려와 자기에게 이르는 혈족(血族). 즉 부모, 조부모, 증조부모 등을 말한다.

♣ 상속재산으로 보는 보험금 = 보험금액 × (피상속인 부담 보험료 ÷ 납입보험료 총액)

♣ 사망보험금의 과세여부(상속 · 증여세법 제8조 해당 여부)

번호	계약자	피보험자	수익자	판단
1	남편	부인	남편	해당없음
2	남편	남편	부인	상속세
3	남편	부인	자녀	증여세
4	자녀	부모	자녀	해당없음
5	남편	부인	법정상속인	남편지분: 해당없음 자녀지분: 증여세
6	남편	남편	남편	상속세

② 보험금에 대한 증여세

가. 보험의 증여 시기 및 증여 금액(상속 · 증여세법 제34조)

상속 · 증여세법의 제34조에 생명보험이나 손해보험에서 보험금 수령인과 보험료 납부자가 다른 경우로서, 보험사고(만기 보험금 지급의 경우 포함)가 발생할 경우 해당 보험사고가 발생한 날을 증여일(보험금의 수령시점)로 한다. 그리고 보험금 수령인이 아닌 자가 납부한 보험료 납부액에 대한 보험금의 상당액을 보험금 수령인의 증여재산가액으로 본다.

나. 증여자가 보험료의 일부만 납부한 경우(상속 · 증여세법 제34조, 재산세과-366, 2011.8.1)

상속 · 증여세법 제34조에 생명보험이나 손해보험에서 보험금 수령인과 보험료 납부자가 다른 경우에는 보험금의 상당액을 보험금 수령인의 증여재산가액으로 하여, 보험료 중 일부를 보험금 수령인이 납부하였을 경우에는 보험금에서 납부한 총액 중 보험금 수령인이 아닌 자가 납부한 보험료액이 차지하는 비율에 상응하는 금액만을 증여재산가액으로 한다.

♣ 보험금의 증여재산가액 = 보험금액 × (수익자가 아닌 자가 납부한 보험료 ÷ 납부한 보험료 총액)

♣ 만기 보험금의 과세여부(상속·증여세법 제8조 해당 여부)

번호	계약자	피보험자	수익자	판단
1	남편	부인	남편	해당없음
2	남편	남편	부인	증여세
3	남편	남편	자녀	증여세
4	남편	부인	자녀	증여세
5	남편	남편	남편	해당없음
6	자녀	부모	자녀	해당없음

2) 상속재산으로 보는 보험금

상속·증여세법의 제8조는 피상속인의 사망으로 인하여 받는 생명보험 또는 손해보험의 보험금으로서 피상속인이 보험계약자인 보험계약에 의하여 받는 것은 상속재산으로 본다. 금융재산의 상속공제는 최대 2억 한도에서 20% 공제되며, 2천만 원까지는 전액 비과세가 된다.

> ■ 상속세법 및 증여세법 제8조(상속재산으로 보는 보험금)
> ① 상속인의 사망으로 인하여 지급받는 생명보험 또는 손해보험의 보험금으로서 피상속인이 보험계약자가 된 보험계약에 의하여 지급받는 것은 상속재산으로 본다.
> ② 보험계약자가 피상속인이 아닌 경우에도 피상속인이 실질적으로 보험료를 납부하였을 때에는 피상속인을 보험계약자로 보아 제1항의 규정을 적용한다.

(1) 피상속인이 보험료의 일부만 납입한 경우

피상속인의 사망으로 인하여 지급받는 보험금으로 피상속인이 보험계약자인 보험계약에 따라 받는 것은 상속재산으로 본다. 피상속인이 보험료의 일부만 납입한 경우에는 그 보험금 중 다음과 같이 계산한 금액만을 상속재산으로 본다. 다만, 보험계약자가 피상속인이 아닌 경우에도 피상속인이 실질적으로 보험료를 납입하였을 때에는 피상속인을 보험계약자로 본다.

♣ 상속재산으로 보는 보험금의 산식(算式)

$$\text{보험금 총 합계액} \times \frac{\text{피상속인이 부담한 보험료 합계액}}{\text{피상속인의 사망 시까지 납입된 보험료의 총합계액}}$$

♣ 상속재산으로 보는 보험금의 계산(예시)

[사례] 다음의 경우 상속재산으로 보는 보험금은 얼마인가?
• 계약자 및 피보험자: 홍길동씨의 아버지 / 보험수익자: 홍길동씨
• 불입된 총보험료 1천만 원 중 홍길동씨의 아버지가 8백만 원 불입
• 홍길동씨의 아버지 사망으로 받은 생명보험금은 5천만 원

[풀이]

$$50,000,000 \times \frac{8,000,000}{10,000,000} = 40,000,000$$

따라서 4천만 원이 상속재산으로 보는 보험금이다.

(2) 피상속인이 보험료(전부)를 납입한 경우

보험계약자 및 피보험자가 피상속인인 경우로 피상속인의 사망으로 보험금이 지급된 경우인데도 상속인 본인이 사실상 보험계약자로서 실질적으로 보험료를 납입한 경우에는 상속세가 과세되는 상속재산에 해당하지 않는다.

예를 들면, 자녀가 직접 부모를 보험계약자 및 피보험자로 하고, 본인을 보험수익자로 하여 생명보험을 체결한 후 실질적으로 자녀가 보험료를 납부하다가 부모의 사망으로 자녀가 보험금을 수령하는 경우에는 상속세가 과세되지 않는다.

> 보험수익자 = 실질적인 보험료 불입자 ⇨ 상속세 비과세
> 보험수익자 ≠ 실질적인 보험료 불입자 ⇨ 상속세 과세

(3) 보험료 납입형태에 따른 보험금의 상속세 과세방법(보험계약자 · 피보험자 · 보험수익자 형태)

유형	보험계약자	피보험자	보험수익자	보험료 납입자	보험사고	보험금 과세방법
1	부	부	본인	부	부 사망	상속세 과세
2	부	부	본인	본인	부 사망	과세 안됨
3	본인	모	본인	모	모 사망	상속세 과세
4	본인	모	본인	본인	모 사망	과세 안됨
5	본인	부 · 모	본인	본인*	부 · 모 사망	상속세 과세

출처: 생명보험협회 자료

*보험계약상의 보험료 납입자는 자녀이나, 사실상 부 · 모로부터 증여받은 재산으로 보험료를 납입 시.

3) 상속받은 보험금 등에 대한 금융재산 상속공제(세제)

금융재산 상속공제란 피상속인의 사망으로 인하여 상속이 개시되는 경우 **상속개시일 현재 금융재산에서 금융 채무를 차감한 순금융 재산에 대해 최고 2억 원까지 공제해주는 제도이다.** 즉, 피상속인의 사망으로 인하여 상속이 개시되는 경우 상속재산에 보험금을 비롯한 순금융 재산이 포함되어 있을 때 순금융 재산의 20%(2억 원 한도)를 상속재산에서 공제해 주는 제도이다.

금융재산은 금융기관의 예금, 적금, 부금 및 출자금, 예탁금, 보험금, 공제금, 주식, 채권, 수익증권 및 유가증권을 포함하는 것이며, 금융부채는 금융기관에 대한 채무로서 입증된 것을 말한다.

(1) 금융재산의 범위

아래 법령에도 나와 있지만, 금융기관에서 취급하는 예금, 적금을 포함하여 보험금, 신탁재산, 주식, 채권, 비상장주식, 회사채 등을 말한다. 다만, 최대주주 등이 보유한 주식은 금융재산상속공제를 받을 수 없다.

■ 상속세 및 증여세법 시행령 제19조(금융재산 상속공제)

① 법 제22조 제1항 각 호 외의 부분에서 "대통령령으로 정하는 금융재산"이란 금융회사 등이 취급하는 예금·적금·부금·계금·출자금·신탁재산(금전신탁재산에 한정 한다)·보험금·공제금·주식·채권·수익증권·출자지분·어음등의 금전 및 유가증권과 그 밖에 기획재정부령으로 정하는 것을 말한다.

② 법 제22조 제2항에서 "대통령령으로 정하는 최대주주 또는 최대출자자"란 주주 등 1인과 그의 특수 관계인의 보유주식 등을 합하여 그 보유주식 등의 합계가 가장 많은 경우의 해당 주주 등 1인과 그의 특수 관계인 모두를 말한다.

③ 법 제22조 제1항의 규정에 의하여 공제를 받고자 하는 자는 기획재정부령이 정하는 금융재산상속공제 신고서를 상속세과세표준신고와 함께 납세지관할세무서장에게 제출하여야 한다.

④ 법 제22조 제1항 각 호 외의 부분 본문에서 "대통령령으로 정하는 금융채무"란 제10조 제1항 제1호에 따라 입증된 금융회사 등에 대한 채무를 말한다.

■ 상속세 및 증여세법 시행규칙 제8조(금융재산의 범위)

영 제19조 제1항에서 "그 밖에 기획재정부령으로 정하는 것"이란 다음 각 호의 어느 하나에 해당하는 것을 말한다.

1. 「자본시장과 금융투자업에 관한 법률」 제8조의2 제2항에 따른 거래소에 상장되지 아니한 주식 및 출자 지분으로서 금융기관이 취급하지 아니하는 것

2. 발행회사가 금융기관을 통하지 아니하고 직접 모집하거나 매출하는 방법으로 발행한 회사채

(2) 금융재산 상속공제 방법(산식)

① 순금융재산 = 금융재산 - 금융부채

② 금융재산: 금융기관의 예금·적금·부금·출자금·금전신탁재산·예탁금·보험금·공제금·주식·수익증권·출자지분·어음 등의 금전 및 유가증권

③ 금융부채: 금융기관에 대한 채무로서 입증된 것.

(3) 금융재산 상속공제 금액

거주자의 사망으로 상속이 개시되는 경우로서, 상속개시일 현재 상속재산가액 중 금융재산가액에서 금융 채무를 뺀 가액(순금융 재산가액)이 있으면 상속세 과세가액에서 공제하고, 그 금액이 2억 원을 초과하면 2억 원을 공제한다. 따라서, 비거주자의 상속세 신고 때는 공제받지 못하며, 금융재산보다 금융채무가 클 경우에도 공제받지 못하는 점 유의하기 바란다.

■ 금융재산 상속공제 금액

순금융재산(금융재산-금융부채)	공제금액	공제한도
2천만 원 이하	당해 순금융재산 전액	-
2천만 원 초과 1억 원 이하	2천만 원	2천만 원
1억 원 초과	순금융재산의 20%	2억 원

(4) 상속세 및 증여세법 제22조

■ 상속세 및 증여세법 제22조(금융재산 상속공제)
① 거주자의 사망으로 상속이 개시되는 경우로서 상속개시일 현재 상속재산가액 중 대통령령으로 정하는 금융재산의 가액에서 대통령령으로 정하는 금융채무를 뺀 가액(이하 이 조에서 "순금융재산의 가액"이라 한다)이 있으면 다음 각 호의 구분에 따른 금액을 상속세 과세가액에서 공제하되, 그 금액이 2억 원을 초과하면 2억 원을 공제한다.
  1. 순금융재산의 가액이 2천만 원을 초과하는 경우: 그 순금융재산의 가액의 100분의 20 또는 2천만 원 중 큰 금액
  2. 순금융재산의 가액이 2천만 원 이하인 경우: 그 순금융재산의 가액
② 제1항에 따른 금융재산에는 대통령령으로 정하는 최대주주 또는 최대출자자가 보유하고 있는 주식 등과 제67조에 따른 상속세 과세표준 신고기한까지 신고하지 아니한 타인 명의의 금융재산은 포함되지 아니한다.

(5) 무신고 또는 신고 누락한 금융재산의 공제 가능

상속세는 납세자의 신고로서 결정되는 세액이 아니라 세무서에서 결정하는 세액이다.

따라서, 상속세 신고 시 일부 누락했던 금융재산도 세무서에서 결정한 경우 금융재산상속공제가 가능하다. 아래 예규(예시)를 참고하기 바란다.

> **※ 무신고 또는 신고 누락한 금융재산의 공제(예시)**
> [제목]
> 금융재산 상속공제 적용여부
> [요약]
> 상속세 과세표준과 세액의 결정시 상속재산가액에 포함되어 있는 금융재산가액에 대하여는 금융재산 상속공제 적용이 가능한 것임

출처: [세무회계 중심] 금융재산상속공제 | 작성자 심흔섭 세무사

(6) 금융재산상속공제를 받을 수 없는 재산(미적용 재산)

상속재산 중에 ① 현금·자기앞수표, ② 퇴직금·퇴직연금, ③ 상속세 과세가액에 가산하는 증여재산, ④ 법인 가수금 채권은 금융재산상속공제를 적용할 수 없다.

금융기관에서 취급하는 금융상품은 대부분 금융재산상속공제를 받을 수 있는 대상에 속하지만, 상속증여-615(2013.12.10)에 따르면 퇴직연금의 경우 공제를 받을 수 없으므로 유의하기 바란다.

> **※ 금융재산상속공제 미적용 재산**
> ① 현금, 자기앞수표
> ② 퇴직금, 퇴직연금
> ③ 상속세 과세가액에 가산하는 증여재산
> ④ 법인 가수금 채권

출처: [세무회계 중심] 심흔섭 세무사

> **※ 금융재산상속공제의 미적용 재산(예시)**
> [제목] 1.
> 상속세 과세가액에 가산하는 사전증여재산 해당여부 및 금융재산상속공제 적용여부
> [요약]
> 상속개시 전에 피상속인의 토지가 수용됨으로 인하여 받은 보상금을 배우자 및 자녀명의의 통장에 입금한 것이 상속인에게 증여한 것으로 확인되는 때에는 금융재산 상속공제를 받을 수 없는 것임.
> [회신]
> 「상속세 및 증여세법」 제13조 제1항 제1호의 규정에 의하여 상속개시일전 10년 이내에 피상속인이 상속

인에게 증여한 재산가액은 상속세 과세가액에 가산하는 것이며, 그 증여한 재산이 금융재산인 경우에도 같은 법 제22조의 규정에 의한 금융재산상속공제는 적용되지 아니한다. 귀 질의의 경우 피상속인의 금전을 상속인 명의의 예금계좌에 입금한 것이 단순히 상속인 명의만을 빌려서 예치한 것인지 아니면 상속인에게 증여한 것인지 여부에 대하여는 구체적인 사실을 확인하여 판단할 사항으로서, 상속인에게 증여한 것으로 확인되는 때에는 금융재산 상속공제를 받을 수 없는 것이다.

[제목] 2.
퇴직연금에 대한 금융재산상속공제 적용여부
[요약]
상속개시 후 지급받은 근로자퇴직급여 보장법에 따른 퇴직연금은 상속세 및 증여세법 시행령 제19조 제1항의 금융재산에 해당하지 않으므로 금융상속공제를 적용하지 아니함.

[제목] 3.
현금 및 수표가 금융재산 상속공제 대상인지 여부
[요약]
현금 및 수표는 금융재산 상속공제 대상이 아님.

[제목] 4.
대표이사 가수금이 금융재산 상속공제 대상인지 여부
[요약]
금융재산 상속공제는 거주자인 피상속인의 상속개시일 현재 상속재산가액에 포함되어 있는 「금융실명거래 및 비밀보장에 관한 법률」 제2조 제1호에 규정된 금융기관이 취급하는 금융재산가액에 대하여 적용하는 것임.

출처: [세무회계 중심] 금융재산상속공제 | 작성자 심흔섭 세무사

4) 증여세가 과세되는 보험금

증여세의 과세가액은 증여받은 재산(보험금 및 금융재산, 기타 재산)의 가액을 기본으로 한다. 여기에 동일인으로부터 10년 내에 증여받은 재산이 있으면 합산한다. 또한, 비과세재산가액, 과세가액 불산입액 및 수증자가 증여자의 채무를 인수한 경우 그 해당 금액은 증여받은 재산가액에서 뺀다.

동일인으로부터 10년 내에 증여받은 재산의 가액을 합산해 증여세의 과세대상으로 하는 이유는 여러 차례 나누어 증여함으로써 누진세율을 피하는 행위를 방지하기 위해서이다.

(1) 증여세가 과세되는 보험금의 범위

상속·증여세법의 제34조에 생명보험이나 손해보험에서 보험금 수령인과 보험료 납부자가 다른 경우로서, 보험사고(만기 보험금 지급의 경우 포함)가 발생할 경우 해당 보험사고가 발생한 날을 증여일(보험금의 수령시점)로 하여 보험금 수령인이 아닌 자가 납부한 보험료 납부액에 대한 보험금의 상당액을 보험금 수령인의 증여재산가액으로 본다.

그리고, 증여자가 보험료의 일부만 납부한 경우에는 생명보험이나 손해보험에서 보험금 수령인과 보험료 납부자가 다른 경우에 보험금의 상당액을 보험금 수령인의 증여재산가액으로 하여, 보험료 중 일부를 보험금 수령인이 납부하였을 경우에는 보험금에서 납부한 총액 중 보험금 수령인이 아닌 자가 납부한 보험료액이 차지하는 비율에 상응하는 금액만을 증여재산가액으로 한다.

증여세가 과세되는 보험금은 보험계약자와 보험수익자가 다른 경우 「상속세 및 증여세법」에서는 보험금상당액을 보험수익자가 무상으로 취득한 것으로 보아 증여세를 과세한다. 이러한 제도의 맹점을 이용하여 보험계약자와 보험수익자를 동일하게 설정하는 경우가 발생함에 따라, 2003년부터는 보험수익자 이외의 자가 보험료를 납입하고 보험수익자가 보험금을 수령하는 경우에도 증여세를 과세하도록 제도를 보완하였다.

더욱이 2004년부터는 증여세 과세대상을 금전 증여뿐만 아니라 타인으로부터 증여받은 재산까지 확대하여 경제적 이익의 무상이전에 대한 과세를 강화하고 있다. 즉, 보험계약기간에 보험수익자가 타인으로부터 재산을 증여받아 보험료를 납입한 경우 그 보험료 납입액에 대한 보험금상당액에서 그 보험료 납입액을 뺀 가액을 보험수익자의 증여재산가액으로 한다.

■ **상속세 및 증여세법 제34조【보험금의 증여】**: [2020.12.29.] 타법개정

① 생명보험이나 손해보험에서 보험사고(만기보험금 지급의 경우를 포함한다)가 발생한 경우 해당 보험사고가 발생한 날을 증여일로 하여 다음 각 호의 구분에 따른 금액을 보험금 수령인의 증여재산가액으로 한다. <개정 2015. 12. 15>

  1. 보험금 수령인과 보험료 납부자가 다른 경우(보험금 수령인이 아닌 자가 보험료의 일부를 납부한 경우를 포함한다): 보험금 수령인이 아닌 자가 납부한 보험료 납부액에 대한 보험금 상당액

  2. 보험계약 기간에 보험금 수령인이 재산을 증여받아 보험료를 납부한 경우: 증여받은 재산으로 납부한 보험료 납부액에 대한 보험금 상당액에서 증여받은 재산으로 납부한 보험료 납부액을 뺀 가액

② 제1항은 제8조에 따라 보험금을 상속재산으로 보는 경우에는 적용하지 아니한다.

③ 삭제 <2015. 12. 15>

(2) 증여 재산으로 보는 보험금과 산식

증여세의 과세 대상이 되는 증여 재산으로 보는 보험금은 다음과 같다.

① 실질적인 보험료 납입자와 보험수익자(보험금 수령인)가 서로 다른 경우

  ⇒ 보험사고 발생 시 보험금상당액을 보험수익자의 증여재산가액으로 한다.

② 보험수익자가 보험료 일부를 납입한 경우

  보험금 상당액 × (보험수익자 이외의 자가 납입한 보험료액 ÷ 납입한 보험료 총액)

③ 보험수익자가 타인으로부터 증여받은 재산(수증분)으로 보험료를 납입한 경우[36]

  보험금 상당액 × (타인으로부터 증여받아 납입한 보험료액 ÷ 납입한 보험료 총액) − 타인으로부터 증여받아 납입한 보험료액

■ **증여재산으로 보는 보험금(예시)**

[사례] 다음의 경우 상속재산으로 보는 보험금은 얼마인가?

• 홍길동씨는 월납, 10년 만기 저축성보험에 가입
• 불입된 총보험료 1천만 원 중 홍길동씨의 아버지가 8백만 원 불입
• 월납 보험료는 100만 원, 그 중 70만 원은 홍길동씨의 아버지가 납입

[풀이]

$$2억 원 \times \frac{70만 원 \times 12월 \times 10년}{100만 원 \times 12월 \times 10년} = 1억\ 4천만\ 원^*$$

*보험금 2억 원 중에서 1억 4천만 원은 홍길동씨의 아버지로부터 홍길동씨가 증여받은 것으로 보아 증여세가 과세된다.

---

36) 보험계약자가 미성년자이거나 무자력자(소득이 없는 자)인 경우 보험계약 시 보험료 납입액을 타인으로부터 증여받아 납입한 것으로 간주하여 보험금 전액에 증여세를 부과한다.

(3) 증여 재산의 공제

상속세 및 증여세법은 거주자가 배우자로부터 증여를 받은 경우에는 6억 원, 직계존속으로부터 증여를 받은 경우에는 5,000만 원(미성년자가 직계존속으로부터 증여받은 경우에는 2,000만 원), 직계비속으로부터 증여받은 경우에는 5,000만 원, 그 외의 친족으로부터 증여를 받은 경우에는 1,000만 원을 공제 해주고 있다. 이는 증여받을 때마다 공제할 수 있는 것이 아니라 10년 동안 증여받은 총 금액에서 공제받을 수 있는 한도이다.

증여세 과세표준을 계산하기 전에 증여세 과세가액에서 공제하는 항목으로 배우자 직계존·비속 또는 친족으로부터 증여받은 경우에 다음과 같이 일정액을 증여세 과세가액에서 공제한다.

■ 증여 재산의 공제금액

구분	증여재산공제액
① 배우자로부터 증여를 받은 경우	6억 원
② 직계존속으로부터 증여를 받은 경우	5천만 원(미성년자인 경우 2천만 원)
③ 직계비속으로부터 증여를 받은 경우	5천만 원
④ 6촌 이내의 혈족, 4촌 이내의 인척으로부터 증여를 받은 경우	1천만 원

※ 직계존속[直系尊屬]: 조상으로부터 직계로 내려와 자기에게 이르는 혈족(血族) 부모, 조부모, 증조부모 등을 말한다.

※ 직계비속[直系卑屬]: 자기로부터 직계로 이어져 내려간 혈족(血族). 곧, 자녀, 손자, 증손 등을 말한다.

■ 증여재산을 10년 단위로 증여 시 재산공제액(예시)

2020년 3월 5일에 A가 남편으로부터 5억 원을 증여받은 경우에 5억 원을 모두 공제받을 수 있으므로 납부할 증여세는 없다. 그 후 2030년 3월 2일에 남편으로부터 6억 원을 증여받은 경우 10년 동안 공제받을 수 있는 6억 원 중 5억 원을 이미 공제받았으므로 1억 원만 공제받을 수 있게 되어 6억 원 중 5억 원에 대해서 증여세가 과세된다. 그러나 증여시기를 늦추어 2030년 3월 5일 이후에 증여를 받게 되면 10년 이후의 증여가 되어 또다시 6억 원에 대하여 공제를 받을 수 있으므로 역시 납부할 증여세가 없게 된다.

(4) 증여재산을 10년 단위로 증여 시의 효율성(效率性)

증여재산을 10년 단위로 증여할 경우의 효용성은 증여재산가액의 합산과세를 피하면서 증여재산공제를 확실하게 받기 위해서는, 즉 증여세를 줄이기 위해서는 10년 단위로 증여하는 것이 유리하다.

(5) 보험료 납입형태에 따른 보험금의 증여세 과세방법

유형	보험계약자	피보험자	보험수익자	보험료 납입자	보험사고	보험금 과세방법
1	부	모	본인	부	모 사망	증여세 과세
2	부	모	본인	본인	모 사망	과세 안됨
3	본인	본인	본인	부	연금지급 개시	증여세 과세
4	본인	부	본인	본인	연금지급 개시	과세 안됨

출처: 생명보험협회 자료

(6) 재산의 증여세 계산과 세율 및 절차

① 증여세의 납세의무자

증여세는 원칙적으로 수증자가 내야 하나, 주식 등 명의신탁재산에 대해 증여세가 부과된 경우에는 증여자(실제 소유자)가 납부해야 한다. 또한 다음의 경우 증여자가 연대하여 납부할 의무가 있다.
- 수증자의 주소 또는 거소가 분명하지 아니한 경우로서 조세 채권의 확보가 곤란한 경우
- 증여를 받는 사람이 증여세를 납부할 능력이 없어 체납 처분을 하여도 조세 채권의 확보가 곤란한 경우
- 수증자가 비거주자인 경우

> ♣ 수증자(受贈者)
> 증여계약에 의해 약속한 재산을 증여받는 자를 가리키는 법률용어. 즉 증여에서 재산을 상대방에 수여하는 의사 표시를 하는 사람을 '증여자'라 하고, 증여받는 사람을 '수증자'라고 한다.

② 증여세의 계산 및 절차

증여세는 증여재산의 가액에서 증여재산 공제를 한 나머지 금액(과세표준)에 세율을 곱하여 계산한다.

> ♣ 증여세의 계산식
> - 과세표준 = 증여재산 가액 - 증여재산 공제
> - 산출세액 = 과세표준 × 세율

♣ 세율

과세 표준	세율	누진 공제
1억 원 이하	10%	-
1억 원 초과 ~ 5억 원 이하	20%	1천만 원
5억 원 초과 ~ 10억 원 이하	30%	6천만 원
10억 원 초과 ~ 30억 원 이하	40%	1억 6천만 원
30억 원 초과	50%	4억 6천만 원

♣ 증여 재산의 공제액

증여자	공제금액
배우자	6억 원(2007.12.31. 이전에는 3억 원)
직계존속	5천만 원(미성년자 2천만 원) → 증여일이 2013.12.31. 이전인 경우 3천만 원(미성년자 1천5백만 원)
직계비속	5천만 원(2015.12.31. 이전에는 3천만 원)
기타친족	1천만 원(2015.12.31. 이전에는 5백만 원)

※ 기타 친족이란 배우자, 직계존비속을 제외한 6촌 이내의 혈족. 즉 4촌 이내의 인척을 말함.

③ 증여 재산의 특례 및 기타

가. 창업자금 사전상속 특례(30억 한도, 10명 이상 신규 고용 시 50억 한도)

• 60세 이상의 부모가 18세 이상의 자녀에게 창업자금을 증여하는 경우

→ 5억 원 공제 후 10%의 세율로 과세하고 상속 시 기본 세율로 다시 정산한다.

나. 가업승계 주식 등 증여세 사전상속 특례(100억 원 한도)

• 60세 이상의 부모가 10년 이상 영위한 중소기업 주식 등을 18세 이상의 자녀에게 증여하는 경우

→ 5억 원 공제 후 10%(과세표준 30억 원 초과분에 대해서는 20%)의 과세하고 상속 시 기본 세율로 다시 정산한다.

다. 증여 재산을 반환하거나 재증여 하는 경우

• 증여일이 속하는 달의 말일부터 3개월 이내 반환 또는 재증여하는 경우 당초 및 반환 모두 과세 하지 않는다.

→ 다만, 반환 전에 정부의 세액 결정을 받은 경우 및 금전은 과세한다.

- 증여세 신고기한 경과한 후 3개월 이내에 반환 또는 재증여하는 경우

  ⟶ 당초의 증여는 과세하고, 반환 또는 재증여는 과세하지 않는다.
- 증여세 신고기한 경과한 후 3개월을 경과하여 반환 또는 재증여하는 경우

  ⟶ 당초 증여, 반환 및 재증여는 모두 과세한다.

라. 10년 이내 증여재산의 합산과세
- 당해 증여 전 10년 이내에 동일인(직계존속인 경우, 그 직계존속의 배우자 포함)으로부터 증여 받은 가액의 합계가 1천만 원 이상일 때에는 이를 합산하여 과세한다.

마. 세대생략 증여에 대한 할증과세
- 조부가 아버지를 건너뛰어 손자에게 증여하는 것과 같이 한 세대를 생략하고 증여를 하는 경우에는 산출세액의 30%(미성년자가 20억 원을 초과하여 증여받는 경우는 40%)을 가산한다.

바. 증여세의 신고·납부
- 증여를 받은 사람이 증여재산의 취득일(등기를 요하는 경우는 등기 접수일)이 속하는 달의 말일부터 3개월 이내 증여받은 사람의 주소지 관할세무서에 신고·납부하여야 하며, 이 기한 내에 신고하면 납부할 세금의 3%를 공제해 준다.

  ⟶ 신고 시 제출서류:

    증여세 과세표준 및 자진납부 계산서, 가족관계등록부 및 주민등록등본, 증여재산 및 평가명세서, 관련 증빙서류(행정정보 공동이용 가능 시 제출 생략)
- 신고·납부를 하지 않으면 납부할 세금에 고액의 가산세를 추가로 물어야 한다.

5) 장애인 등을 보험수익자로 하는 보험금에 대한 증여세 비과세

장애인의 생계보장을 지원하기 위한 목적으로 「장애인복지법」 제29조에 따라 등록한 장애인을 보험수익자로 하는 보험 및 「국가유공자 등 예우 및 지원에 관한 법률」 제6조에 따라 등록한 상이자, 이외 항시 치료를 요하는 중증환자를 수익자로 하는 보험의 보험금은 연간 4천만 원을 한도로 증여세가 비과세된다.

비과세되는 보험의 종류는 장애인전용보험으로 표시된 보험뿐만 아니라 장애인이 보험수익자인 모든 보험금에 대하여 적용한다. 다만, 비과세되는 보험금은 보험사고(만기보험금 지급의 경우 포함)로 인해 지급받는 보험금을 의미한다.

제2절 / 소득세의 개요 및 기타소득세제

1. 우리나라 「소득세법」의 개요

1) 목적

「소득세법」은 개인의 소득에 대하여 소득의 성격과 납세자의 부담능력 등에 따라 적정하게 과세함으로써 조세부담의 형평을 도모하고 재정수입의 원활한 조달에 이바지함을 목적으로 한다.

2) 과세소득의 범위

우리나라 「소득세법」은 과세소득의 범위를 구체적으로 열거하여 규정하는 것을 원칙으로 한다. 즉 열거주의 방식에 따라 소득원천별로 구분하여 과세대상을 규정하고 있으므로 「소득세법」에 구체적으로 규정되지 않은 소득은 과세대상에서 제외된다. 그러나 이자소득 및 배당소득에 대하여는 예외적으로 유형별 포괄주의를 채택하여 법령에 구체적으로 열거되지 않은 경우에도 유사한 소득은 동일하게 과세할 수 있도록 하였다. 현행 「소득세법」은 과세대상을 이자소득, 배당소득, 사업소득, 근로소득, 연금소득, 기타소득, 퇴직소득 및 양도소득의 8가지로 구분하고 있다.

3) 과세방법

소득세의 과세방법은 종합과세, 분류과세 및 분리과세로 구분된다. 우리나라 「소득세법」에서는 종합과세를 원칙으로 하되 예외적으로 분리과세를 허용하고 있으며, 퇴직소득 및 양도소득은 분류 과세한다.

이자·배당소득 합계액이 연 2천만 원 이하, 사적연금소득의 합계액이 연 1,200만 원 이하, 기타소득금액 이 연 300만 원 이하인 경우에는 분리과세를 적용할 수 있다. 장기간에 걸쳐 누적으로 발생한 소득이라는 특징으로 특정시점에서 일시에 종합과세한 것은 세금부담이 커지기 때문에 분리과세 적용한다.

■ 소득종류별 과세방법 및 적용기준

과세 방법	소득 종류	적용 기준
종합 과세	이자소득, 배당소득*	소득금액 합계액이 연 2천만 원을 초과하는 경우
	사업소득, 근로소득	원칙적으로 종합과세
	연금소득	원칙적으로 종합과세
	기타소득	소득금액이 연 300만 원을 초과하는 경우

분류 과세	퇴직소득	퇴직으로 발생하는 소득에 대해서 별도 과세
	금융투자소득**	주식, 채권 등의 양도로 발생하는 소득에 대해서 별도 과세
	양도소득	일정한 자산의 양도로 발생하는 소득에 대해서 별도 과세

* 이자·배당소득 합계액이 연 2천만 원 이하인 경우, 사적연금 소득이 있는 경우(합계액이 연 1,200만 원 이하인 경우 3~5% 저율 분리과세, 합계액이 연 1,200만 원 초과인 경우 15% 분리과세), 기타소득금액이 연 300만 원 이하인 경우에는 분리과세를 적용할 수 있다.

** 금융투자소득 과세는 2025. 1. 1.부터 시행

출처: 생명보험협회 자료

2. 종합소득세 및 계산구조

종합소득세는 개인에게 귀속되는 각종 소득을 종합해 하나의 과세 단위로 보고 세금을 부과하는 누진세 이다. 우리나라는 종합소득세제를 채택하고는 있으나 모든 소득을 종합하지는 않는다. 즉, 현행 소득세법에서는 근로소득, 사업소득, 이자소득, 배당소득, 연금소득, 기타소득 등 6가지 소득만을 한데 묶어 하나의 과세 단위로 보아 종합소득세를 부과한다.

종합소득에 대한 소득세는 해당연도(1월 1일~12월 31일)의 소득을 아래와 같이 계산하여 다음연도 5월 1일부터 5월 31일까지 신고·납부하여야 한다.

1) 종합소득세(綜合所得稅)

종합소득세란 모든 소득을 합한 총소득에 대해 매기는 세금이다. 즉, **소득세 가운데 가장 대표적인 것이며 개인에게 귀속되는 각종 소득을 종합하여 과세하는 소득세이다.** 1년 동안 발생한 이자소득, 배당소득, 부동산임대소득, 사업소득, 근로소득, 기타소득을 합산하여 과세표준을 산출하고, 각 과세표준에 정해진 누진세율(6%부터 42%까지로 구성)을 곱하여 과세한다.

종합소득세는 매년 5월 중 전년도 소득세에 대해 신고·납부하는데 업종별로 표준소득률이라는 게 있어 각 업종 해당자는 국세청이 정한 이 표준소득률을 근거로 전년 소득을 계산·신고하는 것이 원칙이다. 이자·배당 등 금융소득의 경우 연간 합산액이 2000만 원을 초과할 때만 합산과세 대상에 포함된다.

법인세가 법인의 소득에 대하여 부과하는 것이라면, 소득세는 개인의 소득에 대하여 부과하는 조세이다. 소득세는 매년 1월 1일부터 12월 31일까지 개인 거주자에게 발생한 모든 소득을 합산하여 과세하는 것을 원칙으로 한다. 그러므로 소득세를 조금이라도 절세하기 위해서는 소득세가 부과되는 기준들인 과세기간, 개인 거주자의 기준, 합산되는 소득의 종류와 과세방법 등을 잘 알아두는 것이 중요하다.

(1) 종합소득세의 장단점

♣ 장점: ① 누진세율을 적용할 수 있다.

② 최저생활비에 대해 면세할 수 있다.

③ 국가의 공동수요를 충족하기 위한 과세의 신축성을 기할 수 있다.

♣ 단점: ① 개인소득의 정확한 파악이 어렵다.

② 세원(稅源)조사로 인해 영업의 비밀이나 사생활을 침해할 우려가 있다.

(2) 종합소득세의 절세를 위한 고려(考慮) 사항

① 소득세는 종합합산과세가 원칙이다.

② 국내거주자는 전 세계에서 발생한 소득에 대해 소득세를 납부한다.

③ 소득의 귀속연도를 분산시켜라.

④ 금융소득도 분산시킬 필요가 있다.

2) 종합소득세의 계산구조

종합소득세가 산출되는 과정 및 소득세의 계산구조(과세체계)는 다음과 같다.

(1) 1단계: 종합소득과세표준 = 종합소득금액 - 각종 소득공제

종합소득금액은 이자소득금액, 배당소득금액, 사업소득금액(총수입금액－필요경비), 근로소득금액, 연금소득금액, 기타소득금액을 모두 합한 금액이다. 각종 소득공제란 기본공제와 추가공제 등 인적공제와 보험료공제, 특별공제 등의 물적 공제가 있다.

(2) 2단계: 종합소득산출세액 = 종합소득과세표준 × 소득세율

종합소득금액에서 각종 소득공제를 빼서 계산된 종합소득과세표준에 각 과세표준구간별 소득세율(6~42%)을 곱하면 종합소득산출세액이 나온다.

(3) 3단계: 종합소득결정세액 = 종합소득산출세액 - 감면세액

종합소득산출세액에서 자녀세액공제, 근로소득세액공제, 기장세액공제, 배당세액공제 등 감면세액을 공제하여 종합소득결정세액을 계산한다.

(4) 4단계: 종합소득총결정세액 = 종합소득결정세액 + 가산세

만일 가산세가 부과되는 경우에는 종합소득결정세액에 합한다. 그렇게 하면 종합소득총결정세액이 계산된다.

(5) 5단계:

> 종합소득납부(고지)세액 = 종합소득총결정세액 - 기납부세액

이미 납부한 세액이 있을 수 있다. 종합소득에 포함된 소득 중 이미 원천징수된 세금이 있으면 공제한다. 최종적으로 종합소득납부(고지)세액 이 산출되고 이 금액이 납세자에게 청구된다.

3) 종합소득금액 계산
① 이자소득 = 이자수입금액(종합과세 대상 금융소득)
② 배당소득 = 배당수입금액 + 귀속법인세(종합과세 대상 금융소득)
③ 사업소득 = 사업수입금액 - 필요경비
④ 근로소득 = 총 급여액 - 근로소득공제
⑤ 연금소득 = 총 연금액 - 연금소득공제
⑥ 기타소득 = 기타수입금액 - 필요경비

4) 종합소득과세표준 계산

> 과세표준 = 종합소득금액 - 종합소득공제(기본공제, 추가공제 등)

5) 종합소득공제
♣ 종합소득공제

> 인적공제(기본공제 + 추가공제) + 연금보험료공제 + 특별소득공제 + 그 밖의 소득공제

(1) 인적공제
인적공제는 최저 생계비에 해당하는 기본공제와 납세의무자의 특수한 인적사항을 고려한 추가공제가 있다. 부양가족의 상황에 따라 세부담의 차별을 두어 부담능력에 따른 과세를 실현하기 위한 목적으로 도입되었다.

■ 인적 공제금액

구분	내용
기본공제 (근로소득자 및 다른 종합소득자 모두 공제 가능)	다음의 나이요건 및 연간소득금액요건을 충족하는 기본공제대상자 1명당 연 150만 원을 공제 〈표〉 ※ 장애인은 나이요건의 제한을 받지 않고, 연간소득금액요건의 제한만 받음 ※ 배우자 및 부양가족으로 총급여액에 500만 원 이하의 근로소득만 있는 경우도 포함
추가공제 (근로소득자 및 다른 종합소득자 모두 공제 가능)	기본공제대상자가 아래 사유에 해당하는 경우, 일정금액을 추가로 공제 〈표〉 ※ 추가공제는 중복하여 적용가능하나, 부녀자공제와 한부모공제에 모두 해당되면 한부모공제만 적응함

기본공제 표:

공제대상		나이요건	연간소득금액요건
본인		없음	없음
배우자		없음	100만 원 이하
생계를 같이하는 부양가족	직계존속	만 60세 이상	100만 원 이하
	직계비속	만 20세 이하	
	형제자매	만 20세 이하 또는 만 60세 이상	
	위탁아동	만 18세 미만	
	수급자	없음	

추가공제 표:

구분	추가공제사유	공제금액
경로우대자공제	만 70세 이상인 경우	1명당 200만 원
장애인공제	장애인인 경우	1명당 200만 원
부녀자공제	본인이 배우자가 있는 여성이거나, 배우자 없는 여성으로 기본공제 대상 부양가족이 있는 세대주 (해당과세기간에 종합소득과세표준율을 계산할 때 합산하는 종합소득금액이 3000만 원 이하인 거주자에 한정)	연 500만 원
한부모공제	본인이 배우자가 없는 사람으로서 기본공제 대상자인 직계비속, 입양자가 있는 경우	연 100만 원

(2) 연금보험료 공제

종합소득이 있는 거주자가 공적연금 관련법(국민연금법, 공무원연금법 등)에 따른 연금보험료를 납입한 경우에는 해당 과세기간의 종합소득금액에서 그 과세기간에 납입한 연금보험료를 전액 공제한다.

(3) 특별소득공제

근로소득이 있는 거주자(일용근로자 제외)에게 적용되며, 다음의 특별소득공제를 근로소득금액에서 공제한다.

■ 특별소득공제 공제내용

구분	공제요건 및 공제한도액
보험료 공제	국민건강보험료, 고용보험료, 노인장기요양보험료 전액 (근로자가 부담하는 보험료)
주택자금 공제	Min(①, ②): ①과 ②중에서 작은 값 ① min(㉠, ㉡) + 장기주택저당차입금의 이자상환액 ㉠ (주택청약저축의 납입금액 + 국민주택임차자금의 원리금 상황금액) × 40% ㉡ 한도액 연 300만 원 ② 한도액 연 500만 원

※ 주택청약저축 납입금액: 총급여액이 7천만 원 이하인 무주택 세대주가 청약저축 또는 주택청약저축에 납입한 금액(연 240만 원 한도)
※ 장기주택저당차입금의 이자상환액: 무주택 세대주이거나 1주택을 보유한 세대주가 취득 당시 기준시가가 4억 원 이하인 주택을 취득하기 위해 주택에 저당권을 설정하고 차입한 장기주택저당차입금의 이자상환액을 의미
※ 한도액 연 500만 원: 차입금의 상환기간이 15년 이상인 장기주택저당차입금에 대해 적용하며, 다음 중 어느 하나에 해당되면 다음 한도를 적용
　- 상환기간 15년 이상인 차입금의 이자를
　① 고정금리로 지급하고 비거치식 분할상환으로 상환하는 경우 1,800만 원
　② 고정금리로 지급하거나 비거치식 분할 상환으로 상환하는 경우 1,500만 원
　- 상환기간이 10년 이상인 차입금의 이자를 고정금리로 지급하거나 비거치식 분할상환으로 상환하는 경우 300만 원

6) 종합소득산출세액 계산

> 종합소득 산출세액 = 종합소득 과세표준 × 세율

■ 종합소득산출 세율

과 세 표 준	기본세율(지방소득세 별도)
1,400만 원 이하	6%
1,400만 원 초과 5,000만 원 이하	15%
5,000만 원 초과 8,800만 원 이하	24%
8,800만 원 초과 1억 5,000만 원 이하	35%
1억 5,000만 원 초과 3억 원 이하	38%
3억 원 초과 5억 원 이하	40%
5억 원 초과 10억 원 이하	42%
10억 원 초과	45%

* 지방소득세 별도

출처: 생명보험협회 자료

3. 금융소득(이자·배당소득)에 대한 과세방법

1) 금융소득(金融所得)의 의의

금융소득이란 금융자산의 저축이나 투자에 대한 대가를 말하며, 「소득세법」에서는 금융 거래를 통하여 획득한 수입인 이자소득과 배당소득을 총칭하는 개념이다.

금융소득 = 이자소득 + 배당소득

■ 이자소득과 배당소득

이자소득	배당소득
• 국내에서 받는 예금 등의 이자 • 사채의 이자와 할인액 • 저축성보험의 보험차익 　(다만, 일정요건을 충족하는 경우 비과세) • 위 거래 또는 행위와 결합된 파생상품의 거래 또는 행위로 인한 이익 • 위 소득과 유사한 소득으로서 금전사용에 따른 대가의 성격이 있는 것	• 법인의 이익배당(현금배당, 주식배당 등) • 국내 또는 국외에서 받는 집합투자기구로 부터의 이익 • 신종금융상품을 결합한 복합 금융거래에서 발생하는 이익 등 • 위 소득과 유사한 소득으로서 수익분배의 성격이 있는 것

출처: 생명보험협회 자료

2) 금융소득의 과세단위 및 금융소득종합과세 제도

소득세는 개인별로 과세하는 것을 원칙으로 한다. 자산소득에 대한 부부합산과세의 위헌 결정 (2002.8.29.)으로 금융소득 종합과세여부도 개인별 연간 금융소득의 합계액으로 판단한다.

금융소득종합과세(金融所得綜合課稅) 제도는 개인별 연간 금융소득이 2천만 원을 초과하는 경우 금융소득을 다른 종합소득과 합산하여 종합과세하는 제도를 말한다.

즉, 금융소득종합과세는 금융소득이 2천만 원 이하인 경우는 원천과세로 납세의무가 종결되며, 금융소득이 2천만 원을 초과할 경우 초과금액에 대해서는 다른 종합소득과 합산해 누진세율로 종합과세 한다. 이는 금융소득에도 누진세율을 적용하여 공평과세를 실현하기 위한 제도이다.

3) 종합과세되는 금융소득

금융소득이란 이자소득 및 배당소득을 의미하며, 금융소득 중 비과세 또는 분리과세 소득을 제외한 금융소득이 2천만 원(종합과세기준 금액)을 초과하는 경우 금융소득 전체를 종합과세 한다. 이는 금융소득에도 누진세율을 적용하여 공평과세를 실현하기 위한 제도이다.

다만, 종합과세기준금액을 기점으로 급격한 조세부담 증가 문제를 보완하고, 금융소득 종합과세 시 최소한 원천징수세율 14%(지방소득세 별도) 이상의 조세부담이 되도록 하기 위해 2천만 원을 초과하는 금융소득만 다른 종합소득과 합산하여 산출세액을 계산하고, 2천만 원 이하 금액은 원천징수세율 14%(지방 소득세 별도)를 적용하여 산출세액을 계산한다.

4) 금융소득에 대한 산출세액의 비교과세

소득세율 구조는 종합소득 과세표준에 따라 누진세율 구조(6~45%, 지방소득세 별도)로 되어있기 때문에, 종합과세기준금액을 초과하는 금융소득의 산출세액이 오히려 원천징수한 세액보다 적어질 수 있다. 이는 종합과세기준금액을 초과하는 금융소득을 종합소득과세표준에 합산하여 누진세율로 종합과세하려는 기본취지에 어긋나는 것이다.

이에 따라 종합과세기준금액을 초과하는 금융소득에 대해서는 세액계산특례규정인 비교과세제도를 두고 있다.

금융소득에 대한 산출세액은 2천만 원(종합과세기준금액)을 초과하는 금융소득을 다른 종합소득과 합산하여 계산하는 종합과세방식과 금융소득과 다른 종합소득을 구분하여 계산하는 분리과세방식에 의해 계산된 금액 중 큰 금액을 산출세액으로 한다.

4. 연금소득 분리과세 선택

연금은 일정기간 동안 기여금 또는 연금보험료를 납부한 후 노령·사망 등의 경우 본인 또는 유족이 정기적으로 일정액의 금전(annuity)을 지급받는 것을 말하며 이러한 연금수입을 연금소득이라 부른다.

연금소득은 금융회사에서 연금을 지급하는 시점에 금융회사가 원천징수를 하고, 연금 수령자는 추후 다른 종합소득과 합산하여 종합과세하는 것이 원칙이다. 다만, 연금저축, 퇴직연금 등 사적연금소득의 합계액이 연 1,200만 원 이하 또는 초과인 경우 분리과세를 선택할 수 있다. 이 경우 연금으로 수령하기 위해서는 다음 1)의 인출요건을 충족하여야 한다.

> - 사적연금소득의 합계액이 연 1,200만 원 이하인 경우: 3~5% 저율 분리과세 선택 가능
> - 사적연금소득의 합계액이 연 1,200만 원을 초과하는 경우: 15% 분리과세 선택 가능

1) 사적연금소득의 합계액이 연 1,200만 원 이하인 경우

사적연금소득의 합계액이 연 1,200만 원 이하인 경우 3~5%의 저율 분리과세를 선택할 수 있으며, 연금으로 수령하기 위해서는 다음의 인출요건을 충족하여야 한다.

(1) 연금소득 분리과세 요건

① 55세 이후 수령

② 가입일 부터 5년 경과 후 수령

③ 연금수령한도 내 수령

$$연간\ 연금수령한도 = \frac{과세기간개시일\ 현재\ 연금계좌의\ 평가액}{(11 - 연금수령연차^{37)})} \times 120\%$$

(2) 연금지급 시 적용 세율

연금을 지급하는 금융회사(원천징수의무자)는 다음의 세율을 적용하여 연금소득을 원천징수한다. 다만, 2가지(아래 ①,② 동시에 충족 시) 이상에 해당하는 경우에는 낮은 세율을 적용한다.

① 연금소득자의 나이에 따른 원천징수세율

나이(연금수령일 현재)	세율(지방소득세 별도)
70세 미만	5%
70세 이상 80세 미만	4%
80세 이상	3%

출처: 생명보험협회 자료

---

37) 55세 이상 & 가입 5년 이상 경과한 시점을 연금수령 1년차로 보며, 연금수령연차가 11년 이상인 경우 한도 미적용.

② 사망할 때까지 연금 수령하는 종신계약[38])에 따라 받는 연금소득: 4%

③ 이연퇴직소득을 연금 수령하는 연금소득: 연금 외 수령 원천징수세율의 60~70%[39])

연금 실제 수령연차	원천징수세율
10년 이하인 경우	연금 외 수령 원천징수세율×70%
10년을 초과하는 경우	연금 외 수령 원천징수세율×60%

출처: 생명보험협회 자료

2) 사적연금소득의 합계액이 연 1,200만 원을 초과하는 경우

2022년 세제 개편을 통해 사적연금소득의 합계액이 연 1,200만 원을 초과하는 경우에도 종합과세 또는 분리과세(15%)를 선택할 수 있도록 개정되었다.

이러한 세제 혜택은 국민들의 노후 소득 형성을 지원하기 위해 도입되었으며, '23. 1. 1. 이후 연금을 수령하는 분부터 적용된다.

개정 전	개정 후
종합과세	종합과세 또는 분리과세(15%) 중 선택가능

한편, 연금계좌 세액공제를 받은 연금계좌 납입액과 운용수익을 의료목적, 천재지변이나 그 밖에 부득이한 사유 등으로 연금계좌에서 인출하는 경우에는 위의 원천징수세율을 적용하여 무조건 분리과세한다.

이 외에 연금계좌에서 연금수령요건을 미충족(해지 또는 연금외 형태로 지급받는 경우 포함)하여 수령한 금액은 연금소득이 아닌, 기타소득으로 보아 15%의 세율(지방소득세 별도)을 적용하여 무조건 분리 과세한다.

제3절 / 보험설계사의 세제

보험설계사는 보험회사, 보험대리점 또는 보험중개사에 소속되어 보험계약의 체결을 중개하는 자이다. 독립된 자격으로 보험가입자의 모집 및 이에 부수하는 용역을 제공하고 그 실적에 따라 모집수

---

38) 사망일까지 연금수령하면서 중도해지할 수 없는 계약을 말한다.
39) 퇴직금(이연퇴직소득)의 연금수령을 유도하기 위해 연금으로 수령하는 경우에는 연금외 수령하는 경우에 비해 경감한 원천징수세율을 적용한다.

당 등을 받는 사업자이다.

보험설계사가 지급받는 소득은 사업소득으로 원칙적으로 다음 연도 5월 중에 종합소득세 신고를 하여야 하나, 다음의 간편 장부 대상자가 받는 사업소득에 대하여는 이를 지급하는 원천징수의무자 (보험회사 등)가 해당 소득에 대하여 연말정산을 함으로써 납세의무가 종결된다.

1) 간편 장부 대상자
① 해당 과세기간에 신규로 사업을 개시한 보험설계사
② 직전 과세기간의 수입금액이 7,500만 원 미만인 보험설계사

2) 보험설계사의 연말정산 사업소득금액
연말정산 사업소득금액은 해당 과세기간에 지급한 사업소득 수입금액에 연말정산사업소득의 소득률을 곱하여 다음과 같이 계산하며, 연말정산 대상 사업소득 외에 다른 종합소득이 없는 보험설계사는 해당 사업소득에 대한 연말정산을 하는 경우 납세의무가 종결된다.

$$\text{보험설계사의 사업소득금액} = \text{해당 과세기간에 지급한 수입금액} \times \text{연말정산 사업소득의 소득률}[40]$$

3) 기타 종합소득(근로소득, 연금소득 등)이 있는 경우
연말정산 대상 사업소득 외에 다른 종합소득(근로소득, 연금소득 등)이 있는 경우, 직전 과세기간의 수입금액이 7,500만 원 이상인 경우에는 연말정산으로 납세의무가 종결되지 않으므로, 반드시 다음 연도 5월에 종합소득세 확정 신고를 해야 한다.

한편, 보험회사 등 원천징수의무자는 보험설계사에게 매월 모집수당 등을 지급할 때 3%(지방소득세 별도)를 원천징수하여 다음 달 10일까지 관할세무서에 신고·납부하여야 하며, 보험설계사는 연말정산 또는 종합소득세 확정 신고 시에 해당 원천징수세액을 기납부 세액으로 공제받을 수 있다.

---

40) 1 − (4천만 원 이하 분 77.6%, 4천만 원 초과분 68.6%)

제5장

언더라이팅과 표준체/클레임

제1절 / **언더라이팅의 개념 · 목표 · 유래**

1. 언더라이팅(Underwriting, 보험계약 심사)의 개념

언더라이팅(Underwriting)이란 보험계약 시에 계약자가 작성한 청약서 상의 고지의무 내용이나 건강진단 결과 등을 토대로 보험계약의 인수 여부를 판단하고, 보험계약의 적합성을 판단하는 최종 심사 과정을 말한다. 보험자가 위험, 피보험 목적, 조건, 보험료율 등을 종합적으로 판단하여 계약의 인수를 결정하는 일이며, 보험자가 피보험자의 손실을 담보하는 의미로 요약할 수 있다.

'언더라이팅은 보험의 일부가 아니고, 그 자체가 보험이다'라는 말이 있다. 보험은 언더라이팅 없이는 불가능하다는 뜻이며, 언더라이팅은 보험에만 있는 특수한 분야이다.

1) 일반적으로 보험회사에서는 고객이 보험을 가입할 때 심사를 하여 계약의 승낙여부를 결정하게 된다. 이러한 절차를 '언더라이팅(Underwriting)'이라고 하는데, 보험계약 시에 계약자가 작성한 청약서의 '계약전 알릴 의무' 내용이나 방문 진단 등의 결과자료 등을 기반으로 계약의 최종 인수여부를 판단하고 보험계약의 적합성을 판단하는 등의 최종심사 과정을 의미한다.

> ### ※ 계약 전 알릴 의무(고지의무)
> 실제로 통상 보험사는 보험가입 전에 피보험자에게 청약서의 질문표를 통해 과거병력이나 현재의 건강상태, 직업, 운전여부 등 보험계약 체결에 중요한 사항을 확인한다. 이때 피보험자는 자신의 위험 정도를 보험사에 사실대로 알려야 할 의무가 있는데, 이를 고지의무(계약 전 알릴 의무)라고 한다.

2) 즉, 회사가 청약을 받게 되면 해당 계약의 피보험자가 계약에 적합한지 아닌지를 판단한다. 이 과정을 계약심사, 계약 선택 혹은 언더라이팅이라고 한다.

같은 계약인데 누구는 보험사고(신체적 및 재산상의 손실)가 발생할 확률이 더 높고, 보험가입 대상이 위험도가 높고 질병에 걸린 병력이 있어 보험금을 지급할 확률이 높다면 불공평한 계약이 되는 것이다. 보험회사는 자체적으로 이런 상황을 방지하고 손해를 막기 위해 전문적인 언더라이터를 배치한다.

3) 보험회사에 많은 직군이 있지만, 그중에서도 '언더라이터(underwriter)'는 상당한 전문성을 요하는 직업이다. '언더라이팅(underwriting)'이라는 용어는 오래 전 영국에서 보험회사들이 '이 보험의 계약을 맺겠다.'는 의미로 계약서 하단에 서명을 했던 관행에 따라 붙여진 이름이다.

'언더라이터(underwriter)'는 '서명을 하는 사람' 곧 '계약 성립 여부를 결정하는 사람'을 의미 한다. 이들은 피보험자의 과거 병력 기록이나 건강 검진 결과 등을 토대로 보험 계약을 최종적으로 맺을지 심사하는 업무를 수행한다. 또 계약을 맺더라도 피보험자의 위험도에 따라 보험료를 차등화하는 일도 맡고 있다. 보험사고인 미래에 병에 걸릴 확률이 높은 사람에게는 높은 보험료를 책정하고, 반대의 경우에는 낮은 보험료를 매기는 것이다.

> ▣ 언더라이터(Underwriter) · 보험심사역
> **생명보험의 언더라이터**는 보험계약을 체결함에 있어 보험대상자의 위험을 선택하고, 적절한 위험집단을 분류하여 보험료 및 보험가입 조건을 결정하는 **"계약심사업무"**를 하는 사람이다. 또한, **손해보험의 보험심사역**은 보험회사의 언더라이팅 부서에서 **보험계약의 적합성을 판단하는 업무**를 수행하는 자이다. 언더라이터(Underwriter)란 생명보험을 가입하고자 하는 사람의 건강상태, 직업, 취미 등의 고지내용과 청약내용을 바탕으로 일정 기준에 따라 보험계약의 성립여부를 결정하는 업무와 손해보험에서 보험계약의 적합성을 판단하는 업무를 수행(담당)하는 보험회사의 직원을 말하고 있으며, 이런 과정을 언더라이팅(계약심사)이라 한다.

4) 언더라이터가 제 역할을 하지 못하면 보험회사는 위험도가 높은 사람들이 몰려 보험료가 천정부지로 솟게 된다. 건강한 사람들은 높은 보험료가 부담돼 보험 가입을 안 하게 되고, 결국 보험회사의 고객은 위험도가 높은 사람들만 이뤄져 회사의 존폐 자체가 위협받을 수 있다. 이 때문에 보험회사들은 언더라이터들의 일부를 의사나 간호사 경력이 있는 사람들로 구성한다. 의학적 지식이 어느 정도 있어야 피보험자의 위험도를 보다 정확하게 판단할 수 있기 때문이다.

2. 언더라이팅의 궁극적인 목표

> ▣ 언더라이팅의 목적(주요 내용)
> ① 위험 등급의 분류
> 피보험자의 환경(직업, 건강)에 따른 위험도를 통계에 근거하여 비슷한 수준의 위험도끼리 분류하여 **위험 등급을 분류**한다.
> ② 역선택의 방지

신체위험과 관련한 보험은 건강이 양호한 사람보다 건강에 이상이 있는 사람이 보험가입을 선호하는 경향이 강하다. 즉, 보험계약을 통하여 이익을 얻기 위한 목적으로 자신의 건강상의 결함을 은닉하고 계약을 체결하는 **역선택을 방지**한다.

③ 보험회사의 이윤 창출과 지불능력을 유지

궁극적으로 양질의 위험을 최대한 확보하여 **보험회사의 이윤을 창출하여 지불능력을 유지**하는 것이 목표이다.

1) 고객 측면의 궁극적인 목표

다양한 환경과 조건을 가진 피보험자의 위험의 정도를 평가하고, 동일한 위험집단에 대해서는 동일한 보험료를 부가하여 계약자간 형평성 제고가 가능하며, 역선택으로 인한 사망보험금 등의 지급이 증가하여 보험료 인상, 배당금 감소 등 선의의 계약자들이 손해보는 것을 방지하는 것이다.

2) 보험사 측면의 궁극적인 목표

언더라이팅은 피보험자가 지는 위험의 정도를 평가하고 분류하여 가입여부 및 인수조건을 결정하는 과정으로, 보험사는 언더라이팅을 실시함으로써 과다 위험에 노출된 피보험자 및 부당한 보험금 지급을 목적으로 한 청약에 대해서 거절을 할 수 있고, 표준체보다 큰 위험을 지닌 피보험자에 대해서는 할증, 삭감, 부담보 등의 조건부 인수를 함으로써, 과다한 위험에 보험사가 노출되는 것을 막을 수 있다.

> ## ※ 역선택이란?
> 보험사고의 발생 가능성이 높은 위험의 계약자가 스스로 보험에 가입하려고 하는 경향을 역선택이라고 한다. 즉, 위험발생률이 높은 사람이 자신의 위험발생 정보를 보험자에게 알리지 않고 자신에게 유리한 보험을 선택함으로써 보험 회사에게 불리한 선택을 하도록 하는 경우가 '역선택'에 해당된다.
> 1) 역선택의 증가는 보험회사의 경영수지를 악화시켜 보험료를 인상하게 함으로써 보험에 대한 신뢰도를 떨어뜨려 보험회사의 이미지를 손상시킨다.
> 2) 예정사망보험금 등의 지급을 초과시켜 선의의 계약자들이 소수의 보험 가입자들 때문에 경제적 피해를 입게 된다.
> 3) 비합리적인 보험계약 즉, 역선택은 사회적으로 보험금 사취를 정당화하여 사회의 가치관과 윤리관을 파괴할 우려가 있다.

3. 언더라이팅(보험계약 심사, Underwriting) 유래

지금으로부터 400여년 전 영국 런던의 로이드 찻집(현 Lloyd's of London의 전신)에서는 무역업자 또는 선주들이 해상보험 거래를 주로 했었다.

본래는 차 또는 다과를 판매하는 곳이었으나 해상업자들이 주로 모이면서 자연스레 보험업이 성행했던 곳이었는데, 해상보험 거래에서 금융업자가 항해에 따른 난파 위험을 담보해 주는 조건으로 선주로부터 보험료를 받고 위험 관련 정보가 기재된 계약서(청약서)의 하단(Under)에 자신의 이름을 작성(Writing)하는 관습이 있었는데 여기서 유래되었다고 한다.

대한민국의 경우 1990년대 초에 대형 보험회사를 중심으로 언더라이팅이 시작되었으며, 1999년도에는 우량체가 도입되었으며, 부담보제도 개발, 보험료 할증제도 등으로 활성화되었다.

유가증권 따위의 인수·판매를 업무로 하는 금융업자 또는 보험 계약의 인수여부를 판단하는 보험업자를 칭하는 단어로, 대개는 후자를 뜻하는 경우가 많다.

증권회사가 간접 발행방식의 유가증권의 인수 후 발행증권의 전액 또는 판매 후 잔액을 인수하는 발행 위험을 떠맡는 것과, 사고의 불확실성을 전제로 한 보험사고의 발생 시 수입보험료보다 훨씬 많은 보험금을 지급하는 위험을 보험회사가 부담한다는 데서 증권업계에서의 언더라이터와 보험업계에서의 언더라이터는 그 역할이 비슷하다고 할 수 있다.

제2절 / # 언더라이팅(Underwriting, 보험계약 심사) 개요

1. 생명보험 언더라이팅의 의의

생명보험은 상부상조의 정신 및 공평한 위험부담을 바탕으로 사망 등 불의의 사고로 인한 손실을 보전하기 위한 제도로서, 보험가입자 간의 공평성이 유지되도록 운영되어야 한다. 즉, 동질성이 있는 피보험자의 위험을 분류하고 동일한 위험군에 대해서는 동일한 보험요율이 적용될 수 있어야 한다는 것이다. 이와 같이 **피보험자의 위험을 선택하여 적절한 위험집단으로 분류하고 이를 통해 보험료 및 가입조건 등을 결정하는 과정을 언더라이팅**이라고 하며 **계약심사** 또는 **계약 선택**이라고 표현한다. 언더라이팅 결과를 바탕으로 보험회사는 보험계약의 청약을 승낙할 것인지를 결정하고 피보험자의 위험도를 분류하여 위험의 정도에 따라 보험료나 보험금의 한도를 조정할 수 있다.

이처럼 언더라이팅은 보험료와 보험금 한도의 결정, 우량 피보험자의 선택, 보험사기와 같은 역선택 가능성의 차단 등 보험사업의 핵심 업무에 해당되기 때문에 언더라이터(계약심사업무 담당자)에 의해서만 업무가 처리되는 것이 아니라 보험설계사 등 모집조직, 보험상품 개발 및 보험계리 담당자, 보험금 지급조사 담당자, 최고 경영진에 이르는 모든 관계자들이 유기적으로 연계된 종합적인 업무라고 할 수 있다.

♣ **위험의 선택**

청약자로부터 제시된 특정의 위험을 심사 · 분석하여 인수여부를 결정하는 것으로 위험을 선택할 때 보험회사는 언더라이팅 정책 및 언더라이팅 원칙을 전제로 다양한 분석 방법을 이용한다.

♣ **위험의 분류**

위험선택 과정을 통하여 인수가 결정된 위험의 보험요율을 결정하기 위해 성격에 따라 분류하는 것으로 해당 위험에 상응하는 보험요율을 적용하는 것이 중요하다.

※ **생명보험의 언더라이터(underwriter)**

언더라이터란 위험을 평가하고 선택하며 위험인수 기준과 처리절차를 결정하는 사람이다.

즉 피보험자의 보험계약 청약에 대한 인수여부 및 피보험자의 위험도를 분류하여 위험의 정도에 맞는 보험료를 부과하고 보험금액 등을 결정하여 보험가입자 간의 공평성을 제고하는 역할을 수행한다. 아울러 언더라이터는 보험회사와 보험가입자 모두에게 득이 될 수 있도록 비용에 있어서는 효율적이고, 가입심사는 공정하도록 업무를 처리해야 하는 책임도 따른다.

2. 언더라이팅의 필요성

- 계약자간 공평성 유지 및 선의의 계약자 보호
- 보험을 가입하고자 하는 자의 가입 가능 여부와 부담할 보험료를 결정
- 보험 고유의 특성을 저해하는 위험요소 파악 및 배제
  - 역선택 방지: 위험도가 높은 사람이 보험금 등을 수령할 목적으로 그 위험 사실을 감추거나 속이고 보험에 가입하는 행위 방지
  - 보험사기 방지: 재정 상황에 비해 고액 · 다수의 보장성 보험에 집중 가입하는 등 보험 사기가 의심되는 자의 보험계약 인수 방지
- 위험률차익 관리를 통한 보험회사 경영의 안정성 및 경쟁력 확보

1) 계약자간 공평성 유지 및 선의의 계약자 보호

♣ 보험을 가입하고자 하는 자의 가입 가능 여부와 부담할 보험료 결정

보험은 손실의 분담 또는 상부상조를 근간으로 하는 제도이지만, 위험의 정도가 큰 경우까지 동일한 보험료를 적용할 수는 없다. 일반가입자보다 위험도가 높거나, 피보험자의 건강상태가 나쁘거나 위험한 직업에 종사하는 피보험자까지 무분별하게 받아들일 경우 예상보다 보험금 지급액이 많아질 수밖에 없고, 이로 인해 보험제도의 정상적인 운영과 보험가입자 간의 공평성을 유지할 수 없게 된다. 반대로 적절한 위험의 선택 없이 지나치게 엄격한 기준을 적용한다면 그 보험회사는 경쟁력을 잃게 될 수도 있다.

피보험자 및 보험계약자의 위험도를 일정수준으로 유지함으로써 보험제도의 정상적인 운영을 도모하고 보험가입자 간의 부담을 공평하게 유지하기 위해 언더라이팅은 반드시 필요하다.

2) 역선택 방지와 적정요율 적용

♣ 보험고유의 특성을 저해하는 위험요소 파악 및 배제

보험거래에 있어서 역 선택이란, 평균손실 가능성 보다 높은 손실 가능성을 갖고 있는 보험가입대상이 평균보험요율을 보험에 가입하고자 하는 경향을 말한다.

역선택의 방지가 언더라이팅의 중요한 목표이며, 보험제도 운용의 건전성을 유지하기 위하여서는 적정보험요율의 합리적인 적용이 필요하다.

보험요율의 합리적인 적용이 이루어지지 않으면 보험회사 재무건전성, 보험계약자에 대한 공공성, 그리고 보험계약자 상호간의 형평성 등에 문제가 발생한다.

> ■ 역선택 방지
> 위험도가 높은 사람이 보험금 등을 수령할 목적으로 위험사실을 감추거나
> 속이고 보험에 가입하는 행위 방지하는 것이다.

3) 보험 범죄의 방지

♣ 보험사기 및 범죄의 방지

재정 상황에 비해 고액·다수의 보장성보험에 집중 가입 등 보험 사기가 의심되는 계약인수를 방지한다. 보험제도는 본질적으로 우연적 사고에 따른 손실을 보상하는 것이 중요 목적인데, 보험을 이용하여 악의적으로 이익을 보려고 하는 사람들이 있음에 방지해야 할 당위성이 있다.

보험 범죄는 보험제도의 후진성과 사회적 불안, 경기침체와도 상관관계가 있다. 경기가 침체하여 사업이 저조하거나 소득이 감소하고 실업이 증가하면 방화, 살인, 자살, 자해 등의 보험범죄 사건이 증가하는 경향이 있다.

4) 수익성 확보

♣ 위험률차익 관리를 통한 보험회사 경영의 안정성 및 경쟁력 확보

보험영업이익의 여부는 언더라이팅의 질적 수준에 크게 좌우되기 때문에 언더라이팅 기능의 중요 목적 가운데 하나가 보험산업의 수익성 확보이다. 언더라이팅의 정책 및 기준이 엄격하면 이익발생의 가능성 커지게 되고, 그렇지 않을 때는 손해발생이 예상된다.

보험회사는 언더라이팅 기능에 질적 수준을 적절히 유지하므로 보험산업의 수익성을 확보하는데 기여해야 한다.

최근 저금리 추세, 자산운용 환경악화 등으로 인해 이자율차익이 축소되고, 사업비 절감노력으로 사

업비차익도 한계에 달하게 됨에 따라 위험률차익의 확보가 보험회사의 중요한 과제가 되었으며, 위험률차익은 바로 언더라이팅에 그 바탕을 두고 있으므로 언더라이팅의 중요성이 더욱 부각되고 있다.

3. 언더라이팅 시의 심사영역

일반적으로 언더라이팅 단계에서 위험은 신체적 위험, 환경적 위험, 도덕적 위험으로 총 3가지로 분류 하게 된다. 그러다보니 실제로 언더라이팅 시 감안하게 되는 심사영역은 **의적 언더라이팅, 재정적 언더라이팅, 직업 언더라이팅** 세 가지의 단계를 거치게 된다.

1) 의적 언더라이팅이란

피보험자가 과거 진단 및 치료력과 같은 이력이 가입 후에 미칠 영향 등을 판단하여 앞으로 발생할 위험을 미리 예측하는 것을 말한다.

예를 들면 척추질환으로 진단 및 치료받은 피보험자의 경우 임상의학에서는 반드시 치료할 필요가 없다고 해도 보험의학에서는 재발 및 보험금 지급 발생 여부를 판단, 일정기간 부담보 또는 심사거절, 할증 등의 여부를 판단하게 된다.

2) 재정적 언더라이팅이란

해당 피보험자의 소득수준에 따른 보험가입금액의 적정성 여부를 판단하는 것으로 연령별 소득에 대비하여 적정보험료를 설정하고 추가적인 언더라이팅을 진행하기도 한다.

그리고, 타사 가입 내역(최근 타사 가입 여부, 해지 또는 실효, 거절 이력) 조회를 하여 연령에 비해서 고액 계약의 경우 재정 상태를 증명할 수 있는 서류를 의무적으로 제출하여야 한다.

3) 직업 언더라이팅이란

직업을 위험직과 비위험직으로 구분하고 상해등급을 적용하여 상해보험에 적용하게 된다(생명보험사와 손해보험사가 서로 다름).

또한, 운전자냐, 비운전자냐, 운전자라면 운전형태(자가용, 화물차, 택시, 승합차, 건설기계, 농기계, 오토바이) 등에 따라서 심사가 달라진다.

예를 들면 직업적으로 사고위험이 매우 낮은 사무직 종사자가 보장성 보험에 가입한다면, 질병 및 재해 위험정도가 낮기 때문에 가입금액에 대해서는 제한을 두지 않는다.

그러나, 반대로 사고위험이 매우 높은 건설일용직, 선원, 배달대행업자 등은 가입금액의 제한, 거절, 할증인수 등이 발생할 수 있게 된다.

또한, 추가로 위험도가 높은 취미활동 여부를 확인하여(예: 스카이다이빙, 암벽등반, 패러글라이딩, 수상스키, 제트스키, 번지점프 등) 본업과 겸업을 하는지, 부업을 하고 있는지를 검토하게 된다.

모든 직업의 위험도가 서로 다르기 때문에 반드시 직업 언더라이팅이 필요하다.

4. 언더라이팅 의사결정 원칙

언더라이팅의 기능을 제대로 발휘하고 목적을 달성하기 위해서는 다음과 같이 언더라이팅의 기본 원칙을 지켜야 한다.

1) 언더라이팅에 종사하는 사람은 신계약 또는 새로운 리스크를 선택할 때 반드시 **회사의 언더라이팅의 기준**을 따라야 한다.

2) 등급별 요율산정 방식을 이용하는 경우 각 등급 내에서 **피보험자의 분포가 적정한 균형**을 이룩하도록 언더라이팅을 해야 한다는 것이다.

3) 보험계약자 사이에 **공평성을 유지**해야 한다.

5. 언더라이터(underwriter)

언더라이터란 위험을 평가하고 선택하며 위험인수기준과 처리절차를 결정하는 사람이다.

즉 피보험자의 보험계약 청약에 대한 인수여부 및 피보험자의 위험도를 분류하여 위험의 정도에 맞는 보험료를 부과하고 보험금액 등을 결정하여 보험가입자 간의 공평성을 제고하는 역할을 수행하는 것이다. 아울러 언더라이터에게는 보험회사와 보험가입자 모두에게 득이 될 수 있도록 비용에 있어서는 효율적이고, 가입심사는 공정하도록 업무를 처리해야 하는 책임도 따른다.

생명보험협회는 언더라이팅 업무의 중요성을 인식하고 전문 언더라이터의 육성을 위해 2002년부터 CKLU(Certificate of Korea Life Underwriter, 제1단계), AKLU(Associate of Korea Life Underwriter, 제2단계), FKLU(Fellow of Korea Life Underwriter, 제3단계) 언더라이터 전문자격제도를 도입·운영하고 있다.

■ 언더라이터 자격제도

구분	목표	자격요건	시 험	응시요건
CKLU과정	기본지식함양	필기시험합격	4과목/객관식	제한 없음
AKLU과정	전문지식 + 기본 의학지식 함양	필기시험합격	4과목/객관식 (과목별 응시 가능)	CKLU과정 자격취득
FKLU과정	전문지식 + 의사결정력 함양	필기시험합격 + 면접 + 실무3년	2과목/주관식 (과목별 응시 가능)	AKLU과정 자격취득

6. 언더라이터 업무수칙

언더라이터는 언더라이팅을 통해 회사의 영업이익 도모와 계약자의 보험가입 니즈를 조화시킬 수 있는 최선의 방안을 도출함으로써 생명보험의 안정적 성장 기반 구축에 일조하기 위해 다음의 수칙을 준수한다.

1) 보험고유의 성질인 다수의 동일 피보험체 위험집단을 구성하는 역할을 충실히 수행한다.

2) 계약자에게 회사의 계약인수 과정을 정확히 설명하며, 회사에 계약자의 보험니즈를 공정하게 반영시켜야 한다.

3) 전문화된 지식과 실무능력을 갖추도록 노력하며 보험전문가로서 자리매김할 수 있도록 지속적인 자기개발을 한다.

4) 직무상 취득한 개인 정보를 취득 목적 외에는 활용하거나 노출하지 않는다.

5) 회사의 영업이익과 고객의 보험니즈가 충돌할 때 합리적인 방안을 도출하여 상호이익을 도모하여야 한다.

7. "언더라이팅도 이젠 AI로"(K생명, 자연어처리·머신러닝 '바로' 개발)

K생명은 자연어처리·머신러닝 기술이 적용된 인공지능(AI) 언더라이팅 시스템 '바로(BARO)'를 개발하고 현업에 활용하고 있다고 2019년 10월 30일 전자신문에 밝혔다(K생명: 교보생명).

시스템 명칭인 바로는 'Best Analysis and Rapid Outcome(최고의 분석을 통해 빠른 결과물을 도출한다)'의 머리글자를 따서 만들었다. '바로'라는 단어가 가진 '즉시' '제대로' 의미도 함축하고 있다.

바로는 인간처럼 합리적으로 사고하며 언더라이터를 대신해 보험계약 승낙이나 거절에 대한 의사결정을 처리한다. 고객이 정해진 기준에 부합하면 자동으로 계약을 승낙하고 기준에 미달하면 계약을 거절한다. 조건부 승낙으로 판단이 필요한 경우 언더라이터가 참고할 수 있도록 다양한 키워드 중 가장 유사한 5개 결과를 추려 제공한다.

과거 경험 데이터 등을 토대로 재무설계사(FP)와 실시간 질의·응답도 가능하다. 문의 내용이 복잡해 스스로 결과를 도출하기 어려우면 언더라이터에게 참고자료를 제공한다.

바로를 통해 임직원 업무 효율성과 고객 만족도도 동시에 높였다고 K생명은 설명했다. 보험심사와 질의·응답에 걸리던 대기시간이 크게 줄어 서비스 효율성이 제고됐다. 또 언더라이터는 고위험 계약 등 중요한 업무에 집중할 수 있게 되면서 업무 부담도 경감됐다.

K생명은 바로의 기능을 지속적으로 진화해 향후 보험금 청구 등 다양한 보험서비스에 단계적으로 적용해 나간다는 계획이다.

K생명 관계자는 "바로를 통해 임직원 업무 효율성은 물론 고객 만족도를 높일 수 있을 것으로 기대한다."면서 "디지털 변혁에 있어 글로벌 보험업계에 새로운 가능성을 제시할 수 있는 생명보험사로 거듭나겠다."고 말했다.

출처: 전자신문, 2019년 10월 30일(박윤호 기자)

제3절 / 언더라이팅의 절차 · 정보의 원천 · 고려 대상

1. 언더라이팅의 절차(단계)

1) 모집종사자(보험설계사 등)에 의한 1차 선택

계약자로부터 모집종사자는 과거의 병력부터 생활방식, 직업, 등 언더라이팅에 필요한 정보들을 청약 과정에서 수집하게 된다. 동시에 가입을 위해 추가적인 조사가 있을 수 있다는 사실을 알린다.

보험설계사는 가장 먼저 보험계약자 등과 만나는 당사자이므로 1차 위험선택의 기능을 수행하는 언더라이터로서의 역할을 수행하게 된다. 보험설계사는 피보험자나 계약자가 청약서상에 피보험자의 건강상태나 직업 등 각종 언더라이팅 판단자료를 사실대로 성실하게 알리도록 해야 하며, 계약자와 피보험자가 자필서명을 하도록 안내해야 한다.

보험설계사가 상품 및 계약에 관한 중요사항을 설명하지 않거나 계약자 등의 허위 또는 부실고지를 묵인하는 것은 역선택을 유발하거나 보험 분쟁의 주된 요인이 된다. 따라서 1차 언더라이터로서의 보험설계사의 역할은 매우 중요하다고 할 수 있다. 보험설계사는 상품 및 약관 등 기초서류에 대한 정확한 지식을 갖추어야 하며, 특히 언더라이팅을 위한 기초정보를 수집하는 과정에서 피보험자의 불만을 야기하지 않고 올바른 정보를 취득하는 기법을 습득해야 할 것이다. 또한 보험설계사는 계약체결 시 회사의 언더라이팅 과정을 소개하면서 계약적부 확인 등 추가조사가 있을 수 있음을 계약자에게 안내하여 피보험자가 이에 대해 충분히 인지할 수 있도록 해야 한다

2) 의적 진단에 의한 2차 선택

계약자가 제시한 자료와 더불어 병원에서 진단을 통해 나온 결과들을 토대로 언더라이팅 하는 과정이다.

보험회사는 계약인수 과정상 건강진단을 필요로 하는 계약의 경우, 병원진단이나 서류진단, 방문진단으로 건강진단을 실시한다. 병원진단은 피보험자가 병원을 방문하여 진단을 받는 것으로, 일반진단(신장, 체중, 소변, 혈압, 맥박검사 등)과 필요에 따라 선별적으로 실시되는 특별진단(흉부 X선 촬영, 심전도 및 종양검사 등)의 형태로 이루어진다. 서류진단은 직장(또는 병원)에서 진단받은 근로자 건강검진 결과를 토대로 가입여부를 심사하는 방법이다. 또한, 건강진단 비용 및 시간절약을 위해 방문 진단을 실시하기도 한다.

3) 언더라이터의 의한 3차 선택

언더라이터가 1차, 2차에서 수집한 피보험자의 정보들을 바탕으로 보험계약의 보험금, 보험료 등을 결정하고 최종 승인 또는 거절하는 단계이다.

언더라이터는 1차 및 2차 선택 과정에서 취득한 정보를 활용하여 피보험자의 위험을 종합적으로 평가하고 보험계약내용 및 조건, 보험료, 보험금액 등을 최종 결정한다.

언더라이터는 이 과정에서 계약 전 알릴 사항이 부실하거나 잠재적인 위험이 있다고 판단되는 경우 계약적부 확인(4차 선택) 후 그 결과를 바탕으로 계약인수여부를 결정한다.

4) 계약적부 확인에 의한 선택 4차 선택

3차 선택에서 언더라이터가 최종적으로 선택하기 전, 혹은 계약 후에 문제 발생이 높아 보이는 계약에 대하여 보험사가 직접 나서서 계약자의 정보(위험정도)를 확인하고 수집하는 방법이다.

계약적부 확인은 언더라이터가 3차 선택을 하는 과정에서 보험가입금액 등이 미리 정해진 한도를 넘는 경우나 위험 가능성이 높은 것으로 의심되는 경우 또는 계약 성립 이후라도 역선택의 소지가 높거나 사후 분쟁 가능성이 높은 계약에 대해 보험회사 소속 직원이나 계약적부 확인 전담회사의 직원을 통하여 피보험자의 신체적, 환경적, 도덕적 위험에 대해 직접 조사하는 것을 말한다. 계약적부 확인은 양질의 계약을 확보하고 보험사고 발생 시 분쟁을 최소화하며 보험금을 신속하게 지급하는데 그 목적이 있다.

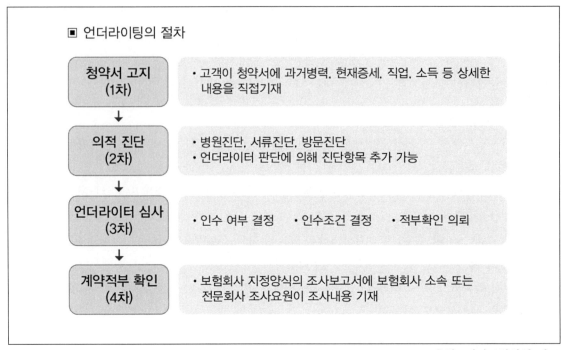

출처: 생명보험협회 자료

2. 언더라이팅 정보의 원천

언더라이팅 기능이 원래의 목적대로 수행되기 위해서는 보험계약자, 피보험자, 보험목적, 그리고 보험계약에 영향을 미칠 수 있는 모든 사항에 대하여 정확하고 풍부한 정보가 필요하다.

언더라이팅의 질적 수준은 정보의 양과 질이며 이를 분석하는 능력에 좌우된다.

언더라이팅의 질적 수준을 높이기 위해 정보를 수집하는 원천과 방법은 매우 다양하다.

1) 보험계약 청약서 상의 "계약 전 알릴의무 고지" 등

언더라이팅의 의사결정에 필요한 기본적인 정보는 보험의 종류에 따라 마련된 청약서에서 요구하는 정보의 종류와 내용을 통해 얻을 수 있다. 예를 들어 보험계약자의 연령, 성별, 직업, 개인 및 가족의 건강사항, 위험한 취미, 거주지 등 기타 보험회사가 필요한 기본적 정보 등을 제공하도록 되어 있다.

2) 보험모집인 등 판매채널의 모집보고서

보험계약자를 1차 접촉하고 많은 대화를 나눌 수 있는 사람이 보험설계사 등 판매채널 조직이다.

이때 보험가입자의 안색이나 신체상황 등을 관찰하고 필요한 사항에 대해 질문하고 보고서에 기재하며 보험가입자의 수입, 지위, 연령 등에 비해 보험료나 보험금이 과다하지 않은지 또는 청약경로나 보험금 수령인이 제3자로 되는 등 부자연스러운 점이 없는지 등 판매활동 과정에서 획득되고 제공되는 정보는 언더라이팅을 위한 정보로 활용될 수 있다.

3) 의적 진단보고서(병원진단 및 각종 서류)

보험계약 인수 과정상 건강검진을 필요로 하는 계약의 경우, 병원진단이나 서류진단, 방문 진단으로 건강검진을 실시하고 진단받은 결과에 대해 언더라이팅 시 활용하게 된다.

4) 계약적부 확인에 의한 직접조사 및 검사활동

언더라이팅 과정에서 보다 심층적인 정보와 자료를 얻기 위하여 언더라이팅 부서의 전문가에 의한 직접 현장조사 또는 검사활동이 이루어진다. 예를 들어 재산·배상책임 보험 분야의 언더라이팅에서는 현장을 직접 답사하고 보험계약자와의 면담을 통해 얻은 정보를 보고하는 것이 중요한 절차이다.

또한 생명보험에서는 보험계약자의 건강을 검사하기 위해 전문의에 의한 진단을 요구하기도 하고, 보험계약자의 생활환경 및 생활습관 등에 관한 정보를 얻기 위한 직접적인 활동도 이루어진다.

5) 외부기관에 의한 정보

한국신용정보원을 통해 사망 등을 담보로 하는 고액의 보장성보험을 집중가입 여부 정보 등도 활용하여 의심되는 계약을 사전에 인수 거부하는 등 보험사기 의심 계약을 사전 차단하기도 한다.

3. 언더라이팅의 고려 대상

언더라이팅은 고객의 위험을 체계적으로 평가하기 위한 과학적인 기법으로 각 위험을 평가, 선택, 분류하여 해당 위험을 인수하거나 거절하고, 인수할 경우에는 인수조건을 결정하며 보험가입금액을 설정하고 적정한 보험요율을 부과하는 일이다. 언더라이팅을 할 때에는 다음의 4가지 요소를 고려한다. 그렇다면 언더라이팅 과정에서 계약자들에게 확인하는 정보들은 어떠한 것들이 있는지 알아본다.

1) 환경적 언더라이팅(環境的, underwriting)

환경적 언더라이팅은 피보험자의 직업, 생활방식들과 같은 피보험자가 현재 처한 주변의 환경적 위험을 언더라이팅 한다.

보험자가 피보험자 개인의 환경적 위험을 종합적으로 판단하여 해당 위험을 인수할 것인지를 결정하고, 인수할 경우에 인수 조건과 보험 가입 금액, 적정한 보험 요금의 정도나 비율을 결정하는 일이다. 환경적 요인에는 직업, 운전, 흡연, 음주, 취미, 거주지 위험 따위가 있다.

직업에 대해서는 업계 표준직업분류 및 등급표에 따라 위험등급을 비위험직 및 위험직 1~5등급으로 구분[단, 실손상해는 1~3등급(비·중·고위험)으로 구분]하고 각 생명보험회사가 각사 실정에 맞게 세분화하여 위험등급별로 보험가입금액 한도를 제한하는 방식이 일반적으로 통용되고 있다.

2) 신체적 언더라이팅(身體的, underwriting)

신체적 언더라이팅은 주로 개인의 신체상 위험을 고려대상으로 하는 분야로, 언더라이팅에 있어서 매우 중요하다. 주요 평가대상에는 피보험자의 성별, 연령, 체격 등 현재 신체 상태와 현재의 병증, 과거병력 등이 있으며 병력 의료기관의 피보험자에 대한 전문의의 진단 결과나 기타 자료를 근거 및 바탕으로 한다.

보험에서 개인의 신체상 위험을 평가·분류하여 해당 위험을 인수하거나 거절하고, 인수할 경우에는 인수 조건을 결정하며 보험가입 금액을 설정하고 적정한 보험요율을 부과하는 일이다.

3) 도덕적 언더라이팅(道德的, underwriting)

피보험자가 위험에 대하여 적극적으로 대비를 하고 방치하지 않는가에 대한 도덕적인 영역을 의미한다. 보험 청약자가 일부러 위험을 일으키거나 부실 고지 등을 통해 보험회사를 속이는 행위를 예방하기 위하여 보험자가 피보험자 개인의 도덕적 위험을 종합적으로 판단하여 해당 위험을 인수할 것인지를 결정하고, 인수할 경우에 인수 조건과 보험 가입 금액, 적정한 보험 요금의 정도나 비율을 결정하는 일이다.

도덕적 위험은 피보험자가 타인인지 자기 자신인지에 따라 타인을 이용한 위험과 자신을 이용한 위험으로 구분된다. 또한 보험에 가입하였다는 사실 때문에 의식적 또는 무의식적으로 태만, 부주의하여 보험사고의 발생가능성을 높이는 도덕적 해이도 포함된다.

4) 재정적 언더라이팅(財政的, underwriting)

보험을 가입하는 목적이 위험대비인지 금전적인지에 대한 판단을 내리는 영역이다.

보험자가 피보험자 개인의 재정적 위험을 종합적으로 판단하여 해당 위험을 인수할 것인지를 결정하고, 인수할 경우에 인수 조건과 보험 가입 금액, 적정한 보험 요금의 정도나 비율을 결정하는 일이다.

피보험자가 청약한 상품의 보장 내용이 피보험자의 생활환경 및 소득 수준과 일치하는지 확인하고, 보험금이 신체를 담보로 한 투기의 대상이 되는 것을 예방하면서 피보험자가 적정한 수준의 보장을 받도록 하는 것이 목적이다.

이러한 재정적 언더라이팅을 통해 기본적으로 역선택의 예방과 함께 계약의 실효를 방지하는 효과를 얻을 수 있다.

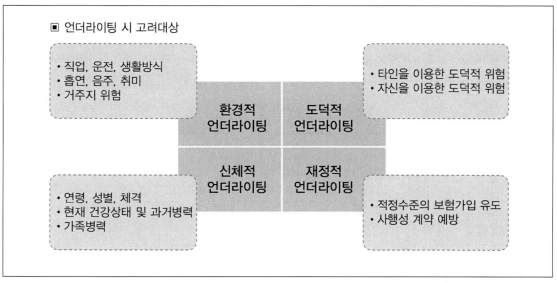

출처: 생명보험협회 자료

제4절 / 전문 언더라이터 자격제도[KLU(Korea Life Underwriter)]

1. 언더라이터/보험심사역

생명보험협회가 주관하는 자격제도인 **생명보험의 언더라이터**는 보험계약을 체결함에 있어 **보험대상자의 위험을 선택하고, 적절한 위험집단을 분류하여 보험료 및 가입조건을 결정하는 "계약심사업무"를 하는 사람이다.** 즉, 보험가입자의 신체적, 재정적 위험 등을 종합적으로 평가해 보험 가입 여부를 판단한다. 보험연수원에서 시행·주관하는 자격제도인 **손해보험의 보험심사역**은 보험회사의 언더라이팅 부서에서 **보험계약의 적합성을 판단하는 업무를 수행하는 사람**이다.

또한 보험사의 구성원 중 생명보험회사, 손해보험회사에 있어 언더라이터(보험심사역)는 필수 요원이다.

2. 전문 언더라이터 개요

보험회사 임직원을 제외하고는 들어본 적이 없을 만큼 매우 생소한 단어로, 보험계약의 인수 여부와 보험계약의 적합성 여부를 판단하는 전문적인 업무를 말한다.

우리나라 생명보험업계의 경우 1990년대까지만 해도 외자계 보험회사를 제외하고는 언더라이팅 보다는 주로 계약 사정, 신계약심사라는 용어를 사용하였다. 2000년대에 들어오면서 수행 업무의 본질 자체의 변화(구체적으로는 건강진단계약의 인수기준 평가)와 함께 본격적으로 언더라이팅 이란 용어를 사용하면서 대형보험회사를 중심으로 부서 명칭에도 사용하게 되었으며, 2002년에는 우리나라 언더라이팅 관련 자격제도인 KLU(Korea Life Underwriter)에도 사용되는 등 서서히 일반화 되고 있다.

손해보험의 보험심사역(Underwriter)은 손해보험을 개인보험과 기업보험으로 구분하여 분야별 전문 언더라이터 자격을 인증하고 부여하는 제도인데, 2010년에 최초 도입한 이래 보험연수원에서 자격시험을 주관하고 있다. 손해보험에서는 주로 자동차, 선박, 건물 등의 사고발생 위험발생을 평가하는 반면, 생명보험에서는 주로 사람의 신체적, 환경적, 도덕적 위험을 평가하는 차이점이 있다.

3. 단계별로 전문 언더라이터/보험심사역 자격제도

생명보험협회는 이러한 언더라이팅의 중요성을 인식해 단계별로 전문 언더라이터 자격제도를 두고 있다.

언더라이터 자격시험제도는 생명보험 산업에서 그 중요성이 크게 부각되고 있는 언더라이팅 업무에 대한 인식제고와 관련업무 담당자의 전문성 향상을 위해 생명보험협회 주관으로 2002년부터 시행되고 있는 제도이다. 또한, 손해보험의 보험심사역(Underwriter)은 2010년에 최초 도입한 이래 보험연수원에서 현재까지 매년 2회씩 자격시험을 실시하고 있다.

1) 생명보험의 언더라이터

♣ 생명보험협회에서 실시하는 생명보험 언더라이터는 **기본지식함양을 목표로 하는 CKLU과정과 전문지식 + 기본 의학지식 함양을 목표로 하는 AKLU과정, 전문지식+의사결정력 함양을 목표로 하는 FKLU과정으로 나뉜다.**

(1) 언더라이터 자격증

언더라이터 자격을 취득하기 위해서는 언더라이팅 이론, 실무기업, 생명보험 의학, 보험계리 및 리스크평가 등 보험 전 분야의 총 10개 과목 시험에 합격해야 한다. 언더라이터 자격시험은 총 3단계로 나누어지는데, 1단계인 CKLU는 기본지식을 함양, 2단계 AKLU는 전문지식＋기본 의학지식을 함양, 3단계 FKLU은 전문지식＋의사결정력의 함양으로 구성되어 있다.

(2) 시험 응시자격

① CKLU: 자격 제한 없음

② AKLU: 전년도까지 CKLU 자격시험에 합격한 자

③ FKLU: 전년도까지 AKLU 자격시험에 합격한 자

(3) 합격 기준

① CKLU: 전체 100점 기준으로 70점 이상, 과목별 50% 이상 득점

② AKLU: 각 과목별 100점 기준으로 60점 이상 득점

③ FKLU: 각 과목별 100점 기준으로 60점 이상 득점, 최근 5년 이내 언더라이팅 실무경력 3년 이상

(4) 시험실시 지역

① CKLU: 서울, 대전, 대구, 부산, 광주

② AKLU: 서울, 대전

③ FKLU: 서울

※ 단, 신청인원에 따라 변경될 수 있음.

(5) 언더라이터 자격증 단계별의 응시자격/시험과목/합격기준

① 1단계의 CKLU(Certificate of Korea Life Underwriter): 언더라이팅의 기본지식 함양단계

- 응시자격 제한이 없다(4과목).

- 1단계 CKLU시험 과목은 보험기초이론, 언더라이팅 개론, 계약법규, 클레임 실무 4과목

- 합격기준은 객관식, 전체 100점 기준으로 70점 이상, 과목별 50% 이상 득점하면 합격이다.

② 2단계의 AKLU(Associate of Korea Life Underwriter): 전문지식 및 기본 의학지식 함양단계

- CKLU 합격한 사람이 응시자격이 있다(4과목).

- 2단계 AKLU시험 과목은 의학개론, 보험리스평가, 보험계리 및 재보험기초, 보험세제 및 재무이론

- 합격기준은 개관식, 100점 만점 기준으로 60점 이상

③ 3단계의 FKLU(Fellow of Korea Life underwriter): 전문지식과 의사결정력 함양단계

- AKLU 합격한 사람이 응시자격이 있다. 주관식 시험(2과목)

- 3단계 FKLU시험 과목은 생명보험 의학개론, 언더라이팅 관리

- 합격기준은 주관식, 100점 만점 기준으로 60점 이상

- 시험을 통과한 후, 최근 5년 이내 언더라이팅 실무경력 3년 이상을 인정받아야 한다.

CKLU와 보험심사역(AIU) 응시 자격에는 제한이 없으나, AKLU는 전년도까지 CKLU 자격시험에 합격한 자, FKLU는 전년도까지 AKLU 자격시험에 합격한 자로 제한된다. 단 FKLU 합격기준으로 언더라이팅 실무경력 3년 이상을 요구하므로 실무경력요건을 충족하지 못하면 FKLU 자격시험을 합격할 수 없다.

2) 손해보험의 보험심사역(AIU)

♣ 보험연수원에서 실시하는 보험심사역(AIU) 자격시험은 손해보험분야 위주의 문제가 출제된다.

보험심사역은 손해보험을 개인보험과 기업보험으로 구분하여 분야별 전문 언더라이터 자격을 인증하고 부여하는 제도이다. 손해보험 이론과 실무지식 측정을 통해 보험업계의 실무전문가 양성에 기여하고 있다. 2010년에 최초 도입한 이래 현재(2020년 11월)까지 매년 2회씩 총 21회의 시험을 실시하고 6,816명의 최종합격자를 배출했다.

(1) 보험심사역(AIU) 자격증 및 종류

① 개인보험심사역(APIU, Associate Personal Insurance Underwriter)

　　보험분야 중 개인보험에 관한 전문이론 및 실무지식을 갖춘 자

② 기업보험심사역(ACIU, Associate Commercial Insurance Underwriter)

　　보험분야 중 기업보험에 관한 전문이론 및 실무지식을 갖춘 자

자격시험은 손해보험을 개인보험과 기업보험으로 구분하여 분야별 전문 심사역 자격을 부여하며, 개인 보험심사역(APIU, 국가공인 2015 – 6)과 기업보험심사역(ACIU, 국가공인 2015 – 7) 시험으로 나누어진다.

개인보험심사역(APIU, Associate Personal Insurance Underwriter)과 기업보험심사역(ACIU, Associate Commercial Insurance Underwriter)으로 나눠지는 이 자격은 언더라이팅 외에도 보험법, 상품, 손해사정, 리스크관리, 회계, 재무설계 등 손해보험의 전 분야에 걸친 이론 및 실무지식의 측정이 가능해 핵심 인재를 필요로 하는 보험업계의 높은 관심과 호응을 받고 있다.

(2) 보험심사역(Underwriter) 자격시험

① **응시자격**: 응시자격에는 특별한 제한을 두지 않음

※ 관련 업무 분야: 보험회사, 유관기관, 공제기관, 재보험사, 보험중개회사, 손해사정법인 등 손해보험 업무 및 영업관련 종사자, 기타 응시 희망자

② **시행 주기**: 시험 상반기 및 하반기 / 연 2회 시행

③ **시험 시행 지역**: 서울, 부산, 대구, 대전, 광주(전국 5개 지역)

④ **시험 방법**: 필기시험, 선택형(4지 선다형)

⑤ **시험과목**

♣ 개인보험심사역(APIU)

　　공통과목(5과목): 1. 손해보험 이론 및 약관해설, 2. 보험법, 3. 손해보험 언더라이팅, 4. 손해보험 손해사정, 5. 손해보험 회계 및 자산운용

　　전문과목(4과목): 1. 장기 · 연금보험, 2. 제3보험, 3. 자동차보험, 4. 개인재무설계

♣ 기업보험심사역(ACIU)

　　공통과목(5과목): 1. 손해보험 이론 및 약관해설, 2. 보험법, 3. 손해보험 언더라이팅,
　　　　　　　　　　　　4. 손해보험 손해사정, 5. 손해보험 회계 및 자산운용

　　전문과목(4과목): 1. 재산보험, 2. 특종보험, 3. 배상책임보험, 4. 해상보험

⑥ **합격자 결정 방법**: 시험은 부문별로 구분하여 채점

　- 부분합격: 공통부문 합격, 전문부문 합격

　- 최종합격: 공통부문과 전문부문을 모두 합격

각 부문(공통/전문)합격자는 시험과목별 과락(40점 미만)과목 없이 각 부문별 평균 60점 이상 부분합격의 유효기간은 부분 합격 후 연속되는 1회의 시험 응시까지이다. 각 자격(개인/기업보험심사역)별 최종합격자가 다른 자격시험에 응시할 경우 공통과목은 면제된다.

⑦ **합격자 등록**

최종 합격자는 보험연수원의 등록 공고 기간 내에 자격등록을 해야 자격취득의 효력이 발생하고, 보험연수원이 실시하는 소정의 등록자격 심사를 통과한 자에 한해 자격증을 교부한다.

등록을 위해서는 보험연수원에 등록수수료(30,000원)를 납부해야 한다.

제5절 / 표준체 및 우량체 인수

1. 표준체 · 우량체 · 표준미달체

1) 대한민국의 언더라이팅은 **표준체 중심**이다.

2) 표준체 보다 위험도가 낮은 군을 **우량체**라고 하고, 계약자 본인이 우량체임을 입증하면 **보험료를 할인**을 받을 수 있다.

3) 표준체 보다 위험도가 높은 군을 **표준미달체**라고 하고, 위험정도에 따라서 보험료를 제외한 **특별보험료를 할증**하여 부가한다. 혹은 일부 담보를 제외하여 계약을 진행하는 **부담보 형식**으로 한다. 혹은 일정 시간에만 위험도가 존재하고, 계약 후 점점 줄어드는 체감성 위험의 경우 일정기간 내의 사고에 한하여 **보험금을 삭감**한다.

2. 표준체와 우량체 인수

1) 우리나라 보험회사의 언더라이팅은 표준체 중심으로 되어 있다. 앞에서 언급한 4가지 언더라이팅 대상에 대한 평가에 의해 표준체보다 위험이 높은 경우에는 표준미달체, 위험이 낮은 경우에는 우량체라고 한다. 표준미달체의 경우에는 보험료 할증이나 부담보, 보험금 삭감 등의 형태로 계약을 인수한다.

2) 보험료 할증은 표준미달체 위험의 크기 및 정도가 기간경과에 따라 점차 증가하는 체증성 또는 기간의 경과에 상관없이 일정한 상태를 유지하는 항상성인 경우에 주로 적용되는 방법이다. 위험정도에 따라 주계약 보험료 이외에 특별보험료를 할증하여 부가한다.

3) 부담보는 특정질병 또는 특정 신체부위를 보장에서 제외시키는 것으로, 특정질병부담보와 특정부위부담보가 있다. 특정질병부담보는 질병이 발생하는 부위에 관계없이 질병 자체를 부담보하여 해당 질병의 생존보험금(진단, 입원, 수술급부금 등)을 지급하지 않는 방법이며, 특정부위부담보는 부담보로 지정한 부위에 발생한 질병에 대해 생존보험금을 지급하지 않는 것이다.

4) 보험금 삭감은 보험가입 후 기간이 경과함에 따라 위험의 크기 및 정도가 차츰 감소하는 체감성 위험에 대해 적용한다. 이는 보험가입 후 일정기간 내에 보험사고가 발생할 경우 미리 정해진 비율로 보험금을 감액하여 지급하는 방법이다.

5) 또한 피보험자가 건강진단 과정을 거쳐 표준체보다 우량한 건강상태를 입증하는 경우 보험료 할인 혜택을 부여하는데, 건강진단은 체격과 혈압 등 신체이상 여부와 흡연 등에 대한 평가로 이루어진다.

제6절 / 클레임(claim)

1. 클레임 업무란?

보험금의 청구 단계부터 지급까지의 일련의 모든 업무 과정을 말한다.

보험금 청구 접수, 보험사고 조사, 조사건 심사, 수익자 확정, 보험금 지급업무 등이 해당된다.

이 과정에서 지급 청구 건이 약관 규정상 지급사유에 해당되지 않는 경우 이에 대한 부지급 처리 업무, 클레임 업무 과정에서 발생하는 민원업무, 법원소송업무 및 보험 가입자의 채권자가 보험금액 등을 압류하는 경우에 발생하는 채권 가압류건 처리 등의 부수업무가 수행되기도 한다.

2. 클레임 업무 담당자의 3가지 요건(클레임 업무의 전문성)

1) 상당한 수준의 조사기법과 조사경험이 요구된다(충분한 실무경험을 갖추어야 한다).

클레임 전문가가 되기 위해서는 현장 조사를 통한 다양한 조사업무를 경험하고 조사기법 및 심사 기준을 터득해야 한다. 예를 들면 암보험금 청구건의 경우 청구된 암은 어떤 과정이나 검사를 통해 진단되고, 허위장해 의심건의 경우 어떤 방법을 통해 진실을 규명할 것인지 등에 대해 많은 조사기법 등을 터득하여 현실적으로 응용할 수 있어야 한다.

2) 약관 및 보험관련 법규정의 올바른 이해와 해석 능력을 구비해야 한다.

해당 보험사고에 대한 약관 및 관련 법규정을 조사 내용에 적용할 수 있는 보험 관련 법률지식을 숙지하고 있어야 올바른 클레임 심사가 가능하며 법원 소송이나 민원발생 시에도 효과적으로 대응할 수 있다. 클레임 전문가라면 고객이 논리적으로 수긍할 수 있도록 명쾌한 이론적 논리와 제반 근거로 제시할 수 있어야 한다.

3) 상당한 수준의 의학지식을 숙지해야 한다.

클레임 업무는 의학적 정보를 활용하여 그 의문점을 해소해 나가는 과정이 주된 업무로 의료기록 정보를 자유롭게 해석하고 전문의와 쟁점 사항에 대하여 소통할 수 있어야 한다.

또한 계약 전 알릴 의무 위반 시 인과관계 여부 판단 및 각종 검사 결과를 통해 환자의 건강 이상 여부를 파악할 수 있어야 한다.

회사가 클레임 과정이 없이 무분별한 보험금 지급을 하게 된다면, 1차적으로는 회사의 재정적인 문제가 발생할 수 있고, 2차적으로는 회사와 계약한 다른 계약자들 추가적으로 가입하게 될 계약자에게 피해가 발생하며, 최종적으로는 보험산업 자체에 큰 영향을 줄 수 있기 때문에 최종적으로 가입자에게 보험금을 얼마나 지급할지? 지급을 할지 말지의 여부에 관한 결정을 하는 클레임 업무 담당자에게는 위와 같이 3가지 요건이 필요하다.

클레임 과정에는 많은 갈등과 다툼이 일어나게 된다. 모집종사자에게도 언더라이팅의 의무가 있고 클레임 과정에서는 자신의 고객이 가입한 계약에 대하여 정당한 보험료를 수령할 수 있게 반드시 도와야 하는 것이 보험설계사의 역할이자 의무이다.

그리고 보험금 지급 여부를 결정하는 클레임 업무가 잘못 처리되었을 경우 적게는 수십만 원에서 수십억 원에 이르는 상당한 금액의 보험금이 지출되기 때문에 회사의 경영 수지에 큰 영향을 미칠 수 있다. 또한 부정한 보험금을 수령할 목적으로 보험사고의 원인이나 내용 등을 허위로 조작하거나, 피해 정도를 과장한 경우 또는 고의로 보험사고를 발생시킨 경우 등을 클레임 업무 시 찾아내지 못한다면 정당치 못한 보험금이 지급되어 다수의 선의의 가입자들에게 막대한 피해를 야기하게 될 것이다. 따라서 선의의 가입자를 보호하고 보험경영의 건전성을 도모하기 위해서는 보험계약 체결단계의 언더라이팅 업무와 함께 보험금지급 단계의 클레임 업무의 중요성이 크며, 업무의 전문성이 요구된다. 이를 위해 클레임 업무 담당자에게는 위와 같이 3가지 중요한 요건들이 요구된다.

3. 클레임 업무의 분류

1) 보험금액의 형태

보험사고가 발생하였을 때 지급할 금액이 미리 계약 시에 정해져 있는 정액 클레임 업무와 보험금액의 범위 내에서 실손 보장되는 실손 클레임 업무가 있으나 각각 독립적으로 수행되는 것이 아니라 상호 보완적으로 수행되고 있다.

2) 보험사고의 급부

보험회사가 보험금을 지급해야 되는 보험사고에 따라 생존, 사망, 상해, 진단, 수술, 입원 등으로 구분할 수 있다.

3) 보험사고의 원인

보험사고의 원인이 질병으로 인한 것인지, 사고로 인한 것인지에 따라 재해와 질병으로 구분할 수 있다.

4. 클레임 업무의 기본절차

1) 검토 및 준비단계

① 계약정보 확인

제척기간 경과 여부, 실효·부활, 진사 여부, 상품조립구조 및 보장분석, 기지급 사항, 부담보·삭감·할증계약 여부 등을 기본적으로 확인한다.

② 사전준비사항

- 청구종류 및 금액, 청구진단명 및 발생기전, 인과관계 있는 질병, 후유증상 등 확인
- 관련 약관 및 유사 판례 확인
- 조사건의 쟁점분석, 조사기관 정보 및 적정 조사양식 작성
- 방문기관 등 세부적인 조사활동 계획 수립

2) 진행단계

① 과거병력 및 직업·직무 확인

- 계약 전 알릴 의무 위반 및 청구 진단명과의 인과관계 여부 확인
- 구체적인 직업 및 운전 사항을 확인하고 보험사고와의 관련성 조사

② 도덕적 위험 개연성 확인

- 경제력과 납입보험료, 자진청약 여부, 설계사와의 관계, 타사 가입사항
- 피보험자 및 가족 사고력, 제3자 개입여부, 치료 및 진단 과정의 적절성을 종합적으로 판단

③ 진단의 적정성 확인

- 진단병원 및 의사의 성향 파악
- 검사내용 및 진단결과의 객관성, 치료과정의 타당성 및 적정성 검토

④ 사고의 우연성 및 객관성 확인

- 진료기록상 사고경위 및 피보험자(유족) 진술
- 경찰서 또는 검찰청, 철도청, 소방서, 근로복지공단 등 확인
- 사고현장 분석 또는 역학조사 실시
- 사고 상대방 및 목격자, 친구 및 직장동료 등 면담

3) 종결단계

① 규정 및 유사판례 최종 점검

- 관련 약관 및 법규, 유사 조정례·판례 및 사례 등 최종 점토
- 예상되는 제반 법적위험(Legal risk) 점검

② 고객안내단계

- 객관적인 근거자료, 관련약관 규정 및 유사 조정례·판례 활용
- 불만내용 청취 및 소송·민원발생 소지 파악
- 필요 시 결재라인 및 최종 결정권자에게 안내사항 보고

③ 보고서 작성

- 의문점을 해소하는 보고서 작성
- 금액 및 오탈자 확인
- 하자 없는 안내문 작성(계약 전 알릴 의무 위반사실, 처리결과 및 그 사유, 관련 약관규정 및 법규 등)

생명보험상품 이해 및 각론 / 제4편

제1장

생명보험상품의 이해(理解)

제1절 / 생명보험상품의 정의(定義)

피보험자의 사망, 생존, 사망과 생존에 관한 보험사고가 발생할 경우에 보험자가 약정한 보험금을 지급하는 **보험상품을 말한다**(상법 제730조). 손해보험과는 달라서 보험사고가 생기면 그것으로 인하여 실제로 손해 발생의 유무(有無)에 관계없이, 또 손해액은 어느 정도인가는 일체 관계없이 약정된 일정한 보험금액이 지급되는 점이 생명보험상품의 특징이다. 생명보험을 손해보험과 비교하여 정액보험(定額保險) 이라고 한다.

생명보험은 국민경제생활에서 사적(개인)보장의 중심을 이루는 것으로서, 생명보험계약에서 피보험자가 일정한 기간 동안에 생존하면 만기보험금의 지급을 받고, 사망하면 사망보험금을 받는 것을 내용으로 하는 것이 일반적이다. 따라서 생명보험상품은 저축 기능과 보장 기능을 동시에 갖고 있다고 할 수 있다.

생명보험상품의 종류에는 그 보험사고의 종류에 따라 사망보험, 생존보험, 사망과 생존과의 혼합보험 (양로보험)이 있다. 상법에서는 타인의 사망을 보험사고로 하는 생명보험에 대하여 피보험자의 서면에 의한 동의를 얻지 않으면 효력이 없는 것으로 하고 있다(상법 제731조 1항).

생명보험에서 **사망보험**은 일정기간 내에 피보험자의 사망을 보험사고로 하는 계약으로서, 이것에는 보험계약의 효력이 피보험자의 종신 동안 존속하는 종신보험과 일정기간 동안의 사망을 보험사고로 하는 정기보험이 있다. 사망보험에서 15세 미만자, 심신상실자 또는 심신박약자를 피보험자로 한 경우에는 그 보험계약은 무효로 하며, 이 경우 심신박약자가 보험계약을 체결하거나 단체보험의 피보험자가 될 때에 의사능력이 있으면 그러하지 아니하다(상법 제732조).

생존보험은 피보험자가 일정한 연령까지 생존할 것을 보험사고로 하는 것이며, **양로보험**(養老保險)은 피보험자가 일정한 연령까지 생존하여도 또는 그 사이에 사망하여도 보험금의 지급이 있는 <u>혼합보험(混合保險)</u>이다. 즉 혼합보험은 피보험자가 일정한 연령에 달할 때까지의 생존과 사망의 보험이 혼합된 보험이다.

1. 생명보험 관련 법령의 내용

1) 「상법」 제638조

"보험계약은 당사자 일방이 약정한 보험료를 지급하고 재산 또는 생명이나 신체에 불확정한 사고가 발생할 경우에 상대방이 일정한 보험금이나 그 밖의 급여를 지급할 것을 약정함으로써 효력이 생긴다."라고 규정하고 있다.

2) 「상법」 제730조

"생명보험계약의 보험자는 피보험자의 사망, 생존, 사망과 생존에 관한 보험사고가 발생할 경우에 약정한 보험금을 지급할 책임이 있다"라고 규정하고 있다.

3) 「보험업법」 제2조(보험상품이란)

보험상품이란 "위험보장을 목적으로 우연한 사건 발생에 관하여 금전 및 그 밖의 급여를 지급할 것을 약정하고 대가를 수수(授受)하는 계약"으로 정의하고 있다. 또한 "생명보험 상품은 위험보장을 목적으로 사람의 생존 또는 사망에 관하여 약정한 금전 및 그 밖의 급여를 지급할 것을 약속하고 대가를 수수하는 계약으로서 대통령령으로 정하는 계약"이라고 정의하고, 「보험업법 시행령」 제1조의 2는 생명보험 상품을 "생명보험계약, 연금보험계약(퇴직보험계약 포함)"으로 열거하고 있다.

2. 보험계약 및 종목의 구분

「보험업감독규정」에서는 보험계약 및 종목의 구체적인 구분기준을 정하고 있는데, 생명보험업에서 영위하는 보험종목 또는 계약을 다음 표와 같이 구분하고 있다.

■ 생명보험업의 보험종목(계약) 구분기준(「보험업감독규정」 별표 1)

보험종목(계약)	구분 기준
생명보험(계약)	사람의 생존 또는 사망에 관하여 약정한 금전 및 그 밖의 급여를 지급할 것을 약속하고 대가를 수수하는 보험(계약). ※ 다만, 연금보험(계약) 및 퇴직보험(계약)을 제외한다.
연금보험(계약), [퇴직보험(계약) 포함]	사람의 생존 또는 퇴직에 관하여 약정한 금전 및 그 밖의 급여를 연금 또는 일시금(퇴직보험계약인 경우만 해당한다)으로 지급할 것을 속하고 대가를 수수하는 보험(계약)

출처: 생명보험협회 자료

3. 생명보험계약

생명보험 관련 법령의 내용을 정리하면, 생명보험계약은 보험회사가 보험계약자로부터 보험료를 받고 피보험자의 생명(사망, 생존, 사망과 생존)에 관하여 우연한 사고(보험사고)가 생길 경우에 약정한 보험금을 지급하는 것을 약속하는 계약(인보험계약)을 의미한다고 할 수 있다.

보험금액의 지급을 받을 자를 보험수익자라 하고 그 사람의 생사가 보험사고로 되는 그 사람을 피보험자라 한다. 보험계약자와 이들은 동일인일 수도 있고 각각 다른 경우도 있다.

생명보험계약은 사람의 생사에 관한 보험사고가 발생한 경우 약정한 금액을 지급한다는 점이 손해보험계약과 가장 큰 차이점이라고 할 수 있다.

> **※ 손해보험**
> 손해보험 계약은 피보험자의 재산에 우연한 사고로 생길 손해를 보상하기 위하여 보험자와 보험계약자 사이에 맺어지는 계약이다. 손해보험은 보험사고로 인한 피보험자의 재산상의 손해보상을 책임진다는 점에서 손해보상 계약의 일종이다.

4. 생명보험계약과 손해보험계약의 비교

1) 생명보험계약

생명보험의 보장 대상은 사람(피보험자)의 사망·생존·사망과 생존이며, 보상의 원칙은 우연한 사고(보험사고)에 대해 정액보상을 원칙으로 한다. 보험기간은 장기 또는 종신이며 생명보험회사에서 취급 및 판매한다.

2) 손해보험계약

손해보험의 보장 대상은 피보험자의 재산에 대한 재산상의 손해이며, 보상의 원칙은 재산의 실제 손실에 대한 실손보상을 원칙으로 한다. 보험기간은 단기이고 확정된 기간이며, 손해보험회사에서 취급 및 판매한다.

3) 생명보험 vs 손해보험

구분	생명보험	손해보험
보장대상	사람의 생존, 사망	재산상의 손해
보상원칙	정액 보상	실손 보상
보험기간	장기, 종신	단기, 확정기간
취급회사	생명보험회사	손해보험회사

1. 생명보험계약의 특성

생명보험계약은 낙성계약, 불요식계약, 유상계약, 쌍무계약, 사행계약, 부합계약, 계속계약, 선의계약 등의 특성을 가지고 있다.

1) 불요식 · 낙성계약성(不要式 · 諾成契約性)

보험계약은 보험계약자의 청약이 있고 이를 보험자가 승낙하면 계약이 성립되므로 낙성계약의 특징이 있다. 이것은 당사자 쌍방의 의사의 합치가 있으면 성립한다. 다른 급여나 형식을 요하지 않는 불요식의 낙성계약이다. 실무상 계약청약서 작성과 보험증권을 교부하고 있으나, 보험증권은 계약효력에 대한 법률상 요건은 아니고 계약관계를 증명하는 증거증권에 불과하다.

즉, 낙성(諾成)계약이란 계약당사자 간에 의사표시가 합치하기만 하면 계약이 성립되는 것을 말하며, 불요식(不要式)계약이란 계약의 성립요건으로 특별한 형식이나 절차를 요구하지 않는 계약을 말한다. 보험계약은 낙성계약이기 때문에 계약당사자의 합의만으로 계약이 성립하고 보험료 납입여부는 계약 성립의 요건이 아니다. 또한 불요식계약이기 때문에 청약서의 작성 또는 보험증권 교부도 엄밀한 의미에서는 보험계약의 성립요건이 아니다. 다만 실거래에서는 보험계약 체결 시에 정형화된 보험계약청약서를 이용하고, 보험계약을 체결할 때에는 보험회사가 작성 · 교부하는 보험증권의 제공을 의무화하고 있으므로 보험계약이 사실상 요식계약화 되어가는 경향을 보이고 있다.

2) 유상 · 쌍무계약성(有償 · 雙務契約性)

보험자는 보험사고의 발생을 일정한 조건 또는 기한으로 하여 보험금 지급의무를 부담하고 보험계약자는 보험료 납입의무를 부담하므로 이 두 채무가 서로 대가관계에 있어 쌍무계약의 성질을 갖는다.

보험계약은 보험계약자가 보험료를 지급하고 보험사고가 발생하면 보험회사가 일정한 금액을 지급하는 것을 약정하는 유상계약이다. 또한, 보험계약자의 보험료 지급의무와 보험회사의 보험금 지급의무는 대가관계를 가지고 있으므로 쌍무계약이라 할 수 있다.

즉, 생명보험계약은 개인이나 법인의 기부와 자선단체 등의 무상지원과는 달리, 계약당사자인 보험계약자가 보험회사에 보험료를 납입하고, 보험회사는 피보험자에게 우연한 사고가 발생한 경우 약정한 보험금을 지급한다는 점에서 유상 · 쌍무계약의 특성이 있다.

보험계약의 양 당사자인 보험계약자와 보험회사가 보험료, 보험금이라는 대가성 재산을 지급하게 되므로 금전거래가 수반되는 유상(有償)계약이라 할 수 있고, 보험계약자는 보험료 납입, 보험회사는 보험금 지급의무를 지니게 되므로 계약당사자 간 의무가 수반되는 쌍무(雙務)계약이라고 할 수 있는 것이다.

3) 부합계약성(附合契約性)

부합계약이란 그 내용이 당사자 일방에 의해 획일적으로 정해지고 다른 일방이 이를 포괄적으로 승인함으로써 성립되는 계약을 말한다. 즉, 보험회사가 미리 그 계약 내용을 정형화한 보험약관을 제시하고 보험계약자가 이를 포괄적으로 승인함으로써 성립되는 부합계약이다.

보험계약은 그 성질상 다수의 보험계약자를 대상으로 동일한 내용의 계약이 반복되므로 개개의 계약과 같이 그 내용을 일일이 정하는 것은 거의 불가능하다. 그러므로 보험계약은 보험회사가 미리 마련한 정형화된 약관에 따라 계약을 체결하고 있어 부합계약의 성질을 갖는다.

즉, 보험은 대수의 법칙을 기초로 성립하는 것이기 때문에 다수인과 보험계약체결이 불가피하고 이 경우 개개인과 보험계약조건을 협상한다는 것은 실무상 매우 어렵다. 따라서 보험회사는 미리 정한 정형화된 보험약관에 의하여 보험계약을 체결하게 되는데, 이 때문에 보험계약은 부합계약의 성질을 가진다.

보험계약이 부합계약의 특성을 갖는 이유는 보험회사가 수많은 보험계약자를 상대하기 때문에 보험계약자별로 보험약관을 새로 작성하는 것이 사실상 불가능하기 때문이다. 이와 같은 보험계약의 부합계약성으로 인하여 보험계약자 보호를 위한 규제 및 감독이 필요하며, 보험계약의 해석에 있어서 다툼이 있을 때에는 보험자의 불이익으로 해석해야 한다는 "작성자 불이익의 원칙"이 적용된다 (「약관의 규제에 관한 법률」 제5조 제2항).

4) 사행계약성(射倖契約性)

보험계약은 보험자의 보험금지급 책임이 장래의 우연한 사고(보험사고)의 발생에 달려 있다는 점에서 사행계약(射倖契約)의 일종이다. 그러나 도박은 이득 아니면 손해지만, 보험은 손해를 보전할 뿐이며 부당 이득을 취하는 것은 아니라는 면에서 차이가 있다.

또한, 보험계약은 보험계약자가 지급한 보험료와 보험회사가 지급하는 보험금의 불일치성에 의해 요행에 의한 우연한 이득을 목적으로 하는 사행계약성을 가지고 있지만, 보험단체 전체의 입장에서 볼 때에는 대수의 법칙에 의하여 산정된 보험료와 보험금이 균형을 이루도록 되어 있기 때문에 사행성은 희박하다고 할 수 있다.

보험계약은 보험회사가 장래의 불확정한 위험을 인수하는 것이고 보험금 지급은 장래의 우연한 사고에 달려있으므로 도박, 복권과 마찬가지로 사행계약성이 인정된다고 할 수 있다. 그러나 보험은 위험에 대비하여 경제생활의 안정을 추구하는 적법한 금융제도이지만, 도박은 법률상 무효이고 처벌이 수반되는 반사회질서 범법행위가 된다는 점에서 차이가 있다.

5) 계속계약성(繼續契約性)

보험자가 일정기간 안에 보험사고가 발생한 경우에 보험금을 지급하는 것을 내용으로 하므로 그 기간 동안 보험관계가 지속되는 계속적 계약의 성질을 갖는다. 또한, 보험계약은 계약의 성립으로서 장기간(보험기간) 계약당사자의 계약관계를 유지시킨다.

즉, 보험계약은 1회적인 보험료납입 및 보험금지급으로 계약이 종료되는 것이 아니라 계약 관계가 일정기간 동안 지속되는 계속적 계약이다.

6) 선의계약성(善意契約性, 최대선의의 원칙)

보험계약은 사행계약의 일면을 가지고 있어 보통의 계약과는 달리 보험계약의 체결과 이행에 계약 관계자의 선의성과 신의성실이 요구된다. 특히 보험계약은 우연한 사고의 발생을 전제로 하는 점에서 선의성이 더욱 강조되며 이에 따라 보험계약자에게 고지의무(계약 전 알릴 의무) 등 특수한 의무를 부과하고 있다.

표준약관에서는 고지의무(계약 전 알릴 의무)를 위반한 경우 보험회사는 계약을 해지할 수 있도록 규정하고 있는데 이는 계약당사자의 선의를 계약체결의 기본요건으로 한 것임을 알 수 있다.

보험계약은 당사자 간의 최대 선의를 필요로 한다는 것으로 보험계약의 가장 큰 특징 중 하나이다. 계약당사자 간의 선의성이나 신의성실의 원칙은 보험계약뿐만 아니라 모든 계약의 기본원칙이라 할 수 있으나, 특히 보험계약에서 최대선의의 원칙이 중요시되는 것은 보험계약의 사행 계약적 특성 때문이다. 즉, 보험계약은 보험회사의 보험금 책임이 우연한 사고의 발생에 기인하므로 선의성이 없으면 보험계약이 도박화하여 보험의 본질에 반하기 때문이다.

2. 생명보험상품의 특성

1) 무형(無形)의 상품

일반 제조업의 경우는 유형의 상품을 제조, 판매하기 때문에 구매자가 그 상품의 가치를 직접 느낄 수 있는 반면, 생명보험의 상품은 형태가 보이지 않는 무형의 상품이기 때문에 구매에 따른 효과를 곧바로 느끼기가 어렵다는 특성이 있다.

즉, 생명보험의 상품은 형태가 눈에 보이지 않는 무형(無形)의 추상적이고 관념적인 상품이기 때문에 일반적인 공산품처럼 구매에 따른 효과를 즉시 느끼기가 어렵다. 이러한 생명보험상품의 특성 때문에 보험상품의 필요성과 보험가입자의 정확한 이해가 중요하며, 상품 권유단계부터 가입자에게 필요한 가입설계, 보장내용 및 보험금 지급절차 등을 사전에 미리 작성한 약관에 대한 충분한 설명이 필요하다.

2) 미래지향적이며 장기효용성의 상품

생명보험상품은 언제 발생할지 모르는 우연한 보험사고에 대비하고, 불확실한 미래에 대한 보상과 보장을 주기능으로 하는 미래지향적 상품이다. 또한, 상품을 구입 즉시 활용하며 상품구입 즉시 효용을 느끼는 제조업체 상품에 비해 생명보험 상품은 사망, 상해, 질병, 만기, 노후 등 장래(미래)에 보험사고의 발생 시점에서 효용을 인식하게 되므로 장기효용성의 상품이다.

보험은 다른 상품 및 서비스와 달리 미래의 불확실성과 손실을 보험상품에 전가하여 위험을 회피하며 그 효용을 발휘한다. 그러나 고객의 니즈(needs) 및 보험에 대한 필요성의 인식도 여부와 미래적 효용에 대한 이해도, 보험상품의 성격에 대한 깊은 이해가 필요하는 것과 기타 등으로 인해 태생적인 어려움이 있어 보험 마케팅에 어려움이 있다.

3) 장기성 상품

일반상품의 경우는 물품의 인도와 대금의 납입이 동시에 이루어져 상품구입 즉시 계약이 소멸되는 반면에 생명보험 상품은 짧게는 수년, 길게는 종신동안 계약의 효력이 지속되는 특징을 갖고 있다.

따라서 계약자는 본래의 보험가입 목적에 따라서 보험가입 기간의 장기간 유지를 통해 보장을 활용하여야 하며, 보험회사는 중도해지 시에 필요로 한 가입목적에 도달하지 못할 수도 있음을 가입 전 충분히 안내하여야 한다.

4) 비자발적 상품

장래의 위험에 대비하기 위한 상품이기 때문에 가입자 스스로의 자발적인 가입보다는 보험설계사 등 판매 조직의 권유와 설득에 의해 판매가 이루어진다.

5) 청약과 승낙 등 절차가 필요한 상품

생명보험계약은 계약자가 청약을 하고 이를 보험회사가 승낙하면 계약이 성립된다. 즉, 당사자 쌍방의 의사합치가 있으면 성립하는 특성을 지닌다. 그러나 수많은 보험계약자 개개인의 필요에 맞게 보험계약 내용이나 청약서를 별도로 만드는 것이 사실상 불가능하기 때문에 보험회사는 보험약관 및 청약서를 미리 작성하고 이를 통하여 계약을 체결한다.

또한 생명보험은 계약체결과정에서 역선택을 방지하고 완전한 상품판매가 이루어지도록 하기 위하여 계약 전 회사에 알릴 의무 사항 고지, 필요시 건강진단 실시, 가입 전 심사(언더라이팅) 등 여러 가지 절차를 거치도록 하고 있다.

6) 재무설계 및 다양한 설계가 가능한 상품

생명보험 상품은 계약자의 대고객 니즈(needs)와 라이프사이클(life cycle)에 맞춰 필요한 위험보장 및 재무설계가 가능하다. 노후를 대비하고 가족에게 안정된 미래를 열 수 있도록 다양한 연금상품과 다양한 보장을 조합하거나 인구구조 변화, 경제상황을 고려한 새로운 상품을 개발할 수 있다.

7) 계약 후 사후관리가 필요한 상품

보험계약이 성립한 이후에 보험회사는 사후관리(보험 계약보전 업무) 및 대고객 서비스관리에 만전(萬全)을 기해야 하며, 보험계약의 유지 및 관리가 필요한 상품이다. 생명보험 상품은 계약이 체결된 이후에도 기본적인 계약의 유지뿐만 아니라 보험계약의 변경, 계약보전 업무, 부활, 정기적으로 보험료 납입, 보유계약 현황 등 계약상황의 전달, 갱신 안내, 급부발생 안내, 제도변경 사항의 안내, 수익률보고서 등 가입 후에도 지속적인 정보가 제공되는 상품이다.

1. 보험상품의 설계(상품 개발) 기준

보험자는 개별 피보험자에게 적은 금액의 보험료(保險料, Premium)를 받고, 위기 상황과 경제적 손실이 발생 시에 많은 보험금(保險金, insurance money)을 지급해야 하는 의무가 있다.

이러한 상황에서 보험 제도를 운영하기 위해서는 기본적인 원리가 필요하며, 기본 원리에는 수지상 등의 원칙, 확률과 대수의 법칙, 통계 자료와 정보 등이 있다. 또한, 이 기본적인 원리를 토대로 보험 제도가 건전하게 운영되기 위해서는 수리적인 이론과 상품설계(상품개발) 기준으로 뒷받침하는 것이 필요한데, 보험수리와 상품설계(상품개발) 기준으로 확률과 대수법칙이 가장 중요한 역할을 한다. 그 이유는 보험 상품을 설계·조립(상품개발)하고 보험을 운영하는 데 가장 핵심적인 것은 보험요율의 산정이다. 보험요율 산정은 풍부하고 정확한 통계 자료를 과학적으로 사용하는 것을 기본으로 한다.

즉, 보험 제도를 운영할 때 상품설계(상품개발) 기준과 수리적 뒷받침이 필요한 이유는 미래에 발생하는 손실을 보다 정확하게 예측하기 위해서이며, 보험료를 비롯한 보험제도는 예측된 손실을 바탕으로 운영되고 있다. 미래의 손실을 예측하는 것과 대수법칙은 매우 밀접한 관계를 가지고 있다.

예측된 손실과 실제 손실이 항상 일치되기는 어렵지만 대수의 법칙을 통해 이러한 불확실성을 감소시킬 수 있다.

그러므로 생명보험 상품은 인간의 생명과 신체를 보험의 목적으로 하기 때문에 과학적이고 합리적인 방법으로 상품설계(상품개발)을 해야 한다. 즉 대수의 법칙, 수지상등의 원칙, 확률 등을 기초로 보험요율을 산정하여 상품설계(상품개발)·판매되고 있다.

보험회사에서 보험상품을 설계(개발)하여 판매하고자 할 때에는 사업방법서, 보험약관, 보험료 및 책임준비금 산출방법서 등의 기초서류를 작성해야 한다. 다만 보험업법령상 신고 사항에 해당하는 경우에는 금융위원회에 신고하여야 한다.

2. 생명보험상품의 구조

1) 의미(意味)

생명보험상품의 구조는 주계약과 특약으로 나눠져 있다. 주계약은 보험계약에서 기본이 되는 중심적인 보장내용(계약 성립의 기본)이고 주계약의 금액이 얼마로 되어 있는지 정말로 중요하다. 주계약은 고객이 얼마나 보장을 받을 수 있는지를 결정할 수 있으며, 주계약의 금액이 작으면 특약의 보장도 같이 줄여지고 주계약의 금액이 크면 특약의 보장도 같이 크게 올릴 수가 있다.

특약은 특약만으로는 보험계약의 성립이 불가능하며 특약의 역할은 보장 내용을 추가(부가)하는 것 이다. 예를 들면 입원비, 수술비, 당뇨에 대한 보장, 기타 보장 등을 추가하는 것이며, 생명보험

상품을 가입할 때 주계약의 금액과 특약의 내용을 반드시 확인해야 된다.

2) 생명보험상품의 구성

생명보험의 상품을 구성하는 요소는 일반적으로 주계약(기본 보장)과 특약(추가 보장)으로 이루어진다.

> ♣ 생명보험상품 = 주계약(기본보장계약) + 특약(추가보장계약)

(1) 생명보험상품을 구성하는 요소는 ① 주계약(주보험), ② 특약(부가보험, 선택)이 있다.

(2) 일반적으로 주계약에 3~5개 또는 그 이상의 특약으로 보험상품을 구성한다.

(3) 음식으로 따지면, 주계약은 메인메뉴, 특약은 사이드메뉴라고 볼 수 있다.

3. 주계약(기본보장계약)

> ♣ 보험계약의 기본이 되는 주계약이다.
> 1) 가장 기본적인 보험계약의 항목이다.
> 2) 보험 가입에 반드시 필요하다.
> 3) 임의로 제외하거나 변경하는 등 선택이 불가능하다.

주계약이란? 보험계약에서 기본 및 중심적인 보장내용이 되는 계약을 말한다. 해당 보험으로 보장을 받을 수 있는 가장 기본적인 보장 내용을 의미하기 때문에 주계약이 곧 해당 보험의 성격을 나타낸다. 따라서 보험계약의 가장 큰 특징이자 가입목적을 나타내며, 계약 성립의 기본이 되는 부분이며, 기본이 되는 주계약 없이는 보험 가입 자체가 불가능하다.

주계약만으로도 보험계약이 성립할 수 있지만, 다수 보험계약자들의 기대와 고객 니즈(Needs)을 모두 충족시킬 수 없기 때문에 보험회사들은 계약자들의 다양한 요구에 맞춰 여러 가지 옵션(Option, 선택) 특약을 더해 보험상품을 판매하고 있다.

4. 특약(추가보장계약)

> ♣ 주계약에 보장 내용을 추가(부가)하는 옵션(Option) 특약이다.
> 1) 부가적인 보험계약의 항목이다.
> 2) 보험 가입에 반드시 필요하지 않다.
> 3) 원하는 대로 넣거나(가입하거나) 제외하는 등 선택이 가능하다.
> 4) 분류: ① 의무(고정부가) 특약, ② 선택 특약, ③ 제도성 특약

특약은 "특별보험약관"의 줄임말이며, 보험계약자가 필요로 하는 보장과 보험계약자의 편의를 도모하거나 주계약에서 보장하지 않는 보장 내용을 특별히 부가적으로 추가하는 선택적 특약의 계약이다. 선택 특약의 종류는 사망특약, 상해특약, 재해보장특약, 암보장특약, 입원특약, 보험료할인 특약, 연금전환 특약, 보험금 선지급 특약, 기타 다양한 특약 등이 많이 있다.

원칙적으로 주계약 자체만으로 보험계약이 성립할 수 있으나, 주계약 만으로는 보험계약자들의 다양한 요구와 보장을 모두 충족시키기에는 한계가 있다. 따라서 보험회사는 계약자들의 다양한 요구를 수용할 수 있는 여러 가지 특약을 주계약에 부가하여 판매하고 있다.

한편, 특약의 분류는 대체로 의무(고정부가) 특약, 선택 특약, 제도성 특약으로 구분하여 나눈다. 특약은 그 부가 방법에 따라 주계약에 의무적으로 결합되어 있는 의무부가(고정부가)특약과 보험계약 시 계약자의 선택에 의해 임의로 가입할 수 있는 선택부가특약 등으로 구분된다. 특약에는 보험료 부담이 동반되지 않고 가입자의 편의성을 도모하기 위한 제도성 특약도 포함된다. 또한, 통합보험이라 불리는 가족형 보험에서는 주계약 피보험자의 가족(배우자 또는 자녀 등)도 특약부가를 통해 보장서비스를 누릴 수 있으며, 일정요건을 만족하는 경우 보험기간 중간에도 추가적으로 특약을 부가할 수 있다. 특약은 효과적으로 선택할 경우 한 번의 보험가입으로 여러 가지 보장을 받거나 편익을 도모할 수 있어 편리하다.

또한, 보험계약자들의 기대와 고객 니즈(Needs)에 맞춰 필요한 보장들을 추가하기 때문에 "나만의 보장"을 위한 보험계약을 할 수 있다. 즉, 같은 보험 상품이지만 특약으로 인해 계약자 마다 보장이 다를 수가 있다. 특약은 주계약에 추가되는 옵션이기 때문에 독립적인 상품으로는 판매하지 않는다. 대신에 상대적으로 낮은 보험료로 큰 보장을 받을 수 있는 것이 특징이며, 특약도 상품개발 시 주계약과 동일한 개발절차를 거치게 되어 있는 별개의 상품이다.

1) 의무(고정부가) 특약

보험 상품을 개발 시 주계약에 포함되어 의무적으로 반드시 가입해야 하는 특약이다(보험상품 조립 시에 자동 부가함).

"의무특약"은 주계약처럼 보험 상품을 가입 할 때 이미 해당 상품에 포함된 특약이다. 따라서 임의적으로 삭제하거나 변경이 불가능한 특약이다.

2) 선택 특약

보험을 계약 시에 계약자의 필요에 의해 선택이 가능한 특약이며, 보험 가입한 후에 해당 특약이 불만족이거나 불필요할 때는 해당 특약 부분만 해지(삭제) 및 조정이 가능한 자율적인 계약 조항이다. 또한, 보험계약을 한 후에도 원하는 해당 특약을 추가로 가입할 수도 있으며, 추가로 가입이 안되는 특약도 간혹 있으니 신중한 접근과 판단이 필요하다. 보험 계약자의 필요성(Needs)에 의한 선택과 고객의 편의를 위해 선택 특약의 종류가 많아지고 다양해져 있다.

3) 제도성 특약

제도성 특약이란 보험의 주계약에서 따로 추가하는 특약이 아니고, 주계약의 보장 내용이나 적용 방식을 보완하기 위한 특약으로 보험료가 부가되지 않는 특약을 말한다. 회사마다 약간씩 명칭이 다를 수 있고 상품마다 다르다. 대표적인 것은 건강체 특약, 연금전환 특약, 납입면제 특약 등이 있다.

즉, 보험금 선지급 서비스 특약, 연금전환 특약, 건강체 특약, 비흡연자 할인 특약, 납입면제 특약, 기타 특약 등과 같이 주계약의 보장 내용이나 적용 방식 따위를 보완하거나 규정하는 특약이다.

특약 중에 추가 비용(보험료)의 부담 없이 활용할 수 있는 특약으로, 보험회사가 오직 가입자의 편의와 대고객서비스를 위해 마련하여 서비스를 제공하는 것이 제도성 특약이다. 특약은 보험상품에서 주계약으로는 부족한 보장이나 기능을 보완하는 별도의 약정 계약이다. 특약으로도 여러 개의 보험에 가입한 것처럼 많은 혜택을 누릴 수 있기 때문에 특약을 잘 알아야 한다.

제도성 특약은 보험가입 부터 청구에 이르기까지 유용한 특약이며, 한마디로 상품 안에 또 하나의 상품이 있는 셈이다. 이러한 제도성 특약은 놓치지 않고 잘 살펴서 유용하게 보장을 받아야 한다.

5. 특약의 분류

1) 기능에 따른 분류

구분	내용
보장을 추가·확대하기 위한 특약	• 암보장특약, 성인병특약, 치매간병비특약 등 질병 관련 특약 • 재해사망특약, 휴일재해보장특약 등 재해 관련 특약 • 기타 입원특약, 수술특약, 정기특약 등
가입자의 편의를 위한 제도성 특약	우량체 할인특약, 선지급서비스특약, 연금전환특약, 장애인전용보험 전환특약 등

출처: 생명보험협회 자료

2) 확장성에 따른 분류

구분	내용
독립특약	상품을 구분하지 않고 어떤 주계약에도 부가할 수 있도록 개발한 특약
종속특약	특정 상품에만 부가할 목적으로 개발한 특약

출처: 생명보험협회 자료

6. 보험상품을 "주계약"과 "특약"으로 구성하는 사유?

주계약만으로도 충분하지만, 추가적인 보험사고를 대비하는 보장의 확대와 추가적인 보장을 원하는 고객의 니즈(Needs, 필요성, 요구)를 충족하기 위함이다. 그러나 특약이 무조건 다다익선(多多益善)인 것은 아니다. 특약을 추가할 때 마다 보험료가 증가하기 때문이다. 선택적 특약이 정말로 필요하고 유익한 특약인지 자세히 살펴보고 판단하는 것이 중요하다.

제4절 / 생명보험상품의 분류

생명보험상품은 변화되는 고객의 욕구를 충족시키기 위해 상품을 매우 다양하게 개발하여 판매하고 있는데, 종합보험 성격의 상품이 증가하여 일률적인 기준에 의한 단순 분류가 어려워지고 있다. 그리고 생명보험상품은 여러 가지 기준으로 나누어 구분할 수 있는 데, 각 기준에 따른 보험상품의 분류는 ① 보험 계약의 대상에 따른 분류, ② 보험가입 목적에 따른 분류, ③ 보험사고의 기준에 따른 분류, ④ 적립금운용 방식에 따른 분류, ⑤ 부리체계에 따른 분류(준비금 이자의 적립 방식에 따른 분류), ⑥ 보험금의 확정 여부에 따른 분류, ⑦ 보험료의 재산정 여부에 따른 분류, ⑧ 해약환급금의 수준에 따른 분류, ⑨ 의사의 진단 여부(필요성)에 따른 분류, ⑩ 배당유무에 따른 분류 등으로 분류하며, 생명보험의 상품은 분류별로 아래의 표와 같이 분류한다.

이는 최근 생명보험회사에서 판매 및 운용되는 상품들을 단계적으로 분류한 것으로서 계약자 구성, 상품의 성격 및 고객의 보험가입 목적, 보장의 범위, 적립금의 운용방법 등에 따라 다양한 형태로 분류할 수 있다.

> **♣ 생명보험의 정의**
> 생명보험이란 보험회사가 보험계약자로부터 약정한 보험료를 받고 피보험자의 생존 또는 사망에 관하여 우연한 사고가 생길 경우에 일정한 금액을 지급하기로 약정함으로써 효력이 생기는 인보험계약을 말한다. 생명보험은 사람의 생사를 보험사고로 하고 보험사고가 발생할 경우 손해의 유무나 다소를 불문하고 일정한 금액을 지급하는 정액보험이란 점에서 손해보험계약과는 다르다.

■ 생보사에서 판매·운용되는 상품의 단계적인 분류

개인보험	보장성보험	사망보험	종신보험, 정기보험
			변역종신보험, 변액유니버설보험(보장형)
		제3보험	질병보험, 상해보험, 간병보험
	저축성보험	생존보험	일반연금보험, 교육보험 등
			연금저축보험, 변액연금보험, 자산연계형연금보험
		생사혼합보험	유니버설보험
			변액유니버설보험(적립형), 자산연계형저축보험
		개인형퇴직연금(IRP)	-
단체보험	보장성보험	단체보장보험	질병, 상해 등의 사망과 의료비 보장
	저축성보험	단체저축보험	
		퇴직연금	확정급여형(DB형), 확정기여형(DC형)

※ 밑줄 친 상품은 특별계정 운용상품
※ 생명보험회사 특별계정 운용계약(「보험업감독규정」 제5-6조): 연금저축, 퇴직보험, 변액보험, 퇴직연금실적배당보험, 자산연계형 보험(공시이율형 제외)

1. 보험계약의 대상에 의한 분류: 개인보험과 단체보험

개인보험과 단체보험은 **보험계약의 대상(피보험자)에 의한 분류**이다. 즉, 피보험자가 개인인 경우 '개인보험'이고, 피보험자가 단체의 구성원인 경우 '단체보험'이다.

1) 개인보험은 피보험자를 개인으로 한정하여 체결하는 보험으로 평소 개인이 가입하는 대부분의 보험계약이 개인보험에 해당된다.

2) 단체보험은 일정조건을 구비한 단체의 구성원을 주피보험자로 하여 단체 또는 단체의 대표자가 가입하는 보험이다. 단체보험은 보험계약체결 이후 보험료 일괄납입 등 계약관리가 편리하기 때문에 보험료가 비교적 저렴한 특징이 있다.

2. 보험가입 목적에 따른 분류: 보장성보험과 저축성보험

보장성보험과 저축성보험은 **보험가입의 주목적에 따른 분류**이다. 즉, 정기보험, 종신보험, 제3보험 등의 위험보장이 주 목적인 경우 '보장성보험'이라고 부르며, 연금보험, 교육보험, 연금저축보험 등의 저축이 주 목적인 경우 '저축성보험'이라고 부른다.

1) 보장성보험

보장성보험이란 보험기간 중에 **피보험자에게 사망, 상해, 입원, 생존 등과 같이 사람의 생명과 관련하여 보험사고가 발생했을 때 약속된 급부금을 제공하는 보험상품**이며, 기준연령요건[41]에서 피보험자가 생존 시 지급되는 보험금의 합계액이 이미 납입한 보험료를 초과하지 아니하는 보험을 말한다. 보험 본래의 기능인 각종 위험보장에 중점을 둔 보험으로서 보험기간 중의 사망이나 질병, 각종 재해 시 큰 보장을 받을 수 있는 상품으로 정기보험이나 종신보험 등이 보장성보험의 대표적인 예이다.

이러한 보장성보험은 생존 시 지급되는 급부금이 전혀 없는 순수보장성보험과 만기까지 생존했을 경우에 이미 납입한 보험료를 환급해 주는 만기환급형보험이 있다. 재해나 질병, 간병상태 발생 시 고액의 급부를 보장하는 제3보험 상품도 보장성보험에 해당한다.

보장성 보험은 원초적 의미의 보험상품으로 각종 재해로 인한 사망이나, 암과 같은 질병으로 인한 사망, 입원, 치료, 유족보장을 주요 내용으로 하는 보험으로, 상해보험, 질병보험, 간병보험 등의 상품이 있다. 보장성 보험을 가입하고 납입한 보험료에 대해서는 연간 100만 원을 한도로 소득공제 혜택을 주고 있다.

① 상해보험

우연하고 급격한 외래의 사고로 인한 사람의 신체에 입은 상해에 대하여 치료에 소요되는 비용 및 상해의 결과에 기인한 사망, 후유장해 등의 위험을 보장하는 보험을 말한다.

상해보험은 보험의 객체가 사람이라는 점에서 손해보험과 다르며, 사고의 발생 시기는 물론 발생 자체도 불확정되어 있다는 점에서 생명보험과도 다르므로, 손해보험과 생명보험의 중간영역인 제3보험 분야에 해당되어 손해보험과 생명보험사업자의 겸영이 허용되고 있다.

상해보험에서 지급되는 보험금에는 통상 사망보험금, 장해보험금 및 의료비보험금이 있다.

② 질병보험

질병에 대한 치료비를 보장할 것을 목적하는 보험을 말하며, 입원급여금, 수술급여금 및 진단보험금이 지급된다. 질병보험은 상법상 제3보험으로 분류되며 생명보험사와 손해보험사가 모두 상품을 개발하여 판매할 수 있다. 건강보험, 암보험, 어린이보험 등이 대표적인 질병보험이다.

생명보험상품은 질병으로 치료를 받은 경우 진단, 수술, 입원에 대하여 정액의 보험금을 지급하고, 손해보험상품은 치료비 중 본인이 부담한 실제치료비를 실손 보상한다.

③ 간병보험

피보험자가 누워있거나 또는 치매로 간병이 필요한 상태(요간병상태라고 한다)라고 의사의 진단을 받은 그날부터 계속해서 간병이 필요한 상태에 있는 기간이 일정기일을 초과한 경우에 보험금을 지급하는 보험을 말한다.

---

41) 40세 남자가 월납, 전기납으로 가입할 경우를 말한다.

2) 저축성보험

저축성보험이란 납입보험료보다 만기에 환급되는 보험금이 큰 보험을 말하며, 보장성보험을 제외한 보험으로서 **생존 시에 지급되는 보험금의 합계액이 이미 납입한 보험료를 초과하는 보험**을 말한다. 위험보장 기능보다는 만기 생존 시에 보험금이나 연금이 지급되는 저축기능을 강화한 상품으로 중·장기간에 목돈을 마련하거나 노후를 대비할 수 있도록 개발된 상품이다. 연금보험, 교육보험, 연금저축보험, 저축보험 등이 저축성보험의 대표적인 예이다.

저축성 보험은 만기에 이자수익이 발생하기 때문에 납입보험료를 초과하여 환급된 금액에 대해서는 이자소득세를 과세함이 원칙이나 세법에서는 10년 이상 유지된 저축성 보험의 이자소득에 대해서는 비과세혜택을 주고 있다.

> ■ 보장성보험과 저축성보험의 정의(「보험업감독규정」 제1-2조)
> · "보장성보험"이란 기준연령요건에서 생존 시 지급되는 보험금의 합계액이 이미 납입한 보험료를 초과하지 아니하는 보험을 말하며, "순수보장성보험"이란 생존 시 지급되는 보험금이 없는 보장성보험을 말하고 "그 밖의 보장성보험"이란 순수보장성보험을 제외한 보장성보험을 말한다.
> · "저축성보험"이란 보장성보험을 제외한 보험으로서 생존 시 지급되는 보험금의 합계액이 이미 납입한 보험료를 초과하는 보험을 말한다.

3. 보험사고의 기준에 따른 분류(기본적인 분류)

생명보험 상품의 기본적인 분류는 주보험의 보험사고를 기준으로 생존보험, 사망보험, 생사혼합보험의 3가지 형태로 분류한다(「상법」 제730조).

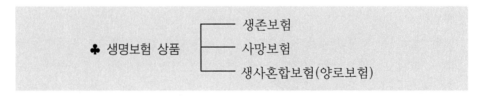

1) 생존보험

♣ **생존보험은 피보험자가 보험기간 만기일까지 생존했을 때에만 보험금이 지급되는 보험이다.**

즉, 사망보험에서 사망이라는 것을 조건으로 하여 보험금을 지급하는 것과는 정반대로 어느 일정 시점에 있어서 피보험자가 생존하고 있는 것을 조건으로 보험금을 지급하게 되며, 피보험자가 보험기간 중에 사망했을 때에는 보험금이 지급되지 않고 그때까지 납입한 보험료도 환급되지 않는 것이 원칙이다. 그러나 현재 우리나라에서 판매되고 있는 생존보험은 대부분 피보험자가 보험기간 중 사망 시에도 사망보험금을 지급받을 수 있도록 각종 사망보장이 부가되어 판매되고 있다.

생존하고 있는 것을 조건으로 매년 연금을 받게 되는 연금보험과, 자녀의 교육자금을 보장하는 교육보험이 여기에 속한다.

① 연금보험

피보험자의 생존에 대하여 매년 또는 매월 일정액을 지급할 것을 약속한 생존보험을 말한다.

연금보험은 사회적 환경변화에 따라 경제적으로 생활능력이 없는 정년기 이후의 인생의 황혼기를 안락하게 보낼 수 있도록 젊었을 때 미리 노후생활자금을 준비하는데 적합하도록 개발된 보험상품이다.

연금보험에서 지급하는 연금은 가입자의 선택에 따라 확정된 기간 동안 정해진 연금을 수령하거나, 가입자가 사망할 때까지 종신토록 수령할 수도 있다. 또한 연금보험은 납입보험료의 세제혜택여부에 따라 소득공제혜택이 있는 연금저축보험과 소득공제혜택이 없는 일반연금보험으로 구분된다.

> ♣ **연금보험의 구분**
> - 소득세법령상의 세제지원: 세제적격상품(연금저축계좌), 세제비적격상품(일반연금)
> - 적용금리: 금리확정형연금, 금리연동형연금, 실적배당형연금
> - 연금수령 형태: 종신연금, 확정연금, 상속연금

② 교육보험

자녀 교육자금의 준비를 위한 보험으로, 보험계약에 따라 소정의 보험료를 납입하고 보험금 지급사유(예: 진학, 졸업 등)가 발생했을 때 보험금을 지급받는다.

소정의 교육을 받을 연령까지 생존하는 것을 보험금 지급사유로 하므로 일종의 생존보험이다.

또한 교육자금 외에도 질병 및 재해 등을 함께 보장하는 상품도 있으며, 부모를 종피보험자로 추가하여 부모가 사망하거나 장해상태가 되었을 때에도 자녀가 성장할 때까지 양육비를 보상받을 수 있는 상품도 있다.

2) 사망보험

♣ **사망보험은 생존보험과는 반대로 피보험자가 보험기간 중에 사망했을 때 보험금이 지급되는 보험이다.** 즉, 피보험자의 사망을 보험사고로 해서 보험금을 지급하는 보험계약을 말한다.

따라서 보험기간 만료일까지 생존했을 때에는 보험금이 지급되지 아니함은 물론 납입한 보험료도 환급되지 않는다. 사망보험의 목적은 피보험자의 사망으로 말미암아 생길 수 있는 유가족의 경제적 필요를 충족시키는 데 있다.

이 보험은 보험기간을 미리 정해 놓고 피보험자가 보험기간 내에 사망하였을 때 보험금을 지급하는 정기보험(定期保險)과 일정한 기간을 정하지 않고 피보험자가 어느 때 사망하더라도 보험금을 지급하는 종신보험(終身保險)으로 나누어진다. 이러한 사망보험은 만기보험금이 없기 때문에 저렴한 보험료로 사망 시 고액의 보장을 받을 수 있는 장점을 지니고 있다.

3) 생사혼합보험(양로보험)

♣ 생사혼합보험은 피보험자가 보험기간 중에 사망하였을 때에 사망보험금을 지급하며, 보험기간 중의 미리 정해진 시기(보험기간의 만료 시를 포함한다.)에 생존하고 있을 때에는 생존보험을 지급하는 보험이다. 즉, 피보험자가 일정기간 내에 사망했을 때에 사망보험금을 지급하는 정기보험과 만기까지 생존했을 때에 만기보험금을 지급하는 생존보험을 합친 것이다. 이는 사망보험과 생존보험을 혼합한 형태의 생명보험을 말한다.

생존보험과 사망보험의 장단점을 서로 보완한 것으로서 사망보험금의 보장기능과 생존보험의 저축기능을 동시에 겸비한 생명보험이라 할 수 있으며, 일명 양로보험이라 한다.

4. 적립금운용 방식에 따른 분류: 일반계정과 특별계정

보험의 적립금 운용방식에 따라 **계정을 별도로 분리하는지 여부**에 따른 분류이다.
1) 일반계정: 생명보험회사에서 판매하고 있는 대부분의 보험상품.
2) 특별계정: 연금저축보험, 퇴직보험, 변액보험, 퇴직연금실적배당보험, 자산연계형보험(공시이율형 제외)

특별계정이란 보험회사가 특정 보험계약의 손익을 구별하기 위해 자산을 분리하여 별도의 계정을 설정·운용하는 것을 말한다. 이는 계정 간의 자산을 엄격히 구분하고 발생하는 손익을 명확하게 구분함으로써 보험계약자 간 형평성 및 보험경영의 투명성을 제고하기 위한 제도적 장치이다.

현재 생명보험회사에서 판매하고 있는 대부분의 보험상품은 일반계정에서 운용되고 있고 연금저축보험, 퇴직보험, 변액보험, 퇴직연금실적배당보험, 자산연계형보험(공시이율형 제외)은 보험계약별로 보험료 수입부터 자산관리까지 특별계정에서 별도로 관리하고 있다.

5. 부리체계에 따른 분류(준비금 이자의 적립 방식에 따른 분류)

장래의 보험금을 마련하기 위한 **준비금의 이자를 적립하는 방식**에 따른 분류(확정금리형, 금리연동형, 실적배당형, 자산연계형)이다.

1) 확정금리형보험

보험회사가 보험료 산출 시 정한 확정금리를 예정이율로 적용하는 보험을 말하며, 최초 가입할 때 정해진 이율로 만기까지 고정으로 적용된 이자를 적립하는 보험상품이다.

확정금리를 적용하여 금리하락 시에도 안정적인 수익률이 보장되지만 금리상승 시에는 이를 반영하지 못하여 적립금의 상대적인 가치하락이 발생한다.

2) 금리연동형보험

보험회사의 자산운용수익률 및 시장금리 등에 따라 일정기간마다 책임준비금의 적립금 부리이율이 연동(변동)되는 보험을 말한다. 또한, 변액보험을 제외한 대부분의 저축성보험이 금리연동형보험이다.

시중금리가 높을 경우 금리확정형 보험에 비해 더 높은 수익률을 낼 수 있으나 반대의 경우에는 더 낮은 수익률을 낼 수도 있다. 일반적으로 최저보증이율을 설정하여 일정수준이상의 수익률을 보장하는 상품이다.

3) 실적배당형보험(변액보험)

보험계약자가 납입한 보험료 중 일부를 일정한 투자재원으로 사용하고, 그 투자실적에 따라 계약자에게 투자이익을 나눠주는 형태를 말하며, 보험가입 시에 이율이 정해져있지 않고 보험료적립금을 펀드로 운용하는 상품이다. 유가증권 등에 투자하고 운용실적을 매일 평가하며, 투자성과는 100% 계약자에게 귀속되고 보험금에 반영하는 보험으로 변액보험(variable life)이라고도 불린다.

즉, 납입보험료 중에 위험보험료와 사업비를 제외한 적립보험료를 주식, 채권 등에 투자하여 운용실적에 따라 고수익 달성이 가능하며 사망보험금 및 해약환급금이 변동되는 실적배당형 상품이다.

원금이 보장되는 일반보험과 달리 실적배당형 보험은 최악의 상황에서는 투자원금이 보장되지 않고, 예금자보호 대상도 아니며 보험상품 중에 대표적인 실적배당형 상품으로서 변액보험이다.

변액보험은 투자실적에 따라 보험금지급액이 달라지는데, 예를 들면 변액종신보험은 투자실적에 따라 사망보험금이 달라지고(최저사망보험금은 보장함) 변액연금보험은 투자실적에 따라 연금지급액이 달라진다. 실적배당형상품은 투자실적에 따라 보험금이 좌우되고 일반상품에 비해 손해를 볼 위험도 있으므로 가입 시에 주의가 요구된다.

4) 자산연계형보험

특정자산의 운영실적에 따라 적립이율이 변동하고 원금이 보장되며 자산수익률에 따라 추가 이자가 지급되므로 변액보험보다 안정적인 상품이다.

보험회사가 최저 이율을 보증함으로써 최저 수익을 보장하는 동시에 주가지수 또는 채권 등의 연계자산에서 발생하는 수익을 계약자에게 추가 지급하도록 설계되어 투자손실의 위험이 없으면서 연계자산에서 발생하는 수익을 추가 지급하는 형태의 상품이다. 즉, 특정자산의 운용실적에 연계하여 투자성과를 지급하는 상품으로 연계되는 특정자산을 설정하고 그 연계자산의 수익률에 따라 적용이율이 결정된다.

투자성과가 100% 계약자에게 귀속되는 실적배당형인 변액보험과는 달리, 최저보증이율(1~2%)을 설정해놓고 연계자산의 수익률에 따라 추가로 이율을 보장하는 점에서 변액보험보다는 안정적이면서 일반상품보다는 높은 수익률을 기대할 수 있다는 특징을 지니고 있다.

원리금, 최저이율이 보장되는 점은 금리연동형상품과 유사하고, 인플레이션에 능동적으로 대처할 수 있는 점은 변액보험과 유사하다.

6. 보험금의 확정 여부에 따른 분류: 정액보험과 실손보험

보험사고 발생 시에 지급할 **보험금액이 보험계약 당시에 정해지는지 여부**에 따른 분류이다.

1) 정액보험

보험사고의 발생으로 지급되는 보험금액이 보험계약 시에 확정되어 있는 보험으로서 생명보험 상품의 대부분이 포함된다.

2) 실손보험

실제 손해액을 보상하는 보험이며 계약 당시에 보험금액이 정해지지 않는다. 즉, 보험사고 시에 발생하는 비용 및 손실을 실제 금액만큼 보장하는 보험이다.

생명보험에서 대표적인 실손보험은 실손의료보험이며, 실손의료보험은 단독상품으로만 가입할 수 있다. 실손의료보험의 경우 도덕적 해이를 방지하기 위해 상품운용상 손해액 전부를 지급하지는 않고 일부는 본인이 부담하는 본인부담제를 도입하고 있다.

7. 보험료의 재산정 여부에 따른 분류: 갱신형과 비갱신형

만기까지 일정 보험기간이 경과 시에 **새로운 보험기간에 대한 보험료를 재산정하는 지 여부**에 따른 분류이다.
1) 갱신형: 보험가입 후 일정기간 경과 시에 보험료가 재산정되어 변경되면 '갱신형'이다. 주로 연령과 위험률에 따라 보험료가 변동한다.
2) 비갱신형: 보험가입 당시의 보험료가 변하지 않으면 '비갱신형'이다.

갱신형보험은 보험가입 후 일정기간이 경과 시에 연령과 위험률을 변경하여 보험료를 다시 산정해 유지하는 보험이다. 갱신형보험은 위험률 변동이 너무 커 갱신 시에 보험료를 조정함으로서 안정적인 보험계약 운용을 위해 도입하였으며 실손의료보험을 비롯한 일부 질병보험과 간병보험 등에 적용되고 있다. 현재 대부분의 생명보험 상품은 가입 이후 보험료가 변동되지 않는 비갱신형 상품이다.

갱신형 보험가입 시에 보험회사는 갱신 전에 자동갱신안내장을 계약자에게 발송하여 갱신에 따른 보험료 변동내역, 자동갱신제도 개요, 자동갱신을 원하지 않을 경우 처리방법 등을 안내하여야 한다.

8. 해약환급금의 수준에 따른 분류: 표준형보험과 무·저해지환급형 보험

보험기간 중 가입한 보험을 해지 시에 지급하는 **해약환급금액 수준**에 따른 분류이다.

1) 표준형보험

평준보험료 방식으로 인해 발생하는 해약환급금을 모두 지급하는 상품을 표준형 상품이다.

2) 저해지환급형 보험

표준형보험의 해약환급금 보다 낮은 수준의 해약환급금을 지급하는 상품을 저해지환급형 상품이라고 한다.

3) 무해지환급형 보험

가입한 보험을 해지 시에 해약환급금을 전혀 지급하지 않는 보험상품이다.

저해지환급형 상품은 보험회사가 보험기간 중 일정기간 동안 해약환급금을 적게 주는 것을 조건으로 보험료를 산출 시에 해지자 수를 고려하여 보험료를 낮게 책정하는 상품으로 순수보장성 상품, 연금보험에 한해 개발이 가능하다.

저해지환급형 상품은 개발 시 가정했던 해지자 수가 판매 후에 실제 해지자보다 많을 경우 재무적으로 회사에 악영향을 미치는 특징이 있다. 하지만 표준형 상품은 해지자 수의 착오 예측으로 인한 재무적 악영향은 없다.

최근 저금리 현상으로 보험사가 예정이율을 전보다 낮출 수 없는 상황이라 보험료가 비싸지는 단점을 상쇄하기 위해 많은 보장성 상품을 저해지환급형(또는 해약환급금을 전혀 지급하지 않는 무해지환급형) 형태로 공급하고 있는 실정이다.

그러나 저해지환급형 또는 무해지환급형 상품의 경우 중도 해지 시에 해약환급금이 표준형보다 낮거나 해약환급금이 전혀 없기 때문에 판매 시 해당 사실에 대한 충분한 설명이 필요하다.

9. 의사의 진단 여부(필요성)에 따른 분류: 진단보험과 무진단보험

진단보험과 무진단보험은 계약체결 시에 피보험자의 건강상태에 따른 보험계약 인수여부의 결정을 위해 **의사의 진단을 필요로 하느냐 하지 않느냐**에 따른 분류이다.
1) 진단보험: 보험계약 채결할 당시에 의사의 진단이 필요한 보험.
2) 무진단보험: 보험계약 채결할 당시에 의사의 진단이 불필요한 보험.

10. 배당유무에 따른 분류: 배당보험과 무배당보험

배당보험과 무배당보험은 **보험사업에 따른 이익을 계약자에게 분배하는가 여부**에 따른 분류이다.

1) 배당보험

위험률차익, 이자율차익, 사업비차익에 의해서 발생한 배당금을 보험계약자에게 환급해주는 보험을 말한다. 즉, 보험사업에 따른 이익을 배분해주는 보험이다.

① 위험률차익

실제위험률이 보험료 산출의 기초가 된 예정위험률보다 낮은 경우에 발생하는 이익을 말하며, 반대의 경우는 위험률차손이다.

② 이자율차익

자산운용에 의한 실제수익률이 예정이율보다도 높은 경우에 생기는 이익을 이자율차익이라 말하며, 반대의 경우를 이자율차손으로 말할 수 있다.

③ 사업비차익

실제의 사업비가 예정사업비보다 적은 경우에 생기는 이익이다. 반대의 경우는 손실이 발생하며, 이를 사업비차손이라 한다. 식으로 표현하면 '사업비차익(손) = 부가보험료의 총액 – 실제사업비의 총액'이다.

2) 무배당보험

보험료 산정의 기초가 되는 예정사망률, 예정이율, 예정사업비율의 안전도를 가능한 한 축소하여 보험료를 저렴하게 하는 대신 계약자배당을 하지 않는 보험을 말한다. 즉, 보험사업에 따른 이익을 배분하지 않는 보험이다.

현재는 일부 연금저축보험을 제외하고는 거의 모든 보험상품이 무배당상품이다.

제2장

생명보험상품 각론(各論)

제1절 / 생명보험의 주요 상품

1. 종신보험(終身保險)

1) 종신보험 개요

보험기간을 한정하지 않고, 피보험자(보험대상자)가 사망했을 경우 보험금을 100% 지급하는 보험상품이다. 특별한 사유가 없을 경우, 사망 시기나 원인 등에 관계없이 무조건 보험금을 지급하는 방식이다.

보험금은 피보험자가 사망했을 때만 지급되므로 유족의 생활을 보장해 준다. 피보험자의 사망시기와 원인을 따지지 않고 무조건 보험금을 지급한다는 점에서 유산과 같은 의미가 있다고 간주된다.

이것은 재해사망, 질병사망, 일반사망 등에 대해 원인과 관계없이 보험금을 지급하는 보험이며 사망 원인에 관계없이 보험금이 지급된다는 점을 가장 큰 특징으로 한다.

즉, 종신보험은 보장기간이 평생(종신)인 대표적인 사망보험 상품으로 피보험자가 언제 어떤 경우로 사망하더라도 약정된 보험금을 지급하는 것이 특징이다. 이는 피보험자가 사망 시에 유가족이 처하게 될 경제적 곤궁(생활비, 주택자금, 교육비 등)을 해결하여 주는 유족의 생활보장을 목적으로 한 생활보장상품이다.

보통 보장성보험이 특정 질병이나 사고 등에 대비한 보험이라면 종신보험은 계약자의 소득수준 및 라이프사이클에 맞게 다양한 보장의 조합이 가능한 맞춤형 보험상품이다. 또한 다양한 특약 부가를 통해 하나의 보험가입으로 여러 개의 보험을 가입한 효과를 누릴 수 있는 종합보장형 보험설계도 가능하다.

한편, 종신보험은 1990년대 초 외국계 보험회사에 의해 한국에 도입된 이후 여러 가지 형태로 진화되며 판매되고 있다.

2) 종신보험의 특징

① 특별한 사유가 없을 경우, 사망의 시기나 원인(재해사망, 질병사망, 일반사망) 등에 관계없이 무조건 보험금을 지급한다. 즉, 보험자가 언제 어떤 경우로 사망하더라도 보험금이 지급된다.

② 피보험자가 사망 시에 유가족의 경제적 곤궁을 해결해 주는 생활보장상품이다.

③ 계약자의 소득수준 및 라이프사이클에 맞게 다양한 보장의 조합이 가능한 맞춤형상품이다.

④ 다양한 특약 부가를 통해 하나의 보험으로 여러 개의 보험가입 효과를 얻을 수 있다(종합보장형 보험설계가 가능하다).

⑤ 질병·재해·암 등에 대한 특약(특별약관)에도 가입 가능하다.

⑥ 보장성보험의 세제혜택을 받을 수 있다.

3) 종신보험의 상품구조 및 보장내용

종신보험은 사망보험금을 중심으로 여러 가지 특약을 통해 보장내용을 설계할 수 있다.

종신보험의 상품구조와 보장내용은 ① 주계약, ② 선택특약, ③ 제도성특약 등으로 구성되어 있으며 가장 중요한 주계약과 선택특약에 대해서 아래와 같다.

① 주계약

- 주계약은 주된 보험계약을 의미하며 나머지 특약들은 주계약에 부가(추가)하는 방식이다.
- 종신보험의 주계약은 사망보험금을 보장하는 계약이 대표적이다.
- 사망보험금은 '피보험자가 보험기간 중에 사망한 경우'에 지급된다.
- 따라서 종신보험을 해지하지 않으면 주계약에 따라 최소한 한번은 보험금이 지급되지만, 주계약에 사망보험금만 있는 것은 아니며 특정한 질병에 대한 진단금을 보장하는 상품도 있다.
- 각 보험회사는 종신보험 상품을 차별화하기 위해 보장내용을 다양하게 설계하고 있다.

② 선택특약

- 선택특약은 각종 질병, 재해 등에 대한 보장을 강화하기 위해 주계약 부가하는 보험계약이다.
- 이러한 선택특약은 보험회사별로 이름과 보장내용이 다르고, 동일한 보험회사의 상품별로도 차이가 있다.
- 기존에 질병·재해 등을 보장하는 보험에 들지 않았거나, 보장금액이 부족하다면 필요한 특약을 추가할 수 있다.
- 주로 고민하는 특약은 암, 뇌출혈, 뇌혈관질환, 심근경색 등의 주요 질병과 관련한 특약이다.

③ 종신보험의 연금전환형 상품활용(제도성특약)

종신보험의 종류 중에 연금전환형 종신보험은 피보험자가 살아있는 동안 노후 자금이 필요한 경우, 연금형으로 전환이 가능한 종신보험이다. 연금전환 시점까지 쌓인 적립금을 재원으로 하여 연금형태로 받을 수 있는 연금전환형 종신보험은 납부 중인 보험료가 부담된다면 보장금액을 감액하거나 보장기간을 축소하여 비용부담을 줄일 수 있다.

다만, 종신보험은 연금전환 시 일반연금보험에 비해 적립액이 적은 경우가 많아 연금을 수령 시 받는 보험금이 일반 연금보험보다 적을 수 있다. 또한, 중도에 연금전환 시에는 사망보장은 없어진다.

④ 종신보험의 만기환급금

종신보험의 보험기간은 피보험자가 사망할 때까지 이며, 피보험자가 사망할 때 사망보험금이 지급되면서 보험기간이 종료된다. 따라서 다른 보험과 달리 종신보험 만기환급금은 존재하지 않는 개념이다. 오히려 사망보험금을 만기환급금이라고 생각하면 이해가 편할 수 있다.

한편, 해지환급금을 만기환급금과 혼동하실 수도 있는 데 해지환급금은 종신보험을 중도에 해지했을 때 받을 수 있는 금액이다. 이러한 해지환급금은 보험회사가 위험보장과 사업관리(경비) 등에 사용하고 남은 금액이다. 따라서 종신보험의 해지환급금은 납입한 보험료의 원금보다 적은 경우가 일반적이다.

[종신보험 상품]

◉ 개요

① 보장기간이 종신(평생)인 사망보험으로 피보험자가 언제, 어떤 경우로 사망하더라도 약정된 보험금을 지급하는 보험

② 피보험자 사망 시 유가족이 처하게 될 경제적 곤궁을 해결해주는 생활보장 성격의 상품

◉ 비교공시 대표계약 기준

- 가입나이: 남자 40세
- 보험가입금액: 1억 원
- 보험기간: 종신
- 보험료 납입기간: 20년

◉ 주계약의 보장내용(예시)

급부명칭	지급사유	지급금액
사망보험금	피보험자가 보험기간(종신) 중 사망한 경우	1억 원

* 금리확정형 기준

※ 본 내용은 대표계약 기준으로써 소비자의 가입조건에 따라 실제 가입기준 및 보험료, 보장내용과는 차이가 있을 수 있고, 보험회사의 상품변경(공시이율 변경) 등에 따라 실제 판매상품과 상이하게 나타날 수 있다.

출처: 생명보험협회 자료

---

4) 종신보험의 종류

여러 가지 형태로 진화되어온 종신보험은 생명보험사에서 취급하는 주계약이 **"사망"을 기준으로 보험료를 산출**하여 특약형태의 보장성을 추가하는 보험상품이다. 이것을 바탕으로 여러 가지 형태로 다양하게 진화가 된 종신보험의 종류에는 일반종신보험, 변액종신보험, 변액유니버설종신보험, 무·저해지종신보험, CI종신보험, 해지환급금미보증종신보험, 기타 등이 있다.

① 일반종신보험

가장 단순한 구조의 종신보험으로 피보험자가 사망할 경우 사망보험금이 지급되는 형식으로 운영된다.

- 사망이 주계약이며 여러 가지 특약을 조합하여 가입이 가능하다.
- 사망 시에 보험수익자에게 사망보험금을 지급하는 보험이며, 연금전환의 기능이 있으나 특약이 같이 사라져 실익이 적다.
- 연금전환의 종신보험은 젊은 시기에는 사망보장과 노후에는 연금전환으로 자금 활용하며, 질병 특약이 있는 경우 그대로 보장이 가능하다.

② 변액종신보험(일반종신보험 + 변액보험)

일반종신보험에 변액보험 기능을 추가한 것으로 피보험자가 불입한 보험료 일부를 주식, 채권, 펀드 등에 투자해 그 운용실적에 따라 수익을 배분하는 보험이다. 수익이 나면 해지환급금이 높아지고, 투자손실이 발생하면 해지환급금이 줄어드는 식이다.

- 보험료 일부를 주식, 채권, 펀드에 투자하여 수익을 배분한다.
- 보험료 적립금을 변액 펀드에 투자하여 적립금을 높여주는 상품이며 일반종신보험보다 저렴하다.
- 보험료 저렴, 중도인출, 수익률에 따라 적립금을 늘릴 수 있다.

③ 변액유니버설종신보험(일반종신 + 변액 + 유니버설)

일반종신보험에 변액종신보험을 더하고 유니버설 기능을 추가한 상품이다. 유니버설 기능은 보험료 납입과 적립금 인출을 자유롭게 할 수 있는 것을 뜻한다. 따라서 변액유니버설종신보험은 중도에 납입을 중지하거나 추가 납입(주계약의 100% 까지)을 할 수 있다. 또 중도 인출을 할 수도 있다.

- 보험료 납입과 인출이 자유로운 상품이다.

※ 유니버설 종신보험

보험료 적립금(해지환급금 기준)을 중도에 인출하여 사용할 수 있는 종신보험.
중도자금 활용성이 높으나, 사망보험금은 그만큼 줄어든다.

---

④ 무 · 저해지 종신보험

중도 해지하지 않을 경우 유리한 상품으로, 무해지환급형은 보험료 납입기간 중에 해지하면 해지환급금이 전혀 지급되지 않는다. 저해지환급형은 보험료 납입기간 내 해지환급금이 없지는 않지만, 표준형보다 훨씬 적다.

- 납입기간 동안 중도해지을 않을 경우에 유리한 상품이다.
- 중도에 해지하는 경우 기존 종신보험에 비해 낮은 50%, 30% 저해지 종신보험이다.
- 납입기간 해지금은 낮지만 납입 이후 환급율이 높아 각광을 받는다.

⑤ CI(Critical Illness) 종신보험

치명적 질병보험으로 종신보험과 비교되는 보험상품이며, 사망해야만 보험금이 나오는 종신보험
과 달리 치명적인 질병에 걸렸을 때 약정 보험금의 50~80%를 받는 게 특징이다.

또한, 중대한 질병으로 진단 시에 사망보험금의 일부를 선지급 하며, 중대한이라는 문구로 미지급
사례가 많아 민원이 많은 종신보험이다.

⑥ 해지환급금 미보증 종신보험

저해지 종신보험의 반대 성격으로, 적립금이 많이 쌓이지만 납입이 끝나면 해지환급금이 상대적으
로 적은 상품이다. 보험료는 일반종신보험보다 낮은 수준이다.

5) 종신보험의 진화와 일반종신 vs 변액종신

① 종신보험의 진화(進化)

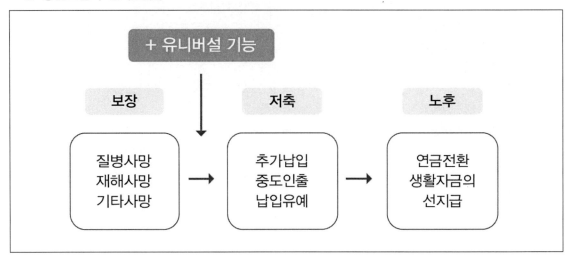

※ 유니버설의 기능: 추가납입, 중도인출, 납입유예(자유납입)

② 일반종신 vs 변액종신

구분	일반종신		변액종신	
유형	유니버설종신	선지급 유니버설종신	변액 유니버설종신	변액 선지급 유니버설종신
보장	사망 + 저축	사망 + 노후	사망 + 저축	사망 + 노후
이율	공시이율/예정이율		투자수익률	
보증장치	사망보험금 (해지환급금)	사망보험금 노후생활자금 (해지환급금)	사망보험금 (해지환급금 미보증)	사망보험금 노후생활자금 (해지환급금 미보증)
운용목적	안정선		수익성	
리스크부담	보험사		계약자	

6) 종신보험의 사망보험금

① 종신보험의 사망보장 구조(주계약)

♣ 보험료의 구성 = 위험보험료 + 저축보험료

♣ 종신보험 사망보험금의 지급기준은 기본보험금과 직전 월계약해당일의 적립액 X 101%와 이미 납입한 보험료액 중 큰 금액을 지급한다.

② 종신보험 사망보험금의 실제 지급액

보험가입금액이 1억 원이라고 하더라도 중도에 질병으로 인한 암사망 시에 그 동안 적립을 7천만 원을 했다고 하면, 3천만 원을 추가해서 사망보험금을 받는다.

(예시)
1억 원(사망 시 보험금) - 7천만 원(적립금) = 3천만 원(고객이 실제로 받는 사망보험금)

7) 종신보험의 사망보험금 중 유니버설 기능의 문제점

① 기본 사망보험금은 보험가입금액의 100%에서 계약자 적립금의 인출금액을 차감하고 추가납입 보험료를 더한 금액이다.
② 다만, 유니버설 기능을 통해 중도 인출한 금액은 사망보험금에서 차감이 된다.

8) 종신보험의 연금전환(금융감독원의 권고사항 및 공시내용)

♣ 종신보험은 노후자금 마련을 위한 저축성보험이 아니다.
① 종신보험에 연금전환 기능이 있으나 연금보험과 같거나 연금보험 보다 유리할 수 있다고 설명하는 것은 잘못이다.
② 종신보험은 납입보험료에서 사망보험금 지급 재원인 위험보험료, 비용·수수료가 차감되고 적립되기 때문에 장기간 보험료를 납입해도 적립금(해지환급금)이 이미 납입한 보험료(원금)에 미치지 못할 가능성이 높다.
③ 추가납입을 활용한다 해도 그 환급률이 위험보험료와 사업비가 상대적으로 낮은 저축성보험의 환급률을 초과하기는 어렵다.

9) 사망보험금 보험료의 산출방식

보험료의 산출방식에는 평준식 보험료와 자연식 보험료의 2가지가 있다.
① 평준식 보험료

가입 시점부터 만기 시까지 질병, 상해, 사망 등의 위험률을 분석하여 작성한 경험생명표를 토대로 미래를 예측하여 보험료를 산출한다. 그리고 이 보험료를 정해진 납입기간 동안 보험료의 변동 없이 납입하게 된다(비갱신형).

② 자연식 보험료

가입 시점부터 만기 시까지 위험률을 계속 반영하여 보험료를 상정한다. 위험률이 높아지면 보험료가 상승하고 위험률이 낮아지면 보험료가 하락하나 현실적으로 나이가 증가함에 때문에 보험료는 지속적으로 상승하는 것이 일반적이다(갱신형).

③ 보험료의 갱신형/비갱신형
- 가입 당시의 위험률보다 올라갈 것으로 예상 시에 보험료는 비갱신형이 유리하다.
- 가입 당시의 위험률보다 내려갈 것으로 예상 시에 보험료는 갱신형이 유리하다.

2. 정기보험(定期保險)

정기보험은 사망보험 중에서 보험기간이 정해져 있는 생명보험이며 일정한 보험기간 내에 피보험자(보험대상자)가 사망하였을 경우 약정된 보험금을 지급하는 보험이다.

즉, 보험기간을 정해놓고 피보험자가 그 기간 안에 질병이나 상해 등으로 사망하는 경우에 보장을 해주는 보험이다.

정기보험의 경우 종신보험과 달리 보험기간이 정해져 있기 때문에 보장기간 동안 종신보험에 비해 저렴한 보험료로 고액의 보장을 받을 수 있다는 장점이 있다.

피보험자가 보험기간 내에 사망하면 사망보험금을 지급하지만, 보험기간의 만기일까지 생존한 경우에는 보험금의 지급 없이 계약이 만료가 된다.

정기보험의 종류는 보험기간의 만기까지 생존한 경우, 보험금 지급이 전혀 없는 순수보장형과 이미 납입한 보험료를 환급해주는 만기환급형 상품으로 구분된다.

[정기보험 상품]

⊙ 개요

일정한 보험기간 내에 피보험자가 사망하였을 경우, 약정된 보험금을 지급하는 보험.
보험기간이 정해져 있기 때문에 종신보험에 비해 저렴한 보험료로 고액의 보장을 받을 수 있다는 장점이 있다. 보험기간의 만기 시, 보험금 지급이 전혀 없는 순수보장형과 이미 납입한 보험료를 환급해주는 만기환급형 상품으로 구분한다.

⊙ 비교공시 대표계약 기준

- 가입나이: 남자 40세
- 보험가입금액: 1억 원
- 보험기간: 20년
- 보험료 납입기간: 전기납

⊙ 주요 보장내용(예시)
<순수보장형>

급부명칭	지급사유	지급금액
사망보험금	피보험자가 보험기간 중 사망한 경우	1억 원

* 금리확정형 기준

<万기환급형>

급부명칭	지급사유	지급금액
사망보험금	피보험자가 보험기간 중 사망한 경우	1억 원
만기보험금	피보험자가 보험기간이 끝날 때까지 살아있을 경우	이미 납입한 보험료의 100%

* 금리확정형 기준

※ 본 내용은 대표계약 기준으로써 소비자의 가입조건에 따라 실제 가입기준 및 보험료, 보장내용과는 차이가 있을 수 있고, 보험회사의 상품변경(공시이율 변경) 등에 따라 실제 판매상품과 상이하게 나타날 수 있다.

출처: 생명보험협회 자료

3. 교육보험

교육보험은 일반적으로 부모가 계약자가 되며 자녀를 피보험자로 하여 생존급부금이나 만기보험금으로 자녀의 입학금, 학비 등의 교육자금을 확보하는 것을 목적으로 하는 보험을 말한다.

즉, 교육보험은 자녀의 교육자금을 종합적으로 보장하는 상품으로 부모의 생존 시에는 각종 학자금 등 교육자금이 지급되며, 부모 사망 시에는 교육자금 및 양육자금이 지급되어 자녀의 교육 및 양육을 보장해준다. 교육보험은 자녀의 발달기에 맞춰 각종 인성 프로그램과 해외유학 및 진학상담 서비스 등을 추가하고 변액형 상품이 판매되는 등 꾸준하게 명맥이 유지되고 있으나, 종신보험이 활성화되고 어린이보험에서 학자금 등을 지급하는 상품이 출시되면서 판매량이 감소하고 있다.

[교육보험 상품]
⊙ 개요
① 유치원부터 대학원까지 자녀의 교육자금을 종합적으로 보장하여 주는 상품
② 부모의 생존 시에는 각종 학자금 등 교육자금이 지급되며, 부모의 사망 시에는 교육자금 및 양육자금이 지급되어 자녀의 교육 및 양육을 보장해주는 상품
⊙ 비교공시 대표계약 기준

- 가입나이: 남자 40세
- 보험료: 30만 원
- 보험기간: 10년
- 보험료 납입기간: 전기납

⊙ 주요 보장내용(예시)

급부명칭	지급사유	지급금액
교육자금	보험기간 중 가입자녀의 나이가 교육자금 지급 사유 발생 나이에 해당되었을 경우 (예: 육아코칭비/방과후학습비/체험캠프비/ 고등교육자금/대학교육자금/취업준비자금/ 자립자금 등)	기본보험료의 해당% (자녀 나이에 따라 차등)
재해장해급여금	가입자녀가 보험기간 중 발생한 재해로 장해분류 표에서 정한 각 장해지급률에 해당하는 장해상태가 되었을 경우	1,000만 원×해당장해지급률
사망보험금	종피보험자(부모)가 보험기간 중 사망하였을 경우	기본보험료의 700%

※ 본 내용은 대표계약 기준으로써 소비자의 가입 조건에 따라 실제 가입기준 및 보험료, 보장 내용과 차이가 있을 수 있고, 보험회사의 상품변경(공시이율 변경) 등에 따라 실제 판매상품과 상이하게 나타날 수 있다.

출처: 생명보험협회 자료

4. 어린이보험

1) 어린이보험의 개요

어린이보험은 자녀의 성장 과정 중에 발생할 수 있는 질병·상해로 인한 의료비와 자녀의 일상생활 중에 발생하는 보험사고 등을 보장하는 보험상품으로 가입 연령은 0세~15세이다.

즉, 어린이보험은 어린이와 청소년기에 나타날 수 있는 각종 질병과 상해 등을 중점 보장하기 위해 개발된 상품으로, 자녀가 경제적으로 독립하기 이전 부모가 사망할 경우 학자금 또는 양육비 등을 지급하는 교육보험 성격이 가미된 상품도 있다.

저출산, 만혼 등으로 자녀의 수가 1~2명인 가정이 보편화되고, 경제적인 여유 증가로 자녀 양육에 대한 관심이 높아짐에 따라 어린이보험에 대한 가입 수요가 발생하고 있다.

2) 어린이보험의 보장내용

어린이보험은 아동기 안전사고, 청소년기 범죄로의 노출 위험은 물론 골절, 화상 등 가입기간 동안 발생하기 쉬운 보험사고에 대하여 다양한 보장이 가능하도록 설계되어 있다. 원칙적으로 어린이보험은 사망을 보장하는 급부설계를 할 수 없으며, 만 15세 미만 사망 시에는 납입한 보험료 전액과 책임준비금 중에서 큰 금액을 지급하고 계약은 소멸한다.

전통적인 어린이 보험은 보장기간이 24~30세까지이지만 최근에는 100세까지 보장기간을 연장하여 판매하고 있는 추세이다.

[어린이보험 상품]

◉ 개요

어린이와 청소년기에 나타날 수 있는 각종 질병과 상해 등을 중점적으로 보장하는 보험.
원칙적으로 어린이보험은 사망을 보장하는 급부설계를 할 수 없으며, 만 15세 미만 사망 시에는 납입한 보험료 전액과 책임준비금 중에서 큰 금액을 지급하고 계약은 소멸함.

◉ 비교공시 대표계약 기준

- 가입나이: 남자 5세
- 보험가입금액: 3천만 원
- 보험기간: 30세
- 보험료 납입기간: 10년

◉ 주요 보장내용(예시)

급부명칭	지급사유	지급금액
수술급여금	피보험자가 보험기간 중 질병 또는 재해로 인하여 그 치료를 직접적인 목적으로 수술분류표에서 정하는 수술을 받은 경우	1종(10만 원)/2종(30만 원)/3종(50만 원)/4종(100만 원)/5종(300만 원)
입원급여금	피보험자가 보험기간 중 질병 또는 재해로 인하여 그 직접적인 치료를 목적으로 4일 이상 계속하여 입원하였을 경우	3만 원(3일 초과 1일당, 1회 입원 당 120일 한도)
재해골절 치료자금	피보험자가 보험기간 중 재해골절로 진단확정 되었을 경우	30만 원(골절1회당)
재해장해 급여금	피보험자가 보험기간 중 발생한 "재해"로 장해분류표에서 정한 장해지급률에 해당하는 장해상태가 되었을 경우	5천만 원 × 해당 장해지급률
유괴/납치 위로금	피보험자가 보험기간 중 유괴/납치의 피해자가 되었을 경우	300만 원

※ 본 내용은 대표계약 기준으로써 소비자의 가입조건에 따라 실제 가입기준 및 보험료, 보장내용과는 차이가 있을 수 있고, 보험회사의 상품변경(공시이율 변경) 등에 따라 실제 판매상품과 상이하게 나타날 수 있다.

출처: 생명보험협회 자료

3) 어린이보험의 태아보험

어린이보험에 특약을 부가하여 출산 시의 위험까지 보장하는 상품을 실무적으로 '태아보험'으로 통칭한다.

보험회사는 고령의 임산부 증가를 고려하여 장애, 기형 등 선천질환을 가진 신생아가 보험 혜택을 받을 수 있도록 태아(임신 중)도 보험에 가입할 수 있게 운영하고 있다. 태아는 법적으로 인격을 갖지 못하므로 인보험의 보호대상이 될 수 없다. 따라서 태아의 출생을 조건으로 하는 '태아가입 특별약관'을 통해 태아를 대상으로 한 보험계약을 체결하고 있다. 출생 전 태아는 법인격이 없으므로 피보험자가 불가능하나 태아의 출생을 조건으로 임신 사실을 알고 난 이후 태아시기에 보험계약을 체결한다.

■ 태아보험

> 어린이 보험 + 태아 관련 특약

① 어린이 보험: 출생 이후에 원인이 야기된 위험.
  • 질병, 상해, 배상책임 등
② 태아 관련 특약: 태아기(출산 시)에 원인이 야기된 위험.
  • 출생 전후기 질환
  • 선천성 질환
  • 미숙아 인큐베이터 비용 등

■ 태아가입 특별약관(예시)

특약명	보장내용
출생전후기 질환 보장특약	출생전후기(일반적으로 임신 28주에서 생후 1주까지의 기간) 질병으로 입원한 경우 보장
선천성 질환 수술특약	선천성 기형, 변형 및 염색체 이상(선천이상)으로 수술 시 보장
미숙아(또는 저체중아) 육아비용보장특약	태아의 출생 시 몸무게가 2kg(또는 2.5kg) 미만으로서 인큐베이터를 3일 이상 사용했을 경우 1일당 약정금액을 지급

5. 연금보험(年金保險)

개인연금은 납입기간 동안 세제혜택을 받을 수 있는지 여부에 따라 연금보험과 연금저축(연금저축신탁, 연금저축펀드, 연금저축보험)으로 구분된다.

① 연금보험은 세제비적격 연금이라고도 하며, 보험료를 납입하는 동안 세제혜택이 없고 10년 이상 유지 시 보험차익에 대한 이자소득세 15.4%를 면제받을 수 있다. 보험회사에서만 가입할 수 있으며 55세 이후에 종신 동안 연금을 수령할 수 있다.

② 연금저축은 세제적격 연금이라고도 하며, 연간 최대 400만 원에 대해 세액공제를 받을 수 있다. 연금을 수령할 때에는 연금소득세(3.3%~5.5%)를 내야 한다.

1) 연금보험의 개요

연금보험은 보험회사에 연금보험을 가입한 후 일정한 금액의 보험료를 미리 납입하고, 정해진 연령이 지난 다음부터 일정한 기간 동안 또는 죽을 때까지 연금을 지급받는 생명보험이다.

즉, 연금보험은 자신이 가진 경제능력으로 노후의 생활자금 마련을 위해 경제적 능력이 있는 젊은 시절부터 소득의 일부를 적립하거나 퇴직금 등을 활용하여 경제활동이 중단되고 은퇴한 후에 연금을 수령함으로써 3층 보장제도의 일환으로 노후의 안정적인 생활자금 마련을 위한 상품이다.

연금보험은 오랫동안 생존해있는 경우, 즉 노후를 대비한 상품이다. 때문에 원금손실을 원하지 않고, 투자성향이 보수적이면 연금보험을 선택해야 한다.

대부분의 연금보험은 연금개시 전의 위험보장기간(제1보험기간)과 연금지급기간(제2보험기간)으로 구분되며, 위험보장기간(제1보험기간)에 사망 시 책임준비금(사망보험금)을 지급하고 계약은 소멸된다.

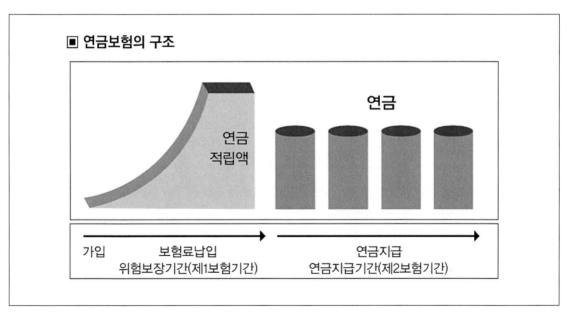

출처: 생명보험협회 자료

2) 연금지급방법

♣ 종신연금형이나 확정연금형을 포함한 혼합연금형의 경우 연금지급개시 이후에는 계약을 해지할 수 없다.

① **종신연금형**: 피보험자가 생존기간 동안 평생 지급되는 연금보험이다.

② **확정연금형**: 연금지급기간을 확정하여 지급하는 연금보험이다.

③ **상속연금형**: 생존기간에 적립금의 이자만 지급하는 연금보험이다.

④ **혼합연금형**: 연금개시 전에 계약자가 2개 이상의 급부를 병행 선택할 수 있는 연금보험이다.

3) 연금보험상품의 변천(變遷)

(1) 고령화 현상의 빠른 진전에 따라 정부에서는 개인의 노후생활자금 준비를 위한 노력을 돕기 위해 「조세특례제한법」에 따라 세제지원 개인연금저축제도를 1994년부터 도입하여 2000년까지 판매하였다.

(2) 2001년부터는 보험료 소득공제 범위의 확대, 연금세제의 도입, 연금의 금융기관 간 이전을 내용으로 하는 연금저축제도가 시행되고 있다.

(3) 세제적격 연금저축은 2013년부터 보험료 납입기간과 연금수령 등에서 많은 변화가 있었다. 최소 보험료 납입기간이 10년에서 5년으로 단축되었으며 가입 나이 제한이 삭제되었고 보험료 납입한도가 분기 한도에서 연간한도(1,800만 원)로 변경되었으며, 상품의 근거법령이 「조세특례제한법」에서 「소득세법」으로 변경되었다.

(4) 또한, 2014년 1월 1일 「소득세법」 개정으로 보험료 공제는 소득공제 방식에서 세액공제 방식으로 변경되었다.

(5) 이 외에도 조기퇴직자의 증가에 따라 퇴직금 등을 일시에 납입하고 바로 연금을 수령할 수 있는 일시납 즉시연금이 2001년에 도입되었고, 특별계정의 운용실적에 따라 보험금이 변동하는 변액연금보험이 2002년 도입되어 소비자의 수요에 부응하는 다양한 연금상품이 개발·판매되고 있다.

[연금보험 상품]

⊙ 개요

노후를 대비한 상품으로 경제적 능력이 있는 젊은 시절부터 소득의 일부를 적립하거나 퇴직금 등을 활용하여 경제활동이 중단된 은퇴 후에 연금을 수령함으로써 노후의 안정적인 생활자금 마련을 위한 상품 연금 지급방법은 종신연금형, 확정연금형, 상속연금형 등이 있으며, 연금저축보험과 달리 위험보장기능이 존재하는 것이 특징

⊙ 비교공시 대표계약 기준

구분	적립형	거치형	즉시형
가입 나이	남자 40세	남자 55세	남자 60세
보험료	30만 원(월납)	5천만 원(일시납)	
보험기간	60세 연금개시	최단기간 거치후 연금개시	즉시 연금개시
보험료 납입기간	10년	일시납	

⊙ 주요 보장내용(예시)

급부명칭	지급사유	지급금액
재해장해 급여금	연금개시 전 보험기간 중 피보험자가 재해로 장해분류표에서 정한 각 장해지급률에 해당하는 장해상태가 되었을 경우	1,000만 원 × 해당 장해지급률
종신연금형	연금개시 후 보험기간 중 피보험자가 매년 계약 해당일에 살아있을 경우	연금지급개시시점의 적립액을 기준으로 계산한 연금액
확정연금형	연금개시 후 보험기간 중 확정된 연금지급기간(5년, 10년, 20년, 30년 등)의 매년 계약 해당일에 확정지급	연금지급개시 시점의 적립액에서 확정기간 연금형 구성 비율을 곱한 금액을 기준으로 계약자가 선택한 연금지급기간(5년, 10년, 20년, 30년 등)에 따라 계산한 연금액
상속연금형	연금개시 후 보험기간 중 피보험자가 매년 계약 해당일에 살아있을 경우	연금지급개시시점의 적립액에 일정비율을 곱한 금액을 공시이율에 따라 계산한 이자 상당액 (피보험자가 사망한 경우 사망시점의 적립액 지급)

※ 본 내용은 대표계약 기준으로써 소비자의 가입조건에 따라 실제 가입기준 및 보험료, 보장내용과는 차이가 있을 수 있고, 보험회사의 상품변경(공시이율 변경) 등에 따라 실제 판매상품과 상이하게 나타날 수 있다.

출처: 생명보험협회 자료

4) 연금보험과 연금저축 비교

일반적으로 많은 사람들이 연금보험(저축성보험)과 연금저축(연금계좌)을 동일한 상품으로 많이 혼동한다. 하지만 보험료 납입·수령시의 세제혜택 등을 비롯하여 많은 차이가 있으므로 분명히 구분하여 이해할 필요가 있다. 연금보험과 연금저축은 일정기간의 보험료 납입을 통해 형성된 재원을 연금형태로 수령한다는 공통점이 있지만, 세제혜택과 소득구분 등에 다음과 같은 차이가 있다.

연금보험은 저축성보험의 하나로 「소득세법」상 발생한 보험차익은 이자 소득으로 분류되지만, 일정한 요건을 충족한 경우에는 이자소득세가 비과세되는 세제혜택이 부여된 상품으로 생명보험회사에서만 판매가 가능하다.

그러나 연금저축은 「소득세법」에서 납입요건과 인출요건 등을 엄격히 규정하고 있는 상품으로, 규정된 기준에 의해서만 상품을 개발할 수 있지만 보험회사를 비롯한 은행, 증권회사 등의 모든 금융기관에서 판매할 수 있는 상품이다. 이러한 연금저축은 연금보험과 달리 납입기간 동안 세액공제를 적용받을 수 있으며, 연금수령 단계에서는 연금소득으로 분류된다. 다른 소득이 있을 경우 합산하여 종합과세를 하는 것이 원칙이나, 사적연금소득의 합계액이 연 1,200만 원 이하인 경우에는 분리과세를 선택할 수 있는 특징이 있다.

■ 연금보험과 연금저축 차이점(비교)

구분	(변액)연금보험	연금저축
취급기관	생명보험회사	모든 금융기관
세제혜택 적용요건	일시납, 월적립식 저축성 보험계약, 종신형 연금보험계약별 요건 충족	보험료 납입 및 인출요건의 충족
보험료 납입 시 세제혜택	없음	연금계좌 세액공제
보험금 수령 시 세제혜택	보험차익 비과세(이자소득 비과세)	연금소득 분리과세 선택(3~5% 세율 적용, 지방소득세 별도)
소득구분	이자소득	연금소득

출처: 생명보험협회 자료

6. 연금저축보험(年金貯蓄保險)

1) 연금저축의 개요

연금저축은 노후의 안정적 생활을 보장하기 위한 목적의 장기저축상품으로 매년 납입액에 대한 세제 혜택이 주어지며 은퇴 이후 연금 수령이 가능한 금융상품이다. 즉, 생활수준의 향상과 의료기술의 발달로 인하여 노령인구가 급속히 증가하여 고령화 사회로 변화함에 따라 3층 보장제도의 일환으로 개인의 노후소득 보장을 위한 보험이다.

① 연금저축은 금융사(보험사, 증권사, 은행)에 최소 5년 이상 납입하고 만 55세 이후부터 연금을 받는 대표적인 노후 대비 금융상품이다. 연금을 수령할 때에는 연금소득세(3.3%~5.5%)를 내야 한다.

② 개인연금은 납입기간 동안에 세제 혜택을 받을 수 있는지 여부에 따라 연금저축(연금저축신탁, 연금저축펀드, 연금저축보험)과 연금보험으로 구분하며, 연금저축을 세제적격 연금이라고도 한다.

③ 매년 연말정산 시에 세액공제의 혜택이 있다는 것이 최대의 강점이며, 2014년부터 연간 납입금액 중에 400만 원까지 세액공제의 혜택을 받을 수 있다. 단, 연금지급개시 이전에 해지할 경우 지금까지 받았던 세액공제액의 상당액을 일시에 환수를 당한다.

■ 노후보장을 위한 3층 보장제도의 종류
① **개인보장**: 여유 있는 생활보장(연금저축보험)
② **기업보장**: 표준적인 생활보장(퇴직연금)
③ **사회보장**: 기본적인 생활보장(국민연금)

---

2) 연금저축의 종류

현재 연금저축의 분류는 "연금저축보험"과 "연금저축펀드"로 나뉘어 있다. '연금저축신탁'이라는 것도 있었지만 2018년부터 판매가 중단되었다.

연금저축은 어떤 금융사에서 가입하는지에 따라 연금저축보험(보험사), 연금저축펀드(증권사), 연금저축신탁(은행) 등으로 구분한다. 금융사를 선택하는 적립금의 비중은 연금저축보험이 약 70%이며 연금저축펀드·신탁 순이다. 즉 대부분의 가입자가 보험회사의 상품에 가입한 것이다. 다만 최근 증권사의 적극적인 마케팅 전략으로 인해 연금저축펀드의 비중이 높아지고 있다.

■ 연금저축펀드(年金貯蓄, fund)
연금저축펀드는 증권회사나 자산 운용사에 일정 납입기간 동안 일정한 금액을 납입한 후에 연금 형태로 지급받는 펀드이다. 연금저축펀드는 개인연금으로서 가입한 후 5년 이상 납입한 금액을 적립하는 형식으로 만 55세 이후 10여 년을 분할하여 연금 형태로 수령할 수 있는 재테크 상품이다.
적금보다 연금저축펀드를 이용하는 이유는 이것이 펀드 상품이기 때문일 것이다. 때문에 납입한 금액에 대해 변동성이 어느 정도 크기 때문에 적금보다는 꽤나 괜찮은 저축으로 알려지고 있지만 상황에 따라 리스크도 있기 때문에 신중할 필요도 있다.

---

3) 연금저축의 특징

(1) 상품의 특징

① 소득세법 등에서 정한 연금수령 요건에 따라 자금을 인출하는 경우 연금소득으로 과세되는 상품으로, 연간 300만 원* 또는 400만 원한도 내에서 연간 납입액의 13.2% 또는 16.5%** 까지 세액공제(지방소득세 포함)한다.

   * 종합소득 1억 원(근로소득만 있는 경우 총 급여액 1.2억 원) 초과 시

   ** 종합소득 4,000만 원(근로소득만 있는 경우 총 급여액 5,500만 원) 이하인 경우

② 한편, 계약을 중도에 해지하거나 연금수령 이외의 방식으로 자금을 인출하는 경우(연금수령한도를 초과한 인출 포함), 기타소득세 납부로 불이익이 있을 수 있다.

(2) 연금수령 방법 및 연금수령 한도

① 연금수령 방법

   가입한 후 5년 경과 및 만55세 이후 연금수령개시, 매년 연금수령한도 이내에서 인출한다.

   ※ (예시) 2013. 3. 1 이후 가입한 사람이 만 55세부터 연금을 수령하는 경우 최소 연금지급기간은 10년

② 연금수령한도 = 연금계좌의 평가액/(11 - 연금수령연차) X 120%

(3) 연금 외 수령 및 가입대상

① 연금 외 수령: 연금수령 요건 이외의 자금 인출(연금수령개시 전 중도해지 포함)인 경우는 연금외 수령

② 가입대상: 제한 없음

(4) 중도 해지 및 납입한도

① 중도 해지: 중도해지 하는 경우, 기타소득세(16.5%, 지방소득세 포함) 부과

   ※ 단, 연금수령한도 이내는 연금소득세(5.5~3.3%, 지방소득세 포함) 부과

② 납입한도: 전 금융기관 합산 연간 1,800만 원 이내(퇴직연금계좌 및 연금저축계좌 포함)

(5) 세액공제 및 보수 · 수수료

① 세액공제: 당해 연도 납입액(연금저축계좌 납입액의 300만 원* 또는 400만 원 한도)의 13.2% 또는 16.5%**(지방소득세 포함)

   * 종합소득 1억 원(근로소득만 있는 경우 총 급여액 1.2억 원) 초과 시

   ** 종합소득 4,000만 원(근로소득만 있는 경우 총 급여액 5,500만 원) 이하인 경우

② 보수 · 수수료: 약관, 해당 금융회사 및 협회 연금저축 공시사이트에서 확인 가능하다.

(6) 계좌이체 및 계좌승계

① **계좌이체**: 계약자의 요청에 따라 연금수령이 개시되기 전의 다른 연금저축계좌로 이체 가능

② **계좌승계**: 가입자 사망 시 배우자의 안정적 노후소득 보장을 위해 계좌 승계 가능

(7) 가입 시 유의사항

① 연금저축은 중도해지 등 연금 외 수령하는 경우, 기타소득세의 납부로 불이익이 있을 수 있다.

② 금융회사 및 협회(www.klia.or.kr) 웹사이트에서 연금저축 수익률, 수수료, 유지율 등을 확인할 수 있다.

4) 연금저축의 세제혜택

개인연금은 납입기간 동안 세제혜택을 받을 수 있는지 여부에 따라 연금저축(연금저축신탁, 연금저축펀드, 연금저축보험)과 연금보험으로 구분된다. 연금저축은 세제적격 연금이라고도 하며, 연간 최대 400만 원에 대해 세액공제를 받을 수 있다. 연금을 수령할 때에는 연금소득세(3.3%~5.5%)를 내야 한다.

그리고 연금보험은 세제비적격 연금이라고도 불리며, 보험료를 납입하는 동안 세제혜택이 없고 10년 이상 유지 시 보험차익에 대한 이자소득세 15.4%를 면제받을 수 있다. 보험회사에서만 가입할 수 있으며 55세 이후에 종신 동안 연금을 수령할 수 있다.

연금저축 상품의 최대 장점은 납입기간 동안에 연 400만 원 한도로 최대 16.5%(총급여 5,500만 원 이하 근로자 기준, 5,500만 원 초과는 13.2%)의 세액공제 혜택을 받을 수 있다는 점이다. 세금만 최대 115만 5,000원이며, 이를 수익률로 표현하면 연 16.5%의 무위험 수익을 달성한다는 의미다. 참고로 연평균 10%의 수익률만 넘어도 투자의 성공이라고 할 수 있다. 또 연금수령 연령이 높을수록 연금소득세도 줄어든다. 70세 미만이면 5.5%, 70~80세 미만이면 4.4%, 80세 이상이면 3.3%이다.

즉 보험료를 납입할 때는 세액공제 혜택으로 절세를 볼 수 있고, 연금 수령을 늦출수록 과세이연 효과를 볼 수 있으며, 연금 수령의 시기에는 일반과세보다 낮은 세율을 적용받는다.

이처럼 장점이 많은 것은 이 상품이 정부 당국의 정책성 금융상품이기 때문이며, 정부는 국민연금·퇴직연금 이외에 이 상품으로 노후자금을 마련하라고 간접적으로 권장하고 있다.

이렇듯 좋은 상품이기 때문에 페널티도 있는 데, 연금지급개시 이전에 연금저축을 해지할 경우 지금까지 세제혜택을 받았던 세액공제액의 상당액을 일시에 환수를 당하기 때문에 유의해야 한다.

5) 금융권역별 상품 특징

구분	생명보험	손해보험	은행	증권사
상품	연금저축보험	연금저축보험	연금저축신탁	연금저축펀드
납입방식	정기납	정기납	자유납	자유납
연금형태	종신, 확정	확정(~25년)	확정	확정
예금자보호법	적용	적용	적용	적용되지 않음

출처: 생명보험협회 자료

6) 연금저축계좌 세제제도

구분	저축액 납입 시	손해보험	생명보험
세제종류	세액공제 혜택(13.2% 또는 16.5%, 지방소득세 포함)	기타소득세(16.5%, 지방소득세포함)	연금소득세(5.5~3.3%, 지방세포함)

출처: 생명보험협회 자료

(1) 소득세법에서 정한 의료목적*, 또는 부득이한 사유의 인출**에 해당하는 경우에는 연금소득세를 분리과세 한다. 단, 해당 사유가 확인된 날부터 6개월 이내에 신청하는 경우에 한(限) 한다.
　* 의료목적 인출은 금융회사가 의료비 연금계좌의 지정을 동의한 경우만 가능
　** ① 천재지변, ② 가입자의 사망 또는 해외이주, ③ 가입자 또는 그 부양가족의 3개월 이상의 요양, ④ 가입자의 파산선고/개인회생, ⑤ 금융회사의 영업정지, 영업 인·허가 취소, 해산결의, 파산선고
(2) 매년 불입금 중 400만 원을 초과하여 납입한 금액에서 발생한 운용수익도 연금 외 수령 시 기타소득세를 부과하고, 세액공제를 받지 않은 납입금액은 기타소득세가 부과되지 않는다.
(3) 연간 연금소득금액(의료목적 또는 부득이한 사유의 인출, 국민연금 등은 제외)이 1,200만 원을 초과하는 경우에는 소득이 발생한 다음 연도에 종합소득 신고를 해야 한다.
(4) 위 세제 관련된 사항은 관련 세법 개정 등에 따라 변경될 수 있다.

7. 유니버설보험(universal insurance)

1) 유니버설보험의 개요

　유니버설보험 상품은 보험계약자의 보험수요 변화에 따라 보험료 추가납입, 중도인출, 납입유예 기능을 부여한 특징을 지닌 상품으로, 일반계정에서 운용되는 상품인 경우 기본 보험금에 공시이율

을 적용하여 추가 적립된 금액을 보험금으로 지급하는 상품이다. 또한, 여유의 돈을 더 납입하거나 급전이 필요할 때 빼 쓰는 등 입출금통장처럼 활용할 수 있게 만들어진 상품이다. 즉, 보험료의 납입과 적립 및 인출이 자유로운 상품으로 유연성, 유동성, 보장성이 결합된 보험상품을 말한다.

보험계약자가 일시납 또는 정기납으로 자금을 예치하면 보험회사가 사망보장 금액을 제외한 잔액의 투자수익을 적립하여 주는 보험이며 연금보험 또는 종신보험의 형태로 운영된다. 보험계약자는 자유롭게 추가 보험료를 납입할 수 있으며 자유롭게 해약 환급금을 받아갈 수 있다.

2) 유니버설보험의 특징과 영역
① 유니버설보험의 특징
- 보험수요의 변화와 금융시장의 변동에 따라 신축성과 현실성을 최대한 반영하는 생명보험을 말한다.
- 다른 보험계약이 추가로 필요 없을 만큼 신축성이 높으며 저축부문과 보장부문이 명확히 구분되어 있다.
- 저축부분은 유리한 이자율로 신축성 있게 저축할 수 있으며 세제상의 우대를 받을 수 있는 장점이 있다. 즉, 10년 이상 계약을 유지 땐 비과세이며, 유니버설보험은 저성장 저금리 시대에 장기 상품으로서 복리 이자의 효과는 물론 10년 이상 보험계약을 유지하면 비과세 혜택까지 볼 수 있다.
- 다만, 변액유니버설 상품은 투자성과가 좋으면 높은 보장을 받을 수 있지만 예금자보호가 안된다는 약점이 있다.

② 유니버설보험의 영역
보험상품 중에 보험과 예금·펀드의 장점을 결합한 상품이 '유니버설보험'이다. 유니버설보험이 독자적인 상품보다는 일종의 유니버설 기능과 하나의 영역으로 주목 받는 것은 금융권의 현실이 갈수록 은행·보험·투신(펀드) 등 금융권간의 영역이 허물어지는 상황에서 은행의 예금기능과 보험의 보장기능이 합쳐진 퓨전형 금융상품이기 때문이다. 여기에 투신권의 실적배당 개념까지 가미한 변액유니버설보험도 하나의 축을 이루고 있다. 보험이 대부분 매월 일정액의 보험료를 납부하는 정액제를 실시하는 반면, 유니버설보험은 가입자 상황에 따라 보험료를 다르게 낼 수 있다. 보장받는 범위도 보험기간 중에 바꿀 수 있다.

또한, 이 보험은 여러 보험회사가 각기 다른 이름과 내용으로 판매하고 있어 독자적인 상품으로서 일률적으로 말하기는 어렵지만 대체로 무배당보험이다. 보험계약자의 보험수요 변동에 따라 저축액, 보장액, 보험료 등의 변수를 필요에 따라 쉽게 조절할 수 있다.

3) 상품구조와 유니버설 기능

① 상품구조

상품구조를 보장부분과 적립부분으로 나누고 적립부분의 순보험료를 회사의 공시이율로 부리 적립하는 보험상품이다. 보험계약자는 보험료와 보험금의 증액과 감액이 자유롭고 부분해지 및 중도인출이 가능하며, 보험회사는 최저 보증이율을 설정(원금보장)한다. 그러나 위험보험료와 예정사업비가 클 경우 값 비싼 정기보험화가 될 수 있고 납입유연성으로 인해 현금흐름의 측정이 곤란하다.

② 유니버설 기능

유니버설의 기능은 납입유예 기능과 중도인출 및 추가납입이 자유로운 상품으로 유연성과 유동성이 있는 것으로서, 유니버설보험의 가장 큰 특징이다. 유니버설의 기능을 기존의 상품과 신상품에 도입한 다양한 상품들이 판매되고 있어, 독자적인 상품보다는 유니버설의 기능이라는 측면에서 보험상품에 기여하고 있다.

4) 유니버설보험의 종류

국내의 생명보험사에서 판매 중인 유니버설보험에는 펀드 운용의 수익률에 따라 보험금이 변동되는 변액유니버설보험과 보험료를 자유롭게 낼 수 있으면서 정해진 고액의 사망보장은 그대로 받을 수 있는 유니버설종신보험 등이 있다.

① 유니버설종신보험

일반 종신보험처럼 사망 또는 1급 장해 시에 고액의 보험금이 지급된다. 2년이 지나면 보험료를 내지 않아도 일정기간 보험의 효력이 유지되며, 경제적 여유가 있으면 보험료의 추가 납입을 통해 보장을 확대할 수 있다. 통상 가입 2년째부터 보험료를 자유롭게 납입할 수 있으며, 2년 후부터 해약환급금의 50% 범위에서 1년에 4차례까지 중도 인출해 필요자금으로 활용할 수 있다.

공시이율을 적용하는 변동금리형 상품으로 금리가 올라갈 경우 사망보험금이 증가하고 금리가 하락하더라도 최저이율을 보장한다.

② 변액유니버설보험

펀드 운용의 수익률에 따라 보험금이 변동되는 변액보험과 보험료 납입이나 적립금의 인출이 자유로운 유니버설 보험의 장점을 합친 것으로서 목돈을 굴리기에 적합한 상품이다.

보장형(종신보험, CI보험)과 적립형(또는 가산형) 상품이 판매 중이며, 여러 생명보험사들이 상품을 출시해 판매하는 상품이다. 은행의 입출금기능, 투신의 투자기능, 보험의 보장기능을 하나의 상품으로 제공한 고객 중심의 재테크상품이다.

이 상품은 매달 보험료를 내다가 일정기간 납입을 멈출 수도 있고 월보험료를 형편에 맞게 조절할 수도 있다. 실적배당 상품이기 때문에 자산 운용능력에 따라 고객이 받는 수익금이 다르므로 그만큼 운용의 능력이 뛰어난 회사를 고르는 게 중요하다. 이것은 투자성과가 좋으면 높은 보장을 받을 수 있지만 예금자보호가 안 된다는 리스크와 약점이 있다.

8. 퇴직연금(退職年金)

1) 퇴직연금의 개요

퇴직연금은 근로자의 안정적인 노후생활을 보장하기 위하여 회사가 근로자에게 지급해야 할 퇴직급여(퇴직금)를 회사가 아닌 외부의 금융회사(퇴직연금사업자, 주로 주거래 은행)에 적립하고 기업의 지시[확정급여형(DB형)] 또는 근로자의 지시[확정기여형(DC형)]에 따라 운용하여 근로자 퇴직 시 일시금 또는 연금으로 지급하는 제도이다. 즉, 3층 구조의 사회보장제도 중 기업보장 형태로 기업이 근로자의 노후소득보장과 생활안정을 위해 근로자의 퇴직금을 외부의 금융기관에 적립하여 기업 또는 근로자의 지시에 따라 운용하여 근로자 퇴직 시에 연금 또는 일시금을 지급하는 기업복지제도이다.

퇴직연금제도는 퇴직급여(보험금)가 사전에 확정되는 확정급여형(DB형)과 운용수익에 따라 변동되는 확정기여형(DC형), 근로자가 퇴직급여금을 일시금으로 수령하거나 퇴직연금에 기 가입되어 있으면서 자기부담으로 추가 가입할 수 있는 개인형 퇴직연금제도(IRP)[42]로 구분된다.

제도 도입 초기에는 5인 이상 근로자를 고용하는 사업장을 대상으로 하였으나 법 개정에 따라 2010년 12월부터 전 사업장으로 확대되어 시행 중이다.

2) 퇴직연금 도입의 배경 및 취지

(1) 퇴직연금의 도입 배경

퇴직연금제도는 기업의 퇴직금제도를 퇴직연금제로 전환하는 것으로서, 근로자의 퇴직금을 외부의 금융기관에 적립하여 운용하고 근로자가 퇴직 시에 연금 또는 일시금으로 받는 제도인데, 기업이 임직원의 노후소득을 보장하기 위한 목적과 의료기술의 발달, 평균 기대수명의 연장으로 인한 사회적인 현상에 적극적으로 대응하기 위한 수단으로 도입한 것이 배경이다. 즉, 인구 고령화에 대응하여 현재 일시금 위주로 운영되고 있는 퇴직금제도를 퇴직연금제로 전환할 수 있도록 하여 노후 소득재원의 확충을 통해 근로자의 노후 생활안정에 기여하기 위함이다.

퇴직연금제도의 도입 필요성에 대한 논의는 1990년대 초반부터 제기되어 왔다. 1953년 이후 유지되어온 퇴직금제도가 퇴직급여 수급권의 보장이나 노후보장을 위해 여러 문제점[43]이 있음이 공론화되어 왔기 때문이다. 그러나 우여곡절 끝에 2005년 12월부터 퇴직연금제도가 도입되었다.

(2) 퇴직연금의 도입 취지

① 근로자의 퇴직금 수급권을 보호 및 강화할 목적으로 도입하였다.
② 근로자의 노후생활 소득재원을 확보하기 위함이다.
③ 근로자 퇴직일시금의 생활자금화를 방지하기 위함이다.

---

42) 2017. 7. 26.부터 자영업자, 근속기간 1년 미만 또는 단시간근로자, 퇴직일시금을 지급받은 재직근로자, 공무원, 군인 등 직역연금 적용자 등으로 가입 범위가 확대되었다.
43) 회사의 부도로 근로자에게 퇴직금의 불지급 상황이 많았다. 또한 퇴직금이 일시불로 목돈 지급되었기에 수령 직후 관리 잘못으로 탕진하거나 투자실패 등 퇴직 후에 사회문제화가 되었다.

3) 퇴직연금의 구체적인 내용

(1) 서(序)

퇴직연금제도는 근로자 입장에서 퇴직 후에 퇴직급여가 체불될 걱정 없이 안전하게 받을 수 있게 한다. 이것을 위해 회사가 근로자에게 지급해야 할 퇴직급여(퇴직금)를 회사가 아닌 금융회사(퇴직연금사업자)에 적립하고 운용을 맡기기 때문이다.

퇴직연금제도는 강제로 가입해야 하는 것은 아니며 기존의 퇴직금제도가 없어지는 것도 아니다. 기존 퇴직금 제도나 퇴직연금제도의 둘 중 하나를 선택할 수 있다. 퇴직연금으로 하려면 노사 협상으로 결정 선택할 수 있다.

사용자는 근로자의 계속근로기간 1년에 대하여 30일분 이상의 평균임금을 퇴직금으로 퇴직근로자에게 지급할 수 있는 제도를 설정해야 한다.

퇴직연금은 확정급여(DB, Defined Benefit)형과 확정기여(DC, Defined Contribution)형 둘 중 하나를 선택할 수 있다

(2) 퇴직연금의 수급요건

적립된 퇴직급여는 퇴직 시에 일시금으로 수령하거나 퇴직 후라도 만 55세 이상으로 수급자격을 갖춘 경우 연금으로 수령(매월 일정한 금액)할 수 있다. 단, 연금으로 수령하려면 연금수급조건을 만족해야 한다. 퇴직연금의 수급 조건은 다음과 같다.

① 가입기간 10년 이상인 퇴직자로서 만 55세 이상이어야 한다.

② 연금수령 기간은 최소 5년 이상으로, 5년간, 10년간, 20년간 등 중에서 골라야 한다.

③ 연금수급 조건을 만족시키지 못한 경우는 충족될 때까지 후술할 개인형 퇴직연금(IRP, Individual Retirement Pension)로 운용할 수 있다.

(3) 퇴직연금의 도입과 내용

① 확정급여형(DB형), 확정기여형(DC형)은 미국의 제도를 참고하여 2005년 부터 국내에 도입했다. 확정기여란 단어 중 기여(contribution)란 회사가 근로자를 위해 내주는 부담금(적립금)을 말하고, 확정급여란 단어 중 급여(benefit)는 근로자가 받을 퇴직급여액을 말한다. 노후 소득보장을 위해 근로기간에 기여금(contribution)을 내고 일정한 연령에 도달하면 급여(benefit)을 받는 것이 직연금이다.

② 역사적으로 제2차 세계 대전 이후부터 미국에서는 1980년대까지는 확정급여형(DB형)이 대다수였으나, 이후부터 미국을 비롯한 서구에는 확정기여형(DC형)이 더 많아지며 활성화가 되고 있다.

반면, 국내에서는 2020년 기준으로 아직까지도 DB형이 60%, DC형이 26%, IRP가 14%를 차지해 DB형이 대다수이다.

③ 확정급여형(DB형)이나 확정기여형(DC형)으로 매월 쌓다가 만 55세 이후 퇴직 시 지금껏 쌓은 금액을 일시에 목돈(퇴직금)으로 찾을 수도 있지만 그러지 않고 연금(퇴직연금)으로 수령하기로 마음먹었다면 개인형 퇴직연금(IRP형)에 가입해야 한다.

④ 개인형 퇴직연금(IRP형)은 근로자의 퇴직금을 자신 명의의 퇴직 계좌에 적립해 연금 등 노후자금으로 활용할 수 있게 하는 제도이다. 근로자는 회사를 옮기더라도 개인형퇴직연금제도(IRP)를 통해 퇴직급여를 계속 적립할 수 있다.

근로자는 퇴직하기 이전이라도 누구나 개인형 퇴직연금(IRP) 계좌를 만들 수 있다. 직장을 다니는 동안 쌓이는 퇴직연금(DB형, DC형)과 별개로 근로자는 퇴직 전이라도 개인형 퇴직연금(IRP)계좌를 만들어 이를 세금 혜택을 받는 노후 대비용 투자 계좌로 활용할 수 있다. 즉 IRP계좌에 연간 최대 1,800만 원까지 추가 납입하여 운용할 수 있고, 그 납입금 중 연간 최대 700만 원 한도로 연말정산 세액공제 혜택을 받을 수도 있다. 또한 퇴직 전까지 운용하는 동안 과세이연 혜택도 주어진다. 퇴직 이후 연금으로 인출 과정에서는 저율과세(연금소득세 3.3~5.5%) 혜택도 받을 수 있다.

4) 퇴직연금의 종류

퇴직연금의 종류에는 확정급여형(DB형), 확정기여형(DC형), 개인퇴직연금(IRP형)이 있는데, 다음과 같다.

(1) 확정급여형(DB형: Defined Benefit Plan)

근로자가 지급 받을 퇴직급여액(benefit)의 수준이 일시금 기준으로 사전에 확정(defined)되어 지고, 기업이 부담(적립)할 부담금(적립금, contribution)이 적립금 운용결과에 따라 변동되는 퇴직연금제도이다. 즉, 확정급여형(DB형) 퇴직연금은 근로자에게 지급될 연금급여가 근무기간과 평균임금에 의해 사전에 결정되고 그것을 보장하기 위해서 사용자가 매년 부담할 금액은 적립금 운용 결과에 따라 변동되는 제도로, 퇴직 시 DB운용사업자와 회사가 각각 퇴직급여를 지급한다.

확정급여형의 퇴직급여는 근로기간과 퇴직 시의 임금수준에 따라 퇴직급여가 확정되는 기존의 전통적인 퇴직금 계산법과 동일하다. 퇴직 시 평균임금, 즉 계속근로기간 1년에 대하여 30일분의 평균임금이다.

확정급여형 퇴직연금제도는 적립금(contribution) 운용에 대한 위험부담은 회사가 책임을 지며, 근로자는 운용성과에 상관없이 확정된 퇴직급여를 받는다. 예를 들어 금융기관에서 운용을 잘하여 퇴직급여가 1억 원이 되어 있다고 해도 퇴직자는 정해진 5천만 원의 퇴직급여만 받아가게 된다. 물론 반대로 손실이 난 경우에도 근로자는 5천만 원의 금액을 보장받게 된다.

(2) 확정기여형(DC형: Defined Contribution Plan)

확정기여형(DC형) 퇴직연금은 회사가 내는 부담금(contribution)이 사전에 확정되고, 근로자가 지급받을 퇴직급여(benefit)는 적립금의 운용실적에 따라 변동되는 퇴직연금제도이다. 단, 퇴직 시에 회사는 퇴직급여를 지급하지 않는다.

사용자(기업)는 가입자의 연간 임금총액의 12분의 1이상으로 부담금을 납부한다. 매년 1회 이상의 연간 임금총액의 1/12 이상의 부담금을 직원의 DC계정에 납입해야 하며 납입주기는 월납, 분기납, 반기납 등으로도 정할 수 있다.

회사의 부담금이 정해져 있으므로 회사는 이 금액을 입금하면 근로자에 대한 퇴직금 지급의무를 다하게 된다. 이렇게 납입된 부담금(contribution)은 직원 개인이 직접 운용관리하게 된다. 회사가 준 부담금을 직원(근로자) 스스로 원하는 투자상품으로 운용할 수 있으며, 수익이 발생하면 직원의 퇴직금에 더해지게 된다. 따라서 퇴직금은 본인이 낸 수익에 따라 달라질 수 있다. 부담금을 예금상품과 같은 안전한 금융상품에 넣지 않고 공격적인 금융상품에 투자하면 퇴직금이 크게 늘어날 수 있지만 반대로 잘못하면 원금을 손해볼 수도 있다.

DC형은 직원 본인이 추가 부담금을 납입하는 것이 가능하다. 직원은 사업주가 납입한 부담금과 직원 본인의 의사로 추가 납입한 금액을 기반으로 운용한 수익을 최종 퇴직급여로 지급받게 된다.

(3) 개인형 퇴직연금(IRP형: Individual Retirement Pension)

근로자가 직장을 옮기더라도 퇴직일시금을 계속 적립한 후 적립금을 운용하기 위하여 금융기관에 설정한 저축계좌이다. 즉, 개인형 퇴직연금(IRP)은 가입자의 선택에 따라 가입자가 납입한 일시금이나 사용자 또는 가입자가 납입한 부담금을 적립·운용하기 위하여 설정한 퇴직연금제도로서 급여의 수준이나 부담금의 수준이 확정되지 않은 퇴직연금제도를 말한다.

개인형 IRP는 근로자가 이직 등으로 받은 퇴직금을 저축할 수 있는 일종의 저축계좌로서 직장 이전으로 받은 퇴직금을 생활자금으로 소진하는 대신 노후생활을 위해 활용할 수 있다. 이는 기업형 IRP와 개인형 IRP로 구분되며, 기업형 IRP는 상시근로자 10인 미만 사업장에 한해 적용되는 제도로서 기업형 IRP를 도입한 경우 확정기여형(DC형) 퇴직연금을 도입한 것과 그 효과가 동일하다. 따라서 퇴직금 지급을 위해 회사가 외부에 적립한 금액을 근로자 개개인이 직접 운용하고 운용성과에 따라 퇴직금이 변동하게 된다.

원래는 근로소득자만 가입이 가능했으나 2017년부터는 소득이 있으면 모두 가능해졌으며, 무직자는 가입이 불가능하다. 따라서 자영업자도 IRP 가입이 가능해져 다양한 혜택을 볼 수 있게 됐다.

IRP는 현재 퇴직연금 서비스를 제공하는 금융기관이면 어디서든 가입할 수 있다. 퇴직자들은 IRP를 통해 퇴직금을 펀드, 상장지수펀드[44](ETF, Exchange Traded Fund)와 같은 실적배당상품이나 예

---

44) ETF: KOSPI200, KOSPI50과 같은 특정지수의 수익율을 얻을 수 있도록 설계된 지수연동형 펀드(Index Fund). 즉, KOSPI200지수와 KOSPI50지수와 같은 특정 주가지수의 수익률을 따라가는 지수연동형 펀드를 구성한 뒤

금이나 저축보험과 같은 원리금보장상품 등에 투자할 수 있다. 이때 실적배당상품은 확정기여형(DC형) 퇴직연금과 동일하게 주식 등 위험자산에 40%까지만 투자할 수 있기 때문에 비교적 안정적인 투자가 가능하다. 또한 퇴직연금 전용상품이므로 일반 펀드에 비해 수수료의 부담도 적다.

IRP는 관리수수료가 존재한다. 즉 은행, 보험사, 증권사 마다 IRP수수료 차이가 나니 잘 비교해 하고 가입해야 한다.

(4) 퇴직연금(DB형, DC형)과 IRP 비교

구분	확정급여형(DB형)	확정기여형(DC형)	개인퇴직연금(IRP형)
적립금 운영주체	사용자(기업)	근로자	근로자
퇴직급여금	임금수준에 따라 퇴직급여가 확정된다.	적립금의 운용실적에 따라 퇴직급여 수준이 변동한다.	적립금의 운용실적에 따라 퇴직급여 수준이 변동한다.
세액공제 혜택	없다.	가입자 추가부담금에 한하여 연 7백만 원의 세액공제 한도에 13.2~16.5%(지방소득세 포함)의 세액공제율을 적용해 연말정산 공제한다.	가입자 추가부담금에 한하여 연 7백만 원의 세액공제 한도에 13.2~16.5%(지방소득세 포함)의 세액공제율을 적용해 연말정산 공제한다.
중도인출 여부	중도인출이 불가능하다. 단, 확정기여형으로 전환하면 중도인출이 가능하다.	중도인출이 가능하다.	중도인출이 가능하다.

① 적립금(기여금) 운용주체는 확정급여형은 사용자이며 확정기여형과 IRP는 둘 다 근로자이다.
② 확정급여형은 근로시간과 퇴직 시 임금수준에 따라 퇴직급여(benefit)가 확정이 되지만, 확정기여형과 IRP는 적립금(contribution)의 운용실적에 따라 퇴직급여(benefit)의 수준이 변동한다.
③ 확정급여형은 세액공제 혜택이 없으나 확정기여형과 IRP의 경우 가입자 추가부담금에 한하여 연 7백만 원의 세액공제 한도에 13.2~16.5%(지방소득세 포함)의 세액공제율을 적용해 연말정산 공제를 받을 수 있다.
④ 확정기여형이나 IRP의 경우에는 무주택자의 본인명의 주택구입이나 전세(임차보증금) 마련, 본인이나 부양가족의 질병, 부상으로 6개월 이상 요양, 회생, 파산, 천재지변의 사유에 한해서만

이를 거래소에 상장하여 주식처럼 실시간으로 매매할 수 있도록 발행 · 유통 · 환매구조를 변형한 상품을 말한다.

중도인출이 가능하다.[45] 그러나 확정급여형은 중도인출이 불가능하다. 단, 확정급여형 가입자가 위와 같은 급전이 필요한 경우 확정기여형으로 전환하면 중도인출이 가능하다. 또는 확정기여형 적립금의 50% 범위에서 상기 사유의 경우 담보대출을 받을 수 있다.

5) 퇴직연금제도 주요내용

구분		주요 내용
퇴직연금사업자		보험회사, 은행, 증권회사, 근로복지공단
가입대상		근로자를 사용하는 모든 사업장
제도종류	확정급여형 (DB형)	근로자가 퇴직 시 수령할 퇴직급여 수준이 근무기간과 평균임금에 의해 사전적으로 확정되어 있는 제도
	확정기여형 (DC형)	사용자가 매년 근로자 연간 임금의 1/12 이상을 부담금으로 납부하고, 근로자가 적립금의 운용방법을 결정하는 제도
	개인형 퇴직연금제도 (IRP)	근로자가 퇴직 또는 이직 시 받은 퇴직금을 자기 명의의 퇴직계좌에 적립하여 연금 등으로 활용할 수 있도록 한 제도
자산관리 계약형태		보험계약, 신탁계약
적립금(자산) 운용방법		보험상품(금리확정형, 금리연동형, 실적배당형), 예/적금(저축은행 포함), 채권, 주식, 수익증권, 원리금보장형 ELB, RP, 발행어음, 표지어음 등
근로자 교육		퇴직연금제도 설정 사용자는 매년 1회 이상 가입자 대상 교육 실시 (단, 퇴직연금사업자에게 위탁 가능)
판매자격		퇴직연금모집인 자격 취득
퇴직급여 수령		일시금 또는 연금
세제혜택		근로자추가퇴직연금납입액 세액공제 : 연간 900만 원 한도(연간 600만 원까지는 연금저축납입액과 합산적용하며, 퇴직연금납입액은 300만 원 추가공제)

출처: 생명보험협회 자료

---

45) 주택구입이나 전세자금 마련 등을 위해 중도인출 하는 경우 회사에서 입금한 금액은 퇴직소득으로 계산되어 퇴직소득세를 떼고 받게 되며, 개인이 추가로 입금하여 연말정산에서 세액공제를 받은 금액은 기타소득세 15%와 지방소득세 1.5%를 합해 총 16.5%를 떼고 받게 된다.

6) 퇴직연금사업자 역할

퇴직연금사업자의 업무는 운용관리업무와 자산관리업무로 나눠지며, 사용자 또는 근로자의 운용지시를 받아 적립금을 운용한다.

① **운용관리업무**: 제도운용 관련 업무를 전반적으로 지원
② **자산관리업무**: 적립금 보관 및 입출금 업무

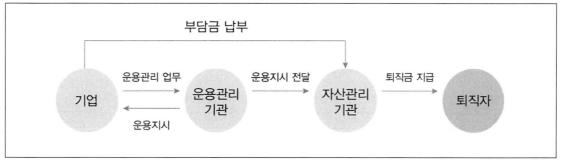

출처: 생명보험협회 자료

9. 장애인보험

1) 장애인의 정의

장애인이란 신체적·정신적 장애[46]로 오랫동안 일상생활이나 사회생활에서 상당한 제약을 받는 자를 지칭한다(「장애인복지법」 제2조).

> ♣ 장애인복지법 제2조(장애인의 정의 등)
> ① "장애인"이란 신체적·정신적 장애로 오랫동안 일상생활이나 사회생활에서 상당한 제약을 받는 자를 말한다.
> ② 이 법을 적용받는 장애인은 제1항에 따른 장애인 중 다음 각 호의 어느 하나에 해당하는 장애가 있는 자로서 대통령령으로 정하는 장애의 종류 및 기준에 해당하는 자를 말한다.
>   1. "신체적 장애"란 주요 외부 신체 기능의 장애, 내부기관의 장애 등을 말한다.
>   2. "정신적 장애"란 발달장애 또는 정신 질환으로 발생하는 장애를 말한다.

2) 장애인의 보험가입(기준 및 절차)

(1) 장애인의 보험가입

① 중증 장애인 또는 경증 장애인이라도 아무런 관계가 없으며 어떠한 차별도 없이 보험상품에 가입할 수 있다(장애인차별금지 및 권리구제 등에 관한 법률 제17조). 장애인은 비장애인과 마찬가지로 통상적인 보험상품에 가입할 수 있으며, 보험회사는 장애인이라는 이유만으로 보험

---

46) 신체적 장애는 주요 외부 신체기능의 장애 또는 내부기관의 장애이며, 정신적 장애는 발달장애 또는 정신질환으로 발생하는 장애이다.

가입을 차별(가입거절, 보험금 감액 등)할 수 없다.

> ■ 장애인차별금지법(약칭) 제17조
> 제17조(금융상품 및 서비스 제공에 있어서의 차별금지)
> 금융상품 및 서비스의 제공자는 금전대출, 신용카드 발급, 보험가입 등 각종 금융상품과 서비스의 제공
> 에 있어서 정당한 사유 없이 장애인을 제한·배제·분리·거부하여서는 아니 된다.

② 다만, 3개월 이내의 치료 및 진단 소견, 2년 이내의 입원 및 수술이력, 5년 이내의 암, 심장, 뇌 관련 질환만 없다면 가입 가능하다(일반인 수준 이상의 기준임).

③ 심지어 약을 먹거나 아픈 곳이 있더라도 보험가입이 가능하다.

(2) 장애인 보험가입 시 고지의무 폐지

① 장애상태의 고지의무 폐지

② 장애상태의 항목 삭제

③ 장애인 보험료의 차별금지

(3) 장애인차별금지법(약칭)의 위반 효과

보험회사는 본사 심사부서의 심사자가 비장애인과 동일하게 보험가입 당시의 건강상태 등을 고려하여 보험가입 가능여부 및 인수조건을 결정하여야 한다. 다만, 정당한 사유 없이 장애인의 보험계약 청약을 거절해서는 안 되며 이를 위반 시 「장애인차별금지 및 권리구제 등에 관한 법률」에 따라 3년 이하의 징역 또는 3천만 원 이하의 벌금에 처해질 수 있다.

(4) 생보업계의 「장애인 보험계약 인수를 위한 모범기준」

생명보험업계는 장애인의 보험가입 시 회사에서 임의로 인수를 거절하는 것을 방지하기 위하여 2005년 8월 「장애인 보험계약 인수를 위한 모범기준」을 제정하여 장애인도 비장애인과 차별 없이 동일한 심사과정을 거쳐 보험에 가입할 수 있도록 하고 있다. 또한 「장애인차별금지 및 권리구제 등에 관한 법률」 시행에 따라 장애인에 대한 차별적 요소를 제거하기 위한 법적 장치가 마련되었으며, 이와 관련하여 생명보험협회는 장애인 보험가입의 차별 방지를 위한 신고센터를 운용하고 있다. 보험회사도 해당법률에 따라 보험가입 시 발생할 수 있는 장애인 차별요소를 해소하여 운영하고 있다.

3) 장애인전용보험

장애인의 사회복지를 증진하고 장애인의 최소생계 유지, 장애인의 질병 및 사망 등에 대한 보장을 위해 일반보험에 비해 보험료가 저렴한 장애인전용 보장성보험이 2001년 출시되었으며, 장애인의 평균수명이 일반인에 비해 짧은 것을 감안하여 일반 종신연금보다 많은 연금액을 지급하는 장애인전용 연금보험도 2004년 출시되었다.

■ 장애인전용 보험상품 현황(2019년 2월 기준)

종류	가입대상	주요 담보(특약 포함)
장애인 보장성보험 (개인보험)	• 「장애인복지법」상 등록장애인 • 「국가유공자 등 예우 및 지원에 관한 법률」에 의해 등록된 상이자	사망보험금, 암진단금, 입원비, 통원비, 암사망보험금, 재해장해급여금 등
장애인 단체보험	장애인전용보험 가입대상으로 구성된 5인 이상 단체	재해사망보험금, 암진단금, 입원급여금, 사망보험금, 재해수술자금 등
장애인 연금보험	• 「장애인복지법」상 등록장애인 • 「국가유공자 등 예우 및 지원에 관한 법률」에 의해 등록된 상이자	연금개시 이후 생활비 목적의 연금 또는 피보험자 부모 사망 시 연금지급 등

※ 회사별·상품별 차이가 있을 수 있음

출처: 생명보험협회 자료

(1) 세제혜택

① 상속증여세법은 장애인이 증여받은 신탁재산은 5억 한도 이내의 금액은 과세하지 않으며, 장애인을 보험수익자로 하는 보험계약의 보험금은 연간 4천만 원 한도 내에서 증여세를 비과세한다(「상속 및 증여세법」 제46조).

② 장애인이 피보험자 또는 수익자로 가입하는 장애인전용 보장성보험의 보험료는 일반보장성보험의 보험료 세액공제와는 별도로 연 100만 원에 대해 세액공제(15%, 지방소득세 별도)를 받을 수 있다(「소득세법」 제59조의4).

③ 2019년 1월부터 장애인전용보험 제도성특약이 도입되어, 일반보장성보험에 가입한 장애인도 장애인 세액공제를 받을 수 있게 되었다.

(2) 보험료 수준

장애인전용보험은 사업비율과 이자율을 우대 적용하여 보장내역이 유사한 일반 보험에 비하여 보험료가 상대적으로 저렴하다.

(3) 심사기준

장애인전용보험이라고 해서 보험회사의 심사절차가 생략되는 것은 아니며, 가입당시의 건강상태 등을 고려하여 보험가입 가능여부 및 인수조건을 결정한다.

1. 변액보험의 정의 및 개요

1) 변액보험 정의

변액보험이란 보험금이 자산운용성과에 따라 변동하는 보험계약으로, 고객이 납입한 보험료를 모아 펀드를 구성한 후 주식, 채권과 같은 유가증권 등에 투자하여 발생한 이익을 배분해주는 실적배당형 보험을 의미한다. 즉, **변액보험은 계약자가 납입한 보험료의 일부를 특별계정으로 분류하여 주식이나 채권에 투자하고, 그 운용실적에 따라 계약자에게 투자이익을 배분함으로써 보험기간 중에 보험금과 해지환급금이 변동하는 상품이다.**

따라서 변액보험은 생명보험과 투자 상품의 성격을 동시에 가지게 되므로 법적으로 「보험업법」과 「자본시장과 금융투자업에 관한 법률」을 동시에 적용받고 있다. 변액보험은 2001년 7월부터 판매되기 시작한 이래로 전반적인 성장세를 보이고 있으며, 현재 변액연금보험, 변액유니버설보험, 변액종신보험, 변액CI보험 등 다양한 형태의 변액보험이 판매되고 있다. 또한 변액보험은 생명보험회사에서만 판매할 수 있다.

2) 변액보험 개요

변액보험은 계약자가 납입한 보험료의 일부를 주식이나 채권, 펀드 등에 투자하고 그 운용 성과에 따라서 가입자에게 수익을 배분하는 상품으로서 해지환급금이나 보험금이 보험기간 중에 변동하는 실적배당형 상품인데, 나중에 수령할 보험금 혹은 해지환급금의 액수가 변동하기에 변액보험이라고 한다.

변액보험은 보험계약자가 납입하는 보험료 가운데 사업비(경비)와 위험보험료를 제외한 적립보험료를 따로 특별계정으로 분리하여 주식·공채·채권 등의 수익성이 높은 유가증권에 투자한 뒤 운용실적에 따라 투자수익을 계약자에게 배분하는 형태로 운영된다. 따라서 자산운용 방식과 실적에 따라 고수익을 낼 수 있고 사망보험금은 매월 변동하며 해약환급금은 매일 변동한다.

변액보험은 10년 이상 유지하고 비과세 요건을 충족한다면 투자 수익의 약 15.4%에 해당하는 이자소득세를 감면받을 수 있다. 즉, 비과세 혜택을 받을 수 있기에 투자성향이 강한 가입자들이 선호한다. 다만 예금자보호법에 따라 보호를 받을 수가 없으므로 투자에 손실이 나면 계약자가 받는 보험금이 줄어들 수 있기 때문에 원금에 손실이 발생할 가능성이 있다.

변액보험은 은행과 다르게 예금자보호법에 따라 예금보험공사가 금액을 보호하지 않으며, 또한 변액보험은 장기상품이기 때문에 중도 해지 시에 원금보장의 혜택을 누릴 수가 없다.

---

47) 출처: 삼성생명보험(주) 교육자료, 생명보험협회 자료.

원금에 도달하기 위해서는 최소 7년 이상의 시간이 필요하기 때문에 보험금의 변동에 따라 구분되는 보험인 변액보험은 잘 알아보고 신중하게 선택해야 할 것이다.

(1) 변액보험의 특이사항

① 보험금의 변동성 때문에 목표 수익률을 사전에 알 수 없으며 제시하지 못한다.

② 변액보험판매자격시험에 합격한 별도의 자격을 갖춘 사람만 판매가 가능하다.

③ 반기별로 투자실적과 현황을 계약자에 통지하고 이를 생명보험협회의 홈페이지에 공시한다.

④ 변액보험은 예금자 보호법의 보호를 받지 못한다.

⑤ 기존 종신보험에 비해 변액보험의 보험료가 상대적으로 비싸다.

⑥ 계약자의 투자 성향에 따라 자산운용 형태를 계약자가 선택 및 설정할 수 있다.

⑦ 자산운용의 실적과 투자 결과에 따라 원금손실 또는 원금이상의 고수익을 창출할 수 있다.

(2) 변액보험의 장점

① 투자하는 상품의 특성상 투명한 운용을 하기 위해 각 회사별 수익률을 생명보험협회를 통해 공시하고 있으며, 주식과 채권, 유가증권에 투자하기 때문에 물가 상승에 따른 보험금 실질가치의 하락을 보전할 수 있다는 장점이 있다.

② 계약자가 투자 성향에 따라 변액보험의 종류를 선택하여 자산을 운용할 수 있다.

③ 반기별로 투자 실적과 현황을 계약자에 통지하여 줌으로 자산운용의 상태를 알 수 있다.

(3) 변액보험의 단점

① 계약자가 납입한 일부 보험료의 투자 결과에 대한 책임을 전적으로 계약자가 부담하며 투자 실적이 좋은 경우 사망보험금과 환급금이 증가 하지만, 반대의 경우 손실이 발생할 수 있다.

② 또한, 자산운용 및 투자 실적에 따라 보험금과 해약환급금이 변동되는 투자형 상품이기 때문에 투자 리스크를 온전히 계약자가 부담한다.

③ 예금자보호법의 보호를 받지 못한다.

④ 목표 수익률을 정해서 투자할 수가 없다.

⑤ 기존 보험에 비해 사업비와 설계비가 추가되어 보험료가 상대적으로 비싼 편이다.

2. 변액보험의 도입과정 및 법적 규제

1) 변액보험의 도입배경 및 연혁(沿革)

① 우리나라는 2000년 이후 보험가격 자유화, IMF 이후 금융시장 재편 및 급격한 금리변동 등의 금융환경변화에 대응하여 시장수익률을 반영하면서 인플레이션을 헤지[48]하여 보험금의 실질가치를 보장할 수 있는 변액보험 상품의 도입을 본격적으로 추진하였다.

---

48) 헤지: 투자자가 가지고 있거나 앞으로 보유하려는 자산의 가치가 변함에 따라 발생하는 위험을 없애려는 시도.

② 2001년 4월 27일 금융감독위원회(현재 금융위원회)가 「보험업감독규정」을 개정하여 법적 근거가 마련되었고 2001년 7월부터 판매가 시작되었다.

③ 2002년 1월 「보험업법」의 개정으로 변액보험계약이라는 문구가 법률에 정식으로 반영되었다.

④ 2009년 2월부터 「자본시장법」이 시행됨에 따라 변액보험의 펀드는 이 법률의 규제를 받게 되어 집합투자기구의 요건을 준수해야 한다.

2) 변액보험의 도입 및 내용

① 우리나라의 경우 2001년 변액종신보험이 최초 도입된 이래 2002년에 변액연금, 2003년에 변액유니버설 보험이 뒤를 이어 판매되었다.

② 도입 초기에는 판매자격 보유자가 적고 상품 내용이 판매자와 고객에게 익숙하지 않았던 점 등으로 판매가 부진하였으나 이후 판매역량의 향상과 주식시장의 성장을 기반으로 꾸준히 증가하여 생명보험회사의 주력 상품으로 자리 잡았다.

③ 전 세계적인 금융위기로 금융시장이 극도로 위축된 2008년 하반기부터 2009년 상반기까지의 여파로 인해 2009년에는 변액보험 도입 이후 최초로 수입보험료가 감소하였다.

④ 최저보증금액이 조정되는 상품 등 금융환경의 변화에 따라 고객 니즈(needs)를 충족하는 동시에 변액보험의 안정성을 제고하는 다양한 신상품들이 출시되어 향후에도 지속적인 성장세를 이어갈 것으로 기대되고 있다.

3) 변액보험에 대한 법적 규제

① 변액보험의 법률상 정의는 "보험금이 자산운용성과에 따라 변동하는 보험계약(「보험업법」제108조 제1항 제3호)"이다.

② 변액보험은 생명보험과 집합투자(펀드운용에 의한 실적 배당)의 성격을 동시에 가지므로 법적 규제에 있어서도 「보험업법」과 「자본시장법」의 일부 규정이 동시에 적용된다.

③ 변액보험은 생명보험 상품 중 하나이므로 손해보험회사에서는 취급할 수 없는데, 이를 제한하는 명시적인 법적 근거는 「보험업감독규정」 제5-6조 제1항 제3호 등에 있다.

④ 변액보험은 「보험업법」에 따라 특별계정을 설정하여 운용해야 한다. 특별계정이란 보험상품의 도입목적, 상품운용방법 등이 일반상품과 크게 상이하여 보험회사로 하여금 다른 보험상품과 구분하여 별도로 관리 및 운용을 할 것을 보험관련 법규에서 지정한 것으로 계정 상호간 계약자를 보호하는 것을 목적으로 설정한 것이며 주요 특별계정 상품으로는 퇴직보험, 연금저축, 변액보험 등이 있다.

⑤ 일반계정의 경우 보험계약의 종류에 구분 없이 보험료를 운용하고 그 결과에 대하여 보험회사가 책임을 지는데 반해, 변액보험은 특별계정의 자산운용 성과에 따라 보험금의 차이가 발생한

다. 따라서 변액보험특별계정에는 회계처리나 자산 운용방법, 자산의 평가방법 등에 있어서 일반계정과 다른 규제와 제한이 적용된다.

3. 변액보험판매자격제도

변액보험의 보험금이 자산운용(주식, 채권, 펀드 등)의 성과에 의한 변동성이 있는 많은 실적배당형의 보험이고, 특별계정을 설정하여 운용해야 하는 등의 복잡 다양성과 완전판매의 중요성을 감안하여 우리나라는 최초에 변액보험제도를 도입할 당시부터 금융감독원과 보험회사에서 자격제도의 필요성을 강조하였다.

2001년 5월에 생명보험협회 및 생명보험회사는 「변액보험판매자격시험 및 자격관리에 관한 규정」을 자율적으로 제정하여 보험설계사와 보험대리점 소속 설계사에 대해 자격시험으로 자질을 평가하여 선별적으로 판매자격을 부여하였다.

이러한 자율규정은 2003년 8월 27일 「보험업법 시행령」, 9월 26일 「보험업감독규정」에 그 법적 근거가 마련됨으로써 변액보험판매자격시험 제도는 일종의 법정 자격시험의 성격을 가지게 되었다.

또한 「보험업법 시행령」과 「보험업감독규정」에서는 보험설계사와 보험대리점 소속 설계사 외에 보험회사의 임원, 보험대리점, 보험중개사 등 모든 모집종사자에 대해서도 생명보험협회가 주관하는 자격시험에 합격하여야 변액보험 모집이 가능하도록 하였다. 따라서 모집종사자가 모집자격이 없는 상태에서 변액보험을 모집하는 경우에는 법령 위반에 해당되어 모집자격이 박탈되거나 영업이 정지될 수 있으며 관리책임이 있는 보험회사 및 직원도 금융감독당국의 행정적 처벌을 받을 수 있다.

■ 변액보험판매자격제도의 법적 근거
1) 「보험업법 시행령」 제56조(특별계정의 운용전문인력 확보의무 등)
모집을 할 수 있는 자가 변액보험계약을 모집하려는 경우에는 금융위원회가 정하여 고시하는 바에 따라 변액보험계약의 모집에 관한 연수과정을 이수하여야 한다.
2) 「보험업감독규정」 제5-4조(변액보험계약의 모집에 관한 연수)
① 모집을 할 수 있는 자가 변액보험계약을 모집하고자 하는 경우에는 영 제56조 제2항의 규정에 의하여 협회에서 실시하는 변액보험모집 자격시험 또는 종합자산관리사 시험에 합격하여야 한다.
② 협회의 장은 제1항의 규정에 의한 시험 및 교육과정의 운영·관리와 교육이수여부 확인 등을 위해 필요한 세부적인 기준과 방법을 정하여야 한다.

출처: 삼성생명보험(주) 자료

---

4. 변액보험의 특징

1) 변액보험은 투자 실적에 따라 보험금과 해지환급금이 변동된다.

변액보험의 자산운용구조가 금융투자회사의 투자상품(수익증권)과 유사한 구조를 갖고 있어 특별계정 펀드의 운용실적에 따라 투자실적이 좋을 경우에는 사망보험금과 환급금이 커지지만 반대로 투자실적이 악화될 경우에는 환급금이 원금에도 미치지 못할 수 있는 전형적인 투자형 상품 형태이기 때문이다.

2) 변액보험은 안정성보다는 수익성을 중시하고, 특별계정에서 운용한다.

변액보험은 일반상품과 달리 안정성보다는 수익성을 좀 더 중시하여 운용하고, 투자위험을 계약자가 부담하는 특성 때문에 계약자 자산에 비례한 공평한 투자손익의 배분을 위해 다른 보험계약과 분리하여 특별계정에서 운용한다.

3) 변액보험은 「예금자보호법」의 적용을 받지 않는다.

「예금자보호법 시행령」이 개정 시행(2016. 6. 23.)되면서 보험회사가 최저 보증하는 보험금에 한하여 기존에 보호해 온 특약과 함께 예금보험공사가 보호하도록 변경되었다.

① 보장성 변액보험(변액종신보험, 변액유니버설보험 보장형)은 피보험자 사망 시의 사망보험금이 계약 당시 설정한 기본사망보험금보다 낮을 경우 기본사망보험금을 지급하도록 설계하고 있다.

② 저축성 변액보험(변액연금보험, 변액유니버설보험 적립형)의 경우에는 사망보험금을 기납입보험료와 비교하여 더 큰 금액을 지급하도록 하고 있다.

4) 변액보험의 해지환급금은 최저보증이 안 된다.

변액보험을 중도에 해지하는 경우에 지급되는 해지환급금은 최저보증이 이루어지지 않으며 원금의 손실이 발생할 수도 있어 특정시기의 수익률에 따라 계약을 해지하지 않도록 장기 유지하는 것이 필요하다.

5) 변액보험은 변액보험판매자격시험에 합격한 자만이 판매할 수 있다.

변액보험은 상품내용이 복잡하고 손익이 계약자에게 그대로 귀속되기 때문에 이에 대한 보험계약자의 이해가 매우 중요하다. 이러한 특성 때문에 생명보험협회에서 실시하는 변액보험판매자격시험에 합격한 사람만이 판매할 수 있도록 하고 있으며, 가입자 또한 변액보험 적합성진단을 받아야 가입할 수 있다.

5. 변액보험의 특성

1) 변액보험과 일반 펀드의 비교

구분	특징
운용형태 및 비용	변액보험은 납입보험료에서 위험보험료와 사업비 등을 차감한 후 펀드에 투자하기 때문에 초기 투입금이 적어 단기운용 시에는 불리하지만, 장기로 갈수록 펀드 투입비율이 높아지고, 10년 이상 유지 시 비과세 혜택 및 최저보증기능(일부상품제외)이 있어 장기운용에 적합한 상품이다. 일반 펀드는 차감되는 비용이 적어 초기 투입금이 많기 때문에 단기운용 시에는 유리하지만 적립금의 일정 비율로 비용이 차감되기 때문에 장기 운용에는 불리할 수 있다.
투자리스크	변액보험은 최저 보증기능을 통해 투자 리스크의 일부를 회사가 부담(단, 보증비용 발생)하는 반면, 일반 펀드의 경우 리스크를 고객이 100% 부담해야 한다.
보장기능	변액보험은 기본적으로 보험상품이기 때문에 사망이나 질병 등의 보장기능이 있는 반면, 일반 펀드는 별도의 보장 기능이 없다.

출처: 생명보험협회 자료

2) 실적배당형 상품

변액보험은 보험금 또는 해지환급금 등이 회사의 투자실적에 따라 변동되므로 투자실적이 좋을 경우에는 보험금과 해지환급금이 증가하나, 투자실적이 악화될 경우에는 해지환급금이 원금보다 적을 수 있다.

3) 최저보증 기능

① **최저사망보험금**: 보험기간 중 피보험자가 사망한 경우 보증하는 최저 한도의 사망보험금(이미 납입한 보험료 등)

예시) 보험가입금액 1천만 원, 보험료 총 6천만 원 납입 후 사망, 수익률이 좋지 않아 계약자적립금이 4천만 원, 이미 납입한 보험료를 최저 보증하는 경우

이미 납입한 보험료: 6천만 원
사망당시 계약자적립금: 4천만 원
사망보험금: 5천만 원(보험가입금액+계약자적립금)
→ 사망보험금(5천만 원)이 이미 납입한 보험료(6천만 원)보다 적기 때문에 6천만 원을 최저사망보험금으로 지급

출처: 생명보험협회 자료

② **최저연금적립금**: 연금개시 나이 계약해당 일에 피보험자가 살아있을 경우 보증하는 최저 한도의 계약자적립금(선택한 계약자만 보증).

> 예시) 보험료 총 6천만 원 납입 후 연금을 개시, 수익률이 좋지 않아 계약자적립금이 4천만 원, 이미 납입한 보험료를 최저 보증하는 경우
>
> 이미 납입한 보험료: 6천만 원
> 연금개시 시점의 계약자적립금: 4천만 원
> → 연금개시 시점의 계약자적립금(4천만 원)이 이미 납입한 보험료(6천만 원)보다 적기 때문에, 6천만 원을 최저연금적립금으로 하여 연금 지급

출처: 생명보험협회 자료

4) 변액보험 보험료의 흐름

계약자가 납입한 보험료는 위험보험료와 사업비 등을 차감한 금액만 특별계정으로 투입되고, 이를 주식이나 채권 등에 투자하여 발생한 운용실적을 계약자적립금에 반영한다.

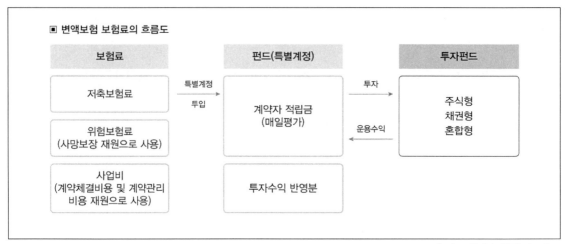

출처: 생명보험협회 자료

5) 펀드의 선택 및 변경

계약자는 회사가 정한 방법에 따라 펀드 종류 중 하나 이상을 선택할 수 있으며, 복수로 선택한 경우에는 펀드별 편입비율을 설정하여야 한다.

시장 상황에 따라 필요한 경우 계약자는 회사가 정한 방법에 따라 펀드를 변경하거나 펀드별 편입비율 변경을 신청할 수 있다(펀드 변경 시 별도의 수수료가 부과될 수 있음).

6) 펀드 관련 용어

변액보험에서는 계약자적립금 및 해지환급금 산출시 좌수 및 기준가격을 적용하여 계산한다.

① **기준가격**: 펀드의 자산 가치를 나타내는 가격으로 수시로 변하는 펀드의 시가를 펀드 총 좌수로 나누어서 1,000좌 단위로 산출
- 좌당 기준가격 = 당일 펀드의 순자산가치 / 펀드 총 좌수
- 당일 펀드의 순자산가치 = 당일 펀드의 총자산 – 특별계정 운용보수 – 보증비용(보증비용을 당일 펀드의 총자산에서 차감하여 기준가격을 산출하는 경우)

② **좌수**: 특별계정을 설정할 때 1원을 1좌로 하며, 그 이후에는 매일 좌당 기준가격에 따라 좌단위로 펀드에 이체 또는 인출

③ **특별계정 운용보수**
- 운영보수: 특별계정에 속한 자산의 운용 및 관리 등을 위해 회사가 수취하는 보수
- 투자일임보수: 특별계정에 속한 자산의 투자일임을 위해 자산운용사 등 투자일임 업자에게 지급하는 보수
- 수탁보수: 특별계정에 속한 자산의 보관 및 관리, 자산운용 지시의 이행, 운용 업무의 위규 여부 등을 감시하기 위하여 신탁업자에게 지급하는 보수
- 사무관리보수: 특별계정에 속한 자산의 회계업무 및 기준가격 산정업무 등을 수행하기 위해 일반사무관리 회사에게 지급하는 보수

6. 특별계정(별도의 펀드)

1) 특별계정 정의

특별계정이란 보험사업자가 특정보험계약의 손익을 구별하기 위하여 준비금에 상당하는 재산의 전부 또는 일부를 기타재산과 분리하여 별도의 계정을 설정하여 운용하는 것을 말한다.

즉, 일반 보험계약과는 자산을 분리하여 운영하는 보험계약을 회계처리하기 위한 계정을 말하며, 특별계정 계약에 대하여 다른 종목과 구별하여 그 준비금에 상당하는 재산의 전부 또는 일부를 기타 자산과 구별 분리하여 운용 및 회계 처리하는 것을 말한다.

이는 계정 간에 업무장벽을 설치하여 자산을 엄격히 구분하고 발생하는 손익을 명확하게 구분하므로 적정한 보험가격 형성을 통한 보험계약자간 형평성 및 보험경영 투명성을 제고시킬 수 있는 장점을 지니고 있다.

2) 특별계정 개요

관련 법령으로 변액보험, 퇴직보험, 연금저축보험 등의 일부 보험료를 회계 처리하는 계정으로서, 특별계정을 설치·운용하는 계정이다. 변액보험은 보험계약자가 납입한 보험료 중에서 순수보장을 위한 위험보험료는 일반계정에서 관리하고 일정한 투자를 하게 되는 부분은 특별계정에서 관리하게 된다.

생명보험에서는 안정성보다 수익성을 추구하는 실적배당형 상품인 변액보험이 자산운용에 있어 정액보험과 구별하기 위해 자산을 별도의 특별계정에서 운용하고 있으며, 이 특별계정은 투자결과에 대한 책임을 계약자가 부담하는 계정이다.

이러한 특별계정은 계약자가 납입하는 보험료 전체가 아닌 순보험료와 부가보험료 중 완납 후의 유지비를 합한 금액이 투입이 되며 매일 평가 및 결산이 이루어진다. 이 외에도 특별계정 상품으로는 퇴직보험, 세제지원연금저축 등이 있다. 장기손해보험의 만기환급금 재원인 적립(저축)보험료도 특별계정으로 구분된다.

> ※ 일반계정
> 계약자가 납입한 보험료를 회계처리하기 위한 계정이다.
> 관련 법령으로 변액보험, 퇴직보험, 연금저축보험 등을 제외하고 처리하는 계정.

3) 특별계정(별도의 펀드)의 필요성
변액보험은 자산운용에 있어 일반보험과 구별하기 위해 자산을 별도의 특별계정으로 운용하는데 그 이유는 다음과 같다.

① 변액보험과 일반보험은 자산운용의 실적에 대한 투자위험의 부담자가 상이하므로 투자성과에 대한 기여도를 명확히 구별해야 한다.

즉, 변액보험은 투자 상의 실적과 위험을 모두 계약자가 부담하므로 투자 상 대부분의 위험을 보험회사가 부담하는 일반보험과는 구별된다. 따라서 일반보험이 운용되는 일반계정과 변액보험이 운용되는 특별계정의 자산을 분리하여 각 계정간의 독립성을 유지해야 한다.

② 자산운용의 평가방법이 서로 상이하다.

변액보험의 자산은 계약자 각각의 몫을 구성하고 있으므로 계약자별 적립금의 산출에 있어서 공정해야 하고 자산의 평가방법도 이러한 필요성에 따라 상이하다. 예를 들어 특별계정(변액보험)의 평가는 매일 시가법에 의해 평가하는데 반해 일반계정에서 운용되는 자산은 결산시점에서 기업회계기준서에서 정하는 자산별 평가방법에 따라 평가하는 것이 원칙이다.

③ 자산운용의 목적이 상이하다.

변액보험은 실적배당형 상품이므로 자산운용에서 중시되는 것은 수익성이나, 일반보험은 장기간에 걸쳐 보험금 지급을 보증하고 자산운용에 의한 수익을 지속적으로 배당하기 위해 안정성이 중요시된다.

4) 특별계정(펀드별)의 종류
특별계정은 투자자산 유형에 따라 주식형 펀드, 채권형 펀드, 혼합형 펀드 등의 형태로 구분할 수 있으며, 각 회사는 회사의 여건에 따라 다양한 특별계정을 설정하여 운용할 수 있다.

각 특별계정(펀드별)의 주요 특징(성격)과 비교는 아래에 기술한다.

① 주식형 펀드

높은 수익을 얻기 위하여 위험을 감수하며 주식 및 주식 관련 파생 상품에 60% 이상 투자하는 펀드이다.

즉, 주식형 펀드는 주가상승에 따른 자본이득을 얻기 위해 주식 및 주식관련 파생상품에 60% 이상 투자하여 위험을 감수하며 고수익을 추구하는 펀드이다. 향후 기업가치가 상승할 것으로 예상되는 기업이나 기업의 내재가치에 비해 시장에서 거래되는 가격이 저평가되어 있다고 판단되는 기업이 발행한 주식이 주요 투자대상이 된다. 주식형 펀드의 수익률은 매일 보유 유가증권의 가격 변동에 따라 상승 또는 하락하며 예상치 못한 상황의 발생에 따라 원금손실의 위험도 존재한다.

② 채권형 펀드

금융시장 상황에 따라 채권 및 유동성 자산에 60% 이상을 투자하여 안정적인 이자수익 획득을 목적으로 하는 펀드이다.

채권 및 채권관련 파생상품 등 원금과 이자를 안정적으로 얻을 수 있는 자산에 95% 이내 투자함을 원칙으로 하며, 나머지는 유동성 확보를 위하여 지급금 경험률을 고려하여 단기채권, 예금, CD, CP, MMF 등에 투자된다.

③ 혼합형 펀드

금융시장 상황에 따라 채권(40% 이상)·주식 및 유동성 자산(60% 미만)에 분산 투자하여 이자수익과 자본소득을 동시에 추구함을 목적으로 하는 펀드이다.

채권 및 채권관련 파생상품 등 원금과 이자를 안정적으로 얻을 수 있는 자산에 60% 이상 투자하고, 주식 및 주식관련 파생상품에 30% 이내에서 투자함을 원칙으로 하며, 유동성 자산은 지급금 경험률을 고려하여 단기채권, CD, CP, MMF 등에 투자한다.

■ 투자자산 유형별 펀드 비교

구분	주식형 펀드	채권형 펀드	혼합형 펀드
운용대상	- 주로 주식(60% 이상)에 투자 - 일부 채권, 유동성 투자	- 주로 채권(60% 이상)에 투자 - 주식에 투자 안함	- 주로 채권(40% 이상)과 주식(60% 미만) 등에 분산투자
장점	- 수익성 추구 - 주식시장 활황 시 고수익 획득 가능	- 장기 안정적인 수익 확보 및 원금보전 가능성 높음 - 주식에 투자하지 않기 때문에 급격한 수익률 등락은 거의 없음	- 안정성과 수익성 동시추구 가능 - 주식편입비율에 따라 주식 혼합형, 채권혼합형으로 구분

단점	- 주식시장 폭락 시 원금 　손실 - 펀드운용 보수가 　상대적으로 높음	고수익 기대 곤란	주식시장 활황 시 주식형에 비해 상대적으로 수익률 저조
투자스타일	고위험 / 고수익	저위험 / 저수익	중위험 / 중수익

출처: 삼성생명보험(주) 자료

5) 변액보험 펀드(특별계정)의 주요특징

현재 국내에서 판매되고 있는 변액보험(변액종신보험, 변액연금보험, 변액유니버설보험 등) 펀드들의 주요 특징을 정리해보면 다음과 같다.

① 채권형 펀드

채권형 펀드는 크게 두 종류 내외로 운용되고 있다. 우선, 정부 등에서 발행하는 국공채, 투자적격 우량 회사채 등에 주로 투자·운용하여 안정적인 수익을 추구하는 일반적인 의미의 채권형 펀드가 있다. 그리고 주로 콜, CD, CP 등 단기 현금성 자산에 투자하는 단기 채권형 펀드(또는 MMF 펀드)가 있다.

단기채권형 펀드는 유동성 확보를 중시하여 고수익을 기대하기는 어려운 대신 단기 현금성 자산 위주로 운용되어 원금손실 발생 가능성은 거의 없는 펀드이다. 그래서 일부 회사에서는 채권형 펀드와 혼합형 펀드에 (−)투자수익률이 발생할 경우 이 펀드로 변경하여 리스크를 헤지할 수 있도록 사용하고 있다. 따라서 단기채권형 펀드는 엄밀한 의미에서 수익추구용 펀드라기보다는 리스크 헤지용 펀드에 더 가깝다고 할 수 있다.

② 주식형 펀드, 혼합형 펀드

주식형 펀드, 혼합형 펀드는 주식편입비율에 따라 다양하게 구분이 되며, 또한 적극적으로 종목 선택(액티브 운용)을 하느냐 KOSPI200 같은 주가지수에 연동하여 운용(패시브 운용)을 하느냐에 따라서도 구분이 가능하다.

주식편입비율에 의해 구분해보면 낮게는 60% 미만에서 주식을 편입해 운용하는 혼합형 펀드와 공격적으로 주식에 60% 이상을 편입해 운용하는 주식형 펀드까지 매우 다양한 종류의 펀드가 설정되어 있다. 따라서 고객은 투자성향에 따라 적합한 주식편입비율의 펀드를 선택하면 된다. 공격적 투자성향의 고객에게는 주식편입비율이 높은 펀드를, 안정성을 겸비한 투자성향을 갖고 있는 고객에게는 주식편 입비율이 낮은 펀드를 권하면 된다.

펀드매니저가 개별종목에 직접 투자하여 운용하는 펀드 보다는 전체적인 주식시장의 흐름에 따른 수익률을 추구하는 고객에게는 종합주가지수에 연동하여 운용하는 인덱스주식형 펀드가 적합하다고 할 수 있다. 인덱스주식형 펀드는 주로 KOSPI200에 연동하여 포트폴리오를 구성하는데, 펀드의 수익률이 목표지수와 비슷하게 움직이도록 포트폴리오를 구성하여 운용하는 펀드이다. 즉, 주가지수가 상승하면 펀드수익률도 상승하고 주가지수가 하락하면 펀드수익률도 하락하게끔 주가지수에 영향력이 큰 상위 회사(예: KOSPI200은 시장대표성, 유동성, 업종대표성 등을 고려한 상위 200개 회사)에 투자하는 포트폴리오를 구성해 놓은 펀드인 것이다. 따라서 인덱스주식형 펀드는 각 회사의 주식형 펀드를 통한 개별종목에 대한 투자를 신뢰하지 못하거나 전체적인 주식시장의 흐름에 수익률을 맡겨두고 싶은 고객에게 적합한 펀드라 할 수 있다.

③ 해외투자 펀드

투자자의 관심을 많이 받고 있는 해외투자 펀드는 투자지역 및 국가 등에 따라 분류된다.

투자지역으로는 글로벌, 선진국, 신흥국 등이 투자국가로는 미국, 중국 등의 펀드들이 많이 출시되고 있다. 최근에 가장 많은 자금이 몰리는 펀드는 글로벌 자산배분형인데, 이 펀드는 특정자산, 특정지역·국가 등 투자대상을 한정하지 않고 글로벌 자산배분 전략을 통해 장기적으로 안정적인 수익 달성을 추구하는 것이 특징이다. 단, 해외투자 펀드의 경우 환율 변동 리스크를 막기 위한 환헤지 비용이 추가로 발생하며, 상대적으로 운용보수가 높기 때문에 판매 시 이러한 사항에 대한 안내가 필요하다.

7. 변액보험의 상품구조

1) 특별계정의 운용

변액보험은 계약자가 납입한 보험료에서 사업비와 위험보험료 등을 제외한 금액(특별계정 투입보험료)을 특별계정으로 투입하고, 이렇게 투입된 보험료를 주식 등의 유가증권 등에 투자하여 그 실적을 적립하게 되며, 적립된 금액을 매일 평가하여 계약자별로 배분하게 된다. 이렇게 특별계정의 운용실적에 따라 개별 계약자별로 배분된 금액을 계약자 적립금이라고 하며, 계약자적립금은 특별계정의 평가 등에 의하여 매일 변동할 수 있다.

2) 변액보험 상품구조의 구성(기본보험계약 + 변동보험계약)

변액보험의 상품구조는 기본보험금(기본보험계약)과 변동보험금(특별계정의 운용)으로 구성한다.

계약자는 변액보험 가입 시 회사에서 상품별로 설정해놓은 다양한 펀드 중 하나 이상을 직접 선택하여 운용하게 되며, 보험기간 중 다른 펀드로 변경할 수 있다. 일반적으로 변액보험의 사망보험금은 최초에 계약한 기본보험계약의 기본보험금과 특별계정에서 운용되어 투자실적에 따라 변동하는 변동보험금으로 구성되며, 위험보장이라는 보험의 성격을 유지하기 위해 변동보험금의 크기와 관계없이 사망보험금에 대한 최저보증을 설정하고 있다.

변액연금보험에서 특별계정의 투자운용 결과 연금개시 시점의 계약자적립금이 기납입보험료 보다 적은 경우, 기납입보험료 등 일정수준의 재원을 연금적립금으로 최저보장 받을 수 있다. 이러한 최저보증이 있는 상품은 최저보증에 필요한 보증비용이 부과될 수 있는데, 최근에는 최저보증이 없는 대신 최저 보증비용도 없어 고수익 추구가 가능한 형태의 상품도 출시되고 있다.

■ 변액보험의 상품구조

기본보험계약		변동보험계약
① 최초 가입 시 상품내용 ② 보험료 산출의 기초가 되는 계약 ③ 최저보증금액 산정 기초 　(최저 보장액)	+	① 특별계정의 운용실적에 따라 　추가로 계산되는 계약 　(투자실적 반영) ② 추가보험료 부담 없음

+

선택특약
① 일반계정에서 운용
② 적용 이율로 부리, 적립
③ 현금흐름에 따른 보험료 산출

출처: 삼성생명보험(주) 자료

위의 그림은 설명의 편의를 위해 기본보험금 및 변동보험금이 있는 경우를 예시하여 변액보험의 구조를 설명하고 있다.

변액보험은 상품을 설계하는 방법에 따라 다양한 구조로 운영될 수 있으며 대표적으로 변액종신보험, 변액연금보험, 변액유니버설보험(적립형, 보장형) 등이 있다. 사망을 보장하는 종신보험의 경우 변액종신보험과 변액유니버설보험(보장형)이 있는데 유니버설의 형태인 변액유니버설보험(보장형)으로 대부분 판매가 이루어지고 있다.

① 변액종신보험 및 변액유니버설보험(보장형)

변액종신보험 및 변액유니버설보험(보장형)의 사망보험금은 최초 계약한 기본보험계약의 기본보험금과 투자실적에 따라 증감하는 변동보험금으로 구성되며 보험의 성격을 유지하기 위해 사망보험금에 대한 최저보장을 설정하고 기본보험금을 최저사망보험금으로 보장한다.

변액유니버설보험(보장형)의 경우 변동보험금이 없는 대신 보험가입금액, 계약자적립금의 일정비율, 기납입보험료 중 가장 큰 금액을 사망보험금으로 지급하고 초과 수익의 발생에 따라 위험보험료를 증감시키도록 운영할 수 있는데 최근에는 이러한 변액유니버설보험(보장형)의 형태가 종신보험으로 주로 판매되고 있다.

② 변액연금보험 및 변액유니버설보험(적립형)

변액연금보험 및 변액유니버설보험(적립형)의 경우 일반적으로 사망 시 「기본사망보험금 + 사망 당시 계약자적립금」을 지급하고 투자실적에 따라 계약자적립금이 변동되며, 사망 시 기납입보험료를 최저사망보험금으로 보장하고 있다.

변액연금보험의 경우 연금개시 시 최저 연금재원 보증을 위해 이미 납입한 보험료를 최저 연금적립금으로 보장할 수 있으며 변액유니버설보험(적립형)의 경우 일정시점(예: 가입 후 10년)에 지정적립금을 보증하는 지정적립금 보증제도를 통해 최저적립금을 보장하는 옵션을 설계한 경우도 있다. 그 밖에도 상품설계 방법에 따라 다양한 최저사망보험금, 최저연금적립금 및 최저적립금 등을 설정할 수 있으나 변액연금보험과 변액유니버설보험(적립형) 모두 최저사망보험금으로 기납입보험료를 보장하고 있다.

3) 변액보험 보험료의 산출방식

변액보험 보험료의 산출방식은 **현금흐름방식(CFP: Cash Flow Pricing)**에 따라 보험료를 산출한다. 2013년 4월부터 「보험업감독규정」에 따라 보험료 및 책임준비금 산출방법이 기존 3이원방식에서 현금흐름방식으로 변경되었으며, 상품종류에 따라 보험료 산출형과 보험료 비산출형으로 구분된다.

■ 현금흐름방식(Cash Flow Pricing)에 따른 보험료 산출

구분	보험료 산출형(현가형)	보험료 비산출형(종가형)
해당 변액보험	변액종신, 변액유니버설(보장형)	변액연금, 변액유니버설(적립형)
보험료 산출방식	시산보험료[49]를 산출한 후 최적기초율로 수익성을 분석하고 수익성의 가이드 라인[50]을 고려하여 납입보험료를 결정	최적기초율을 적용한 현금흐름을 통해 수익성을 분석하고 그 결과가 수익성 가이드라인을 충족하는지 여부를 확인

출처: 생명보험협회 자료

♣ 수익성지표 예시

지표명	산출방법	비고
PM(Profit Margin)	$\dfrac{\text{가처분이익 현가}}{\text{수입보험료 현가}}$	투자수익률로 할인

---

49) 적용위험률과 산출이율, 계약체결비용 및 계약관리비용(부가보험료)을 고려하여 임의로 산출한 보험료.
50) 생명보험회사는 상품개발시 합리적인 의사결정을 위하여 수익성 지표를 설정해야 하며 수익성 지표에 대한 정의와 계산방법을 일관성있게 유지 및 관리하고 있다. 수익성 가이드라인은 설정된 수익성 지표를 의미하며 수익성 가이드라인을 충족시키지 않는 경우 원칙적으로 상품개발이 불가하도록 되어 있다.

4) 변액보험의 현금흐름(Cash Flow)

> 특별계정 투입보험료 = 납입보험료 - (계약체결비용 + 납입 중 계약유지비용 + 기타비용)
> = 순보험료 + 납입 후 계약유지비용

① 특별계정에서 운용되는 보험료는 고객이 납입한 보험료 전액이 아니다. 납입보험료는 순보험료 (저축보험료＋위험보험료)와 계약체결 및 계약관리비용(계약관리비용은 계약유지비용과 기타 비용으로 구분)으로 구성되며, 계약체결 및 계약관리비용(부가보험료) 중에서 기타비용(수금 비)은 보험료를 납입하는 기간 이내에만 사용하는 사업비이다. 하지만 계약유지비용(유지비)은 계약이 유지되는 전 기간 동안 계약유지를 위해 사용하는 사업비이다.

② 일반적으로 계약자가 보험료를 납입하는 기간뿐만 아니라 보험료 납입이 완료된 후에도 계약이 유지되는 동안에는 계속해서 계약유지비용이 필요하게 되므로 계약유지비용은 보험료 납입기 간 동안 사용하는 납입 중 계약유지비용과 보험료 완납 이후 계약유지기간 동안 사용하는 납입 후 계약유지비용으로 구분이 된다.

③ 일반적으로 보험료 납입 완료 후에는 계약자가 더 이상 보험료를 납입하지 않기 때문에 납입 후 계약유지비용은 보험료를 납입할 때 미리 받게 된다. 대신 보험료 납입 완료 후에 사용해야 하므로 납입 후 계약유지비용은 계약자의 적립금에 포함하여 적립을 하다가 보험료 납입이 완 료되면 그때부터 적립금에서 차감하여 사용하게 된다.

④ 따라서 월납계약의 경우에는 납입기간이 완료된 후에, 일시납 계약의 경우에는 일시납 보험료 납입 이후 바로 납입 후 계약유지비용을 사용하게 된다. 이러한 이유로 인해 특별계정으로 투 입되는 보험료는 순보험료와 미래에 사용해야 할 유지비인 납입 후 계약유지비용을 합한 금액 이 투입되게 된다.

■ 2013년 4월 현금흐름방식(CFP: Cash Flow Pricing)의 전면 도입으로 인한 용어의 변경

변경 전(前)	변경 후(後)
부가보험료	계약체결 및 계약관리비용
신계약비	계약체결 비용
유지비	계약유지비용(납입 중과 납입 후로 구분)
수금비	기타비용

8. 변액보험의 최저보증(옵션)

변액상품은 실적에 따라 사망보험금과 해지환급금이 변동하는데 실적이 좋은 경우에는 상관없지만 만일 실적이 지속적으로 저조하다면 계약자 입장에서 볼 때 보험의 본질적인 기능을 기대하기 어렵게 된다. 이런 문제를 해결하기 위해 특별계정 적립금에서 보증비용을 차감하여 보증준비금을 적립하고 일정수준 이상의 사망보험금과 연금재원을 보증해주고 있다.

보증내용과 보증비용이 회사별로 상이하기 때문에 완전판매를 위해서는 보증 옵션에 대한 정확한 이해가 필요하며, 각 상품별로 보증 옵션과 종류에 대해 기술한다.

1) 변액보험 최저보증옵션의 종류

구분	보증 내용
변액종신, 변액유니버설(보장형)	최저사망보험금 보증(GMDB: Guaranteed Minimum Death Benefit) 투자실적에 상관없이 기본사망보험금(보험가입금액)을 보증
변액연금	- 최저사망보험금 보증(GMDB: Guaranteed Minimum Death Benefit) 연금개시 전 보험기간 중 사망보험금이 기납입보험료보다 적을 경우 기납입보험료 등 약정된 보증금액을 사망보험금으로 보증 - 최저연금적립금 보증(GMAB: Guaranteed Minimum Accumulation Benefit) 기납입보험료 등 약정된 보증금액을 연금개시시점의 계약자적립금(연금재원)으로 보증 - 최저중도인출금 보증(GMWB: Guaranteed Minimum Withdrawal Benefit) 연금개시 후 보험기간 중 연금재원을 특별계정에서 운용할 경우 특별계정의 투자성과에 관계없이 연금재원의 일정수준을 인출할 수 있도록 보증 - 최저종신중도인출금 보증(GLWB: Guaranteed Lifetime Withdrawal Benefit) 연금개시 후 보험기간 중 연금재원을 특별계정에서 운용할 경우 특별계정의 투자성과에 관계없이 연금재원의 일정수준을 종신동안 인출할 수 있도록 보증 - 최저연금액 보증(GMIB : Guaranteed Minimum Income Benefit) 연금개시 후 보험기간 중 지급될 연금액(적립금×연금지급률)을 보증. 통상 계약체결 시점에 결정
변액유니버설(적립형)	최저사망보험금 보증(GMDB : Guaranteed Minimum Death Benefit) 사망보험금이 기납입보험료보다 적을 경우 기납입보험료를 사망보험금으로 보증

출처: 생명보험협회 자료

2) 변액종신보험·변액유니버설보험(보장형) 최저보증

변액종신보험·변액유니버설(보장형)의 경우 피보험자가 보험기간 중 사망 시 사망보험금의 지급을 위해 계약자적립금에서 위험보험료를 차감한다. 그러나 최저 사망보험금 보증기간에 특별계정 펀드수익률이 악화되어 위험보험료를 계약자적립금에서 공제하지 못할 때에는 최소한 보험가입금액 수준의 사망보장을 위해 최저사망보험금 보증준비금에서 위험보험료를 공제한다. 최저사망보험금 보증기간은 납입 최고(독촉) 기간이 끝나는 날의 다음날부터 예정해지환급금51)이 0이 될 때까지의 기간을 말하며 최저사망보험금 보증기간이 끝나는 경우 계약은 효력이 없어진다.

보험회사는 최저사망보험금의 보증을 위해 매일(또는 매월) 특별계정 적립금에서 보증비용을 공제하여 일반계정 내에 최저사망보험금 보증준비금 항목으로 적립하고, 계약자적립금에서 가입금액에 해당하는 위험보험료를 차감할 수 없는 경우에 사용한다. 최근에 들어서는 계약 중간시점에 계약자적립금을 예정 해지환급금으로 최저보증하는 상품이 출시되는 등 고객의 수요에 따라 최저보증옵션도 변화하고 있다.

3) 변액연금보험의 최저보증

① 변액연금보험의 최저사망보험금 보증

변액연금보험의 사망보험금은 「사망 당시 계약자적립금＋기본사망보험금」52)으로 정의한다.

연금보험의 최저사망보험금 보증은 피보험자가 연금개시 전 보험기간 중 사망 시 특별계정의 펀드수익률과 상관없이 사망보험금으로 최소한 기납입보험료를 보증해주는 옵션53)이다.

보험회사는 최저사망보험금 보증을 위해 매일(또는 매월) 특별계정 적립금에서 보증비용을 공제하여 일반계정 내에 최저사망보험금 보증준비금 항목으로 적립하고 사망보험금이 기납입보험료보다 적은 계약이 발생한 경우 그 부족분을 보전해주는데 사용한다.

② 변액연금보험의 최저연금적립금 보증

피보험자가 연금개시시점에서 생존하였을 경우 특별계정의 펀드 수익률과 상관없이 연금개시 시점의 연금재원으로 최소한 기납입보험료 이상으로 설정된 일정수준을 보증해주는 옵션이다.

보험회사는 매일(또는 매월) 특별계정 적립금에서 보증비용을 공제하여 일반계정 내의 최저연금적립금 보증준비금 항목으로 적립하고 연금재원이 보증수준보다 적은 계약이 발생한 경우 그 부족분을 보전해주는데 사용한다.

---

51) 예정책임준비금 또는 예정최저적립금에서 해지공제액을 차감한 금액.
52) 최근 연금보험은 재해장해를 보장하고 기본사망보험금이 0원인 상품들이 많이 판매되고 있는데, 이 경우 사망보험금은 사망 당시 계약자적립금이 된다.
53) 현재 특정수익률에 도달여부, 연금개시 전 보험기간에 따라 기납입보험료의 110~130%를 보증하는 형태, Step-Up 또는 Roll-Up된 금액을 보증하는 형태 등 다양한 보증옵션들이 사용되고 있다.

■ 최근 변액연금의 최저연금적립금 보증옵션

최근에는 연금개시시점에 기납입보험료의 100% 또는 100%를 초과 보증해주기도 하고 연금개시 전 보험기간 중 특별계정 운용성과에 따라 일정수준 도달 시 달성된 적립금을 보증하거나 특별계정 운용성과에 관계없이 매 시점마다 일정수준 체증된 금액을 보증하는 경우가 있다. 이를 일반적으로 Step-Up 보증이라고 하는데 Step-Up 보증은 특별계정 성과와의 관련 유무에 따라 아래와 같이 두 가지 유형으로 구분된다. 또한 연금개시 시 뿐만 아니라 연금수령기간 중 펀드에서 운용하면서 일정 연금액을 최저보증하는 최저종신중도인출금 보증옵션도 있다.

① 특별계정 성과와 연동되는 스텝업(Step-Up) 보증

연금개시 전 보험기간 중 계약자적립금이 특별계정 성과에 의해 미리 약정한 수준(예: 기납입보험료의 120%, 140%, 160% 등)을 달성하는 경우 그 이후 특별계정 성과에 관계없이 연금개시 시점 적립금은 달성된 수준으로 최저보증하는 형태이다. 단, 약정된 적립금 수준 달성 시 안정적인 운용을 위해 채권형 펀드의 운용비율이 의무적 상향조정되는 것이 일반적이므로 보험계약자에게 명확하게 안내할 필요가 있다.

② 특별계정 성과에 관계없는 스텝업(Step-Up) 보증(또는 Roll-Up 보증)

연금개시 전 보험기간 중 계약을 일정기간 유지하는 경우 일정시점(예: 10년 또는 납입기간 종료시점)에 특별계정 성과에 관계없이 기납입보험료의 100%를 보증하고 이후 일정주기(예: 3년)마다 일정수준(예: 6%씩) 체증된 금액으로 적립금을 최저보증하는 형태(보험기간 내내 보증이 아니며, 해당 시점에만 적립금 보증)이다.

다만, 이와 같은 보증형태를 가진 변액연금은 일반적으로 선택 가능한 펀드의 수가 적게 구성될 수 있으며 다른 펀드로 변경이 안 되고 펀드의 수익구조가 다른 특수한 형태로 운용되는 경우도 있어 이러한 상품을 판매할 경우 정확한 안내가 필요하다.

③ 최저종신중도인출금 보증(GLWB: Guaranteed Lifetime Withdrawal Benefit)

변액연금의 경우 연금개시시점까지 특별계정에서 운용되며 연금개시 이후에는 상대적으로 안정적인 일반계정에서 운용하게 된다. 최저종신중도인출금보증 옵션의 경우 연금개시 이후에도 펀드에서 운용하는 상품에 대한 보증옵션으로서 연금개시시점 적립금에 일정비율(예: 0.5%)을 종신토록 지급하는 것을 최저 보증하는 형태이다.

앞에서 언급한 보증옵션들의 경우 해당시점(연금개시 시점)에만 보증하는 형태임에 반하여, GLWB상품의 경우 연금개시 이후 종신까지 보증이 이뤄지는 것이 특징이다. 따라서 일반적인 변액연금과 다르게 연금개시 이후에도 특별계정적립금에서 보증비용이 공제됨을 정확히 안내할 필요가 있다.

출처: 생명보험협회 자료

4) 변액유니버설보험(적립형)의 최저보증

변액연금보험의 최저사망보험금 보증(GMDB)과 유사한 옵션으로 보험회사는 매일(또는 매월) 특별계정 적립금에서 보증비용을 공제하여 일반계정에 최저사망보험금 보증준비금 항목으로 적립하고 사망보험금이 기납입보험료보다 적은 계약이 발생한 경우 그 부족분을 보전해주는데 사용한다. 다만, 변액연금보험의 최저사망보험금 보증(GMDB)이 연금개시 전 보험기간을 대상으로 보증하지만 변액유니버설보험(적립형)은 보험기간 전체를 대상으로 보증한다.

9. 변액보험의 상품

변액보험이란 계약자가 납입한 보험료의 일부를 주식이나 채권 등 펀드에 투자하고 투자실적에 따라 발생한 이익을 계약자에게 배분하여 주는 실적배당형 보험을 말한다.

변액보험의 상품종류에는 변액종신보험, 변액연금보험, 변액유니버셜보험(적립형, 보장형) 등이 있으며, 변액유니버셜보험은 상품을 설계하는 방법에 따라 보장성과 저축성으로 나눈다.

1) 변액보험 상품의 특징

(1) 투자실적에 따라 보험금과 해지환급금 등의 변동

변액보험은 금융투자회사의 금융상품과 투자신탁(수익증권) 또는 투자회사(뮤추얼펀드)와 유사한 자산운용 구조를 갖고 있어 투자실적이 좋을 경우에는 보험금(사망, 연금 등)과 해지환급금이 증가하나, 투자실적이 악화될 경우에는 해지환급금이 원금에도 미치지 못할 수 있는 전형적인 투자형 상품이다. 따라서 금융투자회사 상품처럼 투자 결과에 대한 책임 역시 전적으로 계약자가 부담하는 자기책임의 원칙이 적용되는 보험이다.

단, 보험고유의 기능인 보장을 제공하기 위해 펀드의 실적이 악화되더라도 지급되는 보험금이 보증될 수 있도록 설계되어 있으며 이에 따라 보증비용을 추가로 부담하게 된다. 이 경우, 가입한 펀드 실적과 관계없이 해당 보험상품의 보험금은 최저로 보장된다.

■ 변액보험과 금융투자회사 상품의 비교

종류	변액보험	투자신탁(수익증권), 투자회사(뮤추얼펀드)
가입목적	장기 인플레이션 헤지*를 통해 실질 가치가 보전된 보장 제공	간접투자를 통한 수익 추구
운용형태	보험료의 일부(사업비 및 위험보험료 등을 차감한 금액)를 유가증권 등에 투자하여 자산운용 실적에 따른 보험금 지급	투자금액 대부분을 유가증권 등에 투자하여 수익을 투자자에게 지급하며 수수료는 적립금에서 차감
투자자의 지위	계약자	수익자 또는 주주
비용	사업비, 특별계정 운용보수, 보증비용 등	판매보수, 자산운용보수, 수탁보수 등
세제혜택	10년 이상 유지되고 관련요건 충족 시 보험차익 비과세	국내주식 매매차익 비과세

*헤지: 투자자가 가지고 있거나 앞으로 보유하려는 자산의 가치가 변함에 따라 발생하는 위험을 없애려는 시도.

출처: 생명보험협회 자료

(2) 특별계정에 의한 자산운용

변액보험은 실적배당형 상품으로 투자 결과로 발생하는 손익은 전부 계약자에게 귀속된다. 따라서 효율적인 자산운용과 계약자의 자산에 비례한 공정한 투자손익을 배분하기 위해 변액보험 자금을 별도로 관리할 수 있는 특별계정을 설정하여 자산을 운용하고 있다. 변액보험은 수익성을 추구하는 대신 위험도 높아 투자수익률이 일반보험(일반계정에서 운용)에 적용되는 이율보다 낮은 경우도 있는데 이는 주로 유가증권 가치의 변동성에 기인한다.

■ 일반계정과 특별계정(변액보험)의 비교

종류	일반계정	특별계정(변액보험)
리스크 부담	회사 부담	계약자 부담
최저보증이율	있음	없음
자산운용목적	안정성 위주	수익성 위주
자산평가시기	매월	매일
결산시기	매년	매일

출처: 생명보험협회 자료

(3) 일반보험과 변액보험의 차이점

일반보험과 변액보험의 차이(특징)는 아래의 표와 같다.

■ 일반보험과 변액보험의 비교

구분	일반보험	변액보험
보험금	보험가입금액 (보험금 확정 또는 공시이율 연동)	투자실적에 따라 변동 (최저사망보험금 등 보증)
예금자보호	「예금자보호법」 적용	「예금자보호법」 미적용 (단, 최저보증보험금은 적용)
투자위험 부담	회사 부담	계약자 부담
자산운용	일반계정	특별계정
부리이율	적용이율·공시이율	실적배당수익률

출처: 삼성생명보험(주) 자료

2) 변액보험 상품의 종류

변액보험은 상품을 설계하는 방법에 따라 다양한 구조로 운영될 수 있는데, 변액보험의 상품종류에는 변액종신보험, 변액연금보험, 변액유니버설보험(적립형, 보장형) 등이 있으며, 변액유니버설보험은 상품을 설계하는 방법에 따라 보장성과 저축성으로 구분하여 나눈다.

■ 변액보험의 상품

구분 및 종류	내용(정의)
변액종신보험	사망보장을 주목적으로 하며, 펀드의 운용실적에 따라 보험금이 변동되는 상품
변액연금보험	노후생활자금 확보를 주목적으로 하며, 펀드의 운용실적에 따라 적립된 금액을 연금으로 지급받는 상품
변액유니버설보험 (보장형)	사망보장을 주목적으로 하며, 수시 입출금 기능이 있고 펀드의 운용실적에 따라 보험금이 변동되는 상품
변액유니버설보험 (적립형)	장기투자를 주목적으로 하며, 투자기능과 수시 입출금 기능이 결합된 상품

출처: 삼성생명보험(주) 자료

(1) 변액종신보험

변액종신보험은 사망 시에 보험금 지급을 주목적으로 하는 보장성보험으로, 펀드의 운용실적에 따라 사망보험금이 변동되는 상품이다. 또한 변액종신보험은 일반종신보험과 마찬가지로 보장기간이 평생이고 상품의 형태는 동일하나, 피보험자가 언제 어떤 경우로 사망하더라도 사망보험금을 지급하는 상품이다.

① 일반종신보험/변액유니버설보험(보장형)과 비교

가. 일반종신보험과 비교

일반종신보험과 비교해 보면, 사망보험금이 특별계정의 투자실적에 따라 변동(최저사망보험금 보증) 된다는 점과 중도해지 시 투자실적에 따라 해지환급금이 변동된다는 것 등이 일반종신보험과 다르다. 또한, 「예금자보호법」의 적용이 되지 않는다는 점에서 차이가 있으나, 다양한 특약을 부가하여 각종 위험보장에 대비할 수 있고 피보험자의 건강상태에 따라 보험료 할인혜택이 부여된다는 점에서는 일반종신보험과 유사하다. 변액종신보험은 연금전환특약을 이용해 특정시점의 지급금(해지환급금 등)을 연금지급재원으로 하여 연금으로 전환할 수 있으며, 일반 종신보험으로의 전환도 가능하다.

나. 변액유니버설보험(보장형)과 비교

변액유니버설보험(보장형)과 비교해 보면, 최저보증금액 이상의 사망보험금이 지급되고 해지환급금 계산방식이 같다는 점은 동일하나, 입출금이 제한되어 있다는 점과 보험료 납입기간 동안 보험료를 의무적으로 계속 납입해야 한다는 점에서 차이가 있다.

변액종신보험은 2001년 7월 최초로 판매된 이후 지속적인 성장을 보여왔으나 기존 변액종신보험의 특징에 보험료 입출금의 편의성이 강화된 변액유니버설보험(보장형)의 판매 이후 변액종신보험을 판매중지한 회사가 많다.

> **♣ 변동보험금 계산방법**
> 기본보험계약의 예정책임준비금을 초과하는 금액(초과적립금)을 일시납 보험료로 하여 잔여기간에 해당하는 보험을 추가가입(증액)한다. 변동보험금의 변동시기는 계산주기에 따라 월 1회, 연 1회 등으로 구분할 수 있으며, 사망보험금은 기본보험금에 사망 시점의 변동보험금을 합한 금액이 지급된다. 따라서 사망보험금은 변동보험금의 계산주기에 따라 월 1회, 연 1회 등으로 변동하게 된다.
> 현재 우리나라에서는 변액종신보험 및 변액유니버설보험(보장형)에서 사용되고 있으며 변동보험금 계산주기는 월 1회로 하고 있다.

출처: 삼성생명보험(주) 자료

② 변액종신보험의 특징

가. 펀드의 운용실적에 따라 사망보험금과 해지환급금이 변동한다.

변액종신보험은 평생을 보장하는 종신보험으로 사망보험금 및 해지환급금이 펀드의 운용실적에 따라 증감되어 실적이 좋을 경우에는 보험금액이 증가된다. 이는 사망보험금이 고정되어 있는 일반종신 보험과의 중요한 차이점이라 할 수 있다. 이처럼 투자실적에 따라 변동보험금 및 해지환급금이 변동되므로 유가증권에 대한 투자실적이 장기적으로 인플레이션에 비례한다는 점을 감안하면 변액종신보험은 인플레이션을 일정부분 헤지할 수 있는 기능을 갖추고 있다고 할 수 있다.

나. 사망보험금을 최저보증한다.

변액종신보험은 펀드의 운용실적이 악화되더라도 계약체결 시 정한 기본사망보험금은 최저 보증된다. 하지만 사망보험금과는 달리 해지환급금은 최저보증이 없으며 경우에 따라서는 원금의 손실이 발생할 수도 있다. 바로 계약자 책임의 원칙이 적용되는 것이다.

다. 고객의 투자성향에 따라 자산운용 형태를 직접 선택할 수 있다.

고객은 변액종신보험 가입시 회사에서 설정한 채권형 펀드, 혼합형 펀드 등 여러 개의 펀드 중에서 원하는 자산운용 형태를 직접 선택할 수 있으며 보험기간 중 수시로 펀드를 변경할 수도 있다.

펀드의 변경 횟수는 회사별로 차이가 있는데 연간 4회에서 12회 정도까지 허용하고 있으며 펀드 변경 시 수수료가 부과될 수 있다(대부분 서비스 차원에서 무료로 제공).

③ 변액종신보험과 일반종신보험의 공통점

가. 다양한 선택 특약을 자유롭게 조립할 수 있다.

변액종신보험은 일반종신보험과 거의 유사한 종류의 선택특약을 부가하고 있는데 계약자는 본인의 보장니즈에 따라 선택특약을 자유조립하여 질병 및 재해관련 보장을 받을 수 있다.

나. 변액종신보험도 일반보험상품이 가지고 있는 다양한 세제혜택을 동일하게 누릴 수 있다.

변액종신보험에 가입할 경우 사망보험금 상속시 일정한 범위 내에서 금융재산공제 혜택을 받을 수 있으며 연간 100만 원까지 보장성 보험료 세액공제혜택도 받을 수 있다.

다. 비흡연자 및 건강상태가 양호할 경우 회사의 우량체 할인특약을 통해 보험료의 할인 혜택을 받을 수 있다.

일반종신보험과 마찬가지로 변액종신보험도 피보험자의 건강상태(비흡연, 혈압, 체격)에 따라 보험료 할인 혜택을 제공한다.

라. 연금전환특약을 활용할 수 있다.

이 특약을 통해 주 활동기간 동안에는 종신보험의 보장니즈를 충족시킨 후 은퇴 시 그 동안 적립되었던 환급금을 연금지급재원으로 하여 노후생활 자금으로 사용할 수 있다.

■ 변액종신보험과 일반종신보험과의 비교

구분	변액종신보험	일반종신보험
사망보험금	기본보험금 + 변동보험금 • 보험금: 투자실적에 연동	보험가입금액 • 보험금: 확정 또는 공시이율 연동
적용이율	투자수익률 • 최저보증이율 없음	산출이율(또는 공시이율) • 최저보증이율 있음
자산운용	특별계정(펀드) • 변액보험 자산만 별도운용 • 펀드변경 가능	일반계정 • 다른 보험 자산과 통합운용
투자책임	계약자 부담 • 자기책임의 원칙	회사 부담 • 산출이율 초과 시 회사 이익 • 손실 발생 시 회사 책임
판매설계사	전문설계사 • 변액보험판매자격시험 합격자	일반설계사
예금자보호	「예금자보호법」 적용 제외	「예금자보호법」 적용
기타	부가되는 보장성 선택특약은 동일	

출처: 삼성생명보험(주) 교육자료

출처: 삼성생명보험(주) 자료

④ 변액종신보험의 보장구조

■ **변액종신보험의 보장구조**

사망보험금 = 기본보험금 + 변동보험금

① **사망보험금**: 매월 변동
② **기본보험금**: 기본보험금을 사망보험금으로 최저보증
③ **변동보험금**: 일시납보험 추가가입(증액) 방법으로 계산
※ 회사별로 보장구조가 일부 차이가 있을 수 있다.

가. 변액종신보험은 피보험자가 사망 시에 사망보험금이 지급되는데 펀드의 투자수익률에 따라 계산된 사망보험금이 지급된다. 예를 들어 기본보험금과 변동보험금을 합해서 사망보험금으로 지급하는 경우 투자수익률이 아무리 악화되더라도 기본보험금액은 최저보증을 하여 보험으로서의 기본 역할을 유지할 수 있도록 하였다. 결론은 변액종신보험은 종신토록 기본보험금 이상의 사망보험금을 받을 수 있어 종신보험으로서의 기능을 충실히 수행하는 상품이라 할 수 있다.

나. 변동보험금은 매월 계약해당일마다 일시납보험 추가가입(증액)방법에 의해 재계산되며 다음 달의 계약 해당일 까지 1개월간 확정·적용한다.

그리고 주의해야 할 점은 지난 달에 계산된 변동보험금은 이번 달에 누적되어 계속 쌓이는 것이 아니라 한 달이 지나가면 소멸되고 새로 계산된다는 것이다. 즉, 매월 계약 해당일마다 다시 계산해서 한 달간 적용하는 것이다.

다. 변동보험금은 실제 계약자적립금과 해당 보험계약의 산출이율로 계산된 기본보험계약의 예정책임준비금과의 차액, 즉 초과적립금을 가지고 계산되며 투자수익률이 산출이율을 초과할 경우에는 (+)변동보험금이 발생하고 산출이율보다 낮으면 (−)변동보험금이 발생하게 된다. 그러나 (−)변동보험금이 발생한다 하더라도 실제 사망보험금은 기본보험금을 최저보증하기 때문에 기본보험금 이하로 감소하지는 않게 된다.

라. 반면 사망보험금과는 달리 해지환급금은 투자수익률에 따라 매일 변동되며 최저보증이율이 없

고 투자실적이 악화될 경우에는 원금손실이 발생할 수도 있다. 일반적으로 변액종신보험은 일반종신보험과 마찬가지로 동일한 재해 또는 재해 이외의 동일한 원인으로 여러 신체부위의 장해지급률을 더하여 50% 이상 장해상태가 되었을 때에는 보험료의 납입을 면제[54]해주고 있으며 사망 시에는 사망보험금이 지급되고 계약은 소멸된다.

■ **사망과 고도장해의 분리**

과거 사망을 보장하는 보험은 피보험자가 사망하거나 질병 또는 동일한 재해로 여러 신체 부위의 합산 장해지급률이 80% 이상인 장해상태가 되었을 때 사망보험금을 지급하고 계약이 소멸되는 형태로 구성되어 있었다. 그러나 고도장해(합산 장해지급률이 80% 이상)가 발생할 경우 사망보험금을 지급하고 계약이 소멸되면 피보험자는 통원비, 입원비 등 기존 보험계약에 부가되어 있는 생존보장을 받을 수 없게 된다. 이런 문제점을 보완하고자 금융감독원은 2009년 12월 「보험업감독업무 시행세칙(표준약관)」을 개정하여 2011년 4월 1일부터 사망보험금의 지급사유를 피보험자가 사망할 경우로 제한하여 고도장해로 인해 사망보험금을 지급하고 계약을 소멸시키지 못하도록 하였다. 이로 인해 2011년 4월 이후부터는 사망을 보험금 지급사유로 하는 상품은 고도장해를 보장대상에서 제외한 상품과 고도장해가 발생할 경우 장해보험금을 지급하고 사망 시 사망보험금을 추가로 지급하는 상품으로 구분되어 판매되고 있다.

출처: 생명보험협회 자료

(2) 변액연금보험

변액연금보험은 노후생활자금 확보를 주목적으로 하는 저축성보험으로, 펀드의 운용실적에 따라 적립된 금액을 연금으로 지급받는 상품이다.

변액연금보험은 일반연금보험과 마찬가지로 보험료를 납입하는 제1보험기간과 연금을 지급하는 제2보험기간으로 나눌 수 있다. 제1보험기간에 납입한 보험료를 특별계정에서 운용하여 얻은 계약자적립금을 연금재원으로 하여 제2보험기간의 연금개시 시점부터 연금을 지급하게 된다.

① 보험금·연금지급, 적립금 운용, 최저보증 기능

가. 제1보험기간에 피보험자 사망 시

변액연금은 피보험자가 연금개시 전 제1보험기간 내에 사망 시에는 기본보험금과 특별계정에서 적립된 계약자적립금(투자실적에 따라 변동)을 더하여 사망보험금으로 지급한다.

나. 제1보험기간에 피보험자 생존 시

변액연금은 피보험자가 생존 시에는 계약자적립금을 투자실적에 따라 적립한 후 연금개시연령이 되면, 그동안 적립된 금액을 연금지급재원으로 하여 계약자가 선택하는 연금지급방식에 따라 연금을 지급하게 된다. 연금지급개시 이후 연금지급방식은 일반연금과 마찬가지로 종신연금형, 확정연금형, 상속연금형의 방법이 있는 데, 그중에서 계약자가 선택한 연금지급방식으로 연금이 지급된다.

그러나 최근 변액연금은 생존 시에 계약자적립금 재원을 더 확보하기 위하여 연금개시 전 사망

---

54) 회사별 또는 상품별로 차이가 있을 수 있다.

시 위험보험료가 적은 재해장해보험금을 사망보험금 대신 지급하는 형태의 상품들이 시장에서 더 많이 판매되고 있다.

> **■ 연금수령의 방법**
> 연금의 수령형태는 피보험자 생존 시 종신토록 수령하는 종신연금형, 일정기간을 확정하여 나누어 수령하는 확정연금형, 계약자 적립금은 일정수준 유지하면서 공시이율 적용으로 증가되는 금액만 수령하는 상속연금형 등이 있다. 연금액은 일반적으로 공시이율을 반영하여 운영되고 그중 생명표가 적용되는 종신 형태의 연금은 일단 수령하기 시작하면 해지가 불가능하다. 이외에도 연금개시 후에도 특별계정에서 운용되는 실적배당 종신연금형 등 현재는 다양한 형태의 연금이 판매 중이다.

다. 연금개시 이후의 적립금 운용방법

연금개시 이후의 적립금 운용방법은 계약자의 선택에 따라 공시이율적용 연금형 또는 변액연금형(실적배당형)으로 운영할 수 있다.

- 공시이율적용 연금형을 선택할 경우에는 일반계정에서 운영되며 연금개시시점의 준비금을 공시이율로 계산하고 해당 연금을 지급하게 된다.
- 변액연금형을 선택할 경우에는 특별계정에서 운영되며 연금지급준비금을 계속 실적배당으로 운영하여 발생한 수익에 기초한 연금을 지급하게 된다. 따라서 투자실적이 악화될 경우에는 연금지급액이 줄어들 수도 있다.
- 회사에 따라 연금개시 시 계약자적립금의 일부는 공시이율로, 나머지는 실적배당으로 운영하여 연금개시 후 안정성과 수익성을 동시에 추구하는 상품도 있고 모두 실적배당으로 운영하더라도 최저연금액을 보증해주는 상품도 있다.

라. 변액연금의 최저보증기능 적용

연금보험은 주로 노후를 대비하기 위해 가입하기 때문에 일반적으로 수익성보다는 안정성을 선호하는 경향이 있다. 그런데 변액연금은 투자의 위험을 계약자가 모두 부담하므로 안정성을 선호하는 연금보험 가입자들에게는 충분한 상품설명을 통해 가입여부를 확인하여야 한다. 현재 국내에서 판매되고 있는 변액연금은 연금 본래의 취지를 감안하여 최소한의 안정성을 부여하기 위해 일반적으로 두 가지의 최저보증기능을 적용하고 있다.

- **최저사망보험금 보증(GMDB)이다.**
  연금개시 전 보험기간 중 사망 시 투자실적이 아무리 악화되더라도 사망보험금은 기납입보험료 등으로 최저 보증한다.
- **최저연금적립금 보증(GMAB)이다.**
  변액종신보험 및 변액유니버설보험(보장형)이 사망보험금에 대한 최저보증을 제공하는 것과는 달리 변액연금은 생존 시에도 노후의 안정적인 연금지급을 위해 투자실적이 아무리 악화되어도 연금개시 시점에서 연금지급을 위한 재원(예: 기납입보험료, Step-Up 금액 등)이 일정수준 이상이 되도록 최저 보증할 수 있다. 다시 말해 변액연금에 가입하고 연금개시 시점까지 계약을 유지하면 펀드의 투자실적과 무관하게 여러 형태로 연금지급을 위한 재원에 대한 보증이 가능하도록 선택할 수 있다. 다만, 계약자의 선택에 따라 최저연금적립금 보증을 설정하지 않은 미보증형 변액연금보험을 가입할 수 있다.

※ 최저연금적립금 미보증형 변액연금
2016년 4월 전에 판매한 변액연금에는 최저연금적립금 보증(GMAB)비용이 의무 부과되었으나 이는 계약자 선택권을 제한한다는 의견이 제시되어 이와 관련된 법령(「보험업감독규정 및 시행세칙」)이 개정되었다. 이에 따라 2016년 4월부터는 변액연금의 최저연금적립금(GMAB) 보증비용 부담여부를 계약자가 선택할 수 있다.

---

② 변액연금보험의 특징

가. 연금개시 시점까지 유지 시 **기납입보험료 등 일정수준의 재원을 최저연금적립금으로 보장할 수 있다**는 것이다. 계약자가 최저연금적립금 보증을 선택한 경우에는 보험기간 중 투자수익률이 악화되더라도 연금개시시점까지 보험계약을 유지하기만 하면 일정수준의 금액을 최저보장 받을 수 있다.

나. 대부분의 변액연금상품은 **연금개시 이후 일반계정의 공시이율을 반영하여 계산된다는 점**이다. 즉, 연금은 연금개시시점의 계약자적립금을 기준으로 연금지급개시 후의 공시이율이 적용되므로 상대적으로 안정적인 연금을 수령할 수 있다.

다. 최근에는 **연금개시 후의 재원을 특별계정에서 실적배당형으로 운영하는 상품이 많이 판매되고 있으**며 이 상품은 공시이율적용 연금형태에 비해 연금액의 증감이 크게 나타난다.

라. 또한 최근 판매되고 있는 변액연금은 제한적이긴 하지만 **변액유니버설 보험의 기능인 추가납입과 인출기능, 납입의 유연성도 부여된 상품도 있다.**

마. 이외에도 펀드의 운용실적에 따라 사망보험금과 해지환급금이 변동한다는 점, 펀드의 운용실적이 악화될 경우에도 최저사망보험금을 보장한다는 점, 고객의 투자성향에 따라 미리 정해진 자산운용의 형태 중 원하는 것을 직접 선택할 수 있으며 펀드변경도 가능하다는 점, 다양한 선택특약을 자유 조립할 수 있다는 점, 10년 이상 유지되고 관련요건에 부합하는 경우 보험차익 비과세혜택이 있다는 점 등이 있다.

바. 가입나이, 가입한도, 보험료 납입기간 등 기본적인 가입사항은 변액종신보험과 거의 유사하다.

③ 변액연금보험의 보장구조

> **■ 변액연금보험의 보장구조**
>
> **사망보험금 = 기본사망보험금 + 사망 시점까지 적립된 계약자적립금**
> ♣ 사망 시점까지 계약자적립금: 투자실적에 따라 매일 변동함
>
> ① 기본사망보험금은 보험료에 비례하거나 구좌당 확정되어 있는 경우가 대부분이며, 기본사망보험금이 없는 경우도 있다. 또한, 기납입보험료 등을 사망보험금으로 최저보증한다.
> ② 연금은 연금개시시점까지 적립된 계약자적립금(기납입보험료 등을 연금개시 시 최저보증함)을 기준으로 계산하여 연금을 지급한다.
> ③ 최저연금적립금 보증을 선택하지 않은 경우에는 실제 계약자적립금을 기준으로 계산하여 연금을 지급한다.

가. 변액연금은 일반적으로 연금개시 전에 피보험자 사망 시 사망보험금이 지급되는데 이 경우 보험계약의 확정된 기본사망보험금과 사망 시점까지 투자수익률로 적립된 계약자적립금을 합해서 사망보험금으로 지급하게 된다. 그런데 투자수익률이 악화되어 사망보험금이 주계약의 기납입보험료보다 적을 경우에도 사망보험금은 기납입보험료를 최저보증하여 보험으로서의 기본 역할을 유지할 수 있도록 하였다(상품별로 연금개시 전에 사망보장 없이 재해장해를 보장하는 등 보장하는 종류나 최저보증 하는 수준의 보험금은 다양할 수 있음).

나. 변액연금은 변액종신보험이나 변액유니버설보험(보장형) 등과 비교하면 사망 시 사망보험금을 지급하고 계약이 소멸되는 점은 동일하지만 사망보험금은 상대적으로 적은 저축성 변액보험이라 할 수 있다.

다. 변액연금에는 변액종신보험 등 보장성 보험과 달리 특정 장해상태 시 제공되는 납입면제기능[55]은 없는 것이 일반적이나 일부 보험회사는 장해 또는 특정질병 진단 시 납입면제를 해주는 곳도 있다.

④ 변액연금보험의 경과기간별 사망보험금, 해지환급금, 연금액 예시

가. 2019년 1월 1일부터 판매되는 변액연금은 세 가지의 투자수익률(−1%, 2.5%, 3.75%)을 가정하여 사망보험금, 해지환급률 및 연금액을 예시하고 있다. 타 금융기관의 실적배당형 상품은 확정되지 않은 수익률을 예시할 경우 계약자들에게 피해를 줄 소지가 있으므로 투자수익률을 가정하여 미래환급률 등을 예시할 수 없게 법으로 규정하고 있다. 그러나 변액보험의 경우 예외적으로 「보험업감독규정」에 따라 세 가지 투자수익률을 가정하여 미래환급금 등을 예시할

---

[55] 동일한 재해 또는 재해 이외의 동일한 원인으로 여러 신체부위의 장해지급률을 더하여 50%(또는 80%) 이상인 경우 또는 LTC 및 뇌출혈 등 특정질병 진단시 차회 이후 보험료의 납입을 면제해주는 기능이다.

수 있다.

나. 판매되고 있는 변액보험은 중장기 상품이라 미래의 사망보험금과 해지환급금 등에 대한 예시를 하지 않고서는 고객에게 정확하게 상품을 설명하는 것이 곤란하기 때문에 실적배당형 상품임에도 불구하고 특별히 투자수익률을 가정하여 예시를 할 수 있게 한 것이다. 다만 너무 과장된 투자수익률 예시를 방지하기 위해 세 가지 이율에 대한 기준을 정해 놓은 것이며, 그 기준은 평균공시이율[56]을 기준으로 평균공시이율보다 높고 낮은 투자수익률을 예시하도록 했으며 낮은 투자수익률은 −1%를, 높은 투자수익률은 평균공시이율의 1.5배를 사용하게 한 것이다.

다. 다만, 최저연금적립금을 미보증하는 상품의 경우에는 연금개시시점에 계약자가 납입한 금액보다 연금재원이 적을 수 있어 예시기준을 다르게 적용하고 있다. 이러한 상품은 해지환급금 예시를 제외하거나 (−) 수익률 가정을 포함하여 3개 이상의 수익률을 가정하여 기재하도록 하고 있다. 2009년 4월 1일부터 공시규정 강화에 의해 저축성 변액보험의 경우 투자수익률과 함께 순수익률을 예시하도록 되어 있다. 순수익률은 투자수익률에서 최저보증관련 비용 등이 차감된 후의 수익률을 말한다.

(3) 변액유니버설보험

변액유니버설보험은 일반적인 변액종신보험의 장점인 실적배당(간접투자)과 유니버설보험의 장점인 자유입·출금(유니버설기능)을 확대하여 결합하여 만든 종합금융형(종합금융 기능) 상품이다. 이것은 변액보험의 실적배당 기능과 유니버설보험의 납입유연성을 결합한 종합금융형보험이다.

즉, 다양한 고객의 니즈를 반영하여 입출금 기능, 간접투자 상품의 실적배당기능, 보험의 보장기능을 하나의 상품으로 제공할 수 있는 One-Stop Service 종합금융형 보험이 바로 변액유니버설보험이다. 변액유니버설보험은 보장성과 저축성으로 구분되며 수시 입출금이 가능한 상품이며, 상품의 내용이 다소 복잡하고 고도의 전산시스템 개발이 수반되어야 하는 단점이 있다.

변액종신보험과 마찬가지로 보험기간은 종신이며 펀드의 운용실적에 따라 사망보험금과 해지환급금이 변동하지만 유니버설보험처럼 보험료를 추가납입하거나 자금필요 시 해지환급금의 일정범위 내에서 중도인출이 가능하다.

변액유니버설보험은 장기투자를 목적으로 하는 변액유니버설보험 적립형과 사망보장을 주목적으로 하는 변액유니버설보험 보장형으로 구분할 수 있으며, 이 두 가지 유형은 최저사망보증 설정 및 변동보험금 계산방식에 차이가 있다.

---

56) 금융감독원장이 정하는 바에 따라 산정한 전체 보험회사 공시이율의 평균으로 전년도 9월말 기준 직전 12개월간 보험회사 평균공시이율이다. 2019년에 적용되는 평균공시이율은 2.5%이다.

■ 유니버설기능

유니버설기능이란 보험료 납입 유연성을 확대한 것으로 보험료 추가납입, 중도인출 기능 외에도 월대체보험료 기능을 추가한 것을 말한다. 월대체보험료 기능이 있는 상품은 의무납기 이후 보험료를 납입하지 않더라도 적립금에서 위험보험료 등을 차감하여 계약이 유지된다.

■ 유니버설보험(universal insurance)

유니버설보험은 보장+적립금의 구조를 갖고 있으며, 공시이율로 적립되는 상품으로 국내의 금리연동형 보험구조에 보험료 자유납입 및 중도인출을 추가한 형태이다. 국내에서 판매되고 있는 유니버설보험으로는 유니버설종신보험, 유니버설저축보험 등이 있다.

즉, **유니버설보험 상품은 중도인출, 추가납입, 납입유예 기능을 부여한 상품**이며 여윳돈을 더 납입하거나 급전이 필요할 때 빼 쓰는 등 **입출금통장처럼 활용할 수 있게 만들어진 상품**이다.

보험계약자가 일시납 또는 정기납으로 자금을 예치하면 보험회사가 사망보장 금액을 제외한 잔액의 투자 수익을 적립하여 주는 보험이며 연금보험 또는 종신보험의 형태로 운영된다. 보험계약자는 자유롭게 추가 보험료를 납입할 수 있으며 자유롭게 해약 환급금을 받아갈 수 있다.

상품구조를 보장부분과 적립부분으로 나누고 적립부분의 순보험료를 회사의 공시이율로 부리 적립하는 보험상품이다. 보험계약자는 보험료와 보험금의 증액과 감액이 자유롭고 부분해지 및 중도인출이 가능하며, 보험회사는 최저 보증이율을 설정(원금보장)한다. 그러나 위험보험료와 예정사업비가 클 경우 값비싼 정기보험화가 될 수 있고 납입유연성으로 인해 현금흐름의 측정이 곤란하다.

① 변액유니버설보험의 상품형태

변액유니버설보험의 상품형태는 가입목적을 기준으로 장기투자를 주목적으로 하는 적립형과 사망보장을 주목적으로 하는 보장형으로 구분할 수 있다.

① **변액유니버설보험 적립형**: 장기투자를 목적으로 하는 변액보험
② **변액유니버설보험 보장형**: 사망보장을 주목적으로 하는 변액보험

이 중 국내에서 판매되고 있는 변액유니버설보험(보장형)은 다시 두 가지 형태로 나눌 수 있는데, 첫째는 일시납보험 추가가입(증액)방법을 사용하여 변동보험금을 발생시키는 변액종신보험과 유사한 형태이고, 둘째는 변동보험금이 없는 대신 보험가입금액, 계약자적립금의 일정비율, 기납입보험료 중 가장 큰 금액을 사망보험금으로 지급하는 형태이다.

최저사망보험금 보증은 상품형태에 따라 여러 가지 방법을 사용할 수 있는데 보장형의 경우 변액종신 보험과 같이 기본사망보험금을 최저보증하는 형태와 적립형의 경우 기납입보험료를 최저보증하는 형태가 일반적이다.

② 변액유니버설보험의 특징

가. 중도인출이 가능하다.

보험기간 중 필요자금 또는 목적자금이 필요한 경우 계약자는 언제든지 해지환급금의 일정범위 이내에서 적립금의 중도인출이 가능하다. 일반 보험상품은 보험기간 중 자금이 필요할 경우 보험계약대출을 받거나 일부 해지(감액)를 통해 필요 자금을 충당해야 하나 보험계약대출은 원리금 상환의 부담이 있고 감액은 해지에 따른 손실이 발생한다는 문제점을 갖고 있다. 하지만 변액유니버설보험의 중도인출은 대출도 감액도 아니므로 인출수수료 정도만 부담하고 손쉽게 필요자금을 찾아 쓸 수 있어 은행의 MMDA(금융투자회사의 CMA · MMF)와 유사하다고 할 수 있다.

나. 보험료 납입기간 및 보험료 추가납입의 자율성을 가지고 있다.

변액유니버설보험은 일정기간(예: 5년, 10년 등) 동안만 보험가입 시 정한 기본보험료를 의무 납입하면 그 이후부터는 기본보험료 납입을 일시중지할 수도 있으며, 또한 목돈이 있거나 펀드의 투자실적이 좋을 경우에 추가로 보험료를 납입할 수도 있다. 변액유니버설보험의 기본적인 보험료 납입기간은 전기납으로 설정되어 있다. 하지만 실질적으로 의무납입기간 이후 수시 자유납이므로 계약자는 언제든지 보험료를 납입하고 싶으면 납입하고 중지하고 싶으면 중지할 수 있다. 단, 납입을 중지할 경우 위험보장에 필요한 위험보험료 및 계약의 유지보전을 위한 제반 사업비 및 수수료는 계약자 적립금에서 공제되며 만약 해지환급금에서 이러한 비용을 충당할 수 없게 되면 보험계약은 보험료 미납에 따른 납입최고 절차를 거쳐 해지처리 된다. 따라서 보험료 납입의 중지는 일시적으로 활용해야 하며 장기적으로 활용할 경우에는 계약자적립금의 감소로 예기치 못한 계약소멸이 발생할 수 있으므로 주의해야 한다.

다. 사망보험금과 해지환급금의 변동성, 최저사망보험금의 보장, 자산운용 형태의 선택가능, 펀드의 변경 가능, 보험차익의 비과세, 선택특약 부가 및 연금전환 특약을 활용할 수 있다는 점이 있다.

펀드의 운용실적에 따라 사망보험금과 해지환급금이 변동한다는 점, 펀드의 운용실적이 악화될 경우에도 최저사망보험금을 보장한다는 점, 고객의 투자성향에 따라 자산운용 형태를 직접 선택할 수 있으며 펀드 변경도 가능하다는 점, 다양한 선택특약을 자유 조립할 수 있다는 점, 10년 이상 유지되고 관련 요건에 부합하는 경우 보험차익 비과세혜택이 있다는 점, 연금전환 특약을 활용할 수 있다는 점이 있다.

라. 보험료 납입기간은 항상 전기납이라는 점이다.

가입나이, 가입한도 등 기본적인 가입사항은 변액종신보험과 거의 유사하다고 생각하면 된다.

그러나 몇 가지 차이점이 있는데 보험료 납입기간은 항상 전기납이라는 점, 하지만 일정기간(5~12년) 동안만 의무적으로 납입하고 나면 그 이후부터는 자유롭게 납입할 수 있다는 점과 중도인출과 추가납입이 가능하다는 점이 변액종신보험과 다른 점이다.

③ 변액유니버설보험의 보장구조

■ 변액유니버설보험의 보장구조

[적립형]

사망보험금 = 기본사망보험금 + 사망 시점까지 적립된 계약자적립금

> **사망보험금 = 기본사망보험금 + 사망 시점까지 적립된 계약자적립금**
>
> ♣ 사망시점의 계약자적립금: 투자실적에 따라 매일 변동함

① 기본사망보험금은 보험료에 비례하거나 구좌당 확정되어 있는 경우가 대부분이다.
② 기본사망보험금이 없는 경우도 있다.
③ 기납입보험료 등을 사망보험금으로 최저보증한다.

[보장형]

> **사망보험금 = 기본보험금 + 변동보험금**

① 사망보험금: 매월 변동
② 기본보험금: 기본보험금을 사망보험금으로 최저보증
③ 변동보험금: 일시납보험 추가가입방법으로 계산
④ 초과적립금 발생 시 변동보험금을 추가로 가입함으로써 보장수준을 높일 수 있다.

> **사망보험금 = Max[기본보험금, 계약자적립금의 일정비율(105~110% 수준), 기납입보험료]**

① 사망보험금: 매일 변동
② 기본보험금, 계약자적립금의 일정비율, 기납입보험료: 기본보험금을 사망보험금으로 최저보증
③ 초과적립금 발생 시 위험보험료를 적게 차감하여 수익률을 높일 수 있다.
④ 현재 판매되고 있는 변액유니버설보험(보장형)은 기본보험금만 있는 형태가 대부분이며, 이는 종신보험이 사망보장의 기능뿐만 아니라 수익률 상승을 통해 연금전환, 적립계약전환 등 생존 시 활용할 수 있도록 판매가 되기 때문이다.

가. 변액유니버설보험의 피보험자 사망 시 펀드의 투자수익률에 따라 계산된 사망보험금이 지급된다. 기본보험금과 사망 시점까지 투자수익률로 적립된 계약자적립금을 더해 사망보험금으로 지급되는데, 투자수익률이 아무리 악화되더라도 최저사망보험금을 보증하여 보험으로서의 기본역할을 유지할 수 있도록 하였다.

나. 저축 성격이 강한 변액유니버설보험(적립형)은 사망보험금으로 기납입보험료를 최저보증하며 변액유니버설보험(보장형)은 변액종신보험처럼 기본보험금을 최저보증한다.

다. 해지환급금은 투자수익률에 따라 매일 변동되며 최저보증이율이 없고 투자실적이 악화될 경우에는 원금손실이 발생할 수도 있다.

라. 피보험자가 사망할 경우에는 사망보험금을 지급하고 계약이 소멸되며 변액유니버설보험(보장형)은 동일한 재해 또는 재해 이외의 동일한 원인으로 여러 신체 부위의 장해지급률을 더하여 50% 이상인 장해상태가 되었을 경우 보험료 납입을 면제해주나 변액유니버설보험 (적립형)은 보험료 납입이 면제되지 않는 경우가 대부분이다.

④ 변액유니버설보험의 경과기간별 사망보험금, 해지환급금 예시

가. 2019년 1월 이후 판매되고 있는 이 상품은 세 가지의 투자수익률(-1%, 2.5%, 3.75%)을 가정하여 사망보험금과 해지환급률을 예시한다.

나. 보험료의 납입기간은 전기납으로, 전 보험기간(종신) 동안 납입하는 것을 원칙으로 하되 일정 기간(5~12년) 경과 이후에는 보험료를 유연하게 납입할 수 있다.

이러한 의미에서 변액유니버설보험의 보험료 납입형태를 종신자유납이라고 부르기도 한다.

다. 근래 들어서는 일정 납입기간이 정해진 상품을 판매하는 회사도 있다. 여기서는 종신납입을 기준으로 사망보험금과 해지환급금을 예시하였다. 납입보험료, 특별계정 투입보험료(납입보험료에서 보험관계 비용을 차감하고 특별계정으로 투자되는 금액), 세 가지 투자수익률에 따른 순수익률(투자수익률－최저사망 보증비용)에 따른 사망보험금(기본보험금＋계약자적립금)과 해지환급률(해지환급금)이 경과기간별로 예시되어 있다.

10. 변액보험 가입 시의 유의사항

1) 변액보험은 실적배당형 보험상품이며「예금자보호법」의 미적용 상품이다.

♣ 변액보험은 예금자보호법에 따라 예금보험공사가 보호하지 않는다.

다만, 약관에서 보험회사가 최저보증하는 보험금 및 특약에 한하여 예금자보호법에 따라 예금보험공사가 보호하되, 보호 한도는 모든 예금보호 대상 금융상품의 해지환급금(또는 만기 시 보험금이나 사고 보험금)에 기타 지급금을 합하여 1인당 "최고 5천만 원"이며, 5천만 원을 초과하는 나머지 금액은 보호하지 않는다.

2) 가입목적과 투자성향에 맞는 상품에 가입하여야 한다.

① 변액보장성보험은 위험보장 위주로 투자를 통해 향후 지급받는 사망보험금을 늘리고자 하는 고객에게 적합한 상품이다.

② 변액저축성보험은 소액의 위험보장과 함께 투자를 통해 향후 지급받는 환급금(연금 등)을 늘리고자 하는 고객에게 적합한 상품이다.

③ 변액보험 가입 시 계약자 본인이 투자성향 관련 질문지를 직접 작성하고, 정확한 정보를 제공하여 자신의 성향에 맞는 상품을 권유 받아야 한다.

3) 변액보험 가입 시에 보험 비용, 수익률을 미리 비교할 수 있다.

① 보험회사별 사업비 수준이 다르고 보험회사의 펀드 운용 및 관리 역량에 따라 지급받는 금액 (보험금, 연금 등)이 달라질 수 있기 때문에 비교해보고 가입하는 것이 유리하다.

② 변액보험 사업비, 펀드 현황 등은 보험회사 및 생명보험협회 홈페이지에서 확인할 수 있다.

4) 변액보험은 장기유지가 바람직하다.

변액보험을 단기에 해지할 경우에는 최저 보증이 되지 않고, 해지 공제액이 발생하여 지급 받는 금액이 이미 납입한 보험료보다 적을 수 있다.

5) 변액보험 펀드도 계약자의 관리가 필요하다.

변액보험은 선택한 펀드의 운용실적에 따라 수익률이 결정되므로, 펀드 변경 및 추가 납입 등의 지속적인 관리가 필요하다.

11. 변액보험 판매 시의 주요내용 확인서 및 필수 안내사항

1) 변액보험 주요내용 확인서 교부

변액보험 판매관리사는 보험계약자가 변액보험계약을 청약한 경우 보험계약자에게 변액보험 주요내용 확인서를 교부하고 변액보험의 원금손실 가능성 및 「예금자보호법」 미적용등 중요내용을 설명해야 한다. 변액보험의 주요내용 확인서 및 주요내용은 다음과 같다.

① 특별계정의 운용에 따른 이익과 손실이 계약자 및 수익자에게 귀속되며 사망보험금과 해지환급금이 매일 변동된다는 내용

② 납입한 보험료 중 각종 공제금액 및 수수료 등이 제외된 금액이 특별계정으로 투입되며 해지환급금 이 납입보험료에 이르기까지 장기간 소요된다는 내용(※ 평균공시이율을 기준으로 투자수익률을 가정하여 최초 원금도달기간 표시)

③ 예금자보호법 미보호 대상(단, 최저보증보험금은 보호대상)

④ 원금손실 가능성

⑤ 상품설명서, 약관, 변액보험 운용설명서 등의 교부 및 설명여부 확인

⑥ 변액유니버설보험의 월대체보험료 차감에 따른 해지환급금 감소 및 적립금 부족 시 계약해지 가능성 존재

2) 변액보험 판매 시의 필수 안내사항

보험회사는 변액보험 계약의 청약일로부터 15일 이내에 변액보험 필수안내사항에 대한 설명여부를 확인하고 변액보험공시실 이용에 대한 안내 등을 위하여 완전판매 모니터링(해피콜)을 실시하여야 한다.

변액보험을 판매 시에 필수적인 안내 사항은 다음과 같다.

① 운용실적에 따른 사망보험금 및 해지환급금의 변동

변액보험은 실적배당형 상품이므로 보험금 및 해지환급금이 매일 변동되며 특별계정 운용실적에 따른 이익과 손실이 계약자에게 귀속된다는 사실을 설명하여야 한다.

② 원금손실 가능성

변액보험은 실적배당형 상품이나 일반 투자신탁 상품과 달리 보험으로서의 최소보장 기능을 유지하기 위하여 일정수준 이상의 사망보험금과 연금재원을 보장해주고 있다. 이는 보험 본연의 기능을 유지하기 위하여 보험사고(사망, 생존)에 대한 최저보증을 하는 것으로 원금을 보장하는 것과 성격이 다르기 때문에 중도해지 시 해지환급금에는 최저보증이 없으며 원금의 손실 가능성이 있다는 내용을 설명하여야 한다. 최근에는 변액연금보험에서 최저연금적립금 미보증 상품이 판매되고 있으며, 이러한 상품은 연금개시 시점에도 연금재원이 최저보증이 되지 않는다는 사실을 충분히 설명하여야 한다.

③ 「예금자보호법」의 적용 제외

변액보험은 자기책임의 원칙이 적용되므로 다른 금융기관의 실적배당형 상품(은행의 신탁상품, 자산운용사의 펀드상품 등)과 마찬가지로 「예금자보호법」에 의해 보호되지 않는다.

다만, 특별계정 운용실적과 관계없는 특약 및 보험회사가 최저보증하는 보험금 등은 「예금자보호법」의 보호를 받는다.

④ 특별계정 투입보험료

변액보험은 계약자가 납입한 보험료 전액을 펀드에 투입하여 운용하는 것이 아니라 납입보험료에서 미리 정해진 사업비 및 위험보험료, 특약보험료 등을 제외한 금액만 특별계정에 투입되며 특별계정 적립금에서 운용관련 수수료 및 최저보증비용 등이 차감된다는 것을 설명하여야 한다.

♣ 변액보험 특별계정에서 차감되는 제반비용
- 특별계정 운용관련 수수료(적립금 비례): 매일공제, 펀드별 차등
- 최저사망보험금 보증비용(가입금액 또는 적립금 비례): 매일(매월)공제, 펀드별 동일
- 최저연금적립금 보증비용(적립금 비례): 매일(매월)공제, 펀드별 동일
- 위험보험료(기본보험료 비례): 매월공제, 펀드와 무관
- 납입 후 유지비(기본보험료 또는 적립금 비례): 완납 후 매월공제, 펀드와 무관

⑤ 펀드의 종류, 펀드별 주식편입비율 등에 대한 설명

펀드의 종류, 펀드별 주식편입비율 등에 대한 자세한 정보 및 가입시점의 기준가격, 운용수익률 등에 대해 자세히 설명하여야 하며 채권형 펀드와 주식형 펀드 등 각 펀드 종류별 특징을 반드시 설명하여야 한다.

⑥ 변액보험공시실 사용방법 등 설명

보험회사 및 생명보험협회 홈페이지에서 변액보험에 관한 상세한 내용을 확인할 수 있는 변액보험
공시실이 운영되고 있으므로 계약자에게 이에 대한 사용방법 및 개별 보험계약 관리내용, 특별계정
운용관련 공시내용에 대해 설명해야 한다. 또한 보험가입 후에도 지속적으로 공시자료를 제공받을
수 있고 각종 공시정보를 수시로 조회할 수 있음을 정확히 알려주어야 한다.

⑦ 펀드변경 절차 및 필요성

변액보험은 가입 시 펀드를 선택하게 되는데 선택한 펀드는 통상 1년에 12번 이내(회사별 상이)에
서 다른 유형(예: 채권형→주식형 등)으로 변경을 할 수 있으므로 펀드변경을 위해서는 어떤 절차를
거쳐야 하며 그 필요성은 무엇인지에 대해 반드시 설명하여야 한다. 펀드 변경 시에는 이에 따른
수수료가 부과될 수 있다는 사실도 함께 설명하여야 한다. 일반적으로 펀드 변경은 회사의 고객창구
를 방문하여 펀드 변경 신청서를 작성하거나 회사의 인터넷 홈페이지에 마련된 사이버창구에 접속하
여 변경하는 방법이 있다. 이러한 펀드변경으로 계약자는 개인자산의 효율적인 포트폴리오를 구성할
수 있으며 시장변화에 적극적으로 대처할 수 있다.

3) 변액보험 판매 시의 금지사항

① 변액보험을 타 금융상품이나 일반 보험상품으로 오인하게 하는 행위

변액보험을 금융투자회사의 펀드상품으로 설명하거나 은행의 저축(신탁)상품과 동일한 것으로 오
인하지 않도록 해야 한다.

② 장래의 운용성과에 대한 단정적 판단

장래의 운용성과에 대해서 단정적인 판단을 제공하는 행위를 할 수 없다.

③ 자사에게 유리하게 특정회사 또는 특정기간만을 비교하는 행위

특별계정의 운용실적에 대해 특정회사와 비교하거나 자사에 유리한 특정 기간만을 들어서 비교하
거나 또는 그렇게 함으로써 장래를 예측하는 행위는 금지되어 있다.

또한 주식시장이 좋지 않을 시기에 타사의 주식형 펀드와 자사의 채권형 펀드를 직접 비교하는

등 펀드의 특성을 무시하고 계약자의 오해를 불러일으키는 행위도 금지되어 있다.

④ 보험금, 해지환급금을 보증하는 행위

기본보험금액을 상회하는 사망보험금을 보증하거나 해지환급금 또는 만기보험금 등을 보증하는 것처럼 설명하는 행위는 금지된다.

⑤ 특별이익의 제공

변액보험 가입 권유 시 보험업법에서 정하는 금액을 초과한 금품제공이나 기초서류에서 정한 사유 이외의 보험료 할인, 기초서류에서 정한 보험금액보다 많은 보험금액의 지급 약속, 보험료 및 대출금 이자의 대납, 그 외의 규정되지 않은 금전적 이익을 제공하거나 제공할 것을 약속하는 행위를 해서는 안 된다.

⑥ 허위, 과장된 설명

변액보험계약에 관한 사항에 대해 사실과 다른 것을 설명하는 행위 및 보험가입을 권유하는 행위 등이 이에 해당된다.

⑦ 손실에 대한 보상 약속

자산운용 실적에 의해 원금손실이 발생한 경우에 이를 책임질 것을 약속하는 행위이다.

⑧ 중요사항에 대한 불충분한 설명

변액보험의 리스크 등 중요사항에 대해 설명하지 않거나 불완전한 설명 또는 해지환급금은 최저보증 되지 않으며 그 리스크를 계약자가 부담한다는 점(계약자 책임의 원칙), 「예금자보호법」의 보호를 받지 않는 점(최저보증보험금 등은 제외), 납입한 보험료 중 사업비를 제외한 나머지 금액을 특별계정에 투입하여 운용한다는 내용 등 계약에 관한 중요한 사항에 대해 설명하지 않거나 불충분하게 설명해서는 안 된다. 판매 시에는 계약자, 피보험자를 반드시 면접한 후 상품설명서, 변액보험 운용설명서 등을 활용하여 고객이 충분히 이해하도록 설명하는 등 완전판매를 하여야 한다.

⑨ 부당한 계약전환을 유도하는 행위

계약자 또는 피보험자에 대해 불이익이 되는 사실을 알리지 않고 기계약을 소멸(해지, 품질보증해지 청구 등)시킨 후에 신규로 변액보험에 가입토록 하거나 신규로 변액보험에 가입 시킨 뒤 기계약을 소멸시키는 행위를 해서는 안 된다.

12. 변액보험의 공시

변액보험은 전통적인 보험상품과 다르게 보험금 또는 해지환급금이 투자 및 자산운용 실적에 따라 변동이 되는 상품이다.

변액보험은 보험금 및 해지환급금이 특별계정의 운용실적에 따라 변동되므로 투자실적이 악화될 경우 해지환급금이 원금에 미치지 못할 수도 있는 실적배당형 상품으로, 투자결과에 대해 계약자가 전적으로 부담하는 자기책임의 원칙이 적용되는 상품이다.

최저보증보험금은 「예금자보호법」에 따라 보호를 받지만, 최저보증보험금 외에는 「예금자보호법」에 의한 예금보호대상이 되지 않는다는 점에서 일반 보험상품과는 다른 특징을 가지고 있다.

이러한 특징으로 인해 계약자가 충분히 변액보험을 이해한 후 가입할 수 있도록 하고, 또한 가입한 이후에도 보험회사 및 생명보험협회의 홈페이지 등에 계약의 변동 내용을 확인할 수 있도록 다양한 공시 방법을 통해 계약자에게 정보를 제공하고 있으며, 변액보험에는 일반상품의 공시보다 더욱 강화된 공시기준을 적용하고 있다.

1) 보험계약 체결의 권유 단계(변액보험의 운용설명서 교부)

보험계약체결 권유 단계에서 변액보험 운용설명서를 교부하여 해당 변액보험 상품의 개요 및 용어 정의, 상품구조, 펀드의 유형 및 수수료 등을 확인할 수 있도록 하고 있다. 납입보험료 중 차감되는 비용과 특히 저축성 변액보험의 경우 특별계정에 투입되는 보험료를 일목요연하게 확인할 수 있다.

변액보험은 일반계정과 분리되어 특별계정으로 운용되며 그 운용실적이 계약자에게 직접 귀속되므로 보험계약자가 보험계약을 청약한 경우에 변액보험 운용설명서를 교부하고 그 중요한 내용을 반드시 설명하도록 하고 있다. 변액보험 운용설명서는 상품의 개요, 변액보험 운용흐름(도표), 특별계정 운용현황(펀드종류, 특별계정보수 및 비용, 자산운용옵션) 등의 내용으로 구성되어 있다.

2) 보험계약체결 후 분기별로 보험계약관리내용 및 정보 제공

변액보험을 가입한 이후에는 분기별로 보험계약정보를 통보하여 현재 계약자가 가입한 변액보험 특별계정의 실적 및 납입보험료, 계약자적립금 등을 확인할 수 있도록 제공하고 있다. 이러한 변액보험 운용설명서 및 보험계약관리내용은 생명보험회사 인터넷 홈페이지를 통해서도 확인할 수 있다.

일반보험은 사업연도 만료일 기준으로 1년 이상 유지된 계약에 대하여 연 1회 보험계약관리내용을 계약자에게 문서로 제공하는데, 변액보험의 경우 분기별 1회 이상 보험계약관리내용을 제공하여야 하며 인터넷 홈페이지를 통해 계약자가 수시로 운용실적의 변동내역을 확인할 수 있도록 하고 있다. 특히 저축성 변액보험의 보험계약관리내용에는 납입보험료와 납입보험료에서 사업비, 위험보험료를 차감한 특별계정 투입금액 및 계약자적립금을 기재하고 있다.

한편, 변액보험의 특별계정은 「자본시장법」상 투자신탁으로 보고 있으므로 자산운용보고서를 작성하여 해당 재산을 보관·관리하는 신탁업자의 확인을 받아 분기별 1회 이상 투자자(계약자)에게 교부하여야 한다.

3) 보험회사별 인터넷 홈페이지(변액보험 공시실)에 자료 공시

변액보험과 관련해서 각 생명보험회사의 인터넷 홈페이지에서 변액보험에 대한 다양한 자료를 공시하고 있다. 그러나 홈페이지에 펀드별로 공시되는 수익률은 펀드 설정일로부터 계산된 특별계정 전체의 수익률이므로 가입 시기·가입금액이 모두 다른 개별계약자에게 실제 적용되는 수익률은 아니다. 계약자는 보험회사의 홈페이지에서 본인 인증절차를 거친 후 계약자별로 납입보험료 및 적립금 등 변액보험 특별계정 운용현황을 확인할 수 있다.

즉, 생명보험회사는 인터넷 홈페이지 상품공시실 내에 변액보험공시실을 구축하여 특별계정운용현황 (기준가격, 기간별 수익률 및 연 환산수익률, 매월 말 자산구성내역, 특별계정보수 및 비용 등)을 공시하고, 변액보험 운용설명서를 게시하여야 하며, 계약자가 비밀번호 또는 공인인증서 등으로 로그인시 개인별 계약관리내용(계약자 개인별 적립금, 해지환급금, 특별계정 보유좌수, 펀드변경 내역 및 방법 등)을 확인할 수 있다.

4) 생명보험협회 변액보험 비교·공시

변액보험과 관련해서 생명보험협회는 인터넷 홈페이지에서 변액보험에 대한 다양한 자료를 공시하고 있다. 그러나 홈페이지에 펀드별로 공시되는 수익률은 펀드 설정일로부터 계산된 특별계정 전체의 수익률이므로 가입 시기·가입금액이 모두 다른 개별계약자에게 실제 적용되는 수익률은 아니다.

생명보험협회 인터넷 홈페이지 내 공시실(상품비교·공시)에서는 매일의 변액보험 펀드별 기준가격 및 수익률, 자산구성내역, 보수 및 비용, 운용회사 등을 일목요연하게 공시하고 있으며 여러 생명보험회사 의 펀드 수익률과 최근 기준가격변동 등을 직접 비교·확인할 수 있도록 하고 있다.

또한 저축성 변액보험의 경우 상품마다 사업비율과 위험 보장비용비율, 최저보증비용비율 등을 공시하고 있으며 소비자가 특정 상품에 대해 해당 상품의 예상수익률(향후 1~20년) 등을 비교해볼 수도 있다.

5) 저축성 변액보험의 수수료 안내표 제공

생명보험회사는 저축성 변액보험(변액유니버설보험(적립형), 변액연금보험 등) 가입 시 계약자가 부담하는 보수·비용을 명확히 알 수 있도록 가입자에게 보험계약 체결과정에서 수수료 안내표를 제공하고 있다. 수수료 안내표에는 보험관계비용(계약체결비용, 계약관리비용, 위험보험료), 특별계정 운용비용(펀드 보수·비용, 증권거래비용 등), 보증비용(최저연금적립금·최저사망보험금 보증비용 등)이 포함되어 있다.

제3절 / CI보험(치명적 질병보험)

1. CI(Critical Illness, 치명적 질병)보험의 개념

1) CI보험의 정의

CI(critical illness, 치명적 질병)보험이란 건강보험과 종신보험의 성격을 동시에 갖고 있는 보험으로 종신보험에 CI보장을 결합한 형태의 보험인데, 피보험자에게 중대한 질병이나 수술이 발생한 경우 치료자금 용도로 사망보험금의 일부분(50% 또는 80%)을 미리 지급함으로써 피보험자나 가족의 정신적·경제적 부담을 줄일 수 있도록 한 보험이다.

즉, 『치명적 질병(critical illness)』보험은 암, 뇌(뇌졸중·뇌출혈), 심장(심근경색 등) 등의 관련 질병의 상황이 "중대할" 경우에 한하여 보장하며, 고액의 치료비가 드는 치명적 질병을 집중적으로 보장하는 보험을 말한다. CI보험은 약관에서 보장하는 중대한 질병의 진단을 받거나 중대한 수술을 받은 경우 또는 중대한 화상 및 부식이 발생한 경우에 보상한다.

2) CI보험의 개요

사망에 이를 수 있는 중대한 질병에 걸린 피보험자에게 보험금을 사전에 제공해 치료에 전념할 수 있게 하도록 나온 상품인 만큼, 보험금을 수령할 수 있는 '중대한 질병'의 조건이 기존 건강보험과는 다른데, 위의 정의에서 확인할 수 있듯이 약관에 정의된 '중대한 질병'에 부합되지 않는 경우 보험금 지급이 거절된다.

중대한 암이 되려면 악성종양세포가 존재해야 하며 주변에 침윤파괴적 증상이 있어야 하고, 악성흑색종 외 피부암, 악성흑색종 중 침범정도가 낮은 경우, 갑상샘암 등은 해당되지 않는 것으로 약관에 있으며, 이렇게 CI보험의 보장 범위는 건강보험 또는 실손보험에 비해 훨씬 제한적이다.

예를 들면, 뇌졸중 때문에 응급실에 실려 갔다고 하면 '중대한 뇌졸중이라 실려 간 것이 아니야? 보험금 받을 수 있겠네'라고 생각할 수 있겠지만, 진단서와 약관을 대조해 면밀히 살펴 '중대한 뇌졸중'에 해당되는 경우만 CI 보험금을 받을 수 있다.

CI보험을 가입하려면 이 점을 꼭 명심해 주어야 하는데, CI보험은 건강보험 또는 실손보험이 아닌 종신보험의 연장선으로 알고 있어야 한다.

피보험자가 잔여 수명이 6개월 이하인 치명적인 질병이 발생 시에 사망보험금의 50%를 선지급하며 보험료납입 면제 제도를 통하여 향후 보험료의 납입을 면제해 주고 있다. 또한, 중대한 질병이 생겨 사망보험금을 선지급 받으면 사망보험금은 그 액수만큼 차감하고 지급하게 된다.

CI보험은 장점과 단점이 명확한 상품이다. '무조건 좋다', '무조건 나쁘다'라는 식의 접근은 옳지 않다.

CI보험은 국내에서 2002년 최초로 개발, 판매되었고 연간 100만 건 이상 꾸준히 판매되는 생명보험업계 대표 상품이다. 손해보험사에서도 특약 형태로 판매하는 경우가 있다.

근래에 CI보험 판매량이 급감하고 있는데 2018년 기준 CI보험은 신계약 건수는 36만 8000건으로 2016년 91만 800건 대비 2년 만에 절반 이하로 급감했다.

3) CI보험 장점

중대한 질병이 발생 시에 보험료 납입이 면제되고, CI보험금을 선지급 받을 수 있어 질병 치료에 전념할 수 있다.

4) CI보험 단점

① 보험료 납입면제, CI보험금 선지급을 받을 수 있는 점 때문에 보험료가 종신보험보다 약 30~40% 높다(상품, 회사마다 인상폭은 다를 수 있다).

② 중대한 질병의 범위가 생각보다 좁다.

- 사망에 어느 정도 준하는 질병, 수술, 화상 등이 발생했을 때 사망보험금을 선지급 받는 것이기 때문에 보장범위가 작은 것이다.

- 보험 계약 시에 보장 범위와 금액을 면밀히 비교한 뒤 계약해야 한다.

5) CI보험(중대한 질병) 질병의 정의

① (중대한) 암

악성종양세포가 존재하고 또한 주위 조직으로 악성종양세포의 **침윤파괴적 증식**으로 특징지을 수 있는 악성종양(초기 전립샘암 등 일부 암 제외).

② (중대한) 뇌졸중

거미막밑출혈, 뇌내출혈, 기타 비외상성 머리내 출혈, 뇌경색이 발생하여 뇌혈액순환의 급격한 차단이 생겨서 그 결과 **영구적인 신경학적결손**이 나타나는 질병.

③ (중대한) 급성 심근경색증

관상동맥의 폐색으로 말미암아 심근으로의 혈액공급이 급격히 감소되어 전형적인 **흉통의 존재**와 함께 해당 **심근조직의 비가역적인 괴사**를 가져오는 질병(발병 당시 아래 2가지 특징이 있다).

가. 전형적인 급성심근경색 **심전도 변화**가 새롭게 출현

나. CK－MB를 포함한 **심근효소**가 발병당시 새롭게 상승

2. CI보험의 보험금 지급대상

일반적인 보험상품은 질병의 종류만으로 보장여부를 구분하지만, CI보험은 질병의 종류와 함께 심도(예: 중대한 암 對 치료가 손쉬운 암)에 따라서도 보장여부를 판단*하고 있다.

* (사유) 동일한 질병이라도 중증의 질병은 더 많은 치료비용이 필요함.

■ CI보험의 보험금 지급대상(예시)

구분	보장 질병
중대한* 질병	**중대한** 암, **중대한** 뇌졸중, **중대한** 급성심근경색증, **말기** 신부전증, **말기** 간질환, **말기** 폐질환 등
중대한 수술	관상동맥우회술, 대동맥류인조혈관치환수술, 심장판막수술, 5대장기(간장, 신장, 심장, 췌장, 폐장) 이식수술
중대한 화상 및 부식	신체표면의 최소 20% 이상의 **3도 화상** 또는 부식을 입은 경우

* "중대한"의 정의: 회사별 판매약관에 따라 일부 다르나, 중대한 암의 경우 통상 악성종양세포의 침윤파괴적 증식이 있고 종양의 크기가 일정기준 이상인 암에 한정(단, 피부암, 초기 전립샘암, 갑상샘암 등 제외) ☞ <CI보험 약관> 참조

3. CI보험금의 지급구조

CI보험은 중대한 질병이나 수술 등 발생 시에 사망보험금의 일부(50%~80%)를 사망 전에 미리 지급*하는 구조이다.

* (사유) 사망에 이를 수 있는 중대한 질병에 걸린 보험대상자에게 고액의 보험금을 사전에 제공하여 치료에 전념할 수 있게 하기 위함이다.

■ CI보험의 보험금 설계구조

CI 보험금	사망보험금
■ CI보험금의 지급사유가 발생하면 사망보험금의 50%~80%를 선지급	■ 사망시 기지급 CI보험금을 제외한 나머지* 사망보험금을 지급 * 단, CI보험금 지급사유 미발생시, 사망보험금의 100%를 사망 후 지급

4. CI보험 가입 시 유의사항

1) 암, 뇌졸중 등 진단 시 항상 CI보험금을 지급받는 것은 아니다.

① 기존의 건강보험은 암, 뇌졸중의 통상적 정의를 그대로 사용하지만, CI보험에서는 "중대한 질병/중대한 수술 /중대한 화상 및 부식"의 정의를 질병의 심도를 반영하여 약관에 별도로 구체적으로 규정하고 있다.

② 따라서, 암, 뇌졸중 등의 진단서를 발급받은 경우에도 CI보험 약관의 정의에 부합하지 않은 경

우에는 보험금 지급이 거절될 수 있다(아래의 <보장대상 질병의 정의 비교(예시)>을 참조).
③ 보험소비자는 CI보험 가입 시, 보험안내자료 및 약관 등을 통해 보장대상 질병의 종류와 정의를 미리 확인하는 것이 바람직하다.

■ 보장대상 질병의 정의 비교(예시)

	건강보험[57]	CI보험(중대한 질병)
(중대한)암	정상적인 조직 세포가 각종 물리적·화학적·생물학적인 암원성 물질의 작용 또는 요인에 의해 돌연변이를 일으켜서 과다하게 증식하는 증상	**악성종양세포**가 존재하고 또한 주위 조직으로 악성종양세포의 **침윤파괴적 증식**으로 특징지을 수 있는 악성종양(초기 전립샘암 등 일부 암 제외)
(중대한)뇌졸중	뇌의 혈액순환장애에 의하여 일어나는 급격한 의식장애와 운동마비를 수반하는 증상	거미막밑출혈, 뇌내출혈, 기타 비외상성 머리내 출혈, 뇌경색이 발생하여 뇌혈액순환의 급격한 차단이 생겨서 그 결과 **영구적인 신경학적결손**이 나타나는 질병
(중대한)급성 심근경색증	3개의 관상동맥 중 어느 하나라도 혈전증이나 혈관의 빠른 수축 등에 의해 급성으로 막혀서 심장의 전체 또는 일부분에 산소와 영양 공급이 급격하게 줄어듦에 따라 심장 근육의 조직이나 세포가 괴사하는 증상	관상동맥의 폐색으로 말미암아 심근으로의 혈액공급이 급격히 감소되어 전형적인 **흉통의 존재**와 함께 해당 **심근조직의 비가역적인 괴사**를 가져오는 질병(발병 당시 아래 2가지 특징 要) 가) 전형적인 급성심근경색 **심전도 변화**가 새롭게 출현 나) CK-MB를 포함한 **심근효소**가 발병당시 새롭게 상승

출처: 금융감독원 자료

2) CI보험 가입 전에 보장범위 및 금액을 건강보험과 비교해야 한다.

① CI보험은 중대한 질병 등에 대해 고액 보장을 미리 받을 수 있는 장점이 있지만, 보장 범위는 건강보험(또는 실손의료보험)에 비해 훨씬 제한적이다.
• 건강보험은 다양한 질병으로 인한 진단, 입원, 수술 보험금을 지급하는 반면, CI보험은 중대한 질병의 진단과 중대한 수술 및 화상·부식에 대해서만 보장(사망보험금 일부 선지급)함.

---

57) 건강보험은 약관에서 질병의 정의를 별도로 정하지 않고 다른 보험의 정의를 그대로 사용.

■ 보험금 지급대상 비교

CI보험	건강보험	실손의료보험
▪ 중대한 질병 ▪ 중대한 수술 ▪ 중대한 화상 및 부식	통상 약관상 정한 질병·상해에 따른 입원, 수술, 진단비 등	질병 또는 상해로 인해 의료기관에서 치료목적으로 발생한 의료비

출처: 금융감독원 자료

② 따라서, CI보험 가입 전에 CI보험과 건강보험의 보장범위 및 금액을 비교한 후 자신의 보험가입 목적이 어느 보험에 적합한지 여부를 따져보는 것이 바람직하다.

● 참고로, 생명보험사 또는 생명보험협회 인터넷 홈페이지를 통해 판매 중인 보험상품의 보장내용과 금액 등을 간편하게 확인할 수 있음.

3) CI보험은 동일 가입금액의 종신보험보다 보험료가 비싸다.

① CI보험은 중대한 질병 등이 발생 시 총보험금에서 사전에 약정된 비율만큼을 선(先)지급하는 형태의 종신보험으로, 보험수익자가 보험기간 중에 수령할 수 있는 보험금 총액은 CI보험(선지급보험금 + 사망보험금)이나 종신보험(사망보험금)이 서로 동일하다.

② 그러나 CI보험은 중대한 질병 등이 발생하면 이후 보험료 납입이 면제되고, 일부 CI보험금을 선지급 받을 수 있는 등의 장점이 있어 보험료가 종신보험보다 약 30~40% 높다.

■ 종신보험과 CI보험 보험료 수준 비교(예시)

종신보험	CI보험	
	50% 선지급형	80% 선지급형
229,000원	303,000원(132.3%[58])	337,000원(147.2%[58])

주1) 가입조건: 남자 40세, 총 보험금 1억 원

출처: 금융감독원 자료

4) CI보험도 타 보험과 동일한 수준의 병력 사항만 알리면 된다.

① 2010년 6월 이전에는 CI보험 가입 시 "계약 전 알릴의무 사항"에서 보험대상자(피보험자)의 병력정보를 다른 보험상품 보다 더 많이 요구*하였다.

* 병력 질문의 예시 병명이 너무 많고(90개 이상) 세분화되어 이로 인한 민원 발생함.

---

58) 종신보험 보험료 대비 CI보험 보험료 수준(= CI보험 보험료 / 종신보험 보험료)

② 이에 금융감독원은 2010년 6월부터 '계약 전 알릴의무 사항'의 개정(보험업감독업무시행세칙 별표14 부표1) 및 시행을 통해 보험대상자(피보험자)가 다른 건강보험과 동일한 수준*의 고지 사항만 답변할 수 있도록 개선하였다.

* 다만, CI보험이 고액보장임에 따라 장기이식 수술 여부(수여자에 한함) 및 가족력(참고 사항으로만 운영)에 대해서는 고지사항에 추가 가능.

5. CI보험 관련 민원 사례

♣ 중대한 뇌졸중 관련 사례

---

1. 민원 배경
■ 민원인은 2005년 11월에 CI보험에 가입하였는데 2007년 2월에 **'자발성 거미막밑출혈'**로 입원하여 **뇌동맥류 경부 결찰술*** 을 받고 나서 보험사에 중대한 뇌졸중에 대한 CI보험금을 청구하였으나, 보험사가 CI보험 약관에서 정하고 있는 **'중대한 뇌졸중'의 정의에는 해당되지 않는다는 이유로 CI보험금 지급을 거절**하자 민원을 제기하였음.

* 고무 밴드나 링 따위로 난관이나 정관, 동맥 따위를 묶는 수술법

※ 중대한 뇌졸중: 거미막밑출혈, 뇌내출혈, 기타 비외상성 머리내 출혈, 뇌경색이 발생하여 뇌혈액 순환의 급격한 차단이 생겨서 그 결과 **영구적인 신경학적 결손**이 나타나는 질병.

2. 금융감독원 판단
■ 치료병원의 진단서에 의하면, 민원인은 자발성 거미막밑출혈로 개두술 및 뇌동맥류 경부 결찰술을 시행 받았으나 현재 비교적 명료한 의식수준 보이고 있으며, **특이 신경학적 결손*** 은 보이지 않고 있는 상태로 확인되어 CI보험 약관에서 정하고 있는 **'중대한 뇌졸중'의 정의에는 해당되지 않는다고 판단**하였음.

* 약관상 중대한 뇌졸중은 영구적인 신경학적 결손이 나타나야 함.

출처: 금융감독원 자료

6. 의학용어 정리

구 분	의학 용어	내 용
중대한 암	침윤파괴적 증식	암조직이 처음 발생한 부위의 주변조직을 파고 들어가며 증식하는 현상
	인간면역 바이러스(HIV) 감염과 관련된 악성종양	인체면역바이러스 감염이 되면 면역이 저하되기 때문에 악성종양이 잘 생김. 카포시 육종(C46)이 대표적
	전암병소	방치하면 악성종양 즉 암으로 전환할 가능성이 높은 병소
	거미막밑출혈	뇌 실질을 감싸고 있는 경막, 지주막, 연막 등 3개의 뇌막 중에서 중간에 있는 지주막과 연막 사이에 있는 지주막밑 공간에서 뇌동맥이 터지면서 출혈이 일어난 현상
	뇌내출혈	갑자기 뇌혈관이 터지며 뇌 안에 피가 고이는 현상
중대한 뇌졸중	일과성 허혈발작	뇌순환혈액량의 감소로 인해 일시적으로 마비, 실어 증상 등이 나타나고 24시간 이내에 증상이 완전히 없어지는 것
	가역적 허혈성 신경학적 결손	뇌에 공급되는 혈액량의 부족으로 인하여 언어장해, 운동실조, 감각이상, 마비 등의 증상이 일시적(약 24시간~72시간 이내)으로 나타나는 것
중대한 급성심근 경색증	CK-MB, Troponin*	대표적인 심근 바이오마커로서 대부분 심근경색 발병 후 수시간 내에 검출되며, 보통은 24시간 내에 최대치를 보임(심근이 파괴되면서 심근세포내의 효소가 혈중으로 유리되어 혈중 심근효소 수치가 상승) * Troponin은 CI보험에서 인정하는 심근효소는 아님
	비가역적	원인이 제거되어도 본래의 상태로 돌아가지 않는 것
기타	간성뇌병증	간질환으로 인해 뇌의 기능에 이상이 오는 증상
	카테터	체강(늑막강, 복막강) 또는 관상·낭상기관(소화관, 방광 등)·혈관 내용액의 배출 측정 및 검사, 수술 등을 위해 사용되는 시술기구로서 고무 또는 금속제의 가는 관(튜브)
	9의 법칙	화상면적을 판정하는 판정법 중의 하나로서 신체의 면적수치를 9의 배수로 측정하는 방법
	FEV 1 검사	1초 동안의 노력 호기량으로서 최대한 폐를 부풀렸다가 힘껏 뱉는 공기량 중 1초 동안 나오는 공기량으로 3,900cc정도가 정상

출처: 금융감독원 자료

7. CI보험 약관(예시)⁵⁹⁾

Ⅰ. "중대한 질병"의 정의

1. 중대한 암(Critical Cancer)

① "중대한 암"이라 함은 악성종양세포가 존재하고 또한 주위 조직으로 악성종양세포의 침윤파괴적 증식으로 특징지을 수 있는 악성종양을 말하며, 다음 각 호에 해당하는 경우는 보장에서 제외한다.

  1. 다음의 가. ~ 바.에 해당하는 악성종양

    가. 악성흑색종(melanoma) 중에서 침범정도가 낮은(Breslow 분류법상 그 깊이가 1.5mm 이하인 경우를 말합니다) 경우

    나. 초기전립샘암("초기 전립샘암"이란 modified Jewett 병기분류상 stage B0 이하 또는 1992년 TNM병기상 T1c 이하인 모든 전립샘암을 말한다)

    다. 갑상샘의 악성신생물(C73)

    라. 인간면역바이러스(HIV)감염과 관련된 악성종양(단, 의료법에서 정한 의료인의 진료 상 또는 치료 중 혈액에 의한 HIV감염과 관련된 악성종양은 해당 진료기록을 통해 객관적으로 확인되는 경우는 제외)

    마. 악성흑색종(melanoma) 이외의 모든 피부암(C44)

    바. 「중대한 질병 및 수술 보장개시일」 전일 이전에 발생한 암이 「중대한 질병 및 수술 보장개시일」 이후에 재발되거나 전이된 경우

  2. 병리학적으로 전암병소(premalignant condition or condition with malignant potential), 상피내암(carcinoma in-situ), 경계성종양 등 "중대한 암"에 해당하지 않는 질병

  3. 신체부위에 관계없이 병리학적으로 현재 양성종양인 경우

② 암의 진단확정은 해부병리 전문의사 또는 임상병리 전문의사 자격증을 가진 자에 의하여 내려져야 하며, 이 진단은 조직(fixed tissue)검사, 미세바늘흡인검사(fine needle aspiration) 또는 혈액(hemic system)검사에 대한 현미경 소견을 기초로 하여야 한다.

③ 상기의 진단이 가능하지 않을 때에만 보험대상자(피보험자)가 암으로 진단 또는 치료를 받고 있음을 증명할 만한 의사가 작성한 문서화된 기록 또는 증거가 있어야 한다.

2. 중대한 뇌졸중(Critical Stroke)

① "중대한 뇌졸중"이라 함은 거미막밑출혈, 뇌내출혈, 기타 비외상성 머리내출혈, 뇌경색(증)이 발생하여 뇌혈액순환의 급격한 차단이 생겨서 그 결과 영구적인 신경학적결손이 나타나는 질병을 말한다.

② 제1항의 뇌혈액순환의 급격한 차단은 의사가 작성한 진료기록부상의 전형적인 병력을 기초로 하여야 하며, 영구적인 신경학적결손이란 주관적인 자각증상(symptom)이 아니라 신경학적검사를 기초로 한 객관적인 신경학적증후(sign)로 나타난 장애로서 별표 3 장해분류표에서 정한 "신경계에

---

59) 출처: 삼성생명보험(주) 교육자료

장해가 남아 일상생활 기본동작에 제한을 남긴 때"의 지급률이 25% 이상인 장해상태[장해분류별 판정기준 13. 신경계·정신행동 장해 가. 장해의 분류 1. 및 나. 장해판정기준 1) 신경계 ①, ③에 따라 판정함]를 말한다.

③ "중대한 뇌졸중"의 진단확정은 뇌전산화단층촬영(Brain CT Scan), 핵자기공명영상(MRI), 뇌혈관조영술, 양전자방출단층술(PET scan), 단일광자전산화단층술(SPECT), 뇌척수액검사를 기초로 영구적인 신경학적 결손에 일치되게 "중대한 뇌졸중"에 특징적인 소견이 발병 당시 새롭게 출현함을 근거로 하여야 한다.

④ 일과성허혈발작(transcient ischemic attack), 가역적허혈성신경학적결손(reversible ischemic neurological deficit)은 보장에서 제외한다. 또한, 다음과 같은 뇌출혈, 뇌경색은 보장에서 제외한다.
   1. 외상에 의한 경우
   2. 뇌종양으로 인한 경우
   3. 뇌수술 합병증으로 인한 경우
   4. 신경학적결손을 가져오는 안동맥(ophthalmic artery)의 경우

3. 중대한 급성심근경색증(Critical Acute Myocardial Infarction)

① "중대한 급성심근경색증"이라 함은 관상동맥의 폐색으로 말미암아 심근으로의 혈액공급이 급격히 감소되어 전형적인 흉통의 존재와 함께 해당 심근조직의 비가역적인 괴사를 가져오는 질병으로서 발병 당시 다음의 2가지 특징을 모두 보여야 한다.
   1. 전형적인 급성심근경색 심전도 변화(ST분절, T파, Q파)가 새롭게 출현
   2. CK-MB를 포함한 심근효소의 발병당시 새롭게 상승(단, Troponin은 제외)

② 안정협심증, 불안정협심증, 이형협심증을 포함한 모든 종류의 협심증은 보장에서 제외한다.

③ 혈액 중 심장효소만으로 급성심근경색증 진단을 내린다든지 심전도검사 만으로 급성심근경색증 진단을 내리는 경우는 보장에서 제외되며 또한 심초음파검사나 핵의학검사, 자기공명영상, 양전자방출단층촬영술등을 기초로 급성심근경색증 진단을 내리는 경우도 보장에서 제외하며, 심근의 미세경색이나 작은 손상(Myocardial Microinfaction or Minimal Myocardial Damage)도 보장에서 제외한다.

4. 말기신부전증(End Stage Renal Disease)

"말기신부전증"이라 함은 양쪽 신장 모두가 만성적으로 비가역적인 기능부전을 보이는 말기신질환 (End Stage Renal Disease)으로서, 보존요법으로는 치료가 불가능하여 현재 혈액투석이나 복막투석을 받고 있거나 받는 경우를 말하며, 일시적으로 투석치료를 필요로 하는 신부전증은 제외한다.

5. 말기간질환(End Stage Liver Disease)

① "말기간질환"이라 함은 간경변증을 일으키는 말기의 간질환을 말하며, 다음의 3가지 특징을 모두 보여야 한다.

1. 영구적인 황달(jaundice)

    ("영구적인 황달"이란 혈청 빌리루빈 검사 수치가 3mg/dl 이상 보여야 한다.)

2. 복수(ascites)

3. 간성뇌병증(hepatic encephalopathy)

② "말기간질환"의 진단확정은 정기적인 이학적 검사, 혈액검사, 영상검사(초음파 등) 등을 포함한 검사결과, 소견서, 진료기록 등으로 확인 가능하여야 한다.

6. 말기폐질환(End Stage Lung Disease)

① "말기폐질환"이라 함은 만성호흡부전을 일으키는 폐질환의 악화된 상황으로서 다음의 2가지 특징을 모두 보여야 한다.

1. 폐기능 검사에서 1초간 노력성 호기량(Forced Expiratory Volume in 1 second ; FEV1.0)이 정상 예측치의 25% 이하

2. 저산소증으로 인하여 영구적인 산소공급 치료를 요구 (동맥혈가스분석 결과 PaO2 수치가 60mmHg 이하)

② "말기폐질환"의 진단확정은 정기적인 폐기능검사, 흉부X선검사, 동맥혈가스분석검사 등의 검사결과, 소견서, 진료기록 등으로 확인 가능하여야 한다.

II. "중대한 수술"의 정의

1. 관상동맥우회술(Coronary Artery Bypass Graft, CABG)

① "관상동맥우회술"이라 함은 관상동맥질환(Coronary Artery Disease)의 근본적인 치료를 직접 목적으로 하여 개흉술을 한 후 대복재정맥(greater saphenous vein), 내유동맥(internal mammary artery) 등의 자가우회도관을 협착이 있는 부위보다 원위부(遠位部)의 관상동맥에 연결하여 주는 수술을 말한다.

② 그러나 카테터를 이용한 수술이나 개흉술을 동반하지 않는 수술은 모두 보장에서 제외한다.

    예) 관상동맥성형술(Percutaneous Transluminal Coronary Angioplasty, PTCA), 스텐트삽입술(Coronary Stent), 회전죽상반절제술(Rotational Atherectomy)

2. 대동맥류인조혈관치환수술(Aorta Graft Surgery)

① "대동맥류인조혈관치환수술"이라 함은 대동맥류의 근본적인 치료를 직접목적으로 하여 개흉술 또는 개복술을 한 후 반드시 대동맥류 병소를 절제(excision)하고 인조혈관(graft)으로 치환하는 두 가지 수술을 해주는 것을 의미한다. 여기에서 "대동맥"이라 함은 흉부 또는 복부 대동맥을 말하는 것으로 대동맥의 분지(branch)동맥들은 제외된다.

② 단, 하기와 같이 카테터를 이용한 수술들은 보장에서 제외한다.

    예) 경피적혈관내대동맥류수술(percutaneous endovascular aneurysm repair)

3. **심장판막수술(Heart Valve Surgery)**

① "심장판막수술"이라 함은 심장판막질환의 근본적인 치료를 직접목적으로 하여 다음의 두 가지 기준 중 한 가지 이상에 해당하는 경우이다.

  1. 반드시 개흉술 및 개심술을 한 후 병변이 있는 판막을 완전히 제거한 뒤에 인공심장판막 또는 생체판막으로 치환하여 주는 수술

  2. 반드시 개흉술 및 개심술을 한 후 병변이 있는 판막에 대해 판막성형술(valvuloplasty)을 해주는 수술

② 그러나 하기와 같은 수술들은 보장에서 제외한다.

  1. 카테터를 이용하여 수술하는 경우

    예) 경피적 판막성형술(percutaneous balloon valvuloplasty)

  2. 개흉술 또는 개심술을 동반하지 않는 수술

4. **5대장기이식수술(5 Major Organ Transplantation)**

① "5대장기이식수술"이라 함은 5대장기의 만성부전상태로부터 근본적인 회복과 치료를 목적으로 관련 법규에 따라 정부에서 인정한 장기이식 의료기관 또는 이와 동등하다고 인정되는 의료기관에서 간장, 신장, 심장, 췌장, 폐장에 대하여 장기이식을 하는 것으로 타인의 내부 장기를 적출하여 장기부전상태에 있는 수혜자에게 이식을 시행한 경우에 대한 수술을 말한다(단, 랑게르한스 소도 세포 이식수술은 보장에서 제외한다).

III. "중대한 화상 및 부식"의 정의

① "중대한 화상 및 부식"이라 함은 화상 및 부식이 '9의 법칙(Rule of 9's)' 또는 '룬드와 브라우더 신체 표면적 차트(Lund & Browder body surface chart)'에 의해 측정된 신체표면적으로 최소 20%이상의 3도 화상 또는 부식을 입은 경우를 말하며, 단 '9의 법칙' 또는 '룬드와 브라우더 신체 표면적 차트' 측정법처럼 표준화되고 임상학적으로 받아들여지는 다른 신체표면적 차트를 사용하여 유사한 결과가 나온 것도 인정한다.

② "중대한 화상 및 부식(화학약품 등에 의한 피부 손상)"의 진단확정은 의료법 제3조 및 제5조의 규정에 의한 국내의 병원 또는 국외의 의료관련법에서 정한 의료기관의 의사(한의사, 치과의사 제외) 자격을 가진 자가 작성한 문서화된 기록 또는 검사결과를 기초로 하여 내려져야 한다.

I N S U R A N C E

제3보험 이해 및 각론 / 제5편

제1장

제3보험의 이해(理解)

제1절 / 제3보험의 개념(槪念)

1. 제3보험의 정의(定義)

제3보험이란 사람의 상해·질병 또는 이로 인한 간병에 관하여 계약을 하고 약정한 급여를 제공하거나 손해를 입으면 보상을 해주는 보험이다. 즉, 상해보험, 질병보험, 간병보험 등을 가입(계약) 시에 위험 보장을 목적으로 사람의 질병·상해 또는 이에 따른 간병에 관하여 금전 및 그 밖의 급여를 지급하는 보험이다. 제3보험은 생명보험의 영역과 손해보험의 영역이 중복되는 곳을 뜻하며 생명보험사와 손해보험사가 모두 취급 가능한 상품이다.

또한, 제3보험은 손해보험의 실손보상적 특성과 생명보험의 정액보상적 특성을 동시에 충족하는 보험을 의미하며, 손해보험이나 생명보험 두 분야 중 어느 한 분야에 속했다고 보기 어려운 보험을 말한다. 이는 손해보험과 생명보험 중 어느 분야에 속하는지 명확하게 구분 할 수 없다는 의미에서 '그레이 존'(Gray Zone) 이라고도 한다.

우리나라에서는 2003년 8월 「보험업법」 개정 시 최초로 제3보험이 법체계에 편입되었으며, 제3보험은 사람의 신체 사고에 대하여 사망/후유장해 및 치료비, 간병비 등을 보상하는 보험으로 "민영 의료보험" 을 법적 개념으로 표현한 용어이다. 제3보험은 생명보험과 손해보험 2가지 모두의 성격을 띠고 있는 보험을 말하며, 질병이나 상해를 보장하는 의료실비보험(실손보험), 암보험, 치매보험, 건강보험, 치아보험, 간병보험 등이 대표적인 상품이다.

제3보험의 종류에는 상해보험, 질병보험, 간병보험이 있으며 사람의 신체에 대한 보험이므로 생명보험에 해당되나, 비용손해와 의료비 등 실손보상적 급부를 보상한다는 측면에서는 손해보험으로도 볼 수 있다. 예를 들어 질병보장상품의 경우 보험대상은 사람이므로 생명보험의 영역이나, 질병으로 인한 소득상실의 보장, 각종 질병치료비의 실손보상 등은 손해보험의 영역으로 볼 수 있다.

2. 제3보험의 그레이 존(Gray Zone)

제3보험은 **손해보험 및 생명보험(인보험)**의 두 가지 성격을 모두 갖추고 있으며 Gray Zone이라고도 하는 데, 아래의 그림을 보면 겹쳐있는 부분이 제3보험이다. 그래서 검정과 흰색을 겹치면 회색이 된다. 이런 의미로 그레이 존이라고도 한다.

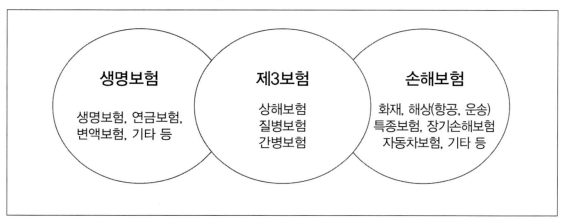

제2절 / 제3보험의 개요(概要)

1. 보험사고의 대상

생명보험의 보험사고는 사람의 생존과 사망이고, 손해보험은 재산상의 손해이다. 그러나 제3보험의 보험사고는 신체의 상해, 질병 또는 이에 따른 간병이 필요한 상태이다.

2. 보험금의 지급방법

생명보험에서의 보험금 지급방법은 사전에 미리 정해진 금액을 보상(정액보상)하는 것이 원칙이며, 손해보험은 재산상의 손해를 보상하는 특성상 실제 손해액을 보상(실손보상)하는 것이 원칙이다. 그러나 제3보험은 정해진 금액(정액보상)과 실질적으로 입은 손해액(실손보상)을 동시에 모두 보상이 가능하다.

3. 제3보험의 특징

1) 제3보험은 손해보험 및 생명보험의 두 가지 성격을 모두 갖추고 있으며 Gray Zone이라고도 한다. 또한, 제3보험은 손해보험회사, 생명보험회사에서 다 판매가 가능하기 때문에 가입한 상품에 따라 정액보상(정해진 금액 그대로 다 받는 것), 또는 실손보상(내가 낸 만큼만 받는 것) 모두 가능하다.

2) 제3보험은 생명보험회사와 손해보험회사 모두 겸영이 가능하다(「보험업법」 제4조 제3항). 「보험업법」은 원칙적으로 생명보험의 장기·안정적 위험과 손해보험의 단기·거대위험이라는 리스크의 상이성을 고려하여 생명보험업과 손해보험업의 겸영을 금지하고 있다. 그러나 생명보험업이나 손해보험업에 해당하는 보험종목의 전부에 관하여 허가를 받은 자는 제3보험업에 해당하는 보험종목에 대한 허가를 받은 것으로 보아, 제3보험업에 대해서는 겸영을 허용하고 있다.

3) 제3보험은 보험금 지급방식에 따라 실손의료보험과 정액의료보험으로 나눈다. 실손의료보험은 상해, 질병 및 간병으로 실제 발생한 의료비용을 보상하는 상품인 반면, 정액의료보험은 특정 질병이 발생하면, 진단비/수술비/입원비 명목으로 계약 당시에 약정한 금액을 지급하는 상품이다.

4) 제3보험에서 질병으로 인한 사망보장은 특약으로만 부가할 수 있다(보험업법 제10조 제3호, 보험업법시행령 제15조 제2항). 즉, 제3보험은 신체의 질병·상해 등을 주로 보장하는 보험으로, 생명보험회사나 손해보험회사는 질병 보험 주계약(기본계약)에 각종 특약을 부가하여 보장을 확대한 보험상품을 판매하고 있다. 다만, 손해 보험회사에서 판매하는 질병사망특약의 보장은 이 경우에도 질병사망 보장은 ① 보험기간은 80세 만기이고, ② 보험금액의 한도는 개인당 2억 원 이내이며 ③ 보장성 보험의 요건(만기 시에 지급하는 환급금이 납입보험료 합계액의 범위 내이어야 한다) 등의 요건을 충족하여야 한다.

■ 제3보험의 질병사망특약 부가요건

구분	생명보험	손해보험
보험기간	제한 없음	80세
보험금액	제한 없음	개인당 2억 원
기환급금	제한 없음	납입보험료 합계액 이내

출처: 삼성생명보험(주), 생명보험협회 자료

5) 제3보험은 신체의 상해, 질병 및 이로 인한 간병상태를 보험계약의 대상으로 한다. 이는 사람의 생존과 사망을 보험계약의 대상으로 하는 생명보험이나 재산상의 손해를 보험계약의 대상으로 하는 손해보험과는 차이가 있다. 생명보험은 사전에 미리 정한 금액을 보상(정액보상)하는 것이 원칙이나, 손해보험은 재산상의 손해를 보상하는 특성상 실제 손해액을 보상(실손보상)하는 것이 원칙이다.

제3보험은 정해진 금액(정액보상)과 실제 발생한 손해액(실손보상)의 보상이 모두 가능하다.

6) 손해보험/제3보험/생명보험의 구분 및 비교

구분	손해보험	제3보험	생명보험
보험사고	재산상의 손해, 신체상해	신체의 상해, 질병, 간병	사람의 생존 또는 사망
피보험이익*	존재	원칙적으로 없음	원칙적으로 없음
중복보험 (보험가액초과)	존재	실손보상급부에는 존재	없음
보상방법	실손보상	실손보상, 정액보상	정액보상
피보험자(보험대상자)	손해를 보상받을 권리가 있는 자	보험사고의 대상	보험사고의 대상
보험기간	단기	단기, 장기	장기

* 보험계약의 대상에 대한 경제적 이해관계를 의미

출처: 손해보험협회, 생명보험협회 자료

4. 제3보험의 구분

제3보험은 사람이 질병에 걸리거나, 상해를 당했을 때 또는 질병이나 상해가 원인이 되어 간병이 필요한 상태를 보장하는 보험으로 상해보험, 질병보험, 간병보험으로 구분된다.

상해보험은 우연하고도 급격한 외래의 사고로 인한 상해의 치료 등에 소요되는 비용을 보장하고, 질병보험은 질병을 진단받거나 질병으로 인해 발생되는 입원·수술·통원 등을 보장하며, 간병보험은 치매 또는 일상생활장해상태 등 타인의 간병을 필요로 하는 상태를 보장한다.

■ **제3보험업의 구분**(「보험업감독규정」 별표 1)

보험	구분 기준
상해보험	사람의 신체에 입은 상해에 대하여 치료에 소요되는 비용 및 상해의 결과에 따른 사망 등의 위험에 관하여 금전 및 그 밖의 급여를 지급할 것을 약속하고 대가를 수수하는 보험.
질병보험	사람의 질병 또는 질병으로 인한 입원·수술 등의 위험(질병으로 인한 사망을 제외한다)에 관하여 금전 및 그 밖의 급여를 지급할 것을 약속하고 대가를 수수하는 보험.
간병보험	치매 또는 일상생활장해 등 타인의 간병을 필요로 하는 상태 및 이로 인한 치료 등의 위험에 관하여 금전 및 그 밖의 급여를 지급할 것을 약속하고 대가를 수수하는 보험.

5. 피보험이익

　피보험이익이란 보험계약의 목적(화재보험의 건물, 선박보험의 선박 등)을 금전으로 환산할 수 있는 가치를 의미한다. 즉, 보험계약의 대상에 대한 경제적 이해관계를 의미한다. 보험목적물과 이해관계에 있는 자는 보험목적물이 위험에 노출될 경우에 대비하여 보험계약을 체결하게 되는데, 이때 불확실한 보험사고로부터 손해를 보상받을 수 있는 이익이 피보험이익이다.

　따라서, 피보험이익은 보험목적물에 대해서만 적용될 수 있으며 사람은 적용대상이 될 수 없다. 보험은 보험사고로 인하여 보험목적물에 가해진 손해를 보상하는 것을 내용으로 하고, 보험회사는 피보험이익을 최고한도로 책임을 지게 된다. 따라서 피보험이익은 금전으로 산정할 수 있어야 하고 그 존재 여부와 귀속이 보험사고 전에 확정되어야 한다.

　손해보험은 계약자의 경제적 이득이 아닌 손실보전을 위한 것이므로, 피보험이익의 최고한도는 보험목적물의 가치를 초과할 수 없다.

　예를 들어, 현재가치가 100만 원인 자동차가 있다면 100만 원이 이 자동차의 피보험이익이 되며, 이 자동차에 대해서는 100만 원을 최고한도로 보험계약이 체결된다. 만일 100만 원 짜리 차에 1,000만 원의 보험을 가입할 수 있다면 고의로 보험사고를 유발하여 보험금을 청구하는 경우가 발생하게 되므로 100만 원을 초과하여 보상받도록 하는 초과 가입은 원칙적으로 불가능하다.

　이러한 피보험이익은 손해의 보상을 약속하는 손해보험에서는 필수적인 요소이나, 생명보험의 경우에는 사람의 생명이나 신체를 금전으로 평가할 수 없으므로 피보험이익이 존재하지 않는다고 본다.

6. 제3보험의 보상방식

　제3보험의 보험금 보상은 실손보상방식과 정액보상방식이 모두 가능하다.

1) 실손보상 방식

　실손보상이란 보험사고의 발생 시 실제 손해액만을 보상하는 방식으로 의료실비담보, 벌금담보 등에서 사용되는데 도덕적 위험 등의 발생을 방지하기 위하여 보험금이 실제 발생한 손해액을 초과하지 않도록 하는 장치가 필요하다. 즉 실손보상을 적용하는 제3보험 계약이 여러 개 존재하고, 개별 계약에서 보상하는 보험금의 합계가 실제 발생한 손해액 보다 큰 경우에는 독립책임액 비례보상방식에 따라 비례보상 하여 실제 발생한 손해액을 넘는 초과이득이 발생하지 않도록 하고 있다. 이를 위해 실손보상 급부(보험금)가 있는 보험계약은 그 보험 가입내역을 보험회사 간에 교환하여 비례보상을 한다.

2) 정액보상 방식

　정액보상방식이란 실손보상의 원리가 적용되지 않고 보험사고 발생 시 미리 정해진 급부(보험금)를 제공하는 것을 말한다. 사망·후유장해 담보가 대표적인 정액급부이며 이외에도 각종 진단급여, 수술급여, 입원일당 급여 등이 있다.

7. 제3보험의 가입제한

원칙적으로 가입연령 등의 제한 사항이 없으나, 상품별로 보험회사가 설정한 제한 사항과 법률에 의한 사망담보 가입제한 등이 있다.

상법 제732조(15세 미만자 등에 대한 계약의 금지)에 의거하여 15세 미만자, 심신상실자 또는 심신박약자의 사망을 보험사고로 하는 보험계약은 무효로 한다. 다만, 심신박약자가 직접 보험계약을 체결하거나 심신박약자가 제735조의 3에 따른 단체보험의 피보험자가 될 때에 의사 능력이 있는 경우에는 예외 적용되어 보험계약은 유효하다.

8. 제3보험의 상품설계(상품개발) 기준

♣ **제3보험 상품설계의 일반기준**
- 제3보험 상품은 보장성보험이다.
- 약관상 보장하지 않는 원인으로 사망 시 책임준비금을 지급하고 계약이 소멸하도록 설계한다.
- 제3보험 상품의 보상방식은 정액보상 및 실손보상 모두 가능하다.

1) 제3보험 상품은 보장성보험에 한하여 개발이 가능하다(손·생보 공통적용).

다만, 주계약이 상해보험인 경우는 저축성보험으로의 개발이 가능하며, 이 경우 보험기간은 15년 이내로 개발이 가능하다(손해보험사)

2) 제3보험 약관에서 보상하지 않은 사고로 피보험자가 사망하는 경우 보험회사에서는 책임준비금을 지급 하고 계약이 소멸하게 설계한다. 피보험자가 사망하는 경우에 보험계약을 유지할 수 없으며, 그 시점까지 적립된 책임준비금을 지급한다.

3) 제3보험 상품에서 보장하는 금액은 정액 또는 실제 발생하는 손해를 기준으로도 설계가 가능하다. 실제 손해를 보상하는 위험담보의 경우 다른 회사의 가입 내역을 고지의무사항으로 추가할 수 있고, 상법 제672조(중복보험)의 규정에 따라 비례 보상이 된다.

4) 제3보험의 상품설계 기준

① **보장성보험**: 생존 시 지급되는 보험금 합계액 ≦ 기납입보험료

② **저축성보험**: 생존 시 지급되는 보험금 합계액 > 기납입보험료

제3보험 상품은 약관상 보장하지 않는 원인으로 사망 시에는 책임준비금을 지급하고 계약이 소멸한다. 예를 들면 질병보험의 피보험자가 교통사고로 사망하였을 경우 피보험자가 존재하지 않게 되어 보험계약을 더 이상 유지할 수 없게 되며, 그때까지 적립된 책임준비금을 지급한다.

한편 상해보험은 일반(질병)사망을 보장하지 않으며, 상해 이외의 원인으로 사망할 경우 사망 당

시의 책임준비금을 지급해야 한다. 또한 제3보험 상품은 약관상 보장하는 금액, 예를 들어 수술비를 수술 1회당 약정한 금액(정액보상)으로 지급할 수도 있고, 실제 수술비(실손보상)를 기준으로 지급할 수도 있다. 제3보험 상품 중 실손보상 급부가 있는 계약은 그 보험가입내역을 보험회사 간에 교환하여 가입 여부를 판단하고 보험사고시 비례 보상하여 실제 피보험자가 부담한 금액을 초과하지 않게 보험금이 지급된다.

제3절 / 제3보험 관련 법규(法規)

1. 제3보험의 법령상 지위

우리나라의 보험업법에서는 제3보험을 생명보험이나 손해보험의 일부가 아니라 독립된 하나의 보험업으로서 규정하고 있다. 제3보험이라는 용어는 1965년 일본에서 처음 사용되었으며, 우리나라에서는 1997년 7월 손·생보 상품관리규정이 개정되면서 제3보험의 범위가 확정되었고, 손해보험회사와 생명보험회사가 이를 상호 겸영하게 하였다. 이후 2003년 보험업법 및 보험업법 시행령의 개정 시 제3보험의 정의가 신설되었고 손·생보사가 겸영하는 종목임이 명확히 규정되었다.

제3보험은 상법상 인보험 영역에 해당한다. 제3보험의 보험종목인 상해보험, 질병보험, 간병보험은 모두 사람의 생명 또는 신체에 관한 사고가 발생하였을 때 보험회사의 보상책임이 발생한다.

1) 「상법」상의 지위

제3보험 상품 및 제3보험업은 「보험업법」에 정의되어 있으며, 「상법」상의 제3보험이라는 용어는 없다. 다만, 「상법」 보험편(제4편) 인보험(제3장)의 상해보험(제3절)과 질병보험(제4절)에 「보험업법」상 제3보험에 속하는 상해보험과 질병보험 관련 규정이 반영되어 있다. 이에 따라 「보험업법」상 제3보험 상품 중 간병보험만이 현행 「상법」에 별도로 분류되어 있지 않다.

■ 「상법」 보험편(제4편) 인보험(제3장) 주요 조항
제3장 인보험
제1절 통칙
제727조(인보험자의 책임) ① 인보험계약의 보험자는 피보험자의 생명이나 신체에 관하여 보험사고가 발생할 경우에 보험계약으로 정하는 바에 따라 보험금이나 그 밖의 급여를 지급할 책임이 있다.
② 제1항의 보험금은 당사자 간의 약정에 따라 분할하여 지급할 수 있다.
제728조(인보험증권) 인보험증권에는 제666조에 게기한 사항 외에 다음의 사항을 기재하여야 한다.

---

1. 보험계약의 종류
2. 피보험자의 주소·성명 및 생년월일
3. 보험수익자를 정한 때에는 그 주소·성명 및 생년월일

제729조(제3자에 대한 보험대위의 금지) 보험자는 보험사고로 인하여 생긴 보험계약자 또는 보험수익자의 제3자에 대한 권리를 대위하여 행사하지 못한다. 그러나 상해보험계약의 경우에 당사자 간에 다른 약정이 있는 때에는 보험자는 피보험자의 권리를 해하지 아니하는 범위 안에서 그 권리를 대위하여 행사할 수 있다.

제2절 생명보험

제732조(15세 미만자 등에 대한 계약의 금지) 15세 미만자, 심신상실자 또는 심신박약자의 사망을 보험사고로 한 보험계약은 무효로 한다. 다만, 심신박약자가 보험계약을 체결하거나 제735조의3에 따른 단체보험의 피보험자가 될 때에 의사능력이 있는 경우에는 그러하지 아니하다.

제3절 상해보험

제737조(상해보험자의 책임) 상해보험계약의 보험자는 신체의 상해에 관한 보험사고가 생길 경우에 보험금액 기타의 급여를 할 책임이 있다.

제738조(상해보험증권) 상해보험의 경우에 피보험자와 보험계약자가 동일인이 아닐 때에는 그 보험증권 기재사항 중 제728조제2호에 게기한 사항에 갈음하여 피보험자의 직무 또는 직위만을 기재할 수 있다.

제739조(준용규정) 상해보험에 관하여는 제732조를 제외하고 생명보험에 관한 규정을 준용한다.

제4절 질병보험

제739조의2(질병보험자의 책임) 질병보험계약의 보험자는 피보험자의 질병에 관한 보험사고가 발생할 경우 보험금이나 그 밖의 급여를 지급할 책임이 있다.

제739조의3(질병보험에 대한 준용규정) 질병보험에 관하여는 그 성질에 반하지 아니하는 범위에서 생명보험 및 상해보험에 관한 규정을 준용한다.

2) 「보험업법」상의 근거

「보험업법」은 보험업을 생명보험업, 손해보험업, 제3보험업으로 구분하고 있다. 따라서 **제3보험업은 「보험업법」상의 생명보험업이나 손해보험업의 일부가 아니라 독립된 하나의 보험업으로서의 지위를 갖는다.** 제3보험업은 별도로 독립된 제3보험회사를 설립하여 운영하거나, 아니면 생명보험회사 및 손해보험회사로서 해당 보험업의 모든 보험종목에 대하여 허가를 받은 경우 영위할 수 있다.

2. 보험업법상 보험업의 구분[보험업법 제2조(정의)]

1) "보험업"이란 보험상품의 취급과 관련하여 발생하는 보험의 인수(引受), 보험료 수수 및 보험금 지급 등을 영업으로 하는 것으로서 생명보험업·손해보험업 및 제3보험업을 말한다.

2) "생명보험업"이란 생명보험상품의 취급과 관련하여 발생하는 보험의 인수, 보험료 수수 및 보험금 지급 등을 영업으로 하는 것을 말한다.

3) "손해보험업"이란 손해보험상품의 취급과 관련하여 발생하는 보험의 인수, 보험료 수수 및 보험금 지급 등을 영업으로 하는 것을 말한다.

4) "제3보험업"이란 제3보험상품의 취급과 관련하여 발생하는 보험의 인수, 보험료 수수 및 보험금 지급 등을 영업으로 하는 것을 말한다.

3. 보험업법상 보험업의 허가[보험업법 제4조(보험업의 허가)]

1) 보험업을 경영하려는 자는 다음 각 호에서 정하는 보험종목별로 금융위원회의 허가를 받아야 한다.

① 생명보험업의 보험종목

가. 생명보험

나. 연금보험(퇴직보험 포함)

다. 그 밖에 대통령령으로 정하는 보험종목

② 손해보험업의 보험종목

가. 화재보험

나. 해상보험(항공·운송보험 포함)

다. 자동차보험

라. 보증보험

마. 재보험

바. 그 밖에 대통령령으로 정하는 보험종목

③ 제3보험의 보험종목

가. 상해보험

나. 질병보험

다. 간병보험

라. 그밖에 대통령령으로 정하는 보험종목

2) 제1항에 따른 허가를 받은 자는 해당 보험종목의 재보험에 대한 허가를 받은 것으로 본다.

3) 생명보험업이나 손해보험업에 해당하는 보험종목의 전부(제1항 제2호 라목에 따른 보증보험 및 같은 호 마목에 따른 재보험은 제외한다)에 관하여 제1항에 따른 허가를 받은 자는 제3보험업에 해당하는 보험종목에 대한 허가를 받은 것으로 본다.

4) 생명보험업 또는 손해보험업에 해당하는 보험종목의 전부(제1항 제2호 라목에 따른 보증보험 및 같은 호 마목에 따른 재보험은 제외한다)에 관하여 제1항에 따른 허가를 받은 자는 경제 질서의 건전성을 해친 사실이 없으면 해당 생명보험업 또는 손해보험업의 종목으로 신설되는 보험종목에 대한 허가를 받은 것으로 본다.

4. 제3보험의 모집인 자격

1) 제3보험 상품을 모집하고자 하는 자는 보험회사를 통하여 금융위원회로부터 등록업무를 위탁받은 보험협회에 등록하여야 한다.

2) 등록의 요건은 제3보험 모집에 관한 연수과정을 이수한 사람 혹은 등록 신청일로부터 3년 이내에 제3보험 관계 업무에 1년 이상 종사하고, 「보험업법 시행령」에서 정한 교육을 이수한 사람이어야 한다.

3) 따라서 생명보험과 제3보험을 모집하고자 하는 경우는 생명보험협회에, 손해보험과 제3보험을 모집하고자 하는 경우는 손해보험협회에, 그리고 제3보험만을 모집하고자 하는 경우는 양 보험협회 중의 한 곳에 등록을 해야 모집을 할 수 있다.

■ **제3보험설계사의 등록요건**(「보험업법 시행령」 별표 3, 4 및 「보험업감독규정」 제4-3조)
1) 제3보험 모집에 관한 연수과정을 이수한 자(*아래 ①~③을 모두 갖춘 사람을 의미함)
① (교육) 보험모집관련 윤리교육, 보험관련 법령 및 분쟁사례, 보험상품 등에 관한 교육과정을 20시간 이상 이수한 자
② (시험) 보험협회에서 실시하는 제3보험 설계사자격시험에 합격한 자
③ 교육 이수 요건을 충족한 자는 1년 이내에 시험에 합격하여야 하며, 시험에 합격한 자는 합격일 부터 1년 이내에 교육 이수 요건을 충족하여야 함
2) 제3보험 관계 업무에 1년 이상 종사한 경력(등록신청일로부터 3년 이내)이 있고, 교육을 이수한 사람
3) 개인인 제3보험대리점의 등록요건을 갖춘 자(법인보험대리점 소속 보험설계사가 되려는 자만 해당)
4) 개인인 제3보험중개사의 등록요건을 갖춘 자(법인보험중개사 소속 보험설계사가 되려는 자만 해당)
※ 단, 등록신청의 유효기간은 연수과정 또는 교육 이수 후 1년

출처: 생명보험협회 자료

제2장

제3보험 상품의 각론(各論)

제1절 / 제3보험 상품 및 분류

제3보험 상품은 보장 내용에 따라 크게 상해보험, 질병보험, 간병보험으로 분류할 수 있다.

상해보험의 경우 일반 상해보험 및 재해보험, 교통재해보험 등의 상품이 있으며, 질병보험의 경우 암보험, 건강보험, 치아보험 등의 상품이 있다. 또한 간병보험은 장기간병보험(LTC), 치매보험 등의 상품이 있다. 제3보험 상품은 어린이보험, 실손의료보험과 같이 상해와 질병이 함께 보장되는 종합형 상품이 많다. 또한 각 질병담보 등을 특화하여 개발하는 경우가 많기 때문에 주계약 뿐만 아니라 특약으로도 다양하게 부가되어 판매되고 있다.

1. 제3보험 상품의 분류

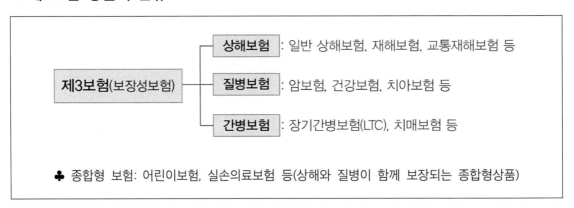

2. 제3보험 상품(종목)의 구분 및 기준(「보험업감독규정」 별표 1)

제3보험의 종류는 상해보험, 질병보험, 간병(치매)보험 등을 제3보험이라고 한다.

제3보험은 사람이 보험사고로 상해를 입었거나 질병에 걸렸을 때 또는 상해·질병이 원인이 되어 간병이 필요한 상태가 되었을 때 보장하는 보험으로 상해보험·질병보험·간병보험으로 구분된다. 상해보험은 우연하고도 급격한 외래의 사고로 인한 상해의 치료 등에 소요되는 비용을 보장하고, 질병보험은 질병을 진단받거나 질병으로 인해 발생되는 입원·수술·통원 등을 보장하며, 간병보험은 치매 또는 일상생활장해상태 등 타인의 간병을 필요로 하는 상태를 보장함을 말하며, 제3보험업의 구분 및 기준은 다음과 같다.

1) 상해보험

우연하고도 급격한 외래의 사고로 인한 상해의 치료 등에 소요되는 비용을 보장하는 보험이다.

즉, 사람의 신체에 입은 상해에 대하여 치료에 소요되는 비용 및 상해의 결과에 따른 사망 등의 위험에 관하여 금전 및 그 밖의 급여를 지급할 것을 약속하고 대가를 수수하는 보험이다.

2) 질병보험

질병에 걸리거나 질병으로 인해 발생되는 입원·수술·통원 등을 보장하는 보험이다.

즉, 사람의 질병 또는 질병으로 인한 입원·수술 등의 위험(질병으로 인한 사망을 제외)에 관하여 금전 및 그 밖의 급여를 지급할 것을 약속하고 대가를 수수하는 보험이다.

3) 간병보험

상해·질병으로 인한 활동불능 또는 인식불능 등으로 인해 타인의 간병을 필요로 하는 상태를 보장하는 보험이다.

즉, 치매 또는 일상생활장애 등 타인의 간병을 필요로 하는 상태 및 이로 인한 치료 등의 위험에 관하여 금전 및 그 밖의 급여를 지급할 것을 약속하고 대가를 수수하는 보험이다.

제2절 / 상해보험

1. 상해보험의 개념(概念)

1) 상해보험의 정의(定義)

상해보험은 **피보험자가 우연한 사고로 인하여 신체에 상해를 입은 경우 보험금액 기타의 급여를 지급하는 보험이다.** 또한, 상해보험계약은 보험기간 중에 발생한 피보험자의 신체에 상해 사고가 발생한 경우에 보험자가 일정한 보험금액, 기타의 급여를 지급할 것을 약정한 보험계약을 말한다(제737조).

즉, 상해보험(계약)은 사람의 신체에 입은 상해에 대하여 치료에 소요되는 비용 및 상해의 결과에 따른 사망 등의 위험에 관하여 금전 및 그 밖의 급여를 지급할 것을 약속하고 보험료를 수수하는 보험(계약)으로(보험업감독규정상 정의), 우연성, 외래성, 급격성을 사고의 요건으로 한다.

일반적으로 생명보험은 피보험자의 생사가 보험사고이고 손해보험은 재산상의 손해가 보험사고이므로 보험사고의 발생 여부에 대한 계약자와 보험회사 간의 다툼이 생길 여지가 크지 않으나, 상해보험은 외부로부터의 돌발적인 사고로 인한 상해만이 보험사고가 되므로 상해의 인정 여부가 중요한 쟁점이 된다.

> ※ 상해의 개념
> 상해보험에서 말하는 신체의 상해란 몸에 상처를 입는 부상보다는 넓은 의미로 쓰이며, 반드시 외관상 분명한 상처자국을 남기는 것에 한정하지 않고 상해로 인한 사망 또는 상해로 인한 신체장해 등을 포함한다. 생명보험회사에서 상해보험을 판매하지만 상해보험의 내용은 상해의 개념에 일부 감염병[60]의 보장을 더한 재해를 보장하고 있다.

출처: 생명보험협회 자료

2) 상해보험의 성질

(1) 인보험

보험의 객체가 사람(인간)이라는 점에서 생명보험과 더불어 인보험에 속하고, 피보험자의 물건이나 재산에 생긴 손해를 보상할 것을 목적으로 하는 손해보험과 구분된다.

(2) 손해보험의 이중적 성질(제739조)

'상해보험에 관하여 제732조를 제외하고 생명보험에 관한 규정을 준용한다.'라고 규정하고 있다. 따라서 상해보험은 원칙적으로 생명보험과 같이 정액보험 형식을 취한다.

3) 보험사고 및 보험급여

(1) 보험사고

상해보험은 급격하고 우연한 외래의 사고를 보험사고로 하므로 그 사고의 발생 여부 및 발생 시기, 발생원인, 피해 정도 등이 불확정적인 반면, 손해보험은 재산상의 손해가 보험사고이고 생명보험은 사람의 생존과 사망을 보험사고로 하므로 손해와 사망 그 자체는 확정되어 있으나 발생 시기만이 불확정적이다.

한편 손해보험과 생명보험에서 판매하는 상해보험은 상해와 보장 범위가 유사한 재해를 보장하며, 세부 사항은 각 보험의 표준약관에 명시된 재해분류표를 따른다.

(2) 보험급여

상해보험은 사망 또는 상해의 정도에 따라 일정한 보험금액을 지급하는 정액보험의 성질과 실제로 소요된 치료비 기타의 비용을 지급하는 실손보험의 성질이 있으므로 정액보험인 생명보험과 달리 손해보험의 성질도 아울러 가지고 있다.

---

60) 감염병의 예방 및 관리에 관한 법률('감염병 예방법') 제2조 제2호에서 규정한 감염병

(3) 상해와 질병의 관계

약관상 보장대상 사고(상해)로 의료치료와 상해의 결과 사이에 인과관계 여부에 따라 보험회사의 면책여부가 결정되는데, 상해사고의 결과로 발생된 질병은 보상이 되나, 질병이 원인이 되어 발생한 상해는 보상에서 제외된다.

4) 담보조건 및 보장방식

(1) 담보조건

상해보험은 급격(예측불가, 불가피)하고도 우연(원인/결과)한 외래(외부의 원인)의 사고로 인해 피보험자의 신체에 상해를 입었을 때 그 손해를 보상하는 상품이다.

(2) 보장방식

① **사망 및 후유장해**: 생명은 가치를 환산할 수 없으므로 생명보험과 마찬가지로 정액방식으로 보상한다.

② **입원·통원의료비**: 치료에 소요되는 비용 및 상해의 결과(사망 등)에 따른 실손보상과 보험금을 지급한다.

(3) 실종·재난·후유

① **실종**: 법원 실종기간이 끝나는 때에 사망한 것으로 간주한다.

② **재난**: 가족관계등록부에 기재된 사망연월일을 기준으로 지급한다.

③ **후유**: 장해지급률을 상해발생일로부터 180일 이내에 확정하여 [보험가입금액 × 장해지급율]에 해당 하는 값을 지급한다. 치료가 길어져 180일이 초과되면, 180일이 되는 날의 의사 진단에 기초하여 고정한다.

5) 상해보험의 일반적 가입조건

상해보험의 보험기간은 일반적으로 1년 이상이며 회사별로 차이가 있지만 가입대상 및 연령은 일부 위험직을 제외하고 65세~75세까지 가입이 가능하다.

상해보험의 경우 주보험에는 질병사망을 부가할 수 없고 특약을 통해서만 질병사망을 보장할 수 있다. 상해보험에서 보장하지 않는 원인에 의한 사망으로 피보험자가 사망한 경우(예: 암으로 사망)에는 책임준비금을 지급하고 보험계약이 소멸하게 된다. 또한, 상해보험은 직업별 위험률이 적용되어 위험직업과 비위험직업 간에 상이한 위험률이 적용되는 직종별 위험등급체계가 적용되고 있다.

6) 상해보험의 상품설계

일반적으로 상해보험은 보험사고가 우발적인 외래의 원인으로 발생하므로 연령별로 위험률을 구분하지 않고 산출할 수 있다. 즉 상해보험계약과 같이 사고발생 위험성의 연령별 차이가 미미할 것으로 일반적으로 인정되는 경우 단일률, 군단율을 이용하여 보험료를 산출할 수 있다.

7) 상해보험의 책임과 면책

(1) 상해보험의 책임

상해보험계약의 보험자는 신체의 상해에 관한 보험사고가 생길 경우에 보험금액 기타의 급여를 할 책임이 있다.

(2) 상해보험의 면책

약관에서 보상하지 않는 경우를 "면책"이라고 하며, 심신상실 상태가 아닌 정상인의 고의 사고, 임신/출산/전쟁/폭동/위험한 직무에 해당되는 경우는 보험금을 지급하지 않는다.

2. 상해보험의 요소 및 상해사고의 요건

1) 상해보험의 요소

(1) 피보험자

① 자연인이면 연령이나 신분에 관계없이 가능하다.

② 15세 미만자, 심신상실자 또는 심신박약자도 상해보험의 피보험자가 될 수 있다.

(2) 보험사고

① 상해보험의 보험사고는 피보험자 신체의 상해이다.

② 상해보험약관에서 일반적으로 급격하고도 우연한 외래의 사고로 표현하고 있다.

③ 보험사고는 급격성, 우연성, 외래성이 있고, 이러한 사고와 신체의 손상과 인과관계가 있어야 한다.

2) 상해사고의 요건

상해보험의 보험사고는 급격성, 우연성, 외래성의 3요건을 동시에 충족하여야 하며, 이 사고의 발생과 신체의 상해 사이에 인과관계가 존재하여야 한다.

(1) 우연성

① 우연성이란 피보험자의 고의에 의한 것이 아니고, 우연히 발생한 사고이다.

② 즉, 보험사고의 핵심적인 요건으로 원인 또는 결과가 예견되지 않는 상태를 말하며, 보험사고가 피보험자(보험대상자)의 의사에 기인하지 않았음을 의미한다.

(2) 외래성

① 외래성이란 상해의 원인이 외부로부터 야기되어야 한다.

② 즉, 신체 상해의 발생 원인이 피보험자 자신의 신체에 내재되어 있는 것이 아니라 원인에서 결과에 이르는 과정이 외부적인 요인에 기인하는 것을 의미한다. 따라서 피보험자(보험대상자) 자신이 의도하거나 예상할 수 있었던 사고, 즉 자해행위, 자살, 폭력 등으로 인한 상해는 상해

보험의 보험사고에 해당하지 않는다.

(3) 급격성

① 급격성이란 피할 수 없는 긴박성과 예견할 수 없는 순간에 사고 발생한다.

② 즉, 결과의 발생을 피할 수 없을 정도로 급박한 상태를 의미한다. 상해를 발생시키는 사고가 완만하거나 연속적으로 발생한다면 이를 사전에 예측하여 피할 수 있게 되므로 보험사고가 될 수 없다. 따라서 신체허약, 질병 등은 상해사고에서 배제된다.

(4) 인과관계

급격하고 우연한 외래의 사고와 상해라는 결과 사이에는 상당 인과관계가 있는 경우에 보험자의 보험금지급 책임이 발생한다.

♣ 입증책임: 보험사고의 요건과 상해 사이의 인과관계에 대한 입증 책임은 보험금 청구권자가 부담한다.

> ※ **상해사고의 요건에 대한 대법원 판례**(대법원 1998.10.13 선고 98다28114 중 일부 발췌)
> 상해보험에 가입한 피보험자가 술에 취하여 자다가 구토로 인한 구토물이 기도를 막음으로써 사망한 경우, 피보험자의 '술에 만취된 상황'은 피보험자의 신체적 결함, 즉 질병이나 체질적 요인 등에서 초래된 것이 아니라 음주라는 외부의 행위에 의하여 초래된 것이므로 보험약관에서 규정하고 있는 '외래의 사고'에 해당

3. 상해보험의 특징

상해보험은 제3보험 분야의 대표적인 보험으로써 제3보험의 전반적인 특징을 함께 가지고 있다.

1) 사람의 생명과 신체를 대상으로 하며, 금전으로 환산이 불가능하다. 따라서 **피보험이익이 존재하지 않는다.**

2) **보험금 지급 방식에서 실손보상방식과 정액급부방식을 모두 채택하여 보상한다.** 이는 상해보험의 담보 위험이 손해보험의 위험에 비해 범위가 넓기 때문이다.

♣ 실손보상방식: 피보험자가 입은 실질적 손해를 한도로 하는 방식.

♣ 정액급부방식: 보험계약상의 약정금액 지급.

3) 상해보험은 손해보험에서 생기는 초과·전부·일부·중복보험의 문제가 없으나, **정액급부와 실손보험으로 인한 위험을 모두 담보한다.**

4) 상해보험 **보험자의 대위권이 제한된 범위 내에서 인정된다.** 이는 손해보상적 성격의 담보위험에 관해서는 보험수익자에게 부당이득이 발생하므로 도덕적 차원에서 보험자의 대위권이 인정된다. 상해보험의 경우 당사자 간에 다른 약정이 있는 때에는 피보험자의 권리를 해치지 아니하는 범위 안에서 보험자의 대위권이 인정되어 보험자는 그 권리를 행사 할 수 있다(상법 제729조).

5) 상해보험은 인보험에 속하기 때문에 보험계약자, 피보험자 및 보험수익자의 **손해방지의무가 없다.**

6) 상해보험의 사망사고는 우연성, 급격성을 가진 외래의 사고로서 **사고의 발생 여부와 시기, 발생 형태가 불분명하다.** 이와 비교해 생명보험의 사망사고에서는 사망 그 자체는 확정되어 있고 발생 시기만이 불분명하다.

7) 보험가입금액과 보험가액: 상해보험은 사람의 신체가 보험의 목적이므로 보험가입금액은 설정할 수 있으나, 보험가액의 개념은 존재하지 않는다. 따라서 다수보험 가입(중복보험 가입)에 따른 비례보상을 하는 경우, 보험가액을 기준으로 비례보상 하지 않고 회사의 보상한도액(즉, 보험가입금액)을 한도로 비례 보상한다.

8) 피보험자의 동의(상법 제731조 ①,②, 제735조의 3): **타인의 사망을 보험사고의 대상으로 하는 경우는 타인(피보험자)의 동의를 얻어야 한다.** 또한, 피보험자가 아닌 자에게 그 보험계약의 권리를 양도하는 경우에도 피보험자의 동의를 받아야 한다. 이는 상해보험에서도 동일하게 적용된다(단체보험은 생략 가능하다).

9) 보험수익자 지정(상법 제733조, 제734조): **보험계약자는 보험수익자를 지정 또는 변경할 권리가 있다.** 보험계약자가 보험계약을 체결한 후 피보험자 이외의 자로 보험수익자를 지정 또는 변경하는 경우 피보험자의 동의를 받아야하며 이를 보험자에게 통지하여야 한다.

10) 중대한 과실의 담보(상법 제732조의 2): 상법상 **사망을 보험사고로 한 계약에서는 중과실을 담보하도록 되어 있다.** 이에 의거하여 보험자는 보험계약자, 피보험자, 보험수익자의 중과실에 의한 사고에 대하여도 보상책임을 부담하여야 한다. 이는 상해보험에서도 동일하게 적용된다.

11) 상해보험의 기간은 원칙적으로 1년이며, 장·단기 계약이 가능하다.

4. 상해보험의 종류 및 보장내용

♣ 상해보험의 상품은 정액보장(생명보험) 상품과 실손보장(손해보험) 상품이 있으며, 보험금의 종류 및 보장/보상 내용은 아래에 기술한다.
  - 정액보장 상품: 상해사망, 상해후유장해, 상해진단비, 상해입원비, 상해수술비 등
                ※ 상기 담보를 특화하여 교통상해보험, 단체상해보험 등도 개발
  - 실손보장 상품: 실손의료비(상해입원, 상해통원)

1) 서설(序說) 및 종류

제3보험에는 상해보험, 질병보험, 간병보험이 있는데, 상해보험도 사람의 신체에 대한 보험이므로 정액보상 특성의 생명보험에 해당되나, 실손보상 특성의 손해보험인 비용손해와 의료비 등 실손보상적 급부를 보상한다는 측면에서는 손해보험으로도 볼 수 있다.

일반적인 상해보험의 종류는 주로 보장/보상하는 내용에 따라 실손의료비보장형(상해입원, 상해통원), 상해사망, 상해후유장해, 상해진단비, 상해입원비, 상해수술비, 일반재해보장형, 교통사고보장형, 각종 레포츠사고보장형 등 다양한 종류가 있으며, 만기환급금의 유무에 따라 순수 보장형과 만기

환급형으로 구분된다. 또한, 각종 선택 특약부가를 통해 비급여 치료비, 비급여 주사료, 비급여 진단비, 상해로 인한 수술, 입원, 생활보조금의 지급 등의 추가보장이 가능하다.

2) 주요 보장내용

제3보험(상해·질병·간병보험)은 손해보험의 실손보상적 특성과 생명보험의 정액보상적 특성을 동시에 갖고 있는 보험을 의미하고, 손해보험이나 생명보험 두 분야 중 어느 한 분야에 속했다고 보기 어려운 보험을 말하는데, 상해보험의 주요 보장내용은 각 회사의 상품마다 다르지만 일반적인 주요 보장 내용은 거의 비슷하며 아래와 같다.

아래의 사례는 생명보험회사에서 판매하는 상해보험의 주요 보장내용을 다룬 것이며, 생명보험회사의 상해보험에는 감염병[61] 예방법 제2조 제2호에 따른 1급 감염 병까지 보장하는 '재해'를 보장하므로 손해보험회사의 상해보험과 비교하여 보장범위가 넓다.

또한, 생·손보회사의 각 상해보험은 계약자의 선택에 따라 주계약에 부가해서 판매하는 특약(특별약관)에 의하여 추가로 보장을 받을 수 있다.

■ 상해보험의 주요 보장내용
① 재해사망보험금
피보험자가 보험기간 중 발생한 재해·상해를 직접적인 원인으로 사망하였을 경우에 보상.
② 재해장해급여금
피보험자가 보험기간 중 발생한 재해·상해를 원인으로 장해분류표에서 정한 각 장해지급률에 해당하는 장해상태가 되었을 경우에 보상.
③ 재해수술급여금
피보험자가 보험기간 중 재해분류표에서 정하는 재해·상해를 직접적인 원인으로 수술을 받았을 경우에 보상.
④ 재해입원급여금
피보험자가 보험기간 중 재해·상해로 인한 직접치료를 목적으로 입원하였을 경우에 보상.
⑤ 만기환급금(만기환급형인 경우)
보험기간이 끝날 때까지 피보험자가 살아있는 경우에 보상.
⑥ 특약(특별약관)
생명보험회사의 각 상해보험은 계약자의 선택에 따라 주계약에 부가하여 추가로 보장/보상 한다.
※ 주요 특약 내용: 상해로 인한 수술, 입원, 생활보조금의 지급, 기타 등

출처: 생명보험협회 자료

---

61) 감염병의 예방 및 관리에 관한 법률('감염병 예방법') 제2조 제2호에서 규정한 감염병.

3) 상해보험 상품의 주요 보장내용(예시)

생명보험회사에서 일반적으로 판매하는 상해보험 상품의 주요 보장내용을 다룬 것이며, 각 회사별로 보장/보상은 차이가 있다. 즉, 상해보험의 주요 보장내용은 각 회사의 상품마다 조금씩 다르지만 일반적인 보장내용은 아래와 같다.

구분	보장내용(지급사유)	보상한도(지급금액)
대중교통 사망보험금	피보험자가 보험기간 중에 「대중교통 이용 중 교통사고」를 직접적인 원인으로 사망하였을 때	3억 원
교통재해 사망보험금	피보험자가 보험기간 중 「대중교통 이용 중 교통사고」 이외의 교통재해로 인하여 사망하였을 때	1억 5,000만 원
일반재해 사망보험금	피보험자가 보험기간 중 「교통재해 이외의 재해」로 인하여 사망하였을 때	1억 5,000만 원 ×해당 장해지급률
대중교통 장해보험금	피보험자가 보험기간 중 동일한 「대중교통 이용 중 교통사고」로 장해분류표에서 정한 각 장해지급률에 해당하는 장해상태가 되었을 때	1억 5,000만 원 ×해당 장해지급률
교통재해 장해보험금	피보험자가 보험기간 중 「대중교통 이용 중 교통사고」 이외의 동일한 교통재해로 장해분류표에서 정한 각 장해지급률에 해당하는 장해상태가 되었을 때	6,000만 원 ×해당 장해지급률
일반재해 장해보험금	피보험자가 보험기간 중 「교통재해 이외의 동일한 재해」로 장해분류표에서 정한 각 장해지급률에 해당하는 장해상태가 되었을 때	3,000만 원 ×해당 장해지급률
중대한 재해수술비	피보험자가 보험기간 중 재해를 직접적인 원인으로 중대한 재해수술[62]을 받았을 때	300만 원 (수술 1회당)
재해수술비	피보험자가 보험기간 중 재해로 인하여 그 치료를 직접적인 목적으로 수술을 받았을 때	100만 원 (수술 1회당)
재해골절 치료비	피보험자가 보험기간 중 발생한 재해를 직접적인 원인으로 재해골절(치아파절 제외) 상태가 되었을 때	30만 원 (발생 1회당)

출처: 생명보험협회 자료

---

62) 재해에 의한 개두수술, 개흉수술 및 개복수술

5. 상해보험에서 보상하는 손해

피보험자가 보험기간 중 우연하고도 급격한 외래의 사고로 신체(의수, 의족, 의안, 의치 등 신체보조 장구는 제외)에 입은 손해를 보상한다.

6. 상해보험에서 보상하지 않는 손해(보험회사의 면책사항)

상해보험에서 보상하지 않는 손해는 크게 원인의 직·간접을 불문하고 보상하지 않는(면책하는) 손해와 피보험자의 직업, 직무 또는 동호회 활동목적으로 약관상 열거된 행위로 인하여 발생한 손해로 분류 된다. 실손의료보험(상해입원 및 상해통원)의 경우 보상하지 않는 손해가 추가로 존재한다.

1) 원인의 직·간접을 불문하고 보상하지 않는 손해(면책사항)

① 피보험자가 고의로 자신을 해친 경우. 다만, 피보험자가 심신상실 등으로 자유로운 의사결정을 할 수 없는 상태에서 자신을 해친 경우에는 보험금을 지급한다.

② 보험수익자가 고의로 피보험자를 해친 경우. 다만, 그 보험수익자가 보험금의 일부를 받는 자인 경우에는 그 보험수익자에 해당하는 보험금을 제외한 나머지 보험금을 다른 보험수익자에게 지급한다.

③ 계약자가 고의로 피보험자를 해친 경우.

④ 피보험자(보험대상자)의 임신, 출산(제왕절개 포함), 산후기. 그러나 회사가 보장하는 보험금 지급 사유로 인한 경우에는 보험금을 지급한다.

⑤ 전쟁, 외국의 무력행사, 혁명, 내란, 사변, 폭동 등의 경우.
[※ 천재지변(지진포함)으로 인한 상해는 보상한다.]

2) 피보험자의 직업, 직무 또는 동호회 활동목적으로 생긴 행위로 인한 손해

① 전문등반(전문적인 등산용구를 사용하여 암벽 또는 빙벽을 오르내리거나 특수한 기술, 경험, 사전훈련을 필요로 하는 등반을 말한다), 글라이더 조종, 스카이다이빙, 스쿠버다이빙, 행글라이딩, 수상보트, 패러글라이딩

② 모터보트, 자동차 또는 오토바이에 의한 경기, 시범, 흥행(이를 위한 연습을 포함) 또는 시운전(다만, 공용도로상에서 시운전을 하는 동안 보험금 지급사유가 발생한 경우에는 보장함)

③ 선박승무원, 어부, 사공, 그밖에 선박에 탑승하는 것을 직무로 하는 사람이 직무상 선박에 탑승하고 있는 동안은 면책사항이다.

3) 기타 사항: 실손의료비 상해입원 및 상해통원 보장상품

① 치과치료·한방치료에서 발생한 비급여 의료비

② 국민건강보험법, 의료급여법에 의해 사전 또는 사후에 환급이 가능한 의료비 금액

③ 건강검진, 예방접종, 인공유산(※ 회사가 부담하는 상해 치료를 목적으로 인한 경우에는 보상한다).

④ 영양제, 비타민제, 호르몬투여, 보신용 투약, 친자 확인을 위한 진단, 불임검사, 불임 수술, 불임 복원술, 보조생식술, 성장 촉진 등에 소요된 비용

⑤ 의치, 의수족, 의안, 안경, 콘택트렌즈, 보청기, 목발, 팔걸이, 보조기 등 진료 재료의 구입 및 대체 비용

⑥ 외모개선 목적의 치료로 인하여 발생한 의료비

⑦ 진료와 무관한 제비용(TV시청료, 전화료, 각종 증명료 등), 의사의 임상적 소견과 관련이 없는 검사 비용

⑧ 자동차보험(공제 포함)또는 산재보험에서 보상 받는 의료비

⑨ 해외소재 의료기관에서 발생한 의료비

⑩ 피보험자가 정당한 이유 없이 입원 또는 통원기간 중 의사의 지시에 따르지 않아 악화된 경우 악화된 부분

7. 위험변경증가의 통지의무와 계약해지(「상법」 제652조)
(피보험자의 직업·직무 변경 통지의무)

※ 상법 제652조(위험변경증가의 통지와 계약해지)
① 보험기간 중에 보험계약자 또는 피보험자가 사고발생의 위험이 현저하게 변경 또는 증가된 사실을 안 때에는 지체 없이 보험자에게 통지하여야 한다. 이를 해태한 때에는 보험자는 그 사실을 안 날로부터 1월내에 한하여 계약을 해지할 수 있다.
② 보험자가 제1항의 위험변경증가의 통지를 받은 때에는 1월 내에 보험료의 증액을 청구하거나 계약을 해지할 수 있다. [신설 1991. 12. 31]

♣ 직업·직무변경 통지의무 위반으로 보험금 지급이 제한될 수 있는 사례
① 회사원 A씨는 사무직에서 공장생산직으로 직무가 전환된 후, 작업 중 기계에 손을 다치는 사고 발생
② B씨는 보험가입 당시 사무직으로 직업을 고지하였으나, 이 후 농업종사자로 직업을 변경한 후 농기계 운전 중 사고 발생
③ 무직자였던 C씨는 상해보험에 가입하고 몇 달이 경과한 상태에서 생계를 위하여 택시운전 기사로 일하던 중 교통사고 발생
※ 상기 예시는 직업·직무 급수 변경 여부, 가입담보 등에 따라 다를 수 있음.

출처: 생명보험협회 자료

1) 피보험자의 위험변경증가의 통지의무(보험실무)

♣ 보험계약자는 보험기간 중에 피보험자의 직업이나 직무가 변경 시에 보험자에게 통지의무가 있다.

즉, 보장성보험 성격인 상해보험의 계약자나 피보험자가 사고발생의 위험이 현저하게 변경 또는 증가 시에 보험사고 위험에 큰 영향을 미치므로 보험회사에 지체 없이 통지해야 한다는 뜻이다.

(1) 직업이 변경되면 보험료와 보장범위가 달라질 수 있다.

상해보험은 직업·직무의 성격에 따라 사고발생 위험이 달라지므로 직업·직무별로 구분하여 보험 요율을 산출한다. 위험한 직업·직무로 변경 시에 사고발생 위험도가 증가하므로 보험계약자가 납입 해야 할 보험료가 높아지며, 반대로 위험성이 낮은 직업·직무로 변경된 경우 납입할 보험료가 낮아 진다. 직업별 위험등급은 총 5등급으로 구분되며 등급에 따라 3단계로 위험률을 차등 적용하고 있다.

(2) 위험한 직업·직무로 변경 시 보험회사에 알려야 한다.

보험기간 중 사고발생 위험이 현저하게 변경 또는 증가된 때 보험계약자 또는 피보험자는 그 사실 을 보험회사에 통지할 의무를 규정하고 있으므로 피보험자의 직업이 상대적으로 위험한 직종으로 변경된 경우에 보험계약자 또는 피보험자는 이를 보험회사에 통지해야 한다.

(3) 통지의무 불이행 시 보험금을 받지 못할 수 있다.

보험계약자 또는 피보험자가 직업·직무의 변경사실을 알리지 않은 경우, 보험사고 발생 시 변경 된 직업급수에 비례하여 보험금이 삭감될 수 있다. 또한 직업·직무 변경 통지를 게을리 한 경우 보 험회사는 그 사실을 안 날로부터 1개월 내에 보험료의 증액을 청구하거나 보험계약을 해지할 수 있 다(해지 시 해지환급금 지급).

(4) 변경사실은 반드시 보험회사에 대하여 통지해야 하며, 보험설계사에게 알린 것만으로는 효력이 없다.

보험계약자 또는 피보험자는 직업·직무 변경 시 지체 없이 그 사실을 보험회사에 통지하여야 하 며, 추후 분쟁의 소지를 방지하기 위해서는 서면 등으로 변경 통지하고 보험증권에 확인을 받아두는 것이 안전하다. 또한 보험설계사는 보험계약의 체결을 중개하는 사람으로 보험회사를 대리하여 통지 를 수령할 권한이 없으므로, 직업·직무 변경 사실을 보험설계사에게 알렸다고 하더라도 법적효력이 없다.

(5) 변경된 직업과 관계없이 발생한 사고는 변경사실을 통지하지 않았더라도 보상받을 수 있다.

보험계약자 또는 피보험자가 직업·직무 변경 사실을 알리지 않고 있던 중 보험사고가 발생하였더 라도 그 사고가 변경된 직업·직무와 관계가 없는 경우(예: 일상생활 중 사고)에는 보험금이 삭감되 지 않고 전액 지급된다.

8. 위험변경증가의 통지의무 관련 상품요약서

■ 피보험자의 위험변경증가의 통지의무 관련 상품요약서(예시)
1. 계약을 체결한 후 피보험자가 그 직업 또는 직무를 변경(계약을 체결할 당시의 직업 또는 직무의 변경 없이 새로운 직업 또는 직무에 추가로 종사하게 된 경우와 자가용 운전자가 영업용 운전자로 직업 또는 직무를 변경하는 등의 경우를 포함합니다)하거나 이륜자동차 또는 원동기장치자전거를 계속적으로 사용하게 된 경우에는 즉시 서면으로 회사에 알리고 보험증권에 확인을 받아야 합니다.
2. 회사는 피보험자의 직업 또는 직무가 변경되어 피보험자의 위험이 변경된 경우에는 다음과 같이 처리하며 계약자는 변경 후 직업 또는 직무 위험등급에 해당하는 보험료를 납입하여야 합니다.
   ① 위험이 감소된 경우에는 보험료 및 책임준비금 산출방법서(이하 "산출방법서")에 정한 방법에 따라 계산된 금액을 회사가 안 날부터 3영업일 이내에 돌려드립니다(다만, 통지된 내용에 대하여 확인이 필요한 경우에는 서면통지를 받은 날부터 10영업일 이내에 돌려드립니다).
   ② 위험이 증가된 경우에는 서면통지를 받은 날 또는 회사가 안 날부터 1개월 이내에 산출방법서에 정한 방법에 따라 계산된 금액을 추가로 청구합니다.
3. 위험이 증가하였음에도 불구하고 약관에서 정한 금액을 추가로 납입하지 않고 보험사고가 발생한 경우, 회사는 약관에 정한 방법에 따라 보험금을 변경 전·후의 직종위험등급별 위험지수 비율로 삭감하여 지급 합니다. 다만, 보험금 지급사유 발생이 직업 또는 직무의 변경과 관계가 있음을 회사가 증명하지 못할 경우에는 보험금을 삭감하여 지급하지 않습니다.
4. 계약을 체결한 후 직업 또는 직무의 변경으로 피보험자의 위험이 현저하게 변경 또는 증가하였음에도 직업 또는 직무의 변경 통지를 하지 않은 경우에는 회사는 보험금 지급사유 발생여부와 상관없이 그 사실을 안 날부터 1개월 이내에 이 계약을 해지할 수 있습니다. 이 경우 회사는 해지환급금을 지급합니다. 위험이 현저하게 증가한 경우란 변경된 피보험자의 직업 또는 직무 변경이 계약의 인수 및 유지에 영향을 미칠 수 있는 경우를 말합니다.
5. 피보험자가 2가지 이상의 직업 또는 직무에 종사하고 있는 경우에는 그중 높은 위험의 직업 또는 직무를 적용합니다.

출처: 생명보험협회 자료

제3절 / 질병보험

1. 질병보험의 개념(槪念)

1) 질병보험의 정의(定義)

질병보험은 사람의 질병 또는 질병으로 인한 입원·수술 등의 위험(질병으로 인한 사망을 제외함)에 대해 금전 및 그 밖의 급여를 지급할 것을 약속하고 대가를 수수하는 보험(계약)을 말한다.

또한, 질병보험계약은 보험자가 피보험자의 질병에 관한 보험사고가 발생할 경우 보험금이나 그 밖의 급여를 지급할 것을 목적으로 하는 인보험계약을 말한다(제739조의2).

즉, 질병보험은 피보험자가 보험기간 중에 질병에 걸리거나 질병으로 인한 입원, 수술 등의 위험을 보장하는 보험으로써, 신체의 기능장애 또는 건강의 손상에 따른 경제적 손실을 보상하는 보험을 말한다. 질병은 신체에 일시적 또는 계속적 장애를 일으켜 정상적인 기능을 할 수 없는 상태를 말하고, 신체 내재적 원인에 의한 신체결함 상태이다. 질병은 원인이 신체에 내재함으로써 피보험자의 조직 장기 또는 체질이 다른 일반인과 비교해서 상대적으로 정상이 아닌 상태가 존재하는 것이며 그중 어느 부분이 원인이 되어 결과적으로 건강이 훼손된 상태를 의미한다. 질병의 경우 상해와 달리 외래성이 인정되지 않는다.

질병보험의 종류는 암보험, CI보험(치명적인 질병보험), 치아보험, 어린이보험, 실손의료보험 등이 있으며, 현재 생명보험회사/손해보험회사들은 질병관련 상품을 세분화하여 다양한 주계약 및 특약 형태로 판매하고 있다.

※ 질병의 개념

질병이란 심신의 전체 또는 일부가 일차적 또는 계속적으로 장애를 일으켜서 정상적인 기능을 할 수 없는 상태를 말한다. 질병은 원인이 신체에 내재함으로써 피보험자의 조직 장기 또는 체질이 다른 일반인과 비교해서 상대적으로 정상이 아닌 상태가 존재하는 것이며, 그중 어느 부분이 원인이 되어 결과적으로 건강이 훼손된 상태를 말한다. 질병의 경우 상해와 달리 외래성은 인정되지 않는다.

예를 들면 물건을 들다가 허리를 다친 경우와 노화로 인한 요통의 경우 요통이라는 결과는 같으나 외래성이 인정되는 전자는 상해사고에 해당되고, 외래성이 인정되지 않는 후자의 경우 질병이 된다.

출처: 생명보험협회 자료

2) 질병보험 시장의 변화 요인

① 인구고령화의 진행

평균수명의 연장으로 노인인구가 급증하고 있으며, 노인성 질환의 발생이 증가하고 질병기간이 장기화됨에 따라 질병보험의 종류 및 급부방식이 변화하고 있다.

② 질병형태의 변화

사회경제적 발전과 글로벌 환경 변화에 따른 생활양식의 서구화 등으로 질병형태가 변화하고 있으며, 이러한 변화는 새로운 의료비 발생을 초래하여 의료비 증가의 주요인으로 작용한다.

③ 상품개발 트렌드

1998년 IMF 이후 주력으로 판매했던 종신보험 시장이 포화됨에 따라 점차 다양한 질병 중심의 제3보험 시장으로 전환되고 있으며, 최근에는 납기 동안 기존 일반형 상품대비 해지환급률을 낮춘 저·무해지 상품이 많이 출시되었다.

3) 질병보험의 성격

① 사람의 신체에 발생하는 질병을 담보하는 보험으로서 인보험적 성격을 가진다.

② 실손의료비와 같이 질병의료비를 담보하는 보험은 손해보험의 특징을 겸하기도 한다.

③ 보험업법 제4조는 질병보험을 제3보험으로 분류하여 생명보험회사, 손해보험회사가 모두 영위
할 수 있다(생명보험 및 상해보험에 관한 규정을 준용한다).

즉, 생명보험회사, 손해보험회사 모두 판매하는 영역이며, 사실 질병보험은 인보험의 일종이나
실손보상적 보험을 보장하고자 한 경우는 손해보험사도 판매하고 있다.

4) 보험사고

피보험자가 질병으로 인하여 진단, 입원, 수술 등을 시행한 시점이 된다.

진단은 진단이 확정된 시점, 암 진단은 조직검사 보고일, 입원은 입원한 때, 수술은 수술한 때가
보험사고일이다.

5) 질병보험의 일반적 가입조건

① 질병보험은 각종 암, 과로사 관련 특정질병, 뇌혈관질환, 심장질환, 당뇨병, 여성만성질환, 부인
과질환 등의 발생 및 이의 치료를 위해 소요되는 의료자금 등을 보장하는 보험으로 진단확정
시, 수술 시, 입원 시, 요양에 따른 비용발생 시 필요자금 등을 보장해준다.

② 일반적으로 질병보험의 종류는 주로 보장하는 내용에 따라 암보험, 치아보험, 3대·5대 등 주요
질병보험 등이 있으며, 만기환급금의 유무에 따라 순수보장형과 만기환급형으로 구분된다.

③ 보험기간은 10년 이상, 가입가능 연령은 만 15세 이상인 상품이 대부분이다. 하지만 이것은
보험업계에서 질병보험으로 구분하여 출시한 상품에 관한 설명이며, 「상법」에서는 질병보험의
보험기간 및 가입가능 연령에 대한 제한이 없다.

예를 들어 어린이보험으로 판매되는 상품은 만 15세 미만이 가입할 수 있고, 질병과 상해에
대한 보장이 포함되어 있어 「상법」상 질병보험과 상해보험에 동시에 속한다. 최근에는 어린이
보험의 가입 대상을 30세까지 늘린 "어린이보험" 상품이 많이 출시되었다. 질병보험은 고연령
또는 건강상태에 따라 위험률이 현저히 높을 경우 가입이 제한될 수 있다.

④ 일반적으로 질병보험은 연령이 증가함에 따라 보험료가 높아진다. 또한 특화된 질병만을 보장
하는 상품은 보험료가 저렴한 반면 보장하는 질병이 많지 않을 수 있음을 유의할 필요가 있다.

⑤ 보험금의 지급사유가 발생하기 전에 사망한 경우에는 계약자에게 책임준비금을 지급하고 보험
계약은 소멸한다.

6) 대기기간(Waiting Period, 면책기간) 설정

보험회사는 역선택이 가능한 특정 질병의 경우 제1회 보험료 납입일 이후 일정기간 동안 보장하지
아니하는 기간(대기기간)을 설정할 수 있다. 암을 담보하는 특별약관에서는 대기기간(90일) 중 암

진단이 확정되는 경우에는 특별약관을 무효로 한다. 계약무효 시에는 이미 납입한 특별약관 보험료를 환급한다. 단, 제자리암, 기타피부암, 갑상선암, 대장점막내암, 경계성종양 등은 대기기간 없이 보험 기간 시작일로부터 보상하며, 2006년 1월 1일부터 15세 미만자는 암보험에서 대기기간을 설정하지 않고 있다.

7) 보험연령의 계산

보험의 나이(보험연령)이란 **생명보험이나 장기손해보험을 가입할 때 보험료를 책정(策定)하기 위해 피보험자에게 적용되는 연령(상령일)을 말한다.** 즉, 상령일은 보험연령(보험나이)이 변경되는 날이다.

> ♣ **보험의 나이(보험연령): 상령일**
> 생일 기준으로 6개월 전 부터 생일 까지 보험상의 나이는 +1살이다.
> 즉, 생일이 안 지나도 6개월 전이라면 보험연령은 +1살로 계산한다.

피보험자의 보험연령(나이)은 **계약일 현재 만 연령으로 계산 하는데 6개월 미만은 버리고, 6개월 이상은 1년으로 계산**하며, 이후 매년 계약 해당 일에 나이가 증가하는 것으로 한다. 계산 착오로 피보험자의 실제 연령과 차이가 있는 경우에는 보험료 변경 시의 변경에 따른 소정의 보험료를 정산한다. 보험료 산출에 있어서 통상 질병보험은 연령별로 차이가 있으며, 상해보험은 직업, 직무상 차이가 있다.

> ▣ **보험연령(상령일) 계산 예시 표**
> 1) 예시 1.
> 보험계약일: 2023. 10. 5. 현재, 피보험자 생년월일: 1979. 6. 5.인 경우
> ⇒ 만 44년 4개월(6개월 미만) ⇒ 보험 가입연령: 44세
>
> 2) 예시 2.
> 보험계약일: 2023. 12. 5 피보험자 생년월일: 1989. 2. 5.인 경우
> ⇒ 만 34년 10개월(6개월 이상) ⇒ 보험 가입연령: 35세

8) 상해보험 VS 질병보험

① **상해보험**: 급격, 우연, 외래적 사고에 의한 신체의 손상을 보상.
　　예) 운동 중 사고, 운전 중 사고, 직업관련 작업 중의 사고
② **질병보험**: 신체의 내재적 원인에 의한 신체의 손상을 보상.
　　예) 암, 뇌질환, 심장질환, 노후의 관련된 신체적 손상

9) 한국표준질병사인분류(KCD)

보험실무에서는 질병의 동일성 여부를 판단하기 위해 한국표준질병사인분류체계를 인용하고 있다. 즉, 현증이 같더라도 그 원인에 따라 한국표준질병사인 분류 코드로 특정질병의 여부를 판단한다.

10) 보험자의 책임

질병보험계약의 보험자는 피보험자의 질병에 관한 보험사고가 발생할 경우 보험금이나 그 밖의 급여를 지급할 책임이 있다(「상법」 제739조의 2).

2. 질병사망보험의 특수성

1) 상품요건

질병사망보험은 특별약관으로만 운영가능(기본 계약에서 보통약관으로 운영 불가)하며, 피보험자가 질병으로 인하여 특별약관의 보험기간 중에 사망한 경우 특별약관의 보험가입금액을 보험금으로 보험수익자(수익자가 없을 때는 피보험자의 상속인)에게 지급한다.

2) 질병사망 담보의 특징

손해보험사가 판매하는 질병사망 보장은 특약으로 부가할 수 있으며(주계약 불가), 이 경우에도 다음의 조건을 충족하여야 한다.
① 질병사망의 보험만기는 80세 이하
② 보험금액의 한도는 개인당 2억 원 이내
③ 보장성 보험의 요건(만기 시에 지급하는 환급금이 납입보험료 합계액의 범위 내일 것)

3) 무효사유

질병사망보험에서 아래의 사유는 해당 보험계약을 무효로 한다.
① 질병사망을 담보하는 보험계약에서 만 15세 미만자, 심신상실자, 심신박약자를 피보험자로 한 경우(단, 심신박약자가 계약자이거나 단체보험의 피보험자가 될 때에는 의사능력이 있는 경우 유효)
② 타인의 사망을 보험사고로 하는 계약에서 계약체결 시까지 피보험자의 서면에 의한 동의를 얻지 아니한 경우(단, 단체보험 계약은 제외)
③ 보험계약 체결이전에 보험사고가 이미 객관적으로 확정된 경우

3. 질병보험의 특징

1) 청약일 이전 질병의 보장 측면(側面)

질병보험의 가장 큰 특징 중 하나는 청약일 이전의 진단에서, 원칙적으로 청약일 이전에 보험사고인 질병이 발생된 경우는 보험금을 지급하지 않는 것은 당연하지만, 청약일 이전의 질병에 대해 고지

의무를 성실히 하고, '청약일 이후 5년이 지나는 동안(연체 없이)' 해당 질병으로 추가적인 진단이나 치료가 없는 경우는 청약일로부터 5년이 지난 후에는 보장을 받을 수가 있다.

2) 상해(재해)와 질병의 구분 측면(側面)

"상해"나 "재해"라는 것은 보험약관에서 명확히 정의를 하고 있다. 그러나 질병보험약관에서는 질병에 대해선 명백한 개념의 정의가 없다.

다만, 의학계에서 질병이란 신체의 완전한 건강상태가 약해지거나 평형상태가 깨진 것을 말하므로 상해는 사실상 질병의 한 원인으로 간주되고 있지만, 보험에서의 상해와 질병의 개념은 각각 상반된 이분법적 개념으로서 상해의료비에서는 질병에 대해 보상하지 않고, 또 질병의료비에서는 상해에 대해 보상을 하지 않는다.

3) 면책기간(보험 대기기간)이 있다.

보험회사는 역선택(질병을 앓고 있음에도 불구하고 숨기고 <알릴의무위반> 보험금을 수령할 수도 있음)이 가능한 특정 질병에 대해 1회 보험료 납입일 이후 일정기간 동안 보장하지 않는 대기기간을 설정한다.

① 서설(序說)

보험계약은 이미 성립하였으나 일정기간 보험자의 보상책임을 면제하는 기간을 면책기간 또는 보험 대기기간이라고 한다. 면책기간은 주로 암보험과 같이 고액으로 만성질환을 담보하는 경우에 적용한다. 예) 암 보장개시일 90일 이후 보장, 1년 이후, 1년 미만 암 발생 시 가입금액 50% 보장 등

② 면책기간의 설정취지

암과 같은 특정질환의 경우에는 장기간의 잠복기를 거쳐 발생하는 경우가 많고, 보통 만성적 경과를 거쳐 발현되는 경우가 대부분이다. 이러한 만성질환을 보험계약의 청약과 함께 초회 보험료 지급 시 부터 보험자의 보상책임을 인정하게 되면 도덕적위험이 발생할 수 있다. 이를 방지하기 위하여 암보험, CI보험 등과 같이 고액으로 진단비을 보장하는 경우에는 면책기간을 설정한다.

③ 면책기간 내의 보험사고

보험자의 책임이 면제되는 기간 중에 피보험자에게 보험사고가 발생하게 되면 보험자는 보상책임을 지지 아니한다. 면책기간 중에 발생한 보험사고(질병의 진단 등)가 면책기간을 경과한 때까지 유지 되더라도 보상하지 않는다. 이 때문에 면책기간 중에 보험사고가 발생하는 경우에 암보험의 경우에는 그 계약을 무효로 하고, CI보험 등은 보험계약자에게 취소권을 인정하고 있다.

4) 질문표

질병보험에서는 피보험자의 병력 고지가 중요한 판단요소가 된다. 이를 판단하기 위하여 실무에서는 질문표에서 피보험자가 일정기간 이내에 진단, 입원, 수술, 처치, 치료, 검사 등의 사실을 질문하고 있다. 보험자가 서면으로 질문한 사항은 주요한 사항으로 추정한다(제651조의2).

이러한 질문 사항에 대하여 불고지하거나 부실하게 고지하는 경우 고지의무 위반으로 추정한다.

5) 보험 실무상 질문표에 주로 묻는 사항

① 청약일로부터 3개월 이내에 의사로부터 진찰, 처치, 정밀검사를 통하여 진단, 입원, 수술, 투약을 받은 경우

② 청약일로부터 5년 이내에 의사로부터 진찰, 검사를 받고 그 결과 입원, 수술, 정밀검사, 진단, 조직검사를 받았거나, 계속하여 7일 이상의 치료 또는 30일 이상의 투약 받은 사실이 있는 경우

③ 청약일로부터 5년 이내에 10대 질환으로 진단받은 사실이 있는 경우

♣ 10대 질환: 암, 백혈병, 고혈압, 당뇨병, 협심증, 심근경색증, 심장판막증, 뇌졸중(뇌경색, 뇌출혈), 간질환(간경화), 에이즈 또는 HIV보균

4. 질병보험계약의 효과

1) 보험금 지급의무

질병보험의 보험금 지급은 생명보험 및 상해보험에 관한 규정을 준용한다(제739조의 3).

보험자는 피보험자에게 보험사고가 발생하면 보험수익자에게 약정한 보험금을 지급할 책임이 발생한다. 보험금의 지급 방식과 지급시기 등은 생명보험 및 상해보험의 규정이 준용된다.

2) 면책사유

보험사고가 피보험자의 고의에 의한 경우에 보험자는 보험금의 지급 책임을 부담하지 않는다. 또, 피보험자가 정당한 이유 없이 의사의 지시를 따르지 않은 때에는 보험자는 그로 인하여 악화된 부분에 대하여는 보험금의 지급 책임을 지지 않는다.

생명보험 표준약관에서는 청약일 이전에 진단된 질병은 원칙적으로 보험기간 중에 보험사고가 발생하더라도 보험자는 보상책임이 없다고 규정하고 있다. 다만, 청약일 이후 5년이 지나는 동안 그 질병으로 인하여 추가적인 진단 또는 치료 사실이 없을 경우에 보험자는 보상 책임을 부담한다.

3) 질병보험의 무효

질병보험의 사망을 담보로 하는 경우에 15세 미만자, 심신상실자 또는 심신박약자를 피보험자로 하는 계약은 무효이다. 또한, 암보험에서는 책임개시일(90일) 이전에 암으로 진단 확정된 경우에 그 계약은 무효로 한다.

5. 질병보험의 종류 및 보장내용

♣ 질병보험의 상품은 정액보장 상품과 실손보장 상품이 있으며, 보험금의 종류 및 보장/보상 내용은 아래에 기술한다.

- 정액보장 상품: 질병사망, 질병후유장해, 질병진단비, 질병입원비, 질병수술비 등을 담보로 특화 하여 암보험, CI(Critical Illness)[63] 보험, 치아 보험, 어린이 보험 등을 개발한 상품이다.
- 실손보장 상품: 실손의료비(질병입원, 질병통원) 보험

1) 서설(序說) 및 종류

제3보험에는 상해보험, 질병보험, 간병보험이 있는데, 질병보험도 사람의 신체에 대한 보험이므로 정액보상 특성의 생명보험에 해당되나, 실손보상 특성의 손해보험인 비용손해와 의료비 등 실손보상적 급부를 보상한다는 측면에서는 손해보험으로도 볼 수 있다.

일반적인 질병보험의 종류는 주로 보장·보상하는 내용에 따라 실손의료비보험(질병입원, 질병통원), 질병사망, 질병후유장해, 질병진단비, 질병입원비, 질병수술비, 암보험, CI보험, 치아보험, 어린이보험 등의 다양한 종류가 있으며, 보험계약자의 선택에 따라 주계약에 특약을 부가하여 추가로 보장이 가능하다.

2) 주요 보장내용

제3보험(상해·질병·간병보험)은 손해보험의 실손보상적 특성과 생명보험의 정액보상적 특성을 동시에 갖고 있는 보험을 의미하고, 손해보험이나 생명보험 두 분야 중 어느 한 분야에 속했다고 보기 어려운 보험을 말하는데, 질병보험의 주요 보장내용은 각 회사의 상품마다 다르지만 일반적인 보장 내용은 거의 비슷하다.

아래에는 각 보험회사에서 판매하는 질병보험의 주요 상품 및 보장내용을 다룬 것이며, 보험회사의 각 질병보험은 계약자의 선택에 따라 주계약에 부가해서 판매하는 특약(특별약관)에 의하여 추가로 보장을 받을 수 있다.

생명보험회사 질병보험의 종류와 주요 보장내용은 실손의료비보험(질병입원, 질병통원), 암보험, CI보험(치명적인 질병보험), 치아보험, 어린이보험 등의 다양한 종류가 있으며, 질병보험의 대표적인 보험은 암보험과 실손의료보험이며 암보험 및 암보험 제외한 질병보험과 실손의료보험의 주요 보장 내용은 각 회사마다 상이한 점도 있지만 거의 비슷하며 일반적인 예시로 아래에 기술한다[3), 4)].

3) 암보험

암보험은 대표적인 질병보험이며 암으로 인한 치료자금을 중점적으로 보장받기 위한 보험으로 암진단 시, 치료 시, 수술시 등의 치료자금 및 암으로 인한 요양자금 등 암과 관련된 비용을 보장하는 상품이다.

---

63) CI(critical illness): 치명적인(위독한) 질병

(1) 암보험의 종류

① 일반적으로 암보험의 종류는 만기환급금의 유무에 따라 순수보장형과 만기환급형으로 구분된다.

② 특정암(예: 간암, 위암, 폐암 등 3대 주요암)을 집중적으로 보장하는 형태의 상품도 있으며, 고액암 및 소액암 등으로 구분하는 경우도 있다.

③ 3대 주요암, 고액암, 소액암 등은 제도적으로 정해진 기준이 아니라 보험회사에서 빈도·비용에 따라 임의로 정한 것이며, 출시 시점에 따라 구성이 변할 수 있으므로 가입 시 약관을 통해 세부 사항에 대한 확인이 필요하다.

④ 또한 암보험은 주계약·특약 형태 모두 판매되고 있다.

(2) 암보험의 주요 보장내용

암보험은 암과 관련한 진단, 수술, 입원, 통원급여금 등이 지급되며 만기환급형의 경우 만기환급금이 지급된다. 특히 제자리암(0기암)의 경우 암관련 보험금의 10~20%가 지급된다.

질병보험의 대표적인 암보험의 종류와 주요 보장내용을 일반적인 예시로 아래 [(5), (6)]에 기술한다.

※ 암보험 표준약관상 암직접치료의 범위

제1조("암의 직접적인 치료"의 정의)

① "암의 직접적인 치료"라 함은 암을 제거하거나 암의 증식을 억제하는 치료로서, 의학적으로 그 안전성과 유효성이 입증되어 임상적으로 통용되는 치료[보건복지부 산하 신의료기술 평가위원회(향후 제도 변경시에는 동 위원회와 동일한 기능을 수행하는 기관)가 인정한 최신 암치료법도 포함됩니다](이하 "암의 제거 및 증식 억제 치료"라 합니다)를 말합니다.

② "암의 직접적인 치료"에는 항암방사선치료, 항암화학치료, 암을 제거하거나 암의 증식을 억제하는 수술 또는 이들을 병합한 복합치료 등이 포함됩니다.

③ "암의 직접적인 치료"에는 다음 각 호의 사항은 포함되지 않습니다.
 1. 식이요법, 명상요법 등 암의 제거 또는 암의 증식 억제를 위하여 의학적으로 안전성과 유효성이 입증되지 않은 치료
 2. 면역력 강화 치료
 3. 암이나 암 치료로 인하여 발생한 후유증 또는 합병증의 치료

④ ③항에도 불구하고, 다음 각 호의 사항은 "암의 직접적인 치료"로 봅니다.
 1. 암의 제거 또는 암의 증식 억제를 위하여 의학적으로 안전성과 유효성이 입증된 면역치료
 2. "암의 제거 및 증식 억제 치료"를 받기 위해 필수불가결한 면역력 강화 치료
 3. "암의 제거 및 증식 억제 치료"를 받기 위해 필수불가결한 암이나 암 치료로 인하여 발생한 후유증 또는 합병증의 치료
 4. 「호스피스·완화의료 및 임종과정에 있는 환자의 연명의료결정에 관한 법률」 제2조 제3호에 해당하는 말기암환자에 대한 치료

출처: 생명보험협회 자료

---

(3) 암보험금의 종류

① 암진단보험금

일반적으로 피보험자가 암 보장개시일 이후에 암으로 진단 확정되었을 경우 암진단 보험금을 지급하며, 상품에 따라 특정 암에 대해서는 별도 약정금액을 지급한다. 최근 대부분의 암보험은 상품을 단순화하여 암 진단만을 보장하는 경우가 많다.

② 암 직접치료 입원보험금

일반적으로 피보험자가 암의 직접적인 치료를 목적으로 하여 입원 시 지급되며, 피보험자가 동일한 암의 직접적인 치료를 목적으로 2회 이상 입원한 경우에는 1회 입원으로 보아 각 입원일수를 합산하여 계산한다. 피보험자가 암에 대한 책임개시일 이후 입원하여 치료를 받던 중 보험기간이 만료되었을 때에도 그 계속 중인 입원기간에 대하여 회당 최고한도일 기준으로 암입원보험금은 계속 보상된다.

③ 암 직접치료 통원보험금

일반적으로 피보험자가 암 보장개시일 이후에(예: 계약체결일로부터 91일째 되는 날) 암으로 진단이 확정되고, 그 암의 직접적인 치료를 목적으로 하여 통원하였을 때 통원 1회당 약정한 보험금을 지급한다.

④ 암수술보험금

일반적으로 피보험자가 보장개시일 이후에 암의 직접적인 치료를 목적으로 수술을 받은 경우 약정한 암수술보험금이 지급된다.

⑤ 암사망보험금(특약)

일반적으로 피보험자가 보험기간 중 암보장 개시일 이후에 암으로 진단이 확정되고, 그 암으로 인하여 사망할 경우 약정한 보험금을 지급한다.

(4) 암보험의 일반적 가입조건

① 보험기간은 대부분의 상품이 10년 이상이다.
② 가입 가능연령은 15세 이상(보통 고연령은 가입 제한)이다.
③ 질병보험의 특성상 연령이 증가함에 따라 보험료도 크게 증가한다. 특히 갱신형 상품을 선택한 경우에는 갱신 시 보험료 변동이 클 수 있으므로 계약자에게 이 사실을 정확하게 안내해야 한다.
④ 또한 암보험의 경우 도덕적 해이 발생가능성이 높아 일반적으로 일정기간(예: 90일) 이후부터 보장이 개시되며, 가입 후 일정시점(예 : 1년) 이내 진단되었을 경우 감액지급(예: 50%) 된다.

(5) 암보험 주요 보장내용(예시, 생명보험)

구분	보장내용(지급사유)	보상한도(지급금액)		
암진단보험금	피보험자가 보험기간 중 암보장 개시일 이후에 암으로 진단이 확정된 경우(다만, 최초 1회의 암진단 확정에 한함)	일반암	계약일로부터 1년 미만	1,000만 원
			계약일로부터 1년 이후	2,000만 원
		유방암 전립선암	계약일로부터 1년 미만	250만 원
			계약일로부터 1년 이후	500만 원
			※ 유방암의 경우 180일 이내에 지급 사유가 발생한 경우 200만 원	
		기타피부암 갑상선암 제자리암 경계성종양 대장점막내암	계약일로부터 1년 미만	100만 원
			계약일로부터 1년 이후	200만 원
암수술보험금	피보험자가 보험기간 중 암 보장 개시일 이후에 암으로 진단 확정 되고 그 암의 직접적인 치료를 목적으로 수술을 받았거나, 이 특약의 보험기간 중 기타 피부암, 갑상선암, 제자리암, 경계성종양 또는 대장점막내암으로 진단 확정 되고 그 기타피부암, 갑상선암, 제자리암, 경계성종양 또는 대장점막 내암의 직접적인 치료를 목적으로 수술을 받은 경우(수술 1회당)	일반암 대장점막내암	계약일로부터 1년 미만	100만 원
			계약일로부터 1년 이후	200만 원
		갑상선암 경계성종양	계약일로부터 1년 미만	25만 원
			계약일로부터 1년 이후	50만 원
		기타피부암 제자리암	계약일로부터 1년 미만	15만 원
			계약일로부터 1년 이후	30만 원
암직접치료 입원보험금	피보험자가 보험기간 중 암보장 개시일 이후에 암으로 진단 확정되고 직접적인 치료를 목적으로 4일 이상 계속하여 입원하였을 경우(3일 초과 1일당, 1회 입원 당 120일 한도)	일반암 대장점막내암		3만 원
		갑상선암, 경계성종양 기타피부암, 제자리암		1만 원

출처: 생명보험협회 자료

(6) 질병보험(암보험 제외) 주요 보장내용(예시, 생명보험)

구분	보장내용(지급사유)		보상한도(지급금액)	
특정질병 수술보험금	보험기간 중 피보험자가 성인 주요 질환 또는 피보험자가 남성일 경우 남성 주요 질환, 피보험자가 여성일 경우 여성 주요 질환의 치료를 직접목적으로 수술을 받은 경우	성인 주요질환	계약일로부터 1년 미만	100만 원
			계약일로부터 1년 이후	200만 원
		남성/여성 주요질환	계약일로부터 1년 미만	50만 원
			계약일로부터 1년 이후	100만 원
중대질병 수술보험금	보험기간 중 피보험자가 5대장기이식수술, 관상동맥(심장동맥) 우회술(CABG), 대동맥류 인조혈관치환수술, 심장판막수술 또는 조혈모 세포 이식을 받은 경우(다만, 각각 최초 1회에 한하여 지급)		계약일로부터 1년 미만	300만 원
			계약일로부터 1년 이후	600만 원

출처: 생명보험협회 자료

4) 실손의료보험

(1) 실손의료보험의 정의(定義)

실손의료보험이란 **보험가입자(피보험자)의 질병이나 상해로 입원 또는 통원 치료 시의 의료비(손해)로 실제 부담한 의료비를 보험회사가 보상하는 상품이며 건강보험을 말한다. 이 보험은 실제 손실을 보장한다.**

즉, 국민건강보험법에 의해 발생한 의료비 중에 환자 본인이 지출한 의료비를 보험가입금액 한도 내에서 피보험자가 질병·상해로 입원(또는 통원) 치료 시 소비자가 실제 부담한 의료비[64]의 일부를 보험회사가 보상하는 보험상품이며, 정식 명칭은 의료실비보험이다. **국민건강보험 급여 항목 중의 본인 부담액과 법정 비급여 항목의 합계액에서 자기부담금을 공제한 후 지급한다.**

과거에는 주로 상해·질병보험의 특약으로 부가되어 판매되었으나, 2018년 4월부터 유병력자 실손의료보험을 포함한 **실손의료보험 상품은 실손의료 보장으로만 구성된 단독상품으로 분리·판매토록 규정하고, 실손의료보험 상품를 단독화(여타 상품에 끼워 팔기 금지)하여 판매하고 있다.**

실손의료보험은 자기부담금의 설계방식에 따라 상해·질병 공통으로 표준형과 선택형Ⅱ가 있는데, 이 중에서 가입자가 선택할 수 있다. 또한, 표준화된 실손의료보험의 상품구조는 기본형[주계약(급여)] 실손의료보험과 기본형[주계약(급여)] + 선택형[특약(비급여)] 실손의료보험으로 구성되어 있다. 기본형(주계약) 실손의료보험에만 가입할 수도 있으며, 각 선택형(특약)의 가입은 보험계약자의 선택 사항이다. 단, 기본형(주계약)만 가입한 사람은 선택형(특약)에 해당되는 치료를 받았을 경우에 보장을 받을 수 없다.

---

64) 국민건강보험 급여항목 중 본인부담액 + 비급여항목의 합계액.

의료실비보험은 보험기간이 1년인 상품으로 매년 보험료가 변하는 갱신형 보험이 대부분이다. 또한, 5년마다 재가입이 필요하며 갱신과 재가입을 통해 최대 100세까지 보장받는다.

(2) 실손의료보험의 보장영역

국민건강보험 급여 항목 중의 본인 부담액과 법정 비급여 항목의 개인부담 합계액이 실손의료보험(실손의료비 보험)의 보장영역이다. 즉, 보험계약자가 개인적으로 부담하는 의료비를 보장·보상하는 부분이다.

■ 실손의료보험 보장영역 도표(圖表)

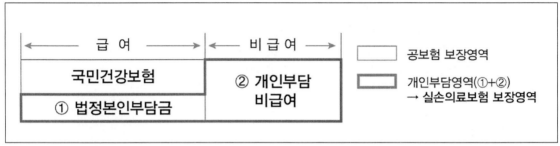

출처: 생명보험협회 자료

(3) 실손의료보험의 특징 및 종류

① 실손의료보험의 특징

실손의료보험은 정해진 금액이 아닌, 실제 치료에 들어간 비용을 보상받는다(실손 보상). 국민건강보험 비급여 부분인 입원실 비용의 80%를 보장받거나, 선택형 가입 시 90%를 보장받는 식이다. 이와 달리 보험 약관에 따라 정해진 금액을 지급하는 상품은 정액형 보험이라 한다. 국민건강보험공단이 운영하는 국민건강보험과 달리 실손의료보험은 민간 보험사가 운영한다.

② 실손의료보험의 종류

> ■ **실손의료보험의 종류**
> 1) 일반(단독) 실손의료보험
> 2) 노후 실손의료보험
> 3) 유병력자 실손의료보험
> ※ 제도성 특약: 단체 실손의료보험과 개인실손의료보험간 연계제도

(4) 실손의료보험의 보험료

실손의료보험 상품은 매년 보험료가 오르는 갱신형 보험이 일반적이다. 또한, 일부 비갱신 보험과 달리 질병에 걸릴 위험률과 보험금 지급 실적 등을 반영해 보험료가 매년 혹은 3~5년마다 바뀐다. 그러나 장기간 납입해야하기 때문에 빨리 가입할수록 유리하다.

가입 대상과 보장 금액, 지급 기준 등 세부 사항은 보험사에 따라 다르다. 가입 연령은 최대 65~70세 정도로 나이가 많을수록 가입이 제한되거나 보험료가 오른다. 65세 이상 고령층을 대상으로 하는 실손의료보험 상품은 '노후 실손의료보험'이라 한다. 노후 실손의료보험은 일반 실손의료보험보다 가입자가 내는 자기부담금이 크다.

(5) 실손의료보험의 비례보상 원칙(다수보험의 처리)

다수보험이란 실손의료보험 계약(우체국보험, 각종 공제, 상해·질병·간병보험 등 제3보험, 개인연금·퇴직보험 등 의료비를 실손으로 보상하는 보험·공제계약을 포함)이 동시에 또는 순차적으로 2개 이상 체결되었고, 그 계약이 동일한 보험사고에 대하여 각 계약별로 보상 책임액이 있는 다수의 실손의료보험 계약을 말한다.

① 동일인이 다수의 실손의료보험을 가입하더라도 초과이익 금지를 위해 본인이 부담한 치료비를 상품별로 보상책임액 비율에 따라 비례 보상하므로, 2~3개의 실손의료보험에 가입했다고 하더라도 실제 치료비의 2~3배가 지급되는 것은 아니다.

② 보험계약자가 제3보험에서 의료비 등 실손을 보장하는 계약을 다수 체결하는 경우에는 「상법」의 실손보상원칙에 따라 보험사고 발생 시 각각의 보험계약에서 지급하는 보험금은 보상 책임액에 비례하게 된다.

③ 즉, 여러 개의 실손의료보험에 가입되어 있다고 하여 본인 부담금보다 많은 보험금을 지급하는 것이 아니므로 가입 시 기존 실손보험 계약유무를 꼼꼼히 확인하여 가입하는 것이 필요하다.

④ 중복계약에 따른 비례보상 대상계약은 모든 제3보험 상품이 아니라 제3보험 상품 중 실손보상 급부가 있는 계약에 한정된다. 따라서 정액보상상품은 비례보상의 대상계약이 아니다.

⑤ 각 계약의 보상책임액 합계액이 각 계약의 보상대상의료비 중 최고액에서 각 계약의 피보험자부담 공제금액 중의 최소액을 차감한 금액을 초과한 다수보험은 아래의 산출방식에 따라 각 계약의 비례분담액을 계산한다. 이 경우 입원, 외래, 처방조제를 각각 구분하여 계산한다.

■ 실손의료보험 비례보상 산식(算式)

$$
\text{각 계약별 비례분담액} = \left(\begin{array}{l} \text{각 계약의 보상대상의료비 중 최고액} \\ - \text{각 계약의 피보험자부담 자기부담금 중 최소액} \end{array} \right) \times \frac{\text{각 계약별 보상책임액}}{\text{각 계약별 보상책임액을 합한 금액}}
$$

출처: 생명보험협회 자료

■ 실손의료보험 비례보상 사례(예시)
• 입원치료비 3,000만 원 발생, 자기부담금은 없다고 가정

구분	가입금액(보상한도)	보상책임액	실제 보상금액
A보험회사 상품	1,000만 원 한도	1,000만 원	750만 원(=3천만 원×$\frac{1}{4}$)
B보험회사 상품	5,000만 원 한도	3,000만 원	2,250만 원(=3천만 원×$\frac{3}{4}$)

출처: 생명보험협회 자료

(6) 실손의료보험의 연혁(沿革, History)

① 손해보험회사가 1963년 실손보상상해보험을 국내 처음으로 도입한 이후 1977년 단체건강보험, 1978년 특약형태의 질병보험 등 의료실비를 보상하는 형태의 보험이 판매되었다.

② 생명보험회사는 단체실손의료보험을 2003년 10월부터, 개인실손의료보험을 2008년 5월부터 판매하였다.

③ 이후 2009년 10월부터 상해형(입/통원), 질병형(입/통원), 종합형(입/통원)으로 상품유형이 표준화 되었으며, 2013년 1월부터 표준형 단독실손의료보험 상품이 도입되었다.

④ 또한, 2015년 9월 1일부터 표준형(급여/비급여 모두 80% 보장) 및 선택형Ⅱ(급여 90%, 비급여 80% 보장)로 판매되었다.

⑤ 2017년 4월부터는 상품구조 개선을 통해 과잉진료의 우려가 크거나 보장수준이 미약한 비급여 도수치료, 비급여 주사, 비급여 MRI 등 3개 진료군을 실손의료보험의 특약으로 분리하여 보장하는 새로운 실손의료보험이 도입되었다.

■ 실손의료보험 상품구조 개선

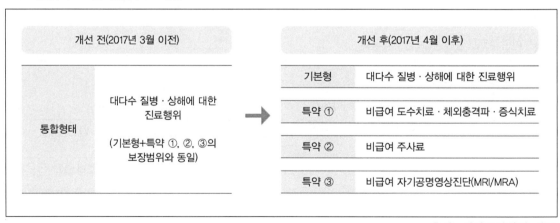

출처: 생명보험협회 자료

⑥ 2020년 12월 10일(목) 금융위원회와 금융감독원의 보도 자료에 의하면, 건강보험 비급여에 대한 관리 강화 및 실손의료보험의 상품구조를 2021년 7월 1일자로 개편하고 추진하였다. 여전히 극히 일부의 과다한 의료서비스 이용으로 대다수 소비자의 보험료 부담이 가중되는 등의 문제점이 지적되자, 의료 이용이 적은 가입자는 보험료를 적게 내는 4세대 실손보험이 2021년 7월 1일에 도입되었다. 급여 항목의 경우 사회환경 변화 등으로 보장 필요성이 제기된 불임관련 질환, 선천성 뇌질환 등에 대해 보장이 확대되었으며, 보험금 누수가 큰 도수치료, 영양제 등 일부 비급여 항목에 대해서는 과잉 의료이용 방지를 위해 보장이 제한되었다.

또한, 기존 **포괄적 보장구조(급여+비급여)를 「급여」와 「비급여」로 분리하여 보장하는 것이 4세대 실손보험의 큰 특징이다.**

2021년 7월 1일자로 실손의료보험을 이용한 만큼 보험료를 내는 할인·할증제도가 새로 도입되는 **제4세대 실손의료보험**의 주요한 내용은 다음과 같다.

- 비급여 특약 분리 및 보험료 차등제(실손보험료 할인·할증제) 도입으로, 가입자의 보험료 부담이 낮아지고 가입자간의 보험료 부담의 형평성을 제고하고, 자기부담률의 조정 등을 통한 도덕적 해이를 방지한다(건강보험법상 산정특례대상자 등 의료취약 계층은 차등제 적용 제외함).
- 실손의료보험이 국민건강보험과의 연계성 강화 등으로 국민건강보험을 보완하는 '건강한' 사적(私的) 사회 안전망 기능을 지속 수행할 수 있도록 상품구조를 전면 개편한다.
- 보장범위·한도는 기존과 유사하면서 보험료 수준은 기존 상품 대비 10~70% 대폭 인하한다. 2017년 출시된 신(新)실손 대비 약 10%, 2009년 이후 표준화 실손 대비 약 50%, 표준화 전(前) 실손 대비 약 70% 정도 인하된다.

■ 제3세대 실손의료보험 & 제4세대 실손의료보험

제3세대 실손의료보험 (2017년 4월 ~ 2021년 6월)	제4세대 실손의료보험 (2021년 7월 이후)
▶ 주계약(급여+비급여)	▶ 주계약(급여)
▶ 특약(특정 3대 비급여*) * 1) 비급여 도수치료·체외충격파·증식치료 2) 비급여 주사료 3) 비급여 자기공명영상진단(MRI)	▶ 특약(비급여*) * 일부 비급여 항목에 한해 별도 치료횟수 제한, 금액한도 등 보장 한도가 존재함

(7) 실손의료보험의 가입절차

실손의료보험은 여러 개를 가입해도 실제 손해액(비용) 이내로 보상하므로 일반적으로 중복가입이 불필요하다. 따라서 보험계약 체결 전 중복가입 여부를 반드시 확인해야 한다.

① 실손의료보험 중복계약 체결여부 확인(「보험업법」 제95조의5, 「보험업법 시행령」 제42조의5)

보험회사 또는 보험의 모집에 종사하는 자는 실제 부담한 의료비만 지급하는 제3보험 상품계약 (실손의료보험계약)을 모집하기 전에 보험계약자가 되려는 자의 동의를 얻어 모집하고자 하는 보험계약과 동일한 위험을 보장하는 보험계약을 체결하고 있는지를 확인하여야 하며 확인한 내용을 보험계약자가 되려는 자에게 즉시 알려야 한다. 한편, 현재 민간법인 또는 단체가 정관이나 그 밖의 규약에 따라 체결하는 단체계약도 중복계약 체결여부를 확인해야 한다.

② 실손의료보험의 가입절차

가. 보험계약 가입설계 시 설계사가 고객에게 고객정보 활용의 동의서를 요청하고 접수한다.

나. 설계사는 지점에서 관리자의 전산 승인을 받아 보험회사의 전산시스템 등을 이용하여 실손의료보험의 중복가입 여부를 확인한다.

다. 조회결과 해당 고객이 기가입자가 아니면 계약체결을 진행하고, 기가입자라면 고객에게 실손의료보험의 추가 가입이 필요 없음을 설명하고 종료한다.

(8) 최근 실손의료보험의 제도개선

① 2017년 4월 이후, 실손의료보험의 개정.

가. 근래(近來) 2017년 4월 이후로 실손의료보험이 개정되면서 [기본형(주계약)]과 [선택형(특약)]으로 나뉘어 판매되고 있다. [기본형(주계약)]만 가입한 사람은 [선택형(특약)]에 해당되는 치료를 받았을 경우 보장받을 수 없다. [선택형(특약)]은 3개의 특약으로 이루어져 있으며, 아래와 같다.

특약 ① – 비급여 도수치료, 체외충격파, 증식치료

특약 ② – 비급여 주사료(항암제/항생제/희귀 의약품 제외)

특약 ③ – 비급여 MRI(급여 적용된 MRI는 제외)

나. 상품구조(제3세대 실손의료보험)

> **실손의료보험 = 기본형[주계약(급여+비급여)] + 선택형[특약(특정* 비급여 ①, ②, ③)]**
> * 1) 도수·증식·체외충격파 2) 비급여 주사 3) 비급여 MRI/MRA

다. 실손보험료 상승의 주된 요인이었던 도수치료, 체외충격파치료, 증식치료, 비급여 주사제, 비급여 MRI 검사 등 5가지 진료는 원하는 사람에 한하여 보험료를 추가로 납부하고 보장받는 특약으로 분리했다. 특약형 상품은 가입자의 자기부담비율을 기존 20%에서 30%로 높이고 특약 이용 횟수도 제한된다. 보험 가입 후 2년 동안 한 번도 보험금을 청구하지 않은 가입자에겐 다음해의 보험료가 10% 할인 적용된다. 보험금의 청구도 보험사의 모바일 애플리케이션을 통해 청구할 수 있다.

라. 기존 실손의료보험에서는 치료를 분리하지 않고 본인 부담금을 제외한 의료비를 보장해주었는데, 개정된 실손의료보험에서는 분리된 특약 3개에 해당하는 치료에 대해서는 기존보다 높은 본인부담금을 적용하기 때문에 더 적은 금액으로 보장받고 횟수 제한도 생겼으며, 실손의료보험은 지금까지 계속 개정되었다. 그리고 개정될 때마다 본인 부담금은 커지고 보장되는 금액은 줄어들었다.

마. 앞으로도 실손의료보험은 개정될 것이고 높아지는 손해율로 인해 본인부담금은 지금보다 더 커질 것이다. 그러므로 실손의료보험이 가입되어 있지 않은 사람들은 지금보다 본인부담금이 더 커진 상품으로 바뀌기 전에 빨리 가입해야 한다고 추천하는 것이다.

② 2021년 7월 1일, 실손의료보험의 상품구조 개편
(2020년 12월 10일, 금융위원회/금융감독원의 보도자료)

■ 추진 배경

가. 실손의료보험은 건강보험이 보장하지 않는 의료비를 보장하는 '국민의 사적(私的) 사회 안전망'으로서 역할*을 수행해 왔다. 그러나, 1999년 최초 실손의료보험 상품의 출시 당시에 자기부담금이 없는 100% 보장 구조의 문제점을 일부 보완하였고, 2009년 10월 이후로 보험사별로 상품내용의 표준화를 하였으며, 2017년 4월부터 실손보험은 '기본형'과 '특약형'으로 구분하여 특약형 상품은 가입자의 자기부담비율을 기존 20%에서 30%로 높이고 특약 3개에 대한 이용 횟수의 제한 등의 시행으로 제도를 개선하였으나, 과다 의료서비스의 제공 및 이용을 유발할 수 있는 구조적 한계점을 가지고 있었다.

* 실손의료보험은 2019년 말 기준으로 약 3,800만 명이 가입(단체보험, 공제계약 포함)했다.

나. 실손의료보험은 그 동안 자기부담률 인상, 일부 비급여 과잉진료 항목의 특약[65] 분리 등 지속적인 제도 개선에도 불구하고, 여전히 극히 일부의 과다한 의료서비스 이용으로 대다수 국민의 보험료 부담이 가중되고, 보험회사의 손해율이 급격히 상승하는 등 많은 문제점이 지적되고 있다.

현행 실손의료보험 제도 문제점
① 일부 가입자의 과다 의료이용이 대다수 가입자의 보험료 부담으로 전가되고 있다.
② 지급보험금의 급격한 상승에 따른 국민의 보험료 부담이 증가하고 있다.
③ 적자 누적*으로 인한 보험회사의 실손의료보험 판매 중지 및 가입심사를 강화하고 있다.
→ 이러한 현상이 지속될 경우, 국민 의료비 부담이 가중되고, 실손의료보험의 지속가능성에 대한 심각한 우려도 제기되는 상황이다.

다. 실손의료보험이 국민 의료비 부담을 경감하는 '건강한' 사적(私的) 사회 안전망 기능을 지속 수행할 수 있도록 상품 구조에 대한 근본적인 개편을 추진하게 된 배경이 되었다.

> ■ 상품구조 개편 기본방향(주요 개편내용)
> 실손의료보험의 구조적 한계점과 문제점을 해소하기 위해 자기부담률의 조정과 실손의료보험을 이용한 만큼 보험료를 내는 할인·할증 제도가 새로 도입된다(제4세대 실손의료보험, 2021년 7월 1일 출시).
> - 보장범위·한도는 기존과 유사하면서, 보험료 수준은 대폭 인하.
> - 보험료 상승의 주(主)원인인 비급여에 대해 특약으로 분리하고, 비급여 보험료 차등제를 도입하고, 자기부담률 조정 등으로 가입자간의 보험료 부담의 형평성 제고.
> - 국민건강보험의 보완형 상품으로서의 연계성 강화 (재가입주기 조정).

라. 상품구조(제4세대 실손의료보험)

> 실손의료보험 = 기본형[주계약(급여)] + 선택형[특약(비급여)]

(9) 실손의료보험의 상품구조 및 주요 보장내용

실손의료보험은 보험회사가 피보험자의 질병 또는 상해로 인한 실제 손해(의료비에 한정)를 보상하는 상품이다. 실손의료보험의 주요 보장내용은 아래의 ①~⑤에 기술한다.

실손의료보험은 "주계약(급여)과 특약(비급여)"으로 구성되며, 상해·질병에 따른 연간 보장한도는 입원·통원을 합산하여 1억 원 이내(급여 5천만 원, 비급여 5천만 원)에서 실제로 지출한 의료비의 일부를 보상한다. 통원의 경우 회당 20만 원 한도로 보상한다.

과잉진료를 방지하기 위해 실손의료보험은 실제 지출한 의료비의 일부를 본인이 부담하도록 운영하고 있으며, 자기부담금 비율은 주계약(급여)과 특약(비급여)이 서로 다르다.

특약(비급여) 보험료의 경우 실손의료보험 가입자간 보험료 부담의 형평성 문제를 해소하기 위해 비급여 의료이용량과 연계하여 보험료를 차등 적용한다. 충분한 통계확보 등을 위해 할인·할증은 2024년 7월 이후부터 적용될 예정이다.

다만, 지속적이고 충분한 치료가 필요한 의료취약계층은 중증질환 치료를 위해 신의료기술 등 다양한 비급여 의료서비스를 이용할 수 있도록 보험료 차등 적용대상에서 제외한다.

> ※ 의료취약계층
> 1) 국민건강보험법상 산정특례 대상자(암질환, 심장질환, 희귀난치성질환자 등)
> 2) 노인장기요양보험법상 장기요양대상자 중 1~2등급 판정자(치매·뇌혈관성 질환 등)

---

65) 특약: 도수·증식·체외충격파, 2) 비급여 주사, 3) 비급여 MRI

① 실손의료보험은 입원치료와 통원치료를 구분해 보장한다. 입원보장과 통원보장은 각각 질병과 상해의 두 가지로 구분해 총 4개의 담보로 구성한다. 기본적으로 입원·통원 치료비를 보장하지만, 치료 목적이 아닌 입원이나 예방접종, 건강검진 비용 등은 보상하지 않는다. 단, 의사의 임상적 소견을 받아 치료 목적으로 검사한 비용은 보상이 가능한 경우도 있다.

② 특약형의 경우 후유장해나 사망 등의 항목을 보장하는 상품도 있다. 2016년부터는 실손의료보험 보장 범위가 확대되어, 치매와 우울증, 조울증, 공황장애, 틱장애, 주의력결핍 과잉행동 장애, 외상 후 스트레스 장애 등 증상이 명확한 정신질환이 보장 대상에 포함되었다.

③ 실손의료보험은 "기본형[주계약(급여)] + 선택형[특약(비급여)]"으로 구성되며, 기본형을 통해 입원의 경우 급여는 입·통원 합산 연간 5천만 원 한도, 비급여는 입·통원 합산 연간 5천만 원 한도 이내에 보상한다. 통원의 경우 급여는 통원 회당 20만 원, 비급여는 통원 회당 20만 원(외래, 처방조제비 합산) 이내에서 실제 지출한 의료비의 일부를 보상한다. 보험계약자는 기본형[주계약(급여)]만 가입할 수도 있고, 선택형[특약(비급여)]을 추가로 선택하여 가입할 수도 있다.

④ 과잉진료를 방지하기 위해 실손의료보험은 실제 지출한 의료비(입원 등)의 일부를 본인이 부담하도록 운영하고 있으며, 자기부담금의 비율은 급여는 보상대상의료비의 20%이며 비급여는 30%로서 서로 다르다. 통원치료의 공제금액(자기부담금)은 급여, 비급여 구분하여 급여는 1만 원(단, 상급·종합병원 2만 원), 비급여는 3만 원을 공제한다. 특히 과잉진료를 방지하기 위해 과다 의료서비스 제공 및 이용 소지가 높은 비급여에 한해 별도 통원횟수 제한 등 추가 예정(추후 표준약관에서 구체적으로 규정)이다.

⑤ 실손의료보험의 상품구조와 보장내용은 아래와 같으며, 각 특약의 가입은 보험계약자의 선택사항으로 기본형(주계약) 실손의료보험에 가입하는 것만 가능하다.

※ 기존 실손의료보험의 상품구조(제3세대 실손의료보험)
1) 실손의료보험 = 기본형[주계약(급여·비급여)] + 선택형[특약(특정 비급여 ①, ②, ③)]
2) 기본형: 입원, 통원(외래, 처방·조제비)
3) 특약(선택): ① 도수치료·체외충격파치료·증식치료
　　　　　　　 ② 비급여 주사료
　　　　　　　 ③ 비급여 자기공명영상진단(MRI/MRA)

■ 기존 실손의료보험의 보장내용(제3세대 실손의료보험)

기본형			특약[입·통원 구분 없이]			
입원	자기부담금 (공제)	급여 10% 또는 20%, 비급여 20%	구분	특약 ① (도수치료 등)	특약 ② (비급여주사)	특약 ③ (비급여MRI)
	보장한도	동일질병·상해당 최대 5천만 원	자기부담	Max(2만 원, 30%)		
통원	자기부담금 (공제)	max(1~2만 원, 20%)	보장한도 (연간)	350만 원	250만 원	300만 원
	보장한도 · 보장횟수	회당 최대 30만 원 연간 누적 180회	보장횟수 (연간)	50회	50회	보장횟수 제한없음

출처: 생명보험협회 자료

■ 신(新) 실손의료보험의 상품구조(제4세대 실손의료보험, 2021년 7월 1일 개편)
1) 실손의료보험 = 기본형[주계약(급여)] + 선택형[특약(비급여)]
2) 기본형: 입원, 통원(외래, 처방·조제비)
3) 특약(선택): 비급여 항목 및 그 외

■ 신(新) 실손의료보험의 보장내용(제4세대 실손의료보험, 2021년 7월 1일 개편)
• 실손의료보험(기본형)

구분		보장내용(지급사유)	보상한도(가입금액)
상해	입원	피보험자가 상해로 인하여 병원에 입원하여 치료를 받은 경우에 보상	• 급여: 입·통원 합산 연간 5천만 원 • 비급여: 입·통원 합산 연간 5천만 원 ♣ 자기부담금: 급여 20%, 비급여 30%
	통원	• 외래: 피보험자가 상해로 인하여 병원에 통원하여 치료를 받은 경우 • 처방: 피보험자가 상해로 인하여 병원에 조제비 통원하여 처방·조제를 받은 경우	• 급여: 통원 회당 20만 원 • 비급여: 통원 회당 20만 원 ♣ 자기부담금(통원 공제금액) • 급여: 1만 원(단, 상급·종합병원 2만 원) • 비급여: 3만 원
질병	입원	피보험자가 질병으로 인하여 병원에 입원하여 치료를 받은 경우에 보상	• 급여: 입·통원 합산 연간 5천만 원 • 비급여: 입·통원 합산 연간 5천만 원 ♣ 자기부담금: 급여 20%, 비급여 30%

통원	• 외래: 피보험자가 질병으로 인하여 병원에 통원하여 치료를 받은 경우 • 처방: 피보험자가 질병으로 인하여 병원에 조제비 통원하여 처방·조제를 받은 경우	• 급여: 통원 회당 20만 원 • 비급여: 통원 회당 20만 원 ♣ 자기부담금(통원 공제금액) • 급여: 1만 원(단, 상급·종합병원 2만 원) • 비급여: 3만 원	

• 실손의료보험 특약(선택형)

구분(종류)	지급사유(보장내용) 및 보상한도(가입금액)	
비급여도수치료·체외충격파치료·증식치료, 비급여 주사료, 비급여 기공명영상진단(MRI/MRA), 후유장해, 사망, 치매와 우울증, 조울증, 공황장애, 틱장애, 주의력결핍 과잉행동 장애, 외상 후 스트레스 장애 등 증상이 명확한 정신질환특약, 기타 특약	비급여 항목	* 보험회사의 상품별로 상이하며, 약관상의 보상금액. * 추가보장 특약의 자세한 보상내용은 특약별로 특별약관을 참조하기 바람. ※ 단, 비급여 주사료 중 항암제, 항생제, 희귀의약품은 기본형에서 보장되므로 제외함 ※ 단, 급여 적용된 MRI는 제외

※ 과다 의료서비스 제공 및 이용 소지가 높은 비급여에 한 해 별도의 통원 횟수 제한 등 추가 예정(추후 표준약관에서 구체적으로 규정)이다.

(10) 비급여 진료비용 공개제도

비급여 진료비용은 의료기관에서 결정하므로 동일한 치료항목이라도 의료기관별로 크게 차이가 날 수 있다. 이에 따라 국민이 비급여 의료비에 대해 쉽게 이해하고 병원을 선택할 때 참고할 수 있도록, 건강보험심사평가원 홈페이지(https://www.hira.kr.or)에서는 매년 비급여 진료비용을 조사하여 공개하고 있다.

소비자는 동 공개제도를 통해 의료기관의 주요 비급여 항목의 진료비용을 확인할 수 있고, 진료비용이 저렴한 병원도 검색할 수 있어 의료기관 선택에 도움을 받을 수 있다.

(11) 계약전환제도

제3세대 실손의료보험(2021년 7월 이전)의 계약자가 원하는 경우, 제3세대 실손의료보험이 가입된 보험회사의 제4세대 실손의료보험(2021년 7월 이후) 상품으로 계약을 전환하는 제도이다.

계약전환 시 일반적으로 제4세대 실손의료보험 상품이 기존 실손의료보험 상품 대비 보험료가 저렴하다는 이점을 누릴 수 있다.

다만, 기존 상품과 신상품의 보장내용 등에 차이가 있으므로, 본인의 건강상태, 의료이용 성향 등을 고려하여 전환여부를 판단할 필요가 있다. 또한 계약전환 후 6개월 이내 보험금 수령이 없는 경우에는 계약 전환을 철회하고 기존 상품으로 돌아갈 수 있다.

5) 단체실손의료보험과 개인실손의료보험간 연계제도

♣ 실손의료보험 연계제도는 단체실손의료보험에 가입한 임·직원을 대상으로 시행한다.

실손의료보험 가입자의 직장 재직 중에 실손의료보험 중복가입을 해소하고, 퇴직한 후 실손의료보험 보장이 가능하도록 2018. 12. 1.부터 단체실손의료보험과 개인실손의료보험간 연계제도를 시행한다.

즉, 2018년 12월부터 퇴직자의 단체실손보험 해지에 따른 보장공백 해소와 단체·개인실손보험의 중복가입자에 대한 보험료 이중부담 해소를 위해 단체-개인실손보험간 연계제도가 시행되었다.

■ 개인실손의료보험 중지·재개 및 전환

구분	재직 중	퇴직 등 단체실손의료보험 종료 시
개인실손의료보험 중지·재개	단체실손의료보험 가입 후 개인실손의료보험 중지	개인실손의료보험 재개
단체실손의료보험의 개인실손의료보험 전환	단체실손의료보험 가입	단체실손의료보험을 개인실손의료보험으로 전환

출처: 손해보험협회 자료

(1) 개인실손의료보험 중지/재개

개인실손의료보험 가입자가 단체실손의료보험 가입 시 기존에 가입한 개인실손의료보험의 보험료 납입 및 보장을 중지하고, 향후 단체실손의료보험 종료 시에 중지했던 개인실손의료보험을 재개한다.

회사에 입사하거나 특정단체에 입회 시 단체실손보험을 가입하는 경우가 있다. 특히 회사에서 가입하는 단체실손보험은 사업주의 부담으로 복지차원에서 제공하는 것이 일반적이어서 개인실손보험을 이미 가입한 사람이 입사한 경우 단체와 개인 두 개의 실손보험에 중복가입하게 된다.

이 경우 실손보험은 중복 보상이 되지 않으므로 만약 보험사고가 발생해도 비례보상을 받게 되어 개인실손보험의 효용이 감소한다. 이러한 문제점을 해소하기 위해 개인실손보험에 1년 이상 가입한 사람이 회사 등 단체실손보험에 가입 시, 기존에 가입한 개인실손보험의 보험료 납입 및 보장을 중지한 후 퇴직 후 1개월 이내 중지했던 개인실손보험을 재개할 수 있다.

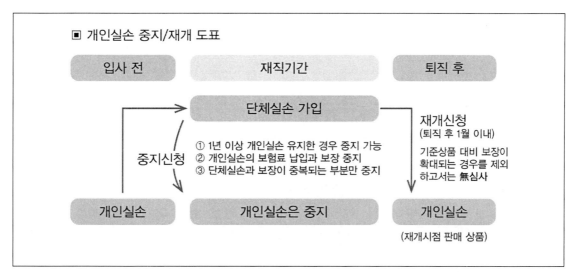

■ 개인실손의료보험 중지/재개 기준

구분		세부 기준
중지	신청 방법	본인이 개인실손의료보험에 가입된 보험회사에 직접 신청.
	신청 기준	개인실손의료보험 가입 후 1년 이상 유지한 계약에 한하며, 단체실손의료보험과 중복되는 개인실손의료보험의 보장 종목만 중지 가능.
재개	신청 방법	퇴직 등 단체실손의료보험 종료한 후, 1개월 이내에 본인이 기존에 중지했던 개인실손의료보험의 재개를 해당 보험회사에 직접 신청.
	재개 심사	단체실손의료보험 종료한 후, 1개월 이내 신청 시에는 무심사 재개. ① 이직으로 인한 여러 차례 단체실손 가입·종료가 발생하는 경우는 횟수 제한 없이 개인실손의료보험의 중지와 재개가 가능. ② 다만, 단체실손의료보험 및 개인실손의료보험에 모두 미가입 기간이 1회당 1개월, 누적 3개월을 초과하거나 1개월 초과하여 신청 시에는 회사의 인수 지침에 따라 재개가 거절될 수 있음.
	재개 상품	기존 중지된 상품이 아닌 재개 시점에 보험회사가 판매 또는 보유 중인 개인실손의료보험 상품으로 보장 재개. * 개인실손의료보험 재개 시 재개상품이 중지 전 가입한 상품과 자기부담률 및 보장내용 등이 다를 수 있음.
	재개 불가	주계약이 아닌 특약으로 가입한 개인실손의료보험 중지한 후 주계약을 해지하면 중지된 개인실손의료보험도 동시에 해지되므로 재개 불가.

(2) 단체실손의 개인실손의료보험 전환

단체실손의료보험에 가입되어 있는 소비자가 퇴직 등으로 단체실손의료보험 종료 시에 개인실손의료보험으로 전환한다.

회사에 입사하여 단체실손보험에 가입한 경우 근속기간동안 실손보장을 받게 된다. 기존 회사를 퇴직한 후 다른 회사로 이직할 경우에도 이직한 회사의 단체실손보험에 가입하여 보장을 이어갈 수 있지만, 정년퇴직 등 퇴직 후 재취업이 힘든 경우 개별적으로 개인실손보험에 가입할 필요가 있다. 하지만, 질병경력이 있거나 건강상태가 좋지 않은 경우 개인실손보험 가입이 거절되어 보장공백이 발생할 수 있다. 이러한 문제점을 해소하기 위해 단체실손보험에 5년 이상 가입한 사람이 퇴직할 경우 퇴직일로부터 1개월 이내 개인실손으로 전환하여 가입할 수 있다. 특히, 직전 5년간 단체실손보험에서 보험금을 200만 원 이하로 수령하고 10대 질병[66] 치료이력이 없는 경우 별도의 심사 없이 가입할 수 있다.

■ 단체실손의 개인실손의료보험 전환 기준

구분	세부 기준
전환 대상	전환신청 직전 5년간(계속*) 단체실손의료보험 가입자 중 개인실손의료보험에 가입 가능한 자(65세 이하). * 단체실손의료보험 미가입 기간이 1회당 1개월, 누적 3개월 이내인 경우에는 단체실손의료보험에 가입한 것으로 인정.
신청 방법	단체실손의료보험 종료(퇴직 등) 후 1개월 이내 신청하고, 직전 단체보험이 가입된 보험회사에 신청.
전환 심사	직전 5년간 단체실손의료보험 보험금을 200만 원 이하로 수령하고 10대 중대질환* 치료이력이 없는 경우 무심사** 전환. * 암, 백혈병, 고혈압, 협심증, 심근경색, 심장판막증, 간경화증, 당뇨병 뇌졸중증(뇌출혈, 뇌경색), 에이즈(HIV 보균) ** 직전 5년간 단체실손의료보험 보험금을 200만 원 초과하여 수령하였거나 10대 중대질병 발병이력(5년)이 있는 경우에는 심사대상에 해당
전환 상품	전환시점에 해당 보험회사가 판매중인 개인실손의료보험으로 전환되고, 보장종목, 보장금액, 자기부담금 등의 세부 조건은 전환 직전 단체실손의료보험과 동일 또는 유사하게 적용. * 보험회사가 단체실손의료보험과 동일한 조건의 개인실손을 판매하고 있지 않은 경우에 별도 인수심사 없이 가장 유사한 조건으로 전환 ** 전환 시 소비자가 보장종목 추가, 보장금액 증액 등을 요청하면 보험회사의 인수 심사를 거쳐 보장확대 여부 결정

출처: 손해보험협회 자료

---

66) 암, 백혈병, 고혈압, 협심증, 심근경색, 심장판막증, 간경화증, 뇌졸중증(뇌출혈, 뇌경색), 당뇨병, 에이즈·HIV보균.

6) 노후 실손의료보험 및 유병력자 실손의료보험

실손의료보험은 일반(기존) 실손의료보험 이외에도 노후 실손의료보험과 유병력자 실손의료보험 등이 있다. 즉, 노후 및 유병력자 실손의료보험은 손해율이 높아서 가입자의 자기부담금(공제 금액)을 높게 설정하고, 보장한도가 낮게 일부의 보장내용을 변경하여 65세 이상에서도 실손의료보험 가입이 가능한 노후 실손의료보험과 계약 전 알릴의무 사항 등 가입심사 요건을 축소하여 요건만 충족한다면, 일부 유병력자도 가입이 가능하도록 설계한 유병력자 실손의료보험이 있다.

(1) 노후 실손의료보험
① 노후 실손의료보험 의의

노후 실손의료보험은 50세부터 최대 80세 또는 100세까지 고령층을 대상으로 하는 실손의료보험으로 질병·상해로 입원(또는 통원)치료 시에 소비자가 실제 부담한 의료비를 보험회사가 보상하는 상품이다.

즉, 가입자의 자기부담금(공제금액)을 높게 설정하고, 일부 보장내용을 변경하여 65세 이상에서도 보험가입이 가능한 보험이 노후 실손의료보험이다. 고 연령이나 과거의 질병 때문에 일반 실손의료보험에 가입할 수가 없었는데, 고령층이나 치료이력이 있는 유병력자도 노후 실손의료보험에 가입이 가능한 보험이다.

또한, 노후실손의료보험은 단독으로 가입할 수 있다. 실손의료보험 담보[노후상해, 노후질병, 요양병원실손의료비(선택가입), 상급병실료차액보장(선택가입)]만으로 구성되어 사망담보 등 다른 담보 없이 단독으로만 가입이 가능하다.

② 가입대상 및 보장/보상 내용
- 고 연령층
- 과거의 질병이나 치료이력이 있는 유병력자

가입이 가능한 연령은 50세에서 최대 75세까지 가입이 가능하고, 1년 갱신 3년 만기 재가입, 최대 100세 만기까지이다.

이 상품은 심사가 간소화된 상품으로, 일반심사를 통해 가입하는 실손의료보험에 가입하기 어려운 사람들을 대상으로 한다. 투약이 가입 심사 항목 및 보장범위에서 제외되어 고혈압 등 약을 복용 중인 경증 만성질환자, 노년층도 가입할 수 있고, 치료이력이 있는 유병력자에 대한 가입 심사 항목을 18개에서 6개 항목으로 축소했으며, 치료 이력 심사 대상기간은 5년에서 2년으로 단축했다.

또 5년 이력을 심사하는 중대질병을 10개에서 1개로 축소했는데, 의학적으로 5년간 관찰을 통해 완치 판정을 받아야 가입이 가능하다.

국민건강보험 급여 항목 중 본인 부담액과 법정 비급여 항목의 합계액에서 입원(30만 원), 통원(3만 원)을 제외하고, 급여부분 80%, 비급여 부분 70%를 보험금으로 지급한다.

단, 요양병원 의료비 특약의 경우 보상대상 의료비의 80%(비급여는 50% 한도), 상급병실료 차액 보장 특약의 경우는 상급병실료 차액의 50%를 보험금으로 지급한다.

③ 노후실손의료보험의 자기부담금

가. 입원은 30만 원, 통원 3만 원(비급여부분에서 먼저 공제한다).

나. '①'을 제외한 급여부분 20%, 비급여부분 30%(특약은 50%).

다. 간 1억 원(통원 1회 100만 원) 초과한 병원비.

단, 요양병원의료비 특약의 경우 보상대상의료비의 80%(비급여는 50%한도), 상급병실료 차액보장 특약의 경우는 상급병실료 차액의 50%를 보험금으로 지급한다.

④ 보장내용/보상한도 및 담보종목별/보상내용

■ 노후 실손의료보험의 보장내용/보상한도

구분	보장내용(지급사유)	보상한도(가입금액)
상해	피보험자가 상해로 인하여 병원에서 입원 또는 통원하여 치료를 받거나 처방조제를 받은 경우	연간 1억 원 한도 (통원은 건당 100만 원 한도)
질병	피보험자가 질병으로 인하여 병원에서 입원 또는 통원하여 치료를 받거나 처방조제를 받은 경우	연간 1억 원 한도 (통원은 건당 100만 원 한도)

■ 노후 실손의료보험의 담보종목별/보상 내용

구분		기본 계약
상해	보상금액	연간 1억 원 한도(통원은 건당 100만 원 한도)
	보상비율	보상대상 의료비의 80% 해당액(비급여는 70% 한도)
	공제금액(건당)	입원 30만 원 / 통원 3만 원
	자기부담한도	입원은 연간 500만 원
질병	보상금액	연간 1억 원 한도(통원은 건당 100만 원 한도)
	보상비율	보상대상 의료비의 80% 해당액(비급여는 70% 한도)
	공제금액(건당)	입원 30만 원 / 통원 3만 원
	자기부담한도	입원은 연간 500만 원

구분	선택 계약	
	요양병원 의료비	상급병실료 차액보장
보상금액	연간 5천만 원 한도 (통원은 건당 100만 원 한도)	연간 2천만 원 한도 (1일당 평균 10만 원 한도)
보상비율	보상대상 의료비의 80% 해당액(비급여는 50% 한도)	상급병실료 차액의 50%
공제금액(건당)	입원 30만 원 / 통원 3만 원	-----
자기부담한도	입원은 연간 500만 원	-----

* 보상대상의료비는 본인이 실제로 부담한 금액(건강보험의 본인부담금 및 비급여 의료비)에서 보상제외 금액을 차감한 금액으로 보상대상의료비에 대해 입원의료비 건당 30만 원(통원은 건당3만 원)을 차감하고 차감 후 금액의 20%(기본계약 비급여는 30%, 요양병원의료비 비급여는 50% 한도)를 추가 공제한 금액을 실제 보상하게 된다. 단, 상급병실료 차액보장 담보의 경우에는 상급병실료 차액의 50%를 공제한 금액을 보상하게 된다.

* 담보종목별 자세한 보상내용은 약관을 참조하기 바람.

(2) 유병력자 실손의료보험

① 유병력자 실손의료보험의 의의

투약으로 관리 중인 경증 만성질환이나 과거에 질병 치료를 받은 경험이 있어도 실손의료보험에 가입이 가능한 것이 "유병력자 실손의료보험"이다. 즉, 유병력자 실손의료보험은 만성질환으로 아프거나, 기존의 병력 때문에 일반(기존) 실손의료보험에 가입이 어려웠지만, 만성질환이 있거나 병력이 있어도 유병력자 실손의료보험에 가입할 수 있는 보험이며, 2018년 4월 2일부터 보험회사에서 판매를 시작했다.

또한, 실손의료보험 보장의 사각지대를 해소하기 위함이고, 계약 전 알릴의무 사항 등 가입심사 요건을 축소하여 일부 유병력자도 가입이 가능하도록 설계한 보험이 유병력자 실손의료보험이다.

또한, 유병력자 실손의료보험은 단독으로 가입할 수 있다. 실손의료보험담보[상해입원, 상해통원(외래), 질병입원, 질병통원(외래)]만으로 구성되어 사망담보 등 다른 담보 없이 단독으로만 가입이 가능하다.

② 가입대상 및 보장/보상 내용

- 투약만으로 관리 중인 만성질환자.
- 완치된 유병력자.

실손의료보험은 제2의 국민건강보험이라고 불릴 정도인데, 실손의료보험의 가입자가 3천만 명이 넘는다. 우리나라의 65세 이상 노인 중에 89%가 만성질환 유병자라고 한다. 또한, 대체로 젊은 층인 30대 부터의 만성질환 유병자의 통계 자료는 30세 이상 남자 약 2.5명 중에 1명, 30세 이상 여자약 3명 중에 1명이 유병력자라고 한다.

보통 만성질환이 있는 사람들은 대부분 병력 등의 이유로 인해 보험 가입을 원해도 가입하지 못했는데, 하지만 이제는 병력이 있는 병력자도 실손보험에 가입할 수 있는 유병력자 실손의료보험 상품이 생겼다. 일반 실손의료보험은 질병 때문에 실손의료보험에 가입할 수가 없었는데, 이제는 고혈압/당뇨병 등 만성질환을 가지고 있는 유병력자이더라도 보험가입 요건만 충족하면 실손의료보험에 가입이 가능하다.

유병력자 실손의료보험은 치료이력이 있거나 경증 만성질환을 가진 유병력자를 대상으로 하는 실손의료보험으로 상해입원, 상해통원(외래), 질병입원, 질병통원(외래) 치료 시 소비자가 실제 부담한 의료비를 보험회사가 보상하는 상품이다.

실손의료보험의 담보는 상해입원, 상해통원(외래), 질병입원, 질병통원(외래)으로 구성한다. 단, 비급여 추가보장특약은 보장되지 않는다.

③ 유병력자 실손의료보험의 자기부담금

입원 10만 원(통원 2만 원)과 보상대상 의료비의 30% 중 큰 금액을 공제한다.

④ 유병력자 실손의료보험 가입요건

아래의 요건만 충족하면, 병력이 있는 유병력자도 실손의료보험에 가입이 가능하다.

가. **최근 3개월 이내**에 의사로부터 진찰 또는 검사(건강검진 포함)를 통해 입원, 수술, 치료, 추가 검사 (재검사) 등의 의료 행위를 받은 사실이 없어야 한다.

나. **최근 2년 이내**에 의사로부터 진찰 또는 검사를 통해 입원, 수술(제왕절개 포함), 계속하여 7일 이상 치료 등의 의료 행위를 받은 사실이 없어야 한다.

다. **최근 5년 이내**에 암으로 진단받거나 의사로부터 입원, 수술, 치료를 받은 사실이 없어야 한다.

⑤ 유병력자 실손의료보험의 상품구조 및 보장내용/보상한도

■ 유병력자 실손의료보험의 보장내용/보상한도

구분	보장내용(지급사유)	보상한도(가입금액)
상해	피보험자가 상해로 인하여 병원에서 입원 또는 통원하여 치료를 받은 경우(단, 처방조제 제외)	연간 5천만 원 한도 통원은 건당 20만 원 한도(년 180회)
질병	피보험자가 질병으로 인하여 병원에서 입원 또는 통원하여 치료를 받은 경우(단, 처방조제 제외)	연간 5천만 원 한도 통원은 건당 20만 원 한도(년 180회)

■ 유병력자 실손의료보험의 담보종목별/보상 내용

구분		보상하는 내용(보장 범위)
상해	입원	보상대상의료비에서 10만 원과 보상대상의료비의 30% 중 큰 금액을 차감한 금액
	통원	보상대상의료비에서 2만 원과 보상대상의료비의 30% 중 큰 금액을 차감한 금액
질병	입원	보상대상의료비에서 10만 원과 보상대상의료비의 30% 중 큰 금액을 차감한 금액
	통원	보상대상의료비에서 2만 원과 보상대상의료비의 30% 중 큰 금액을 차감한 금액

* 보상대상의료비는 본인이 실제로 부담한 금액(건강보험의 본인부담금 및 비급여 의료비)에서 보상제외 금액을 차감한 금액으로, 보상대상 의료비에 대해 일정율(30%) 또는 일정금액(입원 10만 원, 통원 2만 원)의 자기부담금이 있다.
* 담보종목별 자세한 보상내용은 약관을 참조하기 바람.

7) 일반 · 노후 · 유병력자 실손의료보험의 상품구조 비교

구분			일반 실손의료보험	노후 실손의료보험	유병력자 실손의료보험
상품 구조			♣ 급여(주계약) · 비급여(특약)분리 기본형[주계약(급여)] + 선택형[특약(비급여)] • 기본형(주계약): 상해입원의료비, 상해통원의료비, 질병입원의료비, 질병통원의료비 • 선택형(특약): 비급여 항목	의료비(질병의료비, 상해의료비) + 2개 특약 (요양병원의료비특약, 상급병실보장특약)	기본형 (상해입원의료비, 상해통원의료비, 질병입원의료비, 질병통원의료비)
입원	자기부담률	급여	20%	20%	30%
		비급여	30%	30%	30%
	최소 자기부담금		없음	없음	10만 원**
	우선공제		없음	30만 원*	없음
	보장한도		• 급여: 입·통원 합산 연간 5천만 원 • 비급여: 입·통원 합산 연간 5천만 원	통원과 합산하여 연간 1억 원	동일질병·상해당 5천만 원
	자기부담금 연간 한도		200만 원	500만 원	200만 원

	보장범위		외래 + 처방조제	외래 + 처방조제	외래[처방조제 미보장]
통원	자기 부담률	급여	20%	20%	30%
		비급여	30%	30%	
	최소 자기부담금 (통원 공제금액)		• 급여: 최소 1만 원(병·의원급)/ 최소 2만 원(상급·종합병원) • 비급여: 최소 3만 원	없음	2만 원
	우선공제		없음	3만 원	없음
	보장한도		• 급여: 회당 20만 원 • 비급여: 회당 20만 원	회당 100만 원	회당 20만 원 (연간 180회)
변경 주기	보험료		1년마다 갱신	1년마다 갱신	1년마다 갱신
	상품구조		5년 후 재가입	3년 후 재가입	3년 후 재가입

* 우선공제: 30만 원을 우선 공제한 후에 잔여 의료비에 대하여 급여 20%, 비급여 30%를 공제한다.
** 최소 자기부담금: 의료비에서 자기부담률 30% 적용한 금액이 10만 원보다 작은 경우 10만 원을 자기부담금 으로 공제하고, 자기부담률 30% 적용한 금액이 10만 원보다 큰 경우 큰 금액을 자기부담금으로 공제.

출처: 금융위원회·금융감독원 보도자료 / 2018. 3. 30(금), 2020년 12월 10일(목)

6. 실손의료보험 상품구조의 개편[2021년 7월 1일]
(2020년 12월 10일, 금융위원회/금융감독원 보도자료)

1) 추진 배경

(1) 실손의료보험은 건강보험이 보장하지 않는 의료비를 보장하는 '국민의 사적(私的) 사회 안전망' 으로서 역할[67]을 수행해 왔다. 그러나, 1999년 최초 실손의료보험 상품의 출시 당시에 자기부담 금이 없는 100% 보장 구조의 문제점을 일부 보완하였고, 2009년 10월 이후로 보험사별로 상품내 용의 표준화를 하였으며, 2017년 4월부터 실손보험은 '기본형'과 '특약형'으로 구분하여 특약형 상품은 가입자의 자기부담비율을 기존 20%에서 30%로 높이고 특약 3개에 대한 이용 횟수의 제 한 등의 시행으로 제도를 개선하였으나, 과다 의료서비스의 제공 및 이용을 유발할 수 있는 구조 적 한계점을 가지고 있었다.

(2) 실손의료보험은 그 동안 자기부담률 인상, 일부 비급여 과잉진료 항목의 특약[68] 분리 등 지속 적인 제도 개선에도 불구하고, 여전히 극히 일부의 과다한 의료서비스 이용으로 대다수 국민 의 보험료 부담이 가중 되고, 보험회사의 손해율이 급격히 상승하는 등 많은 문제점이 지적되

---

67) 실손의료보험은 2019년 말 기준으로 약 3,800만명 가입(단체보험, 공제계약 포함)했다.
68) 특약: 1) 도수·증식·체외충격파 2) 비급여 주사 3) 비급여 MRI

고 있다.

(3) 실손의료보험이 국민 의료비 부담을 경감하는 '건강한' 사적(私的) 사회 안전망 기능을 지속 수행할 수 있도록 상품 구조에 대한 근본적인 개편을 추진하게 된 배경이 되었다.

2) 상품구조 개편 기본방향(주요 개편내용)

실손의료보험의 구조적 한계점과 문제점을 해소하기 위해 자기부담률의 조정과 실손의료보험을 이용한 만큼 보험료를 내는 할인·할증 제도가 새로 도입된다(제4세대 실손의료보험, 2021년 7월 1일 출시).

(1) 보장범위 · 한도는 기존과 유사하면서 보험료 수준은 대폭 인하

① 보장범위 및 한도

■ 새로운 상품의 주계약(급여)과 특약(비급여)을 모두 가입할 경우, 보장 범위는 종전과 동일하게 대다수의 질병·상해 치료비를 보장받을 수 있다.

가. 질병 · 상해로 인한 입원과 통원의 연간 보장한도를 기존과 유사하게 1억 원 수준(급여 5천만 원, 비급여 5천만 원)으로 책정*하였다.

* 2019년 기준 5천만 원 이상 보험금을 지급받은 사람은 전체 가입자의 0.005%이다.

구분		현행 (단위: 만 원)	보장한도 (단위: 만 원)	
			급여	비급여
질 병	입원	5,000	입·통원 합산 연간 5천만 원 (통원 회당 20만 원)	입·통원 합산 연간 5천만 원 (통원 회당 20만 원*)
	통원	5,400 (30만 원×180회)		
상 해	입원	5,000	입·통원 합산 연간 5천만 원 (통원 회당 20만 원)	입·통원 합산 연간 5천만 원 (통원 회당 20만 원*)
	통원	5,400 (30만 원×180회)		

출처: 2020년 12월 10일, 금융위원회/금융감독원 보도자료

* 과다 의료서비스 제공 및 이용 소지가 높은 비급여에 한해 별도 통원 횟수 제한 등 추가 예정(추후 표준약관에서 구체적으로 규정) 이다.

나. 다만, 적정한 의료서비스 제공 및 이용 등을 위해 자기부담금* 수준 및 통원 공제금액**이 종전에 비해 높아진다.

    * (현행) 급여 10/20%, 비급여 20% ➔ (변경) 급여 20%, 비급여 30%

  ** (현행) [급여, 비급여 통합] 외래 1~2만 원, 처방 0.8만 원

  ➔ (변경) [급여, 비급여 구분] 급여 1만 원(단, 상급·종합병원 2만 원) / 비급여 3만 원

② 보험료 수준

■ 새로운 상품은 자기부담금 수준과 통원 공제금액 인상의 효과로 보험료가 기존 상품보다 대폭 낮아진다.

가. 2017년 출시된 신(新)실손 대비 약 10%, 2009년 이후 출시된 표준화 실손 대비 약 50%, 표준화 전(前) 실손 대비 약 70% 정도 인하된다.

■ 새로운 실손과 기존 실손과의 40세(남자) 기준 보험료 비교(예시)

상품종류	'20 보험료기준	새로운 실손과 비교	
		月 보험료 차이	年 보험료 차이
표준화 전(前)	36,679	+25,750	+309,000
표준화 후(後)	20,710	+9,781	+117,372
기존 신(新)실손	12,184	+1,255	+15,060
새로운 실손(예상)	10,929	-	-

* 손해보험 4개사 보험료 평균(출처: 2020년 12월 10일, 금융위원회/금융감독원 보도자료)

나. 기존 상품의 높은 손해율을 감안할 때, 기존 상품과의 보험료 격차는 향후 더 커질 것으로 예상된다.

■ 기존 실손의료보험 상품의 위험손해율 비교

구분	'16	'17	'18	'19
표준화 전(前)('09 이전)	138%	131%	132%	144%
표준화 후(後)('09 이후)	127%	116%	119%	135%
기존 신(新)실손('17. 4월~)		59%	78%	100%

출처: 2020년 12월 10일, 금융위원회/금융감독원 보도자료

(2) 보험료 상승의 주(主)원인인 비급여를 특약으로 분리하고, 비급여 보험료 차등제를 도입하여 가입자간 보험료 부담의 형평성 제고

① 비급여 특약 분리

■ 현재의 포괄적 보장구조(급여+비급여)를 급여 및 비급여로 분리하여 비급여 보장영역 관리를 위한 체계를 마련한다.

현행(新실손)	개편(안)
▶ 주계약(급여+비급여)	▶ 주계약(급여)
▶ 특약(특정* 비급여) * 1) 도수·증식·체외충격파 2) 비급여 주사 3) 비급여 MRI	▶ 특약(비급여)

가. 이를 통해, 과다 의료서비스 제공 및 이용 소지가 큰 비급여 부분에 보험료 차등제를 적용할 수 있는 기반이 마련된다.

나. 급여, 비급여 각각의 손해율에 따라 보험료가 조정되어, 본인의 의료이용 행태 및 보험료 수준에 대한 이해도가 높아질 것*으로 기대된다.

* 보험료 인상 요인이 '급여' 또는 '비급여' 때문인지 명확하게 인식한다.

② 비급여 보험료 차등제 도입

■ 도수치료 등 비급여는 급여 대비 의료관리체계가 미흡하여, 일부 가입자의 비급여 의료이용량이 전체 가입자의 보험료 부담으로 이어지는 형평성 문제*가 심각하다.

* 실손의료보험의 전체 지급보험금 중 비급여 비중은 65%(급여 35%) → 비급여 의료이용량의 변화가 전체(급여＋비급여) 보험료에 미치는 영향이 큰 것을 의미한다.

- 비급여 의료이용량과 연계한 보험료 차등제를 도입하여, 가입자간 보험료 부담의 형평성 문제를 해소한다.

① 할인·할증에 대한 가입자의 이해도를 높이기 위해 적용 단계는 5등급으로 단순화하였다.

구분	1등급 (할인)	2등급 (유지)	3등급 (할증)	4등급 (할증)	5등급 (할증)
할인/할증률	-5%[1]		+ 100%	+ 200%	+ 300%
비급여 지급보험금 (평균 지급보험금[2] 대비)	지급보험금 無	100만 원 미만 (300% 미만)	150만 원 미만 (500% 미만)	300만 원 미만 (1,000% 미만)	300만 원 이상 (1,000% 이상)
가입자 비중[3]	72.9%	25.3%	0.8%	0.7%	0.3%

할증금액을 할인재원으로 사용

출처: 2020년 12월 10일, 금융위원회/금융감독원 보도자료

가. 할인율은 상품 출시 후, 회사별 계약/사고 통계량에 따라 5% 내외로 변동 가능

나. 비급여 의료이용자의 평균 지급보험금은 약 30만 원

다. 신(新)실손 기준 시뮬레이션 결과, 할증구간(3~5등급) 대상자는 전체 가입자의 1.8%

② 할증 등급이 적용되는 가입자는 전체 가입자의 극소수(1.8%)인 반면에, 대다수의 가입자는 보험료 할인 혜택을 볼 수 있을 것으로 기대된다.

③ 충분한 통계확보 등을 위해 할인·할증은 새로운 상품 출시 후, 3년이 경과한 시점부터 적용할 예정*이다.

  * 가입자 수, 청구건수가 충분히 확보되어야 통계적으로 안정된 할인·할증율 제공이 가능하며, 기존 신(新)실손의 가입 추이 등을 고려할 때 최소 3년의 준비기간이 필요하다.

- 비급여 보험료 차등제는 의료취약계층의 의료 접근성을 제한하지 않도록 하기 위해, 지속적이고 충분한 치료가 필요한 '불가피한 의료 이용자'*에 대해서는 적용을 제외하였다.

* 국민건강보험법상 산정특례 대상자(암질환, 심장질환, 희귀난치성질환자 등)

→ '18년 기준 전체 인구 수 대비 약 4%

  * 노인장기요양보험법상 장기요양대상자 중 1~2등급 판정자(치매·뇌혈관성 질환 등)

→ '19년 기준 65세 이상 인구 수 대비 약 1.5%

(3) 국민건강보험의 보완형 상품으로서의 연계성 강화

■ 실손의료보험은 건강보험의 보완형 상품으로서 건강보험 정책 방향에 부합되게 운영될 필요가 있으며, 의료기술 발전, 진료행태 변화 등 의료환경 변화에도 시의 적절하게 대응할 필요가 있다.

■ 실손의료보험의 재가입주기*를 15년에서 5년으로 단축하여, 건강보험정책과의 연계성을 강화**하고, 의료환경 변화에 적절히 대응***할 수 있도록 하겠다.

* 실질적으로 '보장내용 변경주기'를 의미하며, 동일 보험사의 실손의료보험에 재(再)가입 시, 과거사고 이력 등을 이유로 계약 인수를 거절하지 못한다.

** [건강보험과 연계성 강화] 건강보험에서 비(非)응급환자의 상급종합병원 응급실 이용 시 응급의료관리료(6만 원 내외)를 환자가 전액 부담토록 할 때, 실손의료보험에서도 이를 보장하지 않기 위해 보장내용(표준약관)을 변경하려면 15년이나 소요된다.

*** [의료환경 변화에 대응] 재가입 주기 단축으로 특정 질환을 신속하게 보장 가능하다.
　[예: '14년 출시된 노후실손의 경우, 재가입 주기(3년) 도래 시 보장내용이 확대(정신질환 보장 추가)]

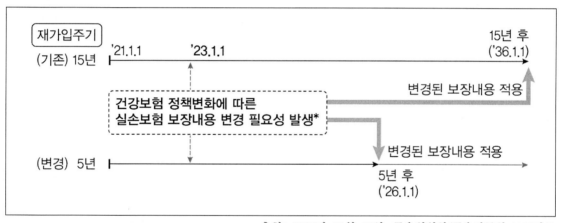

출처: 2020년 12월 10일, 금융위원회/금융감독원 보도자료

3) 상품구조 개편방안(종합)

◆ 비급여 특약 분리 및 보험료 차등제 도입, 자기부담률 조정 등으로 가입자의 보험료 부담이 낮아지고, 가입자간 보험료 부담의 형평성 제고로 상품구조를 개편한다.

◆ 국민건강보험과의 연계성 강화 등으로 국민건강보험을 보완하는 '건강한' 사적(私的) 사회 안전망 기능을 지속 수행할 수 있도록 상품구조를 개편한다.

구분		현행 실손	개편(안)		
상품구조		급여·비급여 통합 + 비급여 3개 특약	급여(주계약)·비급여(특약) 분리		
보험료 차등제	급여	미적용	미적용		
	비급여		적용 (할인·할증 방식)		
자기 부담률	급여	10% / 20%	20%		
	비급여	20% (특약: 30%)	30%		
공제 금액 (통원)	급여	최소 1~2만 원 (처방 0.8만 원)	최소 1만 원(병·의원급)/최소 2만 원(상급·종합병원)		
	비급여		최소 3만 원		
보장 한도	입원	상해·질병당 연간 5천만 원	**구 분**	**급여**	**비급여**
			상해 입·통원	합산 연간 5천만 원 (통원 회당 20만 원)	합산 연간 5천만 원 (통원 회당 20만 원)*
	통원	상해·질병당 회당 30만 원 (연 180회)	질병 입·통원	합산 연간 5천만 원 (통원 회당 20만 원)	합산 연간 5천만 원 (통원 회당 20만 원)*
			* 비급여에 한해 별도 통원횟수 추가 예정		
재가입주기		15년	5년		

출처: 2020년 12월 10일, 금융위원회/금융감독원 보도자료

- 금융위는 실손 가입자간 보험료 부담의 형평성을 제고하고 합리적 의료이용을 유도하기 위해 실손의료보험의 상품구조 개편을 추진하기로 하였다.
- 비급여 특약 분리, 비급여 의료이용에 따른 실손보험료 할인·할증제(보험료 차등제)를 도입하고, 자기부담률 조정 등을 통해 가입자의 보험료 부담이 낮아지고, 가입자간 보험료 부담의 형평성이 제고될 것으로 기대된다.
- 보장범위·한도는 기존과 유사하면서 보험료 수준은 기존 상품 대비 10~70% 대폭 인하한다. 2017년 출시된 신실손 대비 약 10%, 2009년 이후 표준화 실손 대비 약 50%, 표준화 前 실손대비 약 70% 정도 인하된다.
- 금번 개편안이 반영된 제4세대 실손의료보험은 관련 감독규정 및 표준약관 개정을 거쳐 2021년 7월 1일 새롭게 출시될 예정이다.

- 국민건강보험과의 연계성 강화 등으로 국민건강보험을 보완하는 '건강한' 사적(私的) 사회 안전망 기능을 지속 수행할 수 있을 것으로 기대된다.

4) 향후 계획

- 기존 실손 가입자가 원하는 경우*, 새로운 상품으로 간편하게 전환할 수 있는 절차을 마련** (新상품 출시 前까지) 한다.

* 기존 상품에 비해 보험료가 저렴하지만, 보장내용, 자기부담금 등에 차이가 있으므로 본인의 건강상태, 의료이용 성향 등을 고려하여 전환여부를 판단할 필요가 있다.

** 계약 전환을 위해 별도 심사가 필요한 경우만 제한적으로 열거(Negative 방식)하고, 그 외의 경우는 모두 무심사로 전환 가능한 방안 검토한다.

- 보험업감독규정 및 보험업감독업무시행세칙 개정

① ('21.1월) 보험업감독규정 개정안 규정변경 예고

② ('21.1~4월) 규제개혁위원회 규제심사 및 금융위원회 의결

③ ('21.4월) 보험업감독업무시행세칙* 개정안 변경예고

  * 표준약관 및 표준사업방법서상 세부내용 개정

④ ('21.7.1) 제4세대 실손의료보험 상품 출시

7. 질병보험에서 보상하는 손해

질병보험은 피보험자가 보험기간 중에 진단이 확정된 질병으로 사망하거나 장애분류표의 장애지급률에 해당하는 장애상태가 되었을 때, 입원, 통원, 요양, 수술 또는 수발(간병)이 필요한 상태가 되었을 때 해당 보험약관에 따라 보상한다. 청약서상 '계약 전 알릴 의무(중요한 사항에 한(限)한다)'에 해당하는 질병으로 과거에 진단 또는 치료를 받은 경우에는 해당 질병과 관련한 보험금을 지급하지 않는다. 그러나 청약일 이전에 진단 확정된 질병이라 하더라도 청약일 이후 5년(갱신형 계약의 경우에는 최초 계약의 청약일 이후 5년)이 지나는 동안 그 질병으로 추가 진단(단순 건강검진 제외) 또는 치료 사실이 없을 경우, 청약일 부터 5년이 지난 이후에는 약관에 따라 보장한다.

8. 질병보험에서 보상하지 않는 손해(보험자의 면책사항)

1) 피보험자가 고의로 자신을 해친 경우(다만, 피보험자가 심신상실 등으로 자유로운 의사결정을 할 수 없는 상태에서 자신을 해친 경우에는 보험금을 지급한다).

2) 보험수익자가 고의로 피보험자를 해친 경우(다만, 그 보험수익자가 보험금의 일부를 받는 자인 경우에는 그 보험수익자에 해당하는 보험금을 제외한 나머지 보험금을 다른 보험수익자에게 지급한다).

3) 계약자가 고의로 피보험자를 해친 경우.

4) 피보험자가 정당한 이유 없이 의사의 지시를 따르지 아니한 때에 회사는 그로 인하여 악화된 부분에 대하여는 보상하지 않는다.

9. 실손의료비 질병입원 및 질병통원 보장상품에서 보상하지 않는 손해

1) 치과치료·한방치료에서 발생한 비급여 의료비
2) 국민건강보험법, 의료급여법에 의해 사전 또는 사후에 환급이 가능한 의료비 금액
3) 건강검진, 예방접종, 인공유산
   ※ 회사가 보상하는 질병치료를 목적으로 인한 경우에는 보상함
4) 영양제, 비타민제, 호르몬투여, 보신용 투약, 친자확인을 위한 진단, 불임검사, 불임수술, 불임 복원술, 보조생식술, 성장 촉진 등에 소요된 비용
   ※ 회사가 보상하는 질병치료를 목적으로 인한 경우에는 보상함
5) 단순피로, 권태, 주근깨, 다모, 무모, 백모증, 딸기코(주사비), 점(모반), 사마귀, 여드름, 노화현상으로 인한 탈모 등 피부질환, 발기부전, 불감증, 단순 코골음, 단순 포경, 국민건강보호 요양급여 기준에 관한 규칙 제9조 1항에 의한 업무 또는 일상생활에 지장이 없는 안과질환의 의료비
6) 의치, 의수족, 의안, 안경, 보청기 등 진료재료의 구입 및 대체비용(다만, 인공장기 등 신체에 이식되어 그 기능을 대신하는 경우 제외)
7) 외모개선 목적의 치료로 인하여 발생한 의료비
8) 진료와 무관한 제비용(TV시청료, 전화료, 각종 증명료 등), 의사의 임상적 소견과 관련이 없는 검사비용
9) 산재보험에서 보상 받는 의료비
10) 인간면역결핍바이러스(HIV)감염으로 인한 치료비(다만, 의료법에서 정한 의료인의 진료 상 또는 치료 중 혈액에 의한 HIV감염은 해당 진료기록을 통해 객관적으로 확인되는 경우는 제외)
11) 해외소재 의료기관에서 발생한 의료비 등
12) 정신과질환 및 행동장애(F04~F99. 다만, F04~F09, F20~F29, F30~F39, F40 ~F48, F51, F90 ~F98과 관련한 치료에서 발생한 「국민건강보험법」에 따른 요양 급여에 해당하는 의료비는 보상), 습관성 유산, 불임 및 인공수정 관련 합병증(N96~N98), 피보험자의 임신, 출산(제왕절개 포함), 산후기로 입원한 경우(O00~O99), 선천성 뇌질환(Q00~Q04), 비만(E66), 요실금(N39.3, R39.4, R32), 직장 또는 항문질환 중 국민건강보험법 요양급여에 해당하지 않는 부분(I84, K60~K62, K64)

1. 장기간병보험의 개념(槪念)

1) 장기간병보험(長期看病保險)의 정의(定義)

　장기간병보험(장기요양보험)이란 피보험자가 상해나 질병으로 인하여 오랜 기간 간병을 필요로 하는 진단을 받게 될 경우에 보험금을 지급하는 보험이다. 즉, 보험회사가 판매하는 간병보험은 보험기간 중 장기요양상태가 되거나 치매 등으로 일상생활이 어려운 경우에 간병자금 및 생활비 등을 지급하는 보험이다. 주로 장기요양상태가 되거나 일상생활장해 및 중증치매 진단 시 보장하며, 파킨슨병이나 루게릭병 등을 보상하는 상품도 있다.

　간병보험은 피보험자가 상해, 질병 등의 사고로 일상생활 장해상태 또는 치매상태로 진단이 확정될 경우 간병 비용을 연금이나 일시금의 형태로 지급하는 장기손해보험의 상품으로 **"장기요양보험"**이라고도 한다.

2) 간병보험의 개요

① 피보험자가 보험기간 중 상해 또는 질병 등으로 인해 인식불명과 활동불능 상태로 타인의 도움이 필요한 장기간병상태가 되었을 때 본인과 가족의 육체적, 경제적 그리고 정신적 고통을 덜어 주기 위해 간병비용을 지급하는 보험이다. 이는 중증 질병 및 상해로 인해 오랫동안 요양이 필요하거나 노인성질환으로 인해 도움 받을 인력이 필요할 때 금전적으로 보상 받을 수 있는 상품인 것이다.

② 간병보험은 「보험업법」상 제3보험으로 분류되어 생명보험회사와 손해보험회사에서 모두 판매 중이며, 현재 간병보험, LTC(Long Term Care, 장기간병)보장특약, 치매보장특약 등 다양한 명칭으로 판매중이다. 주로 주계약으로 가입하거나 다른 상해·질병을 보장하는 보험에 선택특약으로도 가입이 가능하다.

③ 일상생활 장해상태는 보장개시일(90일) 이후에 발생한 재해 또는 질병으로 인해 특별한 보조 기구를 사용해도 생명 유지에 필요한 일상생활 기본 동작들을 스스로 할 수 없는 상태를 말한다.

④ 치매상태는 보장개시일(2년) 이후에 치매상태가 되고 이로 인해 중증의 인지기능 장애가 발생한 상태로서 각각 발생시점으로부터 90일 이상 지속돼야 진단이 확정된다.

⑤ 미국에서는 'Long Term Care'(LTC, 장기요양), 일본에서는 '개호보험'으로 통칭되었으며, 우리나라에서도 처음에는 개호보험 등으로 지칭되다가 장기간병보험 또는 장기요양보험으로 명칭이 통합되었다.

3) 간병보험의 일반적 가입조건

간병보험 상품의 보험기간은 대부분 종신(일부 80세 만기형)이며, 가입가능 연령은 일반적으로 30세 이후이다. 보통 수발필요상태(180일 또는 90일)의 정의에 따라 보험료 차이가 발생하며, 피보험자의 사망이나 간병연금수령 종료 시 계약은 소멸된다.

현재 우리나라에서 판매되고 있는 간병보험은 위험률 산출을 위한 경험데이터가 충분치 않아 위험률 변동제도를 채택하고 있다.

> ♣ **위험률 변동(non-guaranteed) 제도**
> 의료기술의 발달 등으로 실제 위험발생률이 보험가입 당시 예측한 위험률과 상이한 경우 보험기간 중도에 회사가 금융위원회의 인가를 얻어 위험률(보험료)을 조정하는 제도이다.

4) 간병보험의 보험금 지급사유

간병보험은 일상생활장해상태 또는 중증치매상태가 되는 경우에 보험회사의 자체 판정기준을 적용하여 보험금을 지급하는 상품도 있지만, 공적 요양보험의 장기요양등급 판정을 받으면 보험금을 지급하는 상품도 있다.

보험금 지급사유가 공적 기준인 장기요양등급과 관련된 경우에는 65세 이상이거나 노인성 질환자를 보험금 지급대상으로 하지만, 보험회사 자체 판단기준에 따라 일상생활장해상태 또는 중증치매상태를 보장하는 상품의 경우에는 피보험자의 나이와 상관없이 보험가입일 이후 질병 또는 상해로 지급사유가 발생하면 지급대상이 될 수 있다.

> ♣ **간병보험 유형별 보험금 지급사유**
> ① 회사기준 적용: 일상생활장해상태 또는 중증치매상태 등으로 진단확정
> ② 공적기준 적용: 장기요양 1등급 또는 2등급의 판정(정부의 노인장기요양보험 판정기준 적용)

5) 간병보험의 종류

(1) 공적 장기간병보험

우리나라는 「노인장기요양보험법」에 따라 2008년 7월 1일부터 노인장기요양보험제도가 시행되었다. 이는 기존에 가족이 전적으로 부담하던 고령 및 노인성 질병 등으로 인한 장기간의 간병·요양 문제를 사회연대원리에 따라 국가와 사회가 분담하는 제도이다.

노인장기요양보험은 만 65세 이상의 노인 및 노인성질병(치매, 뇌혈관성질환, 파킨슨병 등)을 가진 만 65세 미만의 자를 대상으로 하며, 요양급여제공을 위해 심신의 기능 상태에 따라 장기요양인정점수를 산정하고 이를 토대로 등급을 판정한다. 이러한 등급에 따라 신청인은 노인요양시설 등과 계약을 체결하여 요양서비스를 제공받고 그 비용에 대해 지원받을 수 있다.

(2) 민영 장기간병보험

민영 장기간병보험은 보험금 지급방식에 따라 정액보상형과 실손보상형으로 구분되며, 현재 우리나라에서 판매되는 장기간병보험은 정액보상형태로 2003년 8월부터 판매되었다.

상품구조에 따라 독립적인 형태의 연금형, 종신보장형, 정기보장형과 특약 형태로 구분할 수 있으며, 갱신형 또는 비갱신형으로 구분이 가능하다.

2. 간병보험의 용어설명

1) 장기요양상태

만 65세 이상 노인 또는 노인성질병을 가진 만 65세 미만의 자로서 거동이 현저히 불편하여 장기요양이 필요하다고 판단되어 「노인장기요양보험법」에 따라 등급판정위원회에서 장기요양 1등급 또는 장기요양 2등급으로 판정을 받은 경우를 말한다.

2) 일상생활장해상태

재해 또는 질병으로 특별한 보조기구(휠체어, 목발, 의수, 의족 등)를 사용하여도 생명유지에 필요한 기본 동작들을 스스로 할 수 없는 상태로서, 이동하기를 스스로 할 수 없으면서 ① 식사하기, ② 화장실 사용하기, ③ 목욕하기, ④ 옷 입기 중 어느 하나라도 스스로 할 수 없는 상태를 말한다.

3) 중증치매상태

재해 또는 질병으로 중증치매상태가 되고, 이로 인해 인지기능의 장애(CDR척도검사 결과가 3점 이상)가 발생한 상태를 말한다.

4) 활동불능상태

피보험자가 계약일 이후에 발생한 상해 또는 질병으로 인하여 이동을 스스로 할 수가 없고, 식사, 화장실 사용, 옷 입기, 목욕하기 중에 어느 한 가지 항목을 스스로 할 수 없는 상태이다.

5) 치매

한국표준질병 사인분류 중 기질성 치매 분류표에서 정한 치매로 진단이 확정되고, 이로 인하여 "인지기능의 장애"가 발생한 상태이다.

3. 장기간병보험(Long Term Care Insurance)의 필요성

1) 우리나라는 평균수명의 연장과 함께 초고령 사회로 급격히 진입하면서 노인질병이 증가하고 있으며, 이에 따른 노인 장기간병의 의료비 부담과 가족을 통한 장기간병에 대한 공백이 발생되는 현실적 문제가 증가하고 있어 간병상태에 대한 대비가 더욱 요구되고 있다. 또한 노인 장기요양보호법의 시행을 통해 장기요양시설이 확대되고 있어 장기간병보험에 대한 수요가 점점 더 증가할 것으로 본다.

2) 장기간병보험의 필요성이 크게 대두되는 것은 노인의 장기 간병에 대한 국가나 사회단체의 지원이 아직은 부족함이 있어 민영 장기간병보험의 수요가 높아지고 있고, 치매, 중풍, 뇌졸중 등으로 인해 장기간병 상태가 되면 매월 간병비를 주는 장기간병보험이 국내에서 판매가 활성화되고 있다.

3) 우리 사회는 고령화가 진전됨에 따라 노인성질환자와 노인의료비가 급증하면서 정부는 2008년 7월부터 '노인장기요양보험제도'를 도입해 시행하고 있다. 하지만 국민건강보험제도처럼 공적 보험제도에만 의존할 경우 충분한 노후건강보장을 받을 수 없다. 이에 필요한 것이 바로 보험사들이 판매하고 있는 '장기간병보험'이다.

장기간병보험은 노인성질환과 노인의료비의 증가로 인한 노인장기요양보험을 보완하는 것이며, 자기부담을 덜고 노후건강보장을 받기 위해서 그 필요성은 점차 커지고 있다.

4) 노인성질환으로 장기요양상태가 되거나 일상생활장해 및 치매 등으로 일상생활이 어려운 경우에 급증하고 있는 노인의료비의 부담과 가족을 통한 장기간병의 한계로 반드시 필요한 것이 장기간병의 보험금을 지급하는 장기간병보험의 필요성이 증가되고 있다.

5) 공적 보험인 노인장기요양보험은 거동이 불편한 노인에게 도움을 주고 있지만, 혜택을 받을 수 있는 범위가 상당히 제한적이며 자기부담금이 존재하고 급여 대상이 제한되어 있기 때문에, 부족한 노인의료비의 부담과 장기간병 비용, 기타 등의 현실적인 여건과 경제적인 부담을 해소하기 위한 방편으로 추가 보장을 원하는 사람은 장기간병보험에 가입해야 할 필요성이 있다.

4. 간병보험의 면책

1) 면책기간

간병보험도 암보험처럼 면책기간을 정해놓은 경우가 있으며, 이 경우 면책기간은 보장 내용별로 각각 다를 수 있다. 일반적으로 일상생활장해보장의 경우 면책기간을 90일로 설정하고 있으며, 중증치매보장의 경우 면책기간을 2년으로 두고 있다. 다만, 재해로 인하여 일상생활장해상태가 되거나 중증치매상태가 되는 경우에는 면책기간 중에도 보장하고 있다.

2) 면책사항

간병보험은 상해 또는 질병으로 인한 장해, 치매 등을 보장하므로, 스스로 위험률을 현저하게 높일 수 있는 행위를 반복하거나 정신질환으로 인한 인지기능장애가 발생한 경우 등 보장에 대한 면책사항을 아래와 같이 정하고 있다.

① 알콜중독
② 정신분열병이나 우울증과 같은 정신질환으로 인한 인지기능의 장애
③ 의사의 처방에 의하지 않는 약물의 투여로 인한 인지기능의 장애

최근에는 보장내용을 세분화하여 급부를 차등화하거나(예: 경증치매보장 추가) 면책기간을 달리 설정 하여 상품성을 강화하는 등 기존 상품과의 차별성을 강조하는 상품의 출시가 증가하고 있어

가입 시 해당 상품의 보장내용과 보장개시일에 대한 꼼꼼한 확인이 필요하다.

5. 장기간병보험(민영보험) VS 노인장기요양보험(사회보험)

1) 장기간병보험은 민영보험으로서, 보험기간 중에 장기요양상태가 되거나 일상생활장해 및 치매 등으로 일상생활이 어려운 경우 보험금을 지급하는 상품이다. 노인장기요양보험의 급여로는 부족하여 추가 보장을 원하는 사람이 가입한다.

2) 노인장기요양보험은 공적인 사회보험으로서, 일상생활장해와 일상생활이 불편한 노인에게 도움을 주고 있지만, 혜택을 받을 수 있는 범위가 상당히 제한적이며 자기부담금이 존재하고 급여 대상이 제한되어 있는 사회보험이다.

■ 장기간병보험(민영보험) vs 노인장기요양보험(사회보험)

구분	장기간병보험(민영보험)	노인장기요양보험(사회보험)
근거법	보험업법	노인장기요양보험법
도입시기	2003.8	2008.7
가입여부	임의	의무
급여대상	회사 자체기준 또는 공적 장기요양등급 적용	65세 이상 노인 또는 65세 미만 노인성질환자
지급사유	약관상 지급사유 발생 시	장기요양 1~5등급 판정을 받고 요양서비스 수가 발생 시
급여종류	일시금(진단자금), 정액연금(요양자금)	• 시설급여(요양서비스 수가의 80%, 등급별/시설별 월 한도 내 지급) • 재가급여(요양서비스 수가의 85%, 등급별 월 한도 내 지급), • 가족요양비(월 15만 원)

6. 간병 보험금의 종류 및 지급사유

1) 장기요양급여금 지급

보험회사는 피보험자가 보험기간 중에 국민건강보험공단 등급판정위원회에 의해 1등급, 2등급, 3등급 또는 4등급의 장기요양등급의 판정을 받아 노인장기요양보험 수급대상으로 인정받은 경우(상품에 따라 1등급, 1~2등급, 1~4등급 등을 보상) 보험수익자에게 약관에서 정한 보험금을 지급(일시지급형, 매월지급형) 한다.

장기요양등급은 노인장기요양보험법상 "심신의 기능상태 장해로 일상생활에서 다른 사람의 도움이 필요한 정도"를 측정하여 장기요양신청인의 "요양필요도"에 따라 1, 2, 3, 4, 5등급 및 인지지원등급 으로 구분되며, 1등급이 가장 정도가 심하다.

(1) 등급판정 기준

등급판정은 "건강이 안 좋다", "큰 병에 걸렸다", 등과 같은 주관적인 개념이 아닌 **"심신의 기능상태에 따라 일상생활에서 도움(장기요양)이 얼마나 필요한가?"**를 지표화한 장기요양인정점수를 기준으로 한다.

(2) 장기요양등급표

♣ 등급판정 결과는 최종 결정된 장기요양인정 점수에 따라 다음과 같이 장기요양등급이 구분된다.

■ **장기요양등급별 인정점수 및 기능상태**

장기요양등급은 1~5등급과 그 외의 등급이 있는데, 인지상태와 생활모습에 따라서 등급이 달라진다.

1) **1등급: 95점 이상**

심신의 기능상태 장애로 일상생활에서 전적으로 다른 사람의 도움이 필요한 상태.

모든 생활에 다른 사람의 도움으로 생활을 유지하고 완전히 정신건강을 잃어버려서 거동조차 할 수 없는 상태이다.

2) **2등급: 75점 이상 95점 미만**

심신의 기능상태 장애로 일상생활에서 상당 부분 다른 사람의 도움이 필요한 상태.

대부분 생활에 도움을 요청해야 생활을 유지할 수 있다.

3) **3등급: 60점 이상 75점 미만**

심신의 기능상태 장애로 일상생활에서 부분적으로 다른 사람의 도움이 필요한 상태.

4) **4등급: 51점 이상 60점 미만**

심신의 기능상태 장애로 일상생활에서 일정부분 다른 사람의 도움이 필요한 상태.

생활에 큰 불편함은 없지만, 일부분 다른 사람의 도움을 받아야 생활할 수 있다.

5) **5등급: 45점 이상 51점 미만**

가장 낮은 요양등급의 인지등급.

And 치매환자(노인장기요양보험법 시행령 제2조에 따른 노인성 질병으로 한정)

6) **그 외 등급(장기요양 인지지원 등급): 45점 미만**

And 치매환자(노인장기요양보험법 시행령 제2조에 따른 노인성 질병으로 한정)

---

(3) 장기요양등급을 확정받기 위한 절차

① 전문자격을 갖춘 의사의 소견서 제출한다.

장기요양신청서는 대리인이 접수할 수 있다.

환자의 현재 상태, 의사소견서 및 진단서를 제출, 이 자료를 바탕으로 환자의 등급이 결정된다.

장기요양등급은 1~5등급과 그 외의 등급이 있는데, 인지상태와 생활모습에 따라서 등급이 달라진다.

② 조사 과정

- 해당기관에서 파견한 직원이 환자의 거주지에 직접 와서 상태를 확인한다.
- 신체적으로 상해를 입거나 현재 치매가 어느 정도 진행되었고, 생활에 얼마나 영향을 미치게
  되는지 확인한다.
- 조사 항목은 총 52가지와 특기사항을 기준으로 조사한다.

  52가지 중에는 **신체, 인지, 행동변화, 간호처치, 재활**에 대한 5가지를 중심으로 조사한다.

가. **신체기능**은 의상을 갈아입거나 식사하고 화장실, 씻는 행위 등이 있다. 여기서만 12가지 항목
  이 있다.

나. **인지**는 현재 날짜나 자신에 대한 기본정보, 의사소통 능력, 상황 판단력 등을 살펴본다(7 항목).

다. **행동변화**는 환각이나 환청 증세가 있는지 확인하고 정신적인 불안감을 표현하고 있는지 여부
  를 주로 확인한다. 또한, 길을 잃는 것도 행동변화 중 하나로, 불안 증세가 있는 분들은 물건을
  망가트리거나 숨기는 행동 등을 살펴본다(14 항목).

라. **간호처치와 재활**

  위 내용을 중심으로 나온 결과지는 우편으로 발송되며, 이를 들고 병원에 방문하여 제출하면
  된다. 65세 이상인 경우에는 신청서만 제출해도 무방하며, 65세 미만인 경우 신청서는 물론
  의사소견서도 같이 제출할 필요가 있다(9항목, 10항목).

2) 치매간병비 지급

회사는 피보험자가 보험기간 중에 『중증치매상태』로 진단 확정되고, 보험기간이 끝난 이후라도
그 날을 포함하여 일정 기간(예: 90일)이상 『중증치매상태』가 계속 되었을 때에는 보험수익자에게
보험가입금액을 치매간병비로 지급(일시 지급형, 매월 지급형 등이 있음)한다.

일반적으로 『중증치매상태』라 함은 약관에서 정한 치매로 진단 확정되고, 이로 인하여 『인지기능
의 장애』가 발생한 상태를 말한다. 경증치매보장의 경우 진단보험금이 '중증치매' 진단보험금 보다
낮게 설계된다.

■ '중증치매' 및 '경증치매' 기준(예)
① **중증치매**: 장기요양등급 1~2등급 또는 CDR척도* 3~5점
② **경증치매**: 장기요양등급 3~4등급 또는 CDR척도 1~2

---

* CDR척도(Clinical Dementia Rating scale): 치매 관련 전문의가 실시하는 전반적인 인지기능 및
  사회 기능 정도를 측정하는 검사이다.

장기간병보험은 청약서상 '계약 전 알릴 의무(중요한 사항)'에 해당하는 질병으로 인하여 과거에 진단 또는 치료를 받은 경우 해당 질병과 관련된 보험금을 지급하지 않는다. 다만, 청약일 이전에 진단 확정된 질병이라 하더라도 청약일 이후 5년(갱신형 계약의 경우에는 최초 계약의 청약일 이후 5년)이 지나는 동안 그 질병으로 추가진단(단순 건강검진 제외)또는 치료사실이 없을 경우, 청약일 부터 5년이 지난 이후에는 약관에 따라 보장한다.

(1) 치매를 판단하는 척도(CDR 척도)

 − 인지와 사회성 정도를 중심으로 치매를 판단하는 척도(기준)이며, CDR 1부터 치매보장이 가능하다.
 − CDR 척도의 진단 평가는 신경정신과, 정신의학과, 신경과 전문의가 진단 평가를 한다.
 − 치매를 판단하는 기준(CDR 척도)을 정해 놓은 것이 있는데, 이를 판정하는 것은 각 전문의의 진단이 들어가서 합산이 되어야 가능하다. 치매를 판단하는 기준은 아래와 같다.

■ 치매를 판단하는 척도표(CDR 척도, 기준)

구분			행동 및 기억장애 증상	발병률
CDR 0	정상	경미한 건망증	-	-
CDR 0.5	최경도	지속적인 건망증	집안생활 및 사회생활에서 장애가 의심됨.	17.0%
CDR 1	경도(경증)	기억장애	일상생활의 지장 있음, 정상활동은 가능함	40.6%
CDR 2	증증도	반복된 과거기억	반복된 과거정도 기억하고 새로운 기억 잊음 시간에 대한 인지능력 상실됨. 간단한 집안일 가능하고, 집밖에 활동이 가능함.	26.6%
CDR 3	증증	심한 기억장애	부분적이고 단편적인 사실만 기억하고, 정상적인 활동 불가능, 대소변 실금이 나타남.	15.8%
CDR 4	증증(심각)	심한 기억장애 상실	부분적인 사실조차 기억하지 못하고 도움 없이 이동 불가함.	
CDR 5	증증(말기)	기억력 없음	자신에 대한 인식을 못하고 어떤 활동에도 참여 불가함, 누어 지내는 상태	

출처: 국민건강보험공단

(2) 치매보험에서 말하는 CDR척도란?

CDR척도(Clinical Dementia Rating)는 정신의학과, 신경과 전문의가 평가하는 치매를 판단하는 점수 이다. 기억력, 지남력(指南力)[69], 판단 및 문제해결, 사회활동, 개인관리, 가정 및 취미가 분류 기준이며, 이에 따라 CDR척도 1점 ~ 5점으로 판단한다.

① 아래의 척도 점수에 따라 치매 진단비가 지급된다.

CDR 0: 경미한 건망증

CDR 1: 기억장애(일상생활에 지장 있음)

CDR 2: 반복된 과거 기억(새로운 기억은 잊어버림)

CDR 3: 심한기억장애

CDR 4: 심한기억장애 마저 상실(하는 말은 해독이 불가함)

CDR 5: 기억력 없음

② 경도 치매 진단비 지급기준

경도	중등도	중증
CDR척도 1	CDR척도 2	CDR척도 3 이상

♣ 당연히 CDR 1(경도)일 때, 진단비를 받을 수 있는 보험이 보장이 더 크므로 가입 전에 보장내용을 잘 살펴야 한다.

7. 보험금 대리청구인 제도

1) 보험금 대리청구인 제도란?

보험기간 중에 보험계약자가 사전에 지정해 둔 대리인이 보험금 청구가 불가능한 보험계약자를 대신해 **보험금을 청구할 수 있게 하는 것이며, 스스로 보험금 청구가 불가능할 때 쉽게 청구 가능한 제도이다.**

즉, 보험사고(예: 치매 등) 발생으로 본인 스스로 보험금 청구가 현실적으로 어려운 상황이 발생할 경우 보험금을 대신 청구하는 자(보험금 대리청구인)를 보험가입 초기 또는 유지 중에 미리 지정하는 제도를 말한다.

보험계약은 질병(치매 등)이나 상해 등의 보험사고가 발생할 때 가입자 등이 보험금을 청구해야만 보험금이 지급되는 상품의 특징으로 인해 계약자가 본인을 위한(계약자=피보험자=보험수익자) 보험상품에 가입한 후 보험사고가 발생할 때 인식불명 등으로 본인이 보험금을 청구할 수 없는 상황이 발생할 수 있다. 이런 경우에 대비하여 보험금 대리청구 인을 미리 지정해두면 대리청구인이 가입자(계약자)를 대신하여 보험금을 청구할 수 있다.

---

69) 지남력(指南力): 시간과 장소, 상황이나 환경 따위를 올바로 인식하는 능력.

2) 보험금 대리청구인 지정방법

가입한 계약 중 본인을 위한 계약「보험계약자 = 피보험자 = 보험수익자」의 경우 해당 보험회사에 연락하여 대리청구인 지정을 신청할 수 있다.

3) 보험금 대리청구인 지정 범위

① 피보험자와 동거하거나 생계를 같이하고 있는 피보험자의 가족관계등록부상 배우자.

② 피보험자와 동거하거나, 생계를 같이하는 피보험자의 3촌 이내의 친족.

8. 보상하지 아니하는 손해

간병보험은 상해 또는 질병으로 인한 간병비용을 지급하므로 보상하지 않는 손해가 아래와 같이 상해보험이나 질병보험과 기본적으로 동일하다.

1) **피보험자가 고의로 자신을 해친 경우.** 다만, 피보험자가 심신상실 등으로 자유로운 의사결정을 할 수 없는 상태에서 자신을 해친 경우에는 보험금을 지급한다.

2) **보험수익자가 고의로 피보험자를 해친 경우.** 다만, 그 보험수익자가 보험금의 일부를 받는 자인 경우에는 그 보험수익자에 해당하는 보험금을 제외한 나머지 보험금을 다른 보험수익자에게 지급한다.

3) **계약자가 고의로 피보험자를 해친 경우**

4) **피보험자의 임신, 출산**(제왕절개를 포함한다)**, 산후기**, 그러나 회사가 보장하는 보험금 지급사유로 인한 경우에는 보험금을 지급한다.

5) **전쟁, 외국의 무력행사, 혁명, 내란, 사변, 폭동**

※ 여기에 알코올중독, 습관성 약품 또는 환각제의 복용 및 사용, 의수, 의족, 의안, 의치 등 신체보조 장구에 입은 손해 등도 보장하지 않는 손해에 포함된다.

I N S U R A N C E

부록 / 제6편

부록1. 관계 법령[상법 제4편 보험(보험계약법)]

제1장. 통칙

제638조(보험계약의 의의)

보험계약은 당사자 일방이 약정한 보험료를 지급하고 재산 또는 생명이나 신체에 불확정한 사고가 발생할 경우에 상대방이 일정한 보험금이나 그 밖의 급여를 지급할 것을 약정함으로써 효력이 생긴다.
[전문개정 2014. 3. 11] [시행일 2015. 3. 12]

제638조의2(보험계약의 성립)

① 보험자가 보험계약자로부터 보험계약의 청약과 함께 보험료 상당액의 전부 또는 일부의 지급을 받은 때에는 다른 약정이 없으면 30일내에 그 상대방에 대하여 낙부의 통지를 발송하여야 한다. 그러나 인보험계약의 피보험자가 신체검사를 받아야 하는 경우에는 그 기간은 신체검사를 받은 날부터 기산한다.

② 보험자가 제1항의 규정에 의한 기간 내에 낙부의 통지를 해태한 때에는 승낙한 것으로 본다.

③ 보험자가 보험계약자로부터 보험계약의 청약과 함께 보험료 상당액의 전부 또는 일부를 받은 경우에 그 청약을 승낙하기 전에 보험계약에서 정한 보험사고가 생긴 때에는 그 청약을 거절할 사유가 없는 한 보험자는 보험계약상의 책임을 진다. 그러나 인보험계약의 피보험자가 신체검사를 받아야 하는 경우에 그 검사를 받지 아니한 때에는 그러하지 아니하다.
[본조신설 1991. 12. 31.]

제638조의3(보험약관의 교부 · 설명 의무)

① 보험자는 보험계약을 체결할 때에 보험계약자에게 보험약관을 교부하고 그 약관의 중요한 내용을 설명하여야 한다.

② 보험자가 제1항을 위반한 경우 보험계약자는 보험계약이 성립한 날부터 3개월 이내에 그 계약을 취소할 수 있다.
[전문개정 2014. 3. 11] [시행일 2015. 3. 12]

제639조(타인을 위한 보험)

① 보험계약자는 위임을 받거나 위임을 받지 아니하고 특정 또는 불특정의 타인을 위하여 보험계약을 체결할 수 있다. 그러나 손해보험계약의 경우에 그 타인의 위임이 없는 때에는 보험계약자는 이를 보험자에게 고지하여야 하고, 그 고지가 없는 때에는 타인이 그 보험계약이 체결된 사실을 알지 못하였다는 사유로 보험자에게 대항하지 못한다. [개정 1991. 12. 31]

② 제1항의 경우에는 그 타인은 당연히 그 계약의 이익을 받는다. 그러나, 손해보험계약의 경우에 보험계약자가 그 타인에게 보험사고의 발생으로 생긴 손해의 배상을 한 때에는 보험계약자는 그 타인의 권리를 해하지 아니하는 범위 안에서 보험자에게 보험금액의 지급을 청구할 수 있다. [신설 1991. 12. 31]

③ 제1항의 경우에는 보험계약자는 보험자에 대하여 보험료를 지급할 의무가 있다. 그러나 보험계약자가 파산선고를 받거나 보험료의 지급을 지체한 때에는 그 타인이 그 권리를 포기하지 아니하는 한 그 타인도 보험료를 지급할 의무가 있다. [개정 1991. 12. 31.]

제640조(보험증권의 교부)

① 보험자는 보험계약이 성립한 때에는 지체 없이 보험증권을 작성하여 보험계약자에게 교부하여야 한다. 그러나 보험계약자가 보험료의 전부 또는 최초의 보험료를 지급하지 아니한 때에는 그러하지 아니하다. [개정 91. 12. 31]

② 기존의 보험계약을 연장하거나 변경한 경우에는 보험자는 그 보험증권에 그 사실을 기재함으로써 보험증권의 교부에 갈음할 수 있다. [개정 91. 12. 31]

제641조(증권에 관한 이의약관의 효력)

보험계약의 당사자는 보험증권의 교부가 있은 날로부터 일정한 기간 내에 한하여 그 증권내용의 정부에 관한 이의를 할 수 있음을 약정할 수 있다. 이 기간은 1월을 내리지 못한다.

제642조(증권의 재교부청구)

보험증권을 멸실 또는 현저하게 훼손한 때에는 보험계약자는 보험자에 대하여 증권의 재교부를 청구할 수 있다. 그 증권작성의 비용은 보험계약자의 부담으로 한다.

제643조(소급보험)

보험계약은 그 계약전의 어느 시기를 보험기간의 시기로 할 수 있다.

제644조(보험사고의 객관적 확정의 효과)

보험계약당시에 보험사고가 이미 발생하였거나 또는 발생할 수 없는 것인 때에는 그 계약은 무효로 한다. 그러나 당사자 쌍방과 피보험자가 이를 알지 못한 때에는 그러하지 아니하다.

제645조

삭제 [91. 12. 31]

제646조(대리인이 안 것의 효과)

대리인에 의하여 보험계약을 체결한 경우에 대리인이 안 사유는 그 본인이 안 것과 동일한 것으로 한다.

제646조의2(보험대리상 등의 권한)

① 보험대리상은 다음 각 호의 권한이 있다.
　1. 보험계약자로부터 보험료를 수령할 수 있는 권한
　2. 보험자가 작성한 보험증권을 보험계약자에게 교부할 수 있는 권한
　3. 보험계약자로부터 청약, 고지, 통지, 해지, 취소 등 보험계약에 관한 의사표시를 수령할 수 있는 권한
　4. 보험계약자에게 보험계약의 체결, 변경, 해지 등 보험계약에 관한 의사표시를 할 수 있는 권한
② 제1항에도 불구하고 보험자는 보험대리상의 제1항 각 호의 권한 중 일부를 제한할 수 있다. 다만, 보험자는 그러한 권한 제한을 이유로 선의의 보험계약자에게 대항하지 못한다.
③ 보험대리상이 아니면서 특정한 보험자를 위하여 계속적으로 보험계약의 체결을 중개하는 자는 제1항 제1호(보험자가 작성한 영수증을 보험계약자에게 교부하는 경우만 해당한다) 및 제2호의 권한이 있다.
④ 피보험자나 보험수익자가 보험료를 지급하거나 보험계약에 관한 의사표시를 할 의무가 있는 경우에는 제1항부터 제3항까지의 규정을 그 피보험자나 보험수익자에게도 적용한다.
　[본조신설 2014. 3. 11] [시행일 2015. 3. 12]

제647조(특별위험의 소멸로 인한 보험료의 감액청구)

보험계약의 당사자가 특별한 위험을 예기하여 보험료의 액을 정한 경우에 보험기간 중 그 예기한 위험이 소멸한 때에는 보험계약자는 그 후의 보험료의 감액을 청구할 수 있다.

제648조(보험계약의 무효로 인한 보험료반환청구)

보험계약의 전부 또는 일부가 무효인 경우에 보험계약자와 피보험자가 선의이며 중대한 과실이 없는 때에는 보험자에 대하여 보험료의 전부 또는 일부의 반환을 청구할 수 있다. 보험계약자와 보험수익자가 선의이며 중대한 과실이 없는 때에도 같다.

제649조(사고발생전의 임의해지)

① 보험사고가 발생하기 전에는 보험계약자는 언제든지 계약의 전부 또는 일부를 해지할 수 있다. 그러나 제639조의 보험계약의 경우에는 보험계약자는 그 타인의 동의를 얻지 아니하거나 보험증권을 소지하지 아니하면 그 계약을 해지하지 못한다. [개정 91. 12. 31]
② 보험사고의 발생으로 보험자가 보험금액을 지급한 때에도 보험금액이 감액되지 아니하는 보험의 경우에는 보험계약자는 그 사고발생 후에도 보험계약을 해지할 수 있다. [신설 91. 12. 31]
③ 제1항의 경우에는 보험계약자는 당사자 간에 다른 약정이 없으면 미경과보험료의 반환을 청구할 수 있다. [개정 91. 12. 31]

제650조(보험료의 지급과 지체의 효과)

① 보험계약자는 계약체결 후 지체 없이 보험료의 전부 또는 제1회 보험료를 지급하여야 하며, 보험계약자가 이를 지급하지 아니하는 경우에는 다른 약정이 없는 한 계약성립 후 2월이 경과하면 그 계약은 해제된 것으로 본다.
② 계속보험료가 약정한 시기에 지급되지 아니한 때에는 보험자는 상당한 기간을 정하여 보험계약자에게 최고하고 그 기간 내에 지급되지 아니한 때에는 그 계약을 해지할 수 있다.
③ 특정한 타인을 위한 보험의 경우에 보험계약자가 보험료의 지급을 지체한 때에는 보험자는 그 타인에게도 상당한 기간을 정하여 보험료의 지급을 최고한 후가 아니면 그 계약을 해제 또는 해지하지 못한다. [전문개정 91. 12. 31]

제650조의2(보험계약의 부활)

제650조 제2항에 따라 보험계약이 해지되고 해지환급금이 지급되지 아니한 경우에 보험계약자는 일정한 기간 내에 연체보험료에 약정이자를 붙여 보험자에게 지급하고 그 계약의 부활을 청구할 수 있다. 제638조의2의 규정은 이 경우에 준용한다.
[본조신설 91. 12. 31]

제651조(고지의무위반으로 인한 계약해지)

보험계약당시에 보험계약자 또는 피보험자가 고의 또는 중대한 과실로 인하여 중요한 사항을 고지하지 아니하거나 부실의 고지를 한 때에는 보험자는 그 사실을 안 날로부터 1월 내에, 계약을 체결한 날로부터 3년 내에 한하여 계약을 해지할 수 있다. 그러나 보험자가 계약당시에 그 사실을 알았거나 중대한 과실로 인하여 알지 못한 때에는 그러하지 아니하다. [개정 91. 12. 31]

제651조의2(서면에 의한 질문의 효력)

보험자가 서면으로 질문한 사항은 중요한 사항으로 추정한다. [본조신설 91. 12. 31]

제652조(위험변경증가의 통지와 계약해지)

① 보험기간 중에 보험계약자 또는 피보험자가 사고발생의 위험이 현저하게 변경 또는 증가된 사실을 안 때에는 지체 없이 보험자에게 통지하여야 한다. 이를 해태한 때에는 보험자는 그 사실을 안 날로부터 1월내에 한하여 계약을 해지할 수 있다.
② 보험자가 제1항의 위험변경증가의 통지를 받은 때에는 1월내에 보험료의 증액을 청구하거나 계약을 해지할 수 있다. [신설 1991. 12. 31]

제653조(보험계약자등의 고의나 중과실로 인한 위험증가와 계약해지)

보험기간 중에 보험계약자, 피보험자 또는 보험수익자의 고의 또는 중대한 과실로 인하여 사고발생의 위험이 현저하게 변경 또는 증가된 때에는 보험자는 그 사실을 안 날부터 1월 내에 보험료의 증액을 청구하거나 계약을 해지할 수 있다. [개정 1991. 12. 31]

제654조(보험자의 파산선고와 계약해지)

① 보험자가 파산의 선고를 받은 때에는 보험계약자는 계약을 해지할 수 있다.
② 제1항의 규정에 의하여 해지하지 아니한 보험계약은 파산선고 후 3월을 경과한 때에는 그 효력을 잃는다. [개정 91. 12. 31]

제655조(계약해지와 보험금청구권)

보험사고가 발생한 후라도 보험자가 제650조, 제651조, 제652조 및 제653조에 따라 계약을 해지하였을 때에는 보험금을 지급할 책임이 없고 이미 지급한 보험금의 반환을 청구할 수 있다. 다만, 고지의무(告知義務)를 위반한 사실 또는 위험이 현저하게 변경되거나 증가된 사실이 보험사고 발생에 영향을 미치지 아니하였음이 증명된 경우에는 보험금을 지급할 책임이 있다.

[전문개정 2014. 3. 11] [시행일 2015. 3. 12]

제656조(보험료의 지급과 보험자의 책임개시)

보험자의 책임은 당사자 간에 다른 약정이 없으면 최초의 보험료의 지급을 받은 때로부터 개시한다.

제657조(보험사고발생의 통지의무)

① 보험계약자 또는 피보험자나 보험수익자는 보험사고의 발생을 안 때에는 지체 없이 보험자에게 그 통지를 발송하여야 한다.

① 보험계약자 또는 피보험자나 보험수익자가 제1항의 통지의무를 해태함으로 인하여 손해가 증가된 때에는 보험자는 그 증가된 손해를 보상할 책임이 없다. [신설 91. 12. 31]

제658조(보험금액의 지급)

보험자는 보험금액의 지급에 관하여 약정기간이 있는 경우에는 그 기간 내에 약정기간이 없는 경우에는 제657조제1항의 통지를 받은 후 지체 없이 지급할 보험금액을 정하고 그 정하여진 날부터 10일내에 피보험자 또는 보험수익자에게 보험금액을 지급하여야 한다.

[전문개정 91. 12. 31]

제659조(보험자의 면책사유)

① 보험사고가 보험계약자 또는 피보험자나 보험수익자의 고의 또는 중대한 과실로 인하여 생긴 때에는 보험자는 보험금액을 지급할 책임이 없다.

① 삭제 [91. 12. 31]

제660조(전쟁위험 등으로 인한 면책)

보험사고가 전쟁 기타의 변란으로 인하여 생긴 때에는 당사자 간에 다른 약정이 없으면 보험자는 보험금액을 지급할 책임이 없다.

제661조(재보험)

보험자는 보험사고로 인하여 부담할 책임에 대하여 다른 보험자와 재보험계약을 체결할 수 있다. 이 재보험계약은 원보험계약의 효력에 영향을 미치지 아니한다.

제662조(소멸시효)

보험금청구권은 3년간, 보험료 또는 적립금의 반환청구권은 3년간, 보험료청구권은 2년간 행사하지 아니하면 시효의 완성으로 소멸한다.

[전문개정 2014. 3. 11] [시행일 2015. 3. 12]

제663조(보험계약자등의 불이익변경금지)

이 편의 규정은 당사자 간의 특약으로 보험계약자 또는 피보험자나 보험수익자의 불이익으로 변경하지 못한다. 그러나 재보험 및 해상보험 기타 이와 유사한 보험의 경우에는 그러하지 아니하다. [개정 91. 12. 31]

제664조(상호보험, 공제 등에의 준용)

이 편(編)의 규정은 그 성질에 반하지 아니하는 범위에서 상호보험(相互保險), 공제(共濟), 그 밖에 이에 준하는 계약에 준용한다. [전문개정 2014. 3. 11] [시행일 2015. 3. 12.]

제2장. 손해보험

제1절 / 통칙

제665조(손해보험자의 책임)

손해보험계약의 보험자는 보험사고로 인하여 생길 피보험자의 재산상의 손해를 보상할 책임이 있다.

제666조(손해보험증권)

손해보험증권에는 다음의 사항을 기재하고 보험자가 기명날인 또는 서명하여야 한다. [개정 91. 12. 31, 2014. 3. 11] [시행일 2015. 3. 12]

1. 보험의 목적
2. 보험사고의 성질
3. 보험금액
4. 보험료와 그 지급방법
5. 보험기간을 정한 때에는 그 시기와 종기
6. 무효와 실권의 사유
7. 보험계약자의 주소와 성명 또는 상호
7의2. 피보험자의 주소, 성명 또는 상호
8. 보험계약의 연월일
9. 보험증권의 작성지와 그 작성년월일

제667조(상실이익 등의 불산입)

보험사고로 인하여 상실된 피보험자가 얻을 이익이나 보수는 당사자 간에 다른 약정이 없으면 보험자가 보상할 손해액에 산입하지 아니한다.

제668조(보험계약의 목적)

보험계약은 금전으로 산정할 수 있는 이익에 한하여 보험계약의 목적으로 할 수 있다.

제669조(초과보험)

① 보험금액이 보험계약의 목적의 가액을 현저하게 초과한 때에는 보험자 또는 보험계약자는 보험료와 보험금액의 감액을 청구할 수 있다. 그러나, 보험료의 감액은 장래에 대하여서만 그 효력이 있다.
② 제1항의 가액은 계약당시의 가액에 의하여 정한다. [개정 91. 12. 31]
③ 보험가액이 보험기간 중에 현저하게 감소된 때에도 제1항과 같다.
④ 제1항의 경우에 계약이 보험계약자의 사기로 인하여 체결된 때에는 그 계약은 무효로 한다. 그러나 보험자는 그 사실을 안 때까지의 보험료를 청구할 수 있다.

제670조(기평가보험)

당사자 간에 보험가액을 정한 때에는 그 가액은 사고발생시의 가액으로 정한 것으로 추정한다. 그러나 그 가액이 사고발생시의 가액을 현저하게 초과할 때에는 사고발생시의 가액을 보험가액으로 한다.

제671조(미평가보험)

당사자 간에 보험가액을 정하지 아니한 때에는 사고발생시의 가액을 보험가액으로 한다.

제672조(중복보험)

① 동일한 보험계약의 목적과 동일한 사고에 관하여 수개의 보험계약이 동시에 또는 순차로 체결된 경우에 그 보험금액의 총액이 보험가액을 초과한 때에는 보험자는 각자의 보험금액의 한도에서 연대책임을 진다. 이 경우에는 각 보험자의 보상책임은 각자의 보험금액의 비율에 따른다. [개정 91. 12. 31]
② 동일한 보험계약의 목적과 동일한 사고에 관하여 수개의 보험계약을 체결하는 경우에는 보험계약자는 각 보험자에 대하여 각 보험계약의 내용을 통지하여야 한다. [개정 91. 12. 31]
③ 제669조 제4항의 규정은 제1항의 보험계약에 준용한다.

제673조(중복보험과 보험자 1인에 대한 권리포기)

제672조의 규정에 의한 수개의 보험계약을 체결한 경우에 보험자 1인에 대한 권리의 포기는 다른 보험자의 권리의무에 영향을 미치지 아니한다. [개정 91. 12. 31]

제674조(일부보험)

보험가액의 일부를 보험에 붙인 경우에는 보험자는 보험금액의 보험가액에 대한 비율에 따라 보상할 책임을 진다. 그러나, 당사자 간에 다른 약정이 있는 때에는 보험자는 보험금액의 한도 내에서 그 손해를 보상할 책임을 진다. [개정 91. 12. 31]

제675조(사고발생 후의 목적 멸실과 보상책임)

보험의 목적에 관하여 보험자가 부담할 손해가 생긴 경우에는 그 후 그 목적이 보험자가 부담하지 아니하는 보험사고의 발생으로 인하여 멸실된 때에도 보험자는 이미 생긴 손해를 보상할 책임을 면하지 못한다. [개정 62. 12. 12]

제676조(손해액의 산정기준)

① 보험자가 보상할 손해액은 그 손해가 발생한 때와 곳의 가액에 의하여 산정한다. 그러나, 당사자 간에 다른 약정이 있는 때에는 그 신품가액에 의하여 손해액을 산정할 수 있다. [개정 91. 12. 31]

② 제1항의 손해액의 산정에 관한 비용은 보험자의 부담으로 한다. [개정 91. 12. 31]

제677조(보험료체납과 보상액의 공제)

보험자가 손해를 보상할 경우에 보험료의 지급을 받지 아니한 잔액이 있으면 그 지급기일이 도래하지 아니한 때라도 보상할 금액에서 이를 공제할 수 있다.

제678조(보험자의 면책사유)

보험의 목적의 성질, 하자 또는 자연소모로 인한 손해는 보험자가 이를 보상할 책임이 없다.

제679조(보험목적의 양도)

① 피보험자가 보험의 목적을 양도한 때에는 양수인은 보험계약상의 권리와 의무를 승계한 것으로 추정한다. [개정 91. 12. 31]

② 제1항의 경우에 보험의 목적의 양도인 또는 양수인은 보험자에 대하여 지체 없이 그 사실을 통지하여야 한다. [신설 91. 12. 31]

제680조(손해방지의무)

① 보험계약자와 피보험자는 손해의 방지와 경감을 위하여 노력하여야 한다. 그러나 이를 위하여 필요 또는 유익하였던 비용과 보상액이 보험금액을 초과한 경우라도 보험자가 이를 부담한다. [개정 91. 12. 31]

② 삭제 [91. 12. 31]

제681조(보험목적에 관한 보험대위)

보험의 목적의 전부가 멸실한 경우에 보험금액의 전부를 지급한 보험자는 그 목적에 대한 피보험자의 권리를 취득한다. 그러나, 보험가액의 일부를 보험에 붙인 경우에는 보험자가 취득할 권리는 보험금액의 보험가액에 대한 비율에 따라 이를 정한다.

제682조(제3자에 대한 보험대위)

① 손해가 제3자의 행위로 인하여 발생한 경우에 보험금을 지급한 보험자는 그 지급한 금액의 한도에서 그 제3자에 대한 보험계약자 또는 피보험자의 권리를 취득한다. 다만, 보험자가 보상할 보험금의 일부를 지급한 경우에는 피보험자의 권리를 침해하지 아니하는 범위에서 그 권리를 행사할 수 있다.

② 보험계약자나 피보험자의 제1항에 따른 권리가 그와 생계를 같이 하는 가족에 대한 것인 경우 보험자는 그 권리를 취득하지 못한다. 다만, 손해가 그 가족의 고의로 인하여 발생한 경우에는 그러하지 아니하다. [전문개정 2014. 3. 11] [시행일 2015. 3. 12.]

제2절 / 화재보험

제683조(화재보험자의 책임)

화재보험계약의 보험자는 화재로 인하여 생길 손해를 보상할 책임이 있다.

제684조(소방 등의 조치로 인한 손해의 보상)

보험자는 화재의 소방 또는 손해의 감소에 필요한 조치로 인하여 생긴 손해를 보상할 책임이 있다.

제685조(화재보험증권)

화재보험증권에는 제666조에 게기한 사항 외에 다음의 사항을 기재하여야 한다.

1. 건물을 보험의 목적으로 한 때에는 그 소재지, 구조와 용도
2. 동산을 보험의 목적으로 한 때에는 그 존치한 장소의 상태와 용도
3. 보험가액을 정한 때에는 그 가액

제686조(집합보험의 목적)

집합된 물건을 일괄하여 보험의 목적으로 한 때에는 피보험자의 가족과 사용인의 물건도 보험의 목적에 포함된 것으로 한다. 이 경우에는 그 보험은 그 가족 또는 사용인을 위하여서도 체결한 것으로 본다.

제687조(동전)

집합된 물건을 일괄하여 보험의 목적으로 한 때에는 그 목적에 속한 물건이 보험기간 중에 수시로 교체된 경우에도 보험사고의 발생 시에 현존한 물건은 보험의 목적에 포함된 것으로 한다.

제3절 / 운송보험

제688조(운송보험자의 책임)

운송보험계약의 보험자는 다른 약정이 없으면 운송인이 운송물을 수령한 때로부터 수하인에게 인도할 때까지 생길 손해를 보상할 책임이 있다.

제689조(운송보험의 보험가액)

① 운송물의 보험에 있어서는 발송한 때와 곳의 가액과 도착지까지의 운임 기타의 비용을 보험가액으로 한다.
② 운송물의 도착으로 인하여 얻을 이익은 약정이 있는 때에 한하여 보험가액 중에 산입한다.

제690조(운송보험증권)

운송보험증권에는 제666조에 게기한 사항 외에 다음의 사항을 기재하여야 한다.

1. 운송의 노순과 방법
2. 운송인의 주소와 성명 또는 상호

3. 운송물의 수령과 인도의 장소

4. 운송기간을 정한 때에는 그 기간

5. 보험가액을 정한 때에는 그 가액

제691조(운송의 중지나 변경과 계약효력)

보험계약은 다른 약정이 없으면 운송의 필요에 의하여 일시운송을 중지하거나 운송의 노순 또는 방법을 변경한 경우에도 그 효력을 잃지 아니한다.

제692조(운송보조자의 고의, 중과실과 보험자의 면책)

보험사고가 송하인 또는 수하인의 고의 또는 중대한 과실로 인하여 발생한 때에는 보험자는 이로 인하여 생긴 손해를 보상할 책임이 없다.

제4절 / 해상보험

제693조(해상보험자의 책임)

해상보험계약의 보험자는 해상사업에 관한 사고로 인하여 생길 손해를 보상할 책임이 있다. [개정 91. 12. 31]

제694조(공동해손분담액의 보상)

보험자는 피보험자가 지급할 공동해손의 분담액을 보상할 책임이 있다. 그러나, 보험의 목적의 공동해손분담가액이 보험가액을 초과할 때에는 그 초과액에 대한 분담액은 보상하지 아니한다. [개정 91. 12. 31]

제694조의2(구조료의 보상)

보험자는 피보험자가 보험사고로 인하여 발생하는 손해를 방지하기 위하여 지급할 구조료를 보상할 책임이 있다. 그러나 보험의 목적물의 구조료분담가액이 보험가액을 초과할 때에는 그 초과액에 대한 분담액은 보상하지 아니한다.

[본조신설 91. 12. 31]

제694조의3(특별비용의 보상)

보험자는 보험의 목적의 안전이나 보존을 위하여 지급할 특별비용을 보험금액의 한도 내에서 보상할 책임이 있다. [본조신설 1991. 12. 31]

제695조(해상보험증권)

해상보험증권에는 제666조에 게기한 사항 외에 다음의 사항을 기재하여야 한다. [개정 91. 12. 31]
1. 선박을 보험에 붙인 경우에는 그 선박의 명칭, 국적과 종류 및 항해의 범위
2. 적하를 보험에 붙인 경우에는 선박의 명칭, 국적과 종류, 선적항, 양륙항 및 출하지와 도착지를 정한 때에는 그 지명
3. 보험가액을 정한 때에는 그 가액

제696조(선박보험의 보험가액과 보험목적)

① 선박의 보험에 있어서는 보험자의 책임이 개시될 때의 선박가액을 보험가액으로 한다.
② 제1항의 경우에는 선박의 속구, 연료, 양식 기타 항해에 필요한 모든 물건은 보험의 목적에 포함된 것으로 한다. [개정 91. 12. 31]

제697조(적하보험의 보험가액)

적하의 보험에 있어서는 선적한 때와 곳의 적하의 가액과 선적 및 보험에 관한 비용을 보험가액으로 한다. [개정 62. 12. 12]

제698조(희망이익보험의 보험가액)

적하의 도착으로 인하여 얻을 이익 또는 보수의 보험에 있어서는 계약으로 보험가액을 정하지 아니한 때에는 보험금액을 보험가액으로 한 것으로 추정한다.

제699조(해상보험의 보험기간의 개시)

① 항해단위로 선박을 보험에 붙인 경우에는 보험기간은 하물 또는 저하의 선적에 착수한 때에 개시한다.
② 적하를 보험에 붙인 경우에는 보험기간은 하물의 선적에 착수한 때에 개시한다. 그러나 출하지를 정한 경우에는 그 곳에서 운송에 착수한 때에 개시한다.
③ 하물 또는 저하의 선적에 착수한 후에 제1항 또는 제2항의 규정에 의한 보험계약이 체결된 경우에는 보험기간은 계약이 성립한 때에 개시한다.
[전문개정 91. 12. 31]

제700조(해상보험의 보험기간의 종료)

보험기간은 제699조제1항의 경우에는 도착항에서 하물 또는 저하를 양륙한 때에, 동조 제2항의 경우에는 양륙항 또는 도착지에서 하물을 인도한 때에 종료한다. 그러나 불가항력으로 인하지 아니하고 양륙이 지연된 때에는 그 양륙이 보통 종료될 때에 종료된 것으로 한다.

[개정 91. 12. 31]

제701조(항해변경의 효과)

① 선박이 보험계약에서 정하여진 발항항이 아닌 다른 항에서 출항한 때에는 보험자는 책임을지지 아니한다.

② 선박이 보험계약에서 정하여진 도착항이 아닌 다른 항을 향하여 출항한 때에도 제1항의 경우와 같다.

③ 보험자의 책임이 개시된 후에 보험계약에서 정하여진 도착항이 변경된 경우에는 보험자는 그 항해의 변경이 결정된 때부터 책임을 지지 아니한다.

[전문개정 91. 12. 31]

제701조의2(이로)

선박이 정당한 사유 없이 보험계약에서 정하여진 항로를 이탈한 경우에는 보험자는 그때부터 책임을 지지 아니한다. 선박이 손해발생 전에 원항로로 돌아온 경우에도 같다.

[본조신설 91. 12. 31]

제702조(발항 또는 항해의 지연의 효과)

피보험자가 정당한 사유 없이 발항 또는 항해를 지연한 때에는 보험자는 발항 또는 항해를 지체한 이후의 사고에 대하여 책임을 지지 아니한다.

[전문개정 91. 12. 31]

제703조(선박변경의 효과)

적하를 보험에 붙인 경우에 보험계약자 또는 피보험자의 책임 있는 사유로 인하여 선박을 변경한 때에는 그 변경 후의 사고에 대하여 책임을 지지 아니한다. [개정 91. 12. 31]

제703조의2(선박의 양도 등의 효과)

선박을 보험에 붙인 경우에 다음의 사유가 있을 때에는 보험계약은 종료한다. 그러나 보험자의 동의가 있는 때에는 그러하지 아니하다.

1. 선박을 양도할 때

2. 선박의 선급을 변경한 때

3. 선박을 새로운 관리로 옮긴 때

[본조신설 91. 12. 31]

제704조(선박미확정의 적하예정보험)

① 보험계약의 체결당시에 하물을 적재할 선박을 지정하지 아니한 경우에 보험계약자 또는 피보험자가 그 하물이 선적되었음을 안 때에는 지체 없이 보험자에 대하여 그 선박의 명칭, 국적과 하물의 종류, 수량과 가액의 통지를 발송하여야 한다. [개정 91. 12. 31]

② 제1항의 통지를 해태한 때에는 보험자는 그 사실을 안 날부터 1월 내에 계약을 해지할 수 있다. [개정 91. 12. 31]

제705조

삭제 [91. 12. 31]

제706조(해상보험자의 면책사유)

보험자는 다음의 손해와 비용을 보상할 책임이 없다. [개정 1991. 12. 31]

1. 선박 또는 운임을 보험에 붙인 경우에는 발항당시 안전하게 항해를 하기에 필요한 준비를 하지 아니하거나 필요한 서류를 비치하지 아니함으로 인하여 생긴 손해

2. 적하를 보험에 붙인 경우에는 용선자, 송하인 또는 수하인의 고의 또는 중대한 과실로 인하여 생긴 손해

3. 도선료, 입항료, 등대료, 검역료, 기타 선박 또는 적하에 관한 항해중의 통상비용

제707조

삭제 [91. 12. 31]

제707조의2(선박의 일부손해의 보상)

① 선박의 일부가 훼손되어 그 훼손된 부분의 전부를 수선한 경우에는 보험자는 수선에 따른 비용을 1회의 사고에 대하여 보험금액을 한도로 보상할 책임이 있다.

② 선박의 일부가 훼손되어 그 훼손된 부분의 일부를 수선한 경우에는 보험자는 수선에 따른 비용과 수선을 하지 아니함으로써 생긴 감가액을 보상할 책임이 있다.

③ 선박의 일부가 훼손되었으나 이를 수선하지 아니한 경우에는 보험자는 그로 인한 감가액을 보상할 책임이 있다.

[본조신설 91. 12. 31]

제708조(적하의 일부손해의 보상)

보험의 목적인 적하가 훼손되어 양륙항에 도착한 때에는 보험자는 그 훼손된 상태의 가액과 훼손되지 아니한 상태의 가액과의 비율에 따라 보험가액의 일부에 대한 손해를 보상할 책임이 있다.

제709조(적하매각으로 인한 손해의 보상)

① 항해 도중에 불가항력으로 보험의 목적인 적하를 매각한 때에는 보험자는 그 대금에서 운임 기타 필요한 비용을 공제한 금액과 보험가액과의 차액을 보상하여야 한다.

② 제1항의 경우에 매수인이 대금을 지급하지 아니한 때에는 보험자는 그 금액을 지급하여야 한다. 보험자가 그 금액을 지급한 때에는 피보험자의 매수인에 대한 권리를 취득한다.

[개정 91. 12. 31]

제710조(보험위부의 원인)

다음의 경우에는 피보험자는 보험의 목적을 보험자에게 위부하고 보험금액의 전부를 청구할 수 있다. [개정 91. 12. 31]

1. 피보험자가 보험사고로 인하여 자기의 선박 또는 적하의 점유를 상실하여 이를 회복할 가능성이 없거나 회복하기 위한 비용이 회복하였을 때의 가액을 초과하리라고 예상될 경우

2. 선박이 보험사고로 인하여 심하게 훼손되어 이를 수선하기 위한 비용이 수선하였을 때의 가액을 초과하리라고 예상될 경우

3. 적하가 보험사고로 인하여 심하게 훼손되어서 이를 수선하기 위한 비용과 그 적하를 목적지까지 운송하기 위한 비용과의 합계액이 도착하는 때의 적하의 가액을 초과하리라고 예상될 경우

제711조(선박의 행방불명)

① 선박의 존부가 2월간 분명하지 아니한 때에는 그 선박의 행방이 불명한 것으로 한다.

[개정 91. 12. 31]

② 제1항의 경우에는 전손으로 추정한다. [개정 91. 12. 31]

제712조(대선에 의한 운송의 계속과 위부권의 소멸)

제710조 제2호의 경우에 선장이 지체 없이 다른 선박으로 적하의 운송을 계속한 때에는 피보험자는 그 적하를 위부 할 수 없다. [개정 91. 12. 31]

제713조(위부의 통지)

① 피보험자가 위부를 하고자 할 때에는 상당한 기간 내에 보험자에 대하여 그 통지를 발송하여야 한다. [개정 91. 12. 31]

② 삭제 [91. 12. 31]

제714조(위부권 행사의 요건)

① 위부는 무조건이어야 한다.

② 위부는 보험의 목적의 전부에 대하여 이를 하여야 한다. 그러나 위부의 원인이 그 일부에 대하여 생긴 때에는 그 부분에 대하여서만 이를 할 수 있다.

③ 보험가액의 일부를 보험에 붙인 경우에는 위부는 보험금액의 보험가액에 대한 비율에 따라서만 이를 할 수 있다.

제715조(다른 보험계약 등에 관한 통지)

① 피보험자가 위부를 함에 있어서는 보험자에 대하여 보험의 목적에 관한 다른 보험계약과 그 부담에 속한 채무의 유무와 그 종류 및 내용을 통지하여야 한다.

② 보험자는 제1항의 통지를 받을 때까지 보험금액의 지급을 거부할 수 있다. [개정 91. 12. 31]

③ 보험금액의 지급에 관한 기간의 약정이 있는 때에는 그 기간은 제1항의 통지를 받은 날로부터 기산한다.

제716조(위부의 승인)

보험자가 위부를 승인한 후에는 그 위부에 대하여 이의를 하지 못한다.

제717조(위부의 불승인)

보험자가 위부를 승인하지 아니한 때에는 피보험자는 위부의 원인을 증명하지 아니하면 보험금액의 지급을 청구하지 못한다.

제718조(위부의 효과)

① 보험자는 위부로 인하여 그 보험의 목적에 관한 피보험자의 모든 권리를 취득한다.

② 피보험자가 위부를 한 때에는 보험의 목적에 관한 모든 서류를 보험자에게 교부하여야 한다.

제5절 / 책임보험

제719조(책임보험자의 책임)

책임보험계약의 보험자는 피보험자가 보험기간중의 사고로 인하여 제3자에게 배상할 책임을 진 경우에 이를 보상할 책임이 있다.

제720조(피보험자가 지출한 방어비용의 부담)

① 피보험자가 제3자의 청구를 방어하기 위하여 지출한 재판상 또는 재판외의 필요비용은 보험의 목적에 포함된 것으로 한다. 피보험자는 보험자에 대하여 그 비용의 선급을 청구할 수 있다.

② 피보험자가 담보의 제공 또는 공탁으로써 재판의 집행을 면할 수 있는 경우에는 보험자에 대하여 보험금액의 한도 내에서 그 담보의 제공 또는 공탁을 청구할 수 있다.

③ 제1항 또는 제2항의 행위가 보험자의 지시에 의한 것인 경우에는 그 금액에 손해액을 가산한 금액이 보험금액을 초과하는 때에도 보험자가 이를 부담하여야 한다. [개정 91. 12. 31]

제721조(영업책임보험의 목적)

피보험자가 경영하는 사업에 관한 책임을 보험의 목적으로 한 때에는 피보험자의 대리인 또는 그 사업 감독자의 제3자에 대한 책임도 보험의 목적에 포함된 것으로 한다.

제722조(피보험자의 배상청구 사실 통지의무)

① 피보험자가 제3자로부터 배상청구를 받았을 때에는 지체 없이 보험자에게 그 통지를 발송하여야 한다.

② 피보험자가 제1항의 통지를 게을리하여 손해가 증가된 경우 보험자는 그 증가된 손해를 보상할 책임이 없다. 다만, 피보험자가 제657조제1항의 통지를 발송한 경우에는 그러하지 아니하다.

[전문개정 2014. 3. 11] [시행일 2015. 3. 12]

제723조(피보험자의 변제 등의 통지와 보험금액의 지급)

① 피보험자가 제3자에 대하여 변제, 승인, 화해 또는 재판으로 인하여 채무가 확정된 때에는 지체 없이 보험자에게 그 통지를 발송하여야 한다.

② 보험자는 특별한 기간의 약정이 없으면 전항의 통지를 받은 날로부터 10일 내에 보험금액을 지급하여야 한다.

③ 피보험자가 보험자의 동의 없이 제3자에 대하여 변제, 승인 또는 화해를 한 경우에는 보험자가 그 책임을 면하게 되는 합의가 있는 때에도 그 행위가 현저하게 부당한 것이 아니면 보험자는 보상할 책임을 면하지 못한다.

제724조(보험자와 제3자와의 관계)

① 보험자는 피보험자가 책임을 질 사고로 인하여 생긴 손해에 대하여 제3자가 그 배상을 받기 전에는 보험금액의 전부 또는 일부를 피보험자에게 지급하지 못한다.

② 제3자는 피보험자가 책임을 질 사고로 입은 손해에 대하여 보험금액의 한도 내에서 보험자에게 직접 보상을 청구할 수 있다. 그러나, 보험자는 피보험자가 그 사고에 관하여 가지는 항변으로써 제3자에게 대항할 수 있다. [개정 91. 12. 31]

③ 보험자가 제2항의 규정에 의한 청구를 받은 때에는 지체 없이 피보험자에게 이를 통지하여야 한다. [신설 91. 12. 31]

④ 제2항의 경우에 피보험자는 보험자의 요구가 있을 때에는 필요한 서류·증거의 제출, 증언 또는 증인의 출석에 협조하여야 한다. [신설 91. 12. 31]

제725조(보관자의 책임보험)

임차인 기타 타인의 물건을 보관하는 자가 그 지급할 손해배상을 위하여 그 물건을 보험에 붙인 경우에는 그 물건의 소유자는 보험자에 대하여 직접 그 손해의 보상을 청구할 수 있다.

제725조의2(수개의 책임보험)

피보험자가 동일한 사고로 제3자에게 배상책임을 짐으로써 입은 손해를 보상하는 수개의 책임보험계약이 동시 또는 순차로 체결된 경우에 그 보험금액의 총액이 피보험자의 제3자에 대한 손해배상액을 초과하는 때에는 제672조와 제673조의 규정을 준용한다. [본조신설 1991. 12. 31]

제726조(재보험에의 준용)

이 절(節)의 규정은 그 성질에 반하지 아니하는 범위에서 재보험계약에 준용한다.
[전문개정 2014. 3. 11] [시행일 2015. 3. 12]

제6절 / 자동차보험

제726조의2(자동차보험자의 책임)

자동차보험계약의 보험자는 피보험자가 자동차를 소유, 사용 또는 관리하는 동안에 발생한 사고로 인하여 생긴 손해를 보상할 책임이 있다.

[본조신설 91. 12. 31]

제726조의3(자동차 보험증권)

자동차 보험증권에는 제666조에 게기한 사항 외에 다음의 사항을 기재하여야 한다.

1. 자동차소유자와 그 밖의 보유자의 성명과 생년월일 또는 상호
2. 피보험자동차의 등록번호, 차대번호, 차형연식과 기계장치
3. 차량가액을 정한 때에는 그 가액

[본조신설 91. 12. 31]

제726조의4(자동차의 양도)

① 피보험자가 보험기간 중에 자동차를 양도한 때에는 양수인은 보험자의 승낙을 얻은 경우에 한 하여 보험계약으로 인하여 생긴 권리와 의무를 승계한다.
② 보험자가 양수인으로부터 양수 사실을 통지받은 때에는 지체 없이 낙부를 통지하여야 하고 통 지 받은 날부터 10일내에 낙부의 통지가 없을 때에는 승낙한 것으로 본다.

[본조신설 91. 12. 31]

제7절 / 보증보험 [신설 2014. 3. 11][시행일 2015. 3. 12]

제726조의5(보증보험자의 책임)

보증보험계약의 보험자는 보험계약자가 피보험자에게 계약상의 채무불이행 또는 법령상의 의무불 이행으로 입힌 손해를 보상할 책임이 있다.

[본조신설 2014. 3. 11] [시행일 2015. 3. 12]

제726조의6(적용 제외)

① 보증보험계약에 관하여는 제639조 제2항 단서를 적용하지 아니한다.

② 보증보험계약에 관하여는 보험계약자의 사기, 고의 또는 중대한 과실이 있는 경우에도 이에 대하여 피보험자에게 책임이 있는 사유가 없으면 제651조, 제652조, 제653조 및 제659조 제1항을 적용하지 아니한다.

[본조신설 2014. 3. 11] [시행일 2015. 3. 12]

제726조의7(준용규정)

보증보험계약에 관하여는 그 성질에 반하지 아니하는 범위에서 보증채무에 관한 「민법」의 규정을 준용한다.

[본조신설 2014. 3. 11] [시행일 2015. 3. 12]

제3장. 인보험

제1절 / 통칙

제727조(인보험자의 책임)

① 인보험계약의 보험자는 피보험자의 생명이나 신체에 관하여 보험사고가 발생할 경우에 보험계약으로 정하는 바에 따라 보험금이나 그 밖의 급여를 지급할 책임이 있다. [개정 2014. 3. 11] [시행일 2015. 3. 12]

② 제1항의 보험금은 당사자 간의 약정에 따라 분할하여 지급할 수 있다. [신설 2014. 3. 11] [시행일 2015. 3. 12]

[본조제목개정 2014. 3. 11] [시행일 2015. 3. 12]

제728조(인보험증권)

인보험증권에는 제666조에 게기한 사항 외에 다음의 사항을 기재하여야 한다. [개정 91. 12. 31]

1. 보험계약의 종류
2. 피보험자의 주소·성명 및 생년월일
3. 보험수익자를 정한 때에는 그 주소·성명 및 생년월일

제729조(제3자에 대한 보험대위의 금지)

보험자는 보험사고로 인하여 생긴 보험계약자 또는 보험수익자의 제3자에 대한 권리를 대위하여 행사하지 못한다. 그러나 상해보험계약의 경우에 당사자 간에 다른 약정이 있는 때에는 보험자는 피보험자의 권리를 해하지 아니하는 범위 안에서 그 권리를 대위하여 행사할 수 있다. [개정 91. 12. 31]

제2절 / 생명보험

제730조(생명보험자의 책임)

생명보험계약의 보험자는 피보험자의 사망, 생존, 사망과 생존에 관한 보험사고가 발생할 경우에 약정한 보험금을 지급할 책임이 있다. [개정 2014. 3. 11] [시행일 2015. 3. 12]
[본조제목개정 2014. 3. 11] [시행일 2015. 3. 12]

제731조(타인의 생명의 보험)

① 타인의 사망을 보험사고로 하는 보험계약에는 보험계약 체결 시에 그 타인의 서면(「전자서명법」 제2조 제2호에 따른 전자서명 또는 제2조 제3호에 따른 공인전자서명이 있는 경우로서 대통령령으로 정하는 바에 따라 본인 확인 및 위조 · 변조 방지에 대한 신뢰성을 갖춘 전자문서를 포함한다)에 의한 동의를 얻어야 한다. [개정 91. 12. 31, 2017. 10. 31] [시행일 2018. 11. 1]
② 보험계약으로 인하여 생긴 권리를 피보험자가 아닌 자에게 양도하는 경우에도 제1항과 같다. [개정 91. 12. 31]

제731조(타인의 생명의 보험)

① 타인의 사망을 보험사고로 하는 보험계약에는 보험계약 체결 시에 그 타인의 서면(「전자서명법」 제2조 제2호에 따른 전자서명이 있는 경우로서 대통령령으로 정하는 바에 따라 본인 확인 및 위조 · 변조 방지에 대한 신뢰성을 갖춘 전자문서를 포함한다)에 의한 동의를 얻어야 한다. [개정 91. 12. 31, 2017. 10. 31, 2020. 6. 9 제17354호(전자서명법)] [시행일 2020. 12. 10]
② 보험계약으로 인하여 생긴 권리를 피보험자가 아닌 자에게 양도하는 경우에도 제1항과 같다. [개정 91. 12. 31]

제732조(15세미만자 등에 대한 계약의 금지)

15세미만자, 심신상실자 또는 심신박약자의 사망을 보험사고로 한 보험계약은 무효로 한다. 다만, 심신박약자가 보험계약을 체결하거나 제735조의3에 따른 단체보험의 피보험자가 될 때에 의사능력이 있는 경우에는 그러하지 아니하다. [개정 62. 12. 12, 91. 12. 31, 2014. 3. 11] [시행일 2015. 3. 12]

제732조의2(중과실로 인한 보험사고 등)

① 사망을 보험사고로 한 보험계약에서는 사고가 보험계약자 또는 피보험자나 보험수익자의 중대한 과실로 인하여 발생한 경우에도 보험자는 보험금을 지급할 책임을 면하지 못한다.

② 둘 이상의 보험수익자 중 일부가 고의로 피보험자를 사망하게 한 경우 보험자는 다른 보험수익자에 대한 보험금 지급 책임을 면하지 못한다.

[전문개정 2014. 3. 11] [시행일 2015. 3. 12]

제733조(보험수익자의 지정 또는 변경의 권리)

① 보험계약자는 보험수익자를 지정 또는 변경할 권리가 있다.

② 보험계약자가 제1항의 지정권을 행사하지 아니하고 사망한 때에는 피보험자를 보험수익자로 하고 보험계약자가 제1항의 변경권을 행사하지 아니하고 사망한 때에는 보험수익자의 권리가 확정된다. 그러나, 보험계약자가 사망한 경우에는 그 승계인이 제1항의 권리를 행사할 수 있다는 약정이 있는 때에는 그러하지 아니하다. [개정 91. 12. 31]

③ 보험수익자가 보험존속 중에 사망한 때에는 보험계약자는 다시 보험수익자를 지정할 수 있다. 이 경우에 보험계약자가 지정권을 행사하지 아니하고 사망한 때에는 보험수익자의 상속인을 보험수익자로 한다.

④ 보험계약자가 제2항과 제3항의 지정권을 행사하기 전에 보험사고가 생긴 경우에는 피보험자 또는 보험수익자의 상속인을 보험수익자로 한다. [신설 91. 12. 31]

제734조(보험수익자 지정권 등의 통지)

① 보험계약자가 계약체결 후에 보험수익자를 지정 또는 변경할 때에는 보험자에 대하여 그 통지를 하지 아니하면 이로써 보험자에게 대항하지 못한다.

② 제731조 제1항의 규정은 제1항의 지정 또는 변경에 준용한다. [개정 62. 12. 12, 91. 12. 31]

제735조

삭제 [2014. 3. 11] [시행일 2015. 3. 12]

제735조의2

삭제 [2014. 3. 11] [시행일 2015. 3. 12]

제735조의3(단체보험)

① 단체가 규약에 따라 구성원의 전부 또는 일부를 피보험자로 하는 생명보험계약을 체결하는 경우에는 제731조를 적용하지 아니한다.

② 제1항의 보험계약이 체결된 때에는 보험자는 보험계약자에 대하여서만 보험증권을 교부한다.

③ 제1항의 보험계약에서 보험계약자가 피보험자 또는 그 상속인이 아닌 자를 보험수익자로 지정할 때에는 단체의 규약에서 명시적으로 정하는 경우 외에는 그 피보험자의 제731조 제1항에 따른 서면 동의를 받아야 한다. [신설 2014. 3. 11, 2017. 10. 31] [시행일 2018. 11. 1]

[본조신설 91. 12. 31]

제736조(보험적립금반환의무 등)

① 제649조, 제650조, 제651조 및 제652조 내지 제655조의 규정에 의하여 보험계약이 해지된 때, 제659조와 제660조의 규정에 의하여 보험금액의 지급책임이 면제된 때에는 보험자는 보험수익자를 위하여 적립한 금액을 보험계약자에게 지급하여야 한다. 그러나 다른 약정이 없으면 제659조 제1항의 보험사고가 보험계약자에 의하여 생긴 경우에는 그러하지 아니하다.

[개정 91. 12. 31]

② 삭제 [91. 12. 31]

제3절 / 상해보험

제737조(상해보험자의 책임)

상해보험계약의 보험자는 신체의 상해에 관한 보험사고가 생길 경우에 보험금액 기타의 급여를 할 책임이 있다.

제738조(상해보험증권)

상해보험의 경우에 피보험자와 보험계약자가 동일인이 아닐 때에는 그 보험증권 기재사항 중 제728조 제2호에 게기한 사항에 갈음하여 피보험자의 직무 또는 직위만을 기재할 수 있다.

제739조(준용규정)

상해보험에 관하여는 제732조를 제외하고 생명보험에 관한 규정을 준용한다.

제4절 / 질병보험 [신설 2014. 3. 11][시행일 2015. 3. 12]

제739조의2(질병보험자의 책임)

질병보험계약의 보험자는 피보험자의 질병에 관한 보험사고가 발생할 경우 보험금이나 그 밖의 급여를 지급할 책임이 있다.

[본조신설 2014. 3. 11] [시행일 2015. 3. 12]

제739조의3(질병보험에 대한 준용규정)

질병보험에 관하여는 그 성질에 반하지 아니하는 범위에서 생명보험 및 상해보험에 관한 규정을 준용한다.

[본조신설 2014. 3. 11] [시행일 2015. 3. 12]

부록2. 보험 관련 기관

1. 손해보험협회

손해보험협회는 보험업법 제175조에 설립근거를 두고 있으며, 보험회사 상호간의 업무 질서를 유지하고 보험업의 건전한 발전에 기여하기 위하여 1946년 8월 1일 조선손해보험협회로 시작하였다. 1948년 9월 1일 사단법인 대한손해보험협회로 명칭을 바꾸고, 1975년 1월 1일 한국손해보험요율산정회를 통합하였으며, 1981년 5월 20일 서울지역에 손해보험상담소를 설치하고, 1987년 5월 25일 지방 5개 지역에 손해보험상담소를 설치하였다. 그 주요업무는 다음과 같다.

1) 손해보험에 관한 제도개선, 연구 및 건의
2) 손해보험에 관한 조사, 통계 및 전산화
3) 손해보험의 모집에 관한 연구 및 연수
4) 손해보험 약관, 인수조건의 조사연구 및 상품개발
5) 손해보험에 관한 홍보와 상담
6) 보험범죄방지대책 추진업무
7) 보험모집질서 유지관련 자율규제업무

2. 생명보험협회

생명보험협회는 보험업법 제175조에 설립근거를 두고 있으며, 보험사업자는 상호간 업무질서 유지 및 보험사업 발전에 기여하기 위하여 설립했으며, 민법상으로 비영리사업을 목적으로 하는 사단 또는 재단은 주무관청의 허가를 얻어 법인설립(제32조)을 했다.

생명보험협회의 설립목적은 회원사의 공동이익 증진과 회원 상호간의 업무협조 유지, 생명보험 문화의 확산 등 생명보험사업의 건전한 발전에 기여하기 위함이며, 1950년 2월 20일 비영리 사단법인으로 설립했다. 생명보험협회의 주요업무(주요기능)는 다음과 같다.

1) 생명보험 및 금융산업 전반에 대한 정보수집·교환 및 조사 연구
2) 상호협정체결 등 회원 상호간의 업무협조 유지
3) 생명보험에 관한 통계의 작성 및 연구자료, 기관지, 도서의 발간
4) 생명보험에 대한 홍보활동
5) 회원에 대한 세미나, 연수교육, 순회교육 등 공동교육

6) 생명보험에 관한 제법령의 제정, 개폐 및 제도개선에 대한 연구와 관계기관에의 건의

7) 보험설계사에 대한 연수 및 등록관리

8) 생명보험 소비자보호 및 상담활동

9) 장학금·연구비의 보조나 지급, 학술·자선의 지원 등 사회일반의 이익에 공여하기 위한 사업

10) 회원 상호간의 긴밀한 연락과 친목

11) 기타 협회 설립목적을 달성하기 위하여 필요한 사업

3. 보험개발원

보험개발원은 보험업법 제176조, 즉 보험회사 보험금의 지급에 충당되는 순보험료를 결정하기 위한 요율(순보험요율)의 공정하고 합리적인 산출과 보험과 관련된 정보의 효율적인 관리·이용을 위하여 금융위원회의 인가를 받아 보험요율 산출 기관을 설립할 수 있다는 근거에 의거 1983년 11월 29일 설립되었으며, 그 주요업무는 다음과 같다.

1) 순보험요율의 산출·검증 및 제공

2) 보험과 관련된 정보의 수집·제공 및 통계의 작성

3) 보험에 대한 조사 연구

4) 설립목적의 범위 안에서 정부기관·보험회사 그 밖의 보험관계단체로부터 위탁받은 업무 등

4. 보험연수원

보험연수원은 보험업법 제178조 제2항에 의거 1965년 7월 1일 회원에 대한 연수, 교육 업무를 하기 위해 설립되었다. 주요업무로는 각종 전문자격(손해사정사, 보험계리사, 보험대리점, 보험중개사, 종합자산관리사 등)의 교육/시험 및 교재개발을 하고 있다.

1) 보험대리점 연수/자격시험

2) 보험중개사 연수

3) 손해사정사 연수

4) 종합자산관리사(IFP) 교육 및 교재개발

5. 금융감독원

금융감독원은 "금융감독기구의 설치 등에 관한 법률"(1997.12.31 제정)에 의거 전 은행감독원, 증권감독원, 보험감독원, 신용관리기금 등 4개 감독기관이 통합되어 1999년 1월 2일 설립되었는데 금융기관에 대한 검사·감독업무 등의 수행을 통하여 건전한 신용 질서와 공정한 금융거래관행을 확립하고 예금자 및 투자자 등 금융수요자를 보호함으로써 국민경제의 발전에 기여하는 것을 목적으로 하고 있다. 금융감독원은 금융위원회 또는 증권선물위원회의 지도·감독을 받아 금융기관에 대한 검

사·감독 업무 등을 수행하고 있다. 주요한 업무로는 다음과 같은 것들이 있다.

1) 금융기관의 업무·재산상황에 대한 검사 및 검사결과에 따른 조치
2) 금융위원회 및 증권선물위원회의 업무보좌
3) 금융분쟁조정위원회 설치 운영

금융분쟁조정위원회는 금융기관 이용자와 금융기관 간의 금융거래 등 금융업무와 관련하여 발생된 분쟁(보험, 은행, 증권 등)의 조정에 관한 사항을 심의·의결하기 위하여 금융감독원에 설치되어 있다. 보험업에 있어서, 보험계약의 내용 또는 보험금의 지급 등에 관하여 보험회사와 보험계약자, 피보험자, 손해배상청구권자, 기타 이해관계인과의 사이에 분쟁이 있는 경우에는 금융감독원에 설치된 금융분쟁조정위원회의 조정을 받을 수 있다. 조정대상이 되는 분쟁은 보험계약 전반에 관한 것이지만, 판정에 구속력이 없기 때문에 그 판정 결과를 따를 의무는 없으며, 조정 결과에 불복하는 경우에는 소송을 제기하여 법원의 판단을 구할 수 있다

6. 금융위원회

2008년 3월 3일 총리령 제875호에 의해 「금융위원회와 그 소속기관 직제」에 대한 시행규칙이 발표되면서 정식 출범하였으며, 금융정책, 외국환업무취급기관의 건전성 감독 및 금융감독에 관한 업무를 수행하게 하기 위하여 국무총리소속하에 금융위원회가 있다. 그 주요업무는 다음과 같다.

1) 금융감독 관련 주요사항의 심의·의결
① 금융기관에 대한 감독 규정의 제정 및 개정
② 금융기관의 경영과 관련된 인·허가
③ 금융기관에 대한 검사·제재와 관련된 주요사항
④ 증권·선물시장의 관리·감독 및 감시 등과 관련된 주요사항

2) 금융감독원에 대한 관리·감독
① 금융감독원의 정관변경·예산·결산 및 급여
② 기타 금융감독원을 관리·감독하기 위하여 필요한 사항

3) 금융산업 및 기업의 구조조정 추진
건전 경영의 유도를 통한 산업 발전 및 기업의 투명성 제고.

참고문헌

손해보험론, 박영사, 최상언, 2021

보험학개론, 박영사, 최상언, 2020

보험설계사 자격시험 교육교재, 삼성생명보험(주), 2020

보험대리점 등록 교육교재, 보험연수원, 2019

보험론, 탑북스, 김희길·김도현, 2015

보험학원론, 문우사, 김창기, 2015

위험관리와 보험, 세학사, 손순형·홍미경, 2012

보험론, 학현사, 김동훈, 2011

생명보험회사의 고객만족 경영을 위한 보험품질보증제도와 정착방안에 관한 연구, 최상언, 1995

삼성생명보험(주) 및 생명보험협회 자료

삼성화재보험(주) 및 손해보험협회 자료

금융감독원 자료

보험개발원 자료 및 보험연수원 자료

색인

저자 소개

최상언

■ 약력(略歷)

계명대학교 경영대학원 졸업(금융보험학 전공)

前 삼성그룹 삼성생명보험(주) 융자과장, 교육소장, 지점장 역임

前 삼성생명보험 대구금아(주) 지점장 및 임원 역임

前 그린스펙(주) 이사

前 계명문화대학교 경영학부

(담당과목: 보험학 및 보험계약론실무, 회계원리, 원가관리회계, 기타 과목)

■ 저서

보험학개론, 박영사, 2020

손해보험론, 박영사, 2021

생명보험론

초판발행	2023년 9월 27일
지은이	최상언
펴낸이	안종만·안상준
편 집	탁종민
기획/마케팅	장규식
표지디자인	BEN STORY
제 작	고철민·조영환

펴낸곳	(주) **박영사**
	서울특별시 금천구 가산디지털2로 53, 210호(가산동, 한라시그마밸리)
	등록 1959. 3. 11. 제300-1959-1호(倫)
전 화	02)733-6771
f a x	02)736-4818
e-mail	pys@pybook.co.kr
homepage	www.pybook.co.kr
ISBN	979-11-303-1828-8 93320

정 가 34,000원